한 번에 합격
해커스로스쿨

합격생을 만드는 **해커스로스쿨 전문 시스템**

해커스로스쿨 스타강사
최신 인강 제공

로스쿨 시험 전문
학원 강의 실시간 업로드

해커스로스쿨
전문 교재

로스쿨 시험 전문
스타강사 커리큘럼 제공

여러분의 합격을 응원하는 **해커스로스쿨의 특별 혜택**

논술 답안지(PDF)

ITEK 1757 KTZH 3478

해커스로스쿨(lawschool.Hackers.com) 접속 후 로그인 ▶
상단의 [교재정보 → 무료학습자료] 클릭 ▶
해당 교재의 [자료다운] 버튼 클릭 ▶
위 인증번호 입력 후 이용

해커스로스쿨 LEET 논술 단과강의 10% 할인쿠폰

K2D4670F9A2BA000

해커스로스쿨(lawschool.Hackers.com) 접속 후 로그인 ▶
우측 퀵메뉴 내 [쿠폰/수강권 등록] 클릭 ▶
위 쿠폰번호 입력 후 이용

* 쿠폰 등록 후 30일간 사용 가능(ID당 1회에 한해 등록 가능)
* 3만원 미만 단과강의, 첨삭 포함 강의에는 사용 불가

해커스로스쿨 lawschool.Hackers.com

해커스 LEET

김종수
논 술
통합 기본서

해커스로스쿨

서문

"엘리트는 글과 말로 타인을 설득하는 능력을 갖춘 사람입니다."
"법조인 역시 엘리트로, 논리적 글과 말로 타인을 설득해야 합니다."

역사적으로 엘리트는 글과 말로 타인을 설득한 사람입니다. 예를 들어, 존 로크는 자유주의 철학을 기반으로 왕권신수설을 비판하고 천부인권을 담고 있는 <통치론>을 썼습니다. 로크의 사상과 주장은 영국 국민을 설득했고, 영국의 명예혁명과 민주주의의 기반이 되었습니다. 엘리트라는 말이 좋지 않게 들린다면, 이는 엘리트로서의 역할을 제대로 행하지 않은 자들의 탓이지, 엘리트 자체가 문제가 되는 것은 아닙니다.

법조인 역시 우리 사회의 엘리트로서 논리적인 글과 말로 타인을 설득하는 직업인입니다. 법조인은 끊임없이 글을 쓰고 말을 합니다. 이 시험을 준비하는 수험생들은 장래 법조인이 되어 앞으로 30년 이상 논리적인 글과 말을 통해 타인을 설득하는 직업 역량을 수행하게 될 것입니다. 그렇기 때문에 로스쿨 입시의 전형요소는 법조인의 직업을 수행하기 위한 능력을 측정하고 있습니다. 따라서 LEET는, 논리적인 글을 읽고 사실을 파악하며(언어이해), 알고 있는 것을 바탕으로 알지 못하는 것을 추리하고 의도를 입증하며(추리논증), 자신의 주장을 논리적으로 서술(논술)하는 능력을 갖추었는지 여부와 정도를 측정합니다.

LEET 논술을 대비하기 위한 과정으로 크게 3가지 단계를 제시할 수 있습니다. ① 기본역량, ② 기출분석, ③ 실전연습 단계가 바로 그것입니다. 이 통합 기본서 교재는 ① 기본역량 단계를 위한 교재입니다. 그리고 ② 기출분석은 [해커스 LEET 김종수 논술 기출문제＋해설집]으로 출간되어 있습니다. ③ 실전연습 단계는 해커스로스쿨에서 시행하는 전국모의고사, 현강과 인강으로 진행하는 파이널 모의고사 과정에서 학습할 수 있습니다.

① 기본역량 단계는 학원 강의로는 기초와 기본과정에 해당합니다. 이 교재인 통합 기본서는 기초와 기본과정을 논리적 일관성을 유지하며 수험효율성을 갖출 수 있도록 하나의 과정으로 구성했습니다. 이 교재의 전반부에 해당하는 기초과정에서는 논술의 기초능력 배양과 필수교양 학습을 하게 됩니다. LEET 논술은 원고지 사용방법부터 문장 쓰기, 개요 작성, 요약, 비판, 견해 제시, 사례 적용 등의 능력을 종합적으로 요구합니다. 따라서 각각의 능력을 독립적으로 공부하여 확실하게 기본기를 획득해야 합니다. 이 교재의 전반부 부분이 이에 해당합니다. 학원 현강과 인강 기초강의 과정에서 상세한 해설과 교재의 연습문제에 대한 답안 첨삭을 받을 수 있고, 핵심정리 PPT 자료를 제공합니다. 이 교재의 후반부에 해당하는 기본과정에서는 필수교양 영역을 학습합니다. 전체 논리의 흐름을 이해하기 위해 필요한 필수적인 배경지식인 필수교양을 익히는 과정입니다. 특히 필수교양은, LEET 논술 시험에 국한되지 않고 언어이해, 추리논증, 로스쿨 면접까지 필요한 필수적인 내용을 담고 있습니다. 예를 들어, 법의 전제가 되는 법철학 사상에 대한 배경지식은 LEET 시험의 기초가 됩니다. 로크, 루소, 롤스, 샌델 등 철학자들의 사상은 국가와 민주주의, 법치주의, 정의 등 법의 목적이 되는 논리이기 때문에 반드시 익혀두어야 합니다. 학원 현강과 인강 기본강의에서 상세한 해설과 교재의 연습문제에 대한 답안 첨삭을 받을 수 있고, 핵심정리 PPT 자료를 제공합니다.

② 기출분석 과정은 LEET 논술 기출문제를 다루며, LEET 논술 기출문제를 직접 분석하면서 문제의 의도에 따른 구조 설정과 논리 전개 방법, 배경지식의 선택과 서술 방법 등을 익히는 과정입니다. 2009학년도 LEET 1회 논술 기출문제부터 지금까지 출제된 모든 기출문제와 해설, 예시답안을 수록한 [해커스 LEET 김종수 논술 기출문제＋해설집] 교재를 참고하기 바랍니다. 해커스로스쿨 현강과 인강을 통해 기출문제 해설과 자신의 답안에 대한 첨삭을 받을 수 있고, 핵심정리 PPT 자료가 제공됩니다.

③ 실전연습 단계는 파이널 모의고사 과정입니다. 기출문제와 유사한 형태의 모의고사를 통해 시험용 글쓰기를 연습합니다. 실제 시험장에서 정해진 시간 안에 합격 가능한 답안을 써내는 연습을 하는 과정입니다. 해커스로스쿨 현강과 인강에서 기출문제와 유사한 100점 모의고사를 시간 내에 작성하는 연습을 할 수 있고, 첨삭을 통해 자신의 답안이 가진 문제점을 교정할 수 있습니다. 특히 해커스로스쿨 전국모의고사에서 실제 LEET 시험과 동일하게 언어이해, 추리논증, 논술의 전과정을 연습할 수 있습니다.

위의 3가지 과정과 별개로 수험생들의 독해력 향상을 위해 LEET 필독서 책읽기 특강을 진행하고 있습니다. LEET 필독서 책읽기 특강은 LEET 언어이해, 추리논증, 논술, 더 나아가 로스쿨 면접에 이르는 전과정에 필요한 필독서를 선생이 직접 읽어가며 논리구조, 행간의 의미, 관련된 문제 등을 세밀하고 구체적으로 다루게 됩니다. 2024년 기준으로 총 10권의 필독서 책읽기 특강이 제공되고 있습니다. 먼저, 마이클 샌델의 중요저작 5권에 대한 해설특강이 준비되어 있습니다. <정의란 무엇인가>, <돈으로 살 수 없는 것들>, <완벽에 대한 반론>, <공정하다는 착각>, <당신이 모르는 민주주의>는 로스쿨 수험생이라면 반드시 읽어보아야 합니다. LEET 논술뿐만 아니라 언어이해, 추리논증, 로스쿨 면접까지 직접 출제되거나 기본 바탕이 되는 논리이기 때문입니다. 그리고 에리히 프롬의 <자유로부터의 도피>, 장 자크 루소의 <인간불평등기원론>, <사회계약론>, 존 스튜어트 밀의 <자유론>, 마사 누스바움의 <타인에 대한 연민> 역시 중요저작이기 때문에 읽어볼 것을 강력하게 권합니다. 해설 강의와 함께 읽는다면, 독해력의 향상과 함께 텍스트를 구조적으로 읽는 방법을 익힐 수 있을 것입니다.

이 교재인 통합 기본서는 기본역량 단계를 위해 구성되었습니다. 기본역량 단계는 LEET 논술뿐만 아니라 언어이해, 추리논증 그리고 더 나아가 로스쿨 면접과 깊은 관련이 있습니다. LEET 시험은 전체 구조와 논리적 흐름, 연관관계를 파악했는지가 핵심적 평가 기준이 됩니다. 개별 지식이나 정보, 이론 등은 당연히 알고 있어야 하는 전제이기 때문입니다. 이 전제는 LEET 시험 응시자격이 4년제 학부 졸업 혹은 졸업예정자라는 것에서 충족합니다. 그러나 생각보다 개별 지식, 정보, 이론 등을 체계적으로 배우는 경우는 드뭅니다. 학부과정의 교양과목은 개인의 선택인데다가 과목의 연계성 등 맥락을 갖고 있지 않은 경우가 대부분이기 때문입니다.

통합 기본서의 목적은 3가지입니다. ① 기초적인 논술 작성능력을 이해하고 연습하는 것입니다. ② 학부의 교양과정에서 놓쳤던 개별지식과 이론 등을 빠짐없이 습득하는 것입니다. ③ 이들을 종합하고 구조화하여 논리적 연결관계를 학습하는 것입니다. 이 목적을 위해 첫째, 기초적인 능력을 다양한 문제를 통해 연습할 수 있도록 교재를 구성했습니다. 둘째, 개별 지식과 정보, 이론을 학부생의 수준에서 시험 출제 가능한 영역까지 이해할 수 있도록 집필했습니다. 셋째, 다양한 지식과 정보, 이론들을 종합할 수 있는 관점을 반영하고자 노력했습니다. 예를 들어, 홉스, 로크, 루소가 각각 중요한 것은 알고 있고 만인의 만인에 대한 투쟁, 소유권, 일반의지라는 핵심개념을 제시했다는 정도는 고교과정을 마친 사람이라면 누구나 알고 있습니다. 그러나 이 핵심개념이 국가와 개인의 관계에 따라 다른 모습과 결과를 보여주고, 결국 개인과 사회의 관계를 규정하는 국가론으로 이어진다는 것은 잘 모르는 경우가 많습니다. LEET는 이러한 종합적이고 구조적인 이해력을 요구합니다. 그러나 텍스트로 서술된 교재의 특성상, ① 개별지식과 이론 등에 대한 학습은 손쉬우나, ② 이들을 종합하고 구조화하여 논리적 연결관계를 학습하는 것에 어려움을 느끼는 수험생이 있을 수 있습니다. 해커스로스쿨의 LEET 논술 강의의 기초과정과 기본과정 강의에서는 이에 대한 구체적 예시를 통해 학습한 바가 어떻게 출제되는지 논술과 면접의 다양한 기출문제 등을 설명하고 이를 도식화한 PPT 시각자료를 통해 수험 효율적인 이해를 돕고 있습니다. 이 교재와 강의를 효율적으로 활용하기 바랍니다.

법조인의 글과 말은 모두 기록되어 공개되고 후세에 전달됩니다. 결국 법조인은 자신의 글과 말로써 다른 사람에게 평가받음으로써 의뢰인의 인생에 영향을 줍니다. LEET 논술 역시 기록되고 채점교수님에게 평가받음으로써 수험생 자신의 미래에 영향을 미치게 됩니다. 논리적 글쓰기는 엘리트의 삶을 살아갈 로스쿨 수험생에게 피할 수 없는 일입니다. '공식'이 있다며 근사한 해결법을 제시하는 수험서들도 있으나, 공부에는 '왕도'가 없습니다. 이 교재에서는 LEET 논술 대비법으로, 힘들지만 제대로 된 방법을 제시하고자 했습니다. 법조인의 꿈을 이루고자 노력하는 수험생 여러분에게 도움이 되기를 바랍니다.

김종수

목차

다 같은 논술이 아니다!
PART 01 LEET 논술 이해하기

LEET 논술에 최적화!
PART 02 글쓰기 방법론

LEET 논술 준비하려면 이것만은 꼭!

PART 03 필수배경지식

핵심만 쏙쏙!

PART 04　모의문제 해설 & 예시답안

[특별부록]
실전 감각 UP! 원고지 답안지

LEET 논술 고득점을 위한 이 책의 활용법

1 LEET 논술에 최적화된 글쓰기 방법론과 배경지식으로 기본기를 탄탄하게 다진다.

원고지 사용법이나 요약/비판/개요작성 등 글쓰기 방법론은 물론 LEET 논술/언어이해/추리논증 및 로스쿨 면접에 출제될 수 있는 핵심 배경지식까지 총정리하여 논술의 기본기를 탄탄하게 다질 수 있습니다.

2 풍부한 모의문제와 원고지 답안지로 실전 감각을 극대화한다.

총 13회의 풍부한 모의문제로 앞서 학습한 내용을 논술 답안으로 풀어내는 방법을 익힐 수 있습니다. 이때 부록의 '원고지 답안지'를 활용하면 실제 시험처럼 답안을 작성해 볼 수 있어 실전 감각을 더욱 끌어올릴 수 있습니다.

* '원고지 답안지'가 추가로 필요할 경우에는 [해커스로스쿨 사이트(lawschool.Hackers.com) ▶ 교재정보 ▶ 무료학습자료]에서 다운로드 받아보실 수 있습니다.

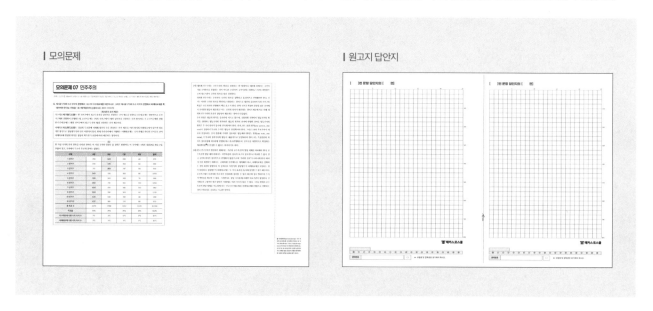

3 상세한 해설 및 예시답안으로 완벽하게 정리한다.

모의문제를 풀이한 후에는 상세한 해설과 예시답안을 통해 완벽한 정리가 가능합니다.

│ 해설 및 예시답안

4 자신의 학습 기간에 맞는 학습 플랜으로 전략적으로 학습한다.

학습 기간에 따른 두 가지 종류의 학습 플랜 중 자신의 상황에 맞는 학습 플랜을 선택하여 더욱 전략적으로 학습할 수 있습니다.

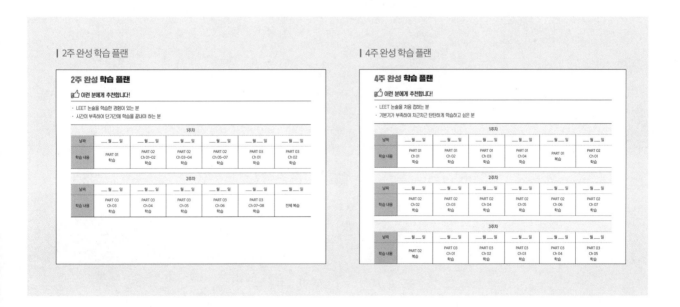

│ 2주 완성 학습 플랜   │ 4주 완성 학습 플랜

기간별 맞춤 학습 플랜

자신의 학습 기간에 맞는 학습 플랜을 선택하여 계획을 수립하고, 그날에 해당하는 분량을 공부합니다.

2주 완성 학습 플랜

👍 이런 분에게 추천합니다!

· LEET 논술을 학습한 경험이 있는 분
· 시간이 부족하여 단기간에 학습을 끝내야 하는 분

1주차						
날짜	___월___일	___월___일	___월___일	___월___일	___월___일	___월___일
학습 내용	PART 01 학습	PART 02 Ch 01~02 학습	PART 02 Ch 03~04 학습	PART 02 Ch 05~07 학습	PART 03 Ch 01 학습	PART 03 Ch 02 학습

2주차						
날짜	___월___일	___월___일	___월___일	___월___일	___월___일	___월___일
학습 내용	PART 03 Ch 03 학습	PART 03 Ch 04 학습	PART 03 Ch 05 학습	PART 03 Ch 06 학습	PART 03 Ch 07~08 학습	전체 복습

4주 완성 학습 플랜

👍 이런 분에게 추천합니다!

· LEET 논술을 처음 접하는 분
· 기본기가 부족하여 차근차근 탄탄하게 학습하고 싶은 분

1주차						
날짜	__월__일	__월__일	__월__일	__월__일	__월__일	__월__일
학습 내용	PART 01 Ch 01 학습	PART 01 Ch 02 학습	PART 01 Ch 03 학습	PART 01 Ch 04 학습	PART 01 복습	PART 02 Ch 01 학습

2주차						
날짜	__월__일	__월__일	__월__일	__월__일	__월__일	__월__일
학습 내용	PART 02 Ch 02 학습	PART 02 Ch 03 학습	PART 02 Ch 04 학습	PART 02 Ch 05 학습	PART 02 Ch 06 학습	PART 02 Ch 07 학습

3주차						
날짜	__월__일	__월__일	__월__일	__월__일	__월__일	__월__일
학습 내용	PART 02 복습	PART 03 Ch 01 학습	PART 03 Ch 02 학습	PART 03 Ch 03 학습	PART 03 Ch 04 학습	PART 03 Ch 05 학습

4주차						
날짜	__월__일	__월__일	__월__일	__월__일	__월__일	__월__일
학습 내용	PART 03 Ch 06 학습	PART 03 Ch 07 학습	PART 03 Ch 08 학습	PART 03 복습	전체 복습	전체 복습

LEET 논술 고득점 가이드

1. LEET 소개

1) LEET란?

LEET(Legal Education Eligibility Test, 법학적성시험)는 법학전문대학원 교육을 이수하는 데 필요한 수학 능력과 법조인으로서 지녀야 할 기본적 소양 및 잠재적인 적성을 가지고 있는지를 측정하는 시험을 말합니다. LEET는 법학전문대학원 입학전형에서 적격자 선발 기능을 제고하고 법학교육 발전을 도모하는 데 그 목적이 있습니다.

2) 응시자격 및 시험성적 활용

LEET의 응시자격에는 제한이 없으나, 법학전문대학원에 입학하기 위해서는 『법학전문대학원 설치·운영에 관한 법률』 제22조에 따라 학사학위를 가지고 있는 자 또는 법령에 의하여 이와 동등 이상 학력이 있다고 인정된 자, 해당년도 졸업예정자(학위취득 예정자 포함)이어야 합니다. 또한 LEET 성적은 『법학전문대학원 설치·운영에 관한 법률』 제23조에 따라 당해 학년도에 한하여 유효하며 개별 법학전문대학원에서 입학전형 필수요소 중 하나로 활용됩니다.

3) 시험영역 및 시험시간

언어이해와 추리논증 영역의 문제지는 홀수형과 짝수형으로 제작되며, 수험번호 끝자리가 홀수인 수험생에게는 홀수형, 짝수인 수험생에게는 짝수형 문제지가 배부됩니다. 한편 논술 영역의 문제지는 단일 유형으로 제작됩니다.

교시	시험영역	문항 수	시험시간	문제 형태
1	언어이해	30	09:00~10:10(70분)	5지선다형
2	추리논증	40	10:45~12:50(125분)	5지선다형
	점심시간		12:50~13:50(60분)	
3	논술	2	14:00~15:50(110분)	서답형
계	3개 영역	72문항	305분	

※ 출처: 법학전문대학원협의회 홈페이지

2. 논술 알아보기

1) 출제 방향

논술은 법학전문대학원 교육 및 법조 현장에서 필요한 논증적 글쓰기 능력을 측정하는 것을 목표로 하고 있습니다. 이에 따라 문항을 주어진 사례의 문제 상황을 해결하는 방안과 그 논거를 논리적으로 구성하고, 이를 설득력 있게 표현할 수 있는지를 평가하는 사례형으로 출제하여 제시된 사례를 적절하게 분석하고 쟁점을 정확하게 도출하는 능력, 그리고 쟁점에 대한 자신의 견해를 제시하고 그 근거를 논증 형식으로 서술하는 글쓰기 능력을 평가하는 데 출제의 기본 방향을 두고 있습니다.

2) 출제 범위

논술에서는 법조인에게 기본적으로 필요한 사안 분석, 쟁점 도출, 쟁점 평가 등의 능력을 평가합니다. 이를 위해 문제는 주어진 자료나 원칙, 관점 등을 활용하여 사례를 해결하도록 요구하고 있어, 분석력과 판단력을 갖춘 수험생이라면 전공에 상관없이 일반적으로 풀 수 있는 범위에서 출제되고 있습니다.

LEET 논술 고득점 가이드

3) 문제 구성

① 내용 영역

논술은 인문, 사회, 과학·기술, 규범 및 이들의 복합 영역으로, 총 2문제가 출제됩니다.

내용 영역	내용
인문	인간의 본질과 문화에 대한 탐구와 설명을 목적으로 하는 영역
사회	사회 현상에 대한 탐구와 설명을 목적으로 하는 영역
과학·기술	자연 현상, 기술 공학에 대한 탐구와 설명을 목적으로 하는 영역
규범	법과 윤리에 대한 탐구와 설명을 목적으로 하는 영역

② 인지 활동 유형

논술은 크게 '분석'과 '구성' 능력으로 나눌 수 있으며, 분석에서는 '논제 분석', '제시문 분석', 구성에서는 '논증', '비판', '전개', '표현'의 인지 활동 유형에 따라 논증적 글쓰기 능력을 균형 있게 평가하도록 출제됩니다.

구분	인지 활동 유형	내용
분석	논제 분석	주어진 논제의 의도와 그것이 요구하는 과제의 성격을 정확히 파악할 수 있는 능력
	제시문 분석	주어진 제시문을 이해하고 그것이 조직되어 있는 방식을 발견해 내는 능력
구성	논증	논리적으로 사고를 구성하는 능력
	비판	타당한 근거를 바탕으로 한 평가 및 판단 능력
	전개	심층적 및 독창적 사고를 구성하는 능력
	표현	적절한 언어를 사용하여 글로 표현하는 능력

3. 대비 전략

① 유형 분석과 논리 구조 파악을 해야 합니다.

LEET 논술은 문제에 논리적으로 대답하는 논리적 글쓰기입니다. 논리적 글쓰기 시험에서 고득점하기 위해서는 원리에 대한 이해와 꾸준한 연습이 필요합니다. 먼저, 원리에 대한 이해가 필요합니다. LEET 논술은 인문계 영역에서 최고급 시험입니다. 논리 구조가 제대로 설계되어 있지 않으면 고득점할 수 없습니다. 부분적으로는 좋은 논리라 하더라도 전체 논리 구조에서 어색하다면 감점 포인트가 되는 것입니다. 이를 파악하기 위해서는 논리적으로 큰 구조와 그에 대한 세부 표현이 전체적으로 균형성을 달성할 수 있도록 해야 합니다.

② 꾸준한 연습을 해야 합니다.

많은 수험생들이 머리로 생각한 것이 곧바로 글로 나올 것이라 착각합니다. 이는 마치 수영하는 방법을 머리로 이해하면 곧바로 수영 선수가 된다고 착각하는 것이나 마찬가지입니다. LEET 논술 시험은 두 문제가 출제됩니다. 두 문제에 대해 정해진 짧은 시험 시간 안에 논리를 구성하고 논증을 표현해야 합니다. 이 연습이 충분히 되어 있지 않다면, 고득점을 하는 것은 불가능합니다. 수영 선수가 연습은 전혀 하지 않고 머리로 생각만 했다면 수영 대회에서 입상하는 것은 불가능한 것과 유사합니다.

③ 기출문제를 분석하고 답안 작성을 해봐야 합니다.

최소한 최근 4개년간 출제된 기출문제는 직접 답안을 작성해야 합니다. 수험생들이 언어이해, 추리논증을 공부할 때 기출문제를 실제 시험시간에 맞춰 풀어보고 오답 정리를 하는 것은 당연하게 여기고 있습니다. 그러나 LEET 논술의 경우 답안을 작성해본 적이 없는 수험생이 훨씬 더 많은 것이 현실입니다. 시험시간에 맞춰 문제를 풀고 답안을 작성해본 경험이 있는 수험생과 그렇지 않은 수험생 사이에는 건널 수 없는 격차가 있으니 반드시 직접 답안을 작성해보는 것이 필요합니다.

PART

다 같은 논술이 아니다!

LEET 논술 이해하기

**Chapter
01**

LEET 논술이란?

법조인과 LEET, LEET 논술

1. LEET의 목적과 로스쿨 입시과목 설계

LEET는 언어이해, 추리논증, 논술로 구성되어 있다. 시험은 본질적으로 수단이기 때문에 목적에 부합하도록 설계된 것이다. LEET는, 법학전문대학원에서 법학에 대한 이론적 학습을 하여 현실사건의 문제해결능력을 갖춘 법조인이 될 적성과 능력을 갖춘 학생을 선발하기 위한 목적으로 설계된 수단이다.

법조인은 다음과 같은 형태로 업무를 하게 된다. ① 방대한 분량의 서류를 읽어 내용을 파악하고, ② 자신의 목적에 맞게 논리를 재구성한 후, ③ 자신의 입장을 논리적으로 표현해 타인을 설득하기 위한 논리적인 글을 쓰고, ④ 법정에서 타인 앞에서 말함으로써, ⑤ 자신이 이루고자 하는 법조인의 미래, 즉 법조인상을 스스로 만들어간다.

로스쿨 입학시험의 중심요소들은 다음과 같은 능력을 평가하기 위한 시험이다. ① LEET 언어이해는 방대한 분량의 서류를 정확하고 빠르게 읽어내는 능력을, ② LEET 추리논증은 의뢰인의 입장에 따라 논리를 재구성하는 능력을, ③ LEET 논술은 이렇게 구성한 논리를 타인에게 표현해서 설득하는 능력을, ④ 로스쿨 면접은 타인 앞에서 논리적 말하기를 할 수 있는 능력을, ⑤ 자기소개서는 법조인의 직업을 가진다면 장래 달성하고자 하는 법조인상을 측정하고자 한다.

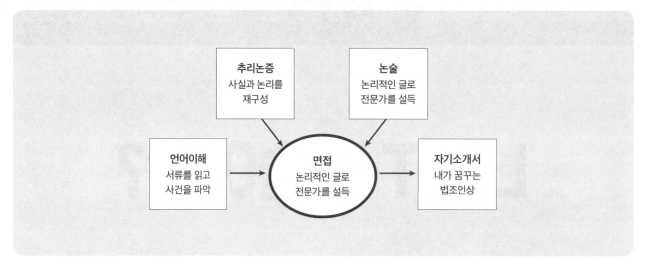

구체적으로 설명하면 다음과 같다.

법조인은 먼저, 경찰의 사건 기록과 진술 기록 등을 빠르게 읽어 사건 내용을 파악해야 한다. 이것이 언어이해에서 측정하고자 하는 능력이다. 최근 언어이해 제시문은 소재가 다양해지고 난이도가 높아지면서 길이도 길어지는 경향이 있다. 법조인이 해결해야 할 사회 문제들이 다양해지고 복잡해지며 많은 이해관계가 얽히고 있기 때문이다.

법조인은 파악한 사건 내용 중에 의뢰인에게 유리한 내용과 불리한 내용을 논리적으로 구분해야 한다. 유리한 내용은 강화하고, 불리한 내용은 약화시켜서 의뢰인의 이익을 달성해야 한다. 논리적으로 유리한 것, 불리한 것을 빠르게 구분하고 강화와 약화를 논증하는 것이다. 이것이 추리논증에서 측정하고자 하는 능력이다. 최근 추리논증에서 논증 분야가 강조되는 경향이 있는데, 법조인이 논증 분야에 특화된 전문가이기 때문이다.

법조인은 흔히 서면으로 말한다고 한다. 법률 절차는 모두 서면으로 진행되어 모든 이해관계자가 확인 가능하도록 한다. 원고와 피고, 재판부는 각자의 주장을 관철하기 위해 법 논리와 현실사건의 구체적 사실들을 논리적으로 연결하고 증명한다. 흔히 법학에서 목차가 가장 중요하다고 말하는데, 목차가 바로 이러한 서면의 논리 구조와 구성을 말하는 것이다. 이것이 LEET 논술에서 측정하고자 하는 능력이다.

법조인은 재판에서 주도적인 역할을 할 수 있는 유일한 직업인이다. 법조인은 의뢰인의 법률상 이익을 보호하기 위해 논리적인 말하기, 즉 변론을 하게 된다. 아마도 이는 법정 영화를 통해 많이 접해보았을 것이다. 변론은 혼자서 진행하지 않는다. 상대방 역시 논리적인 반박을 하기 때문에 이 반박에 대응하면서 자기 주장을 설득력 있게 펼쳐야 한다. 판사가 어느 측의 논리가 더 설득력 있다고 판단하는지에 따라 승패가 갈라진다. 이것이 로스쿨 면접에서 측정하고자 하는 능력이다.

마지막으로, 자기소개서는 위와 같은 능력을 갖춘 법조인이 장래 이루고자 하는 법조인상을 판단하고자 한다. 조선을 일제에 팔아먹은 대표적인 친일파인 이완용은 과거시험에 급제하고 미국 외교관으로 파견되어 영어에 능통한 유능한 자였다. 을사오적인 이완용은 대단한 능력을 보유했으나 그 능력을 일신의 영달을 위해 사용했다. 법조인은 자신의 능력을 어떻게 사용할 것인지 미리 생각해야 한다. 자기소개서는 법조인이 되고자 결심한 과거의 계기인 지원동기, 이를 위한 현재의 노력인 대학생활, 로스쿨 학업을 마친 후 다양한 커리어를 밟아 달성하고자 하는 미래의 법조인상을 논리적 일관성을 갖추어 작성하여야 한다.

법학전문대학원, 즉 로스쿨의 존재 목적은 사회에 기여하는 법조인의 양성에 있다. LEET와 로스쿨 입시는 법조인으로 성장할 적성을 갖춘 학생의 능력을 평가하기 위한 수단으로 설계되어 있다. 이를 이해한 바탕 위에서 로스쿨 입시를 계획한다면 평가관의 입장에서 어떤 수험생을 선발하고자 하는지 판단할 수 있을 것이다.

2. LEET 논술

(1) 형식적 국민주권에서 실질적 국민주권의 시대로

과거에는 법관이나 의사라는 권위자가 내린 결정에 대해 이해당사자들이 승복하는 분위기가 있었다. 일반국민의 학력·지식의 정도가 낮았기 때문이었다. 높은 학력과 지식을 지닌 법관이나 의사의 판단은 모두 옳을 것이라는 생각에 비판의식은 가라앉았다. 설사 몇몇 사람이 문제를 제기하더라도 불평분자의 작은 목소리로 인식되었으며 국민들의 호응이 없었고 시간이 지나면 자연스럽게 조용해졌다. 그러나 국민의 교육 정도가 높아짐에 따라 법관, 의사와 같은 전문가의 판단을 당연시하는 분위기는 사라져가고 있다. 또한 국민주권의 확산에 따라 국민을 설득하지 못하면서 법관의 권위만으로 그 정당성을 인정받을 수 없게 되었다. 전문가라 할지라도 이해당사자인 국민을 설득해야만 인정받을 수 있다. 상대방을 자신의 주장으로 끌어당기거나 최소한 자신의 주장에 대해 일리가 있다는 상대방의 공감을 얻어야 한다. 논술은 바로 상대방을 설득하는 기술이다. 주권자인 국민을 설득하지 못하고서는 성공한 법조인이 될 수 없다.

(2) 소통의 시대

국민참여재판제도 등과 같은 배심재판제도가 도입됨에 따라 검사·변호사는 배심원들을 일반인의 용어와 지식으로서 설득해야만 한다. 검사나 변호사는 기존에는 판사를 설득하는 것으로 족했다. 검사, 변호사는 자신들만이 알고 있는 용어, 지식을 전제로 하여 법관을 설득하면 충분했다. 그러나 이제는 검사, 변호사만이 알고 있는 전문용어나 지식을 전제로 해서는 배심원을 설득할 수 없다. 배심원이 알고 있는 일반용어로 설명하고 설득해야만 한다. 소통할 수 없는 전문지식의 효용성은 떨어진다. 수많은 철학자들이 있으나, 우리나라 사람들이 가장 널리 알고 있는 철학자는 <정의란 무엇인가>❶를 쓴 마이클 샌델일 것이다. 칸트, 롤스를 비롯한 뛰어난 철학자들이 있으나, 어려운 철학적 논쟁을 일반인들도 이해할 수 있도록 널리 알린 철학자는 단연코 마이클 샌델이다.

❶ 정의란 무엇인가

마이클 샌델의 <정의란 무엇인가>는 철학자와 일반인의 소통을 시도했고 이에 성공한 것이다. 고도의 전문적 지식이 무용하다는 것이 아니라 지식을 일반인에게 널리 유통시켜 지식의 효용성을 높인 것은 분명하다는 것이다.

정보화의 시대, 소통의 시대에서 지식의 가치는 그 유통의 정도가 커질수록 더 높은 가치를 지닌다. 변호사와 같은 법조인이 가진 전문지식을 일반인들이 이해할 수 있도록 유통시켜야 전문지식의 효용성이 높아진다. 자신이 가진 전문지식, 법률지식을 소통시킬 수 있는 능력을 길러야 한다. LEET 논술에 대한 공부는 이러한 소통능력을 기르는 귀중한 공부이다.

(3) 법률가로서의 기본 소양

글의 목적이 무엇인가와 독자가 누구인가에 따라 글의 내용과 구성은 달라야 한다. 로스쿨은 법률가를 양성하기 위한 대학원이므로, LEET 논술은 법률가의 기본 소양을 갖추고 있느냐를 평가하는 시험이다. 분쟁이 발생한 경우, 법률가는 사건 개요, 대립되는 이해 당사자의 주장과 이유를 먼저 파악해야만 한다. 따라서 법률가는 복잡한 사건 개요와 당사자들의 주장을 간략하게 요약하는 능력이 필요하다. 또한 분쟁을 해결할 수 있는 대안을 제시하고 그 이유를 밝혀 이해 당사자들을 설득해야 한다. 이해 당사자를 모두 만족시키는 창의적 대안을 제시할 수 있는 능력도 필요하다. 이해 당사자를 모두 만족시킬 수 없을 때에는 상대방의 주장이 근거 없음을 드러내야 하므로 비판능력도 필요하다. 이러한 법률가로서 지녀야 할 모든 능력을 논술을 통하여 평가할 수 있기 때문에 로스쿨 입학시험에서 논술이 중요하다.

로스쿨 입시의 모든 것

1. 로스쿨 입시

필자는 2009학년도 로스쿨 1기부터 시작해서 현재까지 15년이 넘도록 로스쿨 입시를 담당해왔다. 많은 수험생들은 자신의 상황이 특수한 경우에 해당하기 때문에 로스쿨에 진학할 수 있을까 고민하는 경우가 많다. 수험생들의 고민은 여러 가지가 있다. 이런 다양한 고민에 대답하기 위해 SNS 채널을 운영 중이다. 로스쿨 입시에 관한 유튜브, 인스타그램, 네이버 블로그를 운영 중이다.

먼저 유튜브❷에서는 '말미잘선생' 채널(https://www.youtube.com/@lawschool_kjs)을 운영 중이다. 로스쿨에 관한 여러 콘텐츠가 제공되어 있다. 대표적인 예를 들면, 로스쿨에 진학하고 싶은 대학생이 하면 좋은 대외활동, LEET 논술 원고지 사용법, 최신시사이슈, 필독서 추천 등이 있다. 유튜브 말미잘선생 채널에서는 매주 일요일 밤 10시에 라이브 방송을 하는데, Q&A, 시사이슈, 수험생의 구체적인 상황에 대한 로입 상담소가 진행된다.

인스타그램❸(@lawschool_kjs)에서는 로스쿨 면접 기출문제, 합격수기, 강의계획 등이 제공된다.

네이버 블로그(blog.naver.com/lawschool_kjs)에서는 강의계획서, 합격수기가 제공된다. 특히 다양한 경험을 가진 수험생들의 로스쿨 합격수기❹가 실려 있다. 자신의 상황에서 로스쿨에 합격할 수 있을까 고민되는 수험생은 이 합격수기를 살펴보기 바란다.

❷ 유튜브

❸ 인스타그램

❹ 수험생들의 로스쿨 합격수기

2. 로스쿨 입시 일정

다음 표는 2024학년도 법학전문대학원 입학전형 주요일정이다. 원서 접수, 시험 일자 등은 매년 바뀌기 때문에 참고사항으로 생각해 주기 바란다. 가장 중요한 일정인 LEET 시험은 7월말에 시행되며, LEET 성적은 시험일자로부터 대략 1달 후에 발표된다.

주요내용			일정	비고
'2024학년도 입학전형 기본계획' 공고			2023. 4월 중순	
2024학년도 LEET 시험일			2023. 7. 23. (일)	
LEET 성적발표			2023. 8. 22. (화)	
정시 모집	원서접수		9. 18.(월) 9시~9. 22.(금) 18시	
	면접일자	'가'군	10. 23.(월)~11. 5.(일)	기간 내에서 학교가 일정을 정함
		'나'군	11. 6.(월)~11. 19.(일)	
	최초 합격자	발표	11. 20.(월)~12. 1.(금)	'결원보충제도'는 시행령 개정에 의해 진행여부가 결정됨
		등록	2024. 1. 2.(화)~3.(수)	
	1차 추가 합격자	발표	2024. 1. 4.(목)~5.(금)	
		등록	2024. 1. 8.(월)~9.(화)	
	1차 추가합격자 등록이후 결원 발생 시 학교별 일정에 따라 충원 진행함			
	결원인원의 확정일 (학생선발 완료)		2024. 2. 29.(목)	
추가모집			예비후보자가 없는 학교의 경우 자체일정을 정하여 실시	

3. 로스쿨 입학전형 기본계획

다음 표는 2024학년도 법학전문대학원 입학전형 기본계획이다. 이 기본계획은 로스쿨 입시의 큰 틀에 불과하고 매년 바뀔 수 있기 때문에 참고사항으로 생각해주기 바란다. 또한 세부적인 요소들은 매년 바뀌기 때문에 입시를 준비하는 학생들은 반드시 재확인해야 한다. 입학전형 계획은 법학전문대학원협의회 홈페이지❺, 혹은 해커스로스쿨 홈페이지 정보실❻에서 확인할 수 있다.

로스쿨 입시는 LEET 성적이 공개된 후, (가)군과 (나)군에 각각 지원할 수 있고, 1차 전형을 통과한 경우에 한하여 2차 전형요소를 평가한 후 최종합격이 결정된다.

정량요소, 즉 LEET와 학점과 영어 성적은 명확하게 객관화된 점수가 공개되고 비교되기 때문에 수험생이 자신의 유불리를 어느 정도 미리 판단할 수 있다. LEET 기출문제는 법학적성시험 홈페이지❼(LEET.or.kr)와 해커스로스쿨 입시정보실에서 제공하고 있다. 학점과 영어 성적의 반영 비중과 반영 환산식은 각 로스쿨마다 모두 다르다. 언어이해와 추리논증에서 가중치를 별도로 주는 경우도 있고, 학점의 경우 급간으로 배점하는 경우도 있으며, 영어 성적은 특정 점수 이상을 받으면 되는 P/F로 반영하는 경우도 있다.

정성요소, 즉 논술, 자기소개서, 면접은 로스쿨에 따라 1차 전형에서 반영되기도 하고 2차 전형에서 반영되기도 한다. 최근의 변화를 보자면, 자기소개서는 오랫동안 2차 전형요소였으나 2024학년도 로스쿨 입시에서는 25개 로스쿨 중 24개의 로스쿨이 자기소개서를 1차 전형요소로 평가하는 것으로 바뀌었다.

이처럼 로스쿨 입시전형은 일관된 기준이 존재하지 않고 매년 변화하고 있다. 이에 더해 모든 로스쿨은 자교의 기준이 있으며, 작년 기준과 금년 기준이 달라지기도 하므로 자신이 지원하는 로스쿨의 입시요강을 반드시 확인해야 한다. 로스쿨의 해당년도 입시요강은 7월경에 발표되기 때문에 수험생은 자신이 진학하고자 하는 로스쿨의 전년도 입시요강을 확인해 대략적인 사항을 파악하고 이후 구체적인 사항을 재확인해야 한다.

❺ 법학전문대학원협의회 홈페이지

❻ 해커스로스쿨 홈페이지

❼ 법학적성시험 홈페이지

대학명 [특성화 분야]	모집 인원 (가군/ 나군)	전형방법 및 내용				특별전형 (모집군, 인원)	비고
		1단계 [합계]	2단계 [합계]	선발방법			
				1단계	2단계		
강원대 [환경법]	40명 (0/40)	• LEET성적: 150점 • 대학성적: 100점 • 어학성적: P/F • 서류심사: 100점 [합계: 350점]	• 1단계성적: 350점 • 논술성적: 50점 • 면접성적: 50점 [합계: 450점]	정원의 300% 선발	총점순위 (단, 비법학사, 타대학, 지역인재 쿼터충족을 위한 변동가능)	3명 ('나'군)	• 비법학사: 20명 이상 • 타대학: 24명 이상 • 지역인재: 4명 이상
건국대 [부동산]	40명 (40/0)	• LEET성적: 200점 • 대학성적: 200점 • 어학성적: P/F • 서류심사: 200점 [합계: 600점]	• 1단계성적: 600점 • 논술성적: 50점 • 면접성적: 50점 [합계: 700점]	정원의 300% 이상 선발	총점순위 (단, 비법학사, 타대학 쿼터충족을 위한 변동가능)	3명 ('가'군)	• 비법학사: 1/3명 이상 • 타대학: 1/3명 이상
경북대 [IT]	120명 (60/60)	• LEET성적: 150점 • 대학성적: 100점 • 어학성적: 70점 • 서류면접: 80점 [합계: 400점]	• 1단계성적: 400점 • 논술성적: 30점 • 면접성적: 70점 [합계: 500점]	정원의 300% 선발	총점순위 (단, 비법학사, 타대학, 지역인재 쿼터충족을 위한 변동가능)	9명 ('가'군 5명, '나'군 4명)	• 비법학사: 40명 이상 • 타대학: 40명 이상 • 지역인재: 23명 이상
경희대 [글로벌 기업법학]	60명 (60/0)	• LEET성적: 100점 • 대학성적: 100점 • 어학성적: P/F • 서류심사: 100점 [합계: 300점]	• 1단계성적: 300점 • 면접성적: 100점 [합계: 400점]	정원의 400% 선발	총점순위 (단, 비법학사, 타대학 쿼터충족을 위한 변동가능)	5명 ('가'군)	• 비법학사: 21명 이상 • 타대학: 21명 이상
고려대 [국제법무 (Global Legal Practice)]	120명 (0/120)	• LEET성적: 200점 • 학부성적: 150점 • 자기소개서: 150점 • 어학성적: P/F • 논술성적: P/F [합계: 500점]	• 1단계성적: 500점 • 면접성적: 100점 [합계: 600점]	정원의 300% 이내 선발	총점순위 (단, 비법학사, 타대학 쿼터충족을 위한 변동가능)	9명 ('나'군)	• 비법학사: 1/3명 이상 • 타대학: 1/3명 이상
동아대 [국제상거래법]	80명 (40/40)	• LEET성적: 300점 • 대학성적: 100점 • 어학성적: 200점 • 서류심사: 200점 [합계: 800점]	• 1단계성적: 800점 • 논술성적: 100점 • 면접성적: 100점 [합계: 1,000점]	정원의 300% 선발	총점순위 (단, 비법학사, 타대학, 지역인재 쿼터충족을 위한 변동가능)	6명 (군별 3명씩)	• 비법학사: 27명 이상 • 타대학: 27명 이상 • 지역인재: 12명 이상
부산대 [금융 · 해운 통상법]	120명 (60/60)	• LEET성적: 30점 • 대학성적: 30점 • 어학성적: P/F • 서류심사: 20점 [합계: 80점]	• 1단계성적: 80점 • 면접성적: 20점 [합계: 100점]	정원의 300% 선발 (특별전형 400%)	총점순위 (단, 비법학사, 타대학, 지역인재 쿼터충족을 위한 변동가능)	9명 ('가'군 5명, '나'군 4명)	• 비법학사: 40명 이상 • 타대학: 40명 이상 • 지역인재: 18명 이상
서강대 [기업법 (금융법)]	40명 (20/20)	• LEET성적: 30점 • 대학성적: 20점 • 어학성적: P/F • 서류심사: 20점 [합계: 70점]	• 1단계성적: 70점 • 면접성적: 10점 [합계: 80점]	정원의 300% 선발	총점순위 (단, 비법학사, 타대학 쿼터충족을 위한 변동가능)	3명 ('가'군 2명, '나'군 1명)	• 비법학사: 1/3명 이상 • 타대학: 1/3명 이상
서울대 [국제법무, 공익인권, 기업금융]	150명 (150/0)	<일반전형> • 어학성적: P/F • LEET성적: 60점 • 대학성적: 60점 • 서류심사: 80점 [합계: 200점]	• 1단계성적: 200점 • 면접 및 구술고사: 50점 [합계: 250점]	정원의 150% 선발 (특별전형 300%)	총점순위 (단, 비법학사, 타대학 쿼터충족을 위한 변동가능)	11명 이상 ('가'군)	• 비법학사: 1/3명 이상 • 타대학: 1/3명 이상
		• 특별전형 선발 대상 및 기준 등은 전년도 모집안내를 참고하되 추후 공지되는 2024학년도 모집안내를 반드시 확인하기 바람					

대학명 [특성화 분야]	모집 인원 (가군/ 나군)	전형방법 및 내용				특별전형 (모집군, 인원)	비고
		1단계 [합계]	2단계 [합계]	선발방법			
				1단계	2단계		
서울시립대 [조세법]	50명 (50/0)	• LEET성적: 35점 • 대학성적: 15점 • 어학성적: 10점 • 서류심사: 20점 [합계: 80점]	• 1단계성적: 80점 • 논술성적: 5점 • 면접 및 구술고사: 15점 [합계: 100점]	정원의 300% 선발 (특별전형 400%)	총점순위 (단, 비법학사, 타대학 쿼터충족을 위한 변동가능)	5명 ('가'군)	• 비법학사: 50% 이상 • 타대학: 50% 이상
성균관대 [기업법무]	120명 (0/120)	• LEET성적: 30점 • 대학성적: 30점 • 어학성적: 5점 • 서류심사: 20점 [합계: 85점]	• 1단계성적: 85점 • 면접성적: 15점 [합계: 100점]	정원의 200~ 250% 내외 선발	총점순위 (단, 비법학사, 타대학 쿼터충족을 위한 변동가능)	9명 ('나'군)	• 비법학사: 40명 이상 • 타대학: 40명 이상 • LEET논술은 서 류심사에 반영
아주대 [중소기업 법무]	50명 (25/25)	• LEET성적: 30점 • 대학성적: 20점 • 어학성적: 20점 • 서류심사: 10점 [합계: 80점]	• 1단계성적: 80점 • 논술성적: 5점 • 면접성적: 15점 [합계: 100점]	정원의 400% 선발	총점순위 (단, 비법학사, 타대학 쿼터충족을 위한 변동가능)	4명 (군별 2명씩)	• 비법학사: 17명 이상 • 타대학: 17명 이상
연세대 [공공 거버넌스, 글로벌 비즈니스, 의료과학 기술]	120명 (0/120)	• LEET성적: 150점 • 대학성적: 150점 • 어학성적: P/F • 서류심사: 100점 [합계: 400점]	• 1단계성적: 400점 • 면접성적: 50점 [합계: 450점]	정원의 250% 내외 선발	총점순위 (단, 비법학사, 타대학 쿼터충족을 위한 변동가능)	9명 ('나'군)	• 비법학사: 1/3명 이상 • 타대학: 1/3명 이상 • LEET논술은 서류평가에서 검토
영남대 [공익, 인권]	70명 (35/35)	• LEET성적: 300점 • 대학성적: 100점 • 어학성적: 100점 • 서류심사: 200점 [합계: 700점]	• 1단계성적: 700점 • 논술성적: 100점 • 면접성적: 200점 [합계: 1,000점]	정원의 500% 내외 선발	총점순위 (단, 비법학사, 타대학 쿼터충족을 위한 변동가능)	5명 ('가'군 3명, '나'군 2명)	• 비법학사: 24명 이상 • 타대학: 49명 이상 • 지역인재: 11명 이상
원광대 [의생명분야]	60명 (30/30)	• LEET성적: 40점 • 대학성적: 20점 • 어학성적: 20점 • 서류평가: 20점 [합계: 100점]	• 1단계성적: 100점 • 면접성적: 20점 [합계: 120점]	정원의 500% 선발	총점순위 (단, 비법학사, 타대학, 지역인재 쿼터충족을 위한 변동가능)	5명 ('나'군)	• 비법학사: 22명 이상 • 타대학: 29명 이상 • 지역인재: 9명 이상
이화여대 [생명의료법, Gender법]	100명 (0/100)	• LEET성적: 70점 • 대학성적: 40점 • 어학성적: 20점 • 서류심사: 50점 [합계: 180점]	• 1단계성적: 180점 • 논술성적: 10점 • 심층면접: 10점 [합계: 200점]	정원의 300% 이내 선발	총점순위 (단, 비법학사, 타대학 쿼터충족을 위한 변동가능)	8명 ('나'군)	• 비법학사: 34명 이상 • 타대학: 34명 이상
인하대 [물류법, 지적재산권]	50명 (25/25)	• LEET성적: 250점 • 대학성적: 200점 • 어학성적: 100점 • 서류심사: 200점 [합계: 750점]	• 1단계성적: 750점 • 논술성적: 100점 • 면접성적: 150점 [합계: 1,000점]	정원의 400% 내외 선발	총점순위 (단, 비법학사, 타대학 쿼터충족을 위한 변동가능)	4명 ('가'군)	각 군별 • 비법학사: 1/3명 이상 • 타대학: 1/3명 이상

대학명 [특성화 분야]	모집 인원 (가군/ 나군)	전형방법 및 내용				특별전형 (모집군, 인원)	비고
		1단계 [합계]	2단계 [합계]	선발방법			
				1단계	2단계		
전남대 [공익인권법]	120명 (60/60)	• LEET성적: 150점 • 대학성적: 150점 • 어학성적: P/F • 서류심사: 100점 [합계: 400점]	• 1단계성적: 400점 • 논술성적: 50점 • 면접성적: 50점 [합계: 500점]	정원의 300% 선발	총점순위 (단, 비법학사 타대학, 지역인재 쿼터충족을 위한 변동가능)	9명 ('가'군)	• 비법학사: 40명 이상 • 타대학: 40명 이상 • 지역인재: 18명 이상
전북대 [동북아법]	80명 (37/43)	• LEET성적: 35점 • 학부성적: 15점 • 어학성적: 10점 • 서류심사: 15점 [합계: 75점]	• 1단계성적: 75점 • 논술성적: 10점 • 면접성적: 15점 [합계: 100점]	정원의 300% 이상 선발	총점순위 (단, 비법학사 타대학, 지역인재 쿼터충족을 위한 변동가능)	6명 ('나'군)	• 비법학사: 27명 이상 • 타대학: 27명 이상 • 지역인재: 12명 이상
제주대 [국제법무]	40명 (20/20)	• LEET성적: 40점 • 대학성적: 20점 • 어학성적: P/F [합계: 60점]	• 1단계성적: 60점 • 면접성적: 40점 - 서류심사: 16점 - LEET논술: 8점 - 구술고사: 16점 [합계: 100점]	정원의 300% 선발	총점순위 (단, 비법학사 타대학, 지역인재 쿼터충족을 위한 변동가능)	3명 ('가'군 2명, '나'군 1명)	• 비법학사: 35% 이상 • 타대학: 35% 이상 • 지역인재: 5% 이상
중앙대 [문화법]	50명 (50/0)	• LEET성적: 100점 • 학부성적: 100점 • 어학성적: 100점 • 서류심사: 100점 [합계: 400점]	• 1단계성적: 400점 • 면접성적: 100점 [합계: 500점]	정원의 400% 선발	총점순위 (단, 비법학사, 타대학 쿼터충족을 위한 변동가능)	4명 ('가'군)	• 비법학사: 50% 이상 • 타대학: 40% 이상
충남대 [지적재산권]	100명 (50/50)	• LEET성적: 120점 • 대학성적: 100점 • 어학성적: 100점 • 서류심사: 30점 [합계: 350점]	• 1단계성적: 350점 • 논술성적: 20점 • 면접성적: 40점 [합계: 410점]	정원의 300% 선발	총점순위 (단, 비법학사, 타대학, 지역인재 쿼터충족을 위한 변동가능)	7명 ('나'군)	• 비법학사: 42명 이상 • 타대학: 60명 이상 • 지역인재: 군별 8명 이상
충북대 [과학기술법]	70명 (40/30)	• LEET성적: 200점 • 학부성적: 100점 • 어학성적: P/F • 서류심사: 40점 [합계: 340점]	• 1단계성적: 340점 • 면접성적: 20점 [합계: 360점]	정원의 300% 선발	총점순위 (단, 비법학사, 타대학, 지역인재 쿼터충족을 위한 변동가능)	5명 ('나'군)	• 비법학사: 25명 이상 • 타대학: 25명 이상 • 지역인재: 11명 이상
한국외대 [국제지역]	50명 (50/0)	• LEET성적: 100점 • 대학성적: 100점 • 어학성적: 100점 • 서류심사: 150점 • 논술성적: P/F [합계: 450점]	• 1단계성적: 450점 • 면접성적: 50점 [합계: 500점]	정원의 300 ~400% 선발	총점순위 (단, 비법학사, 타대학 쿼터충족을 위한 변동가능)	4명 ('가'군)	• 비법학사: 50% 이상 • 타대학: 50% 이상
한양대 [공익인권 및 거버넌스, 지식문화 및 과학기술]	100명 (0/100)	• LEET성적: 40점 • 대학성적: 20점 • 어학성적: P/F • 서류심사: 20점 [합계: 80점]	• 1단계성적: 80점 • 면접성적: 10점 [합계: 90점]	정원의 200% 내외 선발	총점순위 (단, 비법학사, 타대학 쿼터충족을 위한 변동가능)	입학자의 7% 이상 ('나'군)	• 비법학사: 40% 이상 • 타대학: 40% 이상 • LEET논술은 서류평가에 서 검토

법학적성시험(LEET)

1. 법학적성시험이란?

(1) 법학적성시험의 성격

지식기반사회에서 국가경쟁력의 원천은 한 국가가 보유하고 있는 인적 자원이다. 자원이 부족한 우리나라는 인적 자원의 중요성이 한층 크다. 우리나라에서는 다원화·국제화 시대에 부응할 수 있는 유능한 법조인을 양성하여 질 높은 법률 서비스를 제공할 수 있는 고급 전문 인력 양성체제를 구축하고자 2009학년도부터 법학전문대학원 제도를 도입하기로 하였다.

법학적성시험(Legal Education Eligibility Test: LEET)은 법학전문대학원 교육을 이수하는 데 필요한 수학 능력과 법조인으로서 지녀야 할 기본적 소양과 잠재적인 적성을 가지고 있는가를 측정하는 시험이다.

(2) 법학적성시험(LEET)의 목적

법학적성시험은 법학전문대학원 교육에 필요한 기본 능력과 소양을 측정하는 시험으로서, 법학전문대학원 입학 전형에서 적격자 선발 기능을 제고하고, 법학 교육 발전을 도모하는 데 목적이 있다.

2. 법학전문대학원 입학 자격

법학전문대학원 입학자격은 『법학전문대학원 설치·운영에 관한 법률』제22조에 따라 '학사학위를 가지고 있는 자 또는 법령에 의하여 이와 동등 학력이 있다고 인정된 자'와 '해당년도 졸업예정자(학위취득 예정자 포함)'이다.❽

학부에 재학 중인 4학년 중에 로스쿨에 합격하고도 입학하지 못하는 경우가 있다. 로스쿨은 법학전문대학원이기 때문에 석사 과정이고, 학사 학위를 받지 못하면 입학 자체가 불가능하다. 졸업학기를 앞둔 학부 4학년 학생이 로스쿨 입시를 모두 완주하고 합격까지 했으나 졸업 요건을 채우지 못해 진학하지 못하는 경우가 있다. 로스쿨 입시전형을 준비할 때 졸업요건 충족을 반드시 확인해야 한다.

❽ 법학전문대학원 설치·운영에 관한 법률

3. LEET 시험영역, 시험시간 및 문항 수

구분			시간	문항 수(문항 형태)
수험생 입실			08:30까지	
제1교시 (언어이해)		감독관 입실	08:40	30문항 (5지선다형)
		예비령	08:50	
		★준비령★	08:55	
		언어이해	09:00~10:10(70분)	
휴식			10:10~10:35(25분)	
제2교시 (추리논증)		감독관 입실	10:35	40문항 (5지선다형)
		★준비령★	10:40	
		추리논증	10:45~12:50(125분)	
점심			12:50~13:50(60분)	
제3교시 (논술)		감독관 입실	13:50	2문항 (서답형)
		★준비령★	13:55	
		논술	14:00~15:50(110분)	
합계			305분	

① 수험생은 매 교시 시작 10분 전까지 입실해야 하며 시험 중 퇴실할 수 없습니다. (시험 중 화장실 이용은 가능하나 이동 시 다른 수험생들에게 방해가 되어서는 절대 안 됨)

② 준비령 이후 수험생 입실 불가(매 교시 시험 시작 5분 전)

③ 언어이해와 추리논증 영역의 문제지는 홀수형과 짝수형으로 제작되며 수험번호 끝자리가 홀수인 수험생에게는 홀수형, 짝수인 수험생에게는 짝수형 문제지가 배부됨. 논술 영역의 문제지는 단일유형임

4. LEET 시험 출제 기본방향 및 범위[9]

(1) 언어이해 영역

① 언어이해 영역은 인문, 사회, 과학·기술, 문학·예술 분야의 다양한 학문적 또는 학제적 소재를 활용하여 법학전문대학원 교육에 필요한 언어이해 능력, 의사소통 능력 및 종합적인 사고 능력을 측정하는 시험임

② 언어이해 영역은 특정 전공 영역에 대한 세부 지식이 없더라도 대학 교육과정을 정상적으로 마쳤거나 마칠 예정인 수험생이면 주어진 자료에 제공된 정보와 종합적 사고력을 활용하여 문제를 해결할 수 있도록 문항을 구성함

③ 언어이해 영역은 출제 범위를 특정 학문 분야로 제한하지 않고 인문, 사회, 과학·기술, 문학·예술 분야의 다양한 학문적 소재를 활용하여 폭넓은 독서 체험을 바탕으로 한 문제해결력과 사고력을 측정함

(2) 추리논증 영역

① 추리논증 영역은 사실이나 견해 또는 정책이나 실천적 의사 결정 등을 다루는 일상적 소재와 논리학·수학, 인문학, 사회과학, 과학·기술 등 다양한 분야의 학문적인 소재를 활용하여 법학전문대학원 교육에 필요한 추리(reasoning) 능력과 논증(argumentation) 능력을 측정하는 시험임

② 추리논증 영역은 특정 전공 영역에 대한 세부 지식이 없더라도 대학 교육과정을 정상적으로 마쳤거나 마칠 예정인 수험생이면 주어진 자료에 제공된 정보와 종합적 사고력을 활용하여 문제를 해결할 수 있도록 문항을 구성함

③ 추리논증 영역은 출제 범위를 특정 학문 분야로 제한하지 않고 일상적 소재 및 논리학·수학, 인문학, 사회과학, 과학·기술 분야의 다양한 학문적 소재를 활용하여 폭넓은 독서 체험과 문제해결 경험을 바탕으로 한 문제해결력과 사고력을 측정함

(3) 논술 영역

① 논술 영역은 예비 법조인으로서 갖춰야 할 분석적·종합적 사고력과 논리적 글쓰기 능력을 측정하는 시험임

② 논술 영역은 특정 전공에 대한 배경지식이 문제 해결의 관건이 되지 않으며, 대학 교육을 충실히 이수한 수험생이면 제시문에 주어진 정보를 바탕으로 복합적 응용력과 문제해결력으로 해결할 수 있는 문항을 출제함

③ 논술 영역의 제시문은 인문학, 사회과학, 자연과학 등 다양한 학문 분야에서 선정함

[9] 모든 영역에서 중요 개념 또는 핵심적인 내용의 경우 기출 문항이라 하더라도 계속 출제될 수 있다.

5. 수험생 유의사항

① 수험생은 시험 당일 08:30까지 시험실에 입실해야 함

② 매 교시 시작 10분 전까지 입실해야 하며 중간에 퇴실할 수 없음

③ 시험 도중 화장실은 복도감독관 동행하에 이용할 수 있지만, 이동할 때 다른 수험생에게 절대 방해가 되어서는 안 됨

④ 수험생은 시험 중 휴대전화, MP3플레이어, 전자사전, 미디어플레이어 등 각종 전자·정보·통신 기기(저장장치 포함) 및 수험자료 일체, 메모지, 포스트잇, 책받침 등을 소지할 수 없음

⑤ 휴대 가능 물품: 신분증, 수험표, 컴퓨터용 사인펜, 수정테이프, 지워지거나 번지지 않는 흑색 필기구

시험 중 물품 소지 관련 세부 안내

• 시계는 시침, 분침[, 초침]이 있는 아날로그시계만 사용 가능하며, 통신기능 또는 전자식 화면표시기(LCD, LED 등)가 있는 모든 전자시계 (스톱워치, 수험용 시계 포함)의 사용을 금합니다.

• 귀마개는 소음 차단을 위해서 귀에 넣어 사용하는 소형 스펀지 귀마개만 감독관 승인 후에 사용할 수 있습니다.

• 렌즈가 무(無)색이 아닌 안경, 선글라스는 착용할 수 없으며, 안경에 별도의 장비를 부착해서는 안 됩니다.

• 감독관으로 하여금 응시자의 시선을 확인할 수 없게 하거나 얼굴을 가리는 모자, 천 등을 착용할 수 없습니다.

• 스테이플, 자, 칼 등 문제풀이와 관계없는 도구를 사용할 수 없으며, 음식물을 섭취할 수 없습니다.

---

⑥ 수험생은 문제지 및 답안지에 기재되어 있는 수험생 유의사항을 필히 준수하고 시험 감독관의 지시에 반드시 따라야 하며, 타 수험생에게 방해되는 행위(다리를 떠는 행동, 볼펜 똑딱거리는 행동, 반복적인 헛기침 등)를 해서는 안 됨

⑦ 수험생은 수험표와 함께 본인 확인이 가능한 신분증(주민등록증, 운전면허증, 여권 중 하나)을 필히 지참해야 함

⑧ 수험표는 법학적성시험 홈페이지(www.leet.or.kr)를 통해 본 협의회에서 제공하는 내용 그대로 출력하여 지참하여야 하며, 수험표를 이면지에 인쇄하거나 수험표 앞·뒷면에 임의의 표기가 있으면 부정행위로 간주함

⑨ 답안지에 정해진 표기, 답안 이외에 다른 어떠한 형태의 표시도 해서는 안 됨

⑩ OMR 답안 작성 시 반드시 "컴퓨터용 사인펜"(사인펜에 '컴퓨터용'으로 표기되어 있는 것에 한함)을 사용해야 함

⑪ 지정된 필기구를 사용하지 않거나 답안지에 기재된 올바른 표기방법을 따르지 않아 발생하는 불이익은 응시자의 책임임

⑫ OMR 답안지에 연필 등 다른 필기구로 가표기 할 경우, 필기구에 상관없이 판독 시 이중표기로 인식될 수 있으며 이로 인해 발생하는 모든 불이익은 수험생 책임임

⑬ OMR 답안 수정 시 "수정테이프"(수정액 사용금지)만을 이용해야 하며, 수정테이프가 떨어지는 등 불완전한 처리로 인해 발생하는 모든 불이익은 수험생의 책임임

⑭ 수험생이 희망하는 경우 답안지 교체 가능

⑮ 답을 2개 이상 표기하는 경우와 불완전하게 표기하여 오류로 판독되는 경우 해당 문항은 '0점' 처리함

⑯ 논술답안지는 "지워지거나 번지지 않는 흑색 필기구"만을 사용하여 작성해야 하고, 수정할 때는 두 줄을 긋고 수정하거나 원고지 사용법에 따라 교정부호를 사용하여 수정해야 함

⑰ 논술답안지에 수정테이프 및 수정액 사용금지

⑱ 기타 답안 작성 및 표기 잘못으로 인해 발생하는 모든 불이익은 수험생 본인이 감수해야 함

6. 부정행위에 대한 조치

(1) 경미한 부정행위: 당해 연도 시험 점수 취소

① 시험 종료령이 울린 후에도 계속 답안지를 작성하는 행위

② 감독관의 본인 확인 및 소지품 검색 요구에 따르지 않는 행위

③ 시험시간 동안 휴대가 허용되지 않은 물품을 휴대하거나, 감독관의 지시와 달리 임의의 장소에 보관하는 행위

④ 감독관 지시에 불응하여 지정된 시간 이후 시험실에 입실하는 행위

⑤ 기타 위와 유사한 경미한 부정행위

(2) 중대한 부정행위: 당해 연도 시험 점수를 취소하고 당해시험의 시행일이 속한 연도의 다음 연도 1년간 시험의 응시자격 제한

① 다른 수험생의 답안을 보거나 자신의 답안을 다른 수험생에게 보여주는 행위

② 다른 수험생과 손동작, 소리 등으로 서로 신호를 하는 행위

③ 부정한 휴대물을 보거나 무선기기 등을 이용하는 행위

④ 다른 수험생에게 답안 보여주기를 강요하거나 위협하는 행위

⑤ 기타 위와 유사한 중대한 부정행위

(3) 심각한 부정행위: 민·형사상 조치 및 당해 연도 시험 점수를 취소하고 당해시험의 시행일이 속한 연도의 다음 연도 4년간 시험의 응시자격 제한

① 2인 이상이 사전에 조직적·계획적으로 모의하여 부정행위를 하는 등 심각한 부정행위라고 판단되는 행위

② 법학적성시험 성적표, 어학 성적표, 학부성적표 등 법학전문대학원 입학전형에 필요한 서류를 위조 또는 변조하여 행사하는 행위

③ 대리시험을 의뢰하거나 대리로 시험에 응시하는 행위

④ 기타 위와 유사한 심각한 부정행위

(4) 시험 관리자, 감독관 등의 지시에 불응하거나 시험 시행관리에 영향을 미치는 경우 업무방해죄 등의 혐의로 경찰에 고발 조치할 수 있음

(5) 개인의 의료상 필요하다고 판단되거나 신체적 조건 등으로 인해 지참하여야 하는 물품은 교시마다 감독관이 검사한 후 승인한 경우에만 휴대가 가능함

LEET 논술의 특징

1. LEET 논술의 개념

논술(論述)이란 자신의 주장을 세우고, 논거를 들어 독자를 설득하는 목적을 가진 글이다. 설득하는 방법에는 감정에 호소하는 방법과 이성에 호소하는 방법이 있으나, 논술에서는 감정보다 이성에 설득하는 방법을 주로 취한다.

특히 LEET 논술은 법조인을 선발하려는 목적의 시험이므로 이성에 설득하는 방법, 즉 논리적 설득을 해야 하며 감정에 호소하는 방법을 취해서는 안 된다.

2. LEET 논술 반영비중

LEET 논술은 대부분의 로스쿨에서 2차 전형요소로 반영되며, 로스쿨 입시전형 전체를 기준으로 할 때의 반영비중은 대략 10% 정도이다. 1단계 전형요소는 대부분의 로스쿨에서 LEET 언어이해, 추리논증 합산 점수, 영어 성적, 학부 성적, 서류심사(자기소개서)를 반영하고 있다. 2단계 전형요소는 논술과 면접인 경우가 대부분이다.

LEET 논술의 비중은 전체 입시에서 10%이기 때문에 반영비중이 작아 보이지만, 2단계 전형요소라는 점에서 실질반영비중이 크다. 특히 몇몇 지방대 로스쿨에서는 최종합격에 미치는 영향력이 더 커지고 있다. 그 이유는 지원자의 증가와 모의지원 활성화 때문이다.

최근 로스쿨 지원자가 급격히 늘어나고 있으며, 학원에서 제공하는 모의지원이 활성화되고 있다. 이로 인해 1단계 전형요소의 점수 격차가 줄어들고 있다. 예를 들어, 전남대 로스쿨을 지원하려는 수험생이 있다고 하자. 본인의 LEET 점수로 1단계 합격이 가능할지 모의지원을 해볼 것이다. LEET 성적이 여타 지원자보다 높지만 학부 성적이 낮아서 1단계 합격이 어렵다고 한다면, 다른 로스쿨에 지원하게 될 것이다. 이런 식으로 지원자 간의 편차가 줄어들게 된다. 결국 객관적인 점수로 비교되는 1단계 합격자의 점수차는 적어지게 된다. 1단계 합격자 간의 점수 격차가 적다면, 최종합격을 결정하는 2단계 전형요소의 중요도가 높아지게 된다. 그리고 2단계 전형요소는 LEET 논술과 면접, 단 2개밖에 없다. 그나마 면접은 11월에 있으니 LEET 시험일인 7월 이후로 대비할 시간적 여유가 있다. 그러나 LEET 논술은 7월에 본 결과가 11월에 반영되는 것이므로 수험생들에게 큰 문제가 된다. LEET 언어이해와 추리논증 점수가 급하기 때문에 나중에 준비하자는 생각으로 미뤄두기 때문이다.

합격하는 수험생은 오늘 할 일을 오늘 하는 사람이다. 내일은 또 내일의 할 일이 생기기 마련이다. 내 점수가 몇 점이 되면 소원이 없겠다고 말하는 수험생들이 많다. 그러나 내가 목표로 하는 그 점수에 도달한 수험생은 그보다 높은 점수를 원한다. 내가 목표점수에 도달해도 더 높은 점수를 원하게 되어 있다. 로스쿨에 진학하고자 하는 수험생은 다들 그 정도의 목표의식이 있다.

LEET 논술의 반영 방법, 반영 비중 등은 매년 달라진다. 로스쿨 입시 수험생은 지원년도의 입시전형 요강 등을 반드시 미리 확인하여 대비해야 한다. 이에 대한 구체적인 내용은 다음 장의 2024학년도 반영비중 정리 내용을 참고하기 바란다.

3. LEET 논술에 대한 오해

많은 수험생들이 대입 논술을 준비해봤다면 LEET 논술은 굳이 별도로 공부할 필요가 없다는 착각을 하고 있다. 이는 마치 수능에서 언어 영역 시험을 본 적이 있다면 LEET 언어이해를 굳이 별도로 공부할 필요가 없다는 말이나 다름없다. 또 수학에서 집합과 명제를 공부해본 적이 있다면 굳이 LEET 추리논증을 별도로 공부할 필요가 없다는 말이나 같다. 학부에서 법학을 전공했다면 변호사를 대신해서 소송을 진행해도 충분하다는 말이나 비슷하다. 생물학을 공부해본 적이 있다면 몸이 아플 때 굳이 의사를 찾을 필요가 없다는 말과도 비슷하다. 누가 보더라도 그럴 리 없다는 것을 알 수 있다.

LEET 논술은 논술시험 중 가장 높은 수준의 논술이다. 대입 논술은 고등학생의 지식과 논리에서 감당할 만한 수준에 그치는 것이다. 그러나 로스쿨은 법학전문대학원으로 석사 과정의 대학원 시험이라는 점을 감안할 때, 대입 논술보다 어려움이 클 것이라는 점은 자명한 사실이다.

수험생들의 오해와 착각은 LEET라는 시험을 전체적으로 보아야만 고칠 수 있다. LEET는 언어이해, 추리논증, 논술의 3과목으로 구성된다. LEET 3과목이 각각의 목적에 따라 설계되어 있고 이 목적들이 합쳐져 예비 법조인의 적성 여부와 정도가 평가된다. 수험생들은 흔히 눈에 보이는 요소들이 어려우면 난이도가 높다고 인식한다. 최근의 시험 경향을 보면, LEET 언어이해가 수험생들에게 그러한 요소가 되고 있는 듯하다. 제시문의 복잡성, 어려움이 크기 때문이다.

LEET 논술의 측정 목적은 논증 능력과 종합 능력이다. LEET 논술의 목적은 어렵고 복잡한 내용의 제시문을 이해하는 능력이 아닌 것이다. 어렵고 복잡한 내용의 제시문을 이해하는 능력은 이미 LEET 언어이해에서 측정하고 있기 때문에 LEET 논술에서는 이를 측정하지 않는다. 따라서 LEET 논술 제시문과 문제의 난이도는 낮을 수밖에 없고, 오히려 문제의 요구사항에 대한 전체적인 논리 구성과 논리를 전개하는 논증과정에 평가 목적을 두고 있기 때문에 논증에 어려움이 있는 것이다.

LEET 논술의 난이도를 직접 깨닫는 방법이 있다. 이는 LEET 언어이해와 추리논증의 난이도를 깨닫는 방법과 유사하다. 기출문제를 시험시간에 맞춰 답안을 작성하는 것이다. 그러나 답안을 작성하는 것만으로는 불충분하다. 언어이해, 추리논증 문제를 풀어보는 것만으로는 자기 실력을 알 수 없는 것과 마찬가지이다. 채점을 해보는 것이 중요한데, 객관식 시험인 언어이해와 추리논증은 정답이 있기 때문에 곧바로 자기 점수를 알 수 있으나, 논술은 주관식 시험이므로 그것이 불가능하다.

LEET 논술에서 자기 실력을 파악하는 두 가지 방법이 있는데, 전문가의 첨삭을 받는 방법과 스스로 확인하는 방법이 있다. 첫째, 전문가의 첨삭을 받는 방법은 학원의 현강이나 인강을 통해 가능하다. 가장 정확하고 빠르게 자기 실력을 알 수 있고, 오랜 경험을 가진 전문강사가 자기 답안의 상대적 위치를 알려준다는 점에서 수험효율적이다. 둘째, 시간에 맞춰 작성한 자신의 답안을 충분히 시간을 들여 추리논증 제시문이라 생각하고 논증 구조를 판단하는 방법이 있다. LEET 논술 문제의 요구사항을 정확하게 반영하여 논리적으로 구성한 것인지 확인하는 것이다. 자신의 논술 답안을 추리논증 제시문이라 생각하고 논증의 허점을 찾는 방법이다. 직접 답안을 작성하고 자기 답안의 논리적 허점을 찾는 연습을 하면 언어이해와 추리논증에도 도움이 된다.

4. LEET 논술과 대입논술의 차이점

대입 논술과 비교했을 때, LEET 논술 제시문의 난이도나 길이는 대입 논술과 유사하다. LEET 언어이해 제시문이 어렵고 길이도 긴 것과 비교할 때, LEET 논술 제시문은 체감상 쉽다고 느껴질 것이다. LEET 논술의 난이도는 제시문의 어려움이나 제시문의 길이에 따라 결정되는 것이 아니다. 그러나 LEET 논술의 시험 설계 목적에 따라 난이도가 설정되기 때문에 그런 것뿐이지, LEET 논술은 어려운 글쓰기 시험임이 분명하다.

어렵지 않고 길이도 짧은 편이기 때문에 체감상으로는 쉽다. 그러나 시간 내에 논리적인 일관성을 갖춘 답안을 작성하는 것은 어렵다. 이는 LEET의 시험 특성과도 연결된다. 이는 이미 위에서 설명했으므로 생략한다. 이에 더해 시험이 진행될수록 수험생의 적응도와 채점자의 편의, 출제자의 의도 등에 따라 문제 형식이 상당히 바뀌고 있다. 110분만에 2문제의 사례형 문제를 논리적으로 작성하는 것은 쉽지 않다.

LEET 논술은 전문적인 법률지식을 물어보지는 않아도 법적 사고능력을 물어볼 수 있다. 따라서 국가와 법, 사회와 법, 윤리와 법, 평등과 법과 같이 법 관련 쟁점이 출제될 가능성이 높다. 이에 관련한 구체적인 내용은 이 교재의 LEET 논술 기출문제 주제 정리 부분을 확인하기 바란다. 그리고 2009학년도부터 시작된 LEET 논술 전개년 기출문제와 해설, 예시답안을 확인하고자 한다면, 별도로 출간된 기출문제 해설 교재를 이용하기 바란다.

법조인으로서 겪을 윤리적 갈등, 법조인으로서의 문제해결능력, 법조인의 사회적 역할, 사법개혁과 같은 주제는 대입논술이나 일반 논술에서는 다뤄지지 않으나 LEET 논술에서는 출제될 수 있다. 대입논술과 중복되는 경제, 사회갈등, 분배문제도 LEET 논술에서는 법적인 관점과 연관되어 출제될 것이다.

또한 대입논술에서는, '법이란 사회적 강자가 사회적 약자를 착취하기 위해 만들어 놓은 강제규범이다'라는 주장을 할 수 있다. 그러나 LEET 시험은 법치주의를 실현할 법조인을 선발하는 시험이므로 이런 주장을 해서는 법조인으로서의 자질이 의심스러울 수밖에 없다.

5. LEET 논술과 변호사시험의 차이점

변호사시험은 헌법 조항이나 법률 조항에 대한 이해, 법학의 전문지식을 묻는 시험이나, LEET 논술시험은 법률조항에 대한 이해나 법학의 전문지식을 묻는 시험이 아니다. 제대군인 가산점 문제를 예로 들면, 변호사시험에서는 헌법 39조 1항의 국방의 의무가 일반적 희생인지 특별한 희생인지를 알아야 하고, 이에 대한 헌법재판소 판례의 입장을 미리 알고 있어야 한다. 그러나 LEET 논술에서는 이런 내용은 몰라도 큰 문제가 되지 않는다. 다만, 제대군인 가산점 제도를 도입하자는 견해의 경우 설득력 있는 논거를 제시할 수 있는지가 문제가 된다. 따라서 변호사시험을 준비할 때에는 헌법 교과서의 이론, 학설과 헌법재판소 판례를 이해하고 암기해야만 한다. 그러나 LEET 논술시험에서는 헌법 교과서나 헌법재판소 판례를 모른다고 할지라도 제대군인 가산점 제도의 도입에 대한 적절한 논거만 제시할 수 있다면 그것으로 족하다. 따라서 헌법 교과서나 헌법 판례를 따로 공부해야 하는 것은 아니다.

변호사시험 답안은 각 목차에 점수가 배정되어 있으나, LEET 논술에서는 정해진 목차가 따로 있지 않다. 변호사시험 논술답안에서는 목차 하나라도 빠뜨리면 감점이 된다. 따라서 미리 목차를 암기하고 시험장에 가야 한다. LEET 논술은 따로 목차가 있지 않으므로 주장을 뒷받침하는 모든 논거를 다 써야 하는 것도 아니고 그 중 하나를 빠뜨렸다고 해서 감점되지는 않는다. 모든 논거를 다 쓰기보다는 주요논거를 깊이 있게 논증하는 편이 더 바람직하다.

변호사시험에서는 주어진 논제(論題)에 따라 써야 할 목차가 이미 주어져 있으나, LEET 논술시험에서는 주어진 목차가 없다. 변호사시험에서는 교과서와 판례에 따라 논리적으로 정해진 목차대로 글을 쓰면 족하다. 자신의 독창적인 견해를 쓰다가는 교과서와 판례를 모르고 있다는 평가를 받을 위험성이 있으므로 교과서와 판례의 틀을 벗어나는 글을 쓰지 않는 것이 안전하다. 반면, 로스쿨 제도는 다양한 전공과 사회경험을 한 인재가 법조인이 되어야 한다는 취지에서 도입되었다. 따라서 LEET 논술은 이미 정해진 목차와 내용이 있지 않다. 오히려 다양한 개성을 가진 답안이 더 높은 평가를 받을 수 있다. 다양한 개성을 가진 답안이 더 높은 평가를 받는다는 의미가 아무 내용이나 써도 된다는 것은 아니다. 논리 증명과정이 참신한 것을 평가한다는 의미이다. 이런 면에서, 풀이방법이 정해진 변호사시험 답안보다, 자유롭게 자신의 생각을 펼치되 그 과정이 논리적이어야 하는 LEET 논술 답안이 더 어려울 수 있다.

LEET 논술에서도 지식이 어느 정도 감안될 수밖에 없으나 가장 중요한 요소는 아니다. 정해진 내용이 없으므로 글의 재료를 찾아내는 발상력, 창의력이 중요시된다. 또한 정해진 목차가 없으므로 글의 재료를 조직화하는 구성력이 중요하다. 따라서 수험생의 창의적 사고가 발휘될 수 있는 논술이 LEET 논술이다. 변호사시험 답안은 내용과 목차가 고정되어 있으므로 2시간에 6000자 가량을 써야 한다. LEET 논술시험은 110분에 2000자 내외의 글을 써내야 한다. LEET 논술은 목차와 내용이 정해지지 않았으므로 수험생이 스스로 새로운 틀을 찾아내야 한다. 따라서 시험시간에 비해 답안 분량 제한이 적다.

변호사시험 답안에서는 법 위반 여부만을 판단해야지 사회·경제·정책적인 관점에서 주장이나 논거를 펼쳐서는 안 되지만, LEET 논술에서는 이러한 관점의 주장이나 논거도 허용된다. 헌법을 예로 들면, 변호사시험에서는 주어진 논제가 헌법에 위반되는지 여부를 판단하는 것이 그 핵심이다. 따라서 정책적 측면에서 군 사기를 제고하기 위해 가산점을 부여해야 하다는 논거는 바람직하지 않다. 그러나 LEET 논술에서는 군 사기의 제고 등의 논거를 들 수도 있다. 또다른 예로 인간배아 연구 활동을 허용해야 하는지에 대한 문제가 출제되었다고 생각해 보자. 변호사시험에서는 생명권에 관한 법 해석을 해야 한다. 그러나 인간배아 연구로 인한 경제적 이익, 국제경쟁력 강화, 우수 인력 유출방지 등은 논거로서 거론할 수 없다. 법과 관련이 없기 때문이다. 그러나 LEET 논술에서는 이러한 관점도 거론할 수 있다. 예를 들면 다음과 같다.

> 국가 발전을 위해 인간배아 연구를 허용해야 한다. 생명공학 분야는 고부가가치 산업으로 차세대 국가산업으로 꼽히고 있다. 인간배아 연구는 생명공학 분야의 발전을 위한 기초연구에 해당한다. 우리나라가 인간배아 연구 활동을 금지하더라도 중국, 미국 등이 인간배아 연구를 적극적으로 추진할 경우 이 분야에서 상대적으로 우리나라의 경쟁력이 약화될 수 있을 뿐만 아니라 유전공학분야의 우수 인력이 배아연구를 허용하는 나라로 유출될 것이다. 따라서 생명공학의 경쟁력 제고 차원에서라도 배아를 이용한 연구를 제한적으로 허용하는 것이 타당하다.

변호사시험은 수험생이 법학에 대한 전문지식을 가지고 있는지 평가하는 시험이다. 즉 교과서와 판례에서 나온 내용을 잘 이해하고, 암기하고 있어야 한다. 교과서와 판례내용을 설문에 따라 잘 조직화하여 설명하는 능력이 있으면 합격할 수 있다. 그러나 LEET 논술은 법학의 전문지식 그 자체를 묻는 시험이 아니다. 법이 관련되는 인간과 사회의 관계, 사회문제에 대한 관심, 다각적인 대처능력이 있는지를 평가하는 시험이다.

결론적으로 보자면, 변호사시험은 로스쿨에서 공부한 법학을 얼마나 잘 알고 있는가를 측정하는 시험이다. 그러나 LEET 논술은 아직 로스쿨에 입학하지 않은 대학 학부 졸업생을 대상으로 하는 시험이다. 그렇기 때문에 LEET 논술을 응시하는 수험생은 자신이 로스쿨에서 공부할 자격이 있음을 증명해야 한다. 그리고 이 자격은 수험생이 논리적으로 생각하는 습관을 갖고 있으며 자신의 생각을 타인에게 논리적으로 표현할 수 있음을 증명하는 것으로 확인된다.

6. 논술과 수필의 차이점

논술은 자신의 주장을 세우고 자신의 주장을 뒷받침하는 논거와 예시를 제시하는 글이다. 수필은 자신의 감상을 생각의 흐름에 따라 자연스럽게 표출하는 글이다. 수필에서 필자는 자신의 감정을 논리적으로 증명해야 할 필요는 없다. 반면 논술문은 감상적이고 감정적인 표현이 아니라 논리적으로 독자를 설득하는 글이다. 물론 논술에서도 감정에 호소하여 설득하는 경우가 없지 않으나 이는 부차적인 의미를 가진다. 논술에서 '싫다, 좋다, 억울하다, 불쌍하다, 아름답다'와 같은 감정적인 용어를 사용한다면 좋은 평가를 받을 수 없다. 그러나 수필에서는 이러한 감정적인 단어들이 주를 이루어도 된다.

논술은 논리적으로 글을 배열해야 한다. 그러나 수필은 논리적으로 글을 배열하기보다 생각이나 감정의 흐름에 따라 글을 배열한다. 따라서 수필처럼 논술을 써서는 안 된다. 사형제도 존폐 주장에 대한 구체적인 예를 통해 논술과 다른 글들의 차이를 설명해 보고자 한다.

수필의 예

살인을 당한 피해자 가족에게 평생 돈으로 지불해야 한다면 모를까. 아무리 자신이 살인을 했더라도 사형은 너무나 잔인한 짓입니다. 사형을 집행한 사람도 살인을 한 것이나 다름없답니다. 살인을 한 것은 당연히 나쁜 짓입니다. 그러나 그에 대해 사형이라는 무참한 법은 더욱 나쁜 짓이라고 생각합니다. 그래서 저는 사형제도를 폐지해야 한다고 생각합니다.

위의 글은 논술이 아니라 수필의 대표적인 형태이다. 위에서는 '잔인하다, 나쁘다, 무참한 법'이라는 감정적인 문구를 쓰고 있다. 논술에서는 상대방의 입장을 감정적으로 비난하거나 자신의 입장을 우월하다고 평가해서는 안 된다. 자신의 주장이 논리적으로 타당한지를 입증해야 한다.

논술의 예

사형제도는 폐지되어야 한다. 사형제도는 살인범죄의 억제라는 목적을 달성하기 위해 도입된 제도이다. 사형제도가 살인범죄의 억제기능이 없다면 사형제도는 도입할 필요가 없다. 2002년 우리나라의 범죄백서를 볼 때, 1997년에 살인사건이 789건 발생하여 23명의 사형수를 처형했으나 다음해인 1998년에 살인범죄 발생건수는 오히려 전년도보다 177건 늘어났다.[10] 반면 유럽의 경우, 사형제도를 폐지하였지만 살인범죄가 유의미하게 늘어나지 않았다. 사형제도를 폐지하기 전 10만명당 1.2건의 살인사건이 있었고, 사형제도를 폐지한 이후에도 10년간 평균 10만명당 1.1건의 살인사건이 있었다. 이처럼 사형제도는 살인범죄 억제라는 목적을 달성하는 적합한 수단이라 보기 어렵다. 따라서 사형제도는 목적을 달성할 수 없는 제도로 폐지되어야 한다.

위의 글은 사형제도 폐지에 대한 논증을 하고 있다. 그러나 LEET 수험생들에게 논술을 쓰라면 위의 <수필의 예>처럼 자신의 감정을 적어내는 경우가 많다. 물론 수필을 읽는 것이 논술에 도움이 되지 않는다는 의미는 아니다. 논술에서도 자신의 견해를 자연스럽게 표현할 수 있어야 하고 적절한 단어를 선택해서 글을 써야 한다. 이러한 점에서 수필을 많이 읽는 것은 논술에 도움이 된다. 그렇다고 논술을 수필처럼 써서는 안 된다. 논술의 목적은 논리적 증명을 하는 것이기 때문이다.

논술은 이처럼 인문학적 글쓰기와 다른 특성이 있는데, 주장을 해서 타인을 설득할 목적의 글이라는 점이 그 핵심이다. 자신의 주장을 하기 위해서는 논거와 논리, 사실들을 논리 체계적으로 구성해야 한다. 법학을 공부해본 학생이라면 목차의 중요성에 들어본 적이 있을 것이다. 목차는 논리체계성을 의미하는 것이다.

7. 논술과 설명문의 차이점

설명문은 모르는 것을 이해하기 쉽게 풀이하여 설명해주는 글이다. 즉 정보 전달을 목적으로 하는 글을 설명문이라 한다. 예를 들어, FTA에 대한 글을 쓴다고 하자. "FTA(Free Trade Agreement)란 특정국가간에 배타적인 무역특혜를 서로 부여하는 협정으로서 가장 느슨한 형태의 지역 경제통합 형태를 말한다." 이런 글은 FTA가 무엇인지 모르는 사람에게 FTA가 무엇인지 이해하기 쉽게 설명하는 글이다. 설명문에는 자신의 주장을 너무 개입시켜서는 안 되고 설명하려는 것을 쉽고 정확하게 전달해야 한다. 설명문에도 주장이 포함될 수 있으나 단순히 주장이 포함되어 있다고 해서 설명문이 아니라고 단정할 수 없다. 설명문의 목적은 정보 전달이기 때문에 어떤 글에 포함된 주장이 정보 전달을 위한 수단이 될 경우 설명문이 된다. 예를 들어, 진화론에 대해 설명을 한다고 해보자. 진화에 대한 여러 학자의 주장을 소개한 후, 생물의 진화를 바라보는 여러 관점이 있음을 밝혔다면 이는 설명문임에 분명하다. 목적이 진화에 대한 정보 전달이며, 여러 학자의 주장이 이 목적을 위한 수단으로 사용되었기 때문이다.

반면, 논술은 자신의 주장이 있어야 하고, 그것을 논리적으로 설득해야 한다는 점에서 설명문과는 구별된다. 논술은 타인을 논리적으로 설득하는 것을 목적으로 하는 글이다. 일반적으로 잘못 쓴 논술의 경우, 유명한 사람들의 주장이나 일반적인 사실을 나열하는 것으로 그치는 경우가 많다. 이러한 글은 논술이 아니라 설명문이다. 논술에서 유명한 사람들의 주장이나 설명은 자신의 주장을 뒷받침하기 위한 수단의 의미를 가질 뿐이다. 만약 유명한 사람들의 주장이나 설명 자체를 나열한다면 이는 '권위에 대한 호소'의 오류를 범하는 것이다. 그러나 자신의 주장과 논거가 분명하고 이를 논증한 이후에 유명한 사상가나 이와 관련한 사례가 있다고 서술하였다면 이는 논리의 강화에 해당한다. 또한 논술에서도 정보를 전달하는 성격의 내용을 포함할 수 있다. 주장이 목적이 되고 정보 전달이 그 수단이라면 논술이라 할 수 있기 때문이다. 예를 들어, 논술에서 AI 법관의 도입 찬반에 대한 주장을 한다고 해보자. AI 법관 도입 찬반 양측 모두 AI의 의사결정방법은 빅데이터를 기반으로 하는 귀납적 방법이라는 정보를 알아야만 한다. 타인을 설득하기 위해 주장과 논거의 논리적 거리를 관련된 논리와 사실을 연결하여 논증해야 하기 때문이다. 논증과정에서 필수적으로 알아야 하는 정보는 있기 마련이다. 다만, 논술은 이 정보의 이해 자체가 목적이 아니라 이를 수단으로 삼아 타인을 설득할 목적을 실현하고자 하는 것이다.

⑩ 2002년 우리나라 범죄백서

8. LEET 논술, 변호사시험, 대입논술의 차이점

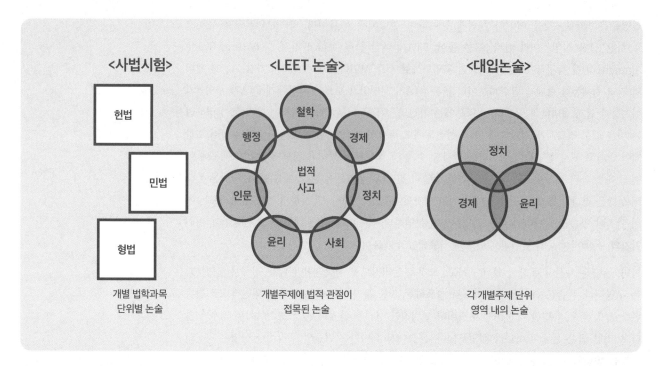

구분	변호사시험	LEET 논술	대입통합논술
시험영역	• 개별과목단위	• 학제적 성격의 통합문제 • 법에 관련된 쟁점 출제	• 학제적 성격의 통합문제
주장	• 법위반 여부 판단	• 창의적이고 합리적인 주장과 그에 대한 논거 • 따라서 법이나 헌법 조문 근거를 사용할 필요는 없으나, Legal Mind가 있으면 유리함	• 문제에 대한 창의적이고 합리적 해결방안 제시
주장의 근거	• 헌법이나 법조문에 근거, 자신의 주장을 입증해야 함	• 법적 근거가 아니더라도 설득력 있는 논거로 자신의 주장을 입증하면 됨	• 주장에 대한 타당성 있는 논거 제시
제시문	• 사건 개요와 관련법이 제시되나 제시문은 없음	• 제시문 있음 • 복수 제시문 제시	• 제시문 있음 • 복수 제시문 제시

[변호사시험 헌법 답안] '제대군인의 공무원 시험 가산점 부여'에 대해 논하시오.

Ⅰ. 문제의 소재

Ⅱ. 제대군인 가산점 제도의 헌법상 근거가 있는지 여부
   1. 헌법 제39조 제1항 국방의 의무의 의미
    1) 일반적 희생설
    2) 특별한 희생설
    3) 헌법재판소 판례
    4) 소결론
   2. 헌법 제39조 제2항의 불이익의 의미
    1) 법적 불이익만 포함한다는 견해
    2) 사실상, 경제상 불이익도 포함한다는 견해
    3) 헌법재판소 판례
    4) 소결론
   3. 헌법 제32조 제6항이 근거인지 여부
   4. 결론

Ⅲ. 제대군인 가산점 제도가 헌법 제11조의 평등권 침해인지 여부
   1. 평등권
    1) 의의
    2) 심사기준
     ① 자의금지원칙
     ② 비례원칙
    3) 이 사건에서의 심사기준
   2. 평등권 침해인지 여부

Ⅳ. 공무담임권 침해인지 여부

Ⅴ. 사안의 해결

[LEET 논술, 로스쿨 면접 답안] '제대군인의 공무원 시험 가산점 부여'에 대해 논하시오.

<제대군인 가산점 제도를 찬성하는 경우>

제대군인 가산점 제도는 시행되어야 한다. 이를 통해 국가안보를 실현하고, 기회의 평등을 보장할 수 있기 때문이다.

국가안보에 기여하므로 제대군인 가산점 제도를 도입해야 한다. 사회 공동체가 유지되기 위해서는 공동체가 공유하고 있는 가치를 지키고 강화해야 한다. 이러한 공유된 사회적 가치 중 하나가 국가안보이다. 국가안보는 공동체 구성원들이 공동체를 지키고자 하는 마음이 일어날 때에만 강화될 수 있다. 사회 공동체를 위해 희생한 자에 대해 공동체가 그 보상을 책임질 때, 구성원 개개인은 자발적으로 희생을 선택할 수 있다. 전쟁에서 사망한 군인의 유가족에 대한 보상이 없다면 군인들이 전쟁에서 자신을 희생하여 국가 안보를 지키려 하지 않을 것이다. 이와 마찬가지로 국방의 의무 이행으로 인한 피해를 국가가 보상하지 않는다면 군인들이 국방의 의무를 기꺼이 수행하지 않을 것이다. 따라서 제대군인 가산점 제도는 군장병의 사기를 진작하고 전투력을 증진시켜 국가안보에 기여할 수 있으므로 시행해야 한다.

국방의 의무 이행으로 인한 제대군인의 피해를 보상하기 위해서 제대군인에게 가산점을 부여해야 한다. 남성이 20대 초반에 국방의 의무를 이행하기 위해 2년이라는 기간을 보내는 것은 결코 적은 손해가 아니다. 여성인 A와 남성인 B가 2007년 동일한 대학에 입학했다고 가정해 보자. 또한 여성인 A는 대학교 2학년부터 공무원 시험을 준비하여 합격했다고 하자. 이에 반하여 남성인 B는 군복무기간 2년 동안 공부를 할 수 없음은 물론 알고 있던 각종 지식과 공부에 대한 감각까지 상실하게 될 것이다. 이런 병역의무 이행으로 인한 피해를 제대군인 가산점을 통해 보상해주는 것은 기회의 평등이라는 관점에서 타당하다.

일각에서는 여성 역시 출산에 따른 피해를 부담하고 있다는 반론을 제기할 수 있다. 그러나 국방의 의무는 법적인 의무임에 반하여 출산은 법적인 의무가 아니다. 여성은 출산의 의무를 지는 것이 아니고, 출산을 자유롭게 선택하며, 실제 출산한다는 보장도 없다. 그러나 국방의 의무를 이행하는 남성들 대부분은 자유롭게 군복무를 원해서 하는 것이 아니라 법적인 강제에 의해 이행하는 것이 현실이다. 따라서 출산과 국방의 의무를 동일선상에서 논의할 수는 없으므로 이 반론은 타당하지 않다.

국방의 의무를 이행함으로 인하여 받은 피해를 가산점으로 보상하는 것은 실질적 평등을 실현하는 수단이다. 다만 가산점이 너무 높은 경우 제대군인의 피해를 넘은 보상으로 이어져 여성의 평등권을 침해할 수 있다. 따라서 제대군인의 가산점은 국민 여론을 수렴하여 적정 수준으로 결정해야 한다.

<제대군인 가산점 제도를 반대하는 경우>

제대군인 가산점 제도를 시행해서는 안 된다. 평등원칙에 반하며, 여성의 근로 기회를 부당하게 박탈하기 때문이다.

평등원칙에 반하므로 제대군인 가산점 제도는 타당하지 않다. 평등원칙이란 같은 것은 같게, 다른 것은 다르게 대하라는 원칙이다. 만약 합리적인 이유 없이 같은 것을 다르게 대한다면 이는 평등원칙에 위배된다. 의무는 공동체를 유지하기 위한 목적으로 모든 공동체 구성원이 동등하게 부담하되 능력의 차이에 따라 부담하는 것이다. 예를 들어 모든 국민은 국가 공동체를 유지하기 위해 필요한 세금을 부담해야 한다는 납세의 의무를 지고 있다. 단, 능력의 차이에 따라 의무의 부담 정도가 다를 뿐이다. 그러므로 능력이 있는 자는 상대적으로 많은 의무를 질 뿐 의무 이행 자체를 특별한 희생이라고 할 수 없다. 모든 국민은 국방의 의무를 진다. 단, 국방을 위해 필요한 능력인 전투력의 정도에 따라 신체적 조건을 갖춘 남성이 병역의 의무를 행하고 있다. 모든 국민에게 부여된 국방의 의무를 행함에 있어서, 우연히 전투력이 부족한 상태가 된 여성이나 장애인 등이 병역을 행하지 않도록 한 것은 능력의 차이를 반영한 것일 뿐이다. 따라서 제대군인 가산점 제도는 동일한 의무를 지고 있는 여성과 장애인 등의 국민을 신체적 조건이라는 우연적 요인에 따라 다르게 취급하는 것으로 평등원칙에 위배된다.

여성의 근로 기회를 부당하게 박탈하므로 제대군인 가산점 제도는 타당하지 않다. 공무원 임용에는 능력주의 원칙이 적용되어야 한다. 공무원으로서의 자질과 능력이 있는지 여부를 기준으로 공무원 임용이 결정되어야 한다. 따라서 능력에 따른 차별은 합리적 이유 있는 차별로 정당화될 수 있으나, 군복무 여부는 공무원으로서의 능력을 판별하는 기준이 될 수 없다. 그러나 제대군인에게 가산점을 부여한다면 공무원 시험에서 합격점수를 넘은 여성이 불합격하는 사태가 발생할 수 있다. 공무원 선발에 있어서 군복무 여부에 따른 차별은 능력에 따른 차별로 볼 수 없고 신체적 조건을 기준으로 차별한 것이다. 이는 여성의 근로 기회를 부당한 기준으로 박탈하는 것이므로 제대군인 가산점 제도는 허용되어서는 안 된다.

제대군인의 사회 정착을 위해 제대군인 가산점 제도를 도입해야 한다는 반론이 있다. 그러나 제대군인 가산점 제도는 제대군인의 사회정착이라는 목적에 적합한 수단으로 볼 수 없다. 매년 20만 명 이상의 군인이 제대를 하나, 제대군인 가산점으로 공무원 시험에 합격하는 수는 몇백 명에 불과하다. 제대군인 20만 명 중 겨우 수백 명을 위해 가산점을 부여하는 것은 제대군인의 사회정착에 효과적이지 않다. 군인에 대한 정당한 급여체계, 사회교육 지원, 교육비 지원과 같이 대다수 군인에게 실질적 도움이 되는 수단이 있음에도 불구하고, 굳이 제대군인 가산점 제도를 도입할 필요는 없다. 오히려 제대군인에 대한 교육비 지원 등과 같이 제대군인 대부분에게 혜택이 돌아가는 정책을 선택하는 것이 타당하다. 따라서 제대군인의 사회 정착을 위해 제대군인 가산점 제도를 도입해야 한다는 반론은 타당하지 않다.

LEET 논술 출제 주제와 반영비중

1. LEET 논술의 출제 주제

기출년도	문제	배점	주제
2024학년도 16회	1번 문제	50점	예술품의 소유권
	2번 문제	50점	개인의 자유와 사회 안전
2023학년도 15회	1번 문제	50점	규제의 목적과 필요성
	2번 문제	50점	민법상 신의성실의 원칙
2022학년도 14회	1번 문제	50점	데이터 규제
	2번 문제	50점	법 준수와 법 해석
2021학년도 13회	1번 문제	50점	과거 청산과 처벌
	2번 문제	50점	유무죄 판단 기준
2020학년도 12회	1번 문제	50점	법의 해석과 적용 기준
	2번 문제	50점	포지티브 규제와 네거티브 규제
2019학년도 11회	1번 문제	50점	도덕의 법적 강제
	2번 문제	50점	사회적 기업의 정관 개정
2018학년도 10회	1번 문제	40점	의료 빅데이터 활용과 규제
	2번 문제	60점	세대 갈등과 정의로운 저축 원칙
2017학년도 9회	1번 문제	40점	가상현실 구현 매체 규제
	2번 문제	60점	불평등의 해결방안
2016학년도 8회	1번 문제	40점	애국가의 지식재산권
	2번 문제	60점	공공기관 채용제도의 공정성 기준
2015학년도 7회	1번 문제	40점	기호용 대마의 합법화
	2번 문제	60점	법률해석론
2014학년도 6회	1번 문제	40점	원리에 따른 변론 작성
	2번 문제	60점	대형마트 의무휴업
2013학년도 5회	1번 문제	40점	개인적 노력과 사회 구조 개혁
	2번 문제	60점	인권과 민주주의의 관계
2012학년도 4회	1번 문제	40점	엄벌주의와 책임주의
	2번 문제	60점	도시발전 장기계획 구상
2011학년도 3회	1번 문제	40점	시민의 직접행동
	2번 문제	60점	형벌의 목적
2010학년도 2회	1번 문제	40점	도덕의 법적 강제
	2번 문제	60점	국가의 인권침해범죄 책임

기출년도	문제	배점	주제
2009학년도 1회	1번 문제	20점	인간의식의 예견 가능성
	2번 문제	30점	지식인의 사회적 역할
	3번 문제	50점	인도적 무력개입

2. LEET 논술의 반영비중

다음 표는 2024학년도 입시에서 LEET 논술의 반영 방법과 비중이다. 이 반영 방법과 비중은 매년 달라지기 때문에 해당년도의 입시요강을 반드시 확인해야 한다.

구분	로스쿨	1단계	2단계	총점	비중
1	강원대		50	450	11%
2	건국대		50	700	7%
3	경북대		30	500	6%
4	경희대				미반영
5	고려대	P/F			
6	동아대		100	1000	10%
7	부산대				미반영
8	서강대				미반영
9	서울대				미반영
10	서울시립대		5	100	5%
11	성균관대	서류심사(20)에 반영		100	
12	아주대		5	100	5%
13	연세대	서류심사(100)에 반영		450	
14	영남대		100	1000	10%
15	원광대				미반영
16	이화여대		10	200	5%
17	인하대		100	1000	10%
18	전남대		50	500	10%
19	전북대		10	100	10%
20	제주대		8	100	8%
21	중앙대				미반영
22	충남대		20	410	5%
23	충북대				미반영
24	한국외대	P/F			
25	한양대				미반영

Chapter
02

LEET 논술 공부방법론

배경지식 학습

LEET 논술의 주제는 다양하다. 정치, 경제, 법, 윤리, 과학 기술, 역사 등 다양한 주제와 관련된 제시문이 출제될 것이다. 변호사시험 등 전문자격증을 부여하는 시험에서는 해당 전문분야에 대한 지식을 암기하고 있지 않으면 답안을 작성할 수 없다. 그러나 LEET 논술시험은 내용을 암기해서 쓰는 것이 아니라 자신의 생각을 논리적으로 전개하는 것이므로 암기하지 않아도 된다.

암기하지 않아도 된다고 하여 배경지식이 없어도 된다고 착각해서는 안 된다. 암기하지 않아도 된다는 것이 아무 것도 몰라도 된다는 뜻은 아니다. 배경지식이 있어야 글감을 찾아 내용 있는 글을 쓸 수 있다. 그러나 배경지식이 곧 논술 그 자체인 것은 아니다. 배경지식과 논술의 관계는 요리재료와 요리의 관계와 유사하다. 좋은 재료가 있어야 맛있는 요리를 만들 수 있다. 그러나 좋은 재료 그 자체가 맛있는 요리는 아니다. 자취 경험이 있는 대학생이라면 좋은 재료에서도 맛없는 요리가 나올 수 있다는 점을 경험으로 알고 있을 것이다. 반대로 평범한 재료를 가지고서도 얼마든지 맛있는 요리를 만들 수 있다. 능력 있는 요리사라면 응당 그래야 한다. 평범한 재료로도 맛있는 요리를 만들 수 있는 요리사라면, 좋은 재료가 주어졌을 때는 어떤 요리가 나올 수 있을지 예상할 수 있을 것이다.

경제에 대한 기본지식이 없으면 경제 관련 쟁점이 출제된 경우 쟁점을 파악하기 어렵고, 정확하고 풍부한 글을 쓸 수 없다. LEET 논술에서는 대학원 수준의 전공지식을 요하지는 않으나 고급 교양 정도의 지식을 갖추고 있으면 좋다. 고급 교양 수준이라고 했으나 워낙 주제 영역이 넓어 이 정도의 지식을 갖추는 것도 용이하지 않다. 개별영역의 교양지식을 얻으려면 몇 수십 권의 책으로도 부족하다. 우선 LEET 논술에서 나올만한 주제를 정하고, 그 주제에 관련된 자료를 읽고, 정리하는 것이 좋다. 배경지식을 확보하기 위해 다음과 같은 방법을 제시하니 참고하기 바란다.

- 본서에서 제시하는 주제와 세부 쟁점을 공부하는 장소에 붙여 놓는다.
- 본서 시리즈를 읽고 강의를 참고한다. 본서 시리즈는 LEET 논술을 비롯해 언어이해, 추리논증의 기본적인 지식과 사상, 논리들을 모두 다루고 있다. 이러한 필수 교양은 배경지식이 아니라 로스쿨에 입학하려는 모든 학생이 갖추어야 할 기본적인 것이다. 그리고 이러한 필수 교양은 LEET에서 끝나는 것이 아니라, 로스쿨 면접에서도 기반이 되기 때문에 반드시 익혀두어야 한다.
- 자신만의 자료집을 만든다. 이를 위해 자신이 기존에 읽었던 책을 주제 기준으로 분류한다. 이 자료집에 책 전체가 아니라 요약한 부분 또는 책의 주요 문단을 넣는다.
- 책이나 신문을 읽으면서 주제를 기준으로 스크랩한다.

독해력 제고

독해력 향상을 위해 노력해야 한다. 사회 엘리트에게 독해력은 기본능력 중의 기본능력에 해당한다. 법관을 예로 들어보자. 법관은 소송을 제기한 원고와 소제기를 당한 피고 측의 주장과 논거를 우선 이해해야 한다. 원고와 피고 측의 변론서는 몇천 페이지가 넘는 경우도 있다. 수많은 서류를 읽고 주장과 논거를 빨리 요약·정리하고, 이해해야 한다. 따라서 법률가는 많은 분량을 짧은 시간 내에 읽고 내용을 이해할 능력을 갖추어야 한다. LEET 논술 시험은 이런 법률가가 될 수 있는 소양을 가지고 있는지 점검하는 시험이다. 따라서 많은 분량의 제시문을 주고 이를 이해할 수 있는지 평가한다.

LEET 언어이해 제시문 길이가 점차 길어지고 있는데, 그 이유가 바로 여기에 있다. 빠른 시간 안에 많은 분량의 제시문을 읽고 제시문의 주장이나 근거, 핵심내용을 정확하게 파악하는 능력을 측정하고자 하는 것이다. 법조인에게 있어 독해력은 기본능력 그 자체이기 때문이다.

독해력을 향상시키기 위해서는 일상생활에서부터 습관이 들어야 한다. 다른 사람과 대화를 하면서도 "화자의 의도는 무엇일까? 정확하게 한 마디로 하면 어떻게 말할 수 있을까?"를 생각해야 한다. 일상생활에서 책, 신문이나 TV 뉴스, 토론회, 다른 사람과의 대화를 통해 주장과 논거를 판별하는 연습을 해야 한다. 그래서 굳이 의도하지 않더라도 다른 사람의 말과 글에서 주장과 논거를 도출하는 것이 자연스럽게 몸에 배어들어야 한다.

독서량의 중요성이 바로 여기에 있다. 책을 읽다 보면, 책을 쓴 저자가 어떤 생각을 하고 목차를 구성했는지, 목차의 내용을 표현하는 방식이 어떤 것인지 생각하게 된다. 이런 연습이 꾸준하게 많이 된 사람은 자연스럽게 빠른 시간 안에 내용을 파악할 수 있다. 그러나 연습이 많이 되지 않은 사람은 오래 읽어도 그 내용을 이해하기 어렵다. 예를 들어, 야구의 경우를 보자. 야구를 좋아해서 오래 시청해온 야구 애호가가 있다고 하자. 야구를 많이 접해본 사람이라면 어느 시점에 투수를 바꿔야 할 것인지, 어떤 투수의 결정구가 무엇이 될 것인지, 도루 시점, 번트 댈 시점 등을 예상할 수 있을 것이다. 그러나 야구를 가끔 보는 사람이라면 그런 것을 알기는 어렵다. 경기의 흐름을 예상하고 그에 맞는 선택이 무엇인지 예측할 수 있다면 자연스럽게 알게 되는 것들이 있기 마련이다. 독서량이 많은 사람 역시 논리의 흐름을 예측할 수 있는 것이다.

독서량이 많다고 해서 논술을 잘 쓰게 되는 것은 아니다. 야구팬이라고 해서 야구를 잘 하는 것은 아니기 때문이다. 그러나 독서량이 많을 경우 최소한 2가지 측면에서 유리하다. 첫째, 제시문의 논리를 빠르게 이해할 수 있기 때문에 한정된 시험시간을 효율적으로 사용할 수 있다. 수험생 A와 B가 있다고 하자. 시험시간이 60분인데, A는 제시문의 내용을 10분만에 이해했고 B는 20분만에 이해했다면 A의 답안이 고득점할 가능성이 높다. 둘째, 논리적으로 어색한 답안을 쓰지 않을 수 있다. 수험생 A와 B가 답안을 쓴다고 가정하자. A는 독서량이 많아 사상가들이나 철학자의 책을 많이 접했고, B는 그렇지 않다고 하자. A의 답안은 논리 모순을 일으키거나 논리의 비약이 일어날 가능성이 적은 반면, B의 답안은 그 가능성이 높다. A는 자신이 논리적 전개를 해본 경험이 없어 글이 어색할 수는 있으나, 읽어본 경험이 많기 때문에 자신의 답안 자체가 이상하다고 느낄 것이다. 고칠 방법은 몰라도 이상한 것은 알 수 있기 때문이다.

사고력 확장

사고와 표현은 같이 발전한다. 사고를 확장하지 않고는 좋은 글을 쓸 수 없다. 꼬리에 꼬리를 무는 생각을 함으로써 사고력은 더 풍부해진다. 이러한 사고력을 바탕으로 좋은 글이 나온다. 아래의 문제를 통해 사고력을 확장하는 방법이 무엇인지 파악해보도록 하자.

> ### 2008 서울대 대입논술 예시 기출 변형
>
> 1905년 경부선 철도의 부설이 경부선과 남한강 주변에 살던 사람들의 구체적인 삶을 어떻게 변화시켰을지 역사적 상상력을 발휘하여 서술하시오.

일단은 겁먹지 말고 꼬리에 꼬리를 물어 생각해보자. 좀 서툴고 부족한 표현이라도 그냥 생각나는 대로 써보자. 생각을 계속 하다보면 기존에는 생각하지 못했던 내용까지 생각날 것이다. 그러다보면 지면이 모자라서 쓸 수 없을 정도로 생각이 많아질 수 있다.

물론 논술 답안은 이러한 생각 자체를 쓰는 것은 아니다. 논술 답안을 쓴다는 것은 재료를 정제(精製)하는 것이다. 사고력을 확장한다는 것은 재료를 늘리는 것이다. 그리고 이 재료가 많을수록 선택의 폭이 넓어지고 고득점의 가능성도 높아진다.

> ### 생각의 예 1
>
> 내가 경부선 주변에 살고 있던 부농이었다고 가정해보자. 경부선의 개통은 나에게 어떤 의미를 지닐까?
>
> 경부선이 개통되기 전에 감자를 서울에 내다 팔려면 짐꾼을 사야 했다. 아마도 감자가 1kg에 1만원이라면 이 감자를 짊어지고 갈 짐꾼의 품삯이 10만원일 것이다. 지금으로 보면 감자는 1만원인데 택배비가 10만원인 셈이다. 이래서야 인건비가 너무 높아 수지가 맞지 않았다. 그래서 이제까지 서울에 감자를 유통시킬 수 없었고, 감자를 대량생산할 필요도 없었다.
>
> 경부선이 개통되자 대량으로 감자를 서울로 보낼 수 있게 되었다. 이로 인해 유통비도 많이 내려갔다. 감자를 대량 경작해도 판로가 생기고 이익이 많이 남는다. 직접 서울 남대문 시장에 가서 상인들과 만나 어느 정도 감자가 필요한지 물어보고 수요에 따라 감자를 재배하고 이에 필요한 일꾼들을 고용할 수 있게 되었다. 경부선의 개통으로 사람들의 이동도 늘게 되고 특히 최근에는 농촌에서 서울로 이사 가는 사람들이 많아져 서울의 인구가 늘었다고 한다. 남대문 시장 사람들 이야기를 들어보니 인구가 많이 늘어 김장도 많이 할 것이고 이에 따라 고추나 배추의 수요가 늘 것이라고 한다. 그러면 올해는 고추나 배추를 더 많이 심어야겠다. 이를 위해 일꾼도 추가로 고용해야 하고, 밭도 더 매입해야겠다.

경부선 철도의 개통 전에는 상품을 생산하더라도 인력으로 상품을 유통시킬 수밖에 없어서 유통비가 매우 높았다. 따라서 상품의 이동이 매우 적었고, 생산자의 입장에서는 물품을 대량 생산해야 할 필요성이 없었다. 따라서 농업이나 수공업은 자급자족이나 물물교환을 위한 소량생산에 그쳤다. 아래 내용은 박제가의 <북학의>의 한 부분이다. 박제가는 우리나라가 청나라처럼 부강해지기 위해서는 길을 닦고 수레를 사용해야 한다고 주장했다. 박제가는 조선의 물산이 부족한 것이 아니라 물산의 유통이 제한되어 있기 때문에 가난한 삶을 살게 된다고 했다.

박제가의 <북학의>

우리나라는 동서가 1,000리고 남북은 그 3배가 된다. 그 가운데 서울이 있기 때문에 사방에서 서울로 물자가 모여드는 데는 실제로 동서 500리, 남북 1,000리에 불과하다. 사람들이 왜 이렇게 가난한가? 그것은 수레가 없기 때문이다.

전주의 장사꾼이 처자와 함께 생강과 참빗을 짊어지고 도보로 함경도까지 가면 이익을 볼 수 있다. 그러나 모든 근력이 길 걷기에 다 빠지고 가정적인 낙을 즐길 틈이 없다. 원산에서 미역과 마른 생선을 실은 짐바리가 밤낮으로 북로에 뻗쳤으나 많은 이익이 없는 것은, 이를 옮기기 위해서는 말이 필요한데 말에 들어가는 비용이 반절이 넘기 때문이다. 영동에는 꿀은 생산되나 소금이 없고, 관서에는 철이 산출되나 감귤은 없으며, 함경도는 삼이 흔해도 무명이 귀하다. 백성들은 이런 물자를 서로 이용하여 풍족하게 쓰고 싶어도 힘이 미치지 않는다. 우리가 가난한 것은 수레가 없기 때문이다.

홍대용은 "수레가 다닐 수 있는 길을 닦으려면 토지 몇 결은 없어지겠지만 수레를 사용해서 얻는 이익이 그것을 넉넉히 보상할 수 있을 것"이라고 했다. 수레는 오르막은 꺼리지 않지만 빠지는 곳은 꺼린다. 지금 저잣거리의 작은 도랑은 반드시 덮어서 지하로 흐르도록 하고, 세로로 걸쳐 놓은 나무다리는 모두 가로로 바꾸어 놓아야 한다.

우리나라는 배도 제대로 이용하지 못한다. 물이나 빗물이 새어드는 것도 막지 못한다. 짐을 많이 싣지 못하고 배에 탄 사람도 편하지 않다. 말을 배에 태울 때는 상당히 위태롭다. 이러니 배를 이용하여 얻을 수 있는 이로움이 없다.

실제 조선의 사례를 통해 박제가의 주장을 강화하면 다음과 같다. 박제가가 <북학의>에서 한 양반가의 사례를 구체적인 수치로 다루었다. 1871년, 조선의 한 양반가가 자신의 집으로부터 11km 정도 떨어진 낙동강변의 포구에서 소금 18두를 구입하였다. 소금값은 12냥 4전이고, 운송비는 11냥 2전 3푼이 들었다. 소금을 11km 이동시키기 위해 소금값의 99%에 해당하는 운반비를 사용했다. 현재 기준으로 보면 소금 20kg은 약 2~4만원 정도이고 택배비는 5~6천원 수준이다.

조선시대에는 세금을 쌀로 거두었고 이를 조세미라 했다. 그런데 경상도 북부지방의 조세미는 서울로 운송하지 않았다. 이유는 운송비 때문이다. 조선시대에 시험삼아 경상도 지역의 조세미를 운반했는데, 조세미 1석을 운송하는 비용이 2석이었다. 정부의 운송비가 이 정도라면 민간 영역의 운송은 기대하기 어렵다. 경상도 지역에서 쌀이 남아돌더라도 경기도 지역은 쌀이 모자라 굶을 수 있는 지경이다. 이런 상황에서 대량생산은 필요도 없고 해봐야 손만 입을 뿐이다. 박제가와 같은 실학자들은 도로를 놓고 수레를 이용해야 대규모 운송이 가능해져 백성들이 풍족하게 살 수 있다고 했다. 영국이 증기기관을 이용해 철도를 놓고 산업혁명이 일어나 국가가 부유해진 것은 바로 이런 이유에서 비롯된 것이었다.

경부선 철도의 개통은 대량으로 화물을 유통시킬 수 있었고, 유통비를 낮추는 효과가 있었다. 이로 인해 경쟁력 있는 상품을 대량생산하여 시장에 팔 수 있으므로 농업이나 상공업의 규모가 확대될 수 있다. 또한 철도의 개통으로 정보의 유통도 신속하게 이루어질 수 있었다. 시장에 직접 가서 상품에 대한 수요를 확인하고 수요에 맞는 물품을 생산하여 공급할 수 있었다.

철도가 개통되기 전에는 가난한 소작농은 평생 자신이 태어난 지역에서 살다가 죽음을 맞이했다. 그러나 철도의 개통은 거리에 대한 감각을 좁혀주어 사람의 이동을 손쉽게 하였다. 철도가 개통됨에 따라 가난한 소작농들은 서울이나 철도가 지나는 도시로 몰려갈 것이다. 이로 인해 서울의 인구는 급격히 늘어날 것이고 철도가 지나는 거점을 중심으로 대도시가 형성될 것이다. 상당한 시간이 걸리겠지만 농촌에서 젊은이들이 서울로 이전함에 따라 농촌의 대가족 제도는 점차 붕괴될 것이다. 또한 서울과 같은 대도시는 급격한 인구증가에 따라 주택문제, 빈민문제, 환경문제가 발생할 것이다.

맨주먹으로 대도시로 몰려든 농민들은 단순 일용 노동자로 전락할 수밖에 없을 것이다. 대도시에서 노동력이 풍부해짐에 따라 낮은 임금이 형성될 수밖에 없을 것이고 급격한 인구의 증가로 부동산 가격은 오를 수밖에 없을 것이다. 이로 인해 대도시의 노동자들은 낮은 임금과 높은 물가로 인해 가난의 질곡을 벗어나기 힘들었을 것이다.

경부선 철도가 개통되기 전에 우리나라 시장은 소규모였고, 봇짐장수들이 중심이 되어 상품이 소량으로 유통되었다. 경부선 철도가 개통됨으로 화물의 운송이 신속하고 저렴하게 이루어졌다. 상품이 대량으로 유통되기 시작했고 대도시 중심으로 큰 시장이 형성되었다. 봇짐장수들은 점차 대도시 내에서 상점을 개설하여 봇짐장수들의 수는 줄어들고, 상점 중심으로 소매 사업이 이뤄지게 되었다.

철도가 개통되기 전에는 물품의 대량 운송수단은 선박이었다. 조선시대에는 세금을 쌀로 받아 조운선(漕運船)으로 이를 운송하였다. 강경 등과 같이 강에 인접한 지역에 세금으로 받은 쌀을 비축해두는 창고가 있었다는 점을 보아도 이를 알 수 있다. 그러나 철도가 개통되자 신속성, 경제성을 이유로 기차가 많이 이용됨에 따라 선박 이용은 줄어들었다. 남한강에서 한양으로 물품을 운송하던 선박업자들은 철도의 개통으로 큰 피해를 보았을 것이다. 변화에 능한 유통업자들은 선박 대신 화물 자동차를 이용한 운송업으로 사업 방식을 전환했을 것이다.

논술 쓰기 연습

1. 생각하고, 구조화하고, 직접 쓴다.

논술을 쓰기 위해서는 글의 재료가 필요하다. 이러한 글의 재료는 평상시에 준비해 두어야 한다. 이를 위해 평소에 배경지식이나 쟁점에 대한 고민을 해야 한다. 생각날 때마다 메모해놓지 않으면 시간이 지나면 잊어버린다. 생각이 날 때마다 메모하는 습관을 길러야 한다. 또한 적절한 사례나 좋은 글을 보면 반드시 주제별로 모아두어야 한다. 글을 쓸 때 이를 참조해야 풍부하고 구체적인 글을 쓸 수 있다. 평소의 노력 없이 좋은 글이 나올 수 없다. 평소 끊임없이 생각하고, 치열하게 생각하고, 자료 확보에 노력해야만 좋은 글이 나올 수 있다. 하늘에서 뚝 떨어지는 영감에 따라 좋은 글이 나오는 것은 아니다.

처음부터 완벽한 글을 쓰려면 두려워 글이 나오지 않는다. 조금 서툴더라도 생각이 넘치면 글을 생각나는 대로 일단 써야 한다. 일단 생각나는 대로 쓴 다음 다시 논리적으로 배열하고 가다듬는 퇴고를 거듭하면 할수록 더 좋은 글이 된다. 어느 날에는 생각이 막히고 글이 막혀 진도가 안 나가는 날도 있을 것이다. 그러나 다른 날에는 봇물 터지듯 생각이 터지고 글이 술술 나가는 날도 있을 것이다. 꾸준히 노력하다 보면 글을 쓰는 틀이 잡히고 틀이 잡히면 어느 정도 수준이 되는 글을 평상시에도 쓸 수 있게 된다.

특히 글을 쓰는 틀을 잡는 과정이 중요하다. 이를 개요라 한다. 건축물로 보면 설계도라고 생각하면 된다. 설계도 없이 건물을 짓는다면 당연히 그 건물은 쓸모가 없을 것이다. 이미 시간과 돈을 들여 지어놓은 건물이 쓸모가 없다면 어찌할 도리가 없다. 그렇기 때문에 설계도를 작성하여 미리 건물의 쓸모를 판단해보는 것이다. 글도 마찬가지이다. 시험답안은 시험시간의 압박이 크기 때문에 일단 쓴 다음 고칠 시간이 없다. 그렇기 때문에 개요를 작성해서 미리 글의 논리적 정합성을 판단해야 한다. 논술 시험에서 퇴고는 이 개요를 고치는 과정이지 이미 작성한 답안을 고치는 것이 아니다.

무엇보다도 논술은 직접 생각하여 쓰는 연습을 해야 한다. 문제에 대해 직접 생각해보고, 논술문의 구조를 구상해보고, 직접 작성해보고, 고쳐보는 연습이 중요하다. 예를 들어, 수영선수가 되기 위해서는 수영을 직접 해야 하는 것이지 머리로 많이 생각해서 되는 것이 아니다. 혼자서 하기 어렵다면 스터디를 구성하거나 학원의 힘을 빌리는 것도 좋다. 무엇보다도 중요한 것은 일단 논술을 직접 꾸준히 쓰는 습관을 들이는 것이다.

예를 들어, 스포츠 선수의 경우를 보자. 야구 선수는 꾸준히 연습을 한다. 투수가 경기에서 변화구인 커브볼을 던지려고 마음먹었다고 하자. 투수가 호흡을 어떻게 할 것인지, 공을 어떻게 쥘 것인지, 팔을 어느 위치까지 올릴 것인지, 다리는 어떻게 올렸다가 내릴 것인지 등을 생각하지 않는다. 아마도 커브볼을 던져야 한다는 생각만 할 것이다. 커브볼을 던지겠다는 생각을 하면 몸이 곧바로 그렇게 움직이도록 연습이 되어 있어야 한다. 수많은 연습을 했더라도 실제 경기에서는 실수가 나오기 마련이다. 심지어 내 예상대로 몸이 움직여서 내가 생각하는 최고의 커브볼을 던졌다고 하더라도 타자가 이를 예측하고 타격하면 안타를 맞거나 홈런을 맞기도 한다. 그런데 평상시에 연습이 별로 되어 있지 않은 투수라면 내가 생각한대로 공을 던질 수 없을 것이다. 물론 실수로 잘못 던진 공에 타자가 아웃 당할 수도 있다. 그러나 이는 운에 불과한 것이고 행운보다 불운한 경우가 더 많을 것이다.

2. 발상연습과 발상의 논리체계화

말문이 막혀 할 말을 못 하는 경우가 종종 있다. 그러다 말문이 트이면 줄줄 이야기가 나온다. 글도 마찬가지이다. 생각이 떠오르지 않으면 시간만 허비할 수 있다. 그래서 발상이 중요하다. 생각이 떠오르지 않는다면 다음 형식을 이용해서 생각을 이끌어내 보자.

- 정치, 경제, 사회, 문화 영역에 따라 발상하는 방법
- 개인, 사회, 국가를 기준으로 발상하는 방법
- 현상(문제)-원인-대책으로 발상하는 방법
- 육하원칙에 따라 발상하는 방법
- 시간을 기준으로 전과 후를 비교하여 발상하는 방법

사법시험이나 변호사시험의 경우, 특정 주제에 대해 목차가 이미 주어져 있으므로 수험생이 따로 목차를 구성할 여지는 줄어든다. 그러나 LEET 논술시험은 고정된 목차가 없으므로 발상을 통해 확보된 아이디어를 논리적으로 체계화시키는 능력이 매우 중요하다.

'저출산의 문제점에 대해 논하라'는 문제가 출제되었다고 하자. 기본적인 글의 구조는 '현상 또는 문제점-원인-대책'이다. 현상과 문제점에 대해서는 익히 알고 있을 것이다. 원인도 대충은 알고 있는데, 구체적으로 언급하라면 어렵다. 이럴 때 발상의 형식을 이용해 보자. 발상한 내용을 다음과 같이 체계화시키자.

저출산의 원인	
개인	• 가족 중심의 사고에서 개인 중심의 사고로 변화 • 자녀 양육을 보람보다는 수고로 인식
가족	• 대가족의 해체로 출산에 대한 압력 감소 • 농촌 사회에서는 자녀가 노동력이었으나 정보화 사회에서는 비용으로 전환
사회	• 공교육 부실, 사교육 열풍, 영어교육비 등으로 자녀 교육비용 증가 • 보육시설의 부족 • 자녀 양육은 개인의 의무이기도 하나 사회 모두가 부담할 몫이라는 인식 부재
국가	• 과거의 강력한 산아제한정책 • 사회 변화를 반영하지 못한 채 강력한 산아제한정책을 시행

3. 예상되는 반론과 반론에 대한 비판

법률가는 법적 분쟁에서 상대방의 주장과 그 이유를 비판하여 상대방의 입지를 약화시켜야 한다. 또한 상대방도 자신의 주장과 그 이유에 대해 비판을 가해올 것이므로, 자신의 주장과 이유에 대한 상대방의 반론을 예상하고 분석하여 비판을 해야 한다. 상대방의 반론을 무력화시킴으로써 자신의 주장 타당성을 강화시킬 수 있다. 따라서 일반적으로 논술문은 자신의 주장에 대한 반론을 가정하여 비판하는 내용을 포함한다. 상대방의 주장과 논거(이유)에 대한 비판능력과 상대방의 반론에 대한 비판능력을 길러야 한다.

(1) 주장의 전제를 무력화시킴으로써 주장을 반박할 수 있다.

> • **A의 주장:** 헌법 조문만으로 헌법해석이 가능하다.
> • **A의 논리:** 헌법은 완결성을 지닌 법이다. 어떤 헌법 분쟁이 발생하더라도 해당 헌법 조문을 찾을 수 있다. 따라서 정치, 경제, 사회적 관점과 관계없이 헌법 조문만으로 헌법을 해석할 수 있다.

A의 주장은 '헌법이 완결성을 가진 법이다'라는 것을 전제로 하고 있다. A의 전제를 무력화시킴으로써 A의 주장을 반박할 수 있다. 예를 들면, 다음과 같다.

> 헌법 조문만으로 헌법해석이 가능하지 않다.
> 헌법은 미완성성을 특징으로 한다. 대통령이 오랜 시간 동안 의식불명 상태에 빠진 경우, 어떤 국가기관이 대통령의 궐위를 확인해야 되는지에 대한 헌법 규정은 없다. 따라서 헌법은 완결성이 없는 법이다. 완결성이 없는 법이므로 헌법 조문만으로 헌법을 해석하는 데에는 한계가 있다.

A 주장의 전제인 '헌법은 완결성 있는 법이다'를 비판하여 '헌법 조문만으로 헌법 해석이 가능하다'라는 A 주장을 반박할 수 있다.

(2) 사실 논거가 근거 없음을 밝힘으로써 주장을 반박할 수 있다.

> - **A의 주장:** 원자력발전소 건설에 반대한다.
> - **이유:** 강력한 지진으로 인한 원자력발전소 사고로 대규모 인명피해가 발생할 수 있기 때문이다.
> - **사실 논거:** 2007년 7월 16일 일본 니가타현 지역을 강타한 지진의 영향으로 원자력발전소의 방사능 냉각수가 누출되어 바다로 흘러들었고, 화재가 발생했다. 2011년 일본 후쿠시마 지역에 지진과 쓰나미가 발생해 원자력발전소에서 수소 폭발과 함께 방사능 누출이 발생했다.

A 주장은 지진으로 인해 원자력발전소 사고가 일어날 경우 대규모 인명피해가 발생할 수 있다는 것을 근거로 하고 있다. 이에 대한 반론은 지진으로 인한 원자력발전소 사고가 일어날 가능성이 없다는 내용으로 비판할 수 있다. 예를 들면 다음과 같다.

> - **B의 주장:** 원자력발전소 건설에 찬성한다.
> - **이유:** 우리나라는 일본과 달리 강력한 지진이 발생하지 않기 때문이다.
> - **사실 논거:** 강력한 지진은 일본처럼 판구조의 경계부에서 일어난다. 지진이란 지각판이 이동하면서 다른 판과 충돌하여 일어나는 것이기 때문이다. 한반도는 유라시아와 태평양 경계부에서 수백㎞ 떨어져 있어 강력한 지진이 발생할 가능성이 작다.

B의 주장과 논거를 정리하면 다음과 같다.

> 우리나라는 강력한 지진발생 가능성이 거의 없다. (사실 논거)
> → 원자력발전소에 큰 위험이 없다. (이유)
> → 따라서 원자력발전소를 건설해도 무방하다. (주장)

B의 사실 논거를 비판함으로써 B의 주장에 반박할 수 있다. 우리나라가 지진의 안전지대가 아님을 밝힘으로써 B의 주장을 반박할 수 있다. 예를 들면 다음과 같다.

> 최근에 우리나라의 지진 발생 빈도가 높아지고 있다. 더 이상 우리나라도 지진의 안전지대가 아니라는 주장이 힘을 얻고 있다. 지난 몇 백년간 큰 지진이 발생하지 않아 지진에너지가 대륙판에 대량으로 누적되어 이것이 약한 단층을 통해 방출될 가능성이 커지고 있다. 기록상으로도 1020~1030년에 걸쳐 경주 일대를 강타한 지진으로 석가탑이 두 번이나 붕괴된 것으로 밝혀졌다. 이러한 점에서 우리나라가 지진의 안전지대라고 할 수 없다. 따라서 원자력발전소 건설에 문제가 없다는 주장은 타당하지 않다.

4. 발상의 논리 구조화 사례

• 논술시험에서는 가급적 짧게 쓴다.

• 서론은 화제(Topic), 문제를 제기하는 기능을 한다.

• 본론에서 쓰고자 하는 내용을 암시한다.

서론

• 요약하는 문제, 500자 정도의 답안에서는 생략할 수 있다.

• 신문사설에서는 20% 정도의 분량이나, 논술답안에서는 10% 내외로 한다.

• 논술시험에서 본론은 출제자가 묻는 내용에 대해 답을 제시하는 부분이다.

• 논술시험에서는 말을 돌리지 말고, 질문에 대해 정면으로 답을 해야 한다.

본론 1

• 주장: 원자력발전소 건설은 타당하지 않다.

• 논거: 생명에 대한 대규모 침해를 일으킬 수 있다.

• 설명: 사고가 발생하여 방사능이 누출된다면 생명에 치명적 해를 끼친다.

• 예시: 체르노빌 원자력발전소 사고로 인하여 최소 4천 명, 최대 9만 명이 사망했다.

• 이유, 설명, 예시를 통해 주장을 뒷받침해준다.

본론 2

(주장: 원자력발전소 건설은 타당하지 않다.)

• 논거: 에너지 사용에 있어 비효율적이다.

• 설명: 원자력발전소는 발전 단가 자체는 저렴하다고 볼 수 있으나 폐기물 처리, 발전소 폐쇄비용 등을 고려하면 매우 높은 비용이 들 수 있다.

• 예시: 체르노빌 원자력 발전소는 1986년 사고 발생 이후 지속적으로 폐쇄 비용이 들어갔다.

• 본론 문단은 근거 1, 근거 2, 반론/재반론으로 구성될 수도 있고, 문제해결을 요하는 문제의 경우 문제 현상, 원인, 대책으로 구성되기도 한다.

본론 3

• 반론: 우리나라는 지진발생 위험이 없으므로 원자력발전소의 위험성이 없다는 반론이 있다.

• 재반론: 우리나라도 지진발생 위험성이 있다.

• 이유: 우리나라도 지진 안전지대가 아니라는 주장이 힘을 얻고 있다. 최근 지진이 빈번하게 발생하고 있다.

• 예시: 2017년 포항지역에서 지진이 발생했고, 고려시대에도 지진으로 석가탑이 무너진 적이 있다는 연구결과가 있다.

• 예상되는 반론에 대한 재반론을 포함시킬 수 있다.

• 예상되는 반론에 대한 재반론은 반론의 근거가 타당성이 없음을 보여준다.

• 논술시험에서 결론은 문제에 대해 자신의 답을 전체적으로 요약·정리하는 부분이다. 따라서 본론에서 문제에 대답을 잘 했다면 없어도 무방하다.

• 전체 분량의 10% 내로 쓰자.

결론

• 본론에서 서술한 주장을 약화시키는 내용을 써서는 안 된다.

• 새로운 주장을 결론에 포함시키지 않도록 하자.

합격하는 답안 작성 십계명

채점자를 만족시키는 답안을 써라

1. 답안은 자기만족을 위한 글이 아니다.

답안 작성은 채점교수와의 대화이다. 채점교수를 설득하기 위해 글을 쓰고 있다는 것을 염두에 두고 답안을 써야 한다. 채점교수에게 이야기를 붙이고(서론), 구체적인 사례 등을 들어 설득력 있게 자신의 논지를 전개하고(본론), 자신의 입장을 정리하여 명확하게 전달하는 것(결론)이 논술답안이다.

논술시험 채점자는 객관식 시험과 달리 기계가 아니라 살아있는 사람이다. 감정이 있고, 감탄할 수 있고 반대로 분노하고 실망할 수 있는 사람이다. 따라서 채점자의 호감을 얻는 답안이 높은 점수를 받는 지름길이다. 그렇다면 채점교수의 입장을 정확하게 이해해야 한다. 이 책은 사법시험, 행정고시, 외무고시 등 채점교수의 채점평을 많이 수록하고 있는데 이는 우선 채점교수의 입장을 정확하게 알리기 위함이다.

출제교수는 오랫동안 고민하고 관심을 가졌던 주제를 문제로 출제한다. 그렇기 때문에 자신이 낸 문제에 대해 고민한 흔적이 있는 성실한 수험생에 대해 호감을 가질 수밖에 없다. 문제에 대한 진지한 고민을 일상생활에서 꾸준히 해왔다는 것을 보여 준다면 절반은 성공이다. 같은 고민을 하는 사람은 주장이 다를지라도 학문의 동료이다.

더 나아가 진지하면서도 설득력 있는 글을 쓴다면 채점교수는 수험생을 훌륭한 동료라고 생각할 것이다. 이런 학생이라면 내가 꼭 가르쳐보고 싶다는 생각으로 채점을 하니 좋은 점수를 줄 수밖에 없다. 교수는 자신이 낸 문제에 대해 깊은 고민을 해왔고, 이에 대해 논리적이면서도 창의성까지 엿보이는 글을 쓴 수험생들에게 좋은 점수를 줄 수밖에 없다.

2. 지식의 양대로 점수가 나오는 것은 아니다.

평소 글쓰기 연습을 할 때에도 항상 자신의 글을 읽고 평가하는 독자를 염두에 두고 글을 쓰는 습관을 들여야 한다. 논술시험에서는 분명히 채점자를 설득하지 못하는 답안은 좋은 점수를 받을 수 없다.

어떤 수험생은 1년 만에 고시에 합격하는데, 어떤 수험생은 20년을 보아도 불합격한다. 1년 공부한 수험생보다 20년 공부한 수험생이 지식이나 읽은 책의 분량을 따져도 훨씬 많다. 그런데 수험의 결과는 지식대로, 읽은 책의 분량대로 나오지 않는다. 예를 들어, 고시 수석합격자는 보통 시험공부를 시작한 때로부터 2~3년 정도 공부한 수험생이다. 수석합격자들은 내용에 대해서 가장 잘 아는 수험생이 아니라 채점자에 대해 민감한 감각을 가지고 있는 수험생이다. 아무래도 장수생들이 공부한 기간이 길기 때문에 지식의 양으로 따지면 많을 수밖에 없다. 그렇다고 해서 장수생들이 더 높은 점수를 받는 것은 아니다.

오래 공부했다 하여 더 높은 점수를 받는다는 법은 없다. 공부한 순서대로 고시에 합격하는 것이 아니다. 장수생들이 빨리 합격하지 못한 이유는, 공부량이 부족해서 관련 지식이 적기 때문이 아니다. 문제에서 요구하는 것을 중심 논리로 삼아 논리를 구성하는 능력이 부족하거나, 아는 것을 표현할 능력이 부족하거나 채점자에 대해 무감각하기 때문이다. 답안을 쓰는 학생이 자동차를 파는 영업사원이라면, 채점하는 교수는 자동차를 사려 하는 소비자이다. 영업사원이 소비자에 대해 관심이 없어서 소비자가 어떤 색을 좋아하는지 어떤 차종을 좋아하는지 어떤 편의장치를 원하는지 모른다면 자동차를 팔 수 없다. 이와 마찬가지로, 수험생이 채점교수에게 관심이 없다면 좋은 점수를 얻을 수 없다. 채점교수가 학생에게 무엇을 요구하고 어떤 학생을 원하는지를, 수험생이 잘 알고 있어야 채점교수의 마음에 들어 고득점할 수 있다. 이를 위해서는 평소에 답안을 쓰면서 출제자와 채점자의 요구사항이 무엇인지 생각하는 연습이 되어 있어야 한다.

글이나 말은 독자나 청자(聽者)가 있기 마련이다. 독자나 청자가 원하는 글이나 말을 한다면 좋은 인상을 받을 수밖에 없을 것이다. 독자나 청자를 무시하고 자신이 말하고자 하는 것만을 계속 이야기한다면 상대방은 나의 말을 들으려 하지 않을 것이다. 또한 무례하다고 생각할 수도 있을 것이다. 내 답안의 점수를 주는 채점교수가 내 답안에서 이런 느낌을 받았다면 논술에서 좋은 점수를 받는 것은 불가능하다. 채점자를 존중하는, 만족시키는 글을 써야 한다.

> **평가교수의 고시 채점평**
>
> "답안지는 예술작품이다. '도공이 도자기를 만드는 심정으로' 답안지를 작성하라. 온 정성을 다하여 정말로 아름답게 만들어라. 그리하여 채점자를 감동하게 하여라. 성실과 충실로 채점자의 마음을 플러스 방향으로 움직여라. 아름다운 도자기를 감상하는 심정으로 답안지를 평가하게 하여라. 답안지에서 은은한 향기를 맛보게 하여라. 예술작품의 가치는 오직 감상자가 평가하듯이, 시험답안의 우열은 오로지 채점자만이 평가한다. 그러므로 오직 채점자의 입장에서 답안을 작성하라. 너무나 당연한 이야기임에도 불구하고 수험자들은 자기 입장에서 답안지를 작성하려고 한다. 여기에 근본적인 문제가 있다. 논술 시험은 '수험자중심주의'가 아니라 '채점자중심주의'라는 사실을 명심해야 한다. 이것이 채점소감의 제1성이다."

출제자가 묻고 있는 내용에 대해서 답하라

출제자가 묻고 있는 내용에 대해서 답하라. 너무나 당연한 말이지만, 많은 수험생들이 이런 어처구니없는 실수를 한다. 많은 수험생들이 자신이 알고 있는 내용을 쓴다. 출제자가 묻지도 않은 내용인데도 자신이 아는 내용이나 학원에서 나온 예시답안을 쓰는 경우가 많다.

아무리 자신의 글이 좋은 글이라 하더라도 출제자가 묻지도 않은 내용은 점수에 반영될 수 없다. 묻지도 않은 내용을 쓰다 보니 시간이 부족하다. 시간이 부족하다 보니 출제자가 묻는 내용에 대해서는 충분히 답할 수 없다. 그러니까 좋은 점수를 받지 못한다.

출제자가 묻고 있는 내용은 논제에서 나타난다. 논제를 여러 차례 읽어보고 충분히 분석한 다음 묻고 있는 내용이 무엇인지를 파악하라.

평가교수의 고시 채점평

"채점위원들은 가채점을 통해 수험생들의 일반적 작성 경향을 알아본 다음, 장시간 토론을 통하여 채점 기준표를 만든다. 이러한 채점기준에 의하여 채점위원이 통제되다 보니 채점에서는 각 채점위원의 개인적 재량이 일종의 구속을 받게 된다. 따라서 답안지에 채점 기준상의 내용들이 많이 서술되어 있어야 고득점을 받을 수 있다. 이러한 점은 아마추어 권투를 생각하면 된다. 아마추어 권투시합에서는 아무리 주먹질을 많이 하여도 포인트와 연결되지 않은 주먹을 날리면 헛손질이 되고 만다. 결국 헛힘을 쓰는 것이 되고 말아 상대방에게 패하고 만다. 답안지도 이와 마찬가지이다. 포인트를 획득할 수 있는 내용을 써야 하며, 포인트와 상관없는 내용을 많이 써보아야 좋은 점수를 획득할 수 없다. 예컨대, 개념이나 의의가 채점기준상 2점이 배정되어 있으면, 개념이나 의의의 내용이 아무리 잘 돼 있어도 2점 이상을 배점할 수는 없는 것이다. 오히려 이러한 내용을 많이 쓰면 앞에서 지적한 것처럼 나중에는 다른 부분을 작성할 시간이 촉박하고, 답안지의 양이 부족하여 정작 고득점을 획득할 수 있는 내용을 쓰지 못하는 사태가 발생한다."

"설문에 관련된 논점을 전체적인 시각에서 골고루 가려낼 것이 요구된다. 이는 그야말로 공부의 깊이와 폭을 나타내어 주는 것이다. 요구되는 관련 논점 내지는 평점을 누락할 경우 좋은 평가를 기대하기가 어려울 것임은 자명하다."

"출제자가 묻지도 않고 있는 쟁점에 대해서 자신의 지식을 길게 늘어놔서는 안 된다. 이는 아무리 내용이 좋아도 쟁점이 아닌 이상 평가의 대상이 되지 않는다. 오히려 시간만 낭비하고 지면만 낭비할 뿐이다. 따라서 출제자의 의도를 설문을 통하여 정확하게 파악하는 것이 우선되어야 한다."

"주어진 설문에 충실하여야 한다. 설문은 그대로 존중되어야 하며, 한편으로 이를 함부로 축약하여 이해하여서는 안 되고, 다른 한편으로 섣불리 그 의미를 덧붙여 가정하여서도 안 된다."

균형 있는 답안을 구성하라

출제자가 3가지 쟁점에 대해서 물어봤다면 3가지 쟁점 모두 답을 해야 하고, 또한 균형 있는 답안을 구성해야 한다. 많은 수험생들이 서론과 결론을 장황하게 늘어놓거나 3가지 쟁점 중 첫 번째, 두 번째 쟁점에만 많은 시간을 허비하기 때문에 균형을 잃은 답안을 작성한다. 이러한 답안은 답안을 제대로 쓰지 못해 좋은 점수를 받지 못한다. 3가지 쟁점을 도출했다면 3가지 쟁점 모두에 대한 균형 있는 답안을 작성해야 한다.

균형 있는 답안을 작성하려면 서론과 결론은 의식적으로 짧게 써야 한다. 그렇지 않으면 자연스럽게 서론과 결론이 길어진다. 또한 균형 있는 답안을 작성하려면 3가지 쟁점에 대한 초안을 세부적으로 작성하고 쟁점마다 답안 분량을 배분하고 글을 써야 한다. 이런 계획 없이 답안을 쓰면 초보자들은 백이면 백 모두 시간이 부족하게 된다. 따라서 실제 시험과 똑같은 모의고사를 여러 번 치러보는 것도 시간부족 문제를 해결할 수 있는 좋은 방법이다.

> **평가교수의 고시 채점평**
>
> "시험에서 중요한 점은 시간배분을 적정하게 해야 한다는 것이다. 제1문에 비해 제2문의 답안들의 성적이 좋지 않았다. 그 이유는 제1문이 케이스문제여서 이 문제에 지나치게 많은 시간을 소비하였기 때문인 것으로 보인다. 그러나 문제별로 채점을 하기 때문에 제1문의 답안을 아무리 잘 쓰더라도 제2문의 답안이 잘못된 경우 전체 성적은 좋지 않을 수도 있다."
>
> "시험에서 점수를 잘 획득하려면 여러 가지가 있으나 문제 간의 비중을 적절하게 배분해야 한다. 채점자는 배점 기준을 어김없이 지키도록 되어있다. 그것은 채점을 문제별로 하도록 제도화되어 있기 때문이다. 어느 한 문제에 집중하여 나머지 문제를 소홀하게 다룬다면 대단한 불이익을 받을 수밖에 없다. 사실 이런 답안이 과락을 받는 경우가 많다."
>
> "답안 중에는 꽤 깊이 있는 부분까지 자세히 언급하여 그 부분에 대한 점수는 충분히 얻을 수 있었으나, 다른 부분에 대해서는 시간적 부족으로 인하여 언급하지 않은 경우도 있었다. 이러한 경우는 오히려 응시자의 입장에서는 불리하게 작용하므로 답안의 균형을 맞추는 것이 응시생의 입장에서는 유리할 수 있다."

출제자가 묻고 있는 내용에 대해서 명확하게 답하라

출제자가 논제를 통해 묻고 있는 내용에 대해서 명확하게 답해야 한다. 화살이 과녁을 정확히 맞히는 것을 적중이라 하듯이 답안은 출제자의 질문에 적중해야 한다. 출제자가 묻는 내용에 돌려서 답한다든지 어중간하게 답을 한다면 자신이 없는 답안으로 평가될 수 있다. 순수성 원칙에 따라 출제자가 묻고 있는 내용에 대해서만 명확하게 답해야 한다. 채점교수가 학생이 쓴 글의 주장이 무엇인지 파악할 수 없다면 좋은 점수를 받을 수 없다. 따라서 자신의 주장과 논거를 명확하게 밝혀야 한다.

체계적으로 답안을 써라

내용을 알고 있다 하더라도 적절하게 답안을 구성하지 못하면 좋은 점수를 얻을 수 없다. 논술 시험은 술래잡기가 아니다. 채점자를 술래로 만들지 마라. 일목요연하고, 알기 쉽게 답안을 구성해야 한다. 난삽하게 글을 쓰면 채점자가 자신이 물은 내용에 대해서 수험생이 답했는지를 수고스럽게 찾아야 한다. 이것은 채점자에 대해 실례를 범하는 것이다. 따라서 좋은 점수를 받을 수 없다.

세부적으로 초안을 잡지 않고 답안을 쓰기 때문에 체계성이 없는 답안이 된다. 초안을 세부적으로 잡지 않으면 글의 두서가 없게 된다. 우리가 말을 할 때도 이 말 했다가 저 말 했다가 하면 두서가 없다고 한다. 준비가 안 된 말이기 때문이다. 따라서 연설할 때 해야 할 말을 순서대로 정한 다음에 하듯이 글도 마찬가지이다. 설계도에 문제가 있으면 집의 균형이 맞지 않아 무너지게 된다. 글도 마찬가지이다. 초안이 허술하면 글도 허술하고, 짜임새가 없게 된다.

LEET 논술시험에서 요구하는 답안 분량은 다른 고등시험에 비해 적은 편이다. 그러나 요구하는 사고력의 수준은 상당히 높은 편이다. 개요를 작성하여 논리적 구조를 잡아두고 논리적 정합성 여부를 미리 판단해야 한다. 그렇지 않으면 자신이 1문단에서 펼친 논리를 2문단에서 정면으로 반박하는 경우가 발생하기도 한다. 그야말로 모순(矛盾)이다. 따라서 개요를 작성하여 논리구조를 설계하고 이를 검토하여 논리적 정합성이 있다고 판단될 때 답안을 작성해야 고득점을 받을 수 있다.

간결·명쾌하게 써라

글이란 읽는 사람이 이해할 수 있어야 한다. 글을 읽고도 무슨 내용인지 알 수 없다면 논술이 될 수 없다. 일기는 자기만 이해할 수 있는 암호를 쓰거나, 남들이 이해할 수 없는 내용을 써도 무방할 것이다. 논술문은 상대방을 설득하기 위해 쓰는 글이다. 따라서 논술문은 상대방이 이해할 수 있는 글이어야 한다. 좋은 글은 논제를 읽지 않은 사람도 답안을 봐서 무슨 내용인지 이해할 수 있어야 한다. 답안을 읽고 논제나 제시문을 예상할 수 있다면 수준 높은 글이라 할 수 있다.

글을 어렵게 써야 한다는 잘못된 편견은 뿌리 깊다. 판사들의 판결문을 보아도 재판을 받는 원고나 피고가 이해할 수 없는 글이 너무 많다. 판결문도 결국은 소송 당사자들을 설득할 수 있는 글이어야 한다. 그래야만 법적으로 문제가 해결될 뿐 아니라 감정적으로도 판결의 결과를 수용할 수 있다. 판결문이 너무 어려워 내용을 이해할 수 없다면 사건당사자들은 판결의 결과를 수용하기 어려울 것이다.

어려운 글을 써야만 유식해 보인다고 생각하는 수험생이 있다면 이러한 생각을 빨리 버려라. 정보화 사회는 소통의 시대이다. 소통될 수 없는 어려운 글은 탁월한 내용을 가지더라도 그 가치가 반감된다.

쉬운 글을 쓰려면 문장을 짧게 쓰는 것이 좋다. 긴 문장을 쓰면 자칫 주어, 목적어, 술어가 어울리지 않는 경우가 많다. 또한 쉬운 글을 쓰려면 단문을 주로 사용하는 것이 좋다. 한 문장에 여러 주어와 술어가 들어가 있는 문장은 문장 구조가 복잡하다. 이로 인해 글을 읽는 사람이 그만큼 해독하기 힘들다.

> **평가교수의 고시 채점평**
>
> "시험 답안 작성은 언어를 통한 정보의 전달이다. '언어＝글'이 답안작성의 유일한 도구이다. 아무리 준비를 잘했어도 해답의 핵심이 되는 내용을 채점자(＝출제자)에게 언어로 정확하게 전달해 주지 못하면 고득점이 어렵다. 의미전달의 정확성과 명료성이 답안 작성의 생명이다."

문제의식을 가지고 독창적으로 써라

독창적이라는 의미에 너무 압박을 받아 '일반적인 결론과 다른 것을 써야지.'라는 강박관념을 가질 필요는 없다. 독창적인 결론일지라도 이에 대한 적절한 논증이나 예시가 없다면 역효과를 낼 뿐이다. 그럴 때에는 다소 결론이 진부할지라도 구체적 사례, 참신한 예를 들어 자신의 주장을 뒷받침해주는 것이 좋다.

국내 자본의 해외유출

연간 유학비용 등으로 10조 원 이상이 지출되고 있으며, 미국과 중국 등의 부동산 매입으로 자본 유출이 가속화되고 있다. 이에 대한 해결책을 제시하시오.

A안

미국 등으로 유학을 가는 것은 조선시대에서부터 싹튼 사대주의에 근거하고 있다. 빨리 사대주의 사상을 버려야 한다. 또한 젊은 세대들이 애국심을 잃어버렸기 때문이다. 어려운 국가상황에 있어서 충무공 이순신의 정신과 같이 멸사봉공(滅私奉公)의 정신을 이어받아 개인의 이익보다는 국가의 이익을 우선하는 자세를 가져야 한다. 국가는 애국심을 고양시키고 사(私)보다는 공(公)을 우선시하는 윤리교육을 강화시켜야 한다.

B안

자본 유출을 막기 위해서는 삶의 질을 높이는 정책을 수집하고 실행해야 한다. 국제적 이동이 자유로운 현대 사회에서 국경을 넘나드는 자본을 인위적으로 막을 수 없다. 서울은 세계 주요도시 가운데 생활비는 많이 들지만, 삶의 질 평가에서는 낮은 순위를 차지했다. 단적인 예로, 서울은 뉴욕보다 물가는 높은데 삶의 질은 더 낮은 것으로 조사되었다. 대한민국이 수준 높은 공공서비스와 높은 삶의 질을 제공하지 않는다면 사람, 자본, 기술은 유출될 수밖에 없다. 규제를 완화하고 공공서비스에서도 경쟁체제를 도입하여 더 좋은 공공서비스와 삶의 질을 제공하여야 한다.

A안은 자본 유출에 대한 한탄과 자본 유출을 해서는 안 된다는 당위적 관점에서 쓴 글이다. 뻔한 이야기를 반복하고 있을 뿐이다. 이런 방법으로 문제를 해결할 수 있다면 벌써 해결되었을 것이다. 독창적인 글은 B안과 같이 구체적인 원인을 분석하고 이에 대한 대책을 제시하는 것이다. A안을 읽고 '아, 그렇구나. 우리나라가 살기 힘들어도 우리나라에서 살아야지.'라고 생각하는 사람이 얼마나 있겠는가? 다른 예로, 이혼율의 급증에 대한 대책을 쓰라는 문제에 대해서 부부 간의 사랑을 통해 이혼을 막아야 한다는 주장을 하는 것과 큰 차이가 없다. 이런 대책이 무슨 의미가 있겠는가?

뻔한 소리를 반복하여 쓰는 글은 독자에 대한 강요이다. A안과 같은 글은 독자에게 부담을 주는 글이다. 좋은 논술문은 독자가 기꺼이 설득당하는 글이다. 독자 스스로 '아, 그렇구나!'라고 느끼게 하는 글이 좋은 글이다. 또는 독자가 필자의 주장에 찬성하지 못하더라도 '나와 반대되는 주장도 경청할 만하구나.'라고 느끼는 글이다.

여기에서 주의해야 할 점은 논술은 상대방을 이기기 위한 글이 아니라는 점이다. 우리나라의 교육과정 전반에서 학습된 경쟁 일변도의 관점이 여기에서도 드러난다. 반대되는 주장은 틀린 주장이 아니라 다른 주장이다. 틀린 주장은 논리적으로 증명할 수 없는 주장이다. 내 의견과 반대되는 주장이라 하더라도 그 논리의 전개과정을 납득할 수는 있다. 그러나 내 의견과 동일한 주장이라 하더라도 논리적이지 않고 당위적으로 자신의 입장을 강요하는 글이라면 이는 틀린 주장이 될 것이다. 따라서 독자에게 당위적인 내용을 나열하고 반복하여 심리적 압박을 주는 것이 아니라 자신의 주장을 구체적인 사례나 논거를 들어 설득력 있는 글을 써야 한다.

평가교수의 고시 채점평

"문제해결능력이 결핍된 답안이 적지 않았다. 단순히 학설만을 반복하거나 평가 없이 특정 결론에 도달한 답안 등이 상당히 많았다. 한마디로 문제의식이 없는 답안이 의외로 많았다고 평가한다면 조금은 지나친 평가일지도 모르겠다."

"문제의 성격에서 알 수 있듯이 이번 문제들은 수험생의 능력에 따라서 자기 나름대로 얼마든지 풍부한 답안을 구성할 수 있는 그런 성격의 문제들이다. 따라서 수험생들은 교과서에 나온 이론들에 너무 구애받지 않고 우리의 현실을 고려하면서 자기만의 독창적인 답안을 구성하는 것이 좋은 점수를 받는 비결이라고 할 수 있다."

"800명에 가까운 수험생들의 답안들을 살펴보고 전체적으로 가졌던 느낌은 답안의 내용이 대부분 피상적이어서 깊이가 없다는 점이다. 물론 우수한 답안들이 있었으나, 대개는 암기에 의존하는 수험준비가 이루어졌다는 인상을 받지 않을 수 없었다. 이는 한국 교육의 방식이 그대로 나타난 일면이라 할 수 있는데, 미래의 엘리트 관료가 풍부한 사고력과 창의성을 갖추어야 되겠다는 바람에 비추어 볼 때 매우 우려되는 점이다. 교과서와 해당 참고서들을 나름대로 생각을 하면서 읽었느냐 아니면 단순한 암기에 주력하였느냐는, 수험생의 답안에 어떤 형태로든 나타나게 되어있다. 이제부터라도 고시 준비의 공부방식에 있어 수험생들의 새로운 방향전환이 요청된다."

대입논술 채점평

"'지식정보화 시대에 우리 사회의 각 영역은 어떤 속도로 변화해야 하는가?'라는 논제에 대해 "각 주체들이 대화를 통해 적절한 속도를 찾는 게 바람직하다."는 '공자님 말씀'을 결론으로 내놓은 경우도 있었다. 문제를 놓고 스스로 고민한 흔적이 보이지 않았다."

논리적인 답안을 구성하라

논술은 논리적인 글쓰기이다. 따라서 서론과 본론의 논지가 모순된다면 당연히 좋은 점수를 받을 수 없다. 그렇다고 해서 논리학을 전문적으로 공부해야 한다는 것은 아니다. LEET 추리논증에서 학습한 수준의 논리학이면 충분하고, 논술 답안에서 자신의 주장을 설득력 있게 전개해나가고 일관성을 유지하는 글을 쓸 수 있으면 족하다. 쉽게 말하자면, 자신의 답안을 추리논증 문제라 생각하고 논리적 결함이 없도록 구성해야 한다.

> **평가교수의 고시 채점평**
>
> "아무리 부분적으로, 항목별로는 잘 썼어도 전체적으로 논리의 일관성이 없으면 안 된다. 논술형 시험에서 논리일관성은 답안의 생명이다. 이것이 무너지면 점수 받기 어렵다."
>
> "많은 수험생이 자신의 견해를 조리 있게 설명하지 못하고 있다는 느낌을 받았다. 똑같은 대답이라도 그 순서가 다르면 성적에 영향을 미칠 수 있다. 이런 점에서 체계적인 답안구성에 대한 연습이 필요하다."

역사사례·시사적 내용 등을 거론하여 구체적으로 써라

너무 추상적인 원리에 따라서 글을 쓴다면 상대방을 설득하기 어렵다. 자신의 경험이나 우리나라의 역사적 사례, 시사적인 내용을 거론하면서 자신의 논지를 강화시켜주고 구체적으로 설명할 수 있는 능력이 있어야 한다. 추상적인 이론 설명 뒤에는 그를 분명하게 할 수 있는 구체적인 예를 들어주어야 한다. 이를 위해 평소 신문이나 교과서에서 배웠던 사례를 연결해서 사고하고 글을 쓰는 연습을 해야 한다.

LEET 논술의 경우, 제시문과 사례를 주어 수험생마다 격차가 있는 배경지식의 수준을 결정적 요인이 되지 않도록 하고 있다. 결정적 요인이 되지 않도록 한다는 말의 의미는 일반 교양 수준의 지식은 당연히 필요하다는 뜻이다. LEET 출제를 담당하고 있는 법학전문대학원 협의회의 발표 자료에 따르면, 대학 학부 수준의 교양은 배경지식이라 보지 않고 일반 교양이라 판단하고 있다. 특히 로스쿨 입시는 4년제 학부를 졸업했거나 졸업 예정인 자만 응시할 수 있도록 한 것은, 4년제 학부 수준의 지식을 일반 교양으로 보기 때문이다. 예를 들어, LEET 언어이해 제시문에서 만유인력의 법칙이 나왔다면 만유인력의 법칙이 무엇인지 설명하지 않는다. 만유인력의 법칙은 고등학교 과학 수준의 지식으로 배경지식이 아니라 로스쿨 입시생이라면 누구나 알고 있어야 하는 일반 교양이기 때문이다. 따라서 평상시에 대학 학부 수준의 교양을 충실히 학습해두고 이를 적절하게 사용할 수 있어야 한다.

> **평가교수의 고시 채점평**
>
> "중요한 것은 항상 하나의 개념을 그것이 나타난 역사적 배경, 장점과 단점, 현재의 우리 사회에는 어떤 교훈을 주는가를 고려하면서 공부하라는 것이다. 대부분의 수험생들은 관료제의 특징, 민주주의의 특징은 잘 알고 있을 것이다. 그러나 관료제가 왜 생겨났으며, 관료제가 아닌 제도는 무엇인가, 관료제가 나타남으로써 생긴 문제점에 대해서는 소홀히 하는 것 같다. 민주주의도 마찬가지이다. 민주주의는 인류가 발전시킨 하나의 통치체계이다. 그러나 관료제의 필요성과 결부되면 관료들의 부패, 전문성을 통한 폐쇄적 정보체계, 행정권력의 장악 등의 문제가 등장한다. 따라서 민주주의가 발전시킨, 통치자의 직접 선출, 대의제 민주주의, 정당의 존재 등이 전제되지 않는다면 관료제의 병폐는 반민주적인 방향으로 흐른다는 점을 간과해서는 안 된다. 이는 우리의 사회에서도 충분히 인지하고 문제가 되고 있는 부분이다. 모름지기 공부는 공부만을 위해서 하는 것이 아니라 그것의 현실적 유용성에 비추어서 해야 한다는 점을 강조하고 싶다."

관련되는 내용이 무엇인지를 학제적으로 파악하라

LEET 논술은 학제적인 관점에서 출제되므로 답안도 학제적인 관점에서 구성되어야 한다. 법학, 철학, 사회학, 경제학, 자연과학의 관점을 모두 동원해서 문제를 바라보자. 너무 단선적으로 한 학문에서만 문제를 이해하려 들어서는 안 된다.

예를 들어, LEET 언어이해나 추리논증의 경우에도 다양한 학문 분야의 제시문이 출제되고 있다. 언어이해 제시문으로 과학이 출제되고 문학이 출제된다. 그 이유는 법조인이 해결해야 할 사회적 문제가 다양한 분야에서 나타나고 있기 때문이다. 예를 들어, 저작권은 인간에게만 인정되는 권리이다. 저작을 할 수 있는 능력이 인간에게만 있었기 때문이다. 그러나 최근 들어 AI 기술이 발달하면서 저작권이 문제되고 있다. 저작권 등과 같은 지식재산권의 특성은 신규성과 진보성에 있는데, 이 논리를 과학기술에 적용하기 위해서는 AI의 과학적, 기술적 특성을 이해해야 한다. 따라서 법조인에게 과학기술에 대한 기본적인 이해력은 반드시 필요한 것이다. 과학기술 분야뿐만 아니라 사회의 모든 분야는 모두 법조인이 다루어야 할 영역이 된다. 경제, 사회, 문화, 예술 등 모든 영역에서 법률 문제가 발생하기 때문이다. 이처럼 법조인은 사회 문제 전반에 대한 해결과 논리적 증명을 해야 하기 때문에 LEET 논술은 다양한 방향으로 생각할 수 있는 학제적 능력을 요구한다.

불합격 답안 유형

암기에 따른 천편일률적 답안

행정고시나 외무고시, 사법시험, 변호사시험 등과 같은 고시시험에서 채점위원들에게 채점소감을 물으면 꼭 나오는 내용이 "답안이 천편일률적이었다. 정말 실망스럽다. 천편일률적인 답안에 대해서는 점수를 줄 수 없다." 등이다. 이러한 고시가에서 나왔던 일반적인 평가가 LEET 논술에서도 나올 수밖에 없다.

그렇다면 채점교수들은 왜 이러한 암기식 답안을 싫어하는 것일까. 앞에서도 누차 설명했듯이 논술시험은 자신의 견해를 논리적으로 그리고 창조적으로 글을 쓸 수 있는 능력을 평가하는 시험이다. 그런데 답안이 똑같다면 자신의 견해가 아니라 타인의 견해라는 것을 쉽게 알 수 있기 때문이다.

> **대입논술 채점평**
>
> 자, 여러분이 이제 채점자라고 생각해보자. 5천 장의 답안을 채점해야 한다.
>
> 답안을 읽어보니 어려운 어투와 사상을 내포하고 있는 답안이 보인다. 참 대단하다. 칸트를 논하고 비트겐슈타인을 논하다니. 대단한데? 그런데 분명히 이 문제는 칸트와 비트겐슈타인의 논리와 별 관계가 없다. 이상하다. 그 이후 3~4개의 답안을 더 채점해보니 칸트와 비트겐슈타인이 계속 언급되고 있다. 더 이상하다.
>
> 동료 교수에게 전화가 와 점심식사하고 다시 들어왔다. 다시 답안을 보니 또 비슷한 문구와 칸트와 비트겐슈타인이 반복되고 있다. 이거 뭐야? 그래서 다음 답안들을 대충 훑어보았다. 계속해서 이어지는 동일한 문구. 또 칸트와 비트겐슈타인이다. 칸트와 비트겐슈타인은 나도 잘 모른다. 점차 깊어지는 의문. 이런 답안들은 한 사람이 쓴 글을 베낀 것 아닐까? 계속 봐도 유사답안이 이어진다. 맞다. 이런 문제 혹은 이런 제시문이 나오면 칸트와 비트겐슈타인을 쓰면 된다고 외우라고 했을 것이고, 그 외운 내용을 쏟아놓은 것이 분명하다.

자, 이러한 심리과정 속에서 채점교수는 어떤 면에서는 안타까움이, 어떤 면에서는 분노의 감정이 치솟을 수밖에 없다. '논리적이고 창의적인 사고력을 가진 학생을 선발하고자 논술을 도입했다. 그런데 똑같이 답안을 베끼다니.' 다른 수험생과 똑같은 답안은 잘 쓰고 못 쓰고 관계없이 C등급을 준다. 다만 자신의 생각을 표현하려고 노력했던 순박한 답안에 대해서는 부족한 점이 없지는 않지만 자신의 생각을 진솔하게 표현했다는 점에서 B등급을 준다. 또한 자신의 생각을 나름대로 잘 표현하고 통합적인 사고능력이 있다고 생각되는 답안에 대해서는 A+를 줄 수밖에 없다.

이러한 수많은 과정을 지켜본 필자는 다음과 같이 말하고 싶다.

"아는 문제가 나왔을 때 한 번 더 생각해라. 네가 알고 있는 문제는 모든 수험생이 알고 있다. 네가 본 예시답안도 모든 수험생이 알고 있다."

고시 채점평

"채점을 하다 보니 실망이 너무 컸다. 왜냐하면 예상문제를 달달 외워 가지고 그대로 쓴 답안지가 너무 많았던 까닭이다. 특히 제1문의 경우, 정책학에 관한 기본 지식을 가지고 자기 나름대로의 논리와 사고를 정연하게 전개한 답안지를 찾아보기가 꽤 어려웠다. 아마도 고시학원 등에서 예상 문제에 대한 모범 답안을 만들어 열심히 공부하였고, 그것을 완전히 외워 버린 그 정신능력에는 찬탄(?)을 금하지 못하는 바 아니나, 똑같은 답안지가 수십 개 나오는 데는 채점자로서도 당황할 수밖에 없었다.

수험생이 생각했던 예상문제가 실제 출제된 고시문제와 똑같이 일치할 수는 없을 것이어서, 분명히 답안은 새로운 형태로 작성을 해야 할 것임에도 불구하고, 수십 개의 답안지가 똑같다는 것은 무엇을 의미하는가? 그것은 수험생들이 자신의 창의력을 무시해버린 채 자기 자신을 외우는 기계로 전락시켜 버린 것과 다름이 없다는 것을 의미하며, 결과적으로 사고의 획일화를 초래한다. 이 나라의 고급공무원들이 외우는 기계로써 획일적인 사고만을 한다면 이 나라의 앞날은 어찌 될 것인가? 실로 아찔한 일이다.

결론적으로 볼 때, 고급 공무원을 뽑는 고등고시가 달달 외우는 능력만을 테스트하는 것이 아닐 바에야 비록 완벽하게 답안을 작성하지는 못할지라도, 기초지식을 응용하여 자기 나름대로의 생각을 전개할 수 있는 사람을 뽑는 것이 더 바람직한 것이 아닐까? 물론 정책학에 관한 기본지식은 외워야 할 것이지만, 그것을 바탕으로 하여 사회현상과 결부시켜 나름대로 자신의 생각을 논리정연하게 전개시키는 것이 바람직할 것으로 본다. 실제로 그러한 답안지가 어쩌다가 한 번씩 나오면, 실제론 손꼽을 정도밖에 안되지만, 무척 반가움은 물론이다.

고급공무원을 뽑는 데 있어서 논리, 창의적 사고력, 지식 등을 종합적으로 판단하여야 한다는 점을 고려할 때, 앞으로의 시험문제 역시 이런 것들을 제대로 평가할 수 있도록 출제하는 것이 매우 중요하다고 본다. 또한 수험생들 역시 열심히 외우는 것 말고, 가지고 있는 지식을 바탕으로 하여 자신의 주장을 논리정연하게 전개시켜 나가는 훈련이 필요하다고 본다."

"실제 채점하면서 대부분의 답안 내용이 비슷비슷한 걸 발견하고 놀랐다. 그러한 답안의 경우 100점 만점에 40점, 즉 과락을 간신히 면할 정도 이상의 득점이 어려울 것이다."

"4년 전에 채점했을 때와 비교하여 수험생들이 사례 문제풀이에 많이 익숙해졌다. 그러나 답안의 내용이 천편일률적이라는 점은 전혀 달라진 바가 없다. 아직도 시험이 얼마나 잘 외웠는지를 보는 시험이 아니라는 점을 수험생들은 모르고 있다. 그리고 아직도 자기 결론을 쓰지 않는 수험생들이 많았다. 두뇌가 얼마나 잘 박제되었는가를 평가하는 시험이 아니라는 점을 잊지 말아야 할 것이다."

문제를 잘못 읽고 쓴 답안

과거에 필자가 알고 지내던 사법시험 수험생은 사법시험 2차 시험에서 최종 불합격하였다. 그런데 그 수험생의 전체 평균 점수는 합격선을 크게 넘었으나, 민법 과목에서 문제를 잘못 읽어 40점 미만의 점수를 받아 과락으로 불합격하였다. 매년 사법시험, 행정고시, 외무고시, 변호사시험에서 이렇게 문제를 잘못 읽어, 수험생이 문제를 새롭게 출제하고 스스로 답하는 사태가 꼭 발생한다. 이런 경우 좋은 점수가 나올 수 없다. 채점자도 안타깝지만 어쩔 수 없다.

> ### 고시 채점평
> "문제를 정독해야 한다. 사례형 문제는 물론이고 논술형의 문제도 침착히 정독해서 논점을 제대로 잡는 것이 무엇보다 중요하다. 문제의 오독(誤讀)은 때에 따라서는 치명적인 결과를 초래함을 명심해야 한다. 이번 시험의 제2문도 문제는 「변론주의와 그 보완책을 논하시오」이었으나 이미 이야기한 바와 같이 보완책만 설명한 답안(보완책을 거의 완벽하게 설명한)이 상당수 있었으며, 만약 이것이 문제를 「변론주의의 보완책을 논하시오」로 잘못 읽은 결과라면 돌이킬 수 없는 실수가 아니겠는가. 반드시 문제는 한 자 한 자 또박또박 읽는 습관을 들여야 한다."

분명 로스쿨 수험생 중에서도 문제를 잘못 읽어 불합격하는 수험생들이 나올 것이다. LEET 논술 채점에 참여한 채점교수의 평을 들어보면 이런 실수를 하는 수험생이 의외로 많다. 문제를 읽고 출제자의 의도를 파악해야 한다. 법조인이 되어 장문의 글을 읽고 써야 할 이들이 두 줄에 지나지 않는 문제의 의도를 파악할 수 없다는 것은 말이 되지 않는다.

기대와는 다르게 대다수의 수험생들은 문제를 제대로 읽지 않는다. 문제를 제대로 읽고 상식적으로 생각하면 출제자의 의도를 파악할 수 있다. 문제만 제대로 읽어도 40% 득점 미만의 답안, 즉 과락답안을 피할 수 있을 것이다. 어떤 시험에서도 실력이 가장 중요하다. 그러나 자신의 실력을 제대로 드러낼 수 있는 능력 역시 중요하다. 문제를 오독(誤讀)하는 것은 자신의 얼굴에 스스로 먹칠을 하는 것이나 다름없다.

'로스쿨 수험생들이 문제를 잘못 읽는 실수를 할까?'라는 의문이 들 수 있다. 필자가 LEET 논술 채점을 담당한 교수님들에게서 직접 들은 채점평에 따르면, 대입 수험생들보다도 더 많은 비율로 수험생들이 문제를 잘못 읽고 답안을 작성한다고 한다. 아마도 이는 수험생들의 학력이 높아 문제를 꼼꼼하게 읽지 않고 마음이 앞서서 자신이 아는 문제, 지식으로 답변을 빨리 하려 해서 그런 것이라 추측할 수 있다. 대입 수험생이라면 어려서 혹은 아는 것이 부족해서 그럴 수도 있다. 그러나 로스쿨을 준비하는 수험생들이 문제를 제대로 읽지 않고 동문서답(東問西答)을 한다는 것은 자존심이 상할 일이다. 최근 LEET 논술 기출문제의 출제 유형이 사례형으로 바뀐 것을 보면, LEET 논술을 출제하고 채점하는 교수님들이 수험생의 답안에 대해 느낀 실망감을 알 수 있을 것이다.

> **제3회 LEET 시험 1번 문제**
>
> 1. 제시문 (가)의 내용을 요약하고, (가)의 핵심개념들을 활용하여 제시문 (나)의 주장을 평가하시오.
>   (600~800자, 40점)
>
> **제4회 LEET 시험 1번 문제**
>
> 1. 제시문을 읽고, 문제에 답하시오.
>   1-(1). 제시문 (가), (나)의 논지를 공통점과 차이점을 중심으로 정리하시오. (300~400자, 15점)
>   1-(2). "나는 디오도토스와 다른 이유에서 그의 결론에 동의합니다."로 시작하는 연설문을 작성하시오.
>   (700~800자, 35점)

위 제3회 LEET 기출문제와 제4회 기출문제를 보자. 제3회 LEET 기출문제와 달리 4회 기출문제에서는 1번 문제를 1-(1), 1-(2) 문제로 나누어 출제하였다. 그 이유는 간단하다. 수험생들이 문제를 제대로 읽지 않기 때문이다.

제3회 LEET 논술 1번 문제는 대답해야 할 것이 크게 2가지라 할 수 있다. ①제시문 (가)의 내용을 요약하고, ②제시문 (나)의 주장을 평가해야 한다. 그렇다면, ①과 ② 중 어떤 것이 더 중요한 질문이며 더 많은 분량을 할애해야 할 것인가? 당연히 ②제시문 (나)의 주장을 평가하는 것이다. 600자 답안이라면 ①에 200자 정도, ②에 400자 정도가 적당하다. 40점 배점이니 점수 배분 역시 ①에 10~15점 정도, ②에 30~25점 정도가 될 것이다.

그러나 대다수의 수험생들이 답안을 작성할 때 이를 생각하지 않는다. 아무 생각없이 작성한 답안은 결국 ①제시문 (가)의 내용만 요약하다가 600~800자 분량을 다 채우고 만다. 甲이라는 수험생이 아래 표처럼 동일한 문제에 대해서 2가지 형태의 답안을 작성했다고 하자.

제3회 LEET 논술 1번 문제 (600자, 40점)	A답안		B답안	
	분량	점수	분량	점수
① 제시문 (가)의 내용을 요약 (200자, 10점)	500자	10점	100자	5점
② 제시문 (나)의 주장을 평가 (400자, 30점)	100자	5점	500자	25점
	600자	15점	600자	30점

문제를 잘 읽고, 잘 대답하는 것만으로도 합격 여부가 결정될 수 있다. 위의 표에서도 확인할 수 있듯이 문제를 잘 읽고 물어본 것에 잘 대답한 것만으로도 2배의 점수 차이가 발생한다.

제4회 LEET 논술 기출문제 1번 문제는 결국 제3회 LEET 논술 기출문제 1번 문제와 동일한 문제라고 할 수 있다. 형태만 달라진 것이다. 제발 문제에서 물어본 것에 대해 생각한 후 답안을 작성하라는 출제자의 절규를 들어주기를 바란다.

또다른 예를 들어, 제1회 LEET 논술 시험 3번 문제를 보자. 제1회 LEET 논술 기출문제는 "제시문 (가)와 (나)의 논점들을 비교하시오. 그리고 이를 참고하여 인도적 개입에 대한 자신의 견해를 논술하시오."였다. 따라서 먼저 제시문 (가)와 (나)의 논점을 비교하여야 한다. 그리고 이후에 인도적 개입에 대한 자신의 견해를 논술하여야 한다. 그런데 채점교수님의 채점평을 들어보면, 많은 수험생 답안에서 첫 번째 쟁점을 누락한 답안이 많았다고 한다. 이렇듯이 문제에서 요구하는 쟁점을 누락한 경우 감점이 크다. 특히 50점짜리 큰 문제이므로 수험생 간에 점수격차는 커질 수밖에 없다.

실력은 있으나 불합격한다는 면에서 더욱 안타깝다. 왜 이런 현상이 반복적으로 나타나는가? 일단 수험시간이 제한되어 있다 보니 수험생들이 시간적인 압박을 받음으로써 매우 서두른다는 것이다. 자신이 본 문제와 유사하면 자신이 본 문제와 동일시하고 바로 초안이나 답안을 구성하기 때문에 이러한 현상이 나타난다. 문제를 받아보면 제발 덤비지 마라. 좀 떨어져서 논제를 객관적으로 읽으려고 노력해야 한다.

사례: 고시가의 유명 사례

오래 전 사법시험에서 대량 과락 사태가 발생했다. 유명한 학원 강사의 책에서 나온 문제와 비슷한 문제가 출제되었다. 수험생들이 그 책 내용을 그대로 답안에 옮겼다. 학원 강사가 출제한 문제가 A라면, 실제 문제는 A와 똑같은 것은 아니었고, A문제와는 약간 다르게 A±문제였다. A문제에서 추가된 내용도 있었고, A문제에서 빠진 내용도 있었다.

그런데 수험생들은 유명한 학원 강사의 책을 그대로 베낀 것이다. 한 명도 아니고 몇 천 명의 수험생이 똑같은 답안을 제출했다. 채점자인 출제교수는 자신의 문제에 대해서 답한 것이 아니라 어떤 책을 그대로 베낀 것이라는 것을 쉽게 알 수 있었을 것이다. 그러한 답안에 대해 좋은 점수를 줄 수 없었고, 결국 과락사태가 발생한 것이다.

고시 채점평

"금번 채점 시에도 많은 수험생들이 답안을 작성할 때 본문 작성을 서두르다 보니, 쟁점파악을 제대로 하지 않아 출제자의 의도와는 전혀 다른 답안을 쓰는 경우가 많았다. 특히 쟁점 파악을 먼저 하지 않은 수험생들의 답안지는 본문 작성 시에도 장황한 것이 일반적인 사실이라는 것을 알 수 있었다. 따라서 답안 작성 시에는 반드시 쟁점을 제대로 파악하고 이를 간결하게 먼저 언급하는 것이 수험생 본인이 답안을 쓰는 데 논리정연하게 쓸 수 있도록 유도할 뿐만 아니라, 채점자의 경우 수험생이 제대로 문제점을 인식하고 있는지를 평가하는데 많은 도움을 줄 수 있을 것으로 생각한다."

"우선 문제와의 진지한 대화가 부족하였던 점이 아쉽게 느껴진다. 문제를 제대로 검토하지 못하고, 출제문제와 다른 각도에서 자신만의 답안을 제출한 수험생이 유례없이 많았다. 채점 기준을 벗어난 답안이 유례없이 많았던 것이 과락의 중요 원인으로 제시될 수 있다. 자신이 공부한 내용대로 답안을 작성하였겠지만, 문제는 그 작성된 내용이 답안의 채점기준과 부합하지 못하는 경우가 많았던 것이다."

"출제위원이 제공해놓은 사실관계의 범위 내에서 논점을 찾고 그 논점과 관련된 법리를 사안에 적용하여 그에 따른 결론을 제시하여야 한다. 만약 수험생이 출제위원이 제시한 사실관계 외에 자의적으로 사실관계를 추가하고 그 전제 위에서 논점을 제시한다면 이는 주어진 사안을 전제로 한 논점과 어긋날 가능성이 큰 것이다."

"가장 중요한 것은 문제를 제대로 파악해야 한다는 것이다. 무엇에 관한 문제인가, 무엇을 묻는가를 바르게 파악해야 할 것이다. 더욱이 사례형 문제에서는 문제의 이해에 신경을 써야 할 것이다. 문제를 제대로 파악해야 답안을 제대로 작성할 수 있음은 말할 필요조차 없는 당연한 것이다. 그런데 이러한 오류를 범하는 답안지가 적지 않게 있었기 때문에 언급하는 것이다. 잘 알고 있는 바와 같이 문제를 제대로 파악하기 위해서는 개념과 체계에 대한 정확한 인식이 되어 있지 아니하면 안 될 것이다."

문제를 무시한 답안

3번째 불합격 사유는 2번째 불합격 사유와 부분적으로 일치하기는 하나 다른 면이 있다. 소위 사오정 답안은 문제를 제대로 읽은 수험생에게도 나타난다. 특히 논제에 대해 자신이 없을 때 많이 나타난다. 출제자가 제시한 문제에 대답할 자신이 없기 때문에 정작 출제자의 질문에는 답하지 않고 자신이 알고 있는 사항을 쓰려고 한다. 문제를 무시하고 자꾸 자기가 아는 내용으로 글을 몰아간다. 이런 답안은 출제자가 묻는 질문에는 답하지 않고 있으므로 좋은 점수를 받을 수 없는 것은 당연하다.

> **고시 채점평**
>
> "자신이 알고 있는 내용만을 중심으로 장황하게 설명한 답안들이 많았다. 정확하게 모르는 사람일수록 관련사실을 많이 기술하는 경향이 있었는데, 시험답안은 논문이 아니며, 강의는 더욱 아니다. 앞으로는 제한된 시간에 암기한 내용을 많이 쓰는 연습보다는 내용을 정확하게 파악하고 이해하는 방법으로 공부하기 바란다."
>
> "강조하고 싶은 바는 문제를 자세히 음미하여 출제의도를 정확하게 파악해야 한다는 것이다. 대다수의 답안들이 출제자가 요구한 것보다는 자신이 교과서나 문제집을 암기하여 준비한 것을 토해 놓고 나가는 형식으로 작성되었다."
>
> "본 사안이 요구하지 않는 내용을 자세하게 설명한 학생들이 의외로 많았다."

균형을 잃은 답안

논술 문제를 보면 여러 제시문을 주고 논제도 여러 개를 제시하는 문제가 자주 출제된다. 예를 들면 논제가 3가지일 경우를 들어보자. 첫째 논제가 30점, 둘째 논제가 30점, 셋째 논제가 40점이라고 하자. 많은 수험생들이 첫 번째 논제에 시간과 답안분량을 지나치게 허비하는 경향이 있다. 그러다보니 자연스럽게 둘째 논제는 어설프게 답하고 셋째 논제는 거의 쓰지 못한다든지, 결론만 쓰고 마는 경향이 있다.

수험생 A는 첫째 논제에 시간과 답안 지면을 50% 투자하여 30점 중 25점을 받았다. 또한 두 번째 논제에 40%를 투자하여 22점을 받았다. 세 번째 논제에 10%를 투자하여 10점을 받았다. 도합 57점을 받았다.

수험생 B는 첫째 논제에 60%를 투자하여 27점을, 두 번째 논제에 35%를 투자하여 20점을, 세 번째 논제에 5%를 투자하여 5점을 받았다. 도합 52점을 받았다.

수험생 C는 첫째 논제에 30%를 투자하여 18점을, 두 번째 논제에 30%를 투자하여 18점을, 세 번째 논제에 40%를 투자하여 25점을 받았다. 도합 61점을 받았다.

구분	A		B		C	
	투자비율	획득점수	투자비율	획득점수	투자비율	획득점수
1번 논제(30점)	50%	25점	60%	27점	30%	18점
2번 논제(30점)	40%	22점	35%	20점	30%	18점
3번 논제(40점)	10%	10점	5%	5점	40%	25점
TOTAL(100점)		57점		52점		61점

이와 같이 시간과 답안 분량을 어떻게 조정하느냐에 따라 시험점수에 상당한 차이가 발생할 수 있다. 수험생들은 자신이 알고 있는 문제라 하여 너무 많은 시간과 분량을 허비하는 심리가 있다. 수험생이 자신 있는 문제라고 하더라도 너무 많은 시간과 분량을 허비하기보다는 이를 조절하고 자기 절제를 해야 할 필요가 있다.

고시 채점평

"균형을 잃은 답안이 많았다. 좀 더 자세히 써야 할 내용을 적게 쓰고 언급만 해도 될 부분을 자세히 쓴 답안이 아주 많았다. 사법시험은 문제의 법적 해결능력을 측정하는 것이 기본이지만 문제의 성질과 규모에 따라 분석능력 또는 종합능력을 함께 측정한다. 따라서 중요성의 경중에 따라 양적/질적 균형을 갖추어야 한다. 따라서 써야 할 분량을 안배하는 것도 대단히 중요하다. 아는 내용을 어떻게 짜임새 있게 배치하느냐 하는 것도 시험의 기술이다."

"알고도 못쓰면 얼마나 속상할까. 그 마음이 얼마나 아플까. 대개 수험자는 1번 문제를 쓴 다음에 2번 문제를 쓴다. 이번에 2번 문제를 채점하다 보니 중요한 사실을 발견하였다. 시간에 쫓겨 제대로 못 쓴 것 같은 답안이 상당히 많았다. 2-1문과 2-2문 중의 하나 또는 같은 문제의 전반부는 잘 쓰다가 갑자기 소제목만 쓰는 경우 등 시간이 부족하여 마무리를 제대로 못한 답안이 상당히 있었다. 시간 안배도 시험 보는 기술의 하나이다. 채점자로서는 안타깝지만 어쩔 수 없다. 문제의 크기와 배점에 따라 답안작성시간을 적당히 안배하라."

"사법시험 답안은 학술논문과는 달라 특정 주제에 관한 깊이 있는 천착을 하기보다는 모든 쟁점을 고루고루 논급하는 것이 유리하다. 채점위원들로서는 채점의 공정을 위하여 통상 일정한 기준을 설정해두고 해당 논점을 얼마나 충실하게 기술하느냐에 따라 배점을 하는 것이므로 어떤 쟁점에 관하여는 매우 충실한 답안을 썼더라도 다른 쟁점에 관하여 기준만큼의 논술을 못하면 그만큼 득점을 못하게 됨이 당연하다."

"1문에 대하여 너무 많은 시간을 할애한 답안이 많았다. 시간의 안배가 필요하다고 보았다. 아무리 1문을 잘 쓴다고 하여도 그리 높은 점수를 받지 못하는 것이 일반적이다. 그렇다면 2문과의 시간 안배가 필수적일 것이나 많은 답안이 1문에 너무 많은 시간을 할애한 것 같았다."

"이번에 출제된 상법시험의 문제 수는 실질적으로 4개인 셈이기 때문에, 주어진 시간 동안에 답안을 작성하기에는 시간이 부족할 수도 있었을 것이다. 그래서인지 한 문제에 집중하다가 다른 문제는 전혀 손도 대지 못하거나, 서둘러 작성하느라고 좋은 점수를 받지 못한 답안도 많았다. 보다 많은 시간이 주어졌다면, 보다 나은 답안도 많았을 것이다. 그러나 시험이라는 것이 원래 주어진 시간 동안의 답안작성 능력을 평가하는 것이므로, 제한된 시간에 자신의 실력을 충분히 발휘하기 위해서는 요령 있는 답안 작성이 필요하다. 그러기 위해서는 나름대로의 훈련이 필요하다."

현학적이고 사변적인 답안

논술시험은 얼마나 알고 있는가를 평가하는 것이 아니라 독창적으로 자신의 주장을 논증할 수 있는가를 평가하는 시험이다. 많은 수험생이 현학적으로 쓰려는 강박증을 가지고 있다. 자신이 소화하지 못한 어려운 내용을 쓰다보면 앞뒤가 안 맞는 글이 된다. 또 자신의 주장이나 자신의 주장을 뒷받침하기 위한 내용이 아님에도 불구하고 유명한 철학자 등의 이름을 거론하거나 철학적 용어들을 나열하기도 한다. 이런 어색한 내용이 들어오면 글의 흐름을 깨뜨릴 가능성이 높다. 이런 글은 마라톤에 나가는 선수가 결혼식이나 파티에 입는 정장을 입고 경기에 출전하는 것과 비슷한 느낌을 준다. 알고 있는 내용을 꼭 써먹어야 한다는 본전의식을 가지고 글을 쓰다가는 소탐대실할 가능성이 크다.

실제로 학원에서 학생들이 쓴 답안을 첨삭하다 보면 어려운 단어를 나열한 답안을 보게 된다. 첨삭을 하면서 이 단어의 뜻은 무엇이냐고 물어보는데 제대로 알고 있는 경우가 드물다. 대부분의 경우 자신이 잘 이해되지 않는 단어들을 나열한 것이다. 자신도 제대로 이해하지 못한 단어들을 나열한 글이 논리적일 수 없다. 더욱 문제가 되는 것은 그 답안을 작성한 수험생은 그 뜻을 모르고 나열한 단어이지만 채점자인 대학교수님은 그 단어의 뜻을 제대로 알고 있다는 점이다. 그 뜻을 아는 사람이 볼 때에는 더욱 이상해보이고 이는 모두 감점요소가 된다.

예를 들어, 다음의 글을 보자. "현대사회에서 직업은 신분이다. 직업으로부터 소외된 자들은 경제적 불평등을 겪고 있으며 신분이 고착되어 불평등은 심화된다." 이 문장은 대단히 이상한 의미를 담고 있다. 신분은 원칙적으로 넘나들 수 없는 것으로 조선시대의 양반이나 노비가 그 대표적 사례가 된다. 현대사회에서 직업은 신분이 될 수 없다. 계급이 될 수는 있다. 계급은 원칙적으로 넘나들 수 없는 것은 아니지만 권력적인 상하의 개념이기 때문에 자본가 계급, 노동자 계급이라는 말이 잘 어울린다. 현대사회의 직업은 원칙적으로 넘나들 수 없는 것은 아니므로 계급이 어울린다. 소외라는 말은 목적이 되어야 할 존재가 수단으로 전락하는 것을 말한다. 인간이 노동으로부터 소외될 수 있다. 노동의 주인이자 목적이 되어야 할 존재가 수단으로 전락하게 될 수 있기 때문이다. 마르크스는 자본주의가 인간의 노동을 돈으로 환산하여 노동의 가치를 돈으로 환산함으로써 수단화하게 된다고 하였다. 그러나 직업으로부터 소외되기는 어렵고, 더 나아가 소외가 왜 경제적 불평등과 연결되는 것인지도 알 수 없다. 신분이 고착되어 불평등이 심화된다고 하였는데, 신분의 고착은 신분제 사회에서 논할 수 있는 것이므로 여기에서는 어울리지 않는다. 계급이 고착되어 마치 신분제 사회처럼 변할 수 있다는 것이 더 적절한 논리이자 표현이 된다. 이처럼 현학적인 용어들을 사용하여 나열하면 그럴싸하지만, 의도가 적절하게 전달되는 좋은 글이라 할 수 없다. 오히려 쉬운 용어들을 사용해서 자신의 의도를 잘 전달하는 답안이 더 논리적이기 때문에 좋은 평가를 받을 수 있다. 위의 글을 쉽게 고치면 다음과 같다. "현대사회에서 직업은 계급화되고 있다. 좋은 직업을 가진 자는 고소득자가 되고, 그렇지 못한 자는 저소득자가 되어 불평등이 발생한다. 고소득자의 자녀는 사교육과 같은 추가적인 교육을 받아 고학력자가 되고 좋은 직업을 가져 다시금 고소득자가 되고, 저소득자의 자녀는 저소득자가 된다. 이처럼 직업의 계급화는 부의 불평등을 낳고 계급을 강력하게 유지하며 자녀 세대까지 이어져 마치 신분과 같은 역할을 한다."

LEET 논술은 법학전문대학원에서 공부할 자격이 있는 학생을 선발하는 시험이다. 법학전문대학원은 장래 법조인이 되어 현실 문제를 해결하는 인재를 키우는 곳이어서 현실과 관련된 응용학문을 가르치는 곳이다. 현학적이고 사변적인 것은 순수학문에 가깝다. 현학적이고 사변적인 답안은 법학전문대학원에 응시하는 수험생이 쓸 답안이 아니다. 법조인의 글쓰기는 모든 국민을 향한 것이고 국민이 법조인의 판결문을 읽고 명확하게 이해되어야 하는 것이다. LEET 논술 답안은, 주어진 문제에 대해 어떤 생각과 논리를 갖고 있는지 심도 있게 생각한 후 이를 쉽고 간결한 언어로 표현하는 것이어야 한다.

감정적인 답안

논술은 논리적인 글이므로 감정적인 용어는 가급적 지양하여야 한다. 물론 특별히 논제에서 감정적인 용어를 사용할 것을 요구하거나, 문학적인 글을 쓰라고 요구할 수 있다. 이처럼 매우 특수한 경우를 제외하면 감정적인 용어를 써서는 안 된다. 예를 들면 자신과 반대되는 주장에 대해서 이러한 주장을 하는 사람은 나쁘다, 무식하다, 야만적이다, 자신과 비슷한 주장에 대해서는 아름답다, 훌륭하다, 좋다는 등의 용어를 사용하는 것은 논술에서 특히 금지된다.

LEET 논술은 예비 법조인을 선발하는 시험이고, 법조인은 논리적으로 따지는 일을 하게 된다. 예비 법조인이 감정에 호소하는 글을 써서는 안 된다. 법정 드라마나 법정 영화에서 갑자기 변호사가 자리에서 일어나면서 감정에 호소하는 말하기를 시작하는 경우를 많이 보았을 것이다. 변호사가 갑자기 방청석에 있는 사람들을 향해 큰 목소리로 감정을 자극하여 법관이 이에 감화되어 불리했던 재판 과정이 뒤집어지는 판결이 나오는 것이다. 그러나 이는 실제 법정에서 있을 수 없는 일이다. 곧바로 판사에게 제지당하게 된다. 그만큼 법정은 논리가 지배하는 곳이며 감정이 설 수 없는 곳이다. 특히 법조인이 제출하는 모든 서면은 말하기보다도 더 논리와 이성이 지배하는 것이다. LEET 논술은 명확한 주장과 이에 대한 논리적 증명, 사례 적용의 타당성을 평가한다. 감정이 끼어들 틈이 없는 날카로운 글쓰기를 지향해야 한다.

양시론(兩是論) 답안

수험생들은 자신의 견해를 밝히라는 문제에 대해 답을 할 때 '자신의 견해가 채점자의 견해와 다르면 어떻게 하지.'라는 불안감을 가진다. 이로 인해 양다리 걸치는 것이 안정적이라는 생각을 하게 된다. 그래서 이러한 주장도 옳고, 저러한 주장도 옳다고 하여 채점자에게 아부하려는 글을 많이 쓴다. 이렇게 쓰면 마음은 편할지 몰라도 점수는 나오지 않는다.

자신의 견해를 밝히라고 하였으면 자신의 견해를 논리적으로 밝히면 된다. 사형제도가 타당한지 여부를 물었을 때, 타당하기도 하고 타당하지 않기도 하다는 답안은 자신의 견해라고 할 수 없다. 술자리에서 친구간의 논쟁이 붙었을 때는 이도 좋고, 저도 좋은 황희 정승의 어투를 사용하는 것이 편할지 모른다. 심지어 장단점을 제시하는 것으로 끝내는 답안도 있다. 예를 들어 사형제가 존치될 경우 강력범죄 예방효과라는 장점이 있고, 사형제가 폐지될 경우 인권을 보호할 수 있다는 장점이 있다고 서술한 답안이 있다고 하자. 이는 사형제도의 타당성에 대한 답안이 아니라 사형제도에 대한 다양한 관점 혹은 장단점을 서술한 것에 불과하다. 양시론적 답안을 쓴 수험생은 양측 입장을 모두 다루었으니 양측에 부여된 점수를 받을 수 있으리라 예상할 것이다. 그러나 문제에서 사형제가 타당한지 여부를 물었으나 타당성 여부에 대한 답을 하지 않았으므로 점수를 받을 수 없다.

LEET 논술은 자신의 견해를 논리적으로 설득력 있게 전개할 수 있느냐를 측정하는 시험이다. 그리고 법조인은 의뢰인의 입장을 주장하는 직업인이다. 자기 견해를 명확하게 주장하고 이를 논증하는 일을 평생의 직업으로 선택한 것이다. 따라서 양시론적인 답안은 LEET 논술의 취지와 맞지 않다.

> **고시 채점평**
>
> "말은 곧바로 사고방식에 영향을 미친다. 우리나라의 고급 공무원이 될 사람들이 책임회피식 문장을 사용하여서는 절대로 안 될 말이다. 책임을 회피하거나 자신의 의견을 당당히 제시하지 못하는 공무원은 고급 공무원이 될 자격이 없는 것이다.
>
> 수험생의 표현 중 '필수적이라 할 여지가 있다.'는 '필수적인 것으로 생각한다.'로, '받아들여야 할 것이다.'는 '받아들여야 한다.'로 고쳐야 한다. 한 마디로 말해서, 기존 이론과 연결시켜 자신의 견해나 주장을 당당히 펼쳐 보이는 문장을 사용하는 것이 답안작성의 요체인 것이다."

비문, 약어, 오자를 많이 쓴 답안

인터넷 채팅이나 게시판에 댓글을 달 때는 완성되지 않는 문장이나 10대들만이 사용하는 용어를 많이 사용한다. 특히 빠르고 쉽게 표현하고자 종결어미나 조사를 생략하기 일쑤이다. 이러한 버릇이 논술시험에서도 나타난다.

논술시험은 올바른 글쓰기를 측정하는 시험이기도 하다. 따라서 종결어미를 쓰지 않는다든지 알 수 없는 약어를 쓰는 것은 감점 사유에 해당한다. 예를 들면 '~했음, ~임, ~함'과 같이 종결어미를 쓰지 않는 버릇은 빨리 버려야 한다. 또한 주격 조사나 목적격 조사를 생략하고 글을 쓰는 것도 매우 눈에 거슬리는 일이다. 예를 들어, "A에게는 책임이 없다."라고 써야 할 문장을 "A 책임×"라고 쓰는 것이 이에 해당한다. 인터넷 문화의 영향에 따라 약어를 쓰는 습관도 빨리 버려야 하는데, 보통 채점교수들은 40세 이상이기 때문에 인터넷에서 사용되는 약어를 잘 모른다. 또한 인터넷상에 돌아다니는 오자를 쓰는 것도 매우 위험하다.

고시 채점평

"게다가 목적격 조사는 모조리 빼고 쓴 경우, 글이라기보다는 강의시간에 받아 적는 투의 메모에 불과한 것도 있었는데 그런 경우에는 너무나 성의가 없어 보여 그러한 답안지를 쓴 수험생의 마음가짐을 의심하지 않을 수 없었다."

"오자가 계속 반복되었다면 경우에 따라서는 극히 일부나마 배점상의 불이익을 당할 수 있다."

"하나의 완결된 문장으로 쓸 수 있는 것은 그렇게 하는 것이 좋겠다. 예를 들면 "손해배상책임 ×"라고만 쓴 답안이 있었다. 이는 아마도 손해배상책임이 없다는 뜻이리라. 혹 시간이 부족해서인지는 몰라도, 이런 부호의 의미가 누구에게나 일반적으로 통하는 것이라고는 단정할 수 없다. 이는 "D는 임대인 지위에 해당"이라거나 "저당권 설정은 유효"라고만 말미를 잘라서 쓴 경우에도 마찬가지이다."

"논술식 답안의 구성은 관련 법리를 전개하고 이를 사안에 적용한 다음 그에 따른 법적 결론을 도출하는 서론, 본론과 결론의 법적 삼단논법 체제를 갖추어야 하고 그 서술은 문장으로 구성되어야 함을 수험생들이 모르지 않을 것이다. 그럼에도 불구하고 답안 중에서는 전혀 그러한 기본 체제를 갖추지 않거나 문장이 아닌 메모식(소위 sub-note 스타일)의 답안이 적지 않았다."

시험과 무관한 내용을 쓴 답안

"죄송합니다, 열심히 하겠습니다"와 같은 아부성 멘트가 대학교 중간고사 등 주관식 시험을 채점하다보면 자주 나온다. 수험생 입장에서야 어떻게든 점수를 받고 싶다는 의지의 표현일지 몰라도 논제에 대해서 답하지 않고 논제와 무관한 내용을 쓰면 점수를 받을 수 없다.

대부분의 시험에서 시험과 무관한 내용을 쓰는 것은 금지하고 있다. 이는 채점자에게 자신이 누구라고 알리는 방법으로 악용될 여지도 있기 때문이다. 이로 인해 채점에 대한 불신을 야기하는 것을 막기 위해서 시험과 무관한 내용이나 자신의 신분을 알리는 내용을 답안에 쓸 수 없도록 하고 있다. 엄격하게 말하면 시험과 무관한 내용을 쓰면 곧바로 불합격 처리된다.

고시 채점평

"답안 작성에 자신이 없다고 답안지 말미에 "내용이 부실하여 죄송합니다. 내년에 다시 뵙겠습니다." 등등의 예의를 갖추려는 우를 범하는 경우도 있었는데, 이러한 답안은 "자기를 나타내는 표시"로 오인되어 답안 전체가 무효로 처리될 수 있다는 점을 유의하여야 할 것입니다. 어떤 한 문제를 잘못 썼다고 하여 그것이 다른 문제의 답안에 대한 평가에 영향을 주는 것은 아니므로, 각 문제의 답안작성에 각각 최선을 다할 필요가 있습니다."

"특히 답안을 작성할 능력이 없기 때문에 '채점선생님 제 사정을 말씀드리고 싶습니다.', '저의 인생 실패담을 말씀드리겠습니다.', '내년에 다시 뵙겠습니다.', '죽고 싶습니다.', '잘 부탁드립니다.' 등등의 불필요한 변명거리를 씀으로써 오히려 짜증을 불러일으킨다는 사실을 명심해야 하겠다. 답안지 작성보다 인생소설을 쓰는 경우도 종종 있는데 이러한 일이 있어서는 안 될 일이라고 생각된다."

제시문을 그대로 베껴 쓴 답안

수험생 중에는 쓸 내용이 없어서 그런지 제시문을 그대로 써서 분량을 채우려는 경우가 많다. 제시문을 요약하라는 문제는 나와도 제시문을 베껴 쓰라는 문제는 출제될 수 없다. 기본적인 글쓰기 연습을 소홀히 한 나머지 제시문을 읽고도 글을 못 쓴다면 불합격할 수밖에 없다. 이를 극복하려면 꾸준히 글쓰기 연습을 하는 수밖에 없다.

제시문을 그대로 쓰는 이유는 크게 2가지로 볼 수 있다. 첫째, 답안을 논리적으로 채울 능력이 없기 때문이다. 논리적인 글을 읽는 것은 쉬운 일이지만, 독자가 쉽게 읽을 수 있도록 논리적인 글을 쓰는 것은 대단히 어렵다. 둘째, 스스로의 판단으로 글을 쓰는 것이 두렵기 때문이다. 수험생이 자기 생각에 따라 판단하여 글을 쓰면 틀릴 가능성이 높다고 생각하는 것이다. 반면, 제시문은 나보다 더 논리적인 사람이 쓴 것이니 제시문을 베끼면 더 논리적일 것이라 생각하는 것이다.

필자는 LEET 논술 모의고사 문제 출제와 해설, 채점, 첨삭을 15년 이상 해왔다. 전문성과 경험을 바탕으로 단언하자면, 제시문을 베낀 답안은 무조건 하위권 답안이다. LEET 논술은 예비 법조인의 논리적 글쓰기 능력을 평가하는 시험이다. 법조인이 경찰의 사건기록을 베끼거나 관련사건의 유사판례를 베껴서 서면을 제출했다고 하자. 이는 법조인에게 있을 수 없는 일이다. 검사와 변호인은 유죄와 무죄로 서로 다른 주장을 하지만, 동일한 법 조문과 동일한 사건 기록을 놓고 서로 다른 해석과 적용을 한다. LEET 논술 역시 이와 마찬가지로 동일한 제시문과 동일한 사례를 주더라도, 이에 대한 해석과 사례 적용이 다를 수 있다. 그런데 제시문을 그저 베끼기만 할 뿐이라면 법조인의 전문능력이 없음을 스스로 증명할 뿐이다. 수험생의 목적은 답안지의 분량을 채우는 것이 아니라 합격 가능한 점수를 획득할 수 있는 답안이어야 한다.

PART

LEET 논술에 최적화!

글쓰기 방법론

Chapter 01

글쓰기의 기초

LEET 논술 답안 작성 시 유의사항

LEET 논술은 반드시 지켜야 할 준수사항이 있다. 아래 내용은 실제 LEET 논술 시험지에 기재되어 있는 유의사항이다. 아래 사항들을 지키지 않을 경우 채점상의 불이익이 있음을 명확하게 밝히고 있다. 특히 주의해야 할 사항은 다음과 같다. 논술 답안을 연필로 작성하는 경우가 많은데, 검정색 볼펜을 써야 한다. 이는 부정행위로 처리될 수 있는 사항이니 특히 더 주의해야 한다.

- 시험이 시작되면 먼저 문제지 표지에 성명과 수험번호를 기재하고, 답안지 표지에도 성명과 수험번호를 기재한 뒤 수험번호의 해당란을 검게 표기하십시오.
- 성명, 수험번호의 기재 및 답안의 작성과 수정에는 번지거나 지워지지 않는 <u>흑색 필기구</u>만 사용하십시오.
- 답안지에 문제를 옮겨 적거나 문항 번호를 적지 마십시오.
- 답안 작성을 위하여 별도의 용지를 사용할 수 없습니다. 초안 작성에는 문제지의 여백을 이용하십시오.
- 답안에 응시자의 신원을 짐작할 수 있는 내용을 쓰지 마십시오.
- 답안의 특정 부분에 밑줄을 긋거나, 형광펜으로 강조하거나, 색이 다른 펜을 사용하거나, 문장 부호와 교정 부호 이외의 표시를 하지 마십시오.
- 답안을 수정할 때에는 원고지 사용법에 따른 교정 부호를 사용하거나 두 줄을 그어(=) 수정하고, 수정액이나 수정테이프 등은 사용하지 마십시오.
- 문제지와 답안지를 뜯어내거나 훼손하지 마십시오.
- 문항별로 <u>요구하는 글자 수 범위 내에서</u> 답안을 작성하십시오(띄어쓰기 포함). 분량 미달과 분량 초과 모두 감점 대상이 됩니다.
- 답안지에 인쇄되어 있는 문항 번호를 확인하고 답안을 작성하십시오. 1번 문항 답안지는 파란색으로, 2번 문항 답안지는 보라색으로 인쇄되어 있습니다.
- 1번 문항 답안지가 남았더라도 2번 문항의 답안은 새로운 면에 작성해야 합니다. 2번 문항의 답안은 '2번 문항 답안지의 [1면]'에 시작해야 합니다.
- 이상의 유의 사항을 지키지 않았을 때는 채점 시 <u>불이익</u>을 받을 수 있습니다.

원고지 사용법

1. 기본 사용법

LEET 논술은 원고지를 사용하여 작성한다. 원고지 사용법에 관한 유튜브 영상❶을 첨부한다. QR코드를 스마트폰 카메라로 링크를 연결하면 영상과 함께 아래 내용을 확인할 수 있다. 원고지 사용법은 LEET 논술의 기초이므로 반드시 숙지해두어야 한다.

(1) 한글은 한 칸에 한 자씩 쓴다.

나	는		친	구	들	과		만	나	기	로		약	속	했	다	.	
그	런	데		그		약	속	을		깜	빡		잊	었	다	.		

(2) 로마 숫자, 알파벳 대문자, 낱자로 된 아라비아 숫자는 한 칸에 한 자씩 쓴다.

K	O	R	E	A		I	II	III	IV	V	VI							
3	·	1	운	동														

(3) 대문자로 시작하는 영단어는, 대문자는 한 칸에 한 자씩, 소문자는 한 칸에 두 자씩 쓴다.

K	or	ea	,		J	ap	an											

(4) 두 자 이상의 아라비아 숫자와 알파벳 소문자는 한 칸에 두 자씩 쓴다.

19	97	년		9	월		24	일										
a	와		ab	의		관	계											

(5) 숫자나 알파벳 소문자는 앞에서부터 두 자씩 끊어 쓴다.

12	0	만		명	의		K	or	ea	n								

(6) 숫자와 알파벳을 혼용할 때에는 다른 칸에 쓴다.

12	3	km																

❶ 유튜브 영상

(7) 줄 끝에서 문장 부호를 처리한다.

① 쉼표와 마침표 뒤에는 한 칸을 비우지 않는다.

동	해	!		동	해	다	.	푸	른		동	해	다	.	

② 느낌표(!)나 물음표(?)와 같은 문장 부호는 한 칸에 한 자씩 쓴다. 느낌표나 물음표 등의 문장 부호는 윗말에 붙여 쓰고 다음 한 칸을 비운다. 단, LEET 논술에서는 문제에서 쓸 것을 지시한 경우를 제외하고, 느낌표(!)나 물음표(?) 등의 문장 부호를 사용하지 않도록 한다. 논술이 아니라 감정적인 글쓰기가 되기 때문이다.

"	그	래	요	?		다	행	입	니	다	.	"			

③ 원고지의 첫 칸에는 문장부호를 쓰지 않는다. 원고지의 마지막 칸에 문장부호를 같이 넣거나 마지막 칸의 옆 여백에 쓴다.

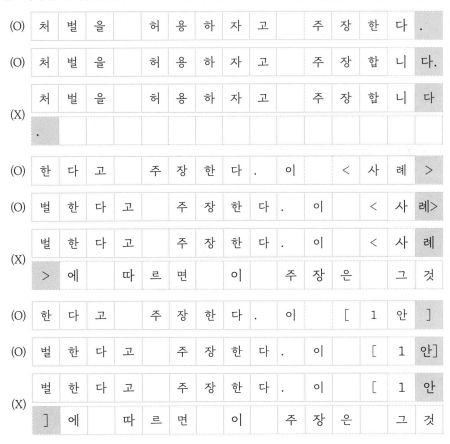

(O)

처	벌	을		허	용	하	자	고		주	장	한	다	.	

(O)

처	벌	을		허	용	하	자	고		주	장	합	니	다.

(X)

처	벌	을		허	용	하	자	고		주	장	합	니	다
.														

(O)

한	다	고		주	장	한	다	.	이		<	사	례	>

(O)

벌	한	다	고		주	장	한	다	.	이		<	사	례>

(X)

벌	한	다	고		주	장	한	다	.	이		<	사	례
>	에		따	르	면		이		주	장	은		그	것

(O)

한	다	고		주	장	한	다	.	이		[	1	안	]

(O)

벌	한	다	고		주	장	한	다	.	이		[	1	안]

(X)

벌	한	다	고		주	장	한	다	.	이		[	1	안
]	에		따	르	면		이		주	장	은		그	것

④ 원고지의 첫 칸은 문단을 새롭게 시작할 때를 제외하고는 비우지 않는다.

(O)

17	59	년		총	재	정	부	가		수	립	되	면	서
프	랑	스	혁	명	은		끝	이		났	다	.		

(X)

17	59	년		총	재	정	부	가		수	립	되	면	서
	프	랑	스	혁	명	은		끝	이		났	다	.	

(8) 문단을 새롭게 시작할 때에는 한 칸을 들여 쓴다. 글을 시작할 때 역시 문단을 새롭게 시작하는 것이므로 한 칸을 들여 쓴다.

	인	민	이		충	분	히		알	고		심	의		의	결	할		때,
보	편	적		의	지	가		도	출	될		수		있	다	.	그	리	하
여		그		심	의		의	결	은		항	상		바	람	직	할		것
이	다	.																	

2. 교정 부호 사용법

답안을 고칠 때는 교정 부호를 쓰도록 한다. LEET 논술시험에서는 지워지지 않는 검정색 볼펜을 사용할 수 있고, 부정행위 등을 막기 위해 연필, 수정액, 수정테이프 사용을 금하고 있으므로 교정 부호 사용법을 잘 익혀둬야 한다.

부호	이름	사용하는 경우	표시 방법	읽는 사람이 볼 때
∨	띄움표	띄어 써야 할 곳을 붙였을 때	사 랑 하 는∨조 국	사 랑 하 는 _ 조 국
∀	둠표	띄어 쓰려다가 다시 원상태로 둘 때	뛰 어∀오 른 다	뛰 어 오 른 다
∨ (밑줄 받침)	고침표	틀린 글자나 내용을 바꿀 때	좋 아 하 명 (→면) / 적 었 든 간 에 (→거나)	좋 아 하 면 / 적 거 나
∧	부호 넣음표	밑에 찍는 문장부호를 넣을 때	믿 음∧소 망∧사 랑 (,)	믿 음, 소 망, 사 랑
=	지움표	필요 없는 내용을 지울 때	너 무 ~~너 무~~ 고 와 서	너 무 고 와 서
⌣	넣음표	글자나 부호가 빠졌을 때	언 제 (까지) 나	언 제 까 지 나
℘	뺌표	필요 없는 글자를 없앨 때	봄 이 이 면	봄 이 면
㊓	살림표	지운 것을 다시 살릴 때	~~고 즈 넉 한~~ (생) 고 요 만	고 즈 넉 한 고 요 만
⌒	붙임표	붙여야 할 곳이 떨어져 있을 때	아 름 ⌒ 다 운	아 름 다 운
⌒(‖)	둠표	붙여 쓰려다가 다시 원상태로 둘 때	몇 ⌒(‖) 가 지	몇 _ 가 지

부호	이름	사용하는 경우	표시 방법	읽는 사람이 볼 때
ᴓ	자리 바꿈표	글자, 단어의 앞·뒤 순서를 바꿀 때	생각 좋은	좋은 생각
ㄴ	오른 자리 옮김표	오른쪽으로 자리를 옮길 때	아직도 남아있는 / 매일 따스한 밥과	아직도 남아있는 / 매일 따스한 밥과 반찬
ㄱ	왼자리 옮김표	왼쪽으로 자리를 옮길 때	나 보기가	나 보기가 역
ᕭ	부분 자리 옮김표	지시하는 부분만 자리를 옮길 때	사 랑	사 랑
⌐	줄 바꿈표	한 줄로 된 것을 두 줄로 바꿀 때	떠났다. 로웰이	~ 떠났다. / 로웰이 ~
⤶	줄 이음표	두 줄로 된 것을 한 줄로 이을 때	… 를 못한다. / 언어란 본	… 를 못한다. 언어란
✕	줄 비움표	줄을 비울 때 • 필요시 여백에 비울 줄 수를 명시함 • 인쇄 교정 부호는 '줄 넓힘표'임	산에는 꽃피네 / 꽃이 피네 / 갈 봄 여름 없 / 꽃이 피네	산에는 꽃피네 / 꽃이 피네 / / 갈 봄 여름 없 / 꽃이 피네
( )	줄 붙임표	줄을 비울 필요가 없을 때	골짝을 예는 / 바람결처럼 / 세월은 덧없이 / 가신 지 이미	골짝을 예는 / 바람결처럼 / 세월은 덧없이 / 가신 지 이미
ㄹ	줄 서로 바꿈표	윗줄과 아랫줄을 서로 바꿀 때	접동 / 아우래비 접동 / 접동	접동 / 접동 / 아우래비 접동

문장 쓰기

1. 문어체를 쓰자

LEET 논술은 논리적인 글쓰기를 목적으로 한다. 감정적인 글쓰기에서는 독자에게 쉽게 다가가기 위해 일상대화를 하듯 구어체(口語體)를 사용하는 경우가 많으나, 논리적인 글쓰기에서는 의미의 명확성을 위해 문어체를 사용한다. 아래의 대화를 통해 이 차이를 확인해 보자.

> **A와 B의 대화**
> - A: 너는 살을 빼야 하겠다.
> - B: 왜?
> - A: 살이 찌면 성인병에 걸릴 위험이 높아져.
> - B: 나는 내가 살이 쪘다고 생각하지 않아.
> - A: 겉보기에는 그렇지만 검사해보면 비만으로 나올 거야.

위의 대화에서 A는 B의 행동을 지시하고 있다. A는 B가 살을 빼야 한다고 주장을 한 후 이유를 묻는 B의 물음에 나름대로의 논리를 들어서 자신의 주장을 뒷받침하고 있다. 이처럼 대화 상황에서는 상대방의 반응을 보고 상대방을 납득시키기 위한 내용을 말할 수 있다. 이를 구어체라 한다. 구어체는 상대방의 반응에 따라, 이야기의 맥락에 의존하는 말하기가 가능하다. 그렇기 때문에 구어체의 특징을 상황의존적이라고도 한다.

그러나 글을 통해 자신의 주장을 전달하는 경우에는 구어체를 사용해서는 안 되고 문어체를 사용해야 한다. 문어체를 사용할 때는 구어체와 비교해 주의할 점이 있다.

구어는 필자와 독자가 상황에 대한 공통적인 전제가 있고, 이해를 못했을 때 질문을 하는 등 즉각적인 반응을 할 수 있기 때문에 어느 정도 상황이나 전제에 대한 생략이 가능하다. 그러나 문어는 필자와 독자가 상황을 공유하지 않고 독자에게 반응을 기대할 수 없다. 따라서 문어로 표현할 때에는 상황에 대한 충분한 설명을 해야 하고 독자가 글을 읽는 것만으로 필자의 의도를 파악할 수 있도록 구체적이고 단계적으로 서술해야 한다.

구어는 목소리를 높이거나 억양, 말의 속도, 몸짓 등을 이용해 의사전달의 효과를 높일 수 있다. 그러나 문어는 이를 기대할 수 없다. 따라서 문어는 단어 선택 혹은 문장의 표현, 문단의 구성에 의해서만 의사전달 효과를 기대할 수 있다.

2. 문장을 짧게 쓰자

(1) 왜 문장을 짧게 써야 하는가?

논술시험 채점자는 많은 답안을 채점해야 한다. 수험생이 주장과 내용을 알기 힘들게 글을 쓴다면 채점자에게 좋은 인상을 줄 수 없다. 따라서 쉽고 간결하게 자신의 주장을 펼쳐야 좋은 점수를 받을 수 있다. 쉽고 간결하게 쓰려면 문장을 짧게 써야 한다.

문장이 길어지면 주어, 목적어, 술어의 호응관계도 모호해진다. 우리나라 말은 보통 주어가 먼저 나오고, 술어가 제일 끝에 나온다. 문장이 길어지면 주어와 서술어의 거리가 멀어져 양자의 호응이 안 되는 경우가 발생하기 쉽다.

문장이 길어지면 읽는 호흡이 벅차게 되고 의미 전달이 잘 되지 않는다. 아래의 사례를 보듯이 문장이 짧은 것이 리듬감이 있고 읽기 편할 뿐만 아니라 의미도 쉽게 파악할 수 있다. 아래 <사례>의 글을, 읽는 이가 이해하기 쉽도록 직접 고쳐보도록 하자.

사례❷

나는 여러 가지 이유로 낙관적인 입장을 견지하고 있다. 아시아 경제는 자본과 노동 집약적 산업국면에서 정보와 기술 산업국면으로 옮겨가고 있다. 많은 전문가들이 이러한 새로운 경제적 세계질서는 정보와 창의성의 자유보장이 필요함을 인식하고 있다. 이는 오로지 민주주의적 사회에서만 가능하다. 그러므로 아시아는 민주주의 이외의 어떤 실제적인 대안을 가지고 있지 못하다. 전세계 경제적 경쟁이 심화된 이 시대에서 생존이 달린 문제이다. 세계 경제의 변화는 이미 점점 폭넓어지고 접근하기 쉬워지는 정보의 흐름을 의미하게 되었고, 이는 아시아의 민주화 과정에 도움이 되고 있다.

고쳐쓰기

▶

아래 글은 읽는 이에게 글쓴이의 의도가 잘 전달될 수 있도록 수정한 글이다. 자신이 고친 글과 비교해보도록 하자.

고쳐쓴 글

▶ 나는 여러 이유로 낙관적 입장을 갖고 있다. 아시아 경제는 자본과 노동집약적 산업에서 정보와 기술 산업으로 옮겨가고 있다. 새로운 경제적 세계질서에 대해 많은 전문가들은 정보와 창의성을 발휘할 수 있도록 자유가 보장되어야 한다고 말한다. 그리고 이는 오직 민주주의를 통해서만 보장될 수 있다. 그러므로 아시아는 민주주의 외의 다른 대안이 없다. 전세계가 경제적으로 경쟁하고 있는 시대에 이는 생존이 달린 문제이다. 세계 경제의 변화는 이미 폭넓고 접근이 쉬운 정보의 흐름과 밀접하게 연결되어 있고, 이는 아시아의 민주화에 도움이 되고 있다.

긴 문장을 쓰면 생각이 꼬이고, 이해하기 힘든 글을 쓰게 된다. 단문으로 쓰는 것이 자신의 주장을 전달하기에 용이하다. 따라서 가급적 짧은 문장으로 글을 쓰는 습관을 길러야 한다. 또한 대학생들이 읽는 텍스트는 영어 번역본이 많아 수동태 문장을 쓰는 경우가 대부분이다. 가능한 한 수동태 문장을 쓰지 않아야 논리적으로 이해하기 쉬운 글이 된다.

(2) 어느 정도 짧아야 하는가?

긴 문장이라 하더라도 50자를 넘지 않는 것이 좋다. 문장이 길 때는 두 문장으로 나눠서 써야 한다. 다만, 50자를 넘어가면 무조건 나눈다는 식의 기계적인 접근은 적절하지 않다. 문장의 의도를 생각하여 문장의 의도가 전달되는 한계 내에서 짧게 쓰도록 한다. 이를 위해서는 표현을 우선해서는 안 되고 문장의 의도가 무엇인지를 더 명확하게 하고자 생각을 많이 해야 한다. 내 의도가 무엇인지를 더 많이 생각해서 의도가 분명하게 되면, 표현은 자연스럽게 짧아진다.

(3) 문장을 짧게 쓰려면?

우리가 말을 할 때는 짧은 문장을 쓴다. 말할 때 한 문장은 거의 주어 하나에 술어 하나로 구성된다. 따라서 글이 간결하려면 말하듯이 글을 쓰는 것이 좋다.

한 문장에 여러 생각을 담으려는 욕심을 버려야 한다. 한 문장에 여러 생각을 담으려는 욕심 때문에 문장이 복잡해진다. 문장이 복잡하면 내용도 복잡하다. 내용이 복잡하면 어려운 글이 된다. 욕심을 버리고 한 문장에 하나의 생각만을 포함시키자. 이를 위해서는 자신의 의도를 명확하게 생각한 후에 문장을 쓰려고 해야 한다. 생각이 명확하게 정리되지도 않았는데 문장을 쓰려고 하면 의식의 흐름이 되어 독자가 그 문장의 의미를 이해할 수 없다.

문장을 짧게 쓰는 연습방법으로 가장 좋은 것은 타인의 관점에서 생각하는 것이다. 자신이 쓴 글을 마치 타인이 쓴 것처럼 객관적으로 파악하는 방법이 좋다. 그러나 자신을 객관적으로 파악한다는 것은 대단히 어려운 일이다. 자신의 문장이 얼마나 명확하고 짧게 의도를 전달할 수 있는지 객관적으로 파악하는 공부방법은 크게 2가지를 제시할 수 있다. 첫째, 자신이 쓴 답안을 1주일 정도 시간이 지난 후에 다시 읽어보는 것이다. 답안을 작성한 직후에는 방금 전에 생각한 바가 남아있기 때문에 문장 표현이 잘못되어 있더라도 머리에서 스스로 보정을 한다. 그러나 며칠이 지난 후에는 그 보정이 저절로 되지 않기 때문에, 내가 쓴 글을 읽었을 때 최초에 의도했던 바와 다른지 파악하는 것이다. 이를 위해서는 최초에 답안 작성시 개요를 작성해야 한다. 둘째, LEET 수험생들과 스터디를 하는 것이다. 다른 수험생이 나의 답안을 어떻게 이해했는지를 보면 내 의도와 문장 표현의 격차를 깨달을 수 있다.

---

① 우리는 인간의 삶에 있어서 건강한 몸과 신체의 완전성을 행복의 첫째 조건이 된다고 생각한다.
▶

② 미국 어린이는 영어에 들어있는 어법을 배워 미국 사회의 특징적인 인간관계의 평등적 경험을 한다.
▶

③ 존칭어법의 구조는 잘 사용될 때 배려적이고 고양적인 인간관계를 유지할 수 있다.
▶

④ 강원도의 복지정책에도 새로운 복지구상과 실천이 새롭게 요구된다.
▶

⑤ 의회가 국민의 의사를 결정하는 과정에서 공개된 장소에서 신중하게 토론을 반복함으로써 일반 국민들의 정치적 판단을 용이하게 만든다. 또한 다수결 원리는 단순한 수적 우위를 확인하는 절차가 아니라 오히려 다수의 의견과 소수의 의견을 똑같이 존중하여 의회의 심의과정에 반영케 함으로써 상대적 진리를 발견하기 위한 자기 제한을 전제한 제도이다.
▶

해설
① 건강은 행복의 첫째 조건이다.
② 미국 어린이는 영어의 어법을 배운다. 이를 통해 미국사회의 특징인 평등한 인간관계를 경험한다.
③ 존칭어법을 잘 사용하면 타인을 배려할 수 있고 인간관계를 고양시킬 수 있다.
④ 강원도 복지정책에도 새로운 구상과 실천이 요구된다.
⑤ 의회는 신중한 토론을 거쳐 국가의사를 결정한다. 이러한 의사과정을 공개함으로써 국민의 정치적 판단에 도움을 준다. 다수결 원리는 단순히 수적 우위를 확인하는 것은 아니다. 의회의 심의 과정에서는 다수자와 소수자 의견을 똑같이 존중하여야 한다. 다수결 원리는 상대적 진리를 발견하기 위한 원리로서 다수자의 자기 제한을 전제로 하는 원리이다.

❷ 김대중, <Is Culture Destiny? The Myth of Asia's Anti-Democratic Values>, <Foreign Affairs> 1994년 11·12월호, 직접 번역함

2. 문법에 맞는 문장을 쓰자.

(1) 논리적인 문장을 쓰자.

> ① 이 옷에 회색으로 무늬를 화사하게 넣었다.
>
>   ▶
>
>
> ② 우리 회사에서는 정화시킨 오염폐수만을 내보낸다.
>
>   ▶
>
>
> ③ 경제성장과 소득격차에 따라 저소득층의 상대적 빈곤감이 증가하고 있다.
>
>   ▶
>
>
> ④ 마치 망치로 뒤통수를 맞은 것처럼 기억이 뚜렷해졌다.
>
>   ▶
>
>
> ⑤ 산에서 불어오는 싸늘한 바람은 나의 마음을 알아주는 듯이 포근했다.
>
>   ▶
>
>
>
>
>
>
>
> **해설**
>
> ① 회색이 화사할 수 없다.
>
>   → 이 옷에 회색으로 무늬를 수수하게 넣었다.
> ② '정화시킨'이 '오염폐수'를 수식하고 있는데 정화시킨 오염폐수는 논리적으로 맞지 않다. "오염폐수를 정화시켰다."는 문장이 논리적으로 옳다.
>
>   → 우리 회사에서는 오염된 폐수를 정화시켜 내보낸다.
> ③ 경제성장 자체가 저소득층의 상대적 빈곤감을 증가시킨 원인은 아니다. 경제는 성장했으나 소득분배가 불균형적이어서 상대적 빈곤감이 증가하였다.
>
>   → 경제는 성장했으나 소득격차가 심해져서 저소득층의 상대적 빈곤감이 증가하고 있다.
> ④ 마치 망치로 뒤통수를 맞은 것처럼 기억이 흐릿해졌다.
> ⑤ 산에서 불어오는 따스한 바람은 나의 마음을 알아주는 듯이 포근했다.

(2) 주어와 술어가 일치하는 문장을 쓰자.

① 내가 강조하고 싶은 점은 우리 민족이 고유 언어를 가졌다.
　▶

② 세종대왕의 업적 중 하나는 한글을 창제하였다.
　▶

③ 나는 견딜 수 없는 침울한 감정이었다.
　▶

④ 그의 일과는 매일 아침 신문을 보는데서 시작한다.
　▶

⑤ 우리는 건강한 몸을 행복의 첫째 조건이 된다고 볼 수 있다.
　▶

⑥ 식목일은 시민에게 중요한 날로 인식하지 않고 있는 듯하다.
　▶

해설
① 내가 강조하고 싶은 점은 우리 민족이 고유한 언어를 가졌다는 것이다.
② 세종대왕의 업적 중 하나는 한글을 창제하였다는 것이다.
③ 나는 견딜 수 없는 침울한 감정을 느꼈다.
④ 그는 매일 아침 신문을 보면서 일과를 시작한다. 또는 그의 일과는 매일 아침 신문을 보는데서 시작된다.
⑤ 우리는 건강한 몸을 행복의 첫째 조건이라고 생각한다.
　　더 좋은 표현: '건강은 행복의 첫째 조건이다.' 또는 '행복의 첫째 조건은 건강이다.'
⑥ 시민들은 식목일을 중요한 날로 인식하고 있지 않은 듯하다.

(3) 목적어와 술어가 일치하는 문장을 쓰자.

① 누구나 소망을 가지고 있으며, 실현하기 위해 노력한다.
▶

② 국산품과 수입품의 품질이 비슷하면 가급적 애용하도록 합시다.
▶

③ 대학은 진리 탐구와 과학적 정신을 형성하는 도장입니다.
▶

④ 장기적 안목을 통한 투자의 필요성을 깨달았다.
▶

⑤ 저희는 사후 수습에 최선을 다함과 동시에 사고 원인 파악과 재발 방지 대책을 조속히 마련하여 여러분의 심려를 씻어드릴 것을 거듭 다짐합니다.
▶

⑥ 작업복이 튼튼하고 입기에 편하며 비싸지 않은 것으로 바꿔야 한다.
▶

⑦ 이 배는 사람이나 짐을 싣고 하루에 다섯 번씩 왕복한다.
▶

⑧ 인간은 자연을 지배하기도 하고 복종하기도 한다.
▶

⑨ 손흥민 선수는 인천공항을 출국했다.
▶

해설
① 누구나 소망을 가지고 있으며, 그것을 실현하기 위해 노력한다.
② 국산품과 수입품의 품질이 비슷하면 가급적 국산품을 애용하도록 합시다.
③ 대학은 진리를 탐구하고 과학적 정신을 형성하는 도장입니다.
④ 장기적 안목으로 투자를 해야 한다는 것을 깨달았다.
⑤ 저희는 사후 수습에 최선을 다함과 동시에 사고 원인을 파악하고 재발 방지 대책을 조속히 마련하여 여러분의 심려를 씻어드릴 것을 거듭 다짐합니다.
⑥ 작업복을 튼튼하고 입기에 편하며 비싸지 않은 것으로 바꿔야 한다.
⑦ 이 배는 사람을 태우거나 짐을 싣고 하루에 다섯 번씩 왕복한다.
⑧ 인간은 자연을 지배하기도 하고, 자연에 복종하기도 한다.
⑨ 손흥민 선수는 인천공항을 통해 출국했다.

(4) 대등한 어구를 연결해야 한다.

① 정부에서는 청렴과 정의로운 사회를 만들기 위해 노력하고 있다.

▶

② 교직에 대한 사명감이나 적성이 맞지 않는 교사는 학생들에게 좋지 않은 영향을 미친다.

▶

해설

① 정부는 청렴하고 정의로운 사회를 만들기 위해 노력하고 있다.

② 교직에 대한 사명감이 부족하거나 적성이 맞지 않는 교사는 학생들에게 좋지 않은 영향을 미친다.

3. 문장 쓰기 연습문제

① <u>사고 원인 파악</u>과 <u>재발 방지 대책</u>을 조속히 <u>마련하여</u> 이번과 같은 일이 다시는 일어나지 않도록 하겠습니다.
▶

② <u>학생 여러분의 복지</u>와 쾌적한 <u>교육 환경</u>을 마련하기 위하여 저를 꼭 총학생회장으로 뽑아 주시기 바랍니다.
▶

③ 1905년 을사조약이 체결되자 고종의 밀서(密書)를 가지고 프랑스로 가던 중 산동에서 <u>일본관헌에 발각되어 좌절되었다.</u>
▶

④ 갈등이 발생할 때 <u>유의할 점</u>은 갈등 당사자들이 협의하여 <u>해결해야 한다.</u>
▶

⑤ 그들의 표현을 빌리자면 <u>정치인들</u>은 애국애족의 구호들은 <u>죄다 거짓말이요</u>, 사기집단인 셈이다.
▶

⑥ 가능한 한 문장의 길이는 짧게 써야 한다.
▶

⑦ <u>청계산 지키기 시민운동본부 등이</u> 이 같은 반대에 앞장서고 있지만 이들이 정작 늘어나는 묘지로 인해 전국의 많은 산이 훼손되고 있는 것에는 무심한 것을 보면 산을 지키겠다는 명분보다 <u>단지 전형적인 '님비(Not In My Backyard)'</u>현상으로 이해될 뿐이다.
▶

⑧ 다행히 지난해 <u>화장률이</u> 52.6%를 넘어서면서 <u>매장을 앞섰다.</u>
▶

해설
① 사고원인을 파악하고 재발방지대책을 조속히 마련하여 이번과 같은 일이 다시는 일어나지 않도록 하겠습니다.
② 학생 여러분의 복지를 증진시키고 쾌적한 교육환경을 마련하기 위하여 저를 꼭 학생회장으로 뽑아주시기 바랍니다.
③ 그는 1905년 을사조약이 해결되자, 고종의 밀서를 가지고 프랑스로 가던 중 산동에서 일본 관할에 잡혀 그의 계획은 좌절되었다.
④ 갈등이 발생할 때 유의할 점은 갈등 당사자들이 협의하여 해결해야 한다는 것이다. 또는 갈등이 발생할 때 갈등 당사자들은 협의하여 해결해야 한다.
⑤ 그들의 표현을 빌리자면 정치인들의 애국애족의 구호들은 죄다 거짓말이요, 그들은 사기집단이다.
⑥ 가능한 한 문장은 짧게 써야 한다. 또는 가능한 한 문장의 길이는 짧아야 한다.
⑦ 청계산 지키기 시민운동본부 등이 이 같은 반대에 앞장서고 있지만 이들은 정작 늘어나는 묘지로 인해 전국의 많은 산이 훼손되고 있는 것에 무관심하다. 이런 점을 고려해보면 이들의 행태는 전형적인 님비현상으로 이해될 뿐이다.
⑧ 다행히 지난해 화장률이 52.6%를 넘어서면서 매장률을 앞섰다.

문단 쓰기

한 문단은 주제 문장과 뒷받침 문장으로 구성된다. 한 문단에 여러 주제에 관한 내용을 써서는 안 되고 주제 문장과 무관한 글을 써서도 안 된다. 주제 문장과 다른 내용을 쓰려면 새로운 문단에 써야 한다. 새로운 문단을 시작할 때에는 원고지 첫 칸을 비우고 글을 써야 한다.

문단을 구별하지 않거나 한 문단에서 여러 주장이 내포되어 있는 경우, 무슨 주장을 하려는 것인지를 알기 힘들다. 따라서 한 단락은 주제 문장과 그 주제를 뒷받침하는 문장으로만 구성한다는 생각을 가지고 글을 써야 한다.

문단을 구성하는 방법에는 주제 문장을 앞에 쓰고 뒷받침 문장을 쓰는 두괄식 유형, 뒷받침 문장을 먼저 쓰고 주제 문장을 쓰는 미괄식 유형, 주제 문장을 쓰고 뒷받침 문장을 쓴 다음 다시 주제 문장을 쓰는 양괄식 유형 등이 있다. LEET 논술에서는 두괄식을 사용하는 것을 강력추천한다. 두괄식은 미리 생각을 완료하지 않으면 사용할 수 없는 방식이기 때문이다. 논리적인 구조를 설정하고 논증하는 시험에서 두괄식은 큰 힘을 발휘한다. 게다가 두괄식 구성은 글이 주장에서 벗어나는 것을 방지하는 효과 또한 있다.

문단은 생각의 덩어리인데, 글의 목적에 따라 문단의 구분이 달라진다. LEET 논술은 주장하는 목적의 글이기 때문에 주장과 논거, 그리고 주장과 논거에 대한 논증이 하나의 생각의 덩어리가 되고 한 문단이 된다.

예를 들어, 금연을 주제로 한 글을 쓴다고 생각해보자. 흡연을 해서는 안 된다는 주장에 대해 그 논거를 3가지로 든다고 해보자. 첫째, 건강에 해롭다. 둘째, 경제적으로 손해이다. 셋째, 가족이나 이웃 등 타인에게 피해를 준다. 그렇다면, 위 3개의 문장은 각 문단의 핵심 문장이 된다. 첫 번째 문단의 첫 문장은 "건강에 해롭기 때문에 흡연을 해서는 안 된다."가 되어야 한다. 또한 "경제적 손해가 발생하므로 흡연을 해서는 안 된다."는 것이 두 번째 문단의 첫 문장이 된다. 마지막으로 "타인에게 피해를 주므로 흡연을 해서는 안 된다."는 것은 마지막 문단의 첫 문장이 된다.

이 중에서 첫 번째 문단을 작성해보자. 첫 번째 문단에서 증명해야 할 것은 흡연을 하면 건강에 해롭다는 것이어야 한다. 만약 이 문단에 흡연은 경제적으로 손해가 발생한다는 문장이 들어가면 논리적 오류가 된다. 추리논증 제시문에서 논리적 일관성을 판단하는 것이라 생각하면 이해가 될 것이다.

> **사례: 금연**
>
> ① 흡연은 건강에 해롭기 때문에 흡연을 해서는 안 된다. ② 폐암뿐만 아니라 각종 암을 유발한다. 한 조사에 따르면 흡연자의 폐암발생률은 비흡연자보다 6배가 높다고 한다. ③ 하루에 한 갑의 담배를 피우는 사람은 하루에 4천 원 이상을 허비하고 이는 경제적으로도 상당한 손해를 가져온다. 또한 흡연이 여러 질병의 원인이라는 것을 감안하면 흡연으로 발생하는 경제적 손해는 매우 크다.
>
> 흡연은 가족이나 이웃에게도 피해를 주므로 흡연을 해서는 안 된다. 흡연자뿐 아니라 같이 생활하는 비흡연자도 간접흡연에 노출된다. 최근 간접흡연에 따른 비흡연자의 폐암 발생도 꾸준히 보고되고 있다. …(생략)…

위의 첫 문단에서 문장 ①은 주제 문장이다. 문장 ②는 주제 문장을 뒷받침하는 문장이다. 문장 ③은 주제 문장인 ①을 뒷받침하는 논거가 아니다. 문장 ③과 같이 주제 문장과 무관한 문장을 한 문단에 써서는 안 된다. 이럴 경우 문장 ③은 새로운 문단으로 써야 한다. 즉 흡연은 경제적으로 손해이므로 해서는 안 된다는 주제 문장을 쓴 다음 문장 ③을 그 논거로 제시해야 한다.

주장, 논거, 논증의 기초

1. 주장과 논거, 논증의 관계

논술은 타인을 설득하려는 목적을 가진 글이다. 따라서 논술은 글을 읽는 독자가 주장을 받아들이게 하려는 글이기 때문에 주장이 명확해야 한다. 이 주장을 논리적으로 뒷받침하는 것이 논거이다. 그리고 이 주장과 논거의 논리적 간격을 좁히는 것이 논증이다.

예를 들어, 대학 교육을 무상화해야 한다는 주장이 있다고 하자. 그렇다면 반대 주장은 대학 교육을 무상화해서는 안 된다는 주장이 된다. 사실 대학 교육 무상화라는 주장 자체는 아무 의미가 없다. 진정으로 중요한 것은 대학 교육 무상화의 목적, 즉 이를 시행해야 하는 이유라고 할 수 있다. 대학교육 무상화로 달성되는 가치가 중요하다면 무상화할 수 있는 것이고, 만약 그 가치가 중요하지 않다면 무상화할 수 없는 것이기 때문이다. 따라서 LEET 논술에서 논거는 주장을 통해 달성되는 가치라 할 수 있다. 그리고 주장은 그 가치를 실현하기 위한 수단이라 할 수 있다.

여기에서 주의해야 할 점은, 목적과 수단의 관계가 언제나 동일한 것은 아니라는 점이다. 예를 들어, 논술은 타인을 설득하는 목적을 가진 글이기 때문에 형식적으로 볼 때 논술의 목적은 주장이라 할 수 있다. 그러나 주장과 논거의 관계에서 주장이라는 수단을 통해 달성되는 가치가 논거이기 때문에 내용적으로 볼 때 주장은 수단이 되고 논거가 목적이 된다.

2. 주장

논술을 통해 자신이 상대방에게 전달하고자 하는 진술이 주장이다. 주장은 가급적 단순해야 한다. 그래야만 상대방이 쉽게 나의 주장이 무엇인지 알 수 있기 때문이다. 한꺼번에 여러 주장을 하면 일단 자신이 꼭 전달하고자 하는 주장이 모호해진다. 예를 들어, 상대방이 꼭 수용해주었으면 하는 주장이 '제대군인 가산점 제도를 도입해야 한다.'는 것이라고 하자. 이때 장애인, 국가유공자에 대한 가산점 제도도 함께 도입해야 한다고 하면, 논의가 흩어지고 주장이 모호해진다. 상대방을 설득하고자 하는 자신의 주장이 제대군인 가산점 제도를 도입하자는 것인지 장애인 가산점 제도를 도입하자는 것인지 알 수 없다. 결국 자신의 주장을 상대방이 받아들이도록 설득하겠다는 논술의 목적이 훼손된다. 따라서 논술을 쓸 때에는 상대방이 자신의 주장을 명확하게 파악할 수 있도록 하나의 주장을 해야 한다.

'제대군인 가산점제도를 도입해야 한다.'는 주장과 비교했을 때, 아래와 같은 문장은 주장이라 할 수 없다.

- 많은 사람들이 제대군인 가산점 제도를 도입해야 한다고 주장한다.
  - → [평가] 자신의 의견이 아니다.
- 제대군인 가산점 제도는 제대군인을 위해 꼭 필요한 제도로서 인식되고 있다.
  - → [평가] 자신의 의견이 아니다.
- 제대군인 가산점 제도를 도입하는 것이 바람직하다고 생각한다.
  - → [평가] 자신의 주장에 대해 확신이 없다는 인상을 주어 타인을 설득하기 어렵다.
- 제대군인 가산점 제도를 도입하지 않는 것은 유감이다.
  - → [평가] 자신의 감정에 불과하다.

---

3. 논거

주장에는 반드시 논거가 필요하다. 논거는 주장을 통해 달성되는 가치라고 생각하면 쉽다. 특히 LEET 논술에서는 주장에 대한 적절한 논거의 제시와 주장과 논거의 관계를 증명하는 것이 중요하다. LEET 논술은 예비법조인의 글쓰기이므로 법조인의 사고 과정을 담고 있어야 한다. 주장과 논거를 제시하고, 이 두 관계를 논리적으로 입증하는 것이 법조인의 사고 과정이며, 이를 글로 표현하는 것이 논술이다.

법은 그 자체로 목적이 아니라 수단에 불과하다. 예를 들어, 선거법은 선거를 위한 수단으로 제정된 것이다. 그래서 선거법 1조는 선거법의 목적에 대한 조항이다. 선거법은 수단이기 때문에 선거를 사회가 필요로 하는 가치라고 인정하지 않는 국가에서는 선거법이 존재하지 않는다. 절대왕정 국가가 대표적인데 절대왕정 국가는 선거법 대신 왕위 승계순위에 대한 법이 있을 것이다. 법은 목적에 따라 규정되는 수단이기 때문이다. 우리나라와 같은 민주주의 국가에서 법의 목적은 눈에 보이지 않는 가치가 된다. 대표적으로 자유, 평등, 정의, 국가 발전 등이 있다. 더 구체적으로 보면, 자유에서도 생명·신체의 자유, 양심의 자유, 사상의 자유, 표현의 자유, 언론의 자유 등으로 세분화된다. 이러한 논리적 체계를 법학의 세계에서는 소위 '목차'라고 표현한다. 수험생들이 법학전문대학원에 입학해서 중간고사, 기말고사, 변호사시험을 보게 될 것인데 이 때에도 논리적 체계인 '목차'가 제대로 잡혀있는지가 고득점을 결정한다.

'제대군인 가산점 제도를 도입해야 한다.'는 주장을 한다고 가정하자. 이 주장을 뒷받침하려면, 그 이유가 되는 논거가 필요하다. 논거는 규범적 기준에 따른 논거와 공리적 기준에 따른 논거로 나눌 수 있다.

'제대군인 가산점 제도를 도입해야 한다.'는 주장에 있어서 규범적 기준에 따른 논거란 헌법, 법률이나 도덕적 가치 기준에 따른 논거이다. 자유, 평등, 정의 등이 이에 해당한다. 예를 들어, '평등원칙을 실현하기 위해 제대군인 가산점 제도를 도입해야 한다.'는 논거는 규범적 기준에 따른 논거이다. LEET 논술에서는 특히 이 규범적 기준에 따른 논거가 대단히 중요하다.

반면, 공리적 기준에 따른 논거는 공동체의 이익이라는 관점에 따른 논거가 된다. '군인의 사기를 높여 전투력을 제고하므로 제대군인 가산점 제도를 도입해야 한다.'는 논거는 공리적 기준에 따른 논거에 해당한다. LEET 논술은 예비법조인을 선발하는 시험이므로 현실설명력을 중요하게 생각한다. 따라서 공리적 기준에 따른 논거를 적절하게 제시하고 논증했는지가 득점에 영향을 미친다.

논거를 제시할 때는 반론을 의식해야만 한다. 내가 원고측 변호사라면 피고측의 반론을 무력화시킬 수 있는 논거를 찾아야 한다. 제3자인 법관을 설득하려면 내 주장과 논거만을 강요해서는 안 된다. 피고측 주장이 타당성이 없음을 증명하여 이를 무력화시켜야 한다. 그러나 반론만을 의식하여 자신의 논거에 대한 논증이 무너지면 아무 의미가 없다. 따라서 자신의 논거와 논증을 중요하게 생각하되 상대방의 반론 여지를 줄이는 노력도 기울여야 한다.

4. 논증

논증이란 주장과 논거의 논리적 간격을 좁히는 과정이다. 앞서 제시했듯이 LEET 논술에서 주장은 수단이며, 논거는 그 주장을 통해 달성하려는 목적에 해당하는 가치라 하였다. 그렇다면 주장과 논거는 그 자체로 다른 의미가 된다. 서로 다른 의미를 담고 있는 주장과 논거의 논리적 간격을 좁히는 과정이 논증이다. 이를 아래의 구체적 사례를 통해 확인해 보자.

> 경제 발전을 위해 정부 규제를 제거해야 한다. 정부 규제가 제거되면 우리나라는 선진국이 될 수 있고 국민의 행복도를 높일 수 있다.

위 글은 주장과 논거는 있으나, 논증이 되지 않았다. 단지 논리나 사실이 나열되어 있을 뿐이며, 논리적으로 증명되지 않았다. 이 주장이 설득력을 가지기 위해서는 정부 규제와 경제 발전의 논리적 관계가 증명되어야 한다. 여기에서 주장은 정부 규제를 제거하라는 것이고, 논거는 경제 발전이다. 정부 규제의 제거와 경제 발전은 다른 의미를 갖고 있으므로, 정부 규제의 제거와 경제 발전의 관계를 논리적으로 입증해야 한다. 주장하는 자에게는 입증 책임이 있기 때문이다.

위 글쓰기는 단순 나열에 불과하다. 로스쿨 입시에서 논술이나 면접을 볼 때 많은 수험생들이 주장과 논거의 관계를 논증하지 않고, 연관관계가 있는 사실이나 논리, 사례 등을 단순 제시하는 경우가 많다. 논증은 주장과 논거의 관계를 논리적으로 증명하는 것이어야 한다. 위 글쓰기의 경우를 보자면, 선진국은 경제가 발전한 국가이기는 하나 경제가 발전했다고 하여 선진국이라 할 수는 없으므로, 이에 대해서도 증명해야 한다. 또 경제 발전이 왜 국민의 행복도를 높일 수 있는지 논리적으로 증명해야 한다. 경제 발전과 선진국, 국민의 행복도가 어떤 논리적 관계가 있는지, 그리고 더 나아가 정부 규제 제거와 어떤 논리적 관계가 있는지 구체적으로 논증해야 한다.

논술에서 답안을 쓰는 것은 채점교수를 설득하는 과정임을 알아야 한다. 근거가 없는 주장만으로는 채점교수를 설득할 수 없다. 자신의 주장을 명시적으로 드러내고 그것을 합리적으로 설명해야만 한다. 내가 알고 있으니 채점관도 알고 있을 것이라는 전제하에서 주장만을 마구 쏟아내는 수험생들이 많이 있는데, 이것은 글쓰기의 기본을 모르는 행동이다.

또 하나의 예를 들어보자. 최근 위험에 처한 사람을, 주변 사람들이 방관한 채 지나쳐, 요(要)구조자가 끝내 생명을 잃고 마는 사건이 발생하고 있다. 사마리아인의 법은 위험에 처한 자를 구조하더라도 자신이 위험에 빠지지 않음에도 불구하고 자의로 구조하지 않는 자를 처벌한다는 내용을 담고 있다. 이러한 문제를 막기 위해 사마리아인의 법을 제정해야 한다는 주장이 사회적으로 힘을 얻고 있다고 하자. 이 상황에서 주장이 될 수 있는 것은, 사마리아인의 법을 제정해야 한다거나 혹은 사마리아인의 법을 제정해서는 안 된다는 것이다.

주장에는 논거가 필요하다. 사마리아인의 법을 제정해야 한다는 견해를 가진 자가 자신의 입장을 타인에게 설득하려면 사마리아인의 법 제정으로 인해 어떤 가치가 달성될 수 있는지 입증해야 한다. 왜냐하면 사마리아인의 법을 제정했을 경우, 모든 사회 구성원은 이로 인한 처벌을 감수해야 하고 이는 개인의 자유에 대한 침해가 되기 때문이다. 이 법 제정으로 인해 달성되는 가치가 바로 논거가 된다. 이 논거를 사회공동체의 유지·존속이라 상정하자. 이 논거는 마이클 샌델과 같은 공동체주의자의 중요논거가 된다. 사마리아인의 법 제정 반대 입장에서는 자유주의자의 논거가 제시될 수밖에 없고, 중요논거는 개인의 자유 침해가 된다. 여기에서는 사마리아인의 법 제정 논거를 살펴본다.

이제 주장과 논거가 제시되었으니 논증이 필요하다. 사마리아인의 법을 제정하면 사회공동체가 유지·존속될 것이고, 사마리아인의 법을 제정하지 않는다면 사회공동체가 붕괴될 것이라는 논증이 필요하다. 이 논증이 적절하지 않다면 독자는 설득당하지 않을 것이다. 실제로 사마리아인의 법 제정과 관련한 논쟁은, LEET 논술 기출문제로 출제된 바 있고 로스쿨 면접에서는 굉장히 자주 출제되는 주제이다. 아래 내용은, 사마리아인의 법을 제정해야 한다는 주장과 사회공동체의 유지·존속이라는 논거의 관계에 대한 논증이다.

사회공동체의 유지·존속을 위해, 사마리아인의 법을 제정해야 한다. 사회공동체는 서로 다른 생각을 가진 개인들이 모여 구성되므로 사회도덕이라는 공동의 끈 없이 사회는 존재할 수 없다. 사회 유지를 위한 필수적인 연결끈에 해당하는 사회적 가치로 상호부조라는 가치가 있다. 우리는 누구나 위험에 노출되어 있고 이러한 위험에 대응하기 위해 서로가 서로를 도울 의무가 있다. 만약 공동체 안에서 발생한 구성원의 위험이 홀로 살 때와 다를 바 없다면 굳이 공동체 구성원으로 살 이유가 없고 그렇다면 사회는 필연적으로 붕괴될 것이다. 따라서 상호부조라는 사회적 가치는 구성원의 생명을 보호하고 공동체 유지에 필수적 가치라 할 수 있다. 이처럼 공동체를 구성해서 사는 인간은 고립된 개인이 아니라 다른 사람과 연대해서 살아가는 인간이다. 사마리아인의 법은, 자신의 생명이 위태롭지 않다면 타인의 생명을 구조해야 한다는 법이다. 공동체 구성원은 다른 구성원에게 생명과 신체의 위협이 되는 상황에서 서로 도울 상호부조의 의무가 있다. 이를 통해 다른 사람과 연대해서 사는 구성원들이 안전한 사회를 위해 서로 돕는 상호부조의 가치가 실현되고 이를 통해 공동체가 안정적으로 유지될 수 있다. 만약 생명에 위협이 발생한 구성원을 구할 수 있음에도 불구하고 방치한 채 지나쳐 결국 생명을 잃게 하였더라도 우리 사회가 이를 처벌하지 않는다면 누구도 상호부조 의무가 공동체의 의무라 여기지 않을 것이다. 상호부조 의무를 행하지 않은 자를 처벌함으로써 공동체의 공유된 가치를 훼손한 것에 대한 책임을 지도록 하면, 사회 구성원 모두가 어려움에 처한 구성원을 구하도록 일정 정도 강제할 수 있다. 따라서 사회 유지를 위해 사마리아인의 법을 제정해야 한다.

5. 반론과 재반론

논술을 구성할 때, 많은 수험생들이 논거와 반론을 유사한 개념으로 사용하는 경우가 많은데 이는 적절하지 않다. 자신의 주장을 증명하기 위해서는 논거와 논증이 필요하다. 논거와 논증은 자신의 주장이 타당함을 증명하는 것이다. 이에 반해 반론과 재반론은 자신의 주장에 대해 반대되는 입장 내지는 자신의 주장에 대한 논거가 타당하지 않다는 정도에 불과하다. 타인의 주장이나 논거가 타당하지 않다고 하여 자신의 주장이나 논거가 타당하게 되는 것은 아니다. 따라서 반론과 재반론을 아무리 많이 했고 잘 했다고 하더라도 자신의 주장이 정당화되는 것은 아니다. 자신의 주장과 논거, 그리고 논증을 한 이후에야 반론과 재반론이 의미를 가질 수 있다. 내 주장이 논리적으로 타당하며, 심지어 내 주장에 대한 반론이 적절하지 않음을 입증한다면 자신의 주장이 더 강화될 것이기 때문이다.

예를 들어, 위에서 주장한 사마리아인의 법 제정 찬성 입장에 대한 반론을 예상해보자. 사마리아인의 법을 제정해야 한다는 주장은 공동체의 유지와 존속이라는 핵심논거를 갖고 있다. 반대로 사마리아인의 법을 제정해서는 안 된다는 입장에서는 사회적 목적을 위해 처벌이라는 방식으로 개인의 자유를 제한해서는 안 된다는 핵심논거를 제시할 것이다. 따라서 사마리아인의 법 제정에 대한 반론은 사마리아인의 법은 개인의 자유를 과도하게 제한한다는 것이 된다.

이 반론에 대해 재반론해보자. 사마리아인의 법이 개인의 자유를 과도하게 제한한다는 반론에 대한 재반론은 개인의 자유에 대한 과도한 제한이 아니라는 것이 된다. 사마리아인의 법이 개인의 자유를 과도하게 제한한다는 반론을 P 명제라 한다면, 이에 대한 재반론은 ~P가 되기 때문이다. 사마리아인의 법이 개인의 자유를 제한한다고 볼 수 있으나, 이는 과도한 제한이라고 볼 수 없다거나, 이것이 개인의 자유를 오히려 증진하는 것이라는 증명을 하는 과정이 재반론에 해당한다. 이에 대한 논증은 아래 내용과 같다.

> 사마리아인의 법 제정은 개인의 자유에 대한 과도한 제한이라는 반론이 제기될 수 있다. 그러나 사마리아인의 법은 생명의 위협에 처한 타인을 발견한 경우 신고 의무를 부여하는 것이며 처벌 역시 벌금 정도에 지나지 않으므로 개인의 자유에 대한 과도한 제한이라 할 수 없다. 심지어 누구나 한번쯤 위험에 처할 수 있고 자신은 그러한 위험에 처하지 않을 것이라 누구도 자신할 수 없다. 사마리아인의 법을 제정한다면, 다른 사회 구성원이 위험에 처했을 때 이를 발견한 사람이 도덕적인 이유에서 혹은 처벌을 두려워 한 탓에서 모두 타인의 신고를 통해 사회의 도움을 기대할 수 있다. 그 결과 위험에 처한 개인의 생명이나 신체의 자유에 대한 위협을 실질적으로 최소화할 수 있다. 따라서 사마리아인의 법은 개인의 자유를 과도하게 제한하는 것이라 볼 수 없으므로 이 반론은 타당하지 않다.

Chapter
02

제시문 요약

핵심개념정리

1. 요약의 중요성

법조인은 많은 분량의 텍스트를 읽고, 빠른 시간 안에 자신이 원하는 내용을 찾아낼 수 있는 능력을 가지고 있어야 한다. LEET 시험은 법학 적성을 지닌 예비 법조인을 선발하는 시험이므로 당연히 텍스트를 읽고 그 의미를 빠른 시간 안에 정확히 파악할 수 있는 능력을 측정하고자 한다. 이를 위해 언어이해 과목이 있으나, LEET 논술은 법학 적성을 판단하는 종합시험으로서 제시문 요약과 이해를 바탕으로 한다.

LEET 논술에서 제시문 요약과 이해능력은 주장과 논거, 논증 구조를 파악할 수 있는 능력을 측정하고자 한다. LEET(법학적성시험) 논술은 법전문가로서 예비 법조인이 갖추어야 할 능력을 평가하는 시험이다. 따라서 제시문 요약과 이해에 있어서도 일반적 텍스트를 읽는 습관 정도의 능력으로는 고득점을 할 수 없다. 법조인의 사고방식으로 텍스트를 이해해야 한다.

2. 요약(要約)과 축약(縮約)의 비교

요약과 축약은 엄연히 다르며 누구나 이를 알고 있다. 그러나 실제로 논술시험에서 요약을 하라고 했을 때 대부분의 수험생은 요약 대신 축약을 한다. 물론 수험생 자신은 요약을 했다고 굳게 믿고 있으나 채점자의 입장에서 보면 축약을 한 것이다.

요약은 말 그대로 중요한 것을 중심으로 줄이는 것이고, 축약은 제시문을 그대로 축소하는 것이다. 예를 들어, 제시문에서 A라는 부분이 90% 분량을 차지하고 있으나 중요한 부분은 10% 분량에 불과한 B라는 부분이라 하자. 축약의 경우 축소하는 것이므로 A 부분이 90%의 비율을 차지하게 된다. 그러나 요약은 원래 제시문의 분량과는 관계없이 중요도에 따라 분량의 배분이 달라지기 때문에, 본래 제시문에서 10% 분량에 불과한 B 부분이 요약문에서 90% 분량을 차지할 수 있다. 그렇기 때문에 요약은 중요도를 파악할 수 있는 능력을 갖춘 엘리트의 능력이며, 축약은 단순히 기계도 할 수 있는 것이다. 예를 들어 비유해보자면, 특정인물을 다른 사람에게 그림을 그려 묘사한다고 하자. 축약(縮約)은 사진을 찍어 보여주는 것이라면, 요약(要約)은 특정인물의 특징적인 부분을 중심으로 캐리커처를 그려 보여주는 것이라 할 수 있다.

3. 요약능력을 키우는 방법

제시문을 읽고, 그 주장과 논거(이유)를 요약하는 능력을 키워야 한다. 논술문의 일반적인 구조는 문제제기(topic) → 문제해결 또는 주장 → 그 논거(이유, 설명, 예)→반론에 대한 비판→결론의 순이다. 논술문을 읽을 때, 이러한 논술문의 구조를 빨리 찾아내야 한다.

요약은 주장과 그 논거로 구성하면 된다. 주장과 논거를 찾아내려는 훈련을 꾸준히 해야 한다. 법조인은 끊임없이 텍스트를 읽는 직업이기 때문에 빠른 시간 안에 장문의 제시문을 주고 짧은 시간 내에 제시문을 요약하라는 문제가 출제될 수 있다. 이 경우 '요약할 수 있느냐'의 문제보다는, '시간 내에' 요약할 수 있느냐가 합격의 관건이 된다. 법조인은 엄청난 양의 문서를 짧은 시간 내에 읽고 요약을 할 능력이 매우 절실하다. 따라서 장문을 '짧은 시간 내에', '정확하게' 요약할 수 있는 능력이 필요하므로 LEET 논술시험에서는 장문을 읽고 요약하는 문제가 출제될 수 있다. 요약하는 문제가 출제되지 않아도 제시문이 주어진 경우, 제시문 요약은 문제해결의 기초가 되므로 요약능력은 논술의 출발점이다.

짧은 시간 내에 긴 글을 요약하려면 훈련을 해야만 한다. 반복된 훈련을 통해 요약하는 능력을 철저히 익혀야 한다. 수영선수가 수영하는 방법을 안다고 해서 연습을 게을리 하지 않는다. 수험생 역시 마찬가지이다. '연습없이' 좋은 성적을 낼 수 없다.

4. 요약할 때 주의할 점

요약은 경제적인 의사소통방법의 일종으로 주의할 점은 일반적으로 다음과 같다.

(1) 중심내용과 뒷받침 내용을 구분해서 읽자.

제시문은 중요한 내용과 중요한 내용을 뒷받침하는 내용으로 구성되어 있다. 따라서 요약을 할 때에는 중요한 내용을 골라서 이를 답안에 반영해야 한다.

(2) 쟁점과 논제를 확실히 파악하자.

요약은 보통 글자 수의 제한이 있다. 따라서 요약문은 제시문의 쟁점, 논제를 짚어 그 핵심을 드러내어야 한다. 제시문을 읽을 때 주장, 논거, 설명, 예시 등을 간단하게 표시하고, 제시문의 주장과 그 핵심 논거를 분량이 허락하는 한도 내에서 서술해야 한다.

(3) 제시문의 문장을 그대로 옮기지 말자. 요약과 발췌는 다른 것이다.

핵심어를 그대로 쓰는 것은 좋으나 문장은 자기가 이해한 바에 맞추어 바꾸어 표현해야 한다. 내용의 핵심을 파악한 뒤, 그것을 차례로 나열하거나 글의 흐름에 따라 논리적으로 연결하는 것은 발췌에 지나지 않는다.

요약이란 글의 맥락을 이해하고 글쓴이의 의도가 확실하게 드러나도록 재편성하는 것이다. 재편성한다는 용어에서도 알 수 있듯이 제시문의 순서에 따라 요약문을 쓸 필요는 없다.

(4) 요약문도 완성된 논술문으로 생각해야 한다. 두괄식으로 쓰자.

제시문의 글 순서대로가 아니라 주장—논거로 요약해야 한다. 요약은 글의 핵심 내용을 잡아내어 다시 쓰는 과정이기 때문에 짧은 글 속에 내용이 뚜렷하게 드러나게 하려면 주장—논거 순의 두괄식으로 쓰는 것이 좋다.

(5) 제시문의 핵심어를 임의로 바꾸지 말자.

제시문의 핵심어를 바꾸는 것은 동일성을 해칠 수 있으므로 삼가야 한다. 수험생들의 답안을 보면 표현을 다양하게 해야 한다는 강박이 있는 경우가 많다. 표현은 자신의 의도와 생각을 드러내는 수단이다. 자신의 의도나 생각과 일치하지 않는 표현을 다양한 표현이라 할 수 없다. 이는 논리적으로 잘못된 표현에 불과하다. 특히 논술시험에서는 의도나 생각이 잘못 전달되면 감점이라는 점을 잊어서는 안 된다.

연습1 자유로부터의 도피

근대사회와 비교했을 때, 중세사회의 특징은 개인적인 자유가 없다는 것이다. 중세의 모든 사람은 사회 안에서 각자의 역할이 정해져 있었고 개인이 자유롭게 이를 선택할 수 없었다. 사회적으로 특정계급이 다른 계급으로 이동할 수 있는 사회적 이동성은 불가능에 가까웠다. 지리적으로는 특정 지역이나 국가에서 다른 지역이나 타국으로 이동하는 것 역시 어려웠다. 사회의 절대다수는 자신이 태어난 곳에서 평생을 살아야 했다. 자신이 입고 싶은 옷, 자신이 먹고 싶은 것도 자유롭게 선택할 수 없었다. 장인은 물건을 팔 때 정해진 가격에 팔아야 했고, 농민은 농산물을 정해진 시장에서 정해진 가격으로 팔아야 했다. 길드 조합원은 자신이 터득한 생산기법을 같은 조합원이 아닌 사람에게 알려주는 것이 금지되었고, 생산 원료를 싼 값에 구할 방법이 있다면 같은 조합원에게도 그 방법을 알려주어야 했다. 개인의 사생활, 경제생활, 사회생활은 모두 사회적 규칙과 의무의 영역에 의해 지배받았고, 그 지배의 예외 영역은 존재할 수 없었다.

Q. 위 제시문의 핵심 내용을 한 문장으로 서술하시오.

문단의 핵심 찾기

LEET 논술 시험은 법적 지식 자체를 묻는 시험이 아니다. 따라서 사법시험이나 행정고시 2차 논술처럼 특정과목에 대한 지식을 전제한 상태에서 답안 작성을 요구하지 않는다. LEET 논술 시험은 주어진 제시문을 바탕으로 자신의 견해에 대한 논리적·합리적인 논거를 들어 다른 사람을 설득하여야 하는 시험이다. 따라서 제시문의 핵심내용을 파악하는 것은 LEET 논술의 기본이라 할 수 있다.

LEET 논술 시험에서 제시문은 한 문제당 2~3개가 제시된다. 그리고 하나의 제시문은 문단 3~5개 정도의 길이이다. 따라서 제시문을 이해하기 위해서는 먼저 각 문단의 핵심내용을 찾아야 한다. 그리고 문단별 핵심내용을 연결하여 제시문의 논리적 구조를 파악하여야 한다. 각 제시문의 논리적 구조가 파악되면 주장과 논거를 정리하고 그 중요도에 따라 줄이면 된다.

이 예제의 경우, 주장을 하는 LEET 논술과는 달리 설명하는 목적을 갖고 있는 글이다. 특히 중세와 근대의 차이점을 설명하고자 하는 의도가 있다. 설명은 정보 전달을 목적으로 하는 글이므로 중심문장과 뒷받침 문장이 있다. 핵심이 되는 부분은 중세사회의 특징이므로 이를 구체적으로 제시하고, 근대와 비교하는 방법으로 이를 증명하고 있으므로 이를 서술하면 된다.

📝 예시답안

	중	세	사	회	는	,		근	대	와		달	리		개	인	적		자	유
가		인	정	되	지		않	는	다	는		특	징	이		있	다	.		

임금의 정사는 백성을 편안케 하는 것보다 먼저 할 것이 없으니, 백성을 편안케 하는 정사가 한 번 잘못되면 도적의 환난이 생기게 된다. …(중략)… 그러나 시대가 말세가 되어 풍속이 경박해져서 항심(恒心)이 없고, 생업을 잃은 무리들이 서로 모여 도적이 되니 그 폐해가 심하다. …(중략)… 도적도 본래는 양민이었으니, 도적이 된 것이 어찌 그 본심이겠는가? 이 지경에 이르게 된 원인과 깡그리 잡아 없앨 계책을 말해 볼 수 있겠는가? 백성을 수고롭게 하고 대중을 동원하여 그 소굴을 소탕하여 뒤엎을 경우에는 무고한 이가 뜻밖의 화란을 당하게 될까 염려되고, 미루어 두고 묻지 않을 경우에는 장차 더욱 뻗어나가 도모하기 어려운 지경에 이를 것이다. 어떻게 하면 이 두 가지 폐단이 없으면서도 백성에게 안정과 안도의 즐거움이 있게 할 수 있는가? 원컨대, 정확한 말을 듣고 싶다.

일찍이 이르기를, 국가의 치란(治亂)은 생민(生民)의 기쁨과 슬픔에 달려 있고, 생민의 기쁨과 슬픔은 그때그때의 정치의 득실에 달려 있다고 하니, 윗사람에게 여상(如傷)의 인덕이 있으면 아랫사람에게 법을 범하고 난을 일으키는 풍속이 끊어지고, 윗사람이 산업을 관리하는 도리를 잃어버리면 아랫사람은 불공한 도적이 많아지는 법입니다. 지금 도적떼들이 기승을 부리고 있으나, 형벌로써 극형에 처하는 것보다는 이들을 잘 타일러서 예의와 염치를 통해서 통치할 때 사회가 안녕할 수 있습니다. 진실로 어진 정치를 행하면 심히 곤란하여 하소연 곳 없는 불쌍한 사람들도 모두 백성을 자식처럼 사랑하는 임금의 덕화 안에 들어오고, 도적은 화하여 양민이 될 수 있을 것입니다. 그러나 만약 어진 정치를 행하지 않으면 거둬들이는 자들이 모두 가렴주구의 횡포를 마음껏 부릴 것이고, 백성은 모두 크게 간악함에 빠지며, 민심은 상도(常道)가 없게 될 것이니, 오직 윗사람이 시키는 바에 따라 갈 따름입니다. 이 백성은 가히 두려워할 수는 있어도 소홀하게 해서는 안 되며, 어지럽히기는 쉬워도 다스리기는 쉽지 않습니다. 타오르는 불씨를 짓눌러 끄지 않았다가는 반드시 불길이 들판을 다 태우고 말 것이요, 졸졸 새나오는 물줄기를 막지 않았다가는, 반드시 큰물이 하늘에까지 넘치게 될 것이며, 좀도둑을 막지 않았다가는 반드시 큰 도둑이 될 것입니다. 더구나 나라의 근본이 한 번 흔들리면 외적의 침입이 반드시 이르러, 예측할 수 없는 환난이 혹 창졸간에 일어날 수가 있습니다. 아직 치열해지기 전에 다스리면 여러 사람들을 동원하는 수고를 하지 않고서도 자연히 안정되기에 이를 것이나, 일단 터진 뒤에 막으려면 마구 내닫는 기세를 막지 못하여 마침내는 나라를 욕되게 하기에 이를 것이니, 도적을 다스리는 계책이 어찌 잡아 죽이는 것에만 그칠 따름이겠습니까. 힘써야 할 것은 편안케 하고 무마하는 것에 있을 따름입니다. 쫓아 잡는 것의 위엄은 그들 한 몸을 죽이는 데 지나지 않지만, 편안케 하는 은혜는 그 마음을 고치고 감화케 할 수 있으니, 몸을 베어 죽인 공은 얕으나 고쳐서 감화케 한 덕은 깊습니다. 이것이 옛적에 백성을 편안케 하는 것에 뜻을 둔 이가 무마하기를 먼저하고 죽이기를 나중에 한 까닭입니다. …(중략)…

제가 조정에 바라는 바는 반드시 온 강토 안의 백성들로 하여금 모두 염치를 아는 풍속을 지녀 길에 떨어진 것을 훔쳐가지 않을 만큼 되어 삼대의 다스림을 회복함에 있으니, 그러고 난 뒤에야 일대(一代)가 해야 할 일이 끝나는 것입니다. 그렇게 되기까지 어찌 방도가 없겠습니까. 성현의 책에 이르기를, "의식(衣食)이 풍족하고 난 뒤에야 예의를 안다."고 하였으니, 백성으로 하여금 의식을 풍족케 하는 도가 어찌 어진 정치(仁政)밖에 있겠습니까. 성상(聖上)께서 남에게 차마 하지 못하는 마음(不忍人之心, 어진 마음)을 미루어 사람에게 차마 하지 못하는 정치(不忍人之政)를 행하시어 동물과 식물들이 모두 각각 제자리를 얻게 하시고, 이 백성이 산 사람을 기르고 죽은 이를 보냄에 유감이 없게 하신다면, 사람들은 장차 예의로써 스스로 그 몸을 문채나게 하리니, 어찌 도적이 발생하여 다스리지 못할 근심이 있겠습니까.❸

Q. 위 제시문의 핵심 내용을 한 문장으로 서술하시오.

문단의 핵심 찾기

2014학년도 서울대 로스쿨 면접 기출문제에서는 도적떼가 발생한 원인과 그 해결방안을 논하고 있다. 이 제시문은 임금과 신하의 대화 형식을 취하고 있다.

임금은 도적이 나타나게 된 원인과 그 해결방안을 묻고 있다. 양민들이 도적이 되었을 때에는 이유가 있을 것이다. 그리고 도적 소탕을 위해 백성을 동원하면 백성들의 고통이 클 것인데, 그렇다고 도적떼를 내버려두면 국가가 위험해져 백성들의 고통이 커지게 된다.

이에 신하는 도적이 발생하게 된 원인은 의식이 풍족하지 않아 생계가 위험하기 때문이라 말한다. 또한 생계의 문제로 도적이 된 자들을 엄벌에 처한다고 해서 도적 문제가 해결되지 않는다고 한다. 생계 문제로 도적이 된 자들은 의식을 풍족하게 해주면 도적이 되지 않을 것이다. 따라서 임금이 가혹한 정치를 펼쳐 엄벌에 처할 것이 아니라 어진 정치를 펼쳐 먹을 것을 주면 감화되어 도적 문제가 해결될 것이다. 오히려 도적을 엄벌에 처한다면 더 큰 환란이 발생할 것이라 경고한다. 생계 문제로 도적이 된 자들을 엄벌에 처하려면 일단 이들을 제압해야 하는데, 이를 위해서는 많은 백성들을 동원해야 한다. 생계 문제가 심각한 현재 시점에서 많은 백성들을 동원하면 이 백성들이 농사에 전념할 수 없다. 그렇다면 도적 검거에 동원된 수많은 백성들도 생계 문제가 심각해져 도적떼가 될 수 있고, 도적 문제는 더욱 심각해질 것이다. 따라서 생계형 범죄를 저지른 자를 엄벌에 처해서는 안 된다. 국가가 어진 정치를 펼쳐 백성들의 생계 문제를 완화하는 것이 생계형 범죄 문제를 해결하는 근본적 대책이 된다.

📝 예시답안

	생	계	형		범	죄	자	를		엄	벌	에		처	해	서	는		안
된	다	.																	

❸ 율곡선생전서 습유 제6권, 잡저(雜著) 도적책(盜賊策)

연습 3 아일랜드 대기근

19세기 아일랜드에서 감자 기근으로 수백만의 사람이 사망하고 수십만 명이 북아메리카로 이주하였다. 어떻게 이러한 일이 발생했는가. 전문가들은 몇 가지 원인을 찾아냈지만, 단일 경작이라는 습관을 가장 중요한 원인으로 꼽았다. 단일 경작의 문제는 가장 수확률이 높은 오직 한 종류의 감자만을 재배하여 마름병에 취약하게 되었다는 것이었다. 식물의 질병을 일으키는 곰팡이가 감자농사를 망쳐놨고 아일랜드 농부들은 별다른 대책을 가지고 있지 못했다. 마름병으로 들판의 감자뿐 아니라 저장고에 있는 감자들도 썩었다. 다른 대체 음식물이 없었기 때문에 사람들은 굶어 죽을 수밖에 없었다.

한 바구니에 달걀을 모두 담는 것은 위험하다. 왜냐하면 모든 것을 잃어버릴 위험이 있기 때문이다. 이러한 비극을 돌이켜보면 왜 한 종류의 감자만을 아일랜드 사람들이 고집했는지 의아스럽지 않을 수 없다. 그들은 좁은 공간에서 잘 자라는 감자, 적은 수분을 요하는 감자, 병충해에 강한 감자 등 다양한 종류의 감자들을 경작하는 문화를 배울 수 있었을 것이다. 다양한 종류의 감자를 경작하는 이점은 유전적 다양성일 것이다. 이러한 다양성은 아일랜드 농민들이 경험했던 대량 피해로부터 보호해주는 기능을 한다.

이 아일랜드의 예는 자연적인 것이든, 문화적인 것이든, 더 큰 다양성은 인간에게 중요한 의의를 가진다는 것을 보여준다.

Q1. 제시문의 주장을 한 문장으로 요약하시오.

Q2. 위 주장의 논거를 제시하시오.

Q3. 주장과 논거의 관계를 300자 이내로 논증하시오.

사고력 확장 문제

Q4. 최근 생명공학의 발전에 따라 생산효율이 높은 슈퍼가축을 복제하여 키우려는 시도가 행해지고 있다. 이러한 시도를 제시문을 참조하여 비판하시오.

핵심 주장에 대한 근거 파악하기

주장과 근거는 논술의 기본이다. 주장을 찾는 연습과 더불어 그 주장을 강화하는 논거를 찾는 연습을 꾸준히 해야 한다. 음식의 맛을 알아야 요리사가 될 수 있듯이 제시문의 주장과 논거를 파악할 수 있어야 논술 시험 답안을 작성할 수 있다. 물론 맛을 안다고 모두 요리사는 아니듯이 제시문 독해를 잘 한다고 논술 시험에서 고득점하는 것은 아니다. 주장과 근거를 파악하는 능력은 논술의 필요조건이다.

리트 논술에는 글자 수 제한이 있다. 대부분의 수험생들은 글자 수 제한이 있는 글쓰기를 어려워한다. 일반적으로는 글자 수가 많다고 여기고 아무 말이나 쓰다가 글자 수가 많아졌다는 생각이 들면 급하게 마무리하는 경우가 많다. 결국 논리적으로 완성되지 못한 글이 되거나, 의식의 흐름으로 쓰거나, 도입부만 나오는 글이 되는 경우가 대부분이다.

글자 수로 생각하지 말고, 문장 수로 변환시켜 생각하는 것이 좋은 방법이 된다. 일반적인 글쓰기에서 한 문장의 길이는 보통 50~60자 정도 된다. 300자 이내로 논증하라고 했다면, 5~6문장 정도라고 여기고 이 문장을 구성하면 논리적으로 완결성 있는 글을 생각할 수 있다.

제시문 분석

- **1문단 요약**: 19세기 아일랜드에서는 생산성이 높은 단일품종의 감자만을 생산했다. 그 감자는 마름병에 취약했는데 마름병이 발생하여 그 감자의 종은 멸절했다. 이로 인해 아일랜드에서 수백만 명이 굶어 죽었다.

- **2문단 요약**: 다양한 품종의 감자를 재배하는 경우 병충해에 강한 감자는 살아남을 수 있다. 다양한 감자를 경작하여 유전적 다양성을 확보하여야 한다.

- **3문단 요약**: 자연적인 것이든 문화적인 것이든 다양성 확보는 인간의 생존에 큰 의미가 있다.

- **제시문 구조 분석**: 한 품종의 감자만을 배양하면 병충해가 발생했을 때 대응할 수 없다.
  → 따라서 다양한 품종의 감자를 재배하여야 한다.
  → 자연적인 것이든 문화적인 것이든 다양성을 확보하는 것은 인류의 생존에 큰 의미가 있다.

예시답안

Q1.

> 다양성을 존중해야 한다.

Q2.

> 인간의 생존을 보장할 수 있기 때문이다.

Q3.

> 인간의 생존을 보장할 수 있기 때문에, 다양성을 존중해야 한다. 자연적으로 단일품종은 위험에 노출되었을 때 전멸의 위험이 있다. 예를 들어 19세기 아일랜드 사람들은 단일품종의 감자만을 경작하였고, 그 품종이 마름병에 취약하여 감자가 썩어 감자를 수확할 수 없었다. 이로 인해서 19세기 아일랜드에서 많은 사람들이 식량이 부족하여 굶어 죽었다. 만약 다양한 감자를 보존하고 경작하였다면 마름병에 강한 품종이 있었을 것이고, 그 감자를 경작하여 식량부족을 해결할 수 있었을 것이다.

※ 269자

Q4.

> 인간의 생존을 위협할 수 있으므로 슈퍼가축 복제는 타당하지 않다. 슈퍼가축은 생산성과 생산효율이 높아 인간의 생존에 도움이 된다. 그러나 한편으로 슈퍼가축만을 키우다가 이 종을 위협하는 질병이 발생할 경우 인류의 생존을 위협할 수 있다. 따라서 슈퍼가축 복제를 통해 생산성을 높이는 시도는 타당하나 일반가축의 종 역시 보존하여 종 다양성을 확보함으로써 인간의 생존을 안정적으로 보장해야 한다.

연습 4 공유지의 비극

공유자원이란 공기, 하천, 호수, 늪, 공공 토지 등과 같은 자연자원과 항만, 도로 등과 같이 공공의 목적으로 축조된 사회간접자본을 일컫는다. 공유자원은 사회 전체에 속하며, 모든 개인에게 필요하고 이용도 가능하다. ⓐ공유자원을 이용함으로써 발생하는 비용은 사회 전체가 부담하게 된다. 그런데 공유자원은 남용되는 경향이 있기 때문에, 공유자원의 이용으로 각 개인이 얻는 편익(便益)이 종종 사회 전체가 부담해야 할 비용을 웃돈다.

하딘(Garrett Hardin)은 이러한 현상을 ⓑ공유지(共有地)의 비극이라고 불렀다. 먼저 한 마을의 농부들이 소를 자유롭게 키울 수 있는 제한된 넓이의 목초 공유지가 있다고 가정하자. 농부들이 방목하는 소의 숫자가 증가함에 따라 문제가 발생한다. 방목하는 소들이 일정 수준을 넘어서면, 풀이 다시 자라는 속도에 비해서 풀이 소모되는 속도가 더 빠르기 때문에 공유지는 점점 더 황폐해질 것이다. 만약 사용할 수 있는 목초의 양을 할당하고 그것을 강제할 수 있는 농부들 간의 합의된 정책이 없다면, 목초가 없어지기 전에 자신의 이익을 최대로 높이려는 농부들의 욕구 때문에 공유지의 황폐화는 시간문제이다. 하딘은 이런 비극적 상황을 해결하기 위한 대책으로서 사유재산권 강화, 공해세 부과, 출산 및 이민 억제 등과 같은 다양한 방안을 제안한다.

그런데 이러한 해결책들은 '누군가의 개인적 자유를 침해한다'는 공통점을 가지고 있다. ⓒ공유지의 비극은 사회구성원들이 사회적 필요를 인식하고 강제의 필요성을 수용할 것을 요구하고 있다.

Q1. 제시문을 500자 이내로 요약하시오.

사고력 확장 문제

Q2. 한강 상류는 경기도 양평 지역을 통과하여 흐르고 있다. 국가는 서울시민의 식수인 한강 상수원을 보호하기 위해 양평 지역의 공장 설립 허가를 해주지 않고 있다. 양평 주민들은 이러한 정책으로 양평이 발전하지 못했다고 주장하면서 공장 설립을 허가해 줄 것을 요구하였다. 국가가 이러한 요구를 받아들여 공장 설립을 허가하자 폐수가 한강에 유입되어 한강이 오염되었다. 서울 시민들은 공장 허가를 취소해야 한다고 주장하였다. 한강이 오염되는 이유를 제시문을 참조하여 설명하시오. 또한 이에 대한 해결책을 제시하시오.

논리구조 파악하기

각 문단의 핵심을 파악하면 제시문의 논리 구조를 파악할 수 있다. 제시문의 논리구조 파악이 익숙해지면 단시간 내에 제시문의 핵심을 파악할 수 있다. 논리구조와 제시문의 흐름 파악은 각 문단의 핵심내용 분석, 흐름에 따른 전체적 구조를 작성하는 것으로 연습할 수 있다.

이 제시문은 타인을 설득할 목적으로 쓴, 주장하는 글이기 때문에 주장과 논거의 관계를 증명하는 형태를 갖고 있다. 따라서 요약할 때 주장과 논거를 찾아야 하고, 주장과 논거의 관계를 증명하는 가장 단순한 형태를 구성하여 서술해야 한다. 앞의 문제에서 설명하였듯이 글자 수 제한을 문장 수로 변환하여 생각하는 것이 좋다. 그리고 이렇게 문장 수로 전환해 생각할 경우, 출제자의 힌트를 발견할 수 있다는 장점도 있다.

이 문제에서는 500자 이내라는 글자 수 제한을 주었고, 문장 수로는 9~10문장이 된다. 논거가 하나라면, 주장과 논거가 한 문장이 되므로 남은 문장 수는 8~9문장이 된다. 이를 힌트로 삼아 필요한 논리를 가감하면 된다.

제시문 분석

> - ⓐ: 개인이 공유자원을 이용함에 있어 발생하는 비용은 사회가 부담하나 이익은 개인에게 귀속된다. 개인은 공유자원을 사용함으로써 이익은 누리나 비용은 부담하지 않는다. 개인은 비용을 고려하지 않고 공유자원을 사용하므로 비효율성이 발생한다. 즉 개인이 얻는 전체 이익보다 사회가 부담해야 할 비용이 더 커지게 된다.
> - ⓑ: 지문 ⓐ에서 저자가 주장한 바를 뒷받침하기 위해 공유지의 비극을 예로 들고 있다. 공유지는 공유자원이다. 농부들은 소를 키워서 이익을 얻는다. 공유지를 사용할 때 생기는 비용은 마을 전체가 부담하고 이익은 농부 개인에게 귀속된다. 소를 많이 키울수록 농부는 비례하여 이익을 얻고 공유지의 사용 비용은 부담하지 않는다. 이로 인해 공유지가 감당할 수 없을 정도로 소의 숫자가 늘어 공유지는 황폐화된다.
> - ⓒ: ⓒ 지문은 주제 문장이다. 공유지의 비극을 막고 사회적 비용을 줄이려면 사회의 규제가 필요하고, 구성원은 이를 수용해야 한다.
> - 제시문의 전체적 구조: 공유자원의 이용에 따른 비용은 사회가 부담하고 그 이익은 개인이 누린다. 이로 인해 공유지 자원의 이용으로 얻는 이익보다 부담해야 할 비용이 더 많다(ⓐ). → 그 예로 공유지의 비극을 들 수 있다(ⓑ). → 공유지의 비극을 막기 위해서는 공유자원의 이용에 대한 사회적 규제가 필요하다(ⓒ).

Q1.

사회자원의 효율적 이용을 위해 공유자원 이용에 대한 사회적 규제가 필요하다. 공유자원의 이용에 드는 비용은 사회가 지는 것에 반해 그 이익은 개인에게 귀속된다. 비용을 개인이 부담하지 않으므로 공유자원을 이용하는 것에 비례하여 개인의 이익은 커진다. 개인은 비용을 부담하지 않아 비효율적으로 공유자원을 이용한다. 이로 인해 사회 구성원들이 얻는 이익보다 사회가 부담하는 비용이 크다. 예를 들어, 농부가 공유지의 목초를 이용하는 데 드는 비용은 공동체가 부담하고 그 이익은 농부가 가진다. 따라서 농부는 최대한 많은 수의 소를 공유지에 방목할 것이다. 이로 인해 풀이 자라는 속도에 비해 방목하는 소의 수가 더 빨리 증가하여 공유지는 황폐해질 것이다. 이런 공유지의 비극을 막으려면 농부 개인들이 사용할 수 있는 목초의 양을 제한해야 하듯이 사회가 공유자원의 사용에 대한 규제를 해야 한다.

※ 436자

Q2.

회사는 한강에 폐수를 흘려보내도 비용을 부담하지 않는다. 공장을 가동하여 얻은 이익은 회사가 가지나 공장 폐수가 원인이 된 한강오염은 사회가 부담한다. 환경오염이라는 사회비용을 고려하지 않고 공장을 가동하므로 공장폐수가 늘게 되고 한강은 오염될 수밖에 없다.

한강 오염을 방지하기 위해 다음과 같은 대책을 생각해 볼 수 있다. 첫째, 서울시민들의 주장대로 공장 허가를 취소할 수 있다. 공장을 폐쇄하면 회사는 손해를 입고 양평의 경제적 발전은 어려워진다. 공장 폐쇄로 한강물이 깨끗해지면 서울 시민들이 이익을 얻는다. 따라서 서울 수돗물 가격을 올리거나 서울시 예산으로 재원을 확보하여, 피해를 보는 회사와 양평시의 손해를 보전해주어야 한다. 둘째, 공장허가를 취소하지 않고 오염물 배출을 규제한다. 오염물 배출을 막는 설비를 갖게 하고 배출시 회사를 제재한다. 이 경우 공무원 수가 늘어 국가비용이 증가한다. 공무원과 야합하여 또는 공무원의 무능으로 회사가 오염물을 흘려보내 한강이 오염될 수 있다. 이를 방지하기 위해 환경단체와 시민들이 이를 감시하는 역할을 해야 한다.

Q. 제시문 (가)~(라)를 통치 원리에 따라 둘로 분류하고, 같은 원리를 담고 있는 제시문끼리 묶어서 요약하시오. (350~450자, 20점)

(가) 걸왕과 주왕은 어찌하여 천하를 잃었고, 탕왕과 무왕은 어찌하여 천하를 얻었는가? 그것은 바로 걸왕과 주왕은 사람들이 싫어하는 일을 잘하였고, 탕왕과 무왕은 사람들이 좋아하는 일을 잘하였기 때문이다. 사람들이 싫어하는 일이란 무엇인가? 사기와 쟁탈, 탐욕이다. 사람들이 좋아하는 일이란 무엇인가? 예의와 사양, 충신(忠信)이다. 지금 군주들은 자신을 탕왕과 무왕에 비유하며 그들과 나란히 하고자 한다. 그러나 나라를 통치하는 방법은 걸왕이나 주왕과 다를 바가 없으면서 탕왕이나 무왕과 같은 공적과 명성을 추구하니 어찌 가능하겠는가? 사람에게는 생명보다 귀중한 것이 없고, 평안보다 즐거운 것이 없다. 생명을 기르고 평안을 즐기는 방법으로는 예의보다 나은 것이 없다. 사람이 생명을 귀하게 여기고 평안을 즐기고자 하면서도 예의를 버린다면, 이는 오래 살고 싶어 하면서 스스로 목을 베는 것과 같다.

(나) 매와 채찍으로 때리고 재갈을 물리지 않으면 조보❹(造父)라 할지라도 말을 몰 수 없다. 곱자와 그림쇠를 쓰지 않고 먹줄을 긋지 않으면 왕이❺(王爾)라 할지라도 네모와 원을 그릴 수 없다. 위엄 서린 권세와 상벌을 정한 법이 없으면 요순(堯舜)이라 할지라도 세상을 다스릴 수 없다. 견고한 수레와 좋은 말을 타면 험한 고갯길도 올라갈 수 있고, 편안한 배를 타고 좋은 노를 저으면 큰 강도 건널 수 있다. 법술(法術)이라는 방책을 쥐고, 벌을 무겁게 하고 사형을 엄히 행하면 패왕(覇王)의 위업을 달성할 수 있다. 나라를 다스리면서 법술과 상벌을 갖추는 것은 견고한 수레와 좋은 말이 있고 날렵한 배와 편리한 노가 있는 것과 같으니, 이것에 의지해야 목표를 이룰 수 있다.

(다) 화폐를 널리 유통시켜도 백성의 살림이 넉넉지 못한 것은 물자가 한 곳으로 몰리기 때문이다. 수입을 헤아리고 지출을 조절해도 백성이 굶주리는 것은 곡식이 한 곳에 쌓이기 때문이다. 영리한 사람은 백 사람의 수입을 올리고 어리석은 사람은 본전도 찾지 못하니, 군주가 조절하지 않으면 반드시 백성 중에 상대를 해치는 부자가 생긴다. 이것이 어떤 사람은 백 년 먹을 양식을 쌓아 두고, 어떤 사람은 술지게미나 쌀겨조차도 배불리 먹지 못하는 이유이다. 백성이 너무 부유하면 녹봉을 주어도 부릴 수 없고, 백성이 너무 강하면 위엄을 세우거나 형벌을 가할 수가 없다. 쌓인 것을 흩고 이익을 고르게 하지 않으면 균등해질 수 없다. 그러므로 군주가 식량을 비축하여 재정을 확보하고, 남는 것을 제어하여 부족함을 보충하며, 과도한 이문을 금하여 부당한 욕심을 막아야, 집집마다 넉넉하고 사람마다 풍족하게 될 것이다.

(라) 옛날에는 덕을 귀하게 여기고 이익을 천하게 여겼으며, 의를 중하게 여기고 재물을 가볍게 여겼다. 삼왕(三王)이 다스리던 때라 해도 흥하기도 하고 쇠하기도 했지만, 쇠하면 떠받쳤고 기울면 바로잡았다. 그래서 하(夏)는 진실했고 은(殷)은 경건했으며 주(周)는 문아(文雅)했으니, 상서(庠序)❻의 교육과 공경하고 사양하는 예(禮)가 찬연하여 참으로 볼만했다. 후대에 이르러 예의가 무너지고 미풍이 사라져 녹봉 받는 관리부터 의를 어기고 재물 모으기에 급급하니, 큰 자가 작은 자를 삼키고 서로 격렬히 다투어 넘어뜨리게 되었다. 이에 어떤 사람은 백 년 먹을 양식을 쌓아 두고, 어떤 사람은 배를 채울 수도 몸을 가릴 수도 없게 되었다. 옛날에 관리는 농사를 짓지 않았고 사냥꾼은 고기잡이를 하지 않았으며, 수문장이나 야경꾼도 모두 일정한 수입이 있어서 두 가지 이익을 취하지 않고 재물을 독차지하지 않았다. 옛날처럼 하면 우둔한 자와 영리한 자의 수입이 고르게 되어 서로 상대방을 쓰러뜨리지 않게 된다.

제시문 분석

제시문 (가)는 예의가 있어야 생명을 기르고 평안할 수 있다고 한다. 전형적인 유가 사상을 표현하고 있다.

제시문 (나)는 『한비자』에 나온 글이다. 인의(仁義)로써 백성을 다스릴 수 없고 법에 따른 상벌과 형벌로써 백성을 다스릴 수 있다고 한다. 법을 명확하게 정해 백성으로 하여금 무엇을 하면 상을 받고 무엇을 하면 처벌받는지 알려야 한다고 한다. 모호한 인의를 통해 국가를 통치하면 사회가 혼란스러워지고 국가의 부강함을 달성할 수 없다고 한다.

제시문 (다)와 (라)는 환관의 『염철론』에서 나오는 글이다. 한나라 때 민간에 이양되었던 소금과 철의 경영 권한, 화폐주조의 권한을 국가로 이관하기 위해 회의가 소집되었다. 『염철론』은 중앙관료와 민간인 출신의 지식인 간에 진행된 논쟁을 정리한 책이다.

(다)는 관료를 대표한 어사대부가 한 말이고, (라)는 민간을 대표한 문학이 한 말이다. (다)는 국가가 화폐를 주조하고 경제활동을 주도해서 빈부 격차를 줄여야 한다는 입장이다. (라)는 국가는 덕과 예를 높이는 역할을 해야 하고, 경제적 이익을 백성들이 얻도록 유도해서는 안 된다는 입장이다.

📝 예시답안

> 제시문 (가)와 (라)는 덕과 예를 높이는 통치를, 제시문 (나)와 (다)는 법과 제도에 따른 통치를 강조하고 있다.
>
> 제시문 (가)는 상대방을 존중하는 예의 정신과 덕을 높이는 통치가 좋은 정치라고 한다. 제시문 (라)는 덕과 의를 중히 여기고 공경하고 사양하는 의를 높임으로써 국가가 평안할 수 있다고 한다. 국민들이 이익을 다투면 국가의 혼란이 발생한다. 국가는 국민에게 이익을 부추기기보다는 예의를 중하게 여기도록 교육해야 한다.
>
> 제시문 (나)는 법에 따라 상벌을 엄격히 해야 세상을 다스릴 수 있다고 한다. 법이 없다면 채찍과 재갈없이 말을 모는 것과 같이 국민을 다스릴 수 없다. 제시문 (다)는 군주가 경제활동을 규제를 해야만 국민들이 모두 풍족하게 살 수 있다고 한다. 법과 제도를 통해 국민의 생활을 규제해야 국가 질서가 유지될 수 있다.

※ 421자

*부록의 원고지를 사용하여 실제 시험처럼 제한시간(110분)에 맞춰 답안을 작성해보고, 답안을 작성한 후에는 p.462에서 해설과 예시답안을 확인해보세요.

Q. 제시문 (가)와 (나)를 논지의 차이점이 드러나게 요약하시오. (400~500자, 20점)

(가) '놀라운 가설'에 따르면 당신, 즉 당신의 기쁨과 슬픔, 당신의 기억과 야망, 당신의 자유 의지는 신경 세포, 신경 세포들을 연결시키는 분자들 그리고 그 모두의 집합물의 행동에 불과하다. 『이상한 나라의 앨리스』의 앨리스라면 이렇게 말했을지도 모른다. "너는 뉴런들의 꾸러미에 지나지 않아." 이 가설은 일반적인 통념과 너무 동떨어져 있어서 진정 놀라운 것이라 볼 수 있다.

'놀라운 가설'이 이상해 보이는 한 가지 이유는 의식의 본성 때문이다. 철학자들은 특히 감각질(感覺質)의 문제 — 가령 붉은색의 붉은 느낌 또는 통증의 아픈 느낌과 같은 주관적 경험을 객관적으로 설명할 수 있는지 — 에 대해 고민해 왔다. 이것은 매우 난감한 문제이다. 문제는 내가 아주 생생하게 지각하는 붉은색의 붉은 느낌이 다른 사람의 그것과 완벽하게 같은지를 확인할 수 없다는 사실에서 발생한다. 그렇다면 의식을 환원주의적으로 설명하려는 시도는 난관에 봉착할 것이다. 그렇다고 해서 이것이 붉은색을 보는 것과 상관된 신경 상태를 설명하는 것이 미래에도 불가능하다는 뜻은 아니다. 바꾸어 말해 만약 당신의 머릿속에서 특정 뉴런이 특정한 방식으로 행동한다면, 그리고 오직 그 경우에만, 당신이 붉은색을 지각한다고 할 수 있을 것이다.

설사 붉은색의 붉은 느낌이 설명 불가능한 것으로 판명된다고 해도 당신이 내가 보는 것과 동일한 방식으로 붉은색을 본다는 것을 우리가 확신할 수 없다는 말은 아니다. 만약 붉은색과 상관된 신경 상태가 당신의 뇌에서나 나의 뇌에서나 정확하게 같다는 것이 밝혀진다면 당신도 내가 보는 것처럼 붉은색을 본다고 추론하는 것이 과학적으로 그럴듯할 것이다. 따라서 의식의 다양한 양상을 이해하기 위해서는 먼저 그와 상관된 신경 상태들을 알아야 할 필요가 있다.

(나) 의식에 대한 문제를 다룰 때에는 '쉬운 문제'와 '어려운 문제'를 구분하는 것이 유익하다. '쉬운 문제'란 다음과 같은 물음들이다. 인간이 어떻게 감각 자극들을 구별해 내고 그에 대해 적절하게 반응하는가? 두뇌가 어떻게 서로 다른 많은 자극들로부터 정보를 통합해 내고 그 정보를 행동을 통제하는 데 사용하는가? 인간이 어떻게 자신의 내적 상태를 말로 표현할 수 있는가? 이 물음들은 의식과 관련되어 있지만 모두 인지 체계의 객관적 메커니즘에 관한 것이다. 따라서 인지 심리학과 신경 과학의 지속적인 연구가 이에 대한 해답을 제공해 줄 것이라고 충분히 기대할 수 있다.

이와 달리 '어려운 문제'는 두뇌의 물리적 과정이 어떻게 주관적 경험을 갖게 하는가에 대한 물음이다. 이것은 사고와 지각의 내적 측면 — 어떤 것들이 주체에게 느껴지는 방식 — 과 관련된 문제이다. 예를 들어 하늘을 볼 때 우리는 생생한 푸름과 같은 시각적 감각을 경험한다. 또는 말로 표현할 수 없는 오보에 소리, 극심한 고통, 형언할 수 없는 행복감을 생각해 보라. 이러한 의식 현상들이야말로 마음에 관한 진정한 미스터리를 불러일으키는 것들이다.

최근 신경 과학과 심리학의 분야에서 의식과 관련된 연구가 돌풍을 일으키고 있다. 이 현상을 감안하면 그러한 미스터리가 풀리기 시작했다고 생각할 수도 있다. 그러나 자세히 살펴보면 오늘날의 거의 모든 연구가 의식에 대한 '쉬운 문제'를 다루고 있음을 알 수 있다. 환원주의자들의 자신감은 '쉬운 문제'와 관련된 연구가 이룩한 성과에서 나오는 것이지만 그 중 어느 것도 '어려운 문제'와 관련해서는 명확한 해답을 주지 못한다.

'쉬운 문제'는 인지 기능 혹은 행동 기능이 어떻게 수행되는가와 관계된다. 일단 신경 생물학이 신경 메커니즘을 적절하게 구체화하면서 어떻게 기능들이 수행되는지를 보여주면, '쉬운 문제'는 풀린다. 반면에 '어려운 문제'는 기능 수행 메커니즘을 넘어서는 문제이다. 설사 의식과 관계된 모든 행동 기능과 인지 기능이 설명된다고 해도 그 이상의 '어려운 문제'는 여전히 해결되지 않은 채로 남을 것이다. 그 미해결의 문제는 이러한 기능의 수행이 왜 주관적 의식 경험을 수반하는가라는 것이다.

Chapter 03

비 판

핵심개념정리

1. 비판의 중요성

법조인은 법률대리인으로 의뢰인의 이익을 법률적으로 대리하는 역할을 한다. 법조인은 의뢰인의 입장을 자신의 주장으로 삼아 증명해야 한다. 그런데 상대편도 자신의 주장을 할 수밖에 없다. 그렇기 때문에 상대편의 주장과 논거, 논증을 요약해서 파악한 후에 이를 비판함으로써 자신의 주장을 강화할 수 있다.

LEET 논술은 비판 능력을 평가한다. 이는 2가지 능력을 동시에 파악하는 효과가 있다. 첫째, 상대방의 주장과 논거를 빠르게 파악하는 능력, 즉 요약 능력을 파악할 수 있다. 둘째, 상대편의 주장과 논거를 약화 혹은 무력화시키는 능력, 즉 비판 능력을 파악할 수 있다.

비판을 잘 하기 위해서는 요약 능력이 전제된다. 상대방의 주장을 제대로 파악하지 못한 상태에서 이에 대해 비판을 해봐야 전제가 잘못되어 있기 때문에 비판 자체가 의미가 없기 때문이다.

상대방의 주장이 P이고 논거는 Q라고 하자. 논거와 주장의 일반적인 표현은 다음과 같다. Q를 위해 P를 해야 한다. 이 논리에 구체적 내용을 적용하면 다음과 같다. "생명경시풍조를 예방하기 위해 안락사를 허용해서는 안 된다."

LEET 논술에서 가장 일반적으로 사용하는 비판은 논거를 부정하는 것이다. 이는 논증을 중심으로 하는 LEET 논술의 특성으로부터 비롯되는 것이다. LEET 논술의 핵심은, 논거와 주장의 관계를 증명하는 논증과정이다. 따라서 상대방의 논증을 무너뜨리면 상대방의 주장이 약화되는 것이다. 위의 예를 다시 적용해보면, P를 한다고 해서 Q가 달성되는 것은 아니라는 것이 비판이 된다. 즉, ~Q를 증명하는 것이다. 구체적 내용을 적용하면 다음과 같다. "안락사를 허용한다고 하더라도 생명경시풍조가 발생한다고 할 수 없다."

2. 비판과 반대 주장의 비교

비판과 반대 주장은 다른 것이다. 그러나 수험생들은 실제 시험이나 문제풀이를 할 때 비판과 반대 주장의 차이를 제대로 반영하지 못하는 경우가 많다. 이는 정확한 개념 정립이 되어 있지 않기 때문이다. 아래 그림을 보자.

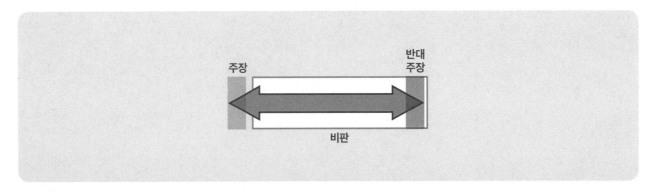

대부분의 수험생은 비판하라는 문제에 대해 반대주장을 하려 한다. 물론 반대주장도 비판 중의 하나이기 때문에 반대주장을 한다고 해서 틀린 것은 아니다. 그러나 반대주장이 훨씬 어렵기 때문에 비판 문제에서 굳이 반대주장을 할 필요는 없다. 반대주장은 견해를 제시하라는 문제에서 펼치는 것이 더 수험효율적이다.

어떤 주장에 대해 비판을 하라고 하면, 그 주장이 타당하지 않음을 밝히면 충분하다. 비판이 반대주장보다 더 쉽다는 것은 위 그림을 보아도 알 수 있다. 비판은 특정한 주장에 대한 반례를 들기만 해도 성립된다. 그러나 반대주장은 특정한 논거를 설정해야 하고 그에 대한 논증도 해야 한다.

3. 비판능력을 키우는 방법

먼저, 비판의 대상이 되는 주장과 논거(이유)를 정확하게 요약하는 능력을 키워야 한다. 비판의 대상을 정확하게 파악하지 못하면, 아무리 비판을 잘 했더라도 아무 의미가 없기 때문이다. 둘째로, 비판의 대상이 되는 논거와 주장의 관계를 약화시키거나 무력화시키는 사례를 생각해야 한다. 이러한 사례는 시험장에서 문제를 보고 생각할 수 있는 것이 아니다. 평상시에 꾸준한 연습이 필요하다. 반복된 연습을 통해 상대방의 주장과 논거를 파악하고 비판하고 반례를 제시하는 연습을 꾸준히 하면, 전혀 접해보지 않은 주장을 비판하라는 문제가 출제되더라도 비판할 수 있다.

연습 1 소크라테스와 트라시마코스

(가)

트라시마코스: 저는 올바른 것이란 '더 강한 자의 편익(이득)' 이외에 다른 것이 아니라고 주장합니다. 그런데 소크라테스 선생 역시 그렇게 생각하지 않으신가요?

소 크 라 테 스: 우선 트라시마코스 선생이 무슨 뜻으로 하는 말인지 알아야 합니다. 선생은 더 강한 자의 편익이 올바른 것이라고 주장하오. 그런데 트라시마코스 선생, 도대체 그건 무슨 뜻으로 하는 말이오?

트라시마코스: 법률을 제정할 때 각 정권은 자기 편익을 목적으로 합니다. 민주정은 국민에게 이익이 되는 법률을, 참주정은 참주에게 이익이 되는 법률을, 다른 정치 체제들도 자신의 목적에 따라 법률을 제정합니다. 이렇게 법을 제정한 후에, 자신들에게 편익이 되는 것을 올바른 것이라고 국민들에게 공표하고 이를 위반한 자들을 범법자, 올바르지 못한 짓을 한 자로 처벌합니다. 이것이 바로 제가 주장하는 것입니다. 모든 국가에서 올바른 것은 수립된 정권의 편익인 것입니다.

소 크 라 테 스: 그렇다면 이 말을 들어보시오. 기술은 이익을 주는 영역이 있소. 예를 들면 의술은 건강을, 항해술은 해상에서의 안전을 보장해줍니다.
이익을 얻는 기술을 통해 이익이 발생하고, 그로부터 보수를 얻게 되는 것이오. 우리는 이 기술과 저 기술을 혼동하지는 않을 것인데, 항해를 하는 선장이 항해의 노동 덕에 건강이 좋아졌다고 해서 그 선장의 항해술을 의술과 혼동하지 않는 것이나 마찬가지요. 항해술을 의술이라고 할 수는 없지 않겠소?

트라시마코스: 물론 그렇지 않습니다.

소 크 라 테 스: 그럼 선장이 보수를 받아 이익을 얻었을 때, 마침 건강 상태가 좋아졌다고 한다면, 그 보수 획득의 기술을 의술이라고 할 수는 없겠지요?

트라시마코스: 그렇습니다.

소 크 라 테 스: 그런데 모든 전문가들이 공통으로 얻는 이익이 있다면, 해당 기술자의 전문 기술이 아니면서 그 이익을 가져오는 공통적인 보수 획득의 기술이 있다고 보아야겠지요?

트라시마코스: (소크라테스의 질문에 트라시마코스는 마지못해 수긍했다.) 그렇습니다.

소 크 라 테 스: 트라시마코스 선생, 보수 획득은 전문가가 가진 전문 기술로만 이루어지는 것이 아닌 것이오. 의사가 의술로 환자를 치유하고 건축가가 건축술로 집을 짓기는 하지만 보수 획득은 그 나름의 기술을 통해 얻는다고 봐야 한다오. 모든 기술은 자기 영역을 갖고 있으면서 각각의 대상에 이득을 주는 것이라오. 즉, 기술은 기술이 적용되는 대상에 이익을 줌으로써 그 기술을 구사하는 전문가에게 보수라는 이익을 주는 것이오.

트라시마코스: 그렇습니다.

소 크 라 테 스: 트라시마코스 선생, 내 결론은 다음과 같소. 어떤 기술이나 어떤 통치도 그 자신에게 이익을 주는 것이 아니라오. 기술은 기술의 대상, 통치는 통치의 대상에 이익을 주는 것이기 때문에, 통치자로서의 강자는 자신의 이익을 도모한다기보다는 통치받고 있는 약자의 이익을 도모하는 것이오. 따라서 참된 통치자는 자신의 이익이 아니라 통치의 대상인 국민의 이익을 돌보는 것이오. 그렇기 때문에 통치자들에게는 돈이나 명예와 같은 보수가 주어져야 하고, 그 지위를 거부하면 형벌을 주어야 하는 것이오.

(나) 우리는 권력을 소유하고 있는 자는 이를 남용하지 않을 윤리적인 의무를 동시에 지고 있다고 생각한다. 그의 권력의 크기에 부합하는 인격을 갖추었을 것이라 상정하는 것이다. 그러한 이유에서 권력 남용은 자만, 이기심, 지배욕의 표출과 같은 인격 상실이라 여긴다. 그러나 권력을 소유하고 있다는 것만으로 권력을 소유하지 않은 자보다 우월하다는 것인지, 또 이로 인해 권력을 가진 자들이 타인을 지배하고 싶은 욕구에서 벗어나지 못하는 것인지 생각해보아야 한다.

권력이 인간 본성과 관련되어 있다면, 권력은 그 자체로 일탈을 함축하는 것이므로 권력 남용은 자연스러운 일이 될 것이다. 홉스는 권력이 욕망에 안정감을 주고 이로부터 새로운 욕망이 발생한다고 말한다. 일정한 제한이 있는 공식적 권력이 존재하지 않는다면, 현존하는 권력은 규정된 선을 넘어 비합법의 영역으로 확장되려 할 것이다. 이처럼 권력 남용의 가능성은 본능의 차원이라 할 만하다. 그렇다면 사심 없는 권력자가 나타나 윤리적으로 권력을 행사할 것이라 낭만적으로 기대하기보다 정치 시스템을 개선하는 것이 더 좋을 것이다.

Q1. 제시문 (가)를 소크라테스의 권력 통제에 대한 견해를 중심으로 하여 트라시마코스의 견해와 비교하며 요약하시오. (500~600자)

Q2. 제시문 (나)를 요약하시오. (300~400자)

Q3. 제시문 (가)의 소크라테스의 견해를 비판 혹은 옹호하시오. (800~900자)

제시문 분석

제시문 (가)의 트라시마코스는 권력을 통제해야 한다고 주장하나, 소크라테스는 권력을 통제할 필요가 없다고 주장한다. 소크라테스는 의사가 환자를 돌보듯이 통치자는 피치자의 이익을 위해 행위한다고 한다. 트라시마코스는 '정의는 더 강한 자의 이익'이라고 한다. 따라서 그에 따르면 정의의 객관적 기준은 없다. 정의는 강자가 누구냐에 따라 결정되기 때문이다. 소크라테스는 정의는 객관적이라고 하며, 통치는 통치자의 편익을 위한 것일 뿐이라는 트라시마코스의 입장을 비판한다. 의사가 환자를 위해 일하듯이 통치자는 국민을 위해 일하므로, 통치가 통치자의 편익을 위한 것이 아니라고 한다. 트라시마코스는 마키아벨리처럼 정치를 현실적으로 이해한다. 그러나 소크라테스는 정치를 이상주의적 관점에서 이해하고 있다.

제시문 (나)는 권력의 속성과 권력 남용에 대해 논하고 있다. 권력은 다른 사람을 자기가 원하는 바대로 행위하도록 하는 힘이다. 즉 권력은 타인을 지배하는 힘이다. 권력자가 권력의 맛을 느끼면 자신의 권력을 확대하려 한다. 권력을 통제하지 않으면 권력은 비합법적 영역까지 무한정 확대된다. 권력을 남용하지 말 것을 당부하는 것은 통치자의 선의에 우리의 자유와 권리를 맡기는 것과 별반 차이가 없다. 요순(堯舜)과 같은 선한 통치자는 드물다. 권력을 남용하지 않기를 바라는 것보다 권력을 통제할 노력을 해야 한다.

📝 예시답안

Q1.

소크라테스는 정치를 이상주의적 관점에서 이해하여 통치는 통치를 받는 사회적 약자를 위해 행사되기 때문에 권력을 통제할 필요가 없다고 주장한다. 반면, 트라시마코스는 마키아벨리처럼 정치를 현실적으로 이해하며, 통치는 통치하는 자의 편익을 위해 행사되기 때문에 권력을 통제해야 한다고 주장한다.

소크라테스는 통치자는 피치자의 이익을 위해서 행위하기 때문에 국민이 통치자의 권력을 통제할 필요가 없다고 주장한다. 소크라테스는 의사가 환자를 돌보듯이 통치자는 피치자의 이익을 위해 선택하고 행동한다고 한다. 그러나 트라시마코스는 통치는 통치자의 편익을 위한 것일 뿐이라고 주장한다. 트라시마코스는 정의의 객관적인 기준은 없고 정의는 강자가 누구냐에 따라 결정되기 때문에 결국 정의는 더 강한 자의 이익이라고 한다. 그러나 소크라테스는 정의는 객관적이라고 하며, 통치는 통치자의 편익을 위한 것일 뿐이라는 트라시마코스의 입장을 비판하고 있다. 소크라테스는 의사가 환자를 위해 일하듯이 통치자는 국민을 위해 일하므로, 통치가 통치자의 편익을 위한 것이 아니라고 한다.

※ 536자

Q2.

권력은 확대되고 남용되는 속성이 있기 때문에, 권력을 통제해야 한다. 권력은 다른 사람을 자기가 원하는 바대로 행위하도록 하는 힘이고, 권력은 타인을 지배하는 힘이다. 권력자가 권력의 맛을 느끼면 자신의 권력을 확대하려는 욕구가 생기고, 권력을 통제하지 않으면 권력은 비합법적 영역까지 무한정 확대될 것이다. 권력자에게 권력을 남용하지 말 것을 당부하는 것은 통치자의 선의에 우리의 자유와 권리를 맡기는 것과 별반 차이가 없다. 요순(堯舜)과 같은 선한 통치자는 극히 드물기 때문에 권력을 남용하지 않기를 바라기보다 권력을 통제해야 한다.

※ 302자

Q3.

(가)의 소크라테스의 견해는 타당하지 않다. 소크라테스는 이상주의적 관점에서 선한 통치자가 사회적 약자를 위해 통치하기 때문에 통치자의 권력을 통제할 필요가 없고, 선한 통치자를 키우기 위한 윤리적 교육만 하면 충분하다고 한다.

권력은 그 자체로 남용되는 속성이 있으므로, 권력은 통제되어야 한다. 그러나 (나)에서 주장하듯이, '절대권력은 절대적으로 부패한다'는 말처럼 권력은 통제되지 않으면 남용되는 본능을 가지고 있다. 권력은 타인을 원하는 대로 지배할 수 있는 힘인데, 권력에 한번 맛들이면 지배욕구가 확산되어 권력을 남용하게 된다. 권력의 속성상 선한 자라고 하더라도 통제 받지 않는 권력을 부여받으면 권력을 남용해 국민의 권리를 침해하기 쉽다. 예를 들어, 루이 필리프는 프랑스 혁명에 참여했고 인격자로 유명해 프랑스 시민들의 추대에 의해 왕위에 올라 시민왕이라 불렸지만 결국 전제군주가 되었고 왕위에서 추방되었다. 따라서 통치자가 국민을 보호할 것이므로 권력을 통제할 필요 없다는 소크라테스의 견해는 타당하지 않다.

선한 통치자를 기대할 수 없으므로, 권력은 통제되어야 한다. (가)의 트라시마코스는 현실주의적 관점에서 통치는 통치자의 편익을 목적으로 한다고 한다. 소크라테스의 주장은 요순과 같은 선한 통치자를 전제로 하고 있다. 그러나 권력을 남용하지 않는 선한 통치자는 극히 드물다. 역사를 살펴보면 선한 통치자보다는 자신의 이익을 위해 권력을 남용하여 인민의 권리를 침해한 통치자가 압도적으로 많았다. 따라서 현실정치를 보았을 때, 통치자의 선의를 기대하여 권력을 통제할 필요 없다는 소크라테스의 주장은 타당하지 않다.

※ 805자

(가) 기여입학제 찬성론

기여 입학제를 시행해야 한다. 국가 발전을 도모할 수 있고, 대학의 학문의 자유를 보장할 수 있으며, 인재 확보에 기여하기 때문이다.

국가 발전을 도모하기 위해 기여 입학제를 시행해야 한다. 엘빈 토플러의 말처럼 정보화 사회에서의 부의 원천은 교육과 지식이다. 국가의 발전은 질 좋은 인적 자원을 확보하였는지 여부에 달려 있다. 대학은 인재 확보와 양성에 핵심적인 인프라이다. 따라서 대학 경쟁력이 국가의 경쟁력을 평가하는 기준이 된다. 그러나 각종 조사에 의하면 우리나라 대학은 세계 100위권의 대학 순위에서 하위권에 속하여 우수한 인력공급 기지로서의 역할을 제대로 수행하고 있지 못하고 있다. 우리나라 대학이 경쟁력을 갖추지 못한 여러 원인 중에 가장 중요한 원인은 대학 재정의 취약성이다. 우리나라 대학 중 재정 규모가 가장 큰 서울대학교의 재정은 미국 하버드 대학의 1년 재정의 1/3에도 미치지 못한다. 열악한 재정으로 인해 우리나라의 대학들은 인건비, 운영비에 대부분의 예산을 사용하고 있어, 교육 환경이나 대규모의 투자가 필요한 연구에 대한 투자는 소홀할 수밖에 없다. 이러한 결과가 현재 우리나라 대학의 경쟁력 하락을 가져왔고, 이를 그대로 방치한다면 국가 경쟁력마저 큰 위협을 받을 수밖에 없다.

대학의 학문의 자유를 보장할 수 있으므로 기여입학제를 허용해야 한다. 대학이 학문의 자유를 통해 실현하고자 하는 목적은 진리 탐구와 새로운 지식의 창출이다. 지식정보화 시대에서 진리 탐구를 통한 새로운 지식의 창출은 중요한 가치일 수밖에 없다. 이를 위해서는 대학, 즉 고등교육기관이 활성화되어야 하는데 진리 탐구와 새로운 지식의 창출은 많은 비용을 필요로 하는 반면, 이익은 불명확하고 눈에 보이지 않는다. 따라서 대학이 학문의 자유를 실현하고자 할 때 대학의 재정을 어떻게 확보할 것인지 역시 학문의 자유에 따라 보장되어야 한다. 기여입학제는 대학 재정의 확보에 대단히 큰 도움이 되고 대학 경쟁력의 상승에 기여한다. 따라서 기여입학제를 허용함이 타당하다.

인재 확보를 위해 기여입학제를 시행해야 한다. 우리나라 인재들은 연구 환경이 우수한 미국 대학을 선호하고 미국에서 학업을 끝낸 다음에도 계속 연구 활동을 미국에서 하기를 원하고 있다. 우리나라 대학의 재정이 부족해 연구 환경이 좋지 않기 때문에 인재들이 우리나라로 다시 돌아오기도 힘든 상황이다. 해외로 유학 간 인재들의 교육비용은 우리나라에서 나왔지만, 정작 이러한 인재들을 미국 등에 뺏기고 있는 실정이다. 이러한 인재유출현상을 막기 위해서라도 기여 입학제를 시행하여 대학 재정을 확보해 인재 유출을 막아야 한다.

기여 입학제를 시행하면, 가난한 학생들의 교육 받을 권리가 침해된다는 비판이 존재한다. 그러나 기여 입학제를 시행함으로써 가난한 학생들의 교육 받을 권리를 보장할 수 있으므로 이 비판은 타당하지 않다. [A]

(나) 기여입학제 반대론

기여입학제는 타당하지 않다. 균등한 교육받을 권리를 침해하고, 사회갈등을 심화시키며, 국가 발전을 저해하기 때문이다.

기여입학제는 능력에 따라 균등하게 교육 받을 권리를 침해한다. 사회는 공유된 가치를 지킴으로써 통합되고 유지, 존속할 수 있다. 이러한 공유된 가치 중 하나로 균등한 교육 받을 권리의 실현이 있다. 우리는 부모의 경제적 능력이 아니라 순수하게 학생의 수학능력이 학력을 지배해야 한다고 여긴다. 그렇기에 헌법에서도 이 권리를 인정하고 보호하고자 하여 의무교육을 국가가 부담하고 있는 것이다. 그러나 기여입학제는 대학에 거액의 돈을 기부하면 대학 입학을 허용하는 것으로서, 입학 여부가 수학(修學)능력을 기준으로 한 것이 아니라 부모의 경제적 능력을 기준으로 대학교 입학을 결정하는 것이다. 이는 국민의 균등한 교육받을 권리에 명백하게 반하는 것이며, 우리 사회가 보호하고 실현하고자 하는 교육에 대한 가치를 훼손한다. 따라서 기여입학제를 허용해서는 안 된다.

사회적 갈등을 심화시킬 수 있으므로 기여입학제는 시행되어서는 안 된다. 명문대 입학이 사회적 성공으로 이어지는 것은 아니지만 명문대 입학이 사회적 성공의 가능성을 높여주는 것은 분명하다. 기여 입학제가 실시된다면 명문대 입학 자체가 학생들의 능력이 아닌 부모의 경제적 능력에 따라 좌우될 수 있을 것이고, 이는 공정한 경쟁으로 볼 수 없다. 또한 이로 인해 사회적 성공의 정당성도 획득하기 힘들 것이다. 기여 입학제로 인하여 명문대 입학이 좌절된 사람의 입장에서는 결과에 대해 승복할 수 없을 것이다. 경쟁의 공정성이 있어야만 결과의 정당성도 인정될 수 있다. 패자가 경쟁의 결과에 대해 승복할 수 있어야만 사회적 갈등이 최소화될 수 있다. 기여 입학제는 대학입학과 사회적 성공에 대한 패자들의 승복을 가져올 수 없으므로 사회적 갈등을 심화시킬 것이다.

국가 발전을 저해할 수 있으므로 기여 입학제를 시행해서는 안 된다. 국가 발전은 국민 개개인의 일할 의욕과 노력할 의욕이 유지될 때 가능하다. 그런데 기여 입학제는 대다수 부모들의 꿈과 삶의 의지를 짓밟을 수 있다. 기여 입학제가 도입되어 부모의 경제적 능력을 기준으로 대학 입학 여부가 결정된다면, 어려운 현실을 살고 있는 부모들이 현실을 이겨나갈 힘을 잃게 될 것이다. 부모들이 어려운 현실을 이겨나가는 것은 미래에 대한 꿈이 있기 때문이며, 이는 자녀가 좋은 대학에 들어가 미래에 자신보다 더 나은 삶을 누릴 수 있을 것이라는 꿈이다. 기여 입학제는 부모와 학생 교육의 원동력인 희망을 꺾어 대다수 국민의 일할 의욕과 노력할 유인을 낮추므로 국가 발전을 저해한다.

이에 대해 기여 입학제를 도입하여 재정을 확보해야 대학 운영의 효율성이 제고된다는 반론이 제기될 수 있다. 그러나 이 비판은 타당하지 않다. [B]

Q1. 제시문을 참고하여 [A]에 들어갈 내용을 작성하시오. (250~400자)

Q2. 제시문을 참고하여 [B]에 들어갈 내용을 작성하시오. (250~400자)

📝 예시답안

Q1.

대학이 학문의 자유를 바탕으로 진리 탐구를 하려 할 때, 이를 실현할 수 있는 인재의 확보가 중요하다. 그런데 이러한 인재 중 가정형편이 좋지 않아 대학 등록금을 부담할 수 없어 대학에 입학할 기회 자체가 봉쇄되는 저소득층 인재들이 있다. 이러한 인재에게 교육 기회를 부여하려면 장학금을 지급할 수 있어야 하는데 이를 위해서는 대학 재정이 필요하다. 기여입학제를 통해 형성한 대학 재정을 저소득층 인재들에게 장학금으로 지급한다면 이들에게 실질적인 교육 기회를 줄 수 있다.

※ 265자

Q2.

첫째로 기부금 입학제는 대학의 존재 목적에 반한다. 대학의 존재 목적은 국가경쟁력 확보를 위한 지식 창출이 아니라 진리 탐구이다. 대학의 선발 기준은 그 목적인 진리 탐구를 할 수 있는 지적 능력이 되어야 하는데, 대학이 재정 확보를 위해 지적 능력이 떨어지는 학생을 선발하는 것은 목적에 반한다. 둘째로 대안의 존재가 있다. 대학 경쟁력 확보를 위해 대학 재정을 확충할 필요는 있다. 그러나 이는 국가의 재정 지원 확대와 사회의 자발적 기부 확대를 통해 실현해야 한다.

※ 264자

연습 3 환경문제와 과학기술

※ 다음 제시문을 읽고, 문제에 답하시오.

> **(가)** 인간은 자신의 욕구를 충족시키기 위해 실용적이고 과학적인 방법으로 자연을 이용할 수 있다. 자연은 여러 개의 부품으로 조합된 기계와도 같아 분해할 수도 있고, 인공적인 조작을 가할 수도 있다. 인간은 자연에 대하여 충분히 알고 있으며 이를 바탕으로 자연을 통제할 수 있다고 생각하여 자연을 지배와 이용의 대상으로 삼았다. 이러한 생각은 16세기에서 18세기에 걸쳐 근대 과학이 발전하면서 크게 확산되었다. 이들은 환경문제는 자연을 이용하는 과정에서 발생하는 부작용이며, 환경의 효율적인 관리나 기술개발을 통해 환경문제를 해결할 수 있다고 생각한다.
>
> **(나)** 인간은 자연 속에서 살아가고 있으며, 자연과 동식물 등의 생태계와 유기적으로 연결되어 있다. 자연은 하나의 유기체로 구성요소들이 서로 관련성을 맺으며 연결되어 있다. 인간 역시 생태계의 일부이기 때문에 인간이 자연을 파괴할 경우 인간 역시 피해를 입을 수 있다. 인간은 자연을 지배하기보다 자연과 조화를 이루어야 한다.

Q1. 제시문 (가)와 (나) 각각에서 자연을 바라보는 관점은 무엇인가? (150~200자)

Q2. 제시문 (가)의 자연관에 따른 장점과 문제점은 무엇인가? (150~200자)

Q3. 제시문 (가)와 (나)를 참고하여, 환경문제는 과학기술의 발전으로 해결될 수 있는지 여부와, 과학기술의 발전으로 환경문제를 해결하기 위해 필요한 것에 대해 논술하시오. (1200~1300자)

📝 예시답안

Q1.

제시문 (가)는 자연을 인간이 이용해야 할 대상으로 보고 있다. 자연은 인간을 위해 존재하고, 인간은 자신의 욕구를 충족시키기 위해 효율적으로 자연을 이용할 수 있다.

제시문 (나)에 따르면 인간은 자연의 일부이고 인간이 욕구를 충족시키기 위해 자연을 이용해서는 안 된다. 인간이 자연을 착취하면 인간 역시 자연의 일부이므로 인간도 해를 입게 된다.

※ 195자

Q2.

제시문 (가)의 자연관은 자연과학의 발전과 인간생활의 질 향상이라는 장점이 있다. 자연을 인간이 이용해야 할 대상으로 보아, 자연과학을 통해 자연을 효율적으로 이용하여 인간의 삶의 질을 향상시켰다. 그러나 환경 오염이라는 문제점을 야기했다. 자연을 이용대상으로 보아 지구 온난화와 기후변화 등 자연환경을 파괴하고 인간의 생존마저 위협하고 있다.

※ 192자

Q3.

제시문 (가)에 따르면, 과학기술의 발전으로 환경문제를 해결할 수 있다. 이에 따르면 인간이 과학을 통해 자연을 이해하고 관리하고 통제하여 환경오염을 막을 수 있다. 예를 들어, 태양광이나 조력, 풍력 발전이나 수소를 연료로 하는 자동차 개발 등이 있다. 이러한 예는 기술개발을 통해 환경문제를 해결할 수 있는 사례로 볼 수 있다.

그러나 기술이 개발된다 할지라도 환경문제가 곧 해결될 것이라 단정할 수 없다. 인간이 더 많은 소비를 미덕으로 하고 이러한 소비를 만족하기 위해 자연을 착취의 대상으로서만 이해한다면 환경파괴는 막을 수 없다. 만족할 줄 모르는 인간의 욕구를 충족시키기 위해 열대우림이 사라지고 있다. 이로 인해 지구에 산소를 공급해주는 아마존 등의 열대우림은 매년 줄어들고 있다. 이처럼 자연을 착취의 대상으로 이해하는 한 자연 자원은 한계가 있으므로 환경 파괴를 막을 수 없다. 기술의 발전으로 화석연료를 대체하는 저공해 연료가 개발되더라도 이를 개발한 회사나 국가에 특허권을 인정할 수밖에 없을 것이다. 이로 인해 대체연료가 개발되어도 그 가격은 상당 기간 동안 화석연료보다 높을 것이다. 그렇다면 저개발 국가들은 석탄이나 석유와 같은 화석연료를 계속 사용할 수밖에 없을 것이다. 예를 들어, 프레온 가스라고 알려진 염화불화탄소(CFC) 대체 기술이 개발되었지만 중국, 인도 등의 저개발 국가들은 대체기술이 고비용이라서 CFC를 계속 이용한 바 있다. 기술이 개발된다고 하더라도 그 비용을 감당할 수 없는 저개발 국가들은 환경오염을 야기하는 연료를 사용할 수밖에 없을 것이다. 그러므로 기술개발만으로는 환경문제를 해결할 수 없다.

물론 기술 개발이 환경문제의 해결에 도움을 줄 수는 있다. 기술 개발이 환경문제에 도움을 주기 위해서는 다음과 같은 요건이 전제되어야 한다. 첫째, 자연을 이용의 대상으로만 보는 제시문 (가)의 자연관이, 인간을 자연의 일부로 보고 자연과 조화되는 삶을 사는 제시문 (나)의 자연관으로 바뀌어야 한다. 자연환경에 해를 주는 행위는 결국 인간에게 피해로 돌아온다는 것을 자각해야 한다. 둘째, 저공해 기술이 개발된다 하더라도 그 비용이 높아 사용을 꺼리는 기업들이 있을 수 있으므로 국가는 저공해 기술을 이용하는 기업들에게 세제 혜택 등의 인센티브를 주어 개발과 사용을 촉진해야 한다. 셋째, 환경오염을 적게 야기하는 대체연료가 개발될 경우 저개발국가에게서도 대체연료가 일반적으로 사용될 수 있도록 선진국들이 그 비용을 부담해야 한다. 이러한 선진국과 저개발 국가 간의 합의를 도출해 국제조약을 체결하여야 한다.

※ 1264자

연습 4 사회진화론

※ 다음 제시문을 읽고, 문제에 답하시오.

> 진화론에 따르면 어떤 주어진 환경 하에서 그 환경에 가장 잘 적응한 속성을 가진 개체들이 살아남아 자손을 퍼트릴 가능성이 높다. 시간이 지남에 따라 그 속성이 점점 확산된다. 따라서 진화론에 따르면 적자생존의 원칙에 따라 경쟁에서 승리한 종(種)이 승리하게 된다. 인간사회도 마찬가지이다. 경쟁을 통해 적자가 생존할 수 있도록 보장해주는 길만이 인간사회의 발전을 보장해줄 수 있다. 이는 자연의 섭리이고, 신의 섭리가 작용하는 방식이다. 경쟁에 덜 적합한 사람들이 살아남을 수 있도록 도와주는 사회정책을 시행하는 것은 결국 나쁜 유전자를 퍼트리는 결과가 발생하고 이는 사회발전에 역행하는 처사이다.

Q1. 제시문의 주장과 그 논거를 요약하시오. (200~300자)

Q2. 사실로부터 당위가 도출되는 것은 아니다. 예를 들면, 인류사는 전쟁의 역사이다. 수많은 전쟁이 발생했고, 현재도 세계 도처에서 전쟁과 폭력이 발생하고 있다. 인류 사회에서 수많은 전쟁과 폭력이 있어왔다는 것은 역사적 사실이다. 이러한 역사적 사실로부터 전쟁과 폭력이 옳고 전쟁과 폭력을 확대하는 방향으로 노력해야 한다는 당위는 도출되지 않는다. 사실로부터 당위가 도출되지 않는다는 관점에서 위 제시문의 주장과 논거를 구체적인 예를 들어 비판하시오. (200~300자)

사고력 확장 문제

Q3. 우리는 앞에서 19세기 아일랜드에서 산출이 많은 단일품종의 감자만을 재배하다가 마름병이 확산되어 그 감자를 재배할 수 없게 되자, 대량 아사 사태가 발생했다는 내용을 배웠다. 이러한 관점에서 제시문의 내용 중 "경쟁에 덜 적합한 사람들이 살아남을 수 있도록 도와주는 사회정책을 시행하는 것은 결국 나쁜 유전자를 퍼트리는 결과가 발생하고 이는 사회발전에 역행하는 처사이다."라는 주장을 비판하시오. (400~500자)

제시문 분석

> • **[사실]** 자연세계에서는 적자생존의 법칙이 지배하여 우수한 종이 살아남는다.
> • **[당위]** 인간사회에서도 경쟁 승리자가 살아남아야 사회가 발전한다. 경쟁의 실패자를 보호하는 것은 사회발전에 역행한다. 따라서 경쟁 실패자를 보호하는 정책을 시행해서는 안 된다.

문제해결의 실마리

환경에 잘 적응한 동식물이 경쟁에서 승리하여 진화해왔다는 것은 사실이다. 그러나 인간사회에서 경쟁의 승리자만이 자손을 남겨야 하고 경쟁의 패자를 보호해서는 안 된다는 당위는 도출되지 않는다. 이런 당위가 도출된다면 장애인이나 경쟁에서 실패한 민족 구성원의 생존은 부정되어야 한다. 나치가 유태인들이 나쁜 유전자를 가지고 있다고 하여 유태인들을 격리시키고 학살한 것을 그 예로 들 수 있다.

사실과 가치, 사실과 당위 논쟁이라 부르는 이 논쟁은 20세기의 대논쟁이다. 우생학을 과학적 사실로 믿었던 나치는 이에 근거해 당위적 주장을 펼쳤다. 유태인의 나쁜 혈통이 독일인의 좋은 혈통과 섞이면 진화가 저해되기 때문에 유태인과 독일인의 결혼을 금지시키고 궁극적으로는 유태인을 사회에서 제거해야 한다는 것이다. 이처럼 자연적인 사실로부터 가치 판단의 당위적 주장을 이끌어내는 오류를 자연주의적 오류라 한다.

Q1.

> 경쟁에 실패한 자를 보호하는 사회정책을 시행해서는 안 된다. 사회 발전을 저해할 수 있기 때문이다. 자연세계에서 환경에 잘 적응한 동·식물이 자손을 퍼트림으로써 환경에 잘 적응할 수 있는 종으로 진화해왔다. 인간 역시 생물이므로 적자생존의 원칙은 인간사회에도 적용된다. 경쟁에서 이긴 자가 살아남는 것은 자연의 법칙과도 잘 부합한다. 경쟁에 실패한 사람을 특별히 보호하여 생존케 한다면 나쁜 유전자가 제거되지 않아 사회의 진화와 발전을 저해한다. 따라서 사회 발전을 위해 경쟁에 실패한 자를 보호해서는 안 된다.

※ 286자

Q2.

> 사회복지정책을 시행해서는 안 된다는 주장은 타당하지 않다. 사실로부터 당위를 도출할 수 없기 때문이다. 우리 사회에서 상위 계층과 하위 계층의 소득 격차가 점차 심해지고 중산층이 사라지고 있다. 이는 사실이지만, 계층 간 소득 격차를 방치해야 하고 하위 계층의 최소한의 생존을 보장할 필요가 없다는 당위적 주장은 도출되지 않는다. 자연에서 환경에 적응한 적자가 살아남는다는 것은 사실이다. 그러나 이 사실로부터 경쟁에 성공한 사람만이 살아남아야 하고 경쟁에 실패한 사람을 보호할 필요가 없다는 당위가 도출되지 않는다.

※ 289자

Q3.

> 사회의 유지와 존속을 위해, 사회복지정책을 시행해서는 안 된다는 주장을 비판할 수 있다. 인간의 생존을 위해서는 자연적인 것이든, 문화적인 것이든, 다양성을 보존할 필요가 있다. 이와 마찬가지로 경쟁에 성공한 적자만 생존할 수 있게 하고, 경쟁에 실패한 사회적 약자나 장애인의 생존을 보호하지 않는다면 인류의 다양한 유전자가 사라질 것이다. 환경은 예측불가능한 것이다. 경쟁에 성공한 적자에게 불리한 환경이 우연히 발생할 경우 인류는 멸망할 수밖에 없다. 경쟁에 실패한 자들을 보호하여 다양성을 보장해 그들의 유전자를 남겨두어야 새로운 환경에 적응할 수 있는 인간으로 진화할 수 있다. 예를 들어, 19세기 아일랜드는 생산력이 높은 단일품종 감자만을 재배했으나 마름병이 번졌고, 다른 품종의 감자는 전혀 재배하지 않아 대량 아사사태가 발생했다. 다양한 품종의 감자를 재배했다면 이런 사태를 방지할 수 있었을 것이다. 따라서 경쟁에 실패한 자들의 생존을 보호해야 한다.

※ 485자

연습 5 합리성의 문제점

※ 다음 제시문을 읽고, 문제에 답하시오.

> 베버(M. Weber)는 근대사회의 특징을 합리성으로 파악했다. 이러한 의미에서 근대화는 곧 합리화라 할 수 있다. 합리화는 2가지 측면에서 파악할 수 있는데, 문화적 합리화와 사회적 합리화가 바로 그것이다. 먼저 문화적 합리화는 미신적인 사고에서 벗어나는 것을 의미한다. 마술과 같은 미신을 믿지 않고 이성적인 사고가 확대되는 것이다. 다음으로 사회적 합리화가 있다. 이는 목적에 적합한 수단들 중에 가장 효율적인 수단을 선택하는 것이다. 그 대표적인 예로 자본주의 경제와 관료제가 있다. 합리화가 진행된 근대 사회는 개인의 자유를 실현한다는 장점이 있지만, 합리화가 긍정적 측면만 있는 것은 아니다.

Q1. 천연두가 유행하여 많은 마을의 아이들이 천연두에 걸렸다. "천연두는 신의 노여움의 표시이므로 신에게 제사를 지내야 한다."고 주장하는 사람이 있는가 하면, "천연두는 'smallpox virus' 때문에 생기는 것이므로 예방접종을 해야 한다."라고 주장한 사람도 있다. 제시문의 문화적 합리화와 사회적 합리화의 두 개념을 천연두 사례에 적용해 설명하시오. (300~400자)

Q2. 합리성의 특성은 무엇인가? 제시문에서 밝힌 합리성의 개념에 대해 구체적인 사례를 들어 설명하시오. (300~400자)

Q3. 구체적인 사례를 활용해 현대 합리성에 대해 비판하시오. (800~900자)

문제해결의 실마리

합리성이란, 목적을 달성하기 위해 선택된 수단이 효율적이라는 뜻이다.

전(前)근대 사람들은 전염병을 신의 징벌로 이해했기 때문에 신에게 제사를 지내 신을 달래려고 했다. 이는 전염병 치료라는 목적에 적합한 수단이라고 할 수 없으므로 비합리적이다.

전염병 예방을 위한 치료제 개발은 목적에 부합하는 수단을 선택하는 것이므로 합리적이다. 천연두는 과거에는 치명적인 질병이었으나, 과학적으로 원인을 파악해 예방 주사를 맞으면 더 이상 생명에 치명적인 영향을 미치지 않게 되었다. 현대에는 예방접종과 치료가 전세계적으로 진행되었고, 심지어 과학적 연구와 방역정책의 성공으로 질병을 일으키는 바이러스 자체가 사라지는 성과가 있었다. 국제보건기구는 천연두가 사라졌다고 공식선언했다.

예방주사를 맞는 것은 신에게 기도하는 것보다 천연두 예방에 있어 합리적인 수단이다. 예방주사를 거부하고 신에게 기도하는 것은 비합리적이다.

📝 예시답안

Q1.

문화적 합리화는, 미신적인 사고에서 벗어나 이성적 사고가 확대되어가는 것을 의미한다. 천연두가 발생한 경우 신에게 제사를 지낸다고 하여 질병이 치료되지 않는다는 것을 우리는 잘 알고 있다. 천연두가 신의 노여움의 결과라고 생각하는 것은 미신일 뿐이고 천연두는 바이러스에 의하여 생긴다. 목적과 수단에 대한 논리적 사고를 문화적 합리성이라고 한다.

사회적 합리화는 주어진 목적에 가장 적합한 수단을 선택하는 것을 뜻한다. 천연두의 치료라는 목적을 위해 신에게 기도하는 것은 적합한 수단이 아니므로, 비합리적이다. 천연두 예방주사를 맞도록 하는 것은 천연두 예방이라는 목적을 위해 적합한 수단이므로 합리적이다.

※ 340자

Q2.

합리성이란, 목적을 효율적 수단으로 달성하는 것을 의미한다. 패스트푸드와 맥도널드의 사례를 통해 합리성을 설명할 수 있다. 먼저, 패스트푸드점 이용자는 빨리 한 끼를 해결하는 것을 목적으로 한다. 운전자용 창구에서 소비자는 빨리 주문하고 음식을 받을 수 있어 목적을 효율적으로 달성할 수 있다. 이런 점에서 소비자에게 운전자용 창구는 합리적이다. 또한 공급자인 맥도널드는 비용을 줄여 순익을 높이는 것을 목적으로 한다. 맥도널드는 운전자용 창구를 운영함으로써 주차 공간, 직원, 식탁의 필요성을 줄이고, 비용을 낮출 수 있다. 이런 점에서 맥도널드에게 운전자용 창구는 효율적 이윤 추구 수단으로 합리적이다.

※ 339자

Q3.

합리성은 목적 달성에 가장 적합한 수단을 선택해야 한다는 원리이다. 합리성의 확대로 인간은 목적 달성에 효율적인 수단을 개발해왔다. 이로 인해 현대 사회에서 인간은 물질적인 풍요를 누릴 수 있게 되었다. 그러나 목적이 정당하지 않은 경우, 합리성이란 인간과 사회에 피해를 가져온다. 합리성은 목적 달성을 위한 효율성을 의미할 뿐, 목적 자체의 정당성을 고려하지 않는다. 목적이 정당하지 않은 경우 합리성은 오히려 인간에게 해가 될 수 있다. 예를 들어, 나치의 유태인 학살을 들 수 있다. 나치는 유태인 학살이라는 목적을 설정했고, 나치의 지시를 받은 과학자는 독가스로 학살하는 수단을 고안했다. 이는 목적 달성에 효율적인 방법이므로 합리적 방법이라고 할 수 있다. 그러나 유태인들을 학살하려는 목적은 정당하지 않다. 독가스라는 합리적 방법은 유태인 학살이라는 정당화될 수 없는 결과를 초래했다.

또 다른 예로, 패스트푸드 시스템은 빨리 한 끼를 해결하자는 목적을 실현하는 수단으로는 효율적이며 합리적이다. 그러나 빨리 한 끼를 해결하자는 목적이 옳은가에 대해 생각해보면 반드시 그런 것은 아니다. 식사란 단지 생명 유지에 필요한 영양분을 공급하는 기능만 하는 것은 아니다. 식사 과정에서 대화를 통해 상대방을 알게 되는 소통의 기회이기도 하다. 그러나 패스트푸드 시스템은 이러한 소통의 기회로서의 식사의 기능을 상실하고 있다. 그뿐만 아니라 패스트푸드는 식사의 목적인 건강을 해칠 수 있다. 패스트푸드는 빨리 먹는 데 치중해, 천천히 음식물을 씹어 소화시킴으로써 달성되는 치아나 위장 건강에 도움이 되지 않는다. 그리고 패스트푸드는 기름으로 튀긴 조리법의 음식물이 대부분인데 이는 비만 등을 야기해 건강에도 바람직하지 않다.

※ 853자

Q. 제시문 (나)와 (다)를 각각 활용하여 제시문 (가)의 주장을 비판하시오. (600~800자, 30점)

(가) 자연과학에서 이루어지는 테스트의 과정은 연역적이다. 우리는 이전에 수용된 다른 진술들에 의존하여, 관찰을 통해 확인 가능한 예측 진술들을 새로운 이론으로부터 연역적으로 이끌어낸다. 이것들 중에서도 기존의 이론으로부터는 도출될 수 없는 진술들, 특히 기존의 이론과 모순되는 진술들을 선택하고, 실제 실험 및 적용의 결과에 따라 이 진술들을 판정한다. 만약 이 진술들이 수용 가능하다고 판정된다면, 다시 말해 검증된다면, 그 새로운 이론은 테스트를 통과한 것이 된다. 따라서 그 이론을 폐기할 어떤 이유도 없다. 그러나 만약 이 진술들이 수용 불가능하다고 판정된다면, 다시 말해 반증된다면, 이 진술들을 도출한 새로운 이론 전체가 반증된다.

긍정적 판정에 의해 새로운 이론이 유효하다고 밝혀지더라도, 그것은 언제나 잠정적이라는 사실에 주목해야 한다. 차후에 부정적 판정이 나온다면 그 이론은 언제든지 전복될 수 있다. 그러나 한 이론이 엄격한 테스트를 통과하고 과학의 진보 과정에서 또 다른 이론에 의해 대체되지 않는 한, 그 이론은 인정된 것이다.

(나) 티코 브라헤(1546~1601)는 다음과 같은 이유로 코페르니쿠스의 이론을 반증한 것으로 생각했다. 지구가 태양을 중심으로 공전한다는 코페르니쿠스의 이론이 옳다면, 지구에서 매일 같은 시각에 항성을 바라보는 방향이 지구의 공전 궤도를 따라 조금씩 변하는 현상이 나타나야 한다. 지구가 공전함에 따라 관찰자가 항성을 바라보게 되는 시점(視點)이 조금씩 변하기 때문이다. 비유하자면, 마치 회전목마를 타고 회전하는 아이가 밖에 서 있는 구경꾼을 바라볼 때, 바라보는 방향이 계속 변하는 것과 같다. 더 정확하게 말하면, 지구의 관찰자가 항성을 바라보는 방향은 지구 공전 궤도상의 정

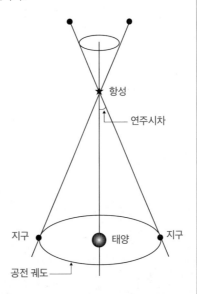

반대되는 두 점 사이에서 주기적으로 변해야 한다. 이 점들과 항성을 잇는 선, 그리고 태양과 그 항성을 잇는 선 사이의 각을 연주시차(年周視差, annual parallax)라고 한다. 코페르니쿠스가 옳다면 연주시차를 확인할 수 있어야 하지만, 브라헤는 그것을 확인하지 못했다. 그는 이를 근거로 코페르니쿠스의 이론이 틀렸다고 결론지었다. 그러나 후대의 학자들은, 브라헤가 연주시차를 확인하지 못한 원인이 그가 수용한 보조적인 가정에 있었다는 사실을 밝혀냈다. 그는 관측 도구로 연주시차를 확인할 수 있을 만큼 항성들이 지구에 충분히 가까이 있다고 가정했다. 그러나 아무리 가까운 항성이라 하더라도 지구와의 실제 거리는 매우 멀다. 따라서 연주시차가 지극히 작기 때문에 브라헤는 이를 확인할 수 없었던 것이다.

(다) 어떤 물리학자가 명제 P의 부정확성을 증명할 때 그는 다음과 같은 절차를 밟는다. 우선 명제 P가 정확하다면 반드시 나와야 할 어떤 현상을 예측한다(그 예측된 현상을 명제 Q로 서술하자). 그리고 예측된 현상이 나올지, 안 나올지를 보여줄 실험을 설계한다. 그는 이 실험의 결과를 해석해서 예측된 현상이 나오지 않음을 확인하고자 한다.

그런데 이런 과정을 밟을 때 그가 사용하는 것은 실제로는 명제 P만이 아니다. 그가 의심할 바 없는 것으로 받아들인 이론들 전체도 함께 사용한다. 다시 말해 명제 Q는 '의심받는 명제 P 자체'로부터가 아니라, '이론들 전체와 결부된 명제 P'로부터 도출된다. 따라서 예측된 현상이 나오지 않는다면, 이는 명제 P에도 결함이 있을 수 있지만, 그 물리학자가 이용하고 기대는 이론들 전체의 구조에도 결함이 있을 수 있음을 의미한다.

이 실험이 알려 주는 것은 단 한 가지이다. 그 현상을 예측하기 위해서, 그리고 그 현상이 나오는지를 확인하기 위해서 사용한 명제들 중 최소한 한 명제에 오류가 있다는 것이다. 그 물리학자는 발견된 오류가 명제 P에만 속한다고 단언할지도 모른다. 그러나 그때 그가 사용한 다른 모든 명제들에 오류가 없다는 것을 확신할 수가 있는가? 만약 확신한다면 그는 자신이 사용한 다른 모든 명제들이 정확하다고 암암리에 전제한 것이다.

제시문 분석

제시문 (가)는 자연과학에서 새로운 이론이 출현했을 때, 그 이론을 검증하는 과정을 설명하고 있다. 그 과정을 간단히 요약하면 다음과 같다.

> • 검증을 위해 새로운 이론으로부터 관찰이 가능한 예측진술을 연역적으로 도출한다. 예측진술의 도출은 이전에 수용된 다른 진술들에 의존한다.
>
> • 예측진술을 관찰할 수 있도록 실험을 설계하고 실행한다.
>
> • 수용가능한 결과가 나오면 이론은 인정되고, 수용불가능한 결과가 나오면 이론은 부인된다.
>
> • 검증을 통과한 이론은 반증되거나 새로운 이론으로 대체될 때까지 잠정적으로 유효한 이론이다.

도해하면 다음과 같다.

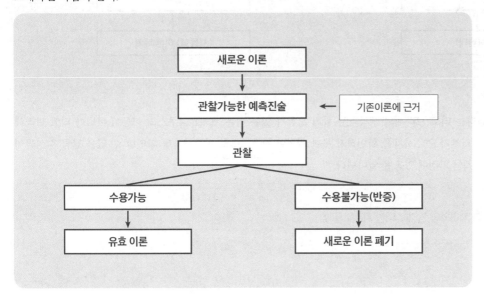

핵심내용을 기호로 표현하면 다음과 같다.

> P(새로운 이론: 참 또는 거짓), P₁, P₂, P₃ …… Pₙ(기존이론: 참)
>
> $\dfrac{\sim Q}{\sim P}$

제시문 (나)는 티코 브라헤가 코페르니쿠스의 이론을 반증하는 과정을 보여준다. 티코 브라헤의 반증 방법은 제시문 (가)의 방법과 동일하다. 도해하여 살펴보면 다음과 같다.

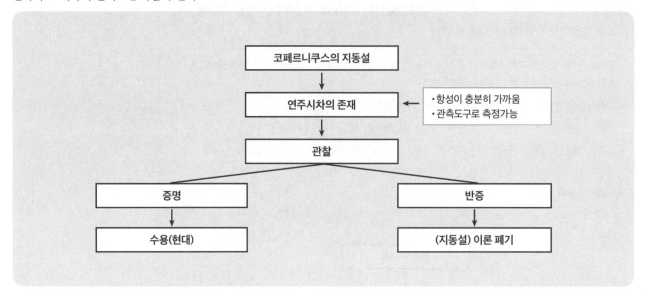

코페르니쿠스의 이론에 오류가 있다는 티코 브라헤의 생각과는 달리 오류가 있는 것은 코페르니쿠스의 이론이 아니라 티코 브라헤의 검증과정이다. 후세의 학자는 브라헤가 연주시차를 확인하지 못한 원인이 관측도구로 연주시차를 확인할 수 있을 만큼 항성들이 지구에 충분히 가까이 있다는 보조적인 가정에 있음을 알아냈다.

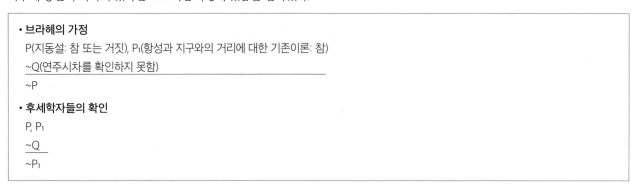

제시문 (다)는 명제 P의 부정확성을 증명하는 과정을 설명하고 있다. 그 내용은 다음과 같다.

- 명제 P가 정확하다면 반드시 예측되는 현상, 명제 Q가 있다.
- 명제 Q를 확인할 수 있는 실험을 설계하고 실행한다.
- 명제 Q가 나오면 명제 P는 정확하고, 명제 Q가 나오지 않으면 명제 P는 부정확하다.

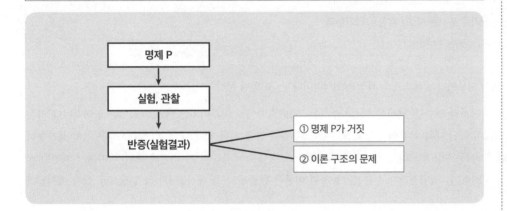

그러나 명제 Q는 명제 P 자체로부터가 아니라 이론 전체와 결부된 명제 P로부터 도출된다. 제시문 (나)에 기술된 티코 브라헤의 예에 적용해 보자. "지구가 태양을 중심으로 공전한다"가 명제 P에 해당한다. "연주시차가 관측된다"가 명제 Q에 해당한다. 그러나 명제 Q는 명제 P뿐만 아니라 지구와 항성 간의 거리를 측정할 관측도구의 정밀성과 결부된 당시의 천문이론 및 관측도구에 대한 이론 전체로부터 도출된다.

그러므로 명제 Q에 해당하는 현상이 안 나온다는 것은 명제 P가 부정확하다는 것을 증명하지 못하고 사용한 명제 중 최소한 하나의 명제에 오류가 있다는 것을 증명할 뿐이다. 다시 티코 브라헤의 예에 적용해 보자. 명제 Q(연주시차가 측정된다)가 수용할 수 없는 결과, 즉 연주시차가 측정되지 않는다는 결과는 "지구가 태양을 중심으로 공전한다"는 명제 P가 부정확하다는 것을 증명할수 없다. 단지 "지구가 태양을 중심으로 공전한다", "행성이 관측도구로 연주시차를 관측하기에 충분히 가깝다" (현대 천문학의 지식에서 보면 극도로 가깝다.) 등등의 명제 중 최소한 하나의 명제에 오류가 있다는 것을 증명할 뿐이다.

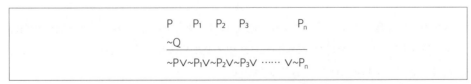

제시문 해설

제시문 (나)와 (다)를 각각 활용하여 제시문 (가)의 주장을 비판하시오.

- 제시문 (가)의 주장을 추출한다.
- 제시문 (나)와 (다)에서 제시문 (가)를 비판할 수 있는 근거를 추출한다.
- 제시문 (나)와 (다)로부터 추출한 근거로 제시문 (가)의 주장을 평가한다.
- 평가결과를 바탕으로 제시문 (가)의 주장을 판단한다.

제시문 (가)의 주장은 "자연과학에서 이루어지는 테스트의 과정은 연역적이다"는 첫 번째 문장이다.

문제 1번은 제시문 (가)의 주장을 비판하라고 한다. 제시문 (가)의 주장은 "자연과학에서 이루어지는 테스트 과정은 연역적이다"라는 첫 번째 문장이다. 그러나 전공지식이 아닌 대학 학부의 일반교양 수준으로 이 주장을 시험 시간 내에 비판하는 것은 거의 불가능하다. 제시문 (가)의 주장이 아니라 "제시문 (가)에 드러난 자연과학이론 테스트 방법을 비판하라"가 적절해 보인다. 따라서 제한된 시간 내에 작성해야 하는 답안임을 고려하여, "실험결과가 수용불가능하면 이론은 반증된다"를 제시문 (가)의 주장으로 삼아 예시답안을 작성하였다.

"실험결과가 수용불가능하면 이론은 반증된다."는 주장을 비판하는 것은 "테스트 과정은 연역적"이라는 주장을 비판하는 것과 같다. 그러나 그 두 가지 비판이 동일하다는 것을 아는 것은 더 깊은 전공지식이 필요하므로 설명을 생략한다.

제시문 (나)에서 추출한 위 주장을 비판할 수 있는 근거는 동일한 테스트 과정이 이론을 검증하는 데 실패한 역사적 실례가 있다는 내용이다.

제시문 (다)에서 추출한 비판근거는 실험결과는 검증대상 명제에 오류가 있다는 증명에 이르지 못하고 검증대상 명제를 포함한 관련 명제 전체 중 일부에 오류가 있다는 증명에 그친다는 내용이다. 제시문 (다)가 제기하는 검증과정의 난점은 명제 Q 뿐만 아니라 명제 P를 둘러싼 이론 전체와 관련된 다른 명제로부터 도출된다는 것이다. 즉 명제 Q는 명제 P, P_1, P_2, P_3 ..... P_n으로부터 도출된다.

그러므로 명제 Q의 부정이 명제 P를 반드시 부정하지는 못한다.

$$P, P_1, P_2, P_3, \cdots\cdots P_n$$
$$\underline{\sim Q \qquad\qquad\qquad\qquad}$$
$$\sim P \text{ 또는 } \sim P_1, \sim P_2, \sim P_3, \cdots\cdots \sim P_n$$

제시문 (나)는 티코 브라헤가, "연주시차가 관측되지 않는다."($\sim Q$)를 "지구가 태양을 중심으로 공전하지 않는다."($\sim P$)로 판정한 역사적 사실을 보여준다. 그러나 후세의 학자들은 "연주시차가 관측되지 않는다."($\sim Q$)는 명제 P의 오류에 기인한 것이 아니라 명제 P_1, 즉 항성이 관측도구로 연주시차를 관측하기에 충분히 가깝다는 명제에 있음을 밝혀낸다.

- **브라헤의 판정**

  P(참 또는 거짓), P_1(참)
  $$\underline{\sim Q \qquad\qquad\qquad}$$
  $\sim P$

- **제시문 (다)의 판정**

  P(참 또는 거짓), P_1(참 또는 거짓)
  $$\underline{\sim Q \qquad\qquad\qquad}$$
  $\sim P$ 또는 $\sim P_1$

- **후세의 증명**

  $\sim P_1$

제시문 (가)는 Q는 P로부터 연역적으로 도출되고, Q가 의존하는 기존 이론은 모두 참이라고 한다. 그러므로 ~Q는 반드시 ~P라고 주장한다. 그러나 제시문 (다)는 ~Q로 ~P를 확정할 수 없다고한다. 그리고 제시문 (나)는 ~Q인 원인이 ~P에 있지 않고 ~P₁에 있는 역사적 실례를 보여준다. 그러므로 ~Q이면 반드시 ~P라는 제시문 (가)의 주장은 타당하지 않다. 명제 기호를 사용하지 않고 표현하면 다음과 같다. 예측명제를 부정한다고 해서 반드시 검증하고자 하는 대상 명제가 부정되지는 않는다. 그러므로 예측 명제를 부정하면 반드시 검증 대상 명제가 부정된다는 제시문 (가)의 주장은 타당하지 않다.

📝 예시답안

(다)에 따르면 명제 P에 대한 반증 절차는 다음과 같다. 명제 P가 정확하다고 가정할 때 반드시 나올 현상 명제 Q를 예측한다. 명제 Q는, 명제 P와 다른 명제 P₁의 결합으로 도출된다. 따라서 명제 Q가 관찰되지 않더라도 명제 P가 반증되었다고 할 수 없다. 왜냐하면 P가 아니라 P₁에 오류가 있을 수 있기 때문이다. (가)는 관찰 결과 새 이론으로 수용불가능한 결과가 나오면 새 이론은 반증된다고 한다. 그러나 새 이론과 양립할 수 없는 결과가 나오더라도, 다른 명제인 P₁의 오류 가능성이 있으므로, 새 이론이 반증된다고 할 수 없다.

(나)에서 브라헤는 지동설이 옳다면 연주시차가 관측되어야 한다고 가정했다. 그는 연주시차를 확인할 수 없자 지동설이 반증되었다고 생각했다. 연주시차 관찰을 Q라 하면, 지동설 P와, 관측도구로 연주시차가 확인 가능한 가까운 거리에 행성이 있다는 전제인 P₁을 상정할 수 있다. 브라헤는 연주시차를 관측할 수 없자 P를 반증했다고 생각했으나 P₁이 옳지 않아 연주시차를 관측할 수 없었을 뿐이다. 따라서 연주시차를 측정할 수 없다고 하여 지동설이 반증되는 것은 아니다. (가)는 관찰결과 새 이론으로 수용가능한 결과가 나오면 새 이론은 인정되고, 수용불가능한 결과가 나오면 새 이론은 반증된다고 한다. 그러나 지동설에 의해 예견되는 연주시차가 확인되지 않아 수용불가능한 결과가 나왔다고 하여 지동설이 부정되는 것은 아니다. 왜냐하면 지동설 P가 아니라 가까운 거리에 행성이 있다는 P₁이 옳지 않은 진술이기 때문이다. 따라서 (가)의 주장은 타당하지 않다.

※ 784자

모의문제 02 비판(2009 LEET 논술 기출문제)

*부록의 원고지를 사용하여 실제 시험처럼 제한시간(110분)에 맞춰 답안을 작성해보고, 답안을 작성한 후에는 p.464에서 해설과 예시답안을 확인해보세요.

Q. 제시문 (나)와 (다)의 주장의 차이를 밝히고, 그 중 한 주장의 논거를 근거로 하여 제시문 (가)의 견해를 옹호하거나 또는 비판하시오. (600~800자, 30점)

(가) 성리학은 힘써 도를 구명(究明)하고 자신을 앎으로써 하늘로부터 부여받은 바를 실현하는 학문이다. 옛날에는 도를 배우는 사람을 일러 '사(士)'라 하였는데 원래 '사'란 '벼슬하다[仕]'라는 뜻이다. 즉 위로는 제후의 조정에서, 아래로는 대부(大夫)의 집안에서 주군을 섬기고 백성을 이롭게 하여 천하와 국가를 다스리는 사람을 '사'라 하였다. 이들은 백이와 숙제처럼 인륜이 무너지는 변란을 당했을 때에만 숨어 살고 다른 때에는 숨어 살지 않았다. 그래서 성인은 평소에 숨어 살며 기이하게 행동하는 것을 경계하였다.

오늘날의 학자들은 은사(隱士)라고 자처한다. 몇 대째 이어지는 명문 집안 출신임에도 기쁨과 슬픔을 세상과 함께 하지 않고 있다. 조정에서 예를 갖춰 수차례 불러도 응하지 않는다. 서울에서 태어나 자란 사람들조차 학문을 닦는다며 산으로 들어간다.

주자는 육경을 깊이 연구하여 참·거짓을 판별하였고, 사서를 밝게 드러내어 심오한 이치를 내보였다. 조정에 들어가 벼슬을 할 때에는 곧은 말과 격한 논의로 목숨을 돌아보지 않은 채, 군주의 은밀한 과오를 공박하였고 권신이 꺼리는 사안을 건드렸으며 천하의 대세를 논의하였다. 금(金)나라에 복수하고 치욕을 씻어 대의를 후대에까지 길이 펼치고자 하였다. 조정에서 나와 지방관이 되어서는 법규를 너그럽게 집행하였고 풍속을 상세히 살펴 조세와 노역을 공평하게 하였으며 기아와 역병으로부터 백성을 구제하였다. 그의 강령과 세칙은 나라를 다스리기에 충분하였다. 나아가고 머무름에 바른 도리를 지켰으니 나라에서 부르면 나아가고 버리면 묻혀 살며 군주에 대한 절절한 사랑을 감히 잊은 적이 없었다.

그러므로 지금의 학문 풍토에 빠져 있으면서도 주자를 빌려 자신을 합리화하는 사람들은 모두 주자를 기만하는 자들일 따름이다.

(나) 인간의 덕스러움, 즉 훌륭함에는 정의롭게 혹은 용기 있게 행동하는 것과 같이 사람들과의 관계 속에서 인정받는 훌륭함만 있는 것이 아니다. 이런 것만이 인간이 가지고 있는 본성의 모든 것이 아니다. 관조적 탐구를 통해 발휘되는 훌륭함도 있다. 더구나 이런 훌륭함이 인간이 도달하게 될 최고 수준의 훌륭함이며, 이런 것이 두드러진 삶이 인간적 삶 중에 최고의 삶이다. 우리 안에 있는 가능성과 능력 가운데 지성이 가장 숭고한데다가, 지성이 상대하는 대상은 인간이 사유할 수 있는 대상 가운데 최고의 것이기 때문이다.

지성과 지혜(sophia)는 관조적 탐구를 행하는 기반이다. 그리고 관조적 탐구가 주는 즐거움은 인간이 향유할 수 있는 최고의 즐거움이다. 탐구가 주는 즐거움은 다른 종류의 즐거움과 섞이지 않은 순수한 즐거움이다. 다른 즐거움들은 지속적이지 않지만 탐구의 즐거움은 지속적이다.

나아가 이른바 자기 충족이라는 것도 탐구의 삶에서 온전히 가능하다. 지혜를 가지고 탐구하는 사람이나 정의로운 사람, 그 밖의 다른 훌륭함을 가진 사람 모두 삶을 위해 필수적인 것들을 필요로 한다. 하지만 이것들이 충분히 갖추어졌을 경우에도 정의로운 사람은 그가 정의로운 실천적 행동을 하게 될 상대방 혹은 정의로운 행동을 같이 하게 될 동료를 여전히 필요로 한다. 절제 있는 사람이나 용감한 사람 그리고 그 밖의 실천적 덕을 갖춘 사람들도 마찬가지이다. 따라서 이런 사람은 자기 충족적이지 못하다. 그러나 지혜를 기반으로 탐구하는 사람은 혼자서도 훌륭하게 자신의 활동을 수행할 수 있으며, 그런 점에서 자기 충족적이다.

(다) 탐구에서 비롯되는 의무보다 공동체로부터 나오는 의무가 우리의 본성에 더 적합한 것으로 보인다. 이 점은 다음 논증들에 의해 입증된다.

먼저 어떤 지혜로운 자가 최고의 풍요 속에서 최고의 여유를 누리면서 탐구의 가치가 있는 모든 것들을 홀로 그리고 스스로 관조하고 고찰하는 삶을 산다고 하자. 그렇다고 하더라도 그 홀로 된 삶이 다른 사람을 볼 수 없는 삶이라면 그는 '삶'에서 떠나는 것이나 다름없다.

또한 그리스인들이 소피아(sophia)라고 부르는 지혜는 모든 덕(德) 가운데 으뜸이다. 이 지혜는 신적인 것과 인간사에 관한 앎이다. 이 앎에는 신들과 인간의 공동체 및 유대에 관한 것도 포함된다. 이 앎이 가장 중요하다는 것이 확실하다면—사실 가장 중요하다—, 공동체에서 나오는 의무가 가장 중요하다는 것은 틀림없이 따라 나온다. 왜냐하면 자연과 우주에 대한 탐구와 관조는, 이로부터 현실에 대한 어떤 행동도 비롯되지 않는다면, 시작만 있고 무언가 완성되지 못한 것이기 때문이다. 그런데 행동이야말로 인간을 이롭게 하는 데에서 잘 드러나고, 따라서 인간 종(種)의 결속에 적합한 것이다. 그러므로 탐구보다 행동을 우선시할 만하다.

Chapter
04

논리구조 구성

핵심개념정리

1. 논리구조의 중요성

LEET 논술에서 논리구조의 중요성은 매우 크다. 논리적인 글을 쓸 때 가장 어려운 것이 논리구조의 설계라 할 수 있기 때문이다. 논리구조는 특정한 목적을 설정하고 그 목적에 따라 개별 논리의 일관성을 지키는 형태로 구조를 설계하는 것을 의미한다. 법학에서는 이를 흔히 목차로 표현한다. 법학 수업을 수강하면 담당교수님이 목차 구조를 이해해야 한다는 말을 한다. 목차 구조를 이해하기 어렵다면 암기해야 한다는 말까지도 들을 수 있을 것이다. 이 목차 구조가 바로 논리 구조가 된다. LEET 논술은 예비 법조인 시험이므로 이 논리구조를 설계할 수 있는 능력을 갖춘 수험생을 선발하려 한다. 그리고 이 능력을 갖춘 학생이 로스쿨에서 법학 목차를 이해할 수 있기 때문에 변호사 시험에 잘 대비할 수 있을 것이다. 따라서 논리구조를 설계하는 능력이 중요하다.

2. 논리구조 설계 방법

논리구조를 설계하는 방법은 공식이 있다거나 최고의 방법이 있는 것이 아니다. 문제에 따라 적절한 논리구조를 설계해야 한다. 이는 마치 건물 설계와 비슷하다. 모든 건물에 적용되는 최고의 설계방법이 있는 것이 아니라, 여러 요소를 종합적으로 고려해야 하는 것과 유사하다. 건물주의 요구사항, 건물의 목적과 용도, 주어진 예산, 주변 건물과의 관계 등의 모든 요소를 고려하여 가장 적합한 설계를 하는 것이다. 이 모든 요소를 중요도에 따라 어떻게 배치하고 구성하는가에 따라 건물의 가치가 결정된다. LEET 논술은 시험이기 때문에 문제에 대답하는 것이 가장 중요하다. 이를 최우선 요소로 하여 문제에 대한 대답을 증명하는 것이 논리 구조의 핵심이 된다.

정해진 논리구조가 없다면, 결국 대응방안은 꾸준한 연습이다. 다양한 문제를 직접 풀어보면서 어떤 논리구조가 가장 좋을 것인지 스스로 생각해야 한다. 그리고 자신이 설계한 논리구조와 예시답안의 논리구조를 비교하는 연습을 꾸준히 해야 한다. LEET 논술 문제는 예측할 수 없기 때문에 종합적인 판단능력과 대응능력을 갖추는 수밖에 없다. 그리고 이러한 능력은 더 좋은 논리구조가 무엇인지 고민해보는 연습을 통해서만 가질 수 있다.

연습1 의로움

(가) 고죽국 왕의 아들이었던 백이와 숙제는 왕위를 사양하고 도망쳐 천하를 돌아다녔다. 아버지가 막내아들인 숙제에게 왕위를 물려주려 했다. 숙제는 장자인 백이가 왕위를 물려받아야 한다며 사양했다. 그러나 백이는 아버지의 뜻을 따르는 것이 효라고 여겨 도망쳤고, 숙제 역시 도망쳐 함께 천하를 돌아다녔다.

백이와 숙제는 주(周)의 문왕(文王)이 인(仁)을 베푼다는 말을 듣고, 주나라를 찾았다. 그러나 문왕은 죽었고 그 아들인 무왕이 폭군이었던 은(殷)의 주(紂)왕을 정벌하려 출발하고 있었다. 백이와 숙제는 무왕의 말 앞에 엎드려 고했다. "아버지가 돌아가셨는데 장례 대신 정벌을 떠나는 것이 효란 말입니까. 제후국인 주(周)나라가 천자의 나라인 은(殷)을 공격하는 것이 과연 충이란 말입니까."

무왕의 신하들은 당장에 백이와 숙제의 목을 베려 하였으나, 군사(軍師)인 태공망이 의로운 자라며 죽이지 못하게 하였다. 은(殷)은 멸망했고 천하는 주(周)의 것이 되었다. 백이와 숙제는 의(義)를 지키기 위해 주(周)의 땅에서 나는 것을 먹지 않겠다며 수양산에 숨어 들어가 고사리만 먹다가 결국 굶어 죽었다.

사마천은 사기(史記)에서 선하고 의로운 사람인 백이와 숙제가 굶어 죽은 것을 한탄했다. 선하고 의로운 사람이 천수를 누리지 못하고 굶어 죽는데, 흉폭하고 불의한 자들은 일생을 편히 살면서 대대로 부귀를 누리는 것은 불의한 것이 아닌가. 사마천은 "천도(天道)는 옳은 것이라 할 수 있는가?"라는 의문을 던진다.

(나) 은(殷)나라 주(紂)왕은 폭군으로 유명하다. 주왕은 사치와 향락을 일삼으며 백성들의 삶을 고통스럽게 했다. 주왕은 백성들에게 과중한 세금을 물려 호화로운 녹대(鹿臺)에 재물을 채우고, 거교(鉅橋)의 창고에 곡식을 가득 채웠다. 사구(沙丘)의 정원과 누각을 넓혀서 술로 연못을 만들고, 고기를 매달아 수풀을 만들었다. 백성들이 과도한 세금을 견디지 못해 반항하고 제후들이 반란을 일으키자 주왕은 무거운 형벌을 만들어 백성들을 탄압했다. 땅을 파고 그 안에 숯불을 피운 후, 기름을 칠한 미끄러운 구리 기둥을 걸쳐 놓고, 죄인들이 그 위를 건너가게 하였다. 주왕은 미희(美姬)인 달기와 함께, 죄인들이 구리 기둥을 건너가다 불 속으로 떨어져 불에 타 죽는 것을 보며 즐거워하였다. 충신들은 주왕에게 간언을 하다가 처형되었고, 주왕의 주변에는 간신배만 남게 되었다. 이처럼 국가의 통치 집단이 붕괴되었다.

이때 주(周)나라는 문왕(文王)이 어진 정치를 펼쳤다. 백성들은 주(周)로 몰려들었고 국력은 커졌다. 문왕의 아들인 무왕(武王)은 백성들을 구한다는 명분으로 은의 주(紂)왕을 정벌하였다.

(다) 인간은 자유롭게 선택할 수 있는 능력이 있고, 이로 인해 운명에 얽매이지 않을 수 있다. 인간은 자기 행위를 스스로 선택하고 자신을 바꿀 수 있기 때문에 행운이 오거나 불운이 오거나 관계없이 살아갈 수 있다. 부귀와 건강, 미모, 명예, 권력은 좋은 것이고, 고뇌와 질병, 죽음은 나쁜 것이다. 그러나 이런 것들은 가치중립적인 사실에 불과하고 인간의 행복과 관련이 없다. 인간의 생각에 따라 선으로 혹은 악으로 여겨질 뿐이다. 따라서 우리는 운명을 기다리지 말고 선택하고 노력해서 만들어내야 한다.

Q1. 제시문 (가)를 요약하시오. (200~300자)

Q2. 제시문 (나)의 관점에서 제시문 (가)의 견해를 비판하시오. (400~500자)

Q3. 제시문 (다)를 요약하고, 이를 활용해 "의로운 사람이 고통받게 하는 천도가 옳은 것인가"라는 제시문 (가)의 사마천의 의문에 답하고 이를 논술하시오. (600~700자)

제시문 해설

① 제시문 (가)

숙제가 백이에게 자리를 양보한 이유는 백이가 형이기 때문이고 이는 숙제의 형에 대한 의리이다. 백이가 아버지의 명령에 따라 숙제가 후계자가 되어야 한다고 하여 도망간 것은 백이의 아버지에 대한 효이다. 백이와 숙제가 무왕이 은나라 주 임금을 정벌하러 가자, 이를 만류한 것은 은나라 주(紂) 임금에 대한 충이다. 백이와 숙제가 주나라 땅에서 나는 곡식을 먹지 않고 고사리만 캐먹다 굶어 죽은 것은 은나라 주(紂) 임금에 대한 충이다. 백이와 숙제가 선인임에도 불구하고 굶어 죽었고, 흉폭한 도척은 천수를 누린 것에 대해 사마천은 천도가 옳은 것인가, 그른 것인가에 대해 의문을 표하고 있다. 사마천의 이러한 의문은 타당성이 없다. 일단, 천도에 따라 백이와 숙제가 굶어 죽고, 천도에 따라 도척이 천수를 누렸다면 천도는 옳지 않다. 따라서 천도에 따라 이러한 결과가 나왔다면 천도가 옳고 그르냐에 대해 의문시할 필요가 없을 것이다. 오히려 천도가 인간 개인의 생활에 개입하는가, 안 하는가를 묻는 것이 타당하다. 사마천의 판단 기준에 따르면 백이와 숙제는 의인이고, 도척은 악인이다. 그럼에도 불구하고 백이와 숙제는 굶어 죽었고, 도척은 천수를 누렸다. 이러한 것을 보면 천도가 우리 실생활에 개입하지 않았기 때문에 정의가 실현되지 않고 있다고 한탄하는 것이 옳을 것이다.

② 제시문 (나)

은나라의 통치계급이 부패해 백성들은 큰 고통을 겪었다. 주나라 무왕이 주(紂)왕을 정벌한 것은 도탄에 빠진 백성을 구한 행위이기 때문에 무왕의 행위가 의로운 것이다.

③ 제시문 (다)

인간은 자신의 인생을 개척할 능력을 가지고 있고, 이 능력으로 인해 정해진 운명에서 벗어나 자신의 운명을 만들어갈 수 있다고 한다. 제시문 (가)에서 사마천이 백이와 숙제는 굶어 죽었으나, 이는 천도나 신의 뜻이 아니라 백이와 숙제의 능력에 따른 것으로 보아야 한다. 천도가 백이와 숙제를 굶어 죽인 것이 아니라 백이와 숙제가 이를 선택했다고 보는 것이 타당하다.

부귀와 건강, 미모, 명예, 질병, 죽음 등은 가치중립적이므로 행복과는 관계가 없다고 한다. 낮은 밝고, 밤은 어둡다. 이는 자연적 사실일 뿐 행복과는 무관하다. 다만 사람들이 밝은 것은 좋은 것이고 어두운 것은 나쁜 것이라고 생각할 뿐이다. 밝은 것의 본질이 좋은 것도 아니고, 어두운 것의 본질이 나쁜 것도 아니다. 장수는 좋은 것이고, 단명은 나쁜 것이라고 생각하여 장수는 행복이요, 단명은 불행이라는 것도 사람의 생각일 뿐이지 장수와 단명의 본질에서 나오는 것은 아니다. 따라서 백이와 숙제가 굶어 죽은 것이 불행이라 할 수 없고 천도가 옳지 않다고 할 수 없다. 오히려 이로 인해 백이와 숙제가 역사에 좋은 이름을 남길 수 있었기 때문이다.

📝 예시답안

Q1.

제시문 (가)에서 사마천은 의, 효, 충을 기준으로 백이와 숙제를 의로운 사람으로 규정하였다. 첫째, 숙제가 후계자의 자리를 형인 백이에게 양보한 것은 형에 대한 의리 때문이다. 둘째, 백이가 아버지의 명령에 따라 숙제에게 후계자 자리를 주고 도 망간 것은 아버지에 대한 효 때문이다. 마지막으로, 백이와 숙제가 은나라의 주(紂) 임금을 정벌하러 가는 무왕을 말린 것과 주나라 땅에서 나는 곡식을 먹지 않고 고사리만 캐 먹다 죽은 것은 은나라 주 임금에 대한 충 때문이다.

※ 263자

Q2.

제시문 (나)에 따르면, 백성의 삶을 버린 주 임금에 대한 충을 실현한 백이와 숙제는 의롭다고 할 수 없다. 은나라의 후반기 에 부패한 통치계급으로 인해 국민들은 가혹한 세금을 부담하여 고통을 받고 엄한 형벌제도로 탄압을 받았다. 이에 반해 주 나라는 농업 생산성을 제고했고 백성들을 보호하였다. 따라서 주나라 무왕이 은나라 주 임금을 정벌한 것은 일반 국민들을 구제한 것으로 정당성이 인정된다. 제시문 (가)에서 백이와 숙제가 주나라 무왕의 은나라 주(紂) 임금의 정벌을 말린 것은 은나라 주(紂) 임금의 폭압정치로 인한 백성들의 어려움을 무시하고 은나라에 대한 충성만을 생각했다는 점에서 정당성이 없다. 또한 주나라 무왕이 은나라를 정벌한 후 다시 정치에 참여하지 않고 수양산에 숨어 고사리만 캐먹다 죽은 것은 은나라 에 대한 작은 충성으로 볼 수는 있으나 백성들을 위한 마음에서 나온 것이 아니므로 그 정당성이 인정될 수 없다.

※ 464자

Q3.

제시문 (다)는 인간은 자신의 인생을 개척할 능력을 가졌으므로 스스로 운명을 만들어갈 수 있다고 한다. 제시문 (다)에 따 르면 사람의 인생은 신이나 천도에 따른 것이 아니라 자신의 의지에 따른 것이다. 제시문 (가)에서 백이와 숙제가 굶어 죽 은 것은 천도나 신의 뜻이 아니라 백이와 숙제의 의지와 능력에 따른 것이다. 따라서 '백이와 숙제가 의로운 사람임에도 불 구하고 굶어 죽게 한 천도가 옳은 것인가'라는 사마천의 의문은 옳지 않다. 왜냐하면 제시문 (다)에 따르면 백이와 숙제가 굶어 죽은 것은 자신의 의지에 따른 것이지 천도에 따른 것이 아니기 때문이다. 따라서 백이와 숙제의 비참한 죽음은 천도 가 옳은가 그른가의 기준이 될 수 없다.

제시문 (다)에 따르면 삶과 죽음은 사실에 불과한 자연의 이치일 뿐이다. 따라서 장수와 단명은 행복과 무관하다. 제시문 (다)에 따르면 백이와 숙제가 굶어 죽은 것이 불행이라는 것은 사마천의 생각일 뿐이다. 백이와 숙제가 굶어 죽은 것이 천도 에 따른 것이라 하더라도 이것이 불행한 것은 아니므로 천도가 옳지 않다고 볼 수 없다. 오히려 백이와 숙제가 의를 지켜 굶 어 죽은 것으로 인하여 백이와 숙제는 역사에 좋은 이름을 남겼기 때문에 천도가 옳지 않다고 볼 수 없다.

※ 620자

(가) 지식격차가설을 시험해보는 또 다른 방법은 대중매체와의 접속 차단이 가져오는 효과를 살펴보는 것이다. 이 가설에 따르면 어떤 특정한 주제에 관한 대중매체의 보도를 제거해버리면 교육수준의 차이가 있는 집단들 사이에 지식 차이가 줄어든다. 이런 실험을 시행하는 것은 어렵지만 신문사 파업 상황이 이와 상당히 유사하다고 할 수 있을 것이다. 1959년에 새뮤얼슨은 신문사들이 파업을 하고 있는 지역과 일간지가 예전 같이 계속 발간되고 있는 인근지역에서, 현재 일어나고 있는 공공사건들에 관한 주민들의 지식습득 정도를 연구했다. 이 연구는 파업을 하고 있는 지역의 시민들이 미디어를 대체하는 행위를 본격적으로 하기 전인 파업 첫 주말에 시행되었다. 이 가설대로 하면 신문이 없다는 것은 교육을 더 받은 사람들이 당시의 뉴스를 덜 접한다는 것을 의미하기 때문에 신문사 파업으로 인해 비례적으로 더 많이 '손해'를 보게 될 것이다. 따라서 다른 지역보다 이 지역에서 교육을 많이 받은 사람과 덜 받은 사람들 사이에 지식 차이가 적어야만 한다.

파업을 하지 않는 지역에 고등학교 미만의 학력을 가진 사람이 9명밖에 없었기 때문에 여기서 하는 분석은 각 지역의 고졸 집단과 대졸 집단만을 대상으로 했다. 가정한 대로 교육 수준이 다른 집단 사이의 지식 차이는 전 주에 신문사 파업이 있었던 지역보다 파업이 없었던 지역에서 더 크게 나타났다.

(나) 네트워크를 구축하는 사람들은 — 전화, 무선, 유선 케이블, 심지어 주문형 영화에 이르기까지 그것이 전통적인 것이든 새로운 것이든 — 새로운 사용자를 네트워크에 첨가할 때 발생하는 한계비용❼이 경미하고 그렇기 때문에 수지가 맞는다는 것을 알고 있다. 일단 네트워크의 고정비용을 치르고 나면 이용자를 추가하는 것은 거의 돈이 들지 않을 뿐더러, 네트워크 외부성❽(network externality)이 증가해서 현재 그리고 새로운 고객들에게는 더 높은 가치를 지니게 된다. 따라서 가격을 낮춰 활용성을 증진시킬 만한 유인(incentive)이 있는 것이다.

이런 경향을 다음처럼 요약할 수 있다.

o 1994년과 2000년 사이 미국의 모든 계층에서 인터넷과 이메일을 사용하는 사람들이 전례가 없을 정도로 급속히 늘어났다.

o 유사한 기술을 도입한 여러 다른 제품들을 정부 혹은 나아가 민간기업의 대대적인 원조 프로그램 없이도 거의 모든 사람들이 사용하게 되었다. 라디오, 텔레비전, 그리고 비디오 플레이어 등이 그 예이다.

o 컴퓨터와 유사한 장비들의 가격이 계속해서 현저하게 떨어져 쓸 만한 컬러텔레비전 가격과 비슷해졌다.

o 전화와 케이블 텔레비전은 계속 사용요금을 내야 하기 때문에 보급이 지연되는 경향이 있긴 하지만 거의 모든 지역에서 무료 인터넷 접속이 가능하다.

o 이런 결과로 얼마간의 격차는 이미 사라졌다. 예를 들면, 1994년과 1998년 사이에는 남녀 간에 눈에 띄는 차이가 있었다. 처음에는 인터넷 사용자의 2/3 이상이 남성이었다. 1999년이 되자 그런 사실은 이미 역사가 되어버렸다. 이것은 초기 사용자들이, 남자들이 훨씬 많은 컴퓨터 공학이나 공대 출신이라는 점을 분명히 보여주는 것이다.

❼ 한계비용: 재화를 한 단위 더 생산할 때 추가로 드는 비용 혹은 서비스를 한 명의 소비자에게 추가로 제공할 때 발생하는 비용
❽ 네트워크 외부성: 어떤 네트워크를 사용하는 사람의 수가 증가함에 따라 잠재적 고객의 그 네트워크에 대한 수요가 증가하는 현상

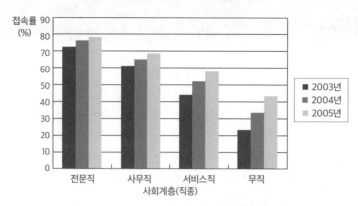

<그래프 1> 사회계층(직종)별 인터넷 접속률

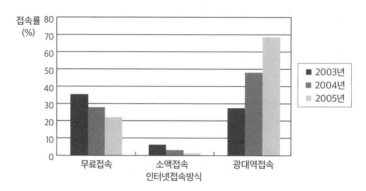

<그래프 2> 인터넷 접속방식별 접속률 ⑨

(다) 다음은 텔레비전 프로그램 '세서미 스트리트'⑩ 시청을 통한 아동의 지식습득 정도를, 해당 프로그램의 평소 시청량과 아동이 속한 가정의 경제 환경에 따라 8개 집단으로 구분, 조사하여 정리한 표다. 이 표에서 '평소 시청량에 따른 집단 분류'란 프로그램의 평소 시청량을 기준으로 아동을 4개 집단으로 분류한 것인데, 집단 1은 전체 조사대상 중 하위 25%에 해당하는 아동집단을, 집단 4는 상위 25%에 해당하는 집단을 나타낸다. 지식 습득 정도를 파악하기 위해서, 조사대상 아동들에게 프로그램의 특정 편을 시청하게 하고 그 프로그램이 다룬 주제와 관련된 지식 정도를 시청 전과 후로 나누어 비교 측정하였다. 표에는 그 결과가 집단별 평균값의 형태로 제시되어 있다.

<'세서미 스트리트'의 평소 시청량과 가정환경에 따른 아동의 성취 점수 비교>

구분	평소 시청량에 따른 집단 분류			
	1	2	3	4
• 빈곤한 가정의 아동 　프로그램 시청 전(前) 점수 　시청 후(後) 점수	76 95	84 113	87 137	97 144
• 부유한 가정의 아동 　프로그램 시청 전(前) 점수 　시청 후(後) 점수	95 125	102 140	113 153	110 155

166 한 번에 합격, 해커스로스쿨 **lawschool.Hackers.com**

Q1. 제시문 (가)의 내용을 요약하시오. (200~300자)

Q2. 제시문 (나)의 내용을 요약하시오. (200~300자)

Q3. <그래프1>은 제시문 (가)와 (나)중 어느 입장을 지지하는지 설명하시오. (200~300자)

Q4. <그래프2>는 제시문 (가)와 (나)중 어느 입장을 지지하는지 설명하시오. (200~300자)

Q5. '지식격차 가설'을 고려하여 제시문 (다)의 표에 나타난 결과들을 설명하시오. (200~300자)

❾ 소액접속은 적은 고정액만을 지불하는 방식, 광대역접속은 상대적으로 고액을 지불하는 방식이다.
❿ 세서미 스트리트(Sesame Street): 1969년 처음 방송된 텔레비전 교육 프로그램으로, 빈곤계층 미취학 어린이들을 위한 미국 정부의 '헤드 스타트(Head Start) 프로그램'의 일환으로 추진되었다.

📝 예시답안

Q1.

> 지식격차가설이란, 매스미디어가 제공하는 정보가 증가할 경우 사회경제적 지위에 따라 집단 간의 지식격차가 심화된다는 것이다. 예를 들어, 신문사가 파업해 정보가 제공되지 않은 경우, 교육수준이 다른 집단 간에 지식의 차이가 줄어들었다. 신문사가 파업하지 않고 정보를 제공하면, 교육 수준에 따라 지식의 격차는 커진다. 이를 종합하면 정보가 증가할수록 사회경제적 지위에 따라 지식격차가 커진다.

※ 220자

Q2.

> 장기적으로 하위계층의 미디어 사용이 확대되므로, 지식격차가설은 타당하지 않다. 네트워크는 일단 구축되면 한계비용이 매우 적기 때문에 네트워크 이용 가격이 하락한다. 예를 들어, 1994~2000년에 네트워크가 구축되어 이용가격이 하락해 미국의 모든 계층에서 인터넷 이용자가 크게 늘어났다. 그렇다면 하위계층도 인터넷 정보에 접속할 수 있어 사회계층 간의 지식 격차는 감소한다. 따라서 지식격차가설은 타당하지 않다.

※ 232자

Q3.

> <그래프 1>은 제시문 (나)의 입장을 지지한다. <그래프 1>에서 2003년 전문직의 인터넷 접속률이 70% 초반이었고 2005년에는 70% 후반이었다. 서비스직의 경우 각각 40% 초반과 60% 후반이고 무직의 경우에는 각각 20% 초반과 40% 후반이다. 2003년에 비해 2005년의 인터넷 접속률에 있어서 전문직과 서비스직, 무직의 차이가 줄었다. 따라서 정보가 증가하면 계층 간의 지식격차가 심화된다는 제시문 (가)와는 충돌하고 계층 간의 지식격차가 감소한다는 제시문 (나)를 지지한다.

※ 280자

Q4.

> <그래프 2>는 제시문 (가)의 입장을 지지한다. <그래프 2>에서 2003년에 비해 2005년에 무료접속과 소액접속방식은 줄었고 광대역 접속은 늘었다. 광대역 접속은 고액의 사용요금을 지불해야 하는 것이기 때문에 상위계층의 인터넷 접속을 의미한다. 반면 무료접속과 소액접속방식은 하위계층이 주로 사용할 것이다. 광대역 접속이 늘어나게 되면, 이윤을 추구하는 기업은 광대역 서비스를 주로 하여 실질적으로 하위계층의 인터넷 접속과 정보 습득이 어렵게 되어 계층 간 지식격차가 심화될 수 있다. 따라서 이는 제시문 (가)의 입장을 지지한다.

※ 300자

Q5.

> 세서미 스트리트 시청 전 부유한 가정의 아동과 빈곤한 가정의 아동 간의 점수차는 1집단에서 19, 2집단은 18, 3집단에서 25, 4집단에서 13이다. 프로그램 시청 후 점수차는 1집단은 30, 2집단에서 27, 3집단은 16, 4집단에서 11이다.
>
> 1, 2집단은 프로그램 시청 전보다 시청 후의 점수 격차가 더 커졌으므로 지식격차가설을 지지하는 통계이다. 그러나 3, 4집단은 시청 전보다 시청 후의 점수 격차가 줄었으므로 지식격차가설에 부합하지 않는 통계이다.

※ 261자

(가) 사형은, 이를 형벌의 한 종류로 규정함으로써, 국민일반에 대한 심리적 위하를 통하여 범죄의 발생을 예방하고, 이를 집행함으로써 특수한 사회악의 근원을 영구히 제거하여 사회를 방어한다는 공익상의 목적을 가진 형벌이다.

청구인은 사형이라고 하여 무기징역형(또는 무기금고형)보다 반드시 위하력이 강하여 범죄 발생에 대한 억제효과가 높다고 보아야 할 아무런 합리적 근거를 발견할 수 없고, 사회로부터 범죄인을 영구히 격리한다는 기능에 있어서는 사형과 무기징역형 사이에 별다른 차이도 없으므로, 국가가 사형제도를 통하여 달성하려는 위 두 가지 목적은 사형이 아닌 무기징역의 형을 통하여도 충분히 달성될 수 있을 것이고, 따라서 형벌로서의 사형은 언제나 그 목적 달성에 필요한 정도를 넘는 생명권의 제한수단이라고 주장한다.

그러나 사형은 인간의 죽음에 대한 공포본능을 이용한 가장 냉엄한 궁극의 형벌로서 그 위하력이 강한 만큼 이를 통한 일반적 범죄 예방효과도 더 클 것이라고 추정되고 또 그렇게 기대하는 것이 논리적으로나, 소박한 국민일반의 법감정에 비추어 볼 때 결코 부당하다고 할 수 없다. 사형의 범죄억제효과가 무기징역형의 그것보다 명백히 그리고 현저히 높다고 하는 데 대한 합리적·실증적 근거가 박약하다고는 하나 반대로 무기징역형이 사형과 대등한 혹은 오히려 더 높은 범죄억제의 효과를 가지므로 무기징역형만으로도 사형의 일반예방적 효과를 대체할 수 있다는 주장 역시 마찬가지로 현재로서는 가설의 수준을 넘지 못한다고 할 것이어서 위 주장을 받아들일 수 없다.

결국 모든 인간의 생명은 자연적 존재로서 동등한 가치를 갖는다고 할 것이나 그 동등한 가치가 서로 충돌하게 되거나 생명의 침해에 못지않은 중대한 공익을 침해하는 등의 경우에는 국민의 생명·재산 등을 보호할 책임이 있는 국가가 어떠한 생명 또는 법익이 보호되어야 할 것인지 그 규준을 제시할 수 있는 것이다. 인간의 생명을 부정하는 등의 범죄행위에 대한 불법적 효과로서 지극히 한정적인 경우에만 부과되는 사형은 죽음에 대한 인간의 본능적인 공포심과 범죄에 대한 응보욕구가 서로 맞물려 고안된 "필요악"으로서 불가피하게 선택된 것이며 지금도 여전히 제 기능을 하고 있다는 점에서 정당화될 수 있다.

따라서 사형은 이러한 측면에서 헌법상의 비례의 원칙에 반하지 아니한다 할 것이고, 적어도 우리의 현행헌법이 스스로 예상하고 있는 형벌의 한 종류이기도 하므로 아직은 우리의 헌법질서에 반하는 것이라고는 판단되지 아니한다.**⓫**

(나) 재판은 인간이 하는 심판이므로 오판을 절대적으로 배제할 수는 없고 오판이 시정되기 이전에 사형이 집행되었을 경우에는 비록 후일에 오판임이 판명되더라도 인간의 생명을 원상으로 복원시킬 수는 없는 것이므로 사형제도는 어떠한 이유로도 그 정당성을 설명할 수는 없다고 할 것이다.

사형이 인간의 죽음에 대한 공포본능을 이용한 가장 냉엄한 형벌로서 그 위하력을 통한 일반적 범죄예방효과를 거둘 수 있느냐는 문제는 오랫동안 많은 학자들이 실증적인 연구조사를 하여 오고 있다. 그러나 그 결과에 따르면 예방효과를 인정하는 견해는 소수에 불과하고 다수견해는 그 효과를 인정하지 아니하고 있는 실정이다. 이와 같이 사형제도로서도 형벌의 목적의 하나인 범죄의 일반적 예방의 실효를 거두고 있다고는 할 수 없으

⓫ 헌재, 95헌바1, 1996. 11. 28.

며 그 효과면에서 보더라도 무기징역형을 최고의 형벌로 정하는 경우와 비교하여 크나큰 차이가 있다고 할 수는 없다. 그렇다면 사형제도가 형벌의 한 수단으로서 적정하다거나 필요한 방법이라고는 할 수 없다. …(중략)…

사형이라 하여 무기징역형보다 반드시 위하력이 강하고 범죄발생의 예방효과가 높다고 보아야 할 합리적 근거를 발견할 수 없음은 앞서 본 실증적 연구조사결과로 보아 분명하고, 영구히 사회로부터 범죄를 격리한다는 기능에 있어서는 사형과 무기징역 간에 별다른 차이를 인정할 수 없으므로 반드시 사형제도를 통하지 아니하더라도 이를 대체하여 무기징역형 제도를 통하여 형벌의 목적을 충분히 달성할 수 있다고 할 것이다. 따라서 인간의 생명박탈이라는 가장 큰 피해를 입혀 생명권을 제한함은 피해의 최소성의 원칙에 반한다고 할 것이다.⑫

(다)

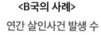

<A국의 사례>

	2020	2021	2022
사형선고 수	40	50	60
살인사건 발생 수	80	60	40

단, 사형선고 수와 사형집행 수는 동일하고, 알려지지 않은 살인사건은 없다고 가정한다.

(라)

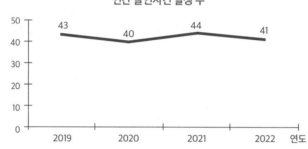

<B국의 사례>
연간 살인사건 발생 수

B국은 2020년 사형제도를 폐지하였다.

Q1. 1. 제시문 (가), (나)를 각각 요약하시오. (200~300자)

Q2. 제시문 (다), (라)의 사례의 의미를 각각 요약하시오. (300~500자)

Q3. 제시문 (다)와 (라), 제시문 (가), (나)를 논리적으로 잘 어울리는 것끼리 연결하고 연결의 타당성을 논증하시오. (600~800자)

Q4. 사형제 폐지에 대한 찬반 입장⑬ 중 자신의 입장을 정해 논거를 들어 논증하시오. (600~800자)

📝 예시답안

Q1.

> 제시문 (가)는 사형제가 존치되어야 한다고 주장한다. 사형은 잠재적 범죄자에 대해 죽음에 대한 공포심을 야기해 강력범죄 억제 효과가 충분하고 헌법에도 위반되지 않는다.
>
> 제시문 (나)는 사형제를 폐지해야 한다고 주장한다. 사형제도는 판사에 의한 오판 가능성이 있고, 사형제도를 폐지하더라도 살인사건 등의 범죄가 훨씬 더 많이 발생한다는 실증적 연구결과는 없으므로 강력범죄 억제 효과도 미미하다.

※ 220자

Q2.

> (다)는 사형 집행으로 인한 강력범죄 억제효과를 증명하는 사례이다. 이에 따르면 2020년에서 2022년, A국 법원의 사형선고 수가 증가하자 살인사건 발생 수가 감소하고 있다. 사형을 선고하고 집행하면 범죄자는 이를 두려워 해 강력범죄를 스스로 억제하는 효과가 있다. 사형의 위하력이 강력범죄 억제효과가 있음을 증명하는 것이다.
>
> (라)는 사형으로 인한 강력범죄 억제효과가 미미함을 증명하는 사례이다. B국은 2020년에 사형제를 폐지했다. 사형 집행으로 인한 강력범죄 억제효과가 존재한다면, 2020년 이후로 강력범죄가 증가해야 한다. 그러나 2021년에 강력범죄가 늘어난 것으로 보이다가 2022년에는 강력범죄가 줄어들었다. 이는 결국 사형제와 강력범죄 억제효과의 유의미한 연관관계가 없다는 것을 의미한다.

※ 398자

Q3.

> (다)에 따르면, 사형존치론을 주장하는 제시문 (가)는 타당하고, 사형폐지론을 주장하는 제시문 (나)는 타당하지 않다. 사형존치론을 주장하는 제시문 (가)에 따르면, 사형은 강력한 위하력을 발휘해 강력범죄를 억제한다. (다)에서 사형선고 건수는 2020년, 2021년, 2022년 각각 40건, 50건, 60건이고, 살인사건 발생 수는 각각 80건, 60건, 40건이다. 사형선고 건수가 2020년 40건에서 2022년 60건으로 늘어 50% 증가한 경우, 살인사건 발생 건수는 동일한 기간에 80건에서 40건으로 줄어들어 50%가 줄어들었다. 즉 사형 선고 건수와 살인사건 발생 건수는 반비례 관계에 있다. 따라서 사형은 살인사건 발생을 억제하는 효과를 가지므로, 사형존치론을 지지하는 사례가 된다.
>
> (라)에 따르면, 사형폐지론을 주장하는 제시문 (나)는 타당하고, 사형존치론을 주장하는 제시문 (가)는 타당하지 않다. (라)에서 2020년 사형제도가 폐지된 이후 2021년에 살인사건 발생 수는 44건이고, 2022년은 41건이다. 2021년 살인사건 발생 수가 4건 늘었으나 2022년에는 다시 41건으로 낮아졌고 이는 사형제도를 폐지하기 전인 2019년의 43건에 비교하면 오히려 더 낮은 수준이다. 따라서 (라)에 따르면 사형제를 폐지하더라도 살인사건 발생 건수의 변화는 미미하므로 사형폐지론을 지지한다.

※ 679자

⑫ 헌재 1996. 11. 28. 95헌바1, 판례집 8-2, 537 [전원재판부]
⑬ 전원재판부 2008헌가23, 2010. 2. 25.

Q4.

<사형제 존치 입장>

사회정의 실현을 위해 사형제도를 존치해야 한다. 정의는 각자에게 올바른 몫을 주는 것이다. 형벌의 측면에서 정의는 자신이 저지른 범죄에 대한 응분의 책임을 지게 하는 것이다. 우리나라에서 사형을 선고하는 범죄는 계획적으로 다수의 피해자의 생명을 잔혹하게 빼앗은 경우에 해당한다. 우발적인 범죄로 인한 살인이나 상해를 입히려다가 사망에 이른 경우가 아니라, 범죄자가 철저한 자기 계획하에 여러 명의 피해자의 생명을 빼앗은 것이다. 범죄자의 잔혹한 범죄로 인해 피해자는 자신의 자유의 기초가 되는 생명을 침해당해 자유를 누릴 수 없게 된다. 범죄자가 다수의 생명을 계획적으로 빼앗은 것에 대한 응분의 책임은 범죄자의 생명에 해당한다. 따라서 사회정의 실현을 위해 사형제도를 존치해야 한다.

사회질서를 유지하기 위해 사형제도를 존치해야 한다. 사회질서를 유지하기 위해서는 범죄자에 대한 처벌이 이루어져 범죄예방효과가 달성되어야 한다. 이를 위해서는 형벌이 사람들에게 주는 위하력이 있어야 한다. 예를 들어 타인을 폭행하거나 살해하더라도 약간의 벌금 정도의 처벌만 받는다면 범죄가 예방될 수 없고 사회질서는 무너질 것이다. 범죄자가 강력범죄를 저지를 경우 자신의 생명을 잃을 수 있다고 생각한다면 이것이 두려워 범죄의지가 억제될 것이다. 또한 일반인 역시 사형을 당할 수 있다고 생각한다면 범죄의지가 줄어들 것이다. 이처럼 사형은 생명에 대한 인간의 근원적 공포를 통해 형벌의 위하력을 줄 수 있다. 따라서 강력범죄 예방을 통해 사회질서를 유지할 수 있으므로 사형제도를 존치해야 한다.

※ 772자

<사형제 폐지 입장>

사형제도를 폐지해야 한다. 개인의 인권을 침해하고, 비가역적인 권리 침해가 발생할 수 있기 때문이다.

개인의 인권을 침해하므로 사형제도를 폐지해야 한다. 인간은 인권의 주체이자 존엄한 존재이다. 개인의 생명은 인권의 핵심이 되는 것으로서 생명 그 자체로 목적이 되어야 하며 다른 가치의 실현을 위한 수단이 되어서는 안 된다. 그러나 사형은 인간의 생명을 범죄 예방이라는 사회적 가치와 목적 실현을 위한 수단으로 대하는 것이다. 그뿐만 아니라 법에 따라 사형을 선고하는 법관, 그리고 법원의 결정에 따라 사형을 집행해야 하는 교도행정공무원의 경우, 자신의 양심에 반하는 결정을 선고하고, 집행해야 할 수 있다. 이는 개인의 양심의 자유를 침해하며 자신이 추구하는 가치관에 반하는 행동을 하도록 강제하므로 인간의 존엄에 위배된다. 따라서 개인의 인권을 침해하므로 사형제도를 폐지해야 한다.

비가역적인 권리 침해를 예방하기 위해 사형제도를 폐지해야 한다. 사법정의를 실현하기 위해 실체적 진실을 추구한다고 하더라도 재판을 신이 아닌 인간이 하기 때문에 오판의 가능성은 언제나 존재한다. 오판으로 인하여 권리의 침해가 발생할 경우 이 권리 침해를 회복해야 하는데, 사형을 집행한 경우 생명을 회복할 수 없기 때문에 권리 침해가 비가역적이다. 우리나라의 경우 인혁당 사건과 같이 사형 집행으로부터 12년이 지나서야 오판이었음이 드러난 바 있다. 따라서 비가역적인 권리 침해를 막기 위해 사형제도를 폐지해야 한다.

※ 730자

모의문제 03 논리구조 구성(2010 LEET 논술 기출문제)

* 부록의 원고지를 사용하여 실제 시험처럼 제한시간(110분)에 맞춰 답안을 작성해보고, 답안을 작성한 후에는 p.466에서 해설과 예시답안을 확인해보세요.

Q. 개인에게 도덕을 강제할 수 있는지에 관하여 제시문 (가), (나), (다)의 논점들을 비교하시오.
(600~800자, 40점)

> **(가)** 최근 들어 쉽게 해결할 수 없는 도덕적 사안들이 등장하고 있다. 과거에는 도덕률을 위반한 사례들에 대하여 법이 간섭해서는 안 된다고 주장하는 사람들이 드물었다. 그러나 오늘날에는 도박과 같은 부도덕이 자유의 이름으로 보호되어야 한다고 생각하는 사람들이 많이 있다.
>
> 사회는 스스로를 보존하기 위해 법을 만든다. 이때 법의 목적은 사회의 도덕을 수호하는 것이고, 법원의 임무는 어떤 시스템을 창조하는 것이 아니라 사회의 유산을 방호하는 것이다. 자유로운 사회라도, 그 사회를 결속시키는 토대는 공통의 정서가 가지는 응집력이다. 사회를 만드는 것은 공통의 생각들이며, 여기에는 정치이념뿐만 아니라 그 구성원들이 어떻게 행동하고 삶을 이끌어가야 하는가에 관한 생각들도 포함된다.
>
> 그러나 입법자는 무엇이 좋고 나쁜지에 대한 판단을 내릴 필요가 없다. 입법을 통해 강제되는 도덕은, 그 사회에 의해 이미 받아들여지고 있는 옳고 그름에 대한 생각들이기 때문이다. 그러한 생각들은 사회의 온전한 보존을 위해 필수적이며, 입법자는 그러한 생각들을 법으로 제정한다. 예를 들어 그는 일부일처제와 일부다처제의 장단점에 대해 따져볼 필요가 없다. 그는 일부일처제가 자기가 속한 사회 구조의 본질적 부분이라는 사실을 확인하기만 하면 된다. 이 경우 그는 자연스럽게 자기가 속한 사회의 도덕이 좋은 것이고 옳은 것이라고 받아들여야 할 것이다. 그러나 입법자가 이러한 도덕의 좋음과 옳음을 보증할 필요는 없다. 그에게 위임된 권한은 사회의 토대를 보존하는 것이지, 자기 자신의 생각에 따라 그것을 재구성하는 것이 아니기 때문이다.
>
> **(나)** 정부가 시민들을 동등하게 대우한다는 것은 무엇을 의미하는가? 이것은 정부가 모든 시민들을 자유롭고, 독립되고, 동등한 존엄성을 지닌 존재로 대우한다는 것이 무엇을 의미하는가 하는 물음과 같다. 이 질문에 대해서는 근본적으로 서로 다른 두 가지 답변이 있다. 첫째는 어떤 것이 좋은 삶인가에 대해 정부는 중립적이어야 한다는 입장이다. 반면, 둘째는 정부가 그런 문제에 중립적일 수 없다는 입장이다. 인간이란 어떠한 존재이어야 하는가에 대한 이론(理論)이 없으면 정부가 시민들을 동등한 인간으로 대우할 수 없다고 보기 때문이다. 이 두 가지의 차이를 좀 더 설명해야만 하겠다.
>
> 첫 번째 입장은 정치적 결정이란 무엇이 좋은 삶인가 또는 무엇이 삶에 가치를 부여하는가에 대한 특정한 관념으로부터 가능한 한 독립되어야만 한다고 주장한다. 한 사회의 시민들은 좋은 삶에 대해 서로 다른 관념을 지니고 있다. 그렇기 때문에 많은 집단 또는 강력한 집단이 어떤 관념을 지지한다는 이유로 정부가 그 관념을 더 선호한다면 그 정부는 시민을 동등하게 다루지 않는 셈이다. 두 번째 입장은 동등한 대우의 내용 자체가 좋은 삶이란 무엇인가에 대한 관념으로부터 독립될 수 없다고 주장한다. 이 입장에 따르면 좋은 정부란 좋은 삶을 육성하는 정부이다. 그리고 동등한 대우란 각각의 사람을 대우할 때, 당사자가 실제로 좋은 삶을 살기를 원하는 것처럼 그를 대우하는 것이다.

두 입장은 모두 개인들을 동등하게 대우하고자 하지만 그 존중의 내용에 있어서 큰 차이가 있다. 첫 번째 입장을 취할 때에만 각 개인이 동등한 관심과 존중을 받을 권리가 있다는 평등의 원칙에 더 충실할 수 있다고 생각된다. 왜냐하면 그러지 않을 경우 다수에 의해 선출된 정부가 다수의 선호에 따라 좋은 삶을 규정하고 이것이 공적 도덕으로 법제화될 수 있기 때문이다. 그 결과 모든 구성원들이 개인적 선호를 성취하는 것이 불가능해질 뿐 아니라 동등하게 존중되어야 할 시민의 권리는 파괴되고 만다. 좋은 삶에 대한 여러 관념들 사이에서 정부는 중립을 지켜야 한다. 그래야만 특별한 도움이 필요한 사람들 또는 특이한 열망을 가진 사람들의 권리가 지배적 선호를 내세운 제도적 압박으로부터 보호될 수 있다.

(다) 국가의 가장 중요한 기능은 시민들이 좋은 삶을 실현하도록 돕는 것이다. 좋음의 객관적인 내용은 보편적 이성에 의해 발견될 수 있으며, 국가의 역할은 좋음에 관한 이러한 관념을 시민들의 마음속에 불어넣는 것이다.

사람들이 도덕적 삶을 지향하도록 강제하기 위해서는 올바른 법이 필수적이다. 자발적으로 절제 있고 강인하게 사는 것은 대부분의 사람들에게 즐거운 일이 아니기 때문이다. 이성적 설득보다 힘이, 고귀한 가치보다 처벌의 위협이 대다수의 사람들을 올바른 삶으로 인도한다. 어떤 사람이 한두 차례 절제 있고 올바른 행위를 한다고 해서 곧바로 덕을 갖춘 사람이라고 말할 수는 없지만, 일단 익숙해지면 그러한 행위를 적어도 고통스럽게 느끼지는 않게 된다.

어떤 사람들은 국가가 이렇게 기능하는 것은 전제와 억압의 다른 형태라고 비판한다. 이들 주장의 핵심은 자유와 관용의 이름으로 여러 도덕적 관념들 가운데서 국가가 중립을 지켜야 한다는 것이다. 그러나 이러한 주장은 중립 자체도 일종의 도덕적 판단의 결과라는 점을 망각한 것이다. 불편부당한 도덕적 판단도 그 안에 어떤 근본적인 가치를 포함하지 않을 수 없다. 이 근본적인 가치가 없다면 이들이 주장하는 자유와 관용도 정당화될 수 없다. 국가는 도덕적 삶을 완성하기 위해 할 수 있는 일을 해야 한다.

Chapter
05

사례 적용

핵심개념정리

1. 사례 적용과 사례형 논술

LEET 논술은 2019학년도 시험부터 사례형 문제를 출제하고 있다. 이는 변호사 시험으로 인한 변화인데, 법조인이 하는 일 자체가 법 논리를 구체적인 사례에 적용하는 일이기 때문이다. 변호사는 일반적이고 추상적인 법조문과 법 논리를 구체적인 현실 사건에 적용하는 일을 한다. 따라서 사례 적용을 얼마나 잘 하는지가 법조인의 실질적인 능력인 것이고, LEET 논술에서 측정하고자 하는 예비 법조인의 능력이 된다.

2. 법조인과 사례 적용

법조인은 법조문의 논리를 분석해서 구체적인 현실 사건에 적용하여 이것이 성립함을 혹은 성립하지 않음을 증명한다. 다음의 사례를 통해 이를 확인해보자.

A국의 형법 조문에 다음의 두 조항이 있다고 하자.

- **강간죄**: 폭행 또는 협박으로 부녀(婦女)를 강간한 자는 이 법을 적용한다.
- **강제추행죄**: 폭행 또는 협박으로 사람에 대하여 추행을 한 자는 이 법을 적용한다.

A국의 형법에 따르면, 강간죄의 처벌 수위가 강제추행죄보다 2배 이상 강력하다.

일반적인 사건은 시험에 출제되지 않는다. 수험생의 논리 이해력과 사례 적용 능력을 파악하기 위해서는 특이한 사건이 출제되기 마련이다. 다음의 특이한 사례를 생각해보자.

남성인 X가 늦은 밤 Y를 뒤따라가 성폭행을 하였고 이후 체포되었는데, 경찰의 조사 결과 성폭행 피해자인 Y가 남성에서 여성으로 성전환 수술을 한 트랜스젠더임이 밝혀진 것이다. 상세한 조사 결과 30세인 가해자 X는, Y를 여성으로 보고 뒤따라가 성폭행하였음이 밝혀졌다. 30세인 피해자 Y는 사춘기인 14세 무렵부터 자신의 성 정체성에 대한 의문을 품고 고민하면서 정신과 상담 등을 꾸준히 받았다. 그럼에도 자신의 성 정체성이 육체적 성과 다른 여성임을 더욱 확고히 하여 27세에 성전환수술을 결심하고 A국에서는 금지된 성전환 수술을 받고자 이 수술이 허용되는 B국에서 수술을 받아 육체적으로 여성이 되었다. 성전환수술은 대단히 위험한 수술로 생명에 큰 위험이 존재하고, 부작용 억제를 위해 남은 인생동안 꾸준히 약을 복용해야 한다.

이 경우 가해자 X를 강간죄로 처벌해야 한다는 주장이 있을 수 있고, 강제추행죄로 처벌해야 한다는 주장이 있을 수 있다. 결국 이에 대한 결론은 사례 적용에서 결정될 것이다.

강간죄를 적용해야 한다는 주장에서는 다음의 논증을 해야 한다. 강간죄는 결국 개인의 성적 자기결정권에 대한 침해를 처벌하는 것이다. Y는 정신적으로 자신을 여성으로 인식하고 있으며, 정신적인 여성 정체성을 실현하고자 육체적으로도 여성으로 전환하였다. 따라서 가해자 X는 Y의 성적 자기결정권을 침해하였으므로 강간죄가 적용되어야 한다.

강제추행죄를 적용해야 한다는 주장에서는 다음의 논증을 해야 한다. 강간죄와 강제추행죄는 부녀와 사람이라는 논리의 차이가 존재한다. 부녀를 특별히 규정한 것은 임신과 출산의 기능으로 인한 모성(母性)이라는 가치를 보호하기 위함이다. Y는 생물학적으로 XY 염색체를 가지고 있으므로 정신과 육체의 어떤 변화에도 불구하고 임신과 출산이 원천적으로 불가능하다. 가해자 X가 Y에 대해 행한 범죄로 인해 모성 보호라는 가치의 훼손이 존재하지 않는다. 따라서 강간죄를 적용할 수 없고, 강제추행죄를 적용할 수 있을 뿐이다.

연습1 진화

※ 다음 제시문을 읽고, 문제에 답하시오.

> 우리는 진화에 대해 착각하고 있다. 우리는 흔히 인간은 진화의 정점으로 만물의 영장이고, 아메바와 같은 단세포는 진화가 덜 된 것으로 보고 있다. 그러나 이는 진화에 대해 잘못 생각한 것이다. 만약 이것이 맞다고 가정하자. 아메바와 같은 단세포는 모두 진화하여 인간이 되었어야 했고, 생명의 세계는 인간만 존재해야 할 것이다. 그러나 생명은 그렇게 진화하지 않는다. 이는 인간 중심의 생각에 불과할 뿐이다.
>
> 진화를 한 마디로 말하면, 다양성의 증가라 할 수 있다. 생명은 태초에 아메바와 같은 단세포에서 시작하여 현재는 엄청나게 다양한 생명체로 분화되어왔다. 생명은 다양하게 분화하고 복잡해지면서 환경의 변화에 대응해왔다. 그렇기 때문에 예측할 수 없는 환경의 변화에 대응할 수 있다. 예를 들어, 갑작스럽게 빙하기가 찾아왔다고 하자. 빙하기는 태양의 빛을 에너지로 바꿀 식물의 감소로 이어지고 먹이가 줄어든 동물의 감소로 이어진다. 따라서 빙하기가 오면 성체의 몸무게가 20kg이 넘는 종은 생존하기 어렵다. 그러나 몸집이 작은 종은 살아남을 수 있다. 이처럼 진화는 다양성의 증가인 것이다.

Q1. 우리나라는 과학정책을 결정할 때, 연구비를 생산성이 높은 과학자에게 집중 투자하는 '선택과 집중' 정책을 택하는 경우가 많다. 제시문의 주장을 요약하고, 이를 활용하여 '선택과 집중' 과학정책의 문제점을 논하시오. (400~500자)

사고력 확장 문제

Q2. 우리나라 고등학교 교육은 공부 잘하는 학생을 위한 교육이다. 시나 소설을 잘 쓰거나, 그림을 잘 그리거나, 사교성이 좋아 장사를 잘 할 수 있거나, 모험을 적극적으로 하고자 하는 학생은 일반 고등학교에서 배울 내용이 별로 없다. 우리 교육의 문제점과 방향을 제시문을 참조하여 서술하시오. (1000~1200자)

제시문 분석

진화는 다양성이 증가하는 방향으로 이루어진다. 생명은 예측할 수 없는 환경 변화에 대응하기 위해 다양한 방향으로 분화했고 이것을 진화라 한다.

문제해결의 실마리

금융 상품 광고에서 "계란을 한 바구니에 담지 말라"는 말을 한다거나 "다양한 금융상품을 구성해서 위험을 회피하라"는 말을 들었을 것이다. 여기에서 알 수 있는 것은 분산 투자는 위험 회피에 유리하다는 것이다. 다른 말로 하면 집중 투자는 위험할 수 있다는 의미일 것이다. 그렇다면 집중 투자는 고위험을 감수하여 고수익을 얻는 것이라는 점을 유추할 수 있다.

19세기 아일랜드에서 생산성이 높은 단일 품종의 감자만을 재배한 나머지 그 품종의 감자에 치명적인 병충해가 발생하여 감자를 수확할 수 없게 되어 대량 기아상태가 발생했다. 만약 다양한 품종의 감자를 재배했다면 생산성은 좀 떨어지더라도 그 중 어떤 품종의 감자는 병충해에 강해 감자를 수확할 수 있었을 터이고, 대량 기아상태를 어느 정도 예방할 수 있었을 것이다.

이와 같이 다양성을 확보하는 것이 국가나 사회의 발전을 위해서도 필요하다. 그럼에도 불구하고 생산성이 높다는 이유로 특정분야에만 연구비를 집중시킨다면 예상하지 못한 사태가 발생했을 때 문제를 해결할 수 없다.

Q1.

진화란 다양성의 증가이고, 다양성을 통해 예측할 수 없는 환경에 대응할 수 있다. 이에 따라 과학 연구비는 다양한 분야에 지원해야 한다. 예측할 수 없는 문제를 해결할 수 있기 때문이다. 과학 연구비를 선택과 집중이라는 논리로 생산성이 높은 특정 과학자에게만 몰아주자는 주장이 제기된다. 한 분야에만 연구비를 집중 투자하면, 투자하지 않은 분야에서 문제가 발생할 경우 원인을 파악하지 못해 문제를 해결할 수 없다. 예를 들어, 지구과학 분야와 재난 분야 등의 기초과학 연구는 연구비가 적고 연구자가 적다. 이로 인해 태풍과 홍수가 매년 발생하고 있으며 기후 변화로 인해 인명과 재산상의 피해가 커지고 있다. 기초과학과 같은 다양한 분야에 투자해야 예측할 수 없는 미래에 대비할 수 있다. 따라서 한 분야가 아니라 다양한 연구 분야에 연구비를 지원해야 한다.

※ 423자

Q2.

우리 교육의 문제점은 성적이라는 단일한 기준으로 학생을 평가한다는 점이다. 어른들은 성적이라는 하나의 기준으로 아이들을 평가한다. 이런 어른들 때문에 성적이 나쁜 경우 아이들은 불행해진다. 모든 것을 성적으로 평가하다 보니 공부가 아닌 다른 영역에 소질이 있는 학생을 어른들은 무시하고 야단친다. 자존심을 다친 아이들은 스스로 쓸모없는 인간으로 생각하고 좌절감에 빠져, 소질을 키울 기회를 잃는다.

우리 교육 과정을 학생들의 다양한 소질을 발견하고 길러내는 방향으로 재설정해야 한다. 교육이란 학생들의 잠재된 소질을 끄집어내는 과정이다. 학생마다 소질이 다르다. 공부에 소질이 있는 학생이 있는가 하면, 글쓰기나 그림, 모험, 요리에 소질이 있는 학생이 있다. 우리나라 고등학교에서는 대학입시라는 목표에 치중하여 교육하고 있다. 이런 교육 하에서는 학생들이 다양한 소질을 키울 수 없다. 이것은 교육의 본질에도 부합되지 않는다. 학생들의 다양한 소질을 길러주는 교육으로 교육 목표를 바꿔야 한다.

이처럼 교육 목표를 다양성을 기준으로 바꾼다면 국가 발전을 도모할 수 있다. 미래 사회가 어떻게 변화할지 예측하기 어려워지고 있으며 변화의 속도 또한 점차 빨라지고 있다. 진화란 다양성의 증가이고 예측하기 힘들다. 자연뿐만 아니라 사회도 진화한다. 예측할 수 없는 사회의 진화에 대비하려면 다양한 인재들이 필요하다. 공부 잘 하는 인재만 필요한 것이 아니다. 그러나 우리 교육은 다양한 분야의 인재를 키우기보다는 현재의 사회상황에 맞는 모범생을 대량생산하고 있다. 사회는 다양한 분야에서 창의적이고 도전적인 인재를 요구하고 있으나 우리 교육은 사회의 요구에 역행하고 있다. 교육의 목적을 사회변화에 대응할 수 있도록 다양한 인재 양성에 두어야 한다.

교육 목표의 전환으로 학생들의 행복을 증진시킬 수 있다. 성적이 좋지 않아도 행복하게 살 수 있는 여러 길을 보여주는 교육이 참교육이다. 자신의 소질에 맞게 인생 목표를 설정하고 이것을 달성하기 위해서 필요한 능력을 갖추도록 도와주는 교육이 되어야 한다.

※ 1007자

연습 2 부당한 권력의 발생원인

(가) ⓐ 부당한 권력은 그 부당함에 맞서기를 꺼리는 개인들의 소극적이고 이기적인 태도 때문에 유지된다. 부당한 권력에 복종하는 사람들이 여러 가지 불가피한 이유들을 나열하지만, 그것은 대부분 자신의 나약함이나 기회주의적 성격을 변명하는 것에 불과하다. 어떤 형태의 권력도 진정으로 확실한 윤리적 태도와 지성을 가진 개인을 굴복시킬 수 없는 한, 외적 상황을 탓하는 것은 옳지 못한 것이다. 개인의 사사로운 욕망과 안락함을 추구하려는 경향 때문에 개인의 지성적 판단력과 윤리적 책임의식이 약해지는 것이야말로 인간을 나약하게 만드는 주범이다. ⓑ 끊임없는 자기성찰, 공공적 관심에의 시민적 참여만이 자신의 존엄성을 지키는 것은 물론이고 부당한 권력을 약화시키는 유일한 힘이다.

(나) ⓒ 구성원들의 자유로운 의사소통과 자율적 활동이 보장되지 못한 억압적인 정치상황하에서 개인이 할 수 있는 일이란 매우 적다. 그런 환경 속에서 개인은 스스로의 판단과 책임에 따라 행동해야 할 이유를 발견하지 못한다. 소신이라든지 창의성이라는 것은 오히려 불편함이나 손해를 가져올 경우가 많기 때문에 적당히 관행에 따라 처신하는 행동이 몸에 배게 된다. 설사 자율적인 판단과 행동을 추구한다 하더라도 그 범위는 매우 좁은 개인적 일상사 또는 소시민적 활동에 국한되게 마련이다. ⓓ 나약한 인간을 만드는 것은 개개인의 윤리의식의 부족함에 있다기보다 그들을 타율적인 존재로 만드는 비민주적 환경에 있는 것이다.

(다) 이완용은 1882년 25세의 나이로 과거에 급제했다. 갑과(甲科)나 을과(乙科) 급제도 아니고 그보다 급이 낮은 병과(丙科)에서 18위로 급제했으나 아버지의 힘으로 이례적으로 정7품에 봉해졌다. 이후 1886년 조선 최초의 근대적 교육기관인 육영공원에 입학해 영어와 과학, 경제학 등 기초근대교육을 받았고 고종의 총애를 받아 과거 급제 5년만에 정3품 당상관에 봉해졌다. 1887년 미국 외교관 생활을 했고, 1890년 귀국해 대한제국의 대미(對美) 협상을 담당했고 우리나라의 근대교육 개혁을 주도했다. 이후 이완용은 독립협회와 만민공동회 활동을 주도했다. 독립협회 내의 정부측 인사로 독립협회 제2대 위원장이 되기도 했다.

대한제국은 일본과 러시아를 견제하기 위해 미국에 접근했고 그 대가로 미국에 각종 이권을 주었다. 대미 협상을 담당한 이완용은 이 과정에서 부를 착복했다. 러일전쟁에서 일본이 승리하자, 대한제국과 고종은 일제의 침략에 대응하기 위해 미국의 힘을 빌리기로 했다. 고종은 미국공사관으로 다시 파천을 시도하고자 했고 이완용을 통해 미국에 협력을 타진했다. 그러나 미국은 몰래 일본과 가쓰라-태프트 밀약을 체결한 상태였기 때문에 일본과 협력하고 있는 상황이었다.

이완용은 일본의 대리자로 입장을 바꾸고 조선의 주권을 일본에 넘겨주기로 결심한다. 이 과정에서 미국에 이권을 넘겨주는 과정에서 착복한 부와는 비교도 할 수 없는 특권과 부를 얻는다. 이완용은 고종의 퇴위, 순종의 즉위에도 적극적으로 개입해 일본의 이권을 대리했고, 1909년 기유각서 교환을 독단적으로 결정해 사법권까지 일본에 넘겨준다. 1910년 내각총리대신 이완용은 한일병합조약에 직접 서명했다.

이완용은 일본에 나라를 팔아 부를 늘렸고, 그의 재산은 현재 가치로 수조 원에 달했고 소유한 토지만 1억 3천만 평에 이를 정도였다.

Q1. 제시문 (가)와 (나)는 부당한 권력이 유지되는 이유에 대해 다른 입장을 가지고 있다. 제시문 (가)와 (나)가 밝히고 있는 부당한 권력이 유지되는 이유를 비교하여 설명하시오. (200~300자)

Q2. 제시문 (다)에서 부당한 권력이 유지되는 원인은 제시문 (가)와 (나) 중 어떤 관점에 잘 부합하는가를 설명하시오. (200~300자)

제시문 분석

제시문 (가)는 ⓐ지문에서 부당한 권력은 개인들의 소극적이고 이기적인 태도로부터 발생하고, 그 해결방식도 ⓑ지문과 같이 개인적인 노력으로 부당한 권력을 약화시킬 수 있다고 주장한다.

제시문 (나)는 ⓒ지문에서 억압적인 정치상황에서 개인이 할 수 있는 일이 매우 적으므로 ⓓ지문에서 문제해결의 방식으로 개인의 윤리의식 함양보다는 비민주적 환경을 개선해야 함을 암시하고 있다.

✏️ 예시답안

Q1.

> 제시문 (가)에 따르면 부당한 권력이 유지되는 원인은 개인들이 부당한 권력에 맞서기보다는 일신의 편안함을 추구하기 때문이다. 제시문 (나)에 따르면 부당한 권력이 발생하는 원인은 자유로운 의사소통과 자율적 활동이 보장되지 않는 비민주적 정치 환경 때문이다. 제시문 (가)는 부당한 권력의 원인을 개인에게서 찾는다면, 제시문 (나)는 부당한 권력의 원인을 사회 구조에서 찾고 있다.

※ 213자

Q2.

> 제시문 (다)에서 부당한 권력이 유지되는 이유는 제시문 (가)와 부합한다. 제시문 (가)는 사욕과 안락함을 추구하려는 태도 때문에 부당한 권력이 유지된다고 한다. 제시문 (다)의 이완용은 자신의 권력과 부를 위해 국가를 팔고 조선의 인민들을 고통으로 내몰았다. 조선을 둘러싼 국제적 환경 탓이라 변명하더라도 당시에 조선의 독립과 인민들을 위해 일한 자들이 존재하므로 이는 타당하지 않다. 따라서 (다)에서 일제의 부당한 권력이 유지되는 이유는 부당한 질서 안에서 일신의 이익과 편안함을 누리고자 하는 소극적 태도라 할 수 있다.

※ 295자

연습 3 자유지상주의와 장기매매

(가) 누군가의 노동의 결과를 빼앗는 것은, 그에게서 시간을 빼앗고 여러 가지 일을 시키는 것과 마찬가지다. 누군가 당신에게 일정 시간 동안 어떤 노동 혹은 보수가 없는 노동을 강요한다면, 당신이 어떤 일을 어떤 목적으로 해야 하는가를 당신이 아닌 그가 결정하는 것이다. 이는 부분적으로나마 그를 당신의 소유주로 만드는 것이다. 이것은 당신에 대한 소유권을 그에게 넘겨주는 것이다.

(나) 영국에서 장기매매 금지법이 통과된 직후의 일이다. 은퇴한 한 교수는 <런던 타임스>지에 보낸 독자편지란에서 어떤 강압도 없이 자기의 자유의사로 신장을 다른 사람에게 팔려는 사람을 무슨 이유로 반대할 수 있겠느냐고 반문했다. 신장 이식 대기자로 등록되어 있는 영국 보수당의 한 국회의원은, 신장이 부족한 터에 자기 몸을 가지고 자기가 원하는 대로 장기를 매매하겠다는 것이 무슨 잘못이냐고 항변했다.

Q1. 제시문 (가)의 입장을 요약하시오. (200~300자)

Q2. (가)의 입장에 따를 때, 국방정책을 위한 세금 부과에 대해 어떻게 평가할 것인지 논하시오. (200~300자)

Q3. (가)의 입장에 따를 때, 사회복지정책을 위한 세금 부과에 대해 어떻게 평가할 것인지 논하시오. (300~400자)

Q4. (가)의 입장에 따르면, 제시문 (나)의 장기매매 금지에 대해 어떻게 평가할 것인지 논하시오. (300~400자)

제시문 분석

제시문 (가)는 자유지상주의 입장을 보여준다. 자유지상주의는 개인의 자유를 극대화해야 한다고 주장한다. 이에 따르면, 개인은 자기 자신을 소유하고 있으며 자신의 노동력 역시 자신의 소유가 된다. 또한 장기 역시 자기 자신의 일부가 되므로 자신의 소유물이다. 이러한 자신의 소유물을 자유롭게 처분하는 것은 개인의 권리이며, 이 권리 행사의 책임은 전적으로 그 자신에게 귀속되므로 타인이나 사회, 국가가 이에 개입할 수 없다. 국가가 개인의 자유에 개입할 수 있는 유일한 경우는 개인의 자유 행사가 타인의 자유에 직접적 해악을 가하는 경우, 즉 살인, 폭행, 강간, 절도 등에 한정된다.

제시문 (나)는 장기 매매를 둘러싼 영국 사회의 논쟁을 담고 있다. 은퇴한 교수는 자신의 신체와 장기는 내 소유물이므로 내가 처분할 수 있다는 매도자의 논리를 보여준다. 영국 국회의원은 장기가 필요한 사람이 그에 상응하는 가격을 지불하면 거래가 성립할 수 있다는 매수자의 논리를 보여준다.

📝 예시답안

Q1.

> 제시문 (가)는, 개인은 자유로운 존재로 자기 자신을 소유하기 때문에 그 누구도 그 자신이 원하지 않는 것을 강요할 수 없다고 주장한다. 만약 타인이 혹은 국가가 특정 목적을 위해 개인의 의사에 반하는 것을 강제한다면 이는 개인의 자유를 침해하는 것으로 타당하지 않다. 이 입장에 따르면, 개인은 자유로운 존재로서 나 자신을 소유하고 있으며 나를 내가 사용하는 것이나 다름없는 내 노동도 소유하고 있는 것이다.

※ 230자

Q2.

> (가)의 입장에 따르면, 국가의 국방정책을 위한 세금 부과는 타당하다. 개인이 자유로운 존재로 자기 자신을 소유하기 위해서는 기본적으로 생명과 신체의 자유를 보장받아야 한다. 타인 혹은 타국으로부터 생명과 신체의 자유를 위협받는 상황에서는 개인은 자유를 누릴 수 없고 자기 자신을 소유하고 있다고 할 수 없다. 따라서 개인은 자유를 누리기 위해 국방정책이 필요하기 때문에 이를 위한 세금 부과에 기꺼이 동의할 것이다.

※ 234자

Q3.

> (가)의 입장에 따르면, 사회복지정책을 위한 세금 부과는 타당하지 않다. 복지정책은 국가가 개인에게 특정한 행위, 즉 도덕적으로 좋다고 판단되는 '타인을 돕는 행위'를 하라고 강제하는 것이다. 물론 개인이 스스로 타인을 돕겠다고 결심하고 자선행위를 하는 것은 좋은 일임이 분명하다. 그러나 개인이 그러한 행위를 하지 않겠다고 결심한 것 역시 개인의 자유로운 행위이므로 도덕적으로 좋지 않다고 비난할 수는 있어도 국가가 개인의 자유의사에 반하여 이를 강제할 수는 없다. 만약 국가가 어려움에 빠진 타인을 돕기 위한 목적으로 세금을 부과한다면, 개인은 세금만큼의 시간동안 강제노동을 한 것이며 국가가 나를 부분적으로 소유한 것이므로 일정시간동안 국가의 노예가 된 것이나 같다. 따라서 사회복지정책을 위한 세금 부과는 개인의 자유를 제한하므로 타당하지 않다.

※ 421자

Q4.

> 제시문 (가)의 입장에 따르면, 장기매매 금지는 타당하지 않다고 평가할 것이다. 자유지상주의에 따르면, 개인은 자유로운 존재로 자기 자신을 소유한다. 자신의 생명과 신체에 대한 소유권이 있다면 그에 대한 처분도 자유롭게 할 수 있다. 개인이 내 생명과 신체에 대한 주인으로서 심사숙고하여 판단한 결과 자신의 신체의 일부인 장기를 매매하겠다고 결정하였고, 이 과정에서 타인의 강제가 없었다면 이는 개인의 자유로운 결정으로서 존중받아야 한다. 마찬가지로, 장기를 구매하고자 하는 개인도 심사숙고하여 장기 구매를 결정하였다. 구매자와 판매자의 자유로운 의사 결정의 합치가 장기 매매이므로, 계약의 제3자에게 직접적 해악이 없는 한 누구도 이를 금지할 수 없다. 따라서 (가)의 입장에서 장기매매 금지는 타당하지 않다.

※ 399자

Q. <사례>에서 로마인 A는 매우 위험한 상황에 처하게 되었다. 당시에 작성된 <변론을 위한 지침>을 적절히 참고하여 A의 혐의를 부인하는 변론문을 작성하시오. (단, 사례에 명시된 사실에 기초하여 작성할 것.) (900~1200자, 40점)

〈사례〉

A는 여행 중 많은 사업자금을 지닌 B와 동행하게 되었다. A와 B는 가까운 친구가 되어 여정을 함께 하기로 하였다. 이들은 큰길을 따라 걷다 여관에 도착하여 함께 저녁식사를 하고 같은 방에 묵게 되었다. B로부터 식대 및 숙박료로 금화를 받은 여관 주인이 한밤중에 방으로 들어와 이들이 깊이 잠든 것을 보고, 침대 옆에 놓인 A의 칼을 빼서 B를 죽이고 그의 돈을 꺼내 가진 다음, 피 묻은 칼을 칼집에 도로 넣어두고 자기 방으로 돌아갔다. 동이 트기 전 이른 새벽에 잠에서 깨어난 A가 B를 깨우려고 몇 번 불렀지만 대답이 없자 깊이 잠든 탓이라 생각하고, 자기 칼이 범행에 사용된 것을 알지 못한 채 칼과 짐을 챙겨 홀로 길을 떠났다. 얼마 지나지 않아 여관 주인이 "살인자다!"하고 소리를 질렀고, 다른 몇 사람의 투숙객들과 함께 추격에 나서서 길을 가던 A를 붙잡았다. 그의 칼집에서 칼을 빼보니 피가 묻어 있었다. A는 살인혐의로 기소되었다.

〈변론을 위한 지침〉

1. 논거의 발견

당사자들이 어떤 사실이 있었는지를 두고 다툴 때 이를 '추정의 쟁점'이라 부른다. 추정의 쟁점에서는 더 진실이라 할 만한 것을 보여주는 쪽이 승리하게 된다. 이를 위하여 개연성, 비교, 간접사실, 정황증거, 후속행동 등에서 유리한 점을 찾아야 한다.

개연성 기소인은 범죄가 피고인에게 이익이 되는 점을 증명해야 한다. 여기에는 세부쟁점으로 동기가 있다. 동기는 피고인을 범행으로 이끈 요인이 무엇인가 하는 것으로, 피고인이 범죄로부터 명예, 금전 등의 이익을 추구하였는가 또는 피고인이 원한, 나쁜 평판, 고통, 처벌과 같은 불이익을 회피하려고 하였는가가 쟁점이 된다. 기소인은 피고인의 열망이 무엇이었는지 또는 무엇을 회피하려 하였는지를 분명히 제시해야 한다. 반면 변호인은 가능하다면 동기가 있었다는 사실을 부인하고, 완전히 부인할 수 없다면 최소한 그 중요성을 가볍게 만들어야 한다. 개연성의 차원에서 피고인이 범인이라는 것이 너무도 명백하더라도 목격증인이나 직접적 물증이 없는 한, 변호인은 범인으로 의심받을 것이 명백해 보이는 상황에서 피고인이 과연 범행을 감행할 수 있었겠는지 반문해야 한다.

비교 기소인은 피고인 외에 누구도 그 범죄로 인한 이익을 얻을 수 없었음을 보여주거나, 피고인 외에 누구도 그런 행위를 범할 수 없었음을 보여주어야 한다. 이에 맞서 변호인은 범죄가 다른 사람에게도 이익이 된다거나 다른 사람도 피고인에게 혐의가 부과된 행위를 할 수 있었다는 것을 보여주어야 한다. 그런 다음 변호인은 누구든 범행으로부터 이익을 얻기 마련인 그런 일에 대해 피고인에게 혐의를 두는 것은 옳지 않다고 말해야 한다.

간접사실 여기에는 장소, 시점, 소요시간, 기회, 성공가망성에 대한 예상, 범행발각을 피할 가망성에 대한 예상 등의 세부쟁점들이 있다. 인적이 많은 곳이었는가 아니면 외딴 곳이었는가, 피고인과 피해자가 함께 사람들 눈에 목격될 수 있는 곳이었는가?(장소) 피고인이 범했을 것이라 주장되는 행위가 있었던 때는 언제였는가, 왜 그때였는가?(시점) 범행을 완성하는 데 충분한 시간이 있었는가?(소요시간) 그 때가 범행에 착수하는 데 유리한 때였는가 아니면 오래지 않아 더 나은 기회가 있었는가?(기회) 체력, 돈, 훌륭한 판단능력, 예견능력, 사전준비 등의 사정과 허약함, 궁핍, 우둔함, 예견능력 부족, 사전준비 부족 등의 사정 중 어느 것이 우세한가?(성공 가망성에 대한 예상) 공모자가 있거나 달리 도움을 받을 방법이 있었는가?(범행 발각을 피할 가망성에 대한 예상)

정황증거 여기에는 시간대에 따라 범행에 선행하는 것, 동반되는 것, 뒤따르는 것이 있다. 피고인이 어디서 누구와 함께 목격되었는지, 어떤 사전준비 행위를 하였는지, 누구를 만나 어떤 말을 하였는지, 공모자나 다른 도움이 되는 수단을 가졌는지 등을 살펴야 한다.(범행에 선행하는 것) 피고인이 범행 중에 목격되었는지, 누군가 어떤 소리나 비명을 듣는 등 감각작용을 통해 피고인의 범행을 의심할 수 있었는지 살펴보아야 한다.(범행에 동반되는 것) 범행이 완성된 후에 누구에 의해 저질러졌는지를 보여주는 어떤 것들이 발견되는지 살펴보아야 한다. 예를 들면 무기 또는 피해물품이 현장에 남겨져 있거나 피고인에게서 발견되는 경우, 피고인의 손이나 의복에 피가 묻어있는 경우 등이 있다.(범행에 뒤따르는 것)

후속행동 법정에 나타난 피고인이 얼굴이 상기되어 있거나 창백하거나 더듬거리거나 분명하게 제대로 말을 하지 못하거나 넘어지거나 하였다면, 기소인은 그것이 죄책감의 증거가 되는 것들이지 무고함의 증거가 되지는 않는다고 말해야 한다. 이에 맞서 변호인은 피고인이 두려움을 보인 것은 죄책감 때문이 아니라 그가 처한 위험의 엄중함 때문에 감정적으로 동요된 것이라고 말해야 한다. 만약 피고인이 두려움을 보이지 않았다면 변호인은 피고인이 스스로 무죄인 것을 잘 알고 있었던 이상 감정적으로 동요될 이유가 전혀 없었다고 말해야 한다.

2. 변론문의 구성

변론문은 논제 제시, 근거 제시, 논증, 마무리의 네 부분으로 구성한다. 논제 제시 부분에서는 앞으로 할 말, 즉 논증하려는 것이 무엇인지 간략하게 제시한다. 근거 제시 부분에서는 논제의 근거를 간단히 제시한다. 논증 부분에서는 논거를 적절한 순서에 따라 하나씩 소개하면서 설명을 덧붙인다. 마무리 부분에서는 논증한 내용을 간략히 정리하고 어떤 결정이 내려져야 할 것인지를 말한다.

문제 분석

① 문제 분석

> <사례>에서 로마인 A는 매우 위험한 상황에 처하게 되었다. 당시에 작성된 <변론을 위한 지침>을
> 적절히 참고하여 A의 혐의를 부인하는 변론문을 작성하시오. (단, 사례에 명시된 사실에 기초하여
> 작성할 것.)

문제의 요구를 지키는 것이 중요하다. 문제에서 로마인 A의 혐의를 부인하는 변론문을 쓰라고
하였다. 따라서 <변론을 위한 지침>에서 로마인 A의 혐의를 부인할 수 있는 논리를 찾아야 한
다. 그리고 <사례>에 이 논리를 적용하여 로마인 A의 혐의를 부인할 수 있음을 논증해야 한다.
특히 <사례>에 적용하는 부분이 대단히 중요한데, 문제에서 조건으로 사례에 명시된 사실에
기초하여 작성하라고 명시해두었으므로 채점기준에 반영되어 있을 수밖에 없다. 만약 논리가
아무리 좋다고 하더라도 그 논리를 <사례>에 적용하여 실제 이 <사례>의 로마인 A의 혐의를
실제로 부인할 수 없다면 득점을 할 수 없을 것이다.

② 조건 분석 - <2. 변론문의 구성>

> 변론문은 논제 제시, 근거 제시, 논증, 마무리의 네 부분으로 구성한다. 논제 제시 부분에서는 앞으
> 로 할 말, 즉 논증하려는 것이 무엇인지 간략하게 제시한다. 근거 제시 부분에서는 논제의 근거를
> 간단히 제시한다. 논증 부분에서는 논거를 적절한 순서에 따라 하나씩 소개하면서 설명을 덧붙인
> 다. 마무리 부분에서는 논증한 내용을 간략히 정리하고 어떤 결정이 내려져야 할 것인지를 말한다.

<변론을 위한 지침>에서 글의 형식을 지정해주었다. 문제에서 이처럼 구체적으로 형식을 정해
준 것을 볼 때, 이는 그동안 수험생들이 논술 답안지를 얼마나 잘못 써왔는지를 알게 해주는 조
건이다. 이 조건은 문제와 상관없는 글을 자유롭게 쓰지 말고 문제에서 원하는 바를 명확하고
논리적으로 써달라는 출제자의 외침이라고 생각하면 된다.

서론은 로마인 A의 혐의를 부인한다는 주장과 그 논거를 제시하여야 한다.

본론은 로마인 A의 혐의를 부인할 수 있는 논거를 <사례>에 적용하여 논증한다.

결론은 생략 가능하며, 굳이 써야 한다면 주장과 논거를 다시 정리하면 된다.

제시문 분석

① <사례>

로마인 A가 실제로 범죄를 저지르지 않았음에도 불구하고, 정황과 심증에 의해 범죄자로 몰리
게 된 상황이다. A는 B와 함께 여행을 하면서 B에게 현금이 많다는 것을 알고 있었다는 점,
A의 칼이 범행에 사용되어 피가 묻어 있었다는 점 등을 파악해야 한다.

② <변론을 위한 지침>

다섯 가지 논리가 제시되고 있다. ①개연성, ②비교, ③간접사실, ④정황증거, ⑤후속행동의 논
리를 자세하게 제시하고 있다. 이 논리를 잘 파악해서 <사례>에 어떻게 적용될 수 있을지 파악
해야 한다. 이 문제의 <사례>는 ①~④의 네 가지 논리를 사용할 수 있다. 그러나 ⑤후속행동의
논리는 사용할 수 없다. 왜냐하면 후속행동은 법정에서 피고인의 행동이므로 <사례>와 아무
관련이 없기 때문이다.

📝 예시답안

B를 살해하였다는 이유로 기소된 A의 살인 혐의는 인정될 수 없습니다. A가 살해범으로 의심받을 것이 명백히 예측된다는 점, B를 살해할 유인은 A에게만 있는 것이 아니라는 점, A가 여관에서 B를 살해하는 것은 비합리적인 범행이라는 점에서 A의 살인 혐의를 부인할 수 있습니다.

A는 개연성 측면에서 범행 가능성이 적습니다. A가 B를 살해하여 얻을 이익이 있음은 분명합니다. 그러나 B가 살해된다면 A가 범인으로 지목될 것이 자명한 상황에서 A가 범행을 감행할 가능성은 적습니다. A와 B는 여행을 함께 했고 B의 살해 당일에도 A와 B는 같은 방에 묵었습니다. B가 살해되고 돈이 사라진다면 당연히 A는 범인으로 지목될 수밖에 없습니다. 만약 A가 범죄를 사전에 모의했다면 최소한 B와 같은 방을 쓰지는 않았을 것입니다. 이처럼 A가 살해범으로 의심받을 것이 분명한 상황에서 A가 B를 살해하였음이 명백하다고 할 수 없습니다.

B를 살해함으로써 얻을 이익은 A에게만 있지 않습니다. 범죄로 인한 이익은 누구에게나 범죄 유인이 될 수 있습니다. B는 많은 사업 자금을 지니고 여행을 하고 있는 중이어서 B를 살해한다면 B가 가진 금화는 손쉽게 범인의 것이 될 것입니다. 더불어 범행으로 얻은 B의 금화는 본래 누구의 것이었는지 알 수 없으므로 A뿐만 아니라 어떤 사람도 B를 살해할 유인을 가질 수 있습니다. 따라서 A가 B의 사업 자금을 탐내어 살해하였음이 명백하다고 할 수 없습니다.

A가 B를 살해할 더 좋은 기회가 많았다는 점에서 A는 B를 살해했다고 볼 수 없습니다. 목적 달성에 손쉬운 수단을 선택하는 것이 합리적이지 더 어려운 수단을 선택할 필요는 없습니다. 그것은 범죄에서도 마찬가지입니다. A는 B와 함께 여행을 하면서 B의 신뢰를 얻었습니다. 따라서 A는 범행에 유리한 환경으로 B를 유인하는 것마저도 가능한 상황이었습니다. 범죄자의 입장에서 본다면, 자신이 의심받을 것이 분명한 여관에서 범죄를 저지르는 것보다 인적이 드문 산길 등에서 범행을 저지르는 것이 더 합리적입니다. 따라서 A가 B를 살해하였음이 명백하다고 할 수 없습니다.

A는 범죄의 개연성이 명확하지 않고, 범죄 이익을 비교할 때 그것이 월등하다고 할 수 없으며, 범죄와 관련한 간접사실의 측면에서도 명백함이 증명되지 않습니다. 따라서 범행의 도구로 A의 칼이 사용되었다는 정황증거만으로 A가 B를 살해하였다는 범죄 혐의를 인정해서는 안 됩니다.

※ 1190자

모의문제 04 사례 적용(2012 LEET 논술 기출문제)

*부록의 원고지를 사용하여 실제 시험처럼 제한시간(110분)에 맞춰 답안을 작성해보고, 답안을 작성한 후에는 p.468에서 해설과 예시답안을 확인해보세요.

Q. 제시문 (가), (나), (다)의 논지를 활용하여 <보기>의 사례에 대한 자신의 견해를 논술하시오.
(※ 조건: 제시문 (가), (나), (다)의 논지에 대한 분석을 포함할 것) (1200~1400자, 55점)

---〈보기〉---

수도권에 위치한 A시에는 1970년대에 대규모 주거 단지가 조성되었다. 처음에 이 단지에는 중산층이 주로 살았으나, 건물이 노후해짐에 따라 점차 저소득층과 주변 영세 공장들에서 근무하는 외국인 근로자들이 거주하게 되었다. A시 시장은 도시 장기 발전 구상에 따라 최근 첨단 고부가 가치산업 단지와 연구 단지를 유치했고, 이에 따라 도시를 재편할 필요성이 대두되었다. 시장은 국내외 고급 인력을 유인하기 위하여 노후한 주거 단지 부근의 시유지(市有地)를 개발하여 산업 단지의 근로자와 연구 단지의 연구원들을 위한 주거 및 편의 공간을 조성하겠다는 계획을 발표하였다. 주민들은 이 도시 장기 발전 구상이 기존 거주민을 위한 일자리 창출이나 주거 환경 개선 방안을 포함하지 않았다는 이유로 반발하고 있다.

(가) 도시는 인간의 창조적 에너지를 동원·집중·전달하여 부(富)를 창출하는 공간이다. 역사적으로 도시들은 창조성을 유지하며 번성하기도 했고, 창조성을 잃고 쇠락하기도 했다. 번성과 쇠락을 결정하는 요인은 도시 내에 창조성을 발휘하는 창조 계급이 얼마나 존재하는가이다. 창조 계급은 권력이나 부의 소유에 의존하는 전형적 엘리트들과 근본적으로 다르다. 창조성은 권력이나 부와 달리 상속되거나 독점되지 않는다. 창조성은 모든 인간에게 내재된 특성으로, 불평등과 특권을 발생시키기보다 평등을 가능하게 하는 요인이 된다.

창조 계급이 충분하게 존재하는 도시가 창조 도시이다. 창조 계급은 좋은 일자리가 많고, 문화적으로 풍요롭고 개방적이며, 특히 자신의 정체성을 인정받을 기회를 확보할 수 있는 도시로 모인다. 창조 계급은 개체성, 실력주의, 개방성 등의 특징을 공유한다. 개체성이란 조직과 제도에 순응하기보다 자신만의 고유한 가치를 추구하는 특성이며, 실력주의는 도전을 즐기고 목표 지향적이며 성공을 추구하는 속성이다. 개방성은 인종, 민족, 외모, 성 등에 근거한 차별을 거부하고 모든 종류의 다양성을 받아들이는 성향이다.

창조 도시를 만들기 위해서는 인재(Talent), 기술(Technology), 관용(Tolerance)의 3T가 필수적이다. 특히 관용은 다양한 생각과 기술을 지닌 창조 계급을 유치할 가능성을 높이고, 결과적으로 높은 수준의 혁신과 하이테크 산업의 발전, 일자리 창출, 경제 성장을 촉발한다. 세계화와 관련해서도 관용은 창조 도시의 핵심 요인이 된다. 다국적, 다인종, 다종교, 다문화의 창조 계급을 유인하기 위해서는 그들이 원하는 환경을 조성해야 한다.

이러한 주장은 미국의 예에서 뚜렷하게 증명된다. 인재가 많은 도시일수록 기술 수준이 높고, 그에 비례해서 소득 수준도 높다. 또한 기술과 소득 수준은 관용의 정도가 큰 도시일수록 높다. 볼티모어, 세인트루이스, 피츠버그와 같은 도시들이 세계 수준의 대학과 고급 기술을 보유하고 있음에도 지속적으로 성장하기 어려운 이유는 최고의 창조적 인재를 유인할 정도로 관용적이지 못하기 때문이다. 마이애미와 뉴올리언스 같은 도시들은 현대적인 라이프 스타일의 메카이기는 해도 도시 발전에 필수적인 기술 기반이 결여되어 있다. 가장 성공적인 창조 도시들은 샌프란시스코, 보스턴, 워싱턴 D.C., 오스틴, 시애틀 등인데, 이들은 모두 3T를 성공적으로 결합시킨 도시들이다.

(나) 도시는 잉여 자본의 축적과 함께 탄생하고 잉여 자본을 흡수하며 성장한다. 현대 사회에서 잉여 자본의 대부분은 도시를 중심으로 순환하며, 그중 일부는 도시의 재편에 투입된다. 이러한 재편은 필연적으로 기존 도시의 창조적 파괴를 수반하는데, 그 과정에서 생길 수 있는 피해는 주로 노동 계급, 빈곤층 등의 정치적 소외 계층에게 돌아간다.

도시의 재편은 최근 30여 년간의 신자유주의적 경향 아래에서 가속화되었다. 만일 도시의 잉여 자본 흡수에 바탕을 둔 개발 정책이 한계에 이르면 금융·재정 분야의 위기보다 더 큰 위기가 발생할 수 있다. 신자유주의 프로젝트는 잉여 자본에 대한 국가의 통제를 축소하는 데 초점을 맞춰 왔고, 그에 따라 국가와 기업의 이익을 통합하는 시스템이 창조되었다. 그 결과 오늘날 도시에 대한 통제권은 점점 더 사적인 이익 주체들의 수중에 떨어지고 있다.

예컨대 뉴욕 시에서는 억만장자 시장 마이클 블룸버그가 개발업자, 월스트리트, 초국적 자본에 유리한 방향으로 도시를 재편하면서 도시를 고부가 가치 사업에 가장 적합한 장소로 만들고 있다. 이제 맨해튼은 부유층을 위한 장벽으로 둘러싸인 거대한 요새가 되었다. 멕시코시티에서도 대부호 카를로스 슬림이 관광객의 시선에 맞추어 도심의 거리들을 재편하고 있다. 부유한 개인들만 도시 재편 과정에 힘을 행사하는 것이 아니다. 뉴헤이븐에서는 세계에서 가장 부유한 대학 중 하나인 예일 대학이 대학의 수요에 맞춰 도시 구조를 바꾸고 있다. 볼티모어의 존스 홉킨스 대학과 뉴욕의 컬럼비아 대학 역시 비슷한 일을 벌이고 있는데, 이 과정에서 대학과 주민들 사이에 갈등이 빚어지고 있다.

도시 재편을 둘러싸고 세계의 주요 도시들에서 고조되고 있는 소외 계층의 불만은 다양한 도시 사회 운동으로 나타난다. 무허가 정착촌 주민들에게 시민으로서의 권리와 주거권을 인정한 브라질의 도시법 제정 운동은 그 대표적인 예이다. 도시 사회 운동은 금융 자본, 산업 자본, 기업 마인드를 갖춘 지방 정부의 후원을 받는 개발업자들이 추진하는 것과는 근본적으로 다른 방향으로 도시의 혁신을 추구한다. 도시 정치 과정에 대한 적극적인 참여를 통해서 도시 사회 운동은 잉여 자본의 생산과 활용, 순환에 대한 민주적 관리 체제를 확립하고자 한다.

(다) 도시의 개혁과 관련하여 '도시에 대한 권리(the right to the city)'가 부상하고 있다. 이것은 도시 거주자들 모두가 도시 공간의 구성에 동등하게 참여하고 도시의 공적 요소를 자유롭게 이용할 수 있는 권리를 의미한다. 이에 따르면 도시는 이질적인 개인과 집단들 간에 상호 작용과 갈등이 발생하는 공적인 장소이므로, 안전, 평화로운 공존, 집단적 발전, 연대를 위한 조건들을 제공해야 한다.

거주자와 노동 계급을 동일시하는 이론가들은 오직 노동 계급만이 도시의 근본적인 개혁을 추동하는 사회적 주체라고 주장한다. 이들은 도시 내에 존재하는 자본주의와의 투쟁에 주목하고, 현대 도시의 일상적인 삶에서 부딪히는 인종주의, 가부장주의, 성차별주의 등 온갖 차별적 관행들을 간과한다. 그러나 거주자 개념은 특정한 사회 계층에 국한되지 않고, 상이한 정체성과 정치적 이해관계를 가진 여러 주체들을 포괄한다. 이러한 거주자들은 정치적 주변화(周邊化)에 대항하여 수많은 사회적·공간적인 구조들과 투쟁하게 된다. 자본주의는 도시의 여러 구조들 중 하나일 뿐이다.

거주 체험은 일상적인 삶을 통해 역동적으로 형성되므로 거주자의 정치적 의제는 미리 정해질 수 없다. 오히려 그것은 집단의 규모, 정체성, 그리고 차이에 기초한 집단 간의 복합적인 정치 과정을 통해 형성된다. 여기에는 참여의 권리가 전제되어야 하는데, 이는 도시 공간의 구성에 관한 결정 과정에서 거주자가 중심적인 역할을 해야 한다는 것을 뜻한다. 거주자들은 자신의 필요에 맞추어 도시 공간을 구성하며, 그 필요가 무엇인지도 정치적인 투쟁과 조정을 통해 정하게 된다.

거주자들은 도시 공간을 교환 가치가 아닌 사용 가치의 관점에서 접근한다. 예컨대 그들은 도시 공간에 대한 여성의 완전한 접근권과 안전한 이동권 등을 주장할 수 있다. 나아가 거주자들은 성적 소수자들의 거주 공간을 배제하거나 주변화하는 데 저항할 수도 있다. 도시의 거주자들은 다양한 정치적 정체성을 가지기 때문에 그들의 의제 역시 다양한 정치적 관계를 통해 활성화된다. 결과적으로 다양한 정체성을 가진 이들이 이질적이고 혼종적인 도시 공간들을 구성하게 되지만, 그럼에도 불구하고 그 모든 공간들은 하나의 도시를 이루어 도시 거주자들의 복합적이고 다양한 필요를 충족시킨다.

Chapter
06

사고력 확장

핵심개념정리

1. 사고력 확장의 중요성

LEET 논술 기출문제는 다양한 형식과 사례가 출제되는데, 최근 3~5년 사이에 논리 2개, 사례 2개, 자료 여러 개를 논리 일관되게 연결하고 논증하는 문제가 출제되고 있다. 이는 결국 논리에 대한 이해, 이를 사례에 적용하는 능력, 논리와 사례를 연결할 때 필요한 자료를 판단하는 능력, 이를 논리 일관되게 구성하는 능력을 종합적으로 판단하겠다는 의도이다.

예를 들어, P와 Q라는 논리가 있을 때, P에 따라 도출되는 <사례 1>의 결론과 Q에 따라 도출되는 <사례 1>의 결론이 다를 것이다. 또 P와 Q 각각의 논리를 <사례 2>에 적용했을 때의 결론이 다를 것이다. 이러한 경우의 수를 모두 생각해서 <사례 1>과 <사례 2>를 일관되게 설명하고자 한다면 P와 Q 중 어떤 논리를 선택해야 하는지, 선택한 논리를 <사례 1>와 <사례 2>에 적용하면 어떻게 그러한 결론이 도출되는지 증명하는 것이다.

법조인의 예를 들자면, 개인의 자유라는 논리와 공동체 보호라는 논리가 있을 때, 안락사 사례와 양심적 병역 거부 사례에서 이를 어떻게 적용할 수 있는지, 일관된 논리를 적용했을 때 두 사례에서 각각 어떤 결론이 나오는지, 해당논리가 어떻게 사례에 적용되어 증명되는지를 묻는 것이다.

사고력 확장은 이처럼 논리와 사례, 논증에 이르는 전과정을 논리적으로 연결하는 것이다. LEET 논술, 법조인의 글쓰기, 법조인의 말하기에서 공통적으로 중요하게 여기는 능력이자 궁극적으로 달성해야 하는 능력이다.

2. 사고력 확장 연습 방법

사고력을 확장하는 좋은 방법 중 하나는 독서이다. 특히 논리적인 책을 위주로 읽는 것이 좋다. 하나의 목적을 위해 논리적으로 구성되어 있는 긴 텍스트를 읽어가면서 필자의 사고력 확장과정과 증명을 익히는 것이다. LEET 논술뿐만 아니라 언어이해, 추리논증, 로스쿨 면접에 이르기까지 모두 도움이 되는 좋은 방법이다. 다만, 시간이 오래 걸리기 때문에 읽을 책을 선택할 때 주의해야 한다. 따라서 LEET와 로스쿨 면접에 도움이 되는 추천도서를 읽음으로써 수험효율성을 도모해야 한다. 추천도서 목록을 확인[14]하고 이 중에서 마음에 드는 책을 선택해서 빨리 읽어보도록 하자. 또 전문가가 필독서의 목차 구조와 논리 전개, 행간의 의미를 설명하는 강의[15]와 독서를 병행하는 것도 수험효율성이 있다.

또 좋은 방법 중 하나는 이 교재 시리즈를 활용하여 꾸준히 답안을 써보는 방법이 있다. 로스쿨 입시를 준비하는 수험생은 초중고 교육과정, 대학 학부의 교양과 전공과정 중에 이미 수많은 논리와 사실들을 배우고 익혔다. 그렇기 때문에 LEET 논술, 언어이해, 추리논증, 로스쿨 면접 문제와 해설, 예시답안 등을 보면 너무나 당연하게 인식될 것이다. 당연히 알고 있는 사실, 읽었을 때 당연하다고 생각되는 논리, 우리 사회에서 이미 통용되고 있는 해결방법 등이 떠오를 것이기 때문이다. 그러나 이를 정해진 시험시간에 직접 수험생 자신이 논리적으로 증명하는 것은 대단히 어려운 일이다. 필자는 장인, 전문가, 기술자를 구분하는 기준이 하나 있다. 일반인들이 보기에 너무 쉽게 해내어서 누구나 그 사람이 하는 일을 보면 나도 할 수 있겠다는 생각이 들도록 일하는 사람이 바로 장인이고, 전문가이고, 기술자이다. 오랫동안 그 일을 해서 그 일이 몸에 완전히 배어있어 자연스럽게 움직이기 때문에 누가 보아도 쉬워 보이는 것이다. 외부에서 판단하기에는 쉬워도 그 일을 직접 해내는 것은 어려운 일이다. 예를 들어, 한국인이라면 김치찌개의 맛을 모두 알고 있을 것이다. 우리는 김치찌개를 먹고 단 1초만에 맛이 있는지 여부를 판단한다. 그러나 맛있는 김치찌개를 끓이기 위해서는 맛있는 배추를 고르고 김치를 담그고 장기간 숙성시켜 보관했다가 손님이 주문하는 즉시 빠르게 끓여내는 모든 과정이 필요하고 단 한 과정에서 문제가 생기더라도 맛있는 김치찌개를 만들 수 없다. 사고력 확장은, 멋진 공식 하나가 있어서 그것을 알기만 하면 완성되는 것이 아니다. 사고력 확장은 위에서 제시한 전 과정을 본인이 직접 수행하는 연습을 꾸준히 함으로써 마지막에 달성되는 능력이다.

존 로크, <통치론>

ⓐ 토지, 그리고 토지에서 산출되는 것들은 신(神)이 모든 인간에게 준 것이다. 인간은 신이 준 자연으로부터 자신이 먹고 살 수 있는 것들을 얻고, 자연은 인간의 삶의 터전이 되기 때문이다. 이 자연에서 살아가는 모든 식물과 동물은 자연의 작용으로 생산되므로 이 역시도 모든 인간이 공동으로 가지는 것이다. ⓑ 토지, 식물, 동물 등 모든 것들은 자연상태 하에 있다면, 어느 특정한 사람이 이를 지배할 권리가 없다. 그러나 자연은 모든 사람들이 이용할 수 있도록 주어진 것이기 때문에, 특정한 누군가가 이를 이용하거나 이득을 얻기 위해 수취할 수 있는 수단이 있어야 한다. …(중략)…

자연의 모든 것은 모든 인간에게 주어진 것으로써 공유물이다. 그러나 모든 사람은 자신의 인신(人身)에 대한 소유권이 있고, 그 자신을 제외한 누구도 권리를 갖고 있지 않다. ⓒ 개인이 자신의 신체를 갖고서 한 모든 활동은 그 자신의 것임이 분명하다. 그렇다면, 그가 모든 사람의 공유물인 자연상태의 자연물에 자신의 노동을 더하면 그것은 그의 소유가 된다. 그 개인이 자연이 놓아둔 공유 상태에서 벗어나게 하였으며, 자연물은 그의 노동이 더해짐으로써 가치를 갖게 된다. 그리고 그 더해진 노동으로 인해 타인의 공통된 권리가 배제된다. …(중략)…

이에 대해 반론이 제기될 수 있다. 자연상태에 있는 도토리를 줍는 노동을 함으로써 그에 대한 권리가 발생한다면 많은 양을 주워 모아 독점하려 할 것이라는 반론이 그것이다. 그러나 이는 타당하지 않다. ⓓ 자연법이 소유권을 부여하는 그 논리에 의해 소유권이 제한되기 때문이다. "하나님은 우리에게 모든 것을 풍성히 주셔서 즐기게 해주시는 분이십니다."라는 성경 구절은 자연법이다. 그러나 하나님은 우리에게 자연을 얼마만큼 주셨는가? 모든 사람이 충분히 이용할 만큼 주셨다. 어떤 개인이 노동을 하여 자신의 소유로 충분한 만큼을 주셨다. 그보다 많은 양은 그 개인의 몫을 넘는 것이며, 다른 사람의 몫이라 할 수 있다. 어떤 사람이 자신이 이용하고도 남아 그것을 썩힘으로써 타인이 이용하지 못하도록 하는 것은 자연법에 의해 정해진 개인의 소유권을 넘어서는 것이다. …(중략)…

ⓔ 토지를 개량함으로써 소유하는 것은 타인에게 피해가 되지 않는다. 개량되지 않은 다른 토지가 남아있어서 아직 토지를 갖지 못한 자가 이를 개량하여 사용하고 소유할 수 있기 때문이다. 따라서 어떤 개인이 자연상태의 토지에 울타리를 치는 노동을 함으로써 타인에게 토지가 적게 남아 있거나 하는 일은 없다. 타인이 사용한 것을 남겨 놓은 사람은 아무 것도 취하지 않은 것이나 마찬가지이기 때문이다. ⓕ 어떤 사람이 강물을 잔뜩 마셨다고 해서 타인이 피해를 입는다고 할 수 없는데, 여전히 갈증을 해소할 수 있을 정도로 많은 강물이 남아있기 때문이다.

⑭ 유튜브

⑮ 해커스로스쿨 강의

Q1. 로크는 소유권의 발생 원인을 무엇으로 보고 있는가?

Q2. 로크에 따르면 소유권 제한 사유는 무엇인가?

사고력 확장 문제

Q3. 갑은 블로그에 자신의 일상생활을 다루는 수필을 게재하였다. 을이 이 수필을 다운받아 이용하자 갑은 저작권 침해라고 주장하였다. 을은 수필을 다운받았다 하더라도 갑에게 피해를 준 바는 없다 하여 저작권 침해를 부정하였다. 제시문에서 ⓔ, ⓕ 지문의 내용은 갑과 을 중 어떤 주장을 뒷받침해주는가?

사고력 확장 문제

Q4. 유럽인들이 아메리카로 이주하기 전에 인디언들은 개인 소유를 위한 울타리나 담을 치지 않고 살아왔다. 콜럼버스가 아메리카를 발견한 후 유럽에서 이주한 사람들이 울타리를 치고 자신의 소유권을 주장하였다. 이에 아메리카 인디언들은 토지는 신만이 소유권을 가질 뿐이고 인간들은 토지를 잠정적으로 이용할 권리만 가질 뿐이라고 반박하였다. 제시문에서 ⓒ 지문은 유럽 이주자와 아메리카 인디언의 주장 중 어떤 주장과 잘 부합하는가? 그 이유는 무엇인가?

사고력 확장 문제

Q5. 아메리카 인디언의 입장에서 ⓒ지문의 논리를 비판하시오.

사고력 확장 문제

Q6. ⓐ 지문은 근대 유럽인들이 자연을 바라보는 관점이다. 이로 인한 현대의 문제점은 무엇인가?

📝 예시답안

Q1.

> 로크에 따르면 공유물인 자연에 특정인이 자신의 인신의 자유를 행사한 결과가 더해지면, 즉 노동을 가하면 소유권이 인정된다. 예를 들면 토지에 울타리를 치는 노동 행위로부터 토지에 대한 사적 소유권이 발생한다.

Q2.

> ⓓ 지문은 자신이 사용할 수 없는 소유권은 주장할 수 없다는 소유권의 한계에 대한 내용이다. 예를 들면, 대지의 도토리나 과실을 주워 담는 노동행위를 통해 도토리나 과실에 대한 소유권이 인정된다. 그러나 자신이 먹을 수 없는 이상으로 도토리나 과실에 대한 소유권을 인정한다면 도토리나 과실이 썩게 된다. 이는 하나님의 뜻이 아니므로 필요 이상의 소유권을 주장해서는 안 된다.

Q3.

> ⓔ 지문은 토지를 개량함으로써 소유권을 취득하더라도 아직 다른 사람이 사용할 수 있는 토지가 남아 있으므로 피해가 발생하지 않는다는 내용이다. ⓕ 지문은 ⓔ 지문의 주장을 뒷받침해주는 사례이다. 따라서 乙이 甲의 수필을 다운받아 이용했다 하더라도 甲이 수필을 이용할 수 있으므로 ⓕ 지문은 乙의 주장을 인정할 수 있는 논거가 된다.

Q4.

> 유럽 이주자들이 울타리를 쳤다면 이는 노동력을 투여한 것이므로 ⓒ지문에 따르면 유럽 이주자들의 소유권을 인정할 수 있고, 이는 아메리카 인디언들의 소유권을 침해하는 것은 아니다.

Q5.

아메리카 인디언의 입장에서는 다음과 같이 반박할 수 있다. 소유권이란 울타리를 치는 것과 같은 노동 행위로 발생하는 것이 아니다. 대지는 신이 창조한 영역이므로 신만이 소유권을 가지며 인간들은 일시적인 사용권만을 가진다. 유럽 이주자들이 소유권을 주장하는 대지는 아메리카 인디언들의 생활영역이므로 아메리카 인디언들이 이용권을 가진다. 따라서 유럽 이주자들이 울타리를 치고 소유권을 주장하는 행위는 아메리카 인디언들의 이용권을 침해하는 것으로 허용될 수 없다.

Q6.

ⓐ 지문에 따르면 대지와 동물 등 자연은 인간의 부양과 안락을 위해서 신이 인간에게 준 것이라고 한다. 자연은 인간을 위해서 존재하므로 인간의 필요와 욕망에 따라 착취할 수 있는 대상일 뿐이다. 과학의 발전으로 인간은 자연에 대한 착취를 좀 더 효율적으로 할 수 있었다. 이로 인해 인간의 소비성향은 더 커졌고, 자연에 대한 착취로 자연은 균형 상태를 잃어가고 있다. ⓐ 지문과 같이 자연이 인간을 위한 수단이라는 인간 중심의 사고로 인해 최근 지구 온난화 현상 등의 기후 변화가 심각해지고 있고, 다양한 식물과 동물의 종이 멸종하고 있다. 자연의 파괴는 인류의 생존에 대한 위협으로 다가오고 있다.

(가) 공리주의자인 제레미 벤담(J. Bentham)은 쾌락과 고통을 기준으로 공공정책을 결정해야 한다고 주장한다. 벤담은 효용의 원리를 강조하면서 입법자들은 사회정의의 원리로 효용의 증가를 추구해야 한다고 강조한다. 벤담에 따르면 쾌락의 증가와 고통의 감소가 행복한 것이다. 사회는 개인의 집합이므로 개개인의 행복이 곧 사회 전체의 행복으로 이어지고, 더 많은 사람의 행복이 증가하는 것은 좋은 일이라 하였다. 이로부터 최대다수의 최대행복이라는 도덕과 입법의 원리가 도출된다.

(나) 칸트는 행위의 결과보다 내적 동기를 중요하게 여긴다. 칸트에 따르면, 가언 명령(假言命令)이 아니라 정언 명령(定言命令)을 따라야 한다. 가언명령은 조건에 따라 결정되는 것이지만, 정언명령은 그 자체로 의무의 성격을 가진다. 정언 명령은 조건과 무관하게 성립하는 것이며, 보편적인 타당성을 지녀야 한다는 것이다. 칸트는 "네 의지의 격률(格律)이 언제나 동시에 보편적 입법의 원리가 될 수 있도록 행위하라."고 말한다. 칸트는 인격체로서 인간의 존엄성에 대한 이념을 바탕으로 자유로운 존재가 지켜야 할 의무를 다음과 같이 제시한다. "너 자신과 다른 모든 사람의 인격을 결코 단순히 수단으로 취급하지 말고, 언제나 동시에 목적으로 대우하도록 행위하라."

Q1. 제시문 (가)와 (나)의 옳고 그름의 판단의 근거는 각각 무엇인지 답하시오. (200~300자)

Q2. A는 잠실 롯데월드와 삼성 코엑스에 강력한 폭발물을 설치하였다는 혐의를 받아 경찰에 체포되었다. A는 폭발물 설치를 시인하였으나 폭발물의 설치장소를 밝히지 않고 있다. 폭발물을 제거하지 않는다면 100명 이상의 사망자가 나올 것이 분명하다.

이 경우 경찰은 A를 고문하여 폭발물의 설치 장소를 밝히는 것이 윤리적으로 타당한가에 대한 제시문 (가), (나) 각각의 입장을 제시하시오. (300~500자)

문제해결의 실마리

벤담의 목적론적 윤리설에 따르면, 행위의 결과가 쾌락을 증가시킨다면 행위는 정당하다. 칸트의 의무론적 윤리설에 따르면, 행위결과가 좋다 하더라도 일반적인 도덕규칙에 반하면 행위는 정당하지 않다. 예를 들면, 안중근 의사가 이토 히로부미를 저격한 것이 우리나라의 다수 국민들에게 기쁨을 주었다면, 벤담에 따르면 정당한 행위이다. 그러나 '살인하지 말라'는 도덕법칙에 어긋나는 행위이므로, 칸트에 따르면 정당하지 않다.

예시답안

Q1.

제시문 (가)의 벤담에 따르면 옳고 그름의 기준은 쾌락의 증가이다. 따라서 행위의 동기 등은 중시되지 않고 오로지 행위의 결과가 쾌락을 가져왔는가를 기준으로 옳고 그름을 판단한다. 이러한 윤리적 관점을 목적론적 윤리설이라고 한다.

제시문 (나)의 칸트에 따르면 보편적인 윤리 원칙에 따른 행위였는지를 기준으로 옳고 그름이 판단된다. 이러한 윤리적 관점을 의무론적 윤리설이라고 한다.

※ 214자

Q2.

제시문 (가)에 따르면 사회의 쾌락의 증가는 선이다. 이러한 쾌락은 양적으로 측정될 수 있고, 모든 사람의 쾌락은 동등하게 취급된다. A를 고문함으로써 폭발물 설치장소를 알아내어 100명의 생명을 구할 수 있다면 A를 고문함으로써 야기되는 A의 불쾌와 100명의 생명을 구제함으로써 얻을 수 있는 쾌락을 비교하면 후자가 크므로 A에 대한 고문은 허용된다.

제시문 (나)의 보편적 도덕원리에 따르면 인간을 다른 것을 위한 수단으로 사용해서는 안 된다. A에 대한 고문은 폭발물의 설치장소를 알아내겠다는 목적 하에 인간을 수단으로 대하는 것이다. 이는 보편적 도덕원리에 위반되므로 A에 대한 고문은 허용되지 않는다.

※ 343자

*부록의 원고지를 사용하여 실제 시험처럼 제한시간(110분)에 맞춰 답안을 작성해보고, 답안을 작성한 후에는 p.470에서 해설과 예시답안을 확인해보세요.

Q. '법의 지배'에 관한 제시문 (가)~(다)의 견해를 비교하고, 각각에 따를 때 <보기>의 사례가 어떻게 평가될지 설명한 다음, 이를 활용하여 이 사례에 대한 자신의 견해를 논술하시오.
(1300~1600자, 60점)

〈사례〉

국회는 중소 유통업체의 존속과 발전을 도모하고 근로자의 건강권을 보장하기 위하여, 일정 규모 이상의 대형마트에 지방자치단체장이 재량으로 영업시간을 제한하거나 의무 휴업을 명할 수 있게 하는 법률을 제정하였다.

(가) 자유로운 나라가 자의적 지배를 받는 나라와 가장 다른 점은 법의 지배라는 위대한 원칙에 따른다는 데 있다. 법의 지배란 정부의 모든 행위가 사전에 선포된 고정적 규칙들에 구속되는 것을 의미하는데, 그 규칙들은 일정한 상황에서 정부가 강제력을 어떻게 행사할지를 확실하게 예측할 수 있게 하고, 개인이 그런 지식에 기초해서 자신의 일을 계획할 수 있게 한다. 법은 사람들이 자신의 목표를 추구하기 위해 사용할 수 있는 수단을 변화시키므로 개인의 자유를 어느 정도 제한하기 마련이다. 그러나 법의 지배 아래에서는 정부가 자의적 행위로 개인들의 노력을 망칠 수 없게 된다.

법의 지배 아래에서 정부는 사회의 자원을 이용하는 규칙을 정할 뿐이고, 그 자원을 어떤 목적에 이용할지는 개인에게 맡겨둔다. 그 규칙은 특정한 사람들의 욕망과 필요를 충족시키기 위한 것이 아니라 누구에게라도 적용될 수 있는 형식적인 것으로서, 개인들이 다양한 목적을 추구하는 데 쓰이는 수단일 뿐이라고 할 수 있다. 반면에 자의적 정부는 특정한 목적에 생산수단을 사용하라고 지시한다. 그래서 법의 지배와 자의적 지배의 차이는 도로 통행에 대한 규칙을 정하는 것과 사람들에게 어디로 갈 지를 명령하는 것의 차이와 비슷하다고 할 수 있다.

이렇게 법의 지배는 모든 사람에게 똑같이 적용될 수 있는 형식적 규칙을 요구하고, 정부가 사람들을 임의로 차별하는 것을 금지한다. 그런 임의적 차별의 대표적 예로 시장에 대한 정부의 간섭을 들 수 있다. 시장이 아니라 정부가 물건의 생산량이나 가격을 결정한다면 사람들에 대한 자의적 차별이 생기게 된다. 그리고 이는 개인들이 스스로 목적을 선택해서 추구할 수 있는 존재로서 존중 받아야 한다는 자유의 기본원리를 침해하는 것이기도 하다.

(나) 법의 지배 아래에 있는 자유로운 사회에서 입법부의 기능은 한 개인으로서 인간의 존엄성을 떠받쳐 줄 조건들을 만들어내고 유지하는 것이다. 이러한 존엄성은 개인의 시민적, 정치적 권리뿐 아니라 그의 개성을 최대로 신장하는 데 필수적인 사회적, 경제적, 교육적, 문화적 조건의 확립을 요구한다. 이러한 개인의 경제적, 사회적, 문화적 권리에는 일할 권리, 직장을 자유롭게 선택할 권리, 실업으로부터 보호받을 권리, 노동과 보수에 대한 정당하고 우호적인 조건에 대한 권리, 안전과 사회적 보호에 대한 권리, 지적 능력과 문화적 능력을 충족하고 고양할 권리가 포함된다.

이에 따른 요구사항으로 다음과 같은 것을 예로 들 수 있다. ① 출생이나 재산에서 비롯된 기회의 불평등과 인종적, 종교적, 언어적, 지역적 또는 공동체적인 요소에서 비롯된 차별을 극복하는 것이 법의 지배를 토대로 경제적, 사회적 발전을 이루는 데 핵심적이다. ② 일반적으로, 특히 개발도상국가에서는, 국민의 더 큰 경제적, 사회적 이익을 위해서 재산권에 간섭하는 조치가 필요할 수 있다. 하지만 그런 간섭은 공익을 위하여 꼭 필요한 수준을 넘어서는 안 되며, 법의 지배가 제공하는 안전장치에 따라야 한다. ③ 건전한 경제계획은 국가의 사회적, 경제적 발전에 필수적이다. 하지만 법의 지배는 그런 계획에 들어있는 목표와 수단이 국민의 생각과 필요, 염원을 원천으로 삼고, 반영할 것을 요구한다. ④ 민주적으로 선출된 정부가 공익에 필요할 때 사기업을 국유화하는 것은 법의 지배에 반하지 않는다. 그러나 그런 국유화는 입법부가 정한 원칙에 따라서, 그리고 법의 지배에 부합하는 방식으로 이루어져야 하며, 여기에는 독립적인 기구가 정하는 공정하고 합리적인 보상이 포함된다.

(다) '법의 지배'와 '좋은 법의 지배'는 구별되어야 한다. 법의 지배는 어떤 법체계에 결여될 수도 있고, 더 또는 덜 구현될 수도 있는 정치이념의 하나일 뿐이다. 거기에 민주주의, 정의, 평등, 인권 등 좋은 사회와 정부에 대한 다른 이념들을 담게 되면 혼란만 생긴다.

법의 지배는 사람들이 법에 의해 지배되고 그에 복종해야 한다는 것, 그리고 사람들을 인도할 수 있게 법이 만들어져야 한다는 것을 의미한다. 그것은 법이 소급적이지 않고, 공개되고, 명확하고, 비교적 안정적일 것, 법에 따라 재판이 이루어질 것, 특정한 사람이나 사건에만 적용되는 법을 만들지 말 것 등을 요구함으로써 자의적 권력을 제약하는 데 기여한다. 이렇게 법의 지배는 법에 수반될 수 있는 대단히 큰 위험인 자의적 권력을 최소화하기 위해서 요구되는 것이기 때문에, 본질적으로 무엇을 적극적으로 만들어내려는 것이 아니라, 어떤 것을 막기 위한 소극적 가치이다. 법의 지배는 그 자체로 궁극적 목적이 아니라, 어떤 목적을 달성하는데 법이 좋은 도구가 될 수 있도록 이바지하는 것이다. 즉, 그것은 '칼의 날카로움'과 마찬가지로, 목적에 상관없이 법이 효과적으로 기능할 수 있도록 하는 도덕적으로 중립적인 덕목이다.

여기서 법의 지배가 가지는 힘과 한계가 드러난다. 어떤 목적을 추구하는 것이 법의 지배와 도저히 양립할 수 없다면 그런 목적을 법으로 추구해서는 안 된다. 하지만 법의 지배를 근거로 어떤 중요한 사회적 목적을 법으로 추구하면 안 된다고 성급하게 결론 내려서도 안 된다. 법의 지배는 어떤 법체계가 갖출 수 있는 여러 훌륭한 가치들 중 하나일 뿐이며, 법이 추구하는 다른 가치들과 경쟁하거나 충돌할 수 있다. 그러할 때 우리는 적절한 균형을 찾아야 하고, 때로 법의 지배에는 덜 부합하더라도 다른 가치들을 더 잘 실현할 수 있는 길을 선택하기도 한다. 법의 지배라고 하는 제단에 너무도 많은 사회적 목적을 희생시킨다면 법은 메마르고 공허하게 될 것이다.

Chapter
07

논술 쓰기 전략과 적용

일반적인 논술 구성 방법

일반적으로 논술문은 서론, 본론, 결론 또는 기, 승, 전, 결로 구성된다. 그러나 LEET 논술 시험에서는 언제나 이런 형태가 유지되는 것이 아니라 문제의 요구에 따라 변형되는 경우가 많다. 시험은 채점을 전제로 하기 때문에 시험문제의 논제를 잘 분석해서 구성방법을 결정해야 한다.

1. 서론을 쓰는 방법

LEET 논술에서는 서론의 중요성이 크지 않다. LEET 논술은 법조인의 글쓰기방법을 추구하기 때문에 효율성과 명확성을 추구한다. 따라서 서론을 쓰지 않고 본론부터 쓰는 방법 혹은 본론을 요약·압축하는 방법을 사용하는 경우가 대부분이다. 법조인의 글쓰기에서 서론은 '대답'이라고 생각하면 좋다. 예를 들어 판례(判例)를 보면 서론과 결론이 내용상 동일하다. "주문과 같이 결정한다. A는 형법 237조를 위반하여 유죄이다." 등이 바로 그것이다. LEET 논술은 결론을 별도로 쓰지 않는 경우가 많은데, 서론과 결론이 내용상 동일하기 때문이다. 판례에서는 결론을 별도로 제시하는 경우도 있는데, 이는 글의 분량이 길어지면 서론을 다시 확인하기 어렵기 때문에 결론을 다시 제시하여 읽기 편하도록 하는 목적이다.

아래 내용은 일반적인 글쓰기에서 의미하는 서론을 쓰는 방법이다. 물론 LEET 논술에서도 문제가 요구하는 경우 아래와 같은 일반적인 서론을 구성해야 할 수 있다. 이를 감안하기 바란다.

본래 서론은 본론에서 쓰고자 하는 내용에 대해 언급해 저자가 무엇을 쓰고자 하는 것인지를 보여주는 부분이다. 독자가 관심을 가지고 계속해서 본론을 읽도록 하려면 서론에서 독자의 흥미를 유발시켜야 한다. 논술문에서 서론이 지나치게 길다 보면 독자도 지루해하고 글 쓰는 사람도 막상 본론을 쓸 시간이 부족할 수 있다. 서론은 전체 글에서 15%를 넘지 않아야 한다. 또한 분량이 500~600자로 한정된 문제의 경우, 서론을 생략하고 바로 본론으로 들어가는 것이 좋다.

서론을 쓰는 방법은 여러 가지 있는데, 논술문에서는 주로 예화를 드는 방법, 해결해야 할 과제를 제시하는 방법, 최근의 시사적인 문제를 거론하는 방법을 사용한다.

(1) 예화를 드는 방법

예화를 들어 서론을 쓰는 방법은 채점자에게 흥미를 줄 수 있고, 논제와 잘 어울리는 예화를 든 경우 논제를 정확하게 이해하고 있다는 평가를 받을 수 있다. 논제와 잘 어울리고 일반적으로 알려진 예를 들어야 한다. 예화를 든 후에는 그 예화의 의미를 논제와 관련하여 명확하게 밝혀야 한다. 그러나 예화를 잘못 들면 생뚱맞은 서론이 되어 채점자에게 좋지 않은 첫인상을 줄 수 있다. 채점자가 모르는 예화를 애매하게 서술하는 것은 예화를 들지 않는 것만 못하다.

(2) 해결해야 할 과제를 제시하는 방법

논제에서 주어진 쟁점을 제시하는 방법으로 서론을 쓸 수 있다. 쟁점을 정확하게 도출한 후 쟁점 간의 관계, 글의 방향을 제시하는 서론을 쓰는 것이 무난하다. 채점자는 서론만 봐도 대충 어떤 글인지 알 수 있다. 따라서 쟁점을 잘못 잡고 서론을 쓴 경우 논제와 무관한 글이라는 인상을 줄 수 있다. 아래 <예>에서 서론을 읽어보면 본론에 쓸 내용이 불안에 대한 적절한 대응을 한 경우 인간이나 사회는 발전할 수 있으나 이에 대해 적절한 대응을 하지 못할 경우 퇴보할 수 있다는 내용임을 알 수 있다. 본론에서 쓰고자 하는 쟁점을 서론에서 제시할 때 너무 노골적으로 쓰지 않는 것이 좋다. 예를 들면 본론에서는 "불안에 대한 도전과 실패에 대해서 쓰고자 한다."는 서문은 다소 촌스러운 느낌을 줄 수 있다.

> **예: 불안**
>
> 제시문의 공통 주제는 불안이다. 인간은 신과 동물의 중간자라는 말이 있다. 현재는 신처럼 완벽한 존재는 아니지만 동물과 다르게 본능에만 의존하지 않고 현재에 만족하지 않는 존재가 인간이다. 동물은 상황에 따른 행동프로그램이 본능에 완벽하게 저장되어 있다. 그러나 인간이라는 동물은 상황에 따른 행동프로그램이 본능에 완벽하게 구비되어 있지 않으므로 어떠한 행동을 할 것인지를 끊임없이 결정해야 한다. 현재의 결정으로 원하지 않는 미래의 결과가 나올 수 있으므로 인간은 불안하다. 개인이나 국가 모두 이러한 불안에 잘 대응한다면 발전의 계기로 삼을 수 있으나 대응에 실패한다면 쇠퇴할 수밖에 없다.

(3) 최근의 시사적인 문제를 거론하는 방법

논제와 관련되는 시사적인 문제를 거론하면서 서론을 시작할 수 있다.

> **예: 고시 열풍**
>
> 지금 우리 사회에서는 이른바 '고시 열풍'에 관한 논의가 한창이다. 최근 국가고시에 응시하는 젊은이들이 부쩍 늘어났다. 고시와 관련 없는 학문을 전공한 젊은이들까지 고시 공부에 매달리는 형편이다. 따라서 생산성이 비교적 낮은 분야에 너무 많은 인적 자원이 투입되고 소중한 지식들이 사장된다는 걱정이 나오는 것은 자연스럽고 정당화된다.

2. 본론을 쓰는 방법

본론은 출제자가 묻는 내용에 대해 답하는 부분이다. 소주제 또는 쟁점에 따라 문단을 구성하여 일목요연하게 써야 한다. 구체적인 내용은 문단 쓰기에서 다룬 바와 같다.

3. 결론을 쓰는 방법

LEET 논술에서는 결론을 별도로 쓰지 않아도 무방하다. 이미 본론에서 제시된 논리를 별도로 제시할 필요가 없기 때문이다. 다만, 자신이 작성한 답안의 분량이 문제의 요구사항에 미치지 못할 경우에는 결론을 쓰는 것도 좋다.

결론은 서론과 본론에서 쓴 자신의 주장을 정리하는 부분이다. 결론을 쓸 때 주의할 요소는 본론에서 쓰지 않은 새로운 주장을 써서는 안 된다는 점이다. 왜냐하면 이에 대한 논거를 제시할 만한 글을 쓸 분량도 없고, 시간도 없기 때문이다. 논거 제시 없이 달랑 주장만 쓰고 만다면 독자를 설득할 수 없다. 자칫하면 '논리비약이다', '엉뚱하다'는 평가를 받을 수 있다. 결론을 쓰는 방법은 서론과 본론에서 쓴 글을 요약하는 방식이 일반적이다. 어떤 문제를 해결하라는 문제일 때는 해결책을 결론으로 쓸 수 있다.

시험에서의 논술 구성 방법

시험은 평가를 목적으로 한다. 평가 목적에 따라 그 수단으로써 논술 문제가 출제되기 때문에, 논제에서 주어진 쟁점의 순서에 따라 글의 순서를 정해야 한다. 서론, 본론, 결론에 따라 글을 끼워 맞추는 것이 아니라 논제에 따라 글의 구성을 결정해야 한다. 그러므로 일반적인 틀에 따라 글을 구성해야 한다는 강박관념은 버려야 한다.

또한 글의 분량에 따라 글의 구성은 달라질 수밖에 없다. 만약 400자로 작성하라는 문제가 나왔다면, 서론과 결론은 거의 생략하거나 혹은 한두 문장으로 끝내야 한다. 이런 문제에서 서론, 본론, 결론을 다 갖춘 글을 쓰다가는 정작 논제에서 제시된 문제에 대한 답을 충분히 쓸 수 없다.

1. 제시문 요약 – 자신의 주장과 논거

> 제도에 관한 겔렌과 아도르노의 주장을 밝히고, 그에 대한 자신의 견해를 제시하되, 반드시 예시문에 언급된 여러 제도 가운데 하나를 택하여 논술하시오.

첫째, 겔렌과 아도르노의 주장과 그 논거를 명확히 대비시켜 설명해야 한다. 두 사람의 주장과 논거를 밝힐 때는 자신의 주장을 포함시킬 필요가 없다. 둘째, 두 사람의 주장 중 하나의 주장을 선택하여 자신의 견해를 제시해야 한다. 자신의 주장, 그리고 이를 뒷받침하는 논거를 쓰면 된다. 문제의 조건으로서 예시문에 언급된 여러 제도 하나를 택해서 논술해야 한다. 따라서 글의 순서는 '겔렌과 아도르노의 주장 설명 - 자신의 견해'이다. 내용에 대해서 정확히 알고 있다면 예화나 구체적인 사례로 서론을 구성하면 된다. 그러나 내용에 대해 정확한 지식이 없는 경우 서론을 쓰면 엉뚱한 내용이 될 수 있다. 이 유형은 반드시 서론을 써야 하는 것이 아니므로 자신이 없으면 서론을 생략해도 무방하다.

2. 서론 – 문제점 – 원인 – 해결책

> 다음 세 제시문은 현대문명이 빚어내는 부정적 현상을 설명하고 있다. 이러한 현상들이 발생하는 원인을 분석하고, 그 문제들을 해결할 수 있는 방안을 논술하시오.

현대 문명의 문제점을 전체적으로 보여줄 수 있는 예화를 들거나 문제를 제기하는 것으로 서론을 쓰면 된다. 현대 문명의 부정적인 현상이 무엇인지 제시문을 참조하여 정리한다. 그 다음 이러한 문제의 원인을 철학적, 정치적, 경제적, 사회적, 문화적 관점에서 분석하고 그 대책을 각각의 관점에서 제시한다.

3. 서론 – 원인 – 문제점 – 제시문의 해결책 비판 – 대책

> (가)와 (나)를 비교하여 인구 변화의 이유와 그 인구 변화로 발생되는 문제를 분석한 후, (라)를 참고하여 (다)에서 주장하는 (나)의 문제에 대한 해결책을 비판하고 종합적인 대책을 제시하시오.

제시문 (가)와 (나)를 비교하여 인구 변화의 원인을 설명한다. 인구 변화에 따른 문제를 정치적, 경제적, 사회적, 문화적 또는 가족적, 사회적, 국가적, 세계적 관점에 따라 분석한다. (라)를 참고하여 (다)에서 주장하는 (나)의 문제점에 대한 해결책을 비판한다. 그리고 마지막으로 인구문제의 종합적인 대책을 제시한다.

4. 주제 도출 – 서론 – 제시문 설명 – 주제와 관련된 자신의 주장과 논거

> 다음 네 개의 제시문은 하나의 공통된 주제와 관련된 글이다. 그 주제를 말하고, 제시문 간의 연관 관계를 설명하시오. 그리고 그 주제에 관한 자신의 생각을 논술하시오.

네 개의 제시문의 공통된 주제를 도출한다. 각각의 제시문은 공통된 주제와 관련된 글이다. 따라서 공통된 주제를 중심으로 제시문을 읽어야 한다. 그러나 분명 제시문들은 공통된 주제와 관련되어 같은 점도 있을 것이고, 다른 점도 있을 것이다. 이를 잘 도출해야 한다. '제시문 간의 연관 관계를 설명하시오'라고 하였으므로 공통 주제와 관련된 제시문 간의 내용을 비교, 대조하면서 쉬운 예를 통해 설명하면 된다. 마지막으로 그 주제에 대한 자신의 주장과 논거를 논술해야 한다. 이런 문제는 공통된 주제와 관련된 서론을 써주는 것이 좋다. 글의 순서는 '공통된 주제의 도출-서론-제시문 간의 관계 설명-주제와 관련된 자신의 주장과 논거'이다.

5. 제시문 비교 – 자신의 주장과 논거 – 결론

> 제시문 (가)와 (나)에는 오늘날 우리 사회의 공통적 문화 현상에 대한 상이한 두 가지 견해가 나타나 있다. 이에 대한 자신의 견해를 (다)를 토대로 하여 논술하라.

논제에서 정확하게 요구하고 있지 않지만 제시문 (가)와 (나)의 상이점을 도출해야 한다. (가)와 (나)의 입장 중 하나의 입장을 선택해서 자신의 견해를 밝혀야 한다. '(다)를 토대로 논술하라'는 조건이므로 반드시 (다)를 토대로 자신의 견해를 밝혀야 한다. 글의 순서는 '제시문 (가)와 (나)의 상이점-자신의 견해-짧은 결론'이다.

6. 제시문 요약·설명 – 자신의 주장과 논거

> 제시문을 읽고 1) 기 소르망은 현재 전개되고 있는 세계화의 물결을 무엇이라고 보고 있으며, 2) 앞으로 전개되어야 할 바람직한 세계화의 방향은 무엇이라고 생각하고 있는지를 설명하고, 아울러 3) 우리 한국인들이 지향해야 할 세계화의 방향은 어떤 것이라고 생각하는지에 대해 논술하시오.

논제에서 무엇을 원하는지 잘 찾아내야 한다. 논제의 1), 2)는 제시문에서 나타난 기 소르망의 견해를 설명하는 것이다. 논제 1)은 제시문을 읽고 기 소르망이 현재 세계화의 물결을 무엇이라고 보고 있는지 밝히는 문제이다. 기 소르망이 보고 있는 세계화 물결의 원인, 특징을 쉽게 설명하는 글을 쓴다. 논제 2)는 어떠한 세계화가 바람직하느냐에 대한 기 소르망의 주장을 설명한다. 논제 3)은 세계화에 대한 자신의 주장을 하라는 것이다. 글의 순서는 '기 소르망이 본 세계화의 물결 - 기 소르망이 주장하는 바람직한 세계화 - 우리 한국인들이 지향해야 할 세계화의 방향'이다.

7. 본론만 쓰는 유형

> • **논제** 1. 위의 세 제시문이 공통적으로 주장하는 바를 요약하시오. (200자 이내)
> • **논제** 2. 각 제시문의 핵심적 주장에 대한 반론을 제시하시오. (600자 이내)
> • **논제** 3. 위의 논의를 토대로 정보화 시대의 이상적인 민주주의를 구상해 보고 이를 실현하기 위한 구체적인 방안을 기술하시오.
>   (800자 이내)

논제 1과 같이 글자 수를 200자로 제한된 경우 서론이나 결론은 아예 쓰지 않아야 한다. 세 제시문이 공통적으로 주장하는 바를 요약하면 된다. 그 논거를 일일이 서술할 필요는 없다. 글의 순서는 '세 제시문의 공통적인 주장 - 공통적인 논거'이다.

논제 2는 각 제시문마다 핵심적 주장과 그 논거를 도출하고 그에 대한 반론을 써야 한다. 제시문의 핵심적 주장과 논거를 자세히 설명하다 보면 반론을 쓸 분량이 없을 수 있다. 제시문의 핵심적 주장과 논거는 짧게 써야 한다. 서론이나 결론을 쓰는 것은 아예 포기해야 한다. 글의 순서는 '각 제시문의 핵심적 주장과 논거 - 반대되는 주장과 논거'이다.

논제 3은 논제 1과 2의 논의를 토대로 하는 것을 조건으로 제시하고 있다. 정보화 시대의 특징을 잘 살려 이상적 민주주의를 구상해 보고 구체적인 방안을 기술해야 한다. 글의 순서는 '정보화 시대의 특징 - 이상적 민주주의 구상 - 구체적인 방안'이다.

위 문제와 같이, '서론 - 본론 - 결론'의 형식으로 써서는 안 되는 문제가 앞으로도 자주 출제될 것이다. 왜냐하면 채점하기도 편하고 채점의 공정성도 확보되기 때문이다. 여러 제시문에 하나의 논제로 문제를 출제했을 때, 채점자가 수험생이 쓴 글을 읽어보고 논제에 대해서 모두 답을 했는지 찾는 데는 시간이 걸린다. 그러나 위 문제처럼 논제를 나누어서 세부적으로 문제를 제시하는 경우, 채점자가 수험생의 글을 보고 논제에 대해서 답을 했는지 쉽게 판별할 수 있다. LEET 논술 역시 이러한 형태로 시험문제가 진화할 것이라 예상할 수 있다.

Q. 법률의 해석방법에 관한 제시문 (가), (나), (다)의 입장에 따를 때 <사례>에 대해 법원은 각각 어떻게 판단해야 하는지 설명하고, 그 중 어느 판단이 가장 적절한지 자신의 견해를 밝히시오. (1300~1600자, 60점)

─── 〈사례〉 ───

A국의 약사법에 의하면 의약품은 질병의 치료 등을 직접 목적으로 하는 것 외에 넓게는 사람의 신체에 약리적 기능을 미치는 것까지 포함하며, 일반 상점에서의 의약품 판매는 금지되고 있다. 최근 A국 의회는 "모든 약국은 오후 10시에 폐점해야 한다."라는 조항을 신설하는 약사법 개정안을 의결했다. 법 개정 직전 일반 상점에서도 일부 의약품 판매를 허용하자는 입법제안이 있었으나 약사회의 반대로 무산되었다. 약사회 측은 약국 분포상 의약품 구매에 불편이 없고 의약품 오·남용을 막을 필요가 있다는 이유를 내세웠다. 원래 개정안에는 "오전 10시에 개점하고"라는 문구가 포함되어 있었지만 의회 논의과정에서 삭제되었다. 개정안 가결 당시의 의회 회의록에는 "의약품 구매에 불편이 없어야 한다."라는 발언과 "직업수행의 자유가 침해되어서는 안 된다."라는 발언이 기록되어 있다. 개정된 약사법은 폐점시간 위반에 대해 5일의 영업정지처분을 내리도록 하면서, 일요일과 공휴일에도 폐점시간 규정을 예외 없이 적용하도록 했다. A국 법률을 보면 일반 상점에 대해서는 24시(자정)를 폐점시간으로 정해 놓고 있다. 개정 약사법 시행 후 수면유도제 과다 복용으로 심야에 돌연사한 사례가 빈번히 보고되었다. 또한 변경된 약사면허제도의 영향으로 개정법 시행 후 약사 수가 늘어나 약국 간의 과당경쟁도 심각한 사회문제로 떠올랐다.

약사들은 개정 법조문을 "모든 약국이 오후 10시까지는 개점해 있어야 한다."라는 의미로 받아들여, 오후 10시를 넘겨 영업해도 무방하다고 이해했다. 반면 보건당국은 이를 "어떤 약국도 오후 10시 이후에는 개점해 있어서는 안 된다."라는 의미로 받아들여, 오후 10시 이후에도 영업하는 약국들을 단속했다. 그 결과 영업정지처분을 받게 된 약사들은 법원에 그 처분의 취소를 청구하는 소송을 제기했다.

(가) 법률을 만드는 입법부의 권한과 만들어진 법률을 해석하는 사법부의 권한은 동등하지 않으므로 사법권의 행사는 입법부의 의지에 따라야 한다. 루소가 사회계약론에서 비유한 바처럼, 두뇌의 명령 없이 사지가 움직일 수 없는 이치와 같다. 민주적 정당성이 결여된 사법권은 자신의 고유한 의지를 가질 수 없으므로, 법관은 '법을 말하는 무생명의 입'으로서 입법자의 의지를 확인하는 데 머물러야 한다.

그러나 전능한 입법자라 하더라도 의도한 바를 법률로써 완벽하게 전달하기란 불가능하며, 넓든 좁든 그의 의도에 대한 해석의 여지를 법관에게 남겨둘 수밖에 없다. 법조문에 사용한 문구의 '일반적인 의미'만으로도 입법자의 의도가 충분히 드러난다는 생각은 너무 단순한 발상이다. 법조문의 문구는 대개 다양한 의미를 지니기 때문에 정확한 의미는 문맥에 의존할 수밖에 없고, 그 문맥의 핵심을 이루는 것은 결국 법률이 추구하는 목적이다. 어떤 법률도 목적 없이 존재하지 않는다.

따라서 법률의 해석자로서 법원의 근본적인 역할은 그 법률에 어떠한 목적이 부여되었는지를 판단하는 일이다. 모름지기 법관은 입법자가 자신의 입장에 있었다면 법 규정을 어떻게 적용했을지 생각해 보고 그에 따라야 한다. 즉, 스토리 대법관이 적절히 표현했듯이 모든 법률 문서를 해석하는 제1의 원칙은 작성자의 의도에 따른다는 것이다. 법조문의 '원래 의도'는 시간이 흘러도 변하지 않으며, 법관은 이를 가능한 한 중립적인 해석을 통해 발견하고 실현해야 한다.

(나) 법률이란 다양한 이익집단 사이의 대립과 타협을 반영한 결과이므로 '하나의 일관된' 입법목적이란 있을 수 없다. 입법자는 각기 다른 욕구와 기대를 대변하겠지만, 다수결 민주주의의 과정에서 그것들을 합산해내기란 불가능하다. 입법부 전체에게는 법조문으로 명백히 표현되는 단일한 법률 문구만 있을 뿐이다. 시민들이 이해하는 '일반적인 의미'에 따르는 해석방법이 민주주의의 이상에도 부합한다.

사건에 파묻힌 법관에게 입법의 시대적 배경까지 세세히 알아내도록 요구하기란 어렵다. 무모한 법관은 자신이 원하는 바에 따라 입법자의 의도를 왜곡할 것이고, 무지한 법관은 탐지해낼 수 없는 입법자의 의도를 오해할 것이다. 법조문에 없는 어떤 목적을 찾아내어 입법자가 채택한 수단을 평가한다면 이는 이스터브루크 판사의 경고대로 사법부의 자의적인 추측으로 귀결될 뿐이다. 입법과정에서의 사익 추구를 통제한다는 명분으로 사법부가 법조문의 의미를 마음대로 재단한다면 이익집단의 개입은 오히려 비합법적인 경로로 음성화되어버릴 것이다.

아울러 우리는 웬즐리데일 대법관이 언명한 법해석의 '황금률'을 받아들여야 한다. 즉, 법률 조문은 특정 부분을 떼어내어 그 부분만 고립적으로 해석해서는 안 되고, 법률 전체를 종합적으로 고려하여 개개 조문들을 해석해야 한다는 것이다. 법률 조문의 어떤 부분에 대한 '문자 그대로의 해석'이 법률 전체로 보아 불합리하거나 모순되는 결과를 초래할 경우, 그 부분은 전체 법률의 체계와 조화되는 범위 내에서 달리 해석될 수 있다.

(다) 소시지와 법은 한 가지 공통점이 있는데, 만들어지는 과정을 보아서는 안 된다는 것이다. 오늘날 다수결 민주주의에서 다양한 이익 집단의 개입은 공익실현의 장이어야 할 입법절차를 사익 추구의 통로로 타락시키고 있다. '공공선택이론'은 이러한 입법 현실을 정교하게 분석해낸다. 가령, 어떤 법안의 이익은 특정 계층에 집중되고 비용은 국민 전체에 분산되는 경우, 그런 법안은 용이하게 가결되는 경향이 있다고 한다. 이익을 누리는 집단의 로비가 작용해 입법이 왜곡되기 때문이다. 반대로 이익과 비용이 각각 다른 계층에 집중되는 경우, 이익집단 사이의 대립과 충돌로 말미암아 법안의 가결은 지연되는 경향이 있다고 한다.

이러한 문제의식에서 에스크리지 교수는 동태적 해석을 통한 사법적 수정의 가능성을 적극적으로 모색한다. 그는 바람직한 법해석이란 법률 문구에 어떤 내용이 담겨있는가를 밝히는 것만도 아니고, 과거의 사건이나 기대 또는 입법자들 간의 타협 내용을 재창출하는 것만도 아니라고 한다. 법조문 자체의 의미가 불명확한데다 입법 이후 환경이 변화하여 원래 의도가 별다른 의의를 가질 수 없다면, 현재의 사회적·경제적·정치적 상황에 대한 고려가 법해석에 중요한 역할을 해야 한다는 것이다. 즉, 입법을 둘러싼 사익 측면을 가급적 배제하고 공익 측면을 강조함으로써 변화된 상황에 맞추어 법이 성장, 발전하도록 적극적으로 해석하자는 것이다. 이러한 동태적 해석론은 법률 문구나 역사적 배경보다 법 자체의 진화를 중시하는 입장으로 볼 수 있다.

문제 분석

> 2. 법률의 해석방법에 관한 제시문 (가), (나), (다)의 입장에 따를 때 <사례>에 대해 법원은 각각 어떻게 판단해야 하는지 설명하고, 그 중 어느 판단이 가장 적절한지 자신의 견해를 밝히시오. (1300~1600자, 60점)

문제의 요구를 지키는 것이 중요하다. 문제에서 크게 3가지를 요구하고 있다. 첫 번째로 법률의 해석방법에 대한 (가), (나), (다)의 입장이 무엇인지 밝혀야 한다. 여기에서 주의할 점은 법률의 해석방법에 대한 제시문의 입장은 핵심을 파악하여 한 두 문장으로 요약해야 한다는 점이다.

두 번째로 각각의 입장에 따른 <사례>에 대한 법원의 판단을 추론하여 밝히고, 세 번째로 3가지 입장 중 어떤 입장이 가장 적절한지 밝혀야 한다. 이 때 제시문의 입장과 <사례>의 논리적 관계를 잘 서술해야 한다. 문제에서 "제시문의 입장에 따를 때 <사례>에 대해 법원이 어떻게 판단해야 하는지 설명"하라고 하였다. 따라서 제시문의 입장이 중요한 것이 아니라, 이 입장에 따른다면 법원은 어떻게 판단해야 하는지 <사례>에 제시문의 입장과 논리를 적용하는 것이 중요하다.

제시문 분석

① 제시문 (가)

법원은 법률의 의도를 소극적으로 해석해야 한다. 국민은 특정 목적을 실현하고자 법을 제정하였고, 법원은 국민이 특정해준 목적을 바꿀 권한이 없다. 법원은 법률 해석에 있어서 가치 중립적이고 소극적이어야 한다.

② 제시문 (나)

법원은 법률 전체를 감안하여 법률의 의도를 종합적으로 해석해야 한다. 법률은 체계를 지니고 있어 입법자의 의도를 정확하게 파악하기 위해서는 특정 법률 조문 하나만을 개별적으로 판단해서는 안 된다. 법률을 종합적으로 해석하지 않는다면 법원이 입법자의 의도를 자의적으로 해석하는 문제점이 발생할 수 있다.

③ 제시문 (다)

법원은 현재 상황에 맞춰 적극적으로 법률을 해석해야 한다. 국민이 특정 목적을 실현하고자 법률을 제정하였더라도 입법 환경이 변화하였다면 그 변화에 맞춰 법률을 해석할 필요가 있다. 입법자는 법률을 제정할 때 법률 그 자체의 문구가 지켜지는 것보다 법률의 효과가 달성되기를 기대한 것이다. 따라서 법원은 입법자의 의도를 적극적으로 실현하기 위해 법률 해석에 있어서 적극적인 역할을 해야 한다.

법률의 해석방법에 대해, (가)는 소극적 입장을, (나)는 종합적 입장을, (다)는 적극적 입장을 주장하고 있다. <사례>의 경우 법원은 (나)의 입장을 따라 판단함이 적절하다.

(가)에 따르면, 법원은 법률의 문언을 그대로 해석해야 한다. 국민은 특정 목적을 실현하고자 법을 제정하였고, 법원은 국민이 정한 목적을 바꿀 수 없다. <사례>의 A국의 개정 약사법은 모든 약국이 오후 10시에 폐점할 것과 폐점시간 위반은 5일의 영업정지처분을 할 것을 규정했다. 입법자인 국민이 법조문으로 오후 10시 이후 약국영업금지 의사를 명확하게 밝혔다. 따라서 법원은 영업정지처분을 취소할 수 없다.

(나)에 따르면, 법원은 법률 전체를 감안해 법률의 의도를 종합적으로 해석해야 한다. 개개 법조문을 글자 그대로 해석한다면 오히려 입법 의도에 모순될 경우, 전체 의도에 적합하게 해석해야 한다. <사례>의 A국의 약사법은 약리적 효과를 지닌 모든 제품을 의약품으로 보아 일반 상점의 의약품 판매를 금지하고 있다. 이 법은 의약품이 국민의 생명과 신체에 직접적 영향을 주기 때문에 예외 없이 약사의 복약지도를 받아야 한다는 의도로 보아야 한다. 그런데 오후 10시에 모든 약국이 폐점해야 한다는 개별 법조문을 글자 그대로 해석하면, 약사의 복약지도를 받지 못해 국민의 생명을 위협할 수 있어 입법 의도에 모순된다. 법률 전체 의도를 고려하면 이 개별 법조문은 오히려 오후 10시까지 모든 약국이 영업을 해야 한다는 의미로 해석할 수 있다. 따라서 법원은 영업정지처분을 취소할 수 있다.

(다)에 따르면, 법원은 공익 증진을 위해 적극적으로 법률을 해석해야 한다. <사례>의 경우, 개정 약사법 시행 후 심야 돌연사 등 국민의 생명에 직접적 위해가 발생하고, 약국 간의 과당경쟁으로 대형약국의 독과점으로 인한 의약품 가격 상승 우려도 있다. 이런 상황에서 법원은 공익 증진을 위해 입법 의도를 적극적으로 해석해야 한다. 약사의 직업수행의 자유를 인정하여 약국 폐점시간을 자율화하면, 의약품이 필요한 국민들이 늦은 시간에도 약국을 이용할 수 있다. 또 약국 간의 과당경쟁이 영업시간 자율 조정으로 완화되므로 보다 많은 약국이 영업을 지속하여 의약품 가격 상승이 억제된다. 약국의 심야시간 영업을 통해 국민의 생명과 신체의 자유를 보호하고 약사의 직업수행의 자유를 동시에 보호할 수 있어 공익이 증진된다. 따라서 법원은 영업정지처분을 취소해야 한다.

(나)의 종합적 법률해석방법에 따라 영업정지처분을 취소함이 타당하다. 법률은 국민의 자유를 안정적으로 보호하기 위한 목적으로 존재한다. (가)처럼 소극적으로 해석할 경우 의약품을 구매할 수 없는 심야시간에 국민의 생명과 신체의 자유를 보호할 수 없다. 또한 (다)처럼 적극적으로 해석할 경우 국민주권원리가 저해되어 국민이 아니라 법원이 법을 창설하여 국민의 자유를 제한하는 문제가 발생할 우려가 크다. 따라서 법원은, 국민이 약사법 개정을 통해 국민의 자유를 안정적으로 보장받고자 하는 의도를 분명히 하였으나 개별법조문에 모순이 발생한 것으로 보아 영업정지처분을 취소할 수 있다. 단, 해당 법원이 헌법재판소에 위헌법률심판 제청을 하여 법률의 입법 의도를 명확하게 확인한 후 영업정지처분을 취소함이 타당하다.

※ 1590자

PART

LEET 논술 준비하려면 이것만은 꼭!

필수배경지식

Chapter 01

핵심 가이드

인간이 독립적으로 홀로 생존할 수 있다면, 사회와 국가를 이루어 모여 살 필요가 없다. 동물의 경우를 볼 때에도 이는 마찬가지이다. 호랑이나 곰처럼 다른 존재의 위협을 홀로 이겨낼 수 있는 맹수들은 거의 대부분의 삶을 홀로 보낸다. 그러나 사슴이나 토끼처럼 다른 동물의 위협을 홀로 이겨낼 수 없다면 무리를 지어 생활하게 된다. 인간은 육체적으로 동물보다 나약한 존재이고, 도구를 사용하면서 동물의 힘을 이겨낸 이후에도 산불이나 홍수처럼 자연의 위협에 무력한 존재였다. 인간은 무리를 지어 생활하면서 자연의 위협을 이겨내었다.

인간이 무리를 지어 집단을 이루어 살아야 한다면, 집단을 유지하기 위한 규칙이 필요하다. 집단을 유지하기 위해 필요한 규칙은 종교, 도덕, 법이라는 형태로 유지되어왔다. 결국 국가가 존재하지 않는다면 법은 필요 없는 것이다. 그렇기 때문에 세계사를 배울 때 역사에 기록된 최초의 문명인 메소포타미아의 국가인 바빌로니아에서 기원전 1700년대에 함무라비 법전이 편찬된 것이다. 국사에서도 단군이 고조선을 세운 후 10개조 법률이 존재했다는 기록이 남아 있다. 이처럼 국가는 법과 함께 존재해왔다.

우리가 국가를 어떤 것으로 이해하는지에 따라 국가를 유지하기 위한 수단인 법의 모습도 바뀔 수밖에 없다. 다양한 국가론을 통해 국가가 무엇인지 이해하고, 국가의 유지 수단이자 사회 유지 수단으로 기능하는 법이 어떤 역할과 기능을 하게 될 것인지 그 논리를 이해해야 한다.

플라톤의 국가론

1. 이데아론

플라톤은 철학의 시조로, 철학은 그리스어로 지혜를 사랑하는 것이라는 의미를 담고 있다. 플라톤의 국가에 대한 논의는 공동체주의에 근거해 있는데, 국가주의로 표현할 수 있다.

플라톤은 특유의 사상인 이데아론으로 대표되고 국가역시 이를 통해 설명할 수 있다. 플라톤은 진리의 세계이자 천상의 세계인 이데아가 있다고 믿었다. 그리고 세상의 모든 것은 이데아의 그림자라고 생각했다.

플라톤은 세계를 현상계와 이데아로 나눈다. 현상계는 우리의 감각기관으로 볼 수 있는 세계로서 일시적이고 부단히 변하는 세계이다. 이에 비해 이데아계는 불변의 세계이다. 이데아는 완전하고 선하다. 현상은 이데아의 모조품이다. 이데아에서 멀어질수록 현상은 타락한 것이다.

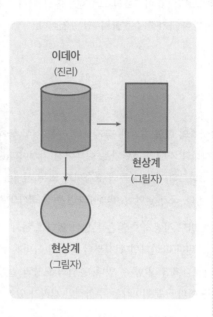

예를 들어, 원의 이데아가 있다고 가정해보자. 한 점에서 동일한 거리에 있는 점을 연결한 것이 원의 이데아이다. 그러나 우리가 현실세계에서 보는 원은 동일한 거리에 있는 점을 연결한 것이 아니다. 아무리 정밀한 도구를 사용해도 동일한 거리에 있는 점을 연결시킬 수 없다.

현실의 예를 들어보자. 세상에는 수많은 의자가 있는데, 우리는 이를 보면 의자로 인식한다. 세발의자도 있고, 나무 의자도 있고, 사무용 의자나 왕좌와 같은 의자도 있는데, 모두 이를 보면 공통적으로 의자라고 한다. 이는 의자의 이데아가 존재하고 이 이데아를 통해 의자가 모두 다르게 생겼음에도 의자라고 생각하게 되는 것이다. 의자의 이데아가 담겨 있거나 투영된 것은 어떤 모양이라도 의자라고 인식된다.

플라톤은 이런 생각에서 불이 위를 향해 솟구친다고 생각했다. 불의 이데아는 태양이고 모닥불은 태양의 그림자에 불과하므로 이데아를 향해 가는 것이다. 그러한 의미로 물의 이데아는 바다이고, 모든 물은 아래를 향해 그리고 바다를 향해 가는 것이다.

플라톤의 이데아론에 따르면, 국가에도 이데아가 있다. 이데아의 국가를 현실의 국가로 투영하는 것이다. 만약 이데아의 모양이 원통이라면, 빛을 어떤 방향에서 비추었는가에 따라 그림자가 사각형이 될 수도, 원이 될 수도, 삼각뿔이 될 수도 있다.

2. 이데아론과 국가의 기원

인간은 자족적일 수 없다. 아무리 뛰어난 인간이라도 목수, 농부 등에 의존할 수밖에 없다. 이로 인해 인간은 사회와 국가를 형성해 살고자 한다. 자족적이지 않은 개인은 사회와 국가 덕분에 생활할 수 있다. 따라서 국가와 사회는 개인보다 우월하다.

플라톤은 철학을 하는, 즉 지혜를 사랑하는 자만이 국가를 통치할 자격이 있다고 했다. 이러한 자를 철인왕, 수호자라 불렀다. 일반 대중, 즉 자신의 역할도 제대로 수행하지 못하는 자가 개인보다 우월한 국가와 사회를 이끌 능력이 있을 리 없다. 그러나 철인왕은 철학을 하는 자로 이데아의 세계를 알고 있다. 이데아의 그림자가 현실 세계이기 때문에 철학자는 진리를 현실에 맞게 적용할 능력이 있는 자이고, 이러한 능력을 갖춘 자만이 국가를 수호할 수 있는 것이다.

3. 철인 통치

플라톤은 국가의 이데아를 해당국가의 현실 특성에 맞게 실현하는 것이 국가의 통치라 생각했다. 그렇다면 원리를 이해하고 있는 자가 통치를 해야 한다. 그리스는 석회암 지대의 해안가로 이루어진 지형이다. 농사가 잘 되는 지역도 있고, 교통의 요충지가 되는 지역도 있다. 농사가 잘 되는 지역이 스파르타이고, 교통의 요충지가 되는 지역이 아테네이다. 해당 지역의 특성에 맞게 통치하려면 그 원리가 되는 국가 철학을 이해해야 한다. 국가 철학이 이데아라면 현실 국가의 통치는 그 그림자가 되는 것이다.

예를 들어, 분필을 생각해보자. 한 번도 사용하지 않은 분필이 있다고 하자. 이 분필을 1/2 크기로 부러졌다고 해도 우리는 이를 분필이라고 생각한다. 이를 계속 부러뜨린다고 한다면 언제부터 분필이 아니게 될까? 우리는 그 기준을 말할 수는 없더라도, 분필을 보면 '이것은 분필이고, 이것은 분필 가루다'라고 말할 수 있다. 분필의 모양과 길이가 달라지더라도 우리는 그 수많은 분필들을 모두 다 동일하게 분필이라고 인식한다. 이는 아마도 분필이라는 추상적인 진리가 있기 때문일 것이다. 이를 분필의 이데아라 하자.

이데아로서의 분필이 눈에 보이지 않는 진리로 존재하기 때문에 그 그림자인 현실의 다양한 분필이 있다고 해도 우리는 이를 모두 다 동일하게 분필이라고 하는 것이다. 결국 우리는 이데아를 인간 이성으로 인식하는 것이다. 그리스어로 '로고스'는 이성, 언어, 논리, 진리를 뜻하는데, 우리가 이성을 통해 이데아라는 진리를 인식하고 이를 언어로 표현한다는 의미가 담겨 있다. 유명 로펌 중에 로고스가 있는데, 법조인을 가장 멋지게 명명한 것이라고 생각한다.

또다른 예로, 다리를 짓는다고 하자. 어떤 모양의 다리를 짓는 것이 해당 지형의 특성에 잘 맞는 것인지는 전문가가 결정해야 한다. 그리고 그 전문가는 다리 구조에 대해 수학적, 물리적, 구조적으로 전문성을 갖고 있는 사람이 될 것이다. 일반 사람이 보기에 왜 저런 다리를 지었을까 더 멋진 모양으로 지으면 안 될까 생각하더라도, 그 생각은 틀린 생각이 될 수밖에 없다. 그는 전문가가 아니기 때문이다. 전문가가 판단하기에 더 멋진 모양의 다리를 지을 수도 있을 것이지만, 그 지역에는 바람이 많이 불어 구조적으로 안전하지 않다면 결국 이는 모든 사람에게 불행한 결과로 이어지게 될 것이다. 이처럼 국가의 통치 역시 국가의 이데아를 이해하고 있는 사람이 맡아야만 모든 사람이 행복할 수 있다.

플라톤은, 국가의 이데아는 곧 공동체의 유지와 존속, 모든 개인의 생존과 직결되기 때문에 가장 중요한 지혜를 탐구하는 자, 즉 철학자만 알 수 있다고 했다. 철학자는 국가 통치를 위해 필요한 이데아를 탐구했고 일반 사람이 보기에는 그가 잘못된 결정을 한 것으로 보일 수 있으나, 그것은 모든 가능성을 생각해본 결과 그것이 가장 좋은 결정이기 때문이다. 플라톤은 철학을 하는 철인왕이 국가를 통치해야 하고, 이것은 공동체 전체를 위한 결정이라 생각했다.

신은 인간을 만들 때, 이를 본떠 만들었다. 생각을 하는 머리가 가장 위에 있고, 용기를 가진 심장이 중간에 있고, 욕망을 갖고 있는 하체가 가장 아래에 있다. 그러니 국가 역시 이성을 가진 철학자가 위에서 통치를 하고, 전사가 용기 있게 전쟁을 수행하고, 대부분의 사람들은 욕망을 실현하므로 농사를 지어야 한다. 이것이 이데아에 맞는 국가의 구성이며, 플라톤이 생각한 국가론의 핵심이다.

플라톤에게 있어 정의(正義)는 국가 내의 각 계급이 자기의 소임을 충실히 하는 것이다. 플라톤은 머리가 하는 일을 팔이나 다리가 할 수 없는 것과 마찬가지로 철인은 국가를 통치하고, 전사(戰士)는 국가를 지키고, 농부와 목수는 농사와 집 짓는 일에 최선을 다하는 것이 정의롭다고 생각했다. 손과 발이 머리를 대신하겠다고 한다면 개인은 생존할 수 없으며 손과 발도 죽음을 면치 못한다. 이와 마찬가지로 국가 역시 전사나 농부가 국가를 통치하겠다고 한다면 국가는 멸망할 수밖에 없다.❶

플라톤은 현상계의 모든 것은 이데아의 그림자라고 생각했다. 그렇다면 국가 역시 이데아로서의 국가, 즉 이상적 국가가 있다. 그리고 현실의 국가는 이상적 국가의 그림자에 불과하다. 그러므로 플라톤은 국가의 이데아를 이해하고 있는 철인, 철학자가 국가를 통치해야 한다고 주장했다. 이것이 바로 철인왕(哲人王)이다.

플라톤은 철인왕, 즉 이상국가의 수호자는 개인 소유를 해서는 안 된다고 한다.❷ 개인 소유를 인정함으로써 국가는 타락하기 시작했다고 한다.

플라톤은 <국가>에서 자신의 스승인 소크라테스의 입을 빌려, 통치자는 국민의 이익을 위해 권력을 행사한다고 말한다. 의사가 자신의 능력을 발휘하면 환자가 이익을 보게 된다. 마찬가지로 통치자가 능력을 발휘하면 피통치자인 국민이 이익을 보게 된다. 통치자가 이러한 권력을 행사할 수 있는 이유는 국가의 이데아를 알고 있기 때문이다. 이를 철인통치라 한다.

4. 국가의 타락

플라톤은 국가를 명예체제, 과두체제, 민주체제, 참주체제로 나눈다. 그리고 수호자체제, 과두체제, 민주체제, 참주체제가 연속적으로 이어지고 참주체제가 결국 수호자체제로 계속 이어져 순환할 것이라 한다.

먼저 명예체제란, 수호자가 명예롭게 다스리는 체제를 말한다. 명예체제는 플라톤이 생각하는 가장 좋은 국가체제이다.

과두체제는 소수의 엘리트가 다스리는 국가체제이다. 소수의 엘리트가 자신들도 수호자와 비슷한 정도의 지식을 갖고 있으니 국가 운영에 참여하겠다고 나서게 된 결과가 과두체제이다. 플라톤에 의하면, 소수의 엘리트는 수호자와는 달리 이데아를 알지 못하기 때문에 수호자처럼 국가 운영을 담당할 것이 아니라 단지 보조자에 머물러야 한다. 그러나 수호자 계급 간, 수호자 계급과 보조자 계급 간의 갈등으로 이상국가(理想國家)는 타락한다. 과두체제는 금권정체인데 재물을 끊임없이 추구하는 체제이다.

다음으로 민주체제는 국가의 모든 시민이 국가 운영에 참여하는 정치체제이다. 소수의 엘리트가 국가 운영에 참여할 수 있다면 일반 시민도 참여하지 못할 이유가 없기 때문이다. 플라톤에 따르면 민주체제는 통치자가 대중의 인기에 영합한 통치 행위를 하는 체제이다. 일반 대중은 자신에게 이익을 주기만 하면 좋아하고 자신이 받은 그 이익이 자신의 호주머니에서 나온 것이라는 사실은 알지 못한다. 현대식 표현으로 하면 포퓰리즘(populism)❸이 만연한 정치체제이다.

마지막은 참주체제로 귀결된다. 플라톤은, 민주체제는 필연적으로 참주체제로 이어진다고 한다. 플라톤은 민중에게 통치를 맡기면 참주를 지지할 것이고 결국 국가는 타락할 수밖에 없다고 한다.

이를 정리하면 다음과 같다. 플라톤에 따르면, 이데아는 천상계의 것이고 현실은 그 그림자에 불과하다. 고대 그리스의 아테네와 스파르타에 이를 적용해보자. 이데아가 있다면 국가의 이데아도 있을 것이다. 이 국가의 이데아를 현실의 모습에 맞게 적용하고 변용할 수 있는 것은 오로지 철학자뿐이다. 일반 국민은 현실 국가의 모습에 눈을 빼앗겨 국가의 이데아와 그것에 맞는 현실 적용을 할 수 없다. 그래서 플라톤은 "복수가 국가를 다스리려 한다면 필연적으로 국가는 망할 것"이라 했다. 무역을 하는 아테네, 농사를 짓는 스파르타는 모두, 철학자가 국가의 이데아를 도시국가의 현실 상황에 맞게 적용한 결과인 것이다.

필수배경지식

PART 03

해커스 LEET 김종수 논술을 통한 기본서

❶ 그러나 본래 노동자이거나 돈벌이 계급에 속한 자가 전사계급으로 들어가려고 한다든가, 전사가 그러한 자격도 없으면서 수호자 계급으로 들어간다든가 하면, 이런 종류의 변화와 음모는 나라의 멸망을 의미하는 것이 아니겠는가. (플라톤, <국가>)
❷ 참된 수호자란 재물과 가족까지도 공동으로 소유해야 한다. 그것이 '내 것'과 '네 것'을 없애고 분열을 막는 일이며, 행복과 불행을 공유하는 길이다. 사유재산이 없으면 문제가 발생하거나 소송에 휘말릴 일도 없을 것이다. (플라톤, <국가>)
❸ 포퓰리즘(populism): 일반대중의 인기에 영합하는 정치형태를 말하며, 종종 소수집권세력이 권력유지를 위하여 다수의 일반인을 이용하는 것으로 이해되기도 한다. 반대되는 개념은 엘리트주의(Elitism)이다. 대표적인 예로 아르헨티나의 페론정권이 있다.

만약 아테네의 일반 국민 다수가 농사를 짓는 스파르타가 부럽다는 이유로, 아테네의 국가 형태를 농업국가로 바꾸는 데 찬성했다고 생각해보자. 그리고 아테네를 농업국가로 바꾸는 데 앞장선 지도자를 선출하게 될 것이고, 이를 반대한 지도자는 아테네에서 축출당할 것이다. 결국 아테네 시민들은 아테네의 상황에 맞지도 않는 농업을 하려다가 국력이 쇠퇴할 것이다. 아테네는 다른 도시국가에 의해 침략 당해 멸망할 것이고, 이를 찬성했던 일반 국민 다수는 노예로 전락할 것이다. 이때 이들은 이렇게 생각할 것이다. "능력도 없는 내가 직접 결정할 일이 아니었어. 나보다 능력 있는 철학자들이 나 대신 결정했더라면, 혹은 내가 결정하겠다고 나서지 않았다면 내가 이런 꼴이 되지 않았을 텐데. 철학자들이 국가를 통치했다면 내가 노예가 되지 않도록 아테네를 수호해주었을 텐데."라고 말이다.

민중은 결국 참주체제에서 고통을 겪다가 결국 수호자에게 국가를 맡기게 될 것이라 한다. 플라톤은 이렇게 계절이 순환하듯이 통치체제가 순환하여 인류의 발전은 한계가 있을 것이라 보았다.

> 사람들은 욕망이 있고 그 욕망에 따라 자유를 가진 자는 더 큰 자유를 원하게 된다. 그래서 사람들이 원하는 만큼 자유를 주지 않는 통치자가 있다면, 사람들은 그를 비민주적이라 비난하게 된다. 사람들은 지배자의 명령을 따르는 자에게 노예 같은 놈이라 비난할 것이고, 사회는 혼란스럽게 된다.
>
> 이런 무질서는 국가와 사회를 넘어 가정까지 영향을 미치게 된다. 아버지가 아들을 두려워 하고 아들은 아버지를 무시하게 될 것이다. 자유가 질서를 무너뜨려 그리스인이 아닌 자와 그리스인이 동등하게 될 것이다. 선생이 학생을 두려워 하고, 학생은 선생을 무시하게 될 것이다. 사회 전체가 이렇게 되면, 국민들은 예민해지고 작은 일에도 분노가 폭발하게 되어, 법도 상식도 없는 세상이 되어 결국 체제가 무너진다. 결국 참주가 등장한다.
>
> 민주체제에서 우리가 알아두어야 할 것이 있는데, 민주정에서 사람들은 크게 3개의 계급으로 나뉘게 된다. 첫째로 가장 힘이 강해 마음껏 날뛰는 계급이 있는데, 이들은 파벌을 만들어 자유를 최대한으로 누리고 정권을 장악하고 있다. 둘째로 부자들이 있는데 이들은 언제나 재물이 많기는 하다. 그러나 지배자인 수벌들에게 착취당하고 있어 자신이 모은 꿀을 수벌들에게 뺏기고 있다. 마지막으로 민중 계급이 있는데, 재산이 별로 없어 노동으로 밥벌이를 한다. 이들은 권력도 돈도 없으나 모이면 무서운 세력이 되는데, 그 이유는 지배자들이 부자들의 꿀을 빼앗아 민중 계급에게 주기 때문이다. 부자들은 불만을 갖고 대책을 세우려 하지만, 지배자인 수벌과 힘을 합친 민중이 무서워 눈치를 본다. 그러나 수벌의 착취에 시달리던 부자들은 과거의 과두 체제를 그리워해서 변혁을 시도하게 되고, 이를 핑계로 민중의 지도자들과 결탁하게 된다. 이렇게 권력을 잡은 자가 바로 참주가 된다.❹

5. 플라톤의 국가론에 대한 평가

플라톤에 따르면 이데아 세계에는 국가의 형상이 있고 이상국가(理想國家)는 이 형상의 모사품이라 한다. 이상국가에서 멀어진다면 국가는 타락한다. 따라서 플라톤의 국가관은 변화를 금지하는 국가관으로서 보수 반동적이라는 비판을 받는다. 또한 그는 엄격한 계급 차별을 주장하여 소수 지배자들을 위한 이론이라는 비판을 받는다.

<법률론>에서 플라톤은, 개인은 국가를 위해 존재하고 개인은 국가의 통제를 받아야 한다고 한다. 국가가 개인의 성생활마저 결정해야 한다는 플라톤의 주장에 따르면 개인은 자유와 권리의 주체가 아니라 국가의 부속품으로 취급된다. 플라톤은 개인의 자유보다는 국가 질서를, 개인의 이익보다는 국가 이익을 우선시했다. 이 때문에 전체주의 국가관을 가지고 있다는 비판을 받는다.

홉스의 국가론

1. 홉스의 과학적 연구방법

정치철학과 국가론의 시작이 플라톤이라면, 사회과학으로서의 국가론과 정치철학의 시작점은 홉스라 할 수 있다. 홉스는 정치와 국가를 과학으로 접근하여 인과관계를 논리적으로 증명하고자 시도한 학자이다. 플라톤의 국가론과 비교하여 홉스의 국가론을 살펴보자.

홉스는 갈릴레이와 동시대의 사람으로 자연과학자를 존경했고 특히 갈릴레이를 만나고 싶어했다. 영국인이었던 홉스는 이탈리아로 여행을 떠나 갈릴레이를 만나기도 했다. 홉스는 왜 갈릴레이를 만났을까?

홉스는 이전의 국가론이 과학적이지 않다고 판단했다. 플라톤의 국가론은 이데아론을 근거로 하는데 정말로 이데아가 있는지 증명할 수 없다. 플라톤의 국가론은 중세시대로 접어들어 신의 섭리로 전환되어 그대로 살아남았다. 이데아를 신의 섭리로 바꾸면, 세상의 만물은 이데아의 그림자이며 신의 섭리가 반영된 결과물이라 동일하게 해석할 수 있기 때문이다.

그런데 신이 있다는 것을 증명할 수 있을까? 세상의 모든 만물에 신의 섭리가 내재해 있을까? 만약 있다고 하더라도 이를 증명할 수 없다면 그것은 전제부터 무너져 내리는 것이다. 삼단논법에서 배웠듯이 대전제가 무너지면 그 결과는 성립할 수 없는 것이다.

홉스는 결국 자연상태의 개인이라는 논리적인 대전제를 세우고 이를 통해 그 결과물인 국가를 증명하고자 했다. 홉스 자연상태는 국가와 법의 대전제가 된다. 국가는 분명 인위적으로 만들어진 것이기 때문에 역사를 거슬러 올라가면 오랜 과거의 어느 시점에는 국가가 없는 상태가 있을 것이다. 그렇다면 그 시대의 개인들이 어떤 목적을 갖고 국가를 만들었을 것이고, 그것이 현재까지 이어져 지금의 국가가 된 것이라 할 수 있다. 따라서 홉스는 국가가 없는 오래 전 과거에 살았던 개인들이 특정한 이유로 목적을 실현하고자 수단적으로 국가를 만들었다고 생각했다.

이것이 바로 자연상태의 개인이라는 개념이다. 이 개념은 이후의 국가론에서 모두 전제된다는 점에서 의미가 매우 크다. 로크와 루소 역시 자연상태의 개인으로부터 국가가 만들어졌다는 점을 부인하지 않는다. 오히려 적극적으로 이 개념을 이용해 국가론을 논리적으로 증명하고자 한다.

홉스는 자연과학의 연구방법을 사회과학에 적용해 국가론을 과학의 영역으로 승화시킨 정치철학자이다. 그렇기에 홉스의 <리바이어던>은 그리스어나 라틴어가 아닌 영어로 쓰인 최초의 철학서였고, 역사적 의의가 대단히 크다.

필수배경지식

PART 03

해커스 LEET 김종수 논술 통합 기본서

● 플라톤, <국가>

2. 홉스의 자연상태

홉스는 인간을 본능적으로 이기적인 존재로 보았다. 인간은 자신감이 결여되어 있으며, 경쟁과 명예를 추구하는 본성을 지닌 존재이다. 인간은 자기보호를 위해 어떤 수단이라도 사용한다. 따라서 자연 상태는 전쟁 상태가 될 수밖에 없다. 자연 상태란 국가 이전의 상태로서 국가가 제정한 실정법, 형법 등과 같은 강제 규범이 없는 상태이다. 이러한 자연 상태는 만인의 만인에 대한 투쟁 상태이다.

홉스는 신학자였고, 신은 인간을 평등하게 창조했다고 생각했다. 물론 사람 간의 차이는 다소 있을 수 있으나, 인간은 곰보다 힘이 약하고 치타보다 느리다는 것처럼 동물과 비교할 때 사람 간의 차이는 미약하고 결국 인간은 평등하다고 볼 수 있다. 따라서 내가 갖고 싶어하는 것은 인간 모두가 원하는 것이고, 내가 싫은 것은 인간 모두가 싫어하는 것이다. 그러나 자원은 희소하다. 희소하면서 누구나 갖고 싶어하는 한정된 자원을 두고 인간 모두가 경쟁하게 된다. 홉스는 <리바이어던>에서 "두 사람이 동일한 대상에 대해 소유하고 싶은 욕구를 가지나 (양이 충분하지 못해) 서로 만족할 수 없을 때 두 사람은 적이 된다."고 말했다. 이를 확장하면 결국 모든 사람은 모든 사람의 적이 된다. 홉스는 이를 만인의 만인에 대한 투쟁상태라 한다.

홉스의 국가론을 쉽게 이해하기 위해 홉스의 개인사와 연결지어 생각해보자.

홉스는 자기 자신에 대해 "죽음과 함께 태어났다"고 말했다. 홉스는 태어날 때 10달을 채우지 못하고 7달만에 태어났다. 그 당시의 의료 수준을 고려할 때 홉스의 "죽음의 공포와 함께 태어났다"는 말은 과장이 아니다. 홉스의 어머니는 영국의 해안가에 살았는데 당시 전쟁상태였기 때문에 홉스가 살던 마을 인근까지 대포가 떨어졌다. 결국 홉스는 죽음의 공포와 함께 삶을 시작한 것이나 다름없다.

홉스는 평생을 죽음의 공포와 함께 살아가면서 이를 외면하지 않고 직시하면서 죽음의 공포를 이해하고 이를 해결할 방법을 찾았다. 그리고 그 이해와 해결이 <리바이어던>에 담겨 있다.

홉스는 자연상태의 개인은 평등하다고 생각했다. 인간은 좋아하고 싫어하는 것이 비슷하다. 예를 들어, 맛있는 것은 누구나 좋아하고 썩은 것은 누구나 싫어한다. 이처럼 인간은 좋아하는 것이 비슷하고 그 욕망은 무한대에 가까울 정도로 크다. 그러나 자연에 존재하는 자원은 유한하다. 결국 자연상태의 개인은 유한한 자원을 두고 경쟁하는 관계에 빠질 수밖에 없다.

그러나 누구도 경쟁을 끝낼 수는 없다. 신이 창조한 인간은 능력에 있어서 평등하기 때문이다. 물론 어떤 사람은 체격이 크고 힘에 센 반면, 어떤 사람은 체격이 작고 힘이 약하다. 그러나 곰이나 호랑이에 비하면 인간 사이의 차이는 그렇게 크지 않다. 또한 어떤 사람이 체격이 크고 힘이 세다면, 다른 사람은 머리가 좋아 꾀를 잘 내기 때문에 종합적으로 볼 때, 전체적인 능력의 차이는 줄어들게 된다. 이러한 점에서 인간은 평등하다.

자연상태의 개인은 그 누구도 믿을 수 없다. 왜냐하면 내가 원하는 것을 타인도 원하고 있을 것이기 때문이다. 예를 들어보자. 자연상태의 개인이 보석을 갖게 되었다고 하자. 분명 다른 개인들도 이 보석을 갖고 싶어할 것이 분명하다. 보석을 갖고 있는 자가 보석이 예쁘고 갖고 싶기 때문에 이를 얻었을 것이다. 그렇다면 인간은 누구나 보석을 원하고 좋아할 것이 분명하다. 이제부터 보석을 갖고 있는 개인은 예쁜 보석을 즐길 여유가 없다. 자신의 보석을 탐내는 수많은 다른 자들, 즉 자신을 제외한 모든 인간이 자신의 적이 될 것이기 때문이다. 이들의 위협으로부터 보석을 지켜내야만 하는 것이다. 이것이 바로 만인에 대한 만인의 투쟁상태이다. 개인은 만인의 만인에 대한 투쟁상태에서 결코 벗어날 수 없고, 개인은 자유가 있으나 자유가 없는 상태나 다름없게 된다.

나는 타인을 폭행하거나 죽여서라도 그 사람이 갖고 있는 보석을 얻을 수 있는 자유가 있다. 그러나 반대로 보면 내 보석을 얻기 위해 다른 사람 역시 나를 해칠 자유가 있는 것이다. 이는 자유가 있으나 그 어떤 자유도 없는 상태와 동일하다. 이를 알게 된 개인들은 어떤 선택을 자유롭게 하게 될까?

홉스는 자연상태를 만인의 만인에 대한 투쟁상태라고 보았고, 이를 회피하기 위해 개인들이 국가를 만들겠다는 선택을 했다고 생각했다. 홉스의 논리에 따르면, 자연상태의 개인이 스스로 원하여 국가를 수단적으로 만들었다는 의미가 된다. 결국 국가의 주인은 개인이 된다.

홉스는 국가의 주인이 되는 권리, 즉 주권은 그것의 원인이 되는 개인에게 있다고 생각했다. 자연상태의 개인이 스스로 원해서 국가를 만들었다는 생각, 바로 이것이 사회계약론이다.

3. 사회계약의 목적

홉스는 만인의 만인에 대한 투쟁상태인 자연상태에서 모든 개인은 죽음이라는 극단적인 공포에 직면한다고 보았다. 따라서 개인은 죽음이라는 극단적 공포를 벗어나기 위해 이성적 판단을 한다. 자신보다 힘이 센 존재가 얼마든지 있을 수 있고, 설령 이러한 개인이 있다고 하더라도 그 자 역시 합리적이므로 힘이 약한 자신을 지켜줄 것이라 볼 수 없다. 따라서 홉스는 국가를 통해서만 최악의 상태인 자연상태를 벗어날 수 있다고 하였다.

국가가 없는 상태에서 개인은 생명·신체에 대한 최소한의 보호를 받을 수 없다. 전쟁 상태를 종식시키고 생명·신체의 자유가 보호되는 사회 질서를 형성·유지하기 위해 사회계약을 체결한다.

위 논리를 쉽게 생각하면 다음과 같다. 홉스에 따르면, 자연상태의 개인은 만인의 만인에 대한 투쟁상태에 놓여있다. 이러한 상황에서 개인은 그 어떤 자유도 누릴 수 없다. 따라서 개인들은 스스로 자유롭게 판단한 결과 만인의 만인에 투쟁상태라는 최악의 상황에서 벗어나는 것이 좋겠다는 결론에 이른다.

만인의 만인에 대한 투쟁상태를 벗어나기 위해서 모든 개인은 자신의 자유와 권리, 그리고 힘을 단 한 사람에게 집결하는 것이 가장 합리적이라는 결론에 이를 것이다. 만약 모든 사람의 자유와 권리, 힘을 두 사람에게 나누어 의탁했다고 하자. 그렇다면 누군가는 힘이 약하게 될 수밖에 없다. 그렇다면 만인의 만인에 대한 투쟁상태는 끝나지 않을 것이다. 그러므로 누가 보더라도 압도적인 힘을 갖고 있는 권력자가 그 힘을 행사하여 그 누구도 이길 수 없어야 한다. 그래야만 개인들이 갖고 있는 그 엄청난 욕망을 누르고 만인의 만인에 대한 투쟁상태를 끝낼 수 있다.

4. 괴수국가

홉스는 개인들이 만인의 만인에 대한 투쟁상태인 자연상태에서 벗어나 자신의 안전을 보장받기 위해 동의를 통해 하나의 합의체를 형성한다고 하였다. 개인들이 자연상태에서 벗어나기 위해 스스로 합의한 합의체인 국가에 의해 평화가 유지되고 개인의 안전이 보호된다. 개인은 안전을 보호받으려면 국가에 복종해야 하고, 국가는 평화와 안전을 위해 무제한적 권력을 행사할 수 있다. 홉스의 국가는 개인을 향해 무제한적인 권력을 행사할 수 있는 괴수국가, 즉 리바이어던(Leviathan)이다.

홉스는 국가의 권력은 모든 개인을 향해 행사되는 무제한적인 것이라 하였다. 홉스는 그렇기 때문에 이러한 국가를 리바이어던이라 이름 지었다. 리바이어던은 성경에 나오는 신비의 괴물이다. 만약 가장 강력한 힘을 지닌 존재가 호랑이라 하자. '호랑이 국가'라 이름 짓는다면 그리 강력한 권력이라 할 수 없다. 호랑이를 사냥할 수 있기 때문이다. 홉스는 상상 속의 괴물, 감히 신과도 대적할 만한 괴물을 생각했다. 상상 속의 존재는 그 누구도 이길 수 없다. 그렇기 때문에 홉스의 국가는 단 한 명의 군주가 엄청난 권력을 행사하는 리바이어던, 괴수국가가 되어야만 한다.

홉스는 개인들의 본능적인 이기심은 강력하기 때문에 모든 사람의 이기심을 단번에 억누를 수 있는 국가가 존재해야 한다고 생각했다. 그러므로 국가 권력은 결코 나누어져서는 안 되고 단 하나에 집중되어야 한다. 나누어지는 것은 약해진다는 뜻이고, 국가가 억누르지 못하는 이기심이 폭발해 다시금 만인의 만인에 대한 투쟁상태에 빠지게 될 것이다. 이는 최악의 상태에 스스로 빠지는 것이다. 따라서 홉스는 주권자인 개인의 모든 힘을 단 하나에 집중시킨 '세속의 신'인 국가가 필요하다고 주장한다.

홉스가 생각하는 국가관에 따르면, 국가는 개인을 향해 무제한의 권력을 행사할 수 있다. 이것이 그 당시의 절대군주론과 어떤 차이가 있을까? 결과로는 동일하다. 그러나 원인에 있어 차이가 있다. 절대군주론은 군주의 권력이 신으로부터 내려온 것이라 보았다. 그러나 홉스의 리바이어던은 군주의 권력이 시민으로부터 합의에 의해 도출된 결과가 된다.

리바이어던은 백성을 위해 일할 필요가 없고 단지 백성을 위해 일하는 것이 도덕적으로 좋은 일이 될 뿐이다. 그러나 홉스의 리바이어던은 자신의 권력의 원천이자 원래 주인인 시민을 주권자로 존중해야 한다. 다만, 그것을 강제할 그 어떤 방법도 없다. 왜냐하면 리바이어던이 사라진다면 모든 사람은 만인의 만인에 대한 투쟁상태라는 최악의 상태로 돌아갈 것이기 때문이다. 이러한 최악의 상태에 직면하지 않기 위해서는 누구도 리바이어던에게 저항해서는 안 되는 것이고 누구도 그렇게 하려 하지 않을 것이다.

5. 홉스의 사회계약과 왕권신수설의 차이

홉스는 자연상태의 개인은 만인의 만인에 대한 전쟁(투쟁)상태에 있다고 보았다. 그리고 개인은 이러한 상태가 지속되는 것을 원하지 않을 것이므로, 홉스의 국가관인 리바이어던 혹은 괴수국가가 도출된다. 홉스의 논리에 따르면, 저항권은 인정되지 않는다.

그렇다면 홉스의 리바이어던이 시민을 해친다면 어떻게 될까? 시민은 가만히 있어야 한다. 만약 시민이 군주의 권력에 대항할 수 있다면 국가가 붕괴될 수 있고, 국가가 없다면 최악의 상태, 즉 만인의 만인에 대한 투쟁상태에 빠질 것이기 때문이다.

이처럼 홉스에게 있어서 국가는 죽음의 공포가 만연하는 자연상태라는 최악의 상황을 피하기 위해 존재하는 것이다. 홉스 저항권은 만인의 만인에 대한 전쟁상태로 이어지기 때문에 인정될 수 없는 것이다.

홉스에 따르면, 군주는 계약을 통해 형성된 국가의 주권을 가지고 무제한적인 권력을 행사할 수 있다. 따라서 기존의 왕권신수설을 기초로 한 절대군주론과 차이가 없다는 반론이 제기될 수 있다.

그러나 홉스의 사회계약론과 왕권신수설은 근본적으로 다르다. 왕권신수설에 따르면 신(神)이 직접 왕에게 권한을 부여했기 때문에 왕은 그 자체로 권력의 원천인 반면, 홉스의 사회계약론에 따르면 권력의 원천은 개인이고 개인들의 합의로 국가와 군주가 세워지고 군주는 결과적으로 권력을 가지게 된다. 홉스의 사회계약론에서 군주는 권력의 원천이 아니라 계약에 의해 권력을 부여받은 권력의 소지자이다. 군주는 계약에 따라 외적의 침략으로부터 국민을 보호할 의무를 진다. 홉스의 절대국가론은 국가의 절대권력을 우선시해 국가에 의한 개인의 자유와 권리 침해를 정당화시켰다는 비판을 받는다. 그러나 국가가 개인의 합의로 성립했다는 홉스의 사회계약론은 개인주의의 출발점이라는 평가도 동시에 받는다.

6. 마키아벨리의 현실적 국가관과 홉스의 '자연상태'

국가론에서 홉스를 기점으로 하여 '자연상태' 혹은 '자연상태의 인간'을 논의의 시작으로 하게 된다. 홉스 이전에도 고대 그리스의 플라톤이나 중세 시대의 토마스 아퀴나스 등이 국가에 대해 논한 바가 있으나 그들이 말하는 국가는 '이러해야만 하는 것', 즉 당위적인 것이었다. 예를 들어 군주는 백성을 사랑하고 나라의 지도자로서 모범을 보여야 한다거나 국가는 도덕적이어야 한다거나 군주는 백성을 보살펴야 한다거나 하는 등이 그것이다.

마키아벨리는 이데아와 같은 '상상 속의 국가'에서 벗어나 현실적 국가를 제시하였다. 마키아벨리는 <군주론>에서 "인간이 어떻게 살아야 하는가"를 고집하다가 "인간이 어떻게 사는가"라는 문제를 해결하지 못하게 된다고 한다. 마키아벨리는 국가를 이데아의 세계, 도덕의 영역에서 현실의 문제로 끌어내렸다. 그러나 여전히 국가가 왜 존재하여야 하는지, 통치자는 어떠해야 하는지를 합리적으로 제시할 수는 없었다. 외교 업무를 주로 담당했던 공무원이었던 마키아벨리로서는 국가에 대한 현실적 접근이 최선임을 경험적으로 말할 수밖에 없었다.

> 그러나 나는 이 문제를 이해할 수 있는 누구에게나 쓸모 있는 것을 알려주고자 한다. 그래서 이론(理論)이나 사변(思辨)보다는 사물의 실제 진실에 관심을 기울이는 것이 좋다고 생각한다.
>
> 많은 사람들이 현실 속에 존재하지 않고 목격된 적도 없는 국가를 상상해 왔다. "인간은 어떻게 사는가"는 "인간이 어떻게 살아야 하는가"와 명백히 다르다. 따라서 "어떻게 행동해야 하는가"를 버리고, "어떻게 행동하는 것이 옳은가"를 고집하는 군주는 권력을 유지하지 못하고 자신을 파멸하게 만들 것이다.
>
> 모든 상황에서 선량하게 행동할 것을 고집하는 자는 많은 무자비한 자들에게 둘러싸여 몰락할 수밖에 없다. 따라서 군주는 선량하지 않은 힘도 얻어야 하고 필요하다면 이를 사용할 준비도 되어 있어야 한다.❺

홉스는 근대과학의 영향을 받은 근대인으로서 과학적 방법에 눈을 돌린다. 근대 이전에는 부분의 합과 전체는 다른 것이며 전체는 항상 부분의 합보다 우월하다고 생각했다. 예를 들어, 인간은 인간을 이루는 장기나 조직의 합보다 우월하다. 인간이라는 전체에는 부분의 합에는 존재할 수 없는 영혼이 있기 때문이다. 그러나 근대에 들어 과학적 방법론으로 환원론적 관념이 생겨났다. 이는 전체는 부분의 합이라는 생각에서 비롯한 것인데, 홉스는 국가를 알기 위해서는 그 기초단위인 '자연상태 하의 인간'에서 출발해야 한다고 보았다. 자연을 알기 위해서는 그 기본단위인 원자를 알아야 하는 것과 마찬가지로, 국가와 사회를 파악하기 위해서는 개인부터 시작하여 설명할 수밖에 없다는 것이다. 홉스에 따르면, 인간의 이성을 통해 국가를 합리적으로 이해할 수 있으며, 그 출발점은 자연상태의 개인일 수밖에 없다.

홉스는 자연상태의 개인으로부터 국가를 이끌어내었고 이러한 설명방법은 이후 로크, 루소로 이어진다. 따라서 근대 사상가의 국가론은 자연상태의 인간을 출발점으로 한다. 이러한 점에서 홉스는 국가에 대한 과학적 분석과 함께 개인주의의 출발점으로서의 단초를 제공했다는 의미가 있다.

❺ 마키아벨리, <군주론> 제15장

로크의 국가론

1. 로크의 생애

존 로크는 자유주의 국가론의 주창자이며, 미국 건국의 사상적 기반이 되는 위인이다. 특히 천부인권과 사유 재산권의 중요성을 강조해 시장의 자유를 중시하는 소극국가론의 철학적 기반을 닦았다.

존 로크는 영국 사람으로 홉스와 마찬가지로 당대의 과학혁명에 큰 영향을 받았다. 로크는 신학과 철학을 전공했으나, 당시 자연과학의 연구방법에 흥미를 갖고 의학을 공부했다. 로크는 의학자로서의 능력을 인정받아, 훗날 셰프츠베리 백작이 되는 애슐리의 간 종양 제거 수술을 감독해 성공시킨다. 이 수술은 당시 의학 수준으로 볼 때 대단히 어려운 수술이었다. 셰프츠베리 백작 가문의 고문의사가 된 로크는 뛰어난 재능과 학식을 인정받아 백작 가문의 정치적 뒷받침을 하는 역할을 하게 된다. 셰프츠베리 백작은 찰스 2세의 왕정을 전복시키려는 혁명을 시도하는 휘그당의 주도세력이었고, 로크는 <통치론>을 통해 그 사상적 기반을 제공했다.

셰프츠베리 백작은 찰스 2세의 왕정을 반대했으나 정치적으로 성공하지 못했다. 결국 네덜란드로 망명을 해 그곳에서 사망했다. 이후 휘그당의 급진세력은 찰스 2세를 암살하려 했으나 발각되어 처형되었다.

로크는 정치적으로 중요인물은 아니었으나 사상적 기반이 되는 자였고, 당시 <통치론>의 초고를 쓰고 있었다. 로크는 네덜란드로 망명해 <통치론>의 내용을 다듬었다. 이때 네덜란드는 유럽에서 꽤 자유로운 분위기의 국가였고, 정치적이나 종교적인 박해를 받는 사상가들이 망명을 온 경우가 많았다. 로크는 이들과 많은 이야기를 나누며 특히 '관용'에 대해 강조했다고 한다.

'관용'은 프랑스어로 '똘레랑스'인데, 그 어원의 뜻은 '참을 수 없을 정도의 것을 참는다'는 것이다. '관용'은 개인의 자유를 중시하는 자유주의자에게 '자유' 그 자체가 된다. 사람은 누구나 자신의 자유를 원하지만, 다른 사람의 자유는 제한하고 싶어한다. 이는 개인의 자유를 보장하는 것이 아니라, 자기 자신의 자유를 극대화하고자 하는 것이다.

이것이 바로 전제군주정이고 개인의 자유가 보장되지 않는 이유이다. 개인의 자유라 함은 사람이라면 누구나 자유로워야 한다는 것이고, 그것은 '나'에 국한되지 않는 것이다. 로크는 이러한 개인의 자유를 보장하는 국가 체제가 필요하다고 보았다. 로크의 자유주의 국가론은 이러한 시대적 배경에서 비롯되었다. 로크는 망명지인 네덜란드에서 <관용에 대한 서한>, <통치론> 등을 저술했고 출판했다. 이후 명예혁명이 성공하자 로크는 메리공주가 승선한 배에 함께 타 영국으로 돌아온다.

왕정에 반대하며 관계를 맺었던 절친한 친구들이 명예혁명으로 인해 고위직에 오르자 로크 역시 정계와 학계에 영향을 미치는 중요인물이 되었다. 이뿐만 아니라 로크의 <통치론>은 훗날 미국의 건국에 사상적 기반이 되기도 했다.

2. 자연상태

로크가 생각하는 자연상태는, 인간이 자유, 생명, 재산이라는 권리를 가지는 평화로운 상태이다. 로크의 자연상태에서는 국가가 없으므로 실정법도 법원도 없다. 로크는 "자연상태는 사람들이 그들 사이에서 일어나는 사건을 재판할 수 있는 권한을 가진 하나의 공통적인 우월자를 이 땅 위에서 갖지 않은 상태이다."[6]라고 하였다.

로크의 자연상태에서는 이해 당사자인 A와 B 사이에 법적 다툼이 발생하더라도 제3자(법원)가 법적으로 해결할 수 없다. 그렇다고 이해 당사자인 A나 B가 재판관이 된다면 공정한 재판이라고 할 수 없다. 로크는 자연상태에서는 3가지가 결여되어 있기 때문에 공정한 재판이 불가능하다고 했다. 옳고 그름의 판별 기준이 되는 공통의 동의인 법률이 없고, 법에 따라 해결할 재판관이 없고, 이를 집행할 권력이 없기 때문이다.[7]

로크는 성선설에 기초하여 자연상태를 평화로운 상태라고 한다. 그러나 이러한 평화는 깨질 가능성이 있으므로 자연상태는 잠재적 전쟁상태이다. 신학자이기도 했던 로크는 인간이 신(神)으로부터 생명을 부여받았으며 왕도 귀족도 농노도 신으로부터 동일한 생명을 부여받았다는 점에 주목했다. 그러므로 왕이라도 신으로부터 부여받은 생명을 정당한 이유 없이 침해할 수 없다. 로크의 자연상태는 신으로부터 부여받은 생명과 신체를 바탕으로 자유를 누릴 수 있는 상태이다. 따라서 로크는 권한있는 공동의 재판관이 없는 자연상태에서 모든 개인은 자연법을 실행할 수 있는 권한이 있다고 생각했다. 이에 따르면 각 개인은 자연법의 집행자로서 살인자를 죽일 수 있는 권리까지 있다. 물론 대부분의 사람들은 자신의 생명과 신체가 소중한 만큼 타인의 생명과 신체도 침해하지 않으려 한다. 그러나 자연상태에서는 여전히 타인들로부터 자신의 생명과 신체의 안전이 위협당할 수 있는 위험이 존재하고 있다.[8] 누구나 자기 자신을 지배하는 왕이고, 평등하며, 형평과 정의를 엄격하게 준수하는 사람들이 아니기 때문이다. 그래서 로크는 자연상태를 기본적으로 평화롭지만 위험이 존재하는 상태로 규정했다.

3. 왕권신수설 비판과 로크의 천부인권 사상

왕권신수설에 따르면 신이 왕권을 군주에게 부여하고, 군주가 신민에게 자유와 권리를 부여한다. 그렇다면 신민의 자유와 권리는 군주가 인정한 은혜에 불과한 것이므로 군주의 국가권력 행사를 구속하지 못한다. 군주의 국가권력 행사는 신민의 자유와 권리에 구속될 이유가 없고 무제한적인 것이 된다.

당시 왕당파의 전제왕권의 핵심논리는 가부장권으로부터 비롯된 왕권신수설이었다. 왕당파는 이 논리에 따라 왕권이 절대적이라 하였다. 이에 따르면, 신은 아담을 창조했고, 아담은 신으로부터 인간 전체에 대한 지배권을 받았으며 아담의 후손은 이 지배권을 세습한다. 아담은 모든 인간의 아버지로 가부장권을 지니며, 왕은 아담의 직계후손으로 이 가부장권을 세습하기 때문에 국가의 아버지인 왕의 명령에 모든 백성은 복종해야 한다는 것이다.

로크는 이 이론을 논리적으로 공박하는데, 이 논리적 공격이 <통치론>의 시작이다. 로크의 <통치론>은 시간적 격차를 두고 나온 두 개의 논문인데, 우리가 흔히 로크의 통치론이라 부르는 것은 두 번째 통치론 제2론을 의미하는 경우가 많다.

로크는 통치론 제1론에서 기존 학설의 전제와 논리를 차례차례 논박한다. 다음 P, Q, R 명제는 왕권신수설의 주장이고, 각각에 대한 ~(not) 비판은 로크가 통치론 제1론에서 펼친 비판명제이다.

• P: 신은 아담에게 자녀와 자연에 대한 지배권을 주었다.
  ~P: 신이 아담에게 생명과 신체를 준 것은 맞다. 그러나 자녀와 자연에 대한 지배권을 주지는 않았다.
• Q: 아담의 상속자들에게 가부장권의 연장선으로 자녀와 자연에 대한 지배권이 있다.
  ~Q: 설령 아담에게 자녀와 자연에 대한 지배권이 있다고 하더라도, 아담의 상속자들에게 그러한 지배권이 세습되었다고 볼 수 없다.
• R: 아담의 후손이며 직계장손인 왕에게 신으로부터 부여받은 지배권이 이어지고 있다.
  ~R: 이러한 지배권을 인정할 수 있다고 하더라도, 아담의 후손이며 직계장손이라는 증거가 망실되어 증명 불가능하다.

[6] 존 로크, <통치론> 제2장
[7] 존 로크, <통치론> 제9장
[8] 존 로크, <통치론> 제9장

로크는 왕당파의 주장처럼 신이 왕에게 지배권을 주었다고 생각하지 않았다. 로크는 자연상태의 개인이 자유롭지만 불안한 상태에 있다고 보았다. 로크는 신학자이기 때문에 신으로부터 자연상태의 개인이 지닌 천부적 권리로서 개인의 자유를 도출한다. 로크는 신이 인간을 만들었기 때문에 모든 인간은 신으로부터 생명과 신체를 받았다고 했다. 그렇다면 왕도, 귀족도, 평민도, 노예도 모두 신으로부터 생명과 신체를 받은 것이다.

이를 천부인권이라 한다. 인간은 개인이기만 하면 생명과 신체의 자유를 신으로부터 부여받은 것이므로, 자기 자신의 생명과 신체의 주인이 된다. 결국 신으로부터 부여받은 생명과 신체의 자유가 동등하기 때문에 왕도, 귀족도, 평민도, 노예도 모두 평등한 것이다.

신으로부터 동일한 자유를 받은 개인은 누구나 그 자유를 평등하게 보장받아야 한다. 왕이라 하더라도 평민의 생명과 신체의 자유를 함부로 해칠 수 없다. 이는 신이 부여한 천부인권을 부당하게 대하는 것이기 때문이다.

로크는 천부인권이 부여된 자연상태의 개인으로부터 국가를 증명해내었다. 이것이 바로 우리가 알고 있는 <통치론>이자 통치론 제2론에서 로크가 주장한 바이다. 로크는 왕권신수설의 논거를 무너뜨렸다. 신은 왕에게 권력을 준 것이 아니라 왕을 포함한 인간 모두에게 인권을 부여했다. 따라서 왕권은 신이 준 것이 아니라 계약의 산물에 불과하고, 왕 역시 신이 부여한 인권을 함부로 침해할 수 없다. 이 인권을 보호하기 위해 계약을 통해 국가가 형성되었고, 따라서 국가권력은 시민의 자유와 권리를 침해하지 않는 범위 내에서만 행사되어야 한다.

4. 천부인권과 소유권

로크는 개인들이 자신의 자유, 그리고 그 자유의 결과인 소유권 보장을 위해 계약을 하여 국가가 형성되었다고 한다. 따라서 국가의 목적은 자유와 소유권의 보전이다. 국가가 이것 외의 목적을 위해 자유와 소유권을 제한해서는 안 된다.

로크는 모든 인간은 신으로부터 생명과 신체의 자유를 부여받았기 때문에 개인은 자기 자신의 인신(person)에 대한 소유권을 가지고 있다고 보았다. 그리고 신은 인간 모두에게 자연을 주었다.[9] 로크는 인간이 자신의 인신을 자유롭게 이용한 결과인 노동을 인간 모두의 공유물인 자연에 섞어 넣으면, 즉 자연에 개인의 노동이 부가된 결과물은 노동을 한 개인의 소유물이 된다고 보았다. 결국 로크는 개인의 자유로부터 노동을 스스로 선택하고 이를 자연에 부가한 결과물이 소유권으로 이어진다고 보았다.[10]

위 논리를 좀더 쉽게 살펴보자.

로크는 자연상태의 개인이 신으로부터 받은 생명과 신체의 자유, 즉 천부인권을 누리는 자유로운 상태라 보았다. 다만, 이 자유는 안정적이지 않고 불안정한 상태라 보았다. 로크의 자연상태의 개인은 자유롭지만 불안한 상태를 의미한다. 예를 들어, 시험이 내일인데 공부를 하나도 하지 않은 상황에서 내가 좋아하는 월드컵 경기가 시작했다고 하자. 나는 공부를 하지 않고 축구 경기를 보기로 결정했지만 시험 걱정이 되는 불안한 상태이다. 물론 로크의 자연상태는 이보다는 심각한 것으로써, 죽음까지도 우려되는 불안함을 의미하는 것이기는 하지만 의미는 통할 것이다.

로크는 신은 인간에게 생명과 신체의 자유를 부여했고, 이를 누릴 수 있도록 자연을 주었다고 했다. 논리적으로 볼 때 신이 인간을 우주에 창조했다면 인간은 태어나자마자 숨을 쉴 수 없어 죽었을 것이므로 이는 타당한 논리가 된다. 여기에서 중요한 것은 신은 인간에게 생명과 신체의 자유, 그리고 자연을 주었다는 것이다. 생명과 신체의 자유는 '나'에게 준 것이지만, 자연은 인간 모두에게 준 것으로 인간 모두가 공유하는 것이다. 여기에서 로크의 중요개념인 소유권이 도출된다.

로크는 개인이 자신의 생명과 신체의 자유를 행사할 수 있다고 보았다. 그렇다면 '나'는 그냥 놀 수도 있고, 일을 할 수도 있다. 만약 '내'가 양동이를 들고 강으로 걸어가 강가에 있는 모래를 양동이에 퍼 담아 왔다고 하자. 그렇다면 강가의 모래는 인간 모두의 공유물이지만, 내가 생명과 신체의 자유를 이용해 퍼 담아 온 양동이의 모래는 내 소유물이 된다. 이것이 바로 노동가치설이다.

다만, 로크의 논리에 따르면, 내가 강가의 모래를 모두 가져갈 수는 없다고 했다. 내가 강가의 모래를 퍼 담아 오더라도 다른 사람이 모래를 이용할 수 있어야 하는 것을 그 한계로 설정했다. 왜냐하면 로크의 논리에 따르면 자연은 신이 인간 모두에게 준 공유물이기 때문이다. 특정한 한 사람이 자연물을 독점해버리면 신이 인간에게 준 공유물이라는 전제를 부정하는 셈이다.

로크는 자유로운 개인이 물물교환을 통해 시장에서 자신의 소유물을 자유롭게 거래할 수 있다고 보았다. A가 강가의 모래를 양동이에 퍼 담아왔고, B가 과일을 따 왔다고 하자. A는 자신에게 없는 과일을 원하고, B는 강가의 모래를 원한다. A는 과일 두 광주리와 모래 한 양동이를 교환하기를 원하나, B는 교환조건이 마음에 들지 않는다. 그렇다면 거래는 이루어지지 않는다. 이처럼 두 개인의 자유가 일치하는 것이 거래이자 계약이며, 여기에 국가는 끼어들어서는 안 된다.

국가가 이에 끼어들거나 강제하는 것은 개인의 자유를 침해하는 것이다. 나중에 보게 되겠지만, 이러한 로크의 자유거래와 시장교환의 논리를 극대화시킨 논리가 로버트 노직의 자유지상주의로 발전하게 된다. 로버트 노직의 자유지상주의는 "정의"를 다루는 주제 부분에서 롤스, 샌델과 비교하여 다시 살펴볼 것이다.

5. 사회계약의 목적과 정치사회 성립

로크는 통치의 목적이 개인의 자유 보호라고 한다. 이를 위해 개인의 동의에 기반한 법을 통해 통치해야 한다. 인간인 왕이 통치를 하게 되면 자기 자신의 이익을 위해 통치할 수 있기 때문이다. 그러나 법은 인간이 아니고 주권자들의 동의를 통해 형성된 것이다. 결국 우리는 법이라는 왕을 모시게 되는 것이며, 이 왕은 인간이 아니지만 인간의 의지에 따라 만들어졌고 우리의 동의를 받은 것이다. 법은 모든 개인의 자유를 보호하기 위해 만들어졌으므로, 우리 모두는 법에 대해 알아야 한다. 법은 모든 사람에게 널리 공포되어 모두가 알아야 한다. 알지 못하면 지킬 수 없기 때문이다.[11]

재판관이 있어야 법적 분쟁을 해결할 수 있으므로 개인들은 사회계약을 체결해야 한다. 정치사회란 분쟁을 판정할 수 있는 권위를 가지고 또 국가의 어떤 구성원에게 가해진 침해를 처벌할 수 있는 권위를 가지는 재판관이 있는 상태이다. 이러한 재판관은 입법부 혹은 국가에 의해 임명된 자이다.[12] 이런 정치사회는 인민의 동의에 의해 설립된다. 국가권력에 대한 복종은 시민의 동의에 근거하고 있다.[13]

로크에 의하면, 인간은 모두 자유롭고 평등한 존재이기 때문에 어떤 사람도 자신의 동의 없이 권력에 복종할 수 없다. 개인이 자연적으로 부여된 자유를 포기하고 법이라는 사회적 구속을 받아들이는 유일한 이유는 자신의 자유를 보장받기 위함이다. 일정한 수의 사람들이 하나의 공동체나 정부를 구성하기로 동의했다면 하나의 정치체를 결성한 것이다. 그러나 모든 사람의 생각이 동일할 수는 없기 때문에 이 정치체에서는 다수의 사람이 동의한 것이 정치체를 지배하게 된다.[14] 만약 소수의 사람이 다수의 생각에 동의하지 않는다면 자신들의 생각을 널리 알리고 설득해 다수가 되면 된다.

❾ 대지와 그것에 속하는 모든 것은, 신이 인간의 부양과 안락을 위해서 모든 인간에게 준 것이다. (존 로크, <통치론>, 제26장)
❿ 그가 자연이 제공하고 그 안에 놓아 둔 것을 그 상태에서 꺼내어 거기에 자신의 노동을 섞고 무언가 자신의 것을 보태면, 그럼으로써 그것은 그의 소유가 된다. (존 로크, <통치론>, 제27장)
⓫ 누구든 국가의 입법권이나 최고의 권력을 가진 자는 즉흥적인 법령이 아니라 국민에게 공포되어 널리 알려진, 확립된 일정한 법률로 다스려야 한다. (존 로크, <통치론> 제9장)
⓬ 존 로크, <통치론> 제2장
⓭ 공동체의 물리력은, 국내에서는 오직 법의 집행을 위해서, 대외적으로는 외국의 침해를 방지하거나 시정하고 공동체의 안보를 침입이나 침략으로부터 보호하기 위한 목적으로만 사용해야 한다. (존 로크, <통치론> 제9장)
⓮ 존 로크, <통치론> 제9장

6. 로크의 경제적 자유와 미국의 건국

로크는 개인의 자유로부터 정치적 자유를 도출했고, 이에 더해 경제적 자유의 논리 역시 도출했다.

로크는 생명과 신체의 자유라는 천부인권으로부터 소유권을 도출했다. 이를 간략하게 정리하면, 생명과 신체의 자유는 신으로부터 받은 천부인권이고, 신은 인간 모두에게 자연을 공유물로 주었다.

위 논리를 구체적으로 살펴보자. 로크의 논리에 의하면, 개인이 자신의 생명과 신체를 사용해 공유물인 자연에 노동을 가한 것은 개인의 소유권의 대상이 된다. 그리고 이 소유권은 개인의 자유의 결과물이기 때문에 타인이나 국가가 해할 수 없다.

기존의 유럽 국가들은 국가가 이미 존재하는 상태에서 민주주의 체제로 국가를 개조한 것이다. 예를 들어, 영국은 상당히 어색한 민주주의 체제라 할 수 있다. 민주주의는 국민이 주인이 되어 개인의 자유가 평등하게 보장되는 체제라 할 수 있는데, 영국에는 군림하나 지배하지 않는 왕과 작위를 갖고 있는 귀족이 엄연히 존재한다. 또 다른 예로, 프랑스는 혈통으로 세습된 부르봉 왕가가 아니라 시민이 직접 선출한 왕인 시민왕 필립 체제를 거쳐서야 사람이 왕이 되어서는 안 된다는 생각에 도달했다. 공화정을 성립시킨 프랑스 혁명의 결과물은 결국 인간이 왕이어서는 안 되고 인간이 아닌 존재, 즉 법이 왕이 되어야 한다는 법치주의였다. 법치주의에 대한 구체적인 논리는 이후 별도 주제로 살펴보도록 하자.

그러나 미국은 영국이나 프랑스와 달리 처음부터 국가 체제를 자신들이 원하는 대로 만들 수 있었다. 건국의 아버지들이 미국 헌법을 만들었고 이에 기반해 국가 체제를 쌓아올렸다. 미국 건국의 기초 사상은 바로 로크의 국가론이다. 로크는 국가가 없는 상태에서 자신의 생명과 신체의 자유를 지키는 권리가 개인에게 있다고 보았다.

미국 건국 이전, 치안과 국방을 담당하는 국가가 없는 상태에서 미국 사람들은 자신의 생명과 신체의 자유를 어떻게 지켜야 했을까? 그렇기 때문에 미국 사람들은 총이 필요했다. 맹수가 나를 위협한다면 내가 총을 들고 나를 지켜야 한다. 다른 사람이 총을 들고 나를 죽일 수 있다면, 나도 내 생명을 지키기 위해 총을 들어야 한다. 미국의 수많은 총기 사고에도 불구하고 총기 규제가 어려운 이유는 미국의 총기 허용은 미국 건국이라는 역사적인 맥락을 갖고 있기 때문이다.

로크는 공유물인 자연에 개인의 노동이 가해진 결과가 자신의 소유물이 된다고 했다. 미국 건국 이전, 미국에 온 사람들은 배를 타고 미국 땅에 발을 디딘 순간부터 자신을 보호해줄 국가도 없이 스스로 모든 것을 해결해야 했다. 여기에서 잠깐 다른 논의를 해보자면, 미국의 국적 부여방법이 이로부터 기인한다. 미국은 미국 사람이 처음부터 있었던 것이 아니라 미국 땅에 이미 들어온 사람들이 미국을 나중에 만든 것이다. 미국 땅에 들어온 모든 사람에게 미국 국적을 인정하면서 시작된 국가가 바로 미국이다. 지금도 미국은 미국 땅에서 출생한 사람은 미국 국적을 부여한다. 이를 속지주의라 한다. 대부분의 국가는 자국민이 낳은 자녀에게 자국 국적을 부여한다. 이를 속인주의라 한다. 미국은 속인주의로 시작할 수 없는 건국 과정을 갖고 있다는 점이 지금까지 영향을 미치고 있는 것이다.

미국 사람들은 자연의 땅에 울타리를 치고, 개간하여 농사를 짓거나 방목을 했고, 총을 들어 맹수나 동물로부터 자신과 가축을 지켰다. 공유물인 자연에 자신의 노동을 더한 것은 자신의 소유물이 되는 것이다. 이 과정에서 국가는 존재하지 않았으므로 이들의 소유권은 천부인권의 결과물로 보장되어야만 하는 것이다.

미국의 자유지상주의와 소유권에 대한 강력한 의식은 이러한 미국의 건국 과정과 역사에 근거하고 있다. 로크의 사상을 통해 미국 건국과 미국 헌법을 이해한다면 손쉽게 로크의 논리를 기억할 수 있을 것이다.

7. 제한국가론과 노직의 자유지상주의

개인들은 자신의 생명, 자유, 소유권을 보전하기 위한 목적으로 사회계약을 맺는다. 따라서 국가는 사회계약의 결과물이며 계약의 목적 실현을 위해서만 권력을 행사해야 한다. 국가의 권력은 이 목적을 위해서 개인들로부터 위임된 것이므로 권력은 무제한적일 수 없다. 즉 국가는 국민의 생명, 자유, 재산권을 침해해서는 안 된다. 개인의 생명, 자유 등을 침해한 국가권력은 사회계약에 위반된다. 사회계약에 위반되는 국가의 행위는 제한된다.[15] 이러한 관점에서 로크의 국가는 개인의 생명과 자유, 재산권을 지키는 역할만을 담당하는 소극국가, 사회계약에 위반되지 않아야 한다는 점에서 제한국가라 한다.

로크는 제한국가는 최소국가라 한다. 시민의 자유가 최대한 보장되려면 국가는 국방, 치안, 법적분쟁 해결과 같은 최소한의 역할만을 해야 한다. 국가가 이보다 더 큰 역할을 하려 하면 시민의 자유를 침해하게 된다는 입장이다. 예를 들어 국가가 경제 영역에 관여하면 시민의 경제적 자유를 침해하게 되고 시민 간에 자유롭게 성립된 경제 질서를 왜곡하게 된다고 본다.

로크는 자연상태의 개인은 자유롭지만 약간의 불안이 있는 상태라 했다. 개인은 자유를 통해 소유권을 인정받고, 각자의 자유와 소유권을 행사하여 시장에서 자유롭게 계약과 거래를 할 수 있다. 이러한 로크의 논리에 따르면 국가는 필요없지 않느냐고 생각할 수 있다. 그러나 그렇지 않다. 이러한 개인의 자유와 소유권은 언제든지 위협받을 수 있다.

대부분의 사람은 자신의 자유와 소유권, 타인의 자유와 소유권을 존중한다. 그러나 그렇지 않은 사람이 있을 수 있다. 따라서 이러한 불안을 없앨 필요가 있으므로 사람들은 자유롭게 동의하여 국가를 만들었다. 로크에게 국가의 존재 목적은 개인의 자유와 소유권을 보장하는 것이다. 그 외의 역할은 국가의 존재 목적에 반하는 것이므로 국가는 개인의 자유와 소유권을 보장하는 역할만을 해야 한다.

이처럼 국가의 역할은 개인의 자유와 소유권을 외적으로부터 지키는 국방, 내부의 도적들로부터 막아내는 치안으로 한정된다. 따라서 국가는 소극국가, 최소국가, 야경국가가 되어야 한다. 로크의 소유권과 소극국가론을 사상적으로 이어받은 로버트 노직의 자유지상주의는 국가는 복지정책을 수행해서는 안 된다고 주장한다. 이는 로크의 소극국가, 최소국가에 반하기 때문이다.

국가는 개인의 자유와 소유권을 보장하는 역할만 할 수 있고, 그 이상의 역할을 하려 해서는 안 된다. 그래서 노직은 복지를 국가의 역할이 아니라 개인의 자유와 민간의 경쟁에 맡길 문제라 주장한다. 자유지상주의자는 복지를 개인의 기부 활성화와 민간 재단의 역할 확대로 해결해야 한다고 한다. 개인이 자신의 재산을 소비에 사용할 것인지 기부에 사용할 것인지는 개인이 자유롭게 결정할 문제라는 것이다. 그리고 기부를 통한 재원을 복지에 어떻게 사용할 것인지 국가가 독점적으로 결정해서는 안 되고, 이 역시 여러 민간재단이 자유롭게 수행하는 복지기능을 기부자가 자유롭게 선택하여 경쟁함으로써 복지를 실현해야 한다고 주장한다.

8. 권력분립

국가권력의 남용은 시민의 자유와 권리 침해로 이어진다. 자유와 권리를 보장하기 위해 로크는 권력분립을 주장한다. 절대권력이 시민의 자유와 권리를 침해하지 못하게 하기 위해서는 권력을 쪼개어 서로 감시하고 통제하도록 하여야 하기 때문이다. 몽테스키외는 <법의 정신>에서 국가의 권력을 입법권, 집행권, 재판권의 세 가지 형태로 구분하고 각각의 권력이 다른 권력을 동시에 지니게 해서는 안 된다고 한다. 만약 입법권과 집행권, 재판권이 결합한 절대권력이 나타난다면 시민의 자유는 지켜질 수 없다고 한다. 만약 입법권과 집행권이 결합되어 있다면, 같은 군주나 입법부가 폭정적인 법을 만들고 폭정적인 권력을 집행할 수 있다. 재판권이 입법권 혹은 집행권으로부터 분리되어 있지 않아도 자유는 존재할 수 없다. 재판관이 입법권과 동일하다면 법을 만든 자가 그 법에 따른 집행이 타당한지 판단하게 되므로 자유는 존재할 수 없다. 몽테스키외는 "동일한 인간이나 귀족, 시민 중 주요한 사람의 동일 단체가, 법률을 제정하는 권력, 공공의 결정을 실행하는 권력, 죄나 개인의 쟁송을 심판하는 권력을 행사한다면[16]" 개인의 자유는 존재할 수 없다고 보았다.

[15] 존 로크, <통치론> 제11장
[16] 몽테스키외, <법의 정신> 제11편

9. 자유와 권리를 침해하는 국가권력에 대한 저항권

인간은 자연상태에서 자유, 생명권을 누리고 있었다. 개인들은 좀 더 확실하고 안정적으로 자신의 자유와 권리를 보장받기 위해 사회계약을 체결했다. 그래서 국가 권력의 목적은 개인의 자유와 권리를 보장하기 위한 것이므로, 국가 권력이 개인의 자유와 권리를 침해한다면 계약을 위반한 것이 된다. 따라서 국가가 먼저 계약을 위반한 것이므로, 국민은 계약을 위반한 입법부와 정부를 변경할 수 있다. 이렇듯 시민이 정부를 변경할 권리를 저항권이라 한다.[17]

로크는 국가가 더 적극적인 역할, 즉 개인의 자유와 소유권을 보장하는 역할 이상을 하려 한다면 개인은 저항권을 행사하여 국가를 붕괴시킬 수 있다고 했다. 저항권을 행사하게 되면 국가는 사라지지만 개인은 여전히 자유롭다. 단지 불안할 뿐이다. 이 불안을 해소하기 위해 개인은 다시금 국가를 만들면 된다. 이 과정이 평화적으로 이루어지는 것이 선거를 통한 정부 교체이고, 폭력적으로 이루어지는 것이 혁명이 된다.

로크는 개인의 자유를 해치려는 정부는 정당성이 결여된 것이고, 주권자인 개인이 자유롭게 저항권을 행사하여 자신의 자유와 소유권을 지킬 수 있다고 했다. 이때 개인들은 강제력을 갖고 있는 국가에 대항하기 위해 폭력도 사용할 수 있다. 개인이 천부인권인 생명과 신체의 자유, 소유권과 같은 개인의 자유를 지키기 위해서 허용된 것이기 때문이다.

존 로크는 자연상태의 개인이 지닌 천부인권으로부터 시장 거래의 자유, 소극국가, 저항권의 논리를 도출해내었다.

10. 로크의 사상과 미국 건국

로크의 국가론은 미국 건국의 사상적 기반이 되었다. 미국은 민주주의의 역사에서도 상당히 중요한 위치를 점하고 있는데, 그 이유는 기존의 국가 체제를 변형한 것이 아니라 기초부터 쌓아올린 것이기 때문이다.

영국이나 프랑스는 기존의 왕정 체제를 개혁 혹은 혁명을 통해 민주국가 체제로 바꾼 것인 반면, 미국은 처음부터 민주국가 체제로 시작한 것이다. 예를 들면 상업용 건물을 개조해서 주거용으로 사용하고 있는 것이 영국이나 프랑스라면, 미국은 처음부터 주거용 건물로 설계해서 살고 있는 것이다.

여기에서 민주주의와 국가 발전의 관계를 생각해보자. 우리는 경제적 발전은 경제가 그 원인이고, 정치와는 아무 관련이 없다고 생각하는 경우가 많다. 경제 공부를 해보면, 경제학의 아버지는 아담 스미스라는 것을 알 것이다. 그런데 아담 스미스는 근대 시기의 사람이다. 아담 스미스 이전에는 경제가 정치의 한 분야에 불과했다.

정치의 개념 정의 중 하나가 "누구에게 무엇을 얼마만큼 분배할 것인지 결정하는 것"이다. 여기에서 "무엇"을 "돈"으로 한정하면 경제가 된다. 아담 스미스는 '보이지 않는 손'에 의해서 경제가 발전할 수 있다고 했다. '보이지 않는 손'의 반대말은 '보이는 손'이다. 이 '보이는 손'이 바로 봉건영주 혹은 전제군주 등의 권력자이다.

중세에는 자애롭고 도덕적인 왕이 백성들의 삶을 경제적으로 윤택하게 할 것이라 믿었다. 그러나 아담 스미스는 자비심이나 도덕적인 목적이 없어도 경제 발전이 일어날 수 있다고 생각했다. 일반인들이 자신의 이익을 위해 노력한 결과가 곧 경제 발전이고 이로 인해 결국 도덕적인 결과가 발생할 것이라는 의미이다.

이를 정리하면 다음과 같다.

- **중세시대:** 1. 사회 도덕적인 목적   2. 개인의 경제적 윤택함
- **근대시대:** 1. 개인의 자기 이익 추구   2. 사회적인 경제 성과

아담 스미스의 논리에 따르면, 도덕적인 권력자를 전제하지 않고서도 얼마든지 경제적 발전이 달성될 수 있기 때문에 개인에게 자유를 주어야 하는 것이다.

로크의 논리에 따라 정치적 자유가 보장되어야 할 이유가 증명되었다면, 아담 스미스의 논리에 따라 경제적 자유가 보장되어야 할 이유가 증명된 것이다. 정치적으로, 경제적으로 개인의 자유를 보장하는 것이 정당하게 된 것이다.

그러나 현실적으로 이를 증명한 사례가 없다는 것이 문제였다. 미국은 이를 실제로 증명해냈다. 프랑스 혁명 시기를 살았던 토크빌은 <미국의 민주주의>에서 미국은 앞으로 발전해나가 강대국이 될 것이라 예언했고, 이는 현실이 되었다.

산업혁명이 시작되고 세계의 패권국이 된 최초의 국가는 유럽의 변방에 불과했던 영국이었다. 그 이후 세계의 패권국 자리를 두고 경쟁한 국가는 프랑스였다. 그러나 유럽의 패권은 곧 미국으로 넘어갔다. 민주주의가 최초로 시작된 곳은 명예혁명이 일어난 영국이다. 왕 자체를 없애고 사람이 아닌 법을 왕으로 삼은 최초의 국가는 프랑스 혁명이 일어난 프랑스이다. 로크의 사상을 바탕으로 국가 설립부터 국민이 스스로 헌법을 만들어 국가 체제를 세운 국가는 미국이다. 경제 공부를 할 때에도 역사적 맥락을 생각해야 한다. 민주주의의 역사적 순서가 패권국가 다툼의 순서와 일치한다는 것은 우연이 아니다. 구체적인 논의는 경제 영역에서 다시 살펴보도록 하자.

⑰ 존 로크, <통치론> 제18장

루소의 국가론

1. 루소의 생애

루소는 하인으로 일하는 등 불우한 어린 시절을 보내다가 특정한 계기로 공부를 시작해 독학으로 유럽의 지성인 반열에 오른 사람이다. 루소의 어린 시절은 불행했다. 교육을 받지 못하고 이런저런 직업을 전전하며 살았다. 16세가 된 루소는 자신보다 11살 연상인 귀족 부인을 만나 사랑에 빠졌다. 루소는 이 귀족 부인의 후원으로 계곡의 오두막집에서 공부를 시작한다.

루소는 이 집에서 방대한 분야의 책들을 독학으로 공부하였다. 그리고 루소는 38세 프랑스 아카데미에서 공모한 논문전에서 당대의 유명한 사상가들을 물리치고 1등을 수상한다. 이 논문 제목이 <학문과 예술에 대하여>이고, 이 논문을 일반화시켜 내놓은 것이 바로 그 유명한 <인간불평등 기원론>이다. 이후 사회계약론과 에밀을 내놓았다.

루소를 유명하게 만든 <학문과 예술에 대하여>는 프랑스 디종 아카데미의 논문 공모전에서 1등상을 수상했다. 당시 논문 공모전 주제는 "학문과 예술의 진보는 풍속의 순화에 기여했는가?"였는데, 루소는 도발적으로 "그렇지 않다"고 답했다. 루소에 의하면, 문명의 진보는 도덕의 퇴보를 가져왔고 인간 이성의 발전은 인류의 역사를 불행과 악덕으로 채웠을 뿐이다. 우리가 학창 시절에 배웠던 루소의 "자연으로 돌아가라"는 말은 바로 이런 의미가 된다.

이 논문으로 인해 루소는 당시 유럽의 많은 논객들로부터 비판을 받는다. 그도 그럴 것이 당시 유럽은 과학의 발전과 산업혁명으로 인해 세계의 중심이 되었고 중세시대에는 상상도 할 수 없었던 사회적 변화가 일어났기 때문이다.

당연히 이성을 발전시키는 학문, 풍속의 변화를 일으키는 예술에 대한 호의적 분위기가 형성될 수밖에 없다. 심지어 과학기술의 발전을 신봉한 나머지 지렛대와 고정점만 있다면 우주의 별도 움직일 수 있다는 말이 나올 정도였다. 이러한 이성중심주의, 인간 이성에 대한 강력한 믿음을 루소는 근본부터 흔들어놓은 것이다.

루소는 <학문과 예술에 대하여>에 대한 공개적 비판을 재반론하면서 다음과 같이 주장했다. 악의 근원은 불평등이다. 불평등으로부터 부가 도출된다. 부에서 사치와 무위가 나타난다. 사치로부터 예술이, 무위로부터 학문이 생겨난다.

루소는 근본적 원인으로 불평등을 다루어야겠다고 생각한 듯하다. 그리고 디종 아카데미의 새로운 논문 공모전의 주제인 "인간들 사이의 불평등의 기원은 무엇이며, 불평등은 자연법에 의해 허용되는가?"에 새롭게 논문을 작성해 투고한다. 이 논문이 바로 <인간불평등 기원론>이다. 사회계약론과 함께 프랑스 혁명의 사상적 기반이 된 바로 그 책이다. 심지어 루소는 자신의 논문이 수상하지 못할 것이라 예언하였고 실제로도 그러했다.

2. 평등하고 자유로운 자연상태의 개인

루소는, 홉스와 로크는 자연상태의 개인을 논하지 않았다고 비판했다. 홉스와 로크는 자연상태의 개인을 미개인으로 보지 않고 이미 문명인을 상정했기 때문에 오류가 있다는 것이다. 루소는, 홉스와 로크가 상정하는 자연상태의 개인은 이미 정의나 부정의의 관념을 알고 있다는 점에서 자연상태를 이미 벗어난 인간이라 생각했다.[18]

루소가 생각하는 자연상태의 개인은 평등하고 자유로운 상태이다. 그러나 홉스의 자연상태의 개인은 타인의 자원을 탐내고 욕망하고, 로크의 자연상태의 개인은 자유롭게 물물교환을 한다. 루소가 생각하기에는 이는 자연상태의 개인이 할 수 있는 일이 아니고, 이미 사회를 이루어 살아가는 존재들이 할 만한 일인 것이다. 루소가 생각하는 자연상태의 개인은 원시인에 가깝다. 원시인은 타인의 자원을 탐내고 욕망하지 않으며, 물물교환을 하지 않는다. 자신이 원하는 모든 것은 자신이 만들거나 구할 수 있는 것이다.

루소는 자연상태의 인간은 문명인이 아니라 미개인일 것이라 했다. 루소는, 인간은 최초의 자연상태에서 자연의 일부로서 존재하는 미개인이라고 보았다. 인간도 먹고 쉬는 동물과 유사한 생활을 했다. 수렵과 채취만으로도 충분히 먹고 살 수 있으므로 필요한 만큼 먹고 나머지 시간은 쉴 수 있었다. 인간에게 소유도 계급도 없던 시대였다. 루소는 자연상태에서 인간은 자유롭고 먹고사는 문제를 고민하지 않아도 되기 때문에 소유물에 속박되지 않는다고 하였다.

루소는 자연상태의 개인은 혼자 살거나 가족 단위로 움직이는 원시부족이라 생각했다. 실제로 루소는 인류학에 많은 관심을 갖고 있었다. 그렇다면 인간은 평등하고 자유로운 상태에서 벗어나 국가를 만들게 된 것일까?

인구가 증가함에 따라 풍요로움이 줄어들고 생존경쟁이 발생했다. 인간은 자연을 이용하기 위해 자신의 이성을 통해 간단한 도구를 만들었다. 이성이 발달함에 따라 농업과 야금술이 발전하고 수렵채취생활에서 벗어나 경작을 하며 잉여생산이 가능하게 되었다. 잉여생산물의 소유 정도에 따라 차별이 발생하고 소유의 정도에 따라 권력이 발생했다.

루소는 인간 이성이 발달하면서 필요한 만큼보다 더 많은 자원이 나타났고 이것이 권력으로 이어져 불평등이 나타났다고 생각했다. 이를 남아도는 자원, 즉 잉여자원이라 한다. 예를 들어보자. 가족 단위로 움직이는 어떤 원시부족이 있다고 하자. 1주일에 사슴 한 마리가 있으면 이 원시부족집단은 충분히 먹고 살 수 있다. 만약 사슴을 잡지 못했다면 채집한 과일을 먹거나 계곡에서 얻은 물고기를 먹어도 된다. 원시인은 생각보다 다양한 먹을거리를 얻어가며 우리 생각보다 더 건강했던 것이 분명하다. 그런데 어떤 똑똑한 구성원 하나가 사슴 사냥에 의문을 품기 시작했다. 왜 이렇게 어렵게 사슴을 잡아야 하는가? 잘 휘어지는 나뭇가지를 반원 모양으로 만들고 실을 걸어 빠르게 화살을 날리면 더 쉽게 잡을 수 있지 않을까? 인간 이성을 발휘해 더 나은 도구를 만들게 된 것이다.

이제 이 원시부족은 1주일에 사슴을 2마리 잡을 수 있게 되었다. 이 부족이 필요한 것보다 1마리의 사슴이 더 남게 된 것이다. 사슴고기를 더 먹고 싶은 구성원이 1마리의 사슴이라는 잉여자원을 가진 자에게 고기를 더 달라고 하기 위해서는 자신이 원하지 않는 일을 해야 한다. 이것이 바로 권력이다. 권력의 개념 정의는 "자신이 하고 싶지 않은 일을 하게 만드는 힘"이다. 결국 사슴 1마리라는 잉여자원이라는 불평등이 권력을 만들어낸 것이다.

[18] 그들은 하나같이 필요와 탐욕과 억압·욕망·자만에 대해 끊임없이 말하지만 자신들이 사회 속에서 얻은 관념들을 자연상태 속으로 옮겨다 놓았다는 점에서, 그들은 미개인이 아니라 문명인을 묘사해 놓았던 것이다. (장 자크 루소, <인간불평등기원론>)

3. 불평등과 예속

루소는 자연상태의 개인이 평등하고 자유로운 상태에서 벗어나 부자유한 상태, 즉 예속되는 상태로 들어간다고 했다. 그리고 그 원인은 바로 잉여자원으로 인한 불평등 때문이다. 소비 중심의 현대인은 이를 너무나도 잘 이해할 수 있다. 나에게 가진 것이 많다면 하고 싶지 않은 일을 하지 않을 수 있다. 그러나 내게 가진 것이 없다면 하기 싫어도 해야 하는 일이 있다. 내가 남보다 가진 것이 없는 불평등으로 인해 자유롭지 않은 것이다. 루소는 권력이 재산을 가져오는 것이 아니라 재산이 권력을 만들어낸다고 생각한 것이다. 그리고 재산을 만들어내는 것은 인간 이성이기 때문에 인간 이성이 인간을 불행하게 만들었다고 생각한 것이다.

원시인과 같은 상태의 평등하고 자유로운 개인은 이성이 발달함에 따라 예속된 존재가 된다. 잉여자원의 증가는 인구의 증가로 이어진다. 인구가 증가하면 먹을 것이 더 필요하게 된다. 인간은 살기 좋은 환경에서 점점 밀려나 생존경쟁에 직면한다.

원시인은 수렵채집을 하게 되는데 매우 넓은 생존공간을 필요로 한다. 인구밀도는 2.5 제곱킬로미터당 1명 정도밖에 되지 않는다. 현대 서울의 인구밀도는 2.5 제곱킬로미터당 약 1,300명 정도나 된다. 생존공간이 부족해지면 더 열악한 환경에서도 살아야 한다. 인간은 이제 살아남을 방법을 찾아야만 했다. 이것이 바로 이성의 발전이다. 생존경쟁은 이성의 발달을 촉진한다.

인간은 씨앗이 땅에 묻혀 자라 열매를 맺는 작물을 발견하고 이를 인위적으로 길러내는 방법을 알아내었다. 농경에 적합한 작물은 인간이 먹을 수 있는 부분이 많다는 것이고 에너지의 많은 부분을 생존에 쓰기보다 열매에 집중시킨다. 결국 인간이 잡초라 부르는 식물에 비해 생존에 불리하다. 인간은 자연상태에서 생존에 불리한 식물들을 인위적으로 선별하고 잡초를 제거하고 작물이 잘 자랄 수 있는 상태를 만들어주기 위해 노력해야 한다. 대부분의 작물은 많은 양의 물을 끌어올려 땅의 양분을 흡수하고 끌어올린 물을 증발시켜 양분을 열매로 농축시킨다. 인간은 작물에 물을 대기 위해 관개 수리 시설을 확충한다. 작물의 뿌리 깊이 이내에 있는 양분은 이미 전년도 농사에서 바닥난 상태이기 때문에 더 깊이 있는 땅의 양분을 공급해야 하므로 쟁기질을 해서 깊이 있는 흙을 작물의 뿌리 깊이 수준으로 높여줘야 한다.

이를 위해 쟁기와 같은 도구가 필요하고 쟁기를 끌 노예 혹은 가축이 필요하다. 흙을 갈아엎기 위해서는 더 강력한 재질의 도구가 필요하다. 더 강력한 도구가 필요하기 때문에 야금술이 발전한다. 청동기나 철기 등의 도구를 만들기 위해 야금술을 발전시키기 위해서는 농사일에 종사하지 않고 대장장이일만 전문적으로 연구하는 전문가가 필요하다. 전문가는 농사일을 하지 않기 때문에 이들을 먹여 살리기 위해서는 농업 생산성이 더 높아져야 한다. 잉여자원이 더 필요한 것이다. 결국 더 좋은 도구가 필요하게 된다. 농사 도구가 더 좋아지면 농업생산성이 높아지게 된다. 농업생산성이 높아지면 농사에 동원한 인력이 많아질수록 수확량이 늘어난다.

좋은 농사도구는 결국 좋은 전쟁도구일 수밖에 없다. 쇠쟁기는 철검이나 다를 바 없다. 노예의 수 증가는 잉여자원의 증가로 이어진다. 늘어난 잉여자원을 관리하기 위해서는 보관용기가 필요하고 수학이 필요하고 이를 관리하기 위한 전문인력이 필요하다. 농사가 실패하면 수많은 사람이 굶주리고 죽게 되므로 농업환경을 위해 절기에 대한 이해가 필요하다. 이제 천문학을 연구하고 이를 기록으로 남기기 위한 전문인력이 필요하다. 이처럼 많은 수의 농업 종사자와 대장장이, 군인, 수학자, 관료, 천문 연구를 하는 종교 종사자가 탄생한다. 그리고 이들 전체를 관리할 국가가 필요하게 된다. 루소에 따르면, 국가는 결국 불평등으로부터 탄생해 불평등을 관리하고 지속하는 도구가 되는 것이다.

4. 불평등과 국가

위와 같은 루소의 논리는 이후 마르크스의 유물론으로 이어진다. 마르크스는 <자본론>에서 물질이 관념을 만든다고 했다. 잉여자원이라는 하부구조가 국가, 종교 등의 상부구조를 만들어낸다는 주장은 루소의 논리를 대전제로 하는 것이다.

루소는 자신의 이름을 널리 알린 <학문과 예술에 대하여>에서 이성의 발달이 인간 풍속의 순화에 기여하지 못하고 오히려 저해했다고 주장했다. 그리고 이어지는 <인간불평등기원론>에서 이를 일반화시켜 인간이 국가를 만든 이유를 밝혔고, <사회계약론>에서 이 국가가 민주주의 체제여야 한다고 주장했다.

정리하자면, 루소는 잉여자원이라는 물질의 불평등으로 인해 인간은 자신이 자연상태에서 갖고 있었던 자연적 자유를 점차 누릴 수 없게 되었다고 생각했다. 사회계약은 불평등이 가속화되어 자기보존이 불가능한 자연상태에서 체결된다. 잉여자원을 많이 가진 자들이 자신의 권력을 유지하고 존속하기 위해 기만적 계약을 통해 사회와 국가를 만들었다.[19] 루소에 의하면, 사회와 국가와 법은 불평등을 유지하기 위해 만들어졌다.

5. 자유·평등의 회복과 국가론

소유권 발생과 불평등으로 인해 자연 상태에서 누려왔던 인간의 자유와 행복은 상실되었다. 루소는 이렇게 상실된 인간의 자유와 평등을 회복할 방법으로 2가지를 제시했다. <에밀>에 나타난 교육과 <사회계약론>에 나타난 일반의지에 따른 입법이 바로 그것들이다.

루소는 인간이 가지는 일반의지에 따라 법을 제정하고 정치질서를 형성한다면 시민으로서 자유를 획득할 수 있다고 한다. 인간은 나와 남의 이익을 지향하는 일반의지와 자기의 이익만을 바라는 사적 의지를 모두 가지고 있다. 따라서 일반의지도 개인의 의지이다. 이런 일반의지에 따라 법이 제정된다면, 법에 대한 복종은 결국 자신의 의지에 따른 것이다. 자신의 의지에 따른 지배이므로 자유가 실현된 것이다. 물론 사람 중에는 일반의지를 버리고 사적 의지를 추구하는 자가 있다. 사적 의지를 억제하고, 공공선을 지향하는 일반의지를 드러내려면 교육이 필요하다. 루소는 <에밀>에서 교육을 통해 일반의지를 드러내는 방법을 제시한다. 시민들의 대리인인 정부는 일반의지에 따른 법을 집행해야 한다. 이렇게 되면 국민은 치자(治者, 다스리는 자)이면서 피치자(被治者, 다스림을 받는 자)이기도 하다. 일반의지에 따른 통치, 자신이 정한 법에 따라 자신이 통치 받는 체제를 우리는 민주주의라 한다. 루소의 일반의지에 대해서는 민주주의 주제에서 더 구체적으로 살펴보도록 하자.

[19] 사회와 법률이 약한 자에게는 새로운 멍에를, 부자에게는 새로운 힘을 주어 자연의 자유를 영원히 파괴해버렸다. 또 사유(私有)와 불평등의 법률을 영원히 고정시키고, 이를 교묘하게 찬탈하여 취소할 수 없는 권리로 만들어 결국 전 인류를 노동과 예속과 빈곤에 굴복시켰다. (장 자크 루소, <인간불평등기원론> 2부)

6. 홉스, 로크, 루소의 비교

구분	홉스	로크	루소
인간관	• 이기적이고 자기보존을 추구하는 존재	• 이성적이며 협력 가능한 존재	• 사적 의지와 일반 의지를 동시에 지닌 이타적 존재
자연 상태	• 만인의 만인에 대한 투쟁 상태	• 자유로운 시장의 교환질서가 성립되었으나 폭력이나 권력으로 인해 질서가 깨질 위험이 있는 상태	• 공동체적 질서가 성립된 평화로운 상태
현실 인식	• 개인의 이기심이 극대화되어 협력이 불가능한 상태 • 무질서하고 폭력이 난무하는 최악의 상황	• 신에 의해 제정된 자연법이 존재하는 상태 • 협력이 깨질 수도 있는 위험과 불편이 남아있는 상태	• 잉여생산물로 인해 사유재산 발생 → 공동체적 질서 붕괴 → 국가는 불평등한 상태를 지속시킴
정부 구성 방법	• 시민은 최악의 상황을 탈피하기 위해 자신의 권리를 국가에 모두 양도 → 파기 불가(파기하는 순간 최악의 상태에 직면하기 때문)	• 시민이 자신의 권리와 재산을 지켜달라고 정부에 자신의 권리를 신탁, 정부가 시민의 자유와 권리를 지키지 못하면 정부를 다시 구성할 수 있음	• 시민의 자유와 권리는 양도되거나 대표될 수 없음. 공동체를 위한 일반의지를 발현하여 동일성(치자 = 피치자) 민주주의 정부 구성

공자(孔子)의 국가론

동양 사상의 국가론은 공자(孔子)로부터 시작한다고 보는 것이 적절하다. 물론 공자 이전에 노자(老子)와 장자(莊子)의 사상이 존재했으나 노장 사상은 국가를 비판하기 때문에 국가론에 대한 논의라 할 수 없다. 여기에서는 노장 사상에 대한 기초적인 이해를 제시하고, 공자의 국가론을 다룬다.

노자 사상은 국가나 조직에 대해서는 비관적 입장을, 인간의 본성에 대해서는 낙관적인 입장을 가지고 있다. 국가의 유위(有爲)는 인간의 본성을 해할 뿐이라고 하여 국가가 개인의 자유에 개입해서는 안 된다는 입장이다.

> 인민들이 통치자의 위엄을 두려워하지 않을 때 오히려 큰 위엄이 생긴다. 통치자는 인민들의 거처를 속박하지 않고 그 생업을 압박하지 말아야 한다. 압박하지 않으면 미워하지 않을 것이다. 그래서 성인은 스스로 알면서도 내보이지 않고 스스로 아끼면서도 귀하게 여기지 않는다. 그러므로 성인은 위압의 정치를 버리고 무위의 정치를 택하는 것이다.[20]
>
> 최상의 통치에서는 인민들이 군주가 있는지도 모른다. 그 아래 단계에서는 친근감을 느끼고 칭송하며, 그 아래 단계에서는 두려워하고, 가장 낮은 마지막 단계에서는 군주를 경멸한다. 위정자에게 신의가 부족하면 인민들이 믿지 않게 된다. 한가히 그 말을 귀하게 여기니, 공이 이루어지고 일이 이루어지면 인민들은 모두 자기가 스스로 그렇게 한 것이라고 한다.[21]

장자 사상은 개인주의와 자유주의 사상을 취하고 있다. 유럽의 자유주의는 절대주의를 부정하는 혁명사상으로 작용하여 사회의 변혁을 가져온 반면, 장자의 자유주의는 그러지 않았다. 왜냐하면 장자에 따르면 혁명을 통해 성립된 새로운 국가와 조직도 개인의 자유에는 무익하기 때문이다. 그래서 장자의 도가(道家) 사상은 온전히 자유로운 개인을 추구한다. 장자의 사상을 현대의 표현으로 나타내면 아나키즘(anarchism, 무정부주의)이라 할 수 있다.

따라서 노자와 장자의 사상은, 개인의 자유를 제한하는 국가에 대해 부정적이라는 공통적인 특징이 있다. 노자와 장자는 무위(無爲)를 주장한다. 무위(無爲)는 도교에서 가장 중요시되는 행동 원리로 일체의 부자연스러운 행위, 인위적 행위가 없음을 뜻한다.[22] 공자는 국가가 작위(作爲)[23]를 통해 백성을 교화시켜 도덕적 인간으로 변화시켜야 한다는 입장이다. 따라서 공자에 따르면 국가의 기능이 확대된다.[24] 그러나 노자나 장자는 이런 국가의 유위, 즉 작위야말로 사회혼란을 초래하는 원인이라고 한다. 장자는 지식이 형벌의 도구가 되고 인의가 인간을 옥죄는 것이 될 수 있다고 한다.[25] 따라서 노장사상은 국가의 역할을 최소화하자는 입장이다.

[20] 노자, <도덕경>, 72장
[21] 노자, <도덕경>, 17장
[22] 노자, <도덕경> 64장
[23] 작위(作爲): 뜻을 가지고 의식적, 적극적으로 행동하는 것
[24] 유가사상은 유학자들이 주도하는 사회의 자율성을 인정한다는 점에서 국가절대주의와는 다르다. 조선시대에서 유학자들이 향약 등을 통해 자율적으로 사회문제를 해결하였다.
[25] 장자, <莊子> 재유편

1. 유학(儒學), 유가(儒家), 유교(儒敎)

유학, 유교는 중국과 동아시아 문화권의 핵심사상이자 조선의 중심적 사상이었다. 유교의 중심사상가로는 공자, 맹자, 순자 등이 있다. 그런데 생각해보면 우리는 공자, 맹자, 순자를 서로 다른 학설을 가진 사상가로 배운다. 그런데 학문의 분류로 보면 공맹순은 모두 유학자이다. 그렇다면 공자와 맹자, 순자는 유학자로서의 공통점이 있으나, 세부적으로는 다른 논리를 펼치기 때문에 학설이 나뉜다고 보는 것이 합리적이다.

먼저 공통점을 살펴보자. 유학은 기본적으로 백성에게 도덕을 가르치라는 기본 사상을 갖고 있다. 모두가 함께 살아가기 위해서는 사회 도덕이 필요하고, 이 도덕을 가르쳐 사회 전체에 실현되도록 해야 하기 때문이다. 이 점에서 유학은 공동체주의와 연결된다. 공동체 모두가 함께 살아가기 위해서는 우리 모두가 함께 지켜야 할 도덕이 있다는 것이다. 그리고 이처럼 옳은 것은 뛰어난 선생이 잘 알고 있고 일반인은 이 가르침을 받아야 옳고 그름을 분별할 수 있고 행동으로 옮길 수 있다는 것이다. 따라서 유학과 유교의 사상가들은 뛰어난 선생이 일반 백성을 가르쳐야 한다고 주장한다는 공통점이 있다.

그러나 유학자라 하더라도 모두 동일한 논리를 펼치는 것은 아니다. 우리가 학창시절에 배웠던, 사실은 외웠던 것들을 떠올려보자. 맹자는 성선설, 순자는 성악설이라 배웠던 기억이 있을 것이다. 공통점과 차이점을 모두 반영해서 논리를 증명해보면 된다. 철학자의 사상이 어려워 보이지만 그들도 사람이고 사상은 어떤 생각의 과정을 거쳐 나온 결과물일 뿐이다. 게다가 우리는 이미 이들을 연구한 학자들이 정리한 논리적 결과물을 학창시절에 주입식으로 알고 있다는 장점 또한 갖고 있다. 이러한 논리적 연장선상에서 유학자인 공자, 맹자, 순자의 공통점과 차이점을 명확하게 이해해보자.

2. 유교국가론

유교는 좋은 사회를 이룩하기 위해 선한 권력자와 도덕적인 선생이 공동체 전체를 이끌어야 하고 일반 백성은 그 지도를 잘 따라야 한다는 입장이다. 이러한 점에서 플라톤의 이데아론, 철인왕 사상과 유사하다. 그리고 공동체주의, 즉 공동체를 개인보다 더 중요하게 여기는 입장을 갖고 있다.

대표적인 유교 사상가인 공자, 맹자, 순자는 논리의 차이는 있으나 이 기본적인 발상에 있어서는 동일한 입장이다. 이러한 유교 사상을 현실에서 실현하려 한 것이 바로 조선이다. 조선은 소중화를 표방하며 성리학의 나라를 구현하겠다는 이상을 갖고 있었다. 성리학은 송나라의 주자가 유학의 원리를 집대성한 것으로 공자와 맹자 등 유학자들의 책을 해석하고 주석을 달아 정리한 것이다.

여기에서 잠깐 다른 이야기를 해보자면, 주자는 후대의 사람들이 높여 부른 것인데 주희라는 사람이 학문적 성취가 대단하여 일가를 이룰 만하다고 하면 주자라 부르게 되는 것이다. 공자 역시 이 자체가 이름이 아니라 공구의 학문적 성취가 일가를 이루었다고 하여 공자라 부른 것이다. 그래서 공자를 구, 중니, 선생님, 공부자라고도 부르는데, 구는 공자의 이름이고 중니는 자이며, 부자는 선생님이라는 의미이기 때문이다. 이처럼 춘추전국 시대에 학문적 성취가 일가를 이룬 사람들이 많았기 때문에 이를 제자백가라 했던 것이다. 맹자의 본명은 맹가이고 이를 높여 맹자라 부른다. 제자백가 시대의 유명한 사상가는 공자, 맹자, 순자, 한비자, 고자, 묵자 등이 있다.

조선으로 다시 돌아가면, 유교의 사상을 현실국가에서 구현하겠다는 이상을 갖고 건국된 것이 조선이다. 조선을 이해하는 가장 좋은 방법은 서구 중세시대와 유사하게 생각해보는 것이 좋다. 서구의 중세시대는 신의 말씀, 옳음과 진리, 도덕 그 자체인 신의 말씀대로 현실 국가를 만들어나가는 것이 목적이었다. 신은 옳음, 정의, 도덕 그 자체이기 때문에 신의 말씀에 "그것은 아니다"라고 말할 수 있는 인간은 없다. 신의 말씀이 명확하게 어떤 뜻인지 모호할 때 해석할 수 있는 정도에 불과한데, 그것도 신의 사제 정도는 되어야 가능한 일이지 일반인이 할 수 있는 일이 아니다. 일단 신의 말씀을 해석이라도 하려면 성경은 읽을 수 있어야 하는데, 성경도 이미 라틴어로 되어 있다. 중세시대에도 라틴어는 현실에서 쓰이지 않는 언어였기 때문에 지금으로 치면 자국어와 외국어를 동시에 원어민 수준으로 할 수 있어야 하는 것이다. 조선시대도 이와 같다. 공자, 맹자, 순자, 주자의 말씀에 감히 반기를 들어서는 안 되고, 해석 정도나 가능한 것인데 이것도 당대의 인정받는 학자 정도나 가능한 일인 것이다. 이에 더해 자칫 해석이 지나쳐 유생들의 비판을 받으면 사문난적으로 몰려 멸문지화를 당할 수도 있다. 그래서 조선의 최고 목표는 왕이 유학의 최고봉, 선비 중의 선비가 되어 나라를 다스리는 것이었다. 이를 달성한 왕이 세종, 정조라 할 수 있다. 세종과 정조는 학문의 깊이가 신하들을 뛰어넘어 신하들이 무리를 지어 논쟁하더라도 당해낼 수가 없는 정도였다고 한다. 이것이 바로 조선이 추구하는 국가상이었고, 이는 신의 말씀을 현실에서 구현하는 서구 중세시대의 뛰어난 왕과 동일한 모습이 된다.

이처럼 유교 원리에 따르면, 뛰어난 유학자, 선비, 선생(先生)의 가르침을 따르는 것이 일반 국민의 행복을 달성하는 유일한 방법이다. 유교국가론의 핵심은, 뛰어난 유학자로부터 도덕적인 교육을 받은 왕이 일반 백성을 다스리는 것이고 이는 플라톤의 이데아론과 철인왕 사상과 동일한 관점이라 할 수 있다.

3. 공자의 이상적 국가

공자는 인간 본성에 대해서는 그다지 관심을 두지 않은 것으로 보인다.

> • 자공이 말하기를, "선생님께서 (사람의) 본성과 천도를 말씀하신 것은 듣지 못했다."[26]
> • 타고난 본성은 서로 비슷하나 후천적 노력에 따라 서로 차이가 생겨났다.[27]

공자는 이상적 국가를 대동의 사회로 본다. 공자는 <대학(大學)>에서 수신제가치국평천하(修身齊家治國平天下)라고 하였다. 여기에서 말하는 평천하(平天下)는 세상 모든 사람들이 성인·군자가 되도록 교화하는 것이다. 요(堯) 임금은, "백성을 균평하게 하고, 밝게 하니 백성이 스스로 덕을 밝혀 착하게 바꾸어 화목하게 했다"[28]고 한다. 공자의 국가 목표는 모든 국민이 덕을 쌓아 윤리적인 인간이 되도록 하는 것이다. 공자의 이상적 국가는 인륜 공동체이다.

공자는 대동(大同)의 사회를 다음과 같이 말한다. "큰 도가 행해진 세상에서는 천하가 모두 만인의 것이었다. 사람들은 현자와 능자(能者)를 선출하여 관직에 임하게 하고, 온갖 수단을 다하여 상호간의 신뢰친목을 두텁게 하였다."[29]

4. 공자의 현실적 국가론

춘추시대는 주나라 천자의 권위가 약화되어 천자와 제후 간 위계질서가 붕괴되는 시기이다. 공자는 주나라의 질서(禮)를 회복하여 위계질서를 다시 확립하고자 하였다. 공자의 정치적 대의는 종주정명(從周正名)이다. 從周란 禮를 중시하는 周나라의 정치제도를 다시 따름으로써 이상적 정치사회질서를 회복하는 것이고, 正名이란 周禮를 기준으로 한 군신상하간 권리와 의무를 밝히는 것이다. 신하가 군주를 범하는 것을 억제하며, 임금은 임금다워야 하고 신하는 신하다워야 한다(君君臣臣)고 강조한다. 공자가 역사서인 춘추(春秋)를 쓴 이유는 바로 난신적자(亂臣賊子)를 두렵게 하여 정명(正名)을 드높일 수 있기 때문이다.

공자는, 군자는 利보다는 義를 중시해야 한다(見利思義)고 한다.[30] 즉 정치인은 자신의 이익(私利)을 추구해서는 안 되고, 국민의 利(民利)를 실현해야 한다.

공자는 유학자이기 때문에 사람들을 도덕적으로 교화시켜야 한다는 입장을 가지고 있다. 국민을 교화시키려면 먼저 국민의 먹고사는 문제를 해결해야 한다. 따라서 국가는 民利를 실현해야 하고, 궁극적으로 국민을 교화시켜 도덕적인 존재로 만들어야 한다. "사람들을 잘 살도록 하는 것이 필요하다. 잘 살게 만든 뒤에는 무엇이 필요한가? 가르치는 것이다."[31]

이를 종합하여 볼 때, 공자의 정치 목적은 임금과 신하 간의 위계질서 확립과 국민의 보호에 있다고 할 수 있다. 그러나 위계질서란 「천자-제후-대부-사(士)-백성」의 상하질서라는 점에서, 공자는 귀족세력을 대변한 복고주의라는 비판을 받기도 한다.

㉖ 공자, <論語> 공야
㉗ 공자, <論語> 양화
㉘ 공자, <書經> 요전
㉙ 공자, <禮記>
㉚ 공자, <論語> 14편 헌문
㉛ 공자, <論語> 13편 子路

5. 공자와 플라톤의 비교

공자는 춘추전국 시대가 주(周)나라의 '도(道)'가 지켜지지 않는 시대라 평가했다. 공자는 주나라의 법도로 돌아가야 한다고 생각했다. 주나라의 법도는 신분질서를 의미한다. 공자는 '군군신신(君君臣臣)', '정명종주(正名從周)'가 필요하다고 주장했다. '군군신신'이란, 군주는 군주답게, 신하는 신하답게 행동해야 한다는 것이다. 신하가 군주의 역할을 넘나들면 안 된다는 것이다. '정명종주'란 이름을 바르게 하고 주나라의 예법을 따르라는 것이다. 공자는 신분질서를 지켜야 한다고 주장했다. 신분질서가 무너져 왕이 왕답지 못하고 신하가 신하답지 못하고 백성이 백성답지 못하다면, 과연 국가가 국가일 수 있겠는가 하고 반문한다.

플라톤은 이데아론을 주장했는데, 신의 모습을 본따 만들어진 인간을 보면 국가의 올바른 모습 역시 알 수 있다고 했다. 인간의 맨 위에는 이성을 갖춘 머리가 있고 가슴에는 용기가 있고 하체에는 욕망이 있다. 그러니 맨 위에 있는 머리가 용기와 욕망을 제어해야 하는 것이다. 이와 동일하게 국가 역시 이성을 갖춘 철인왕이 국가를 통치하고 용기를 갖춘 전사가 이를 실행하며 하층민이 농사를 지어야 하는 것이다. 신이 인간을 그렇게 창조한 것처럼, 수호자는 인간의 머리처럼 국가를 통치하고, 전사는 용기를 가진 심장처럼 전쟁에서 승리하고, 농부는 다리처럼 봉사해야 한다는 것이다. 플라톤은 전사나 농부가 국가의 통치를 하려 한다면 국가는 필연적으로 멸망할 것이고, 이는 농부에게도 좋은 일이 아닐 것이라 했다.

공자 역시 군주가 군주답게 신하가 신하답게 백성은 백성답게 행동해야 한다고 주장했다. 홀로 살아갈 수 없는 인간이 국가와 사회를 이루어 살아갈 때 각자의 직분에 맞게 살아야 공동체가 유지되고 존속될 수 있는 것이다. 대를 위해 소를 희생하라는 말은 그래서 존재하는 것이다.

이처럼 국가론의 관점에서 플라톤과 공자는 개인보다 국가를 우선하는 국가우선주의를 강조했다는 점과 신분제를 옹호했다는 점에서 같은 입장을 갖고 있다.

맹자(孟子)의 국가론

1. 맹자의 인간본성론

맹자는 인간의 본성이 선하다는 성선설을 주장한다. 맹자는 인간에게 사단(四端), 즉 인의예지(仁義禮智)가 있다고 하였다. 우물가에 있는 아이가 기어가고 있는데, 우물에 빠지게 생겼다. 지나가던 그 누구라도 그 아이를 구하려 뛰어갈 것이다. 타인을 측은하게 여기는 마음이 누구에게나 있기 때문[32]이다. 물론 사람이 악한 행동을 하는 경우도 있다. 그러나 이는 외부의 힘에 의해서 그렇게 된 것이지 본성에 의한 것은 아니다. 예를 들어 물은 위로부터 아래로 흐르는 본성이 있다. 그러나 물을 손으로 쳐서 튀어 오르게 하면 아래에서 위로 흐를 수도 있다. 그러나 이것이 물의 본성은 아니다.[33] 이처럼 맹자는 인간은 내재적으로 선한 마음을 갖고 있기 때문에 선한 마음을 북돋워주기만 하면 충분하다고 한다.

왕이 맹자에게 묻기를 어떻게 하면 국가가 이롭겠느냐고 하자, 맹자는 왕이 어찌하여 이로움을 묻느냐고 반문한다. 국가를 다스리는 왕이 이로움을 따지는 것은 옳지 못하다는 것이다. 왕은 이로움을 따질 것이 아니라 의로움을 따져야 한다는 의미가 된다.

맹자는 국가가 전쟁을 해서는 안 된다는 비현실적인 주장을 하지 않는다. 맹자는 국가와 왕은 전쟁을 선택할 수 있으나, 그 전쟁의 목적에 따라 평가가 다르다고 생각했다. 백성을 지키기 위해 전쟁을 결정한 자는 왕된 자라 할 수 있으나, 자신의 명성을 위해 전쟁을 선택한 자는 패자이고 왕된 자라 할 수 없다는 것이다.

맹자는 선한 본성을 가진 백성들이 악한 행동을 하는 이유는 굶주리기 때문이라 했다. 맹자가 살던 시대에 백성들이 자기 자식을 삶아먹는 일이 벌어졌다. 맹자는 이에 대해 그들이 부도덕하고 악해서가 아니라 국가와 왕이 잘못했기 때문이라 했다. 잦은 전쟁과 무거운 세금으로 인해 백성이 고통받고 있는 상황에서 가뭄까지 찾아와 굶주리게 되었다면, 그 누구라도 도덕적일 수 없다는 것이다. 맹자는 항산(恒産)없이 항심(恒心)없다고 했다. 국가는 백성들의 배를 채워준 이후에야 도덕을 가르칠 수 있다고 했다.

2. 맹자의 현실적 국가론

맹자는 영토 확장이나 부국강병과 같은 국가의 이익 추구에 대해서는 반대했다. 利가 무엇이냐는 양혜왕의 질문에 맹자가 오직 인(仁)과 의(義)가 있을 뿐[34]이라고 답한 것을 보아도 알 수 있다. 그러나 맹자도 백성들이 일정한 생업을 가져야만 일정한 마음을 유지할 수 있다[35]고 했다.

맹자에 따르면, 통치자들은 자신의 이익을 위해 권력을 행사하면 안 되나, 국민들의 생업을 위해 권력을 행사할 수는 있다. 맹자는 국민들의 생업을 위해 덕으로 '仁'을 행하여 권력을 행사하는 자를 왕자(王者)라 하였다. 반면, 자신의 이익을 위해 힘으로 '仁'을 가장하여 권력을 행사하는 자를 패자(覇者)라 하였다.[36] 맹자는 부국강병을 꾀하는 전국시대 국가의 목적은 패도(覇道)정치라고 하여 폄하하고, 의를 높이는 왕도(王道)정치를 주장했다.

[32] 맹자, <孟子> 공손추 上
[33] 맹자, <孟子> 고자 上
[34] 맹자, <孟子> 양혜왕 上,
"王: 何必曰利, 亦有仁義而民矣."
[35] 맹자, <孟子> 등문공 上,
"有恒産者有恒心, 無恒産者無恒心."
[36] 맹자, <孟子> 공손추 上

3. 맹자의 민귀(民貴)사상

전국시대 군주는 부국강병을 꾀하였다. 잦은 전쟁을 수행하기 위해 백성에게 가혹한 세금이 부과되고 부역과 전쟁 동원 등이 이어져 백성들의 이익이 보호되기 힘든 시대였다.[37]

이런 시대에 맹자는 민귀군경(民貴君輕)을 강조하여 백성을 높게 평가했다. 맹자는 통치자는 국민을 위해 통치해야 한다고 한다. 맹자는 양혜왕이 어떻게 하면 나라를 이롭게 할 수 있을지를 묻자 인의가 있을 뿐 利를 추구하면 안 된다고 대답했다. 왕이 나라를 이롭게 하는 것을 궁리하면, 신하들은 내 집안을 이롭게 하는 것을 궁리하고, 백성도 자기 몸을 이롭게 하는 것만을 궁리할 것이기 때문이다. 따라서 통치자는 자신의 이익을 위해 통치해서는 안 되고, 국민을 위해 통치해야 한다.

맹자에 따르면, 백성은 곧 물이요 임금은 그 물 위에 뜬 배이므로 배가 떠다니는 것은 물이 그 배를 올려주었기 때문이다. 물이 잔잔하다면 배가 잘 다닐 수 있을 것이나, 물이 노하여 파도가 거칠게 친다면 배가 안전할 수 없다. 통치자는 도덕적인 국가를 만들기 위해 노력해야 하나, 그보다 먼저 백성의 삶을 안정적으로 보장해야 한다. 맹자 역시 유학자로서 백성들을 가르쳐야 한다고 주장한다. 그러나 백성들을 가르쳐 도덕적인 삶을 살게 하려면, 먼저 백성들의 생계를 안정적으로 보장해야 한다고 말한다. 맹자는 이를 항산(恒産) 없이 항심(恒心) 없다고 한다.[38]

맹자는 군주의 목적은 백성의 보호이기 때문에, 군주가 백성을 보호하지 않고 그 직분을 지키지 않는다면 쫓겨나야 한다고 하였다. 이를 역성혁명론(易姓革命論)이라고 한다. 맹자는 백성이 가장 귀하고 임금은 그렇지 않다고 말한다. 백성이 고통받고 있다면 임금의 자리를 갈아치워도 된다고 말한다. 맹자는 고대 은(殷)나라의 마지막 왕이자 폭군이었던 주(紂)왕[39]을 죽인 행위는 임금을 시해한 것이 아니라 했다.[40] 백성을 도탄에 빠뜨린 폭군 주(紂)왕은 왕이 아니라 인의를 해친 자에 불과하기 때문이다.

순자(荀子)의 국가론

1. 순자의 인간본성론

순자는 인간 본성이 악하다는 성악설을 주장한다. 순자는 사람은 누구나 서 있으면 앉고 싶어하고 앉으면 눕고 싶은 마음을 갖고 있다고 한다. 물을 아무리 높은 곳으로 올려 보내도 이는 잠깐일 뿐 자연스럽게 아래로 흘러내린다. 인간의 본성 역시 이와 마찬가지로 자신이 편한 것을 추구하려는 것이 자연스러운 일일 수밖에 없다. 그러니 어른이 들어오거나 말거나 상관없이 누워있는 것이 인간의 본성이고 자연스러운 일이다. 이는 예의범절에 어긋나는 일이고 모든 사람이 이렇게 자신의 본성대로 행동한다면 사회는 유지될 수 없을 것이다. 인간이 인간답게 살기 위해서는 동물과는 다른 사회 도덕이 있어야 하고, 이는 인간에게 자연스럽게 일어나는 행동이 아니다. 따라서 순자는 악한 본성을 가진 인간이 도덕적인 행동을 하기 위해서는 선생의 가르침이 반드시 필요하다[41]고 생각했다.

사람은 누구나 자기 편한대로 행동하고 싶어하고, 이는 도덕적인 행동과 관계가 먼 것임에 분명하다. 불편한 옷을 정갈하게 차려 입고, 무릎을 꿇고 앉아 있는 것은 생각만 해도 불편한 일이다. 옷을 벗고 방바닥에 널부러져 누워있는 것이 편한 것은 당연한 일이다.

순자는 악한 본성을 가진 인간이 예의 바르게 도덕적인 행동을 하게 하려면 어린 시절부터 선생의 가르침을 받아 도덕을 몸에 새겨야 한다고 생각했다. 나뭇가지가 자기 멋대로 뻗어나가려 한다면, 굵은 철사를 감아 원하는 방향으로 자라게 할 수 있는 것이다. 자연상태의 나뭇가지가 아니라 인간이 원하는 형상으로 자라는 분재를 키우면 된다는 생각이다.

순자는 본성이 악한 인간을 바로잡기 위해 어릴 때부터 습관을 들이면 될 것이라 생각했다. 어른 앞에서는 무릎을 꿇고 앉는 것이 당연하다는 습관을 어린 시절부터 들여놓으면 나이를 먹어서도 그렇게 하게 될 것이기 때문이다. 나무도 유연한 어린 시절에 구부리고 모양을 잡는 것이 쉽지 나이를 먹어 뻣뻣해지면 모양을 잡을 수가 없는 것이나 마찬가지이다.

그러나 어린 아이들은 대부분 어른과 스승의 말을 잘 들을 것이지만, 말을 듣지 않는 아이들도 있을 것이다. 이런 소수의 아이들은 어쩔 수 없다. 때려야 한다. 어른과 스승이 회초리를 들어서라도 잘못된 습관을 들이는 것을 애초에 막아야 한다. 어른과 스승이 매를 아끼면, 자기 편할대로 행동하는 동물과 같은 존재가 되어버릴 것이다. 그러므로 어른과 스승은 어린 아이들을 가르치고 훈육하고 필요에 따라서는 체벌도 하는 존재가 되어야 한다. 이를 국가 수준으로 높여 보면, 뛰어난 스승과 국가 지도자는 일반 백성을 가르치고 훈육하고 필요에 따라서는 처벌하는 역할을 해야만 하는 것이다. 이처럼 순자는 성악설을 주장한다.

[37] 맹자, <孟子> 고자 下
[38] 맹자, <孟子> 등문공 上
[39] 주(紂): 중국 고대 은(殷)왕조 최후의 왕으로 악덕천자(惡德天子)의 대표적 존재이다. <사기(史記)>에 따르면 주왕은 변설(辯調)을 잘하고 힘도 세며 미녀와 음악을 즐겼다고 한다. 크고 화려한 궁전을 짓고 미녀인 달기에게 매혹되어 주지육림(酒池肉林)을 즐기며, 충신들의 간언(諫言)을 듣지 않고 간사한 무리들을 가까이 하였다. 주왕과 달기는 구리기둥에 기름을 발라 숯불 위에 걸쳐 놓고 죄인으로 하여금 그 위를 걷게 하여 미끄러져서 타 죽게 하는 포락(炮烙)의 형을 구경하며 웃고 즐겼다고 한다. 조세와 형벌을 가혹하게 하여 백성들은 도탄에 빠졌고, 민심과 제후들의 마음은 당시 선정을 베풀어 융성하던 주(周)의 문왕(文王)에게로 쏠렸다. 은나라가 동이(東夷) 정벌에 힘을 쏟고 있는 기회를 틈타 BC 1100년경 문왕의 아들 무왕(武王)은 제후들과 군사를 일으켜 은왕조를 멸망시켰다.
[40] 맹자, <孟子> 양혜왕 下
[41] 순자, <荀子> 성악

2. 순자의 사상

사람이 착하다면 그 본성을 밝히는 데 주안점이 있겠으나 사람이 악하다면 그 본성을 억제해야 한다. 전자의 입장이 맹자라면, 후자의 입장은 순자이다. 순자는 사람의 본성이 악하기 때문에 그 본성을 억제하기 위해서 예절과 같은 습관을 들여야 한다고 주장했다. 사람은 악한 본성을 가지고 있으므로 선한 행동이 자동적으로 나타나지 않는다.[42] 선한 행동을 하게 하려면 악한 본성을 억누를 수 있도록 강한 교육이 필요하다.

순자는 사람들이 모여 살 수밖에 없기 때문에 집단생활에서 권리와 의무를 둘러싼 분쟁이 있을 수밖에 없다고 본다. 예(禮)는 정치적으로 집단생활에서의 권리와 의무를 정하여 분쟁을 해결하여 사회를 안정시키는 기능을 한다.[43]

3. 순자의 국가론

순자는 사회계급을 인정하며, 군주와 신하를 구별하고, 귀천을 분별하는 입장을 취하며, 군주를 높이 평가하는 입장을 가지고 있다. 이러한 점에서 민(民)을 높이 평가하는 맹자와는 충돌한다. 순자는 "유자(儒子 : 선비)는 옛 임금을 본받고, 예의를 주장하고, 신하로서 임금을 매우 귀하게 생각하는 사람이다"[44]라고 했다. 순자는 적정한 형벌을 사용해서 백성을 교화시킬 필요성을 인정했다.[45]

순자는 예(禮)를 통치원리의 우선으로 보았고, 형벌은 차선책으로 보았다. 즉, 먼저 가르쳐서 예절을 몸에 익히도록 하고, 그래도 이를 따르지 않는 경우 형벌을 가하는 것이다. 순자는, 형벌은 통치에 있어서 마지막 수단일 뿐 통치의 근원이 되어서는 안 된다고 했다.[46] 이러한 점에서 순자는 가혹한 형벌과 형벌 위주의 통치를 주장한 한비자와 구별된다.

한비자(韓非子)의 국가론

1. 한비자의 인간본성론

한비자는 순자와 마찬가지로 인간의 본성을 악하다고 한다. 한비자와 순자의 차이점은, 순자는 인간의 본성을 선할 수도 악할 수도 있는 可善可惡으로 보았으나, 한비자는 악하고 선하지 않다는 性惡無善으로 보았다는 점이다. 순자는 성악설을 취하면서도 예를 통한 교육으로 인간의 교화가 가능하다고 한 반면, 한비자는 인간의 악한 본성은 교육을 통해서도 교화될 수 없고 국가가 강제함으로써 통제될 수 있을 뿐이라 하였다. 한비자는 백성은 사랑에는 기어오르고 위협을 해야 말을 듣는 존재라 하였다.❼

2. 법가사상의 출현 배경

공자는 과거에는 재물을 가볍게 여기고 도덕을 중시했는데 전국시대에는 그렇지 않음을 한탄했다. 그러나 한비자는 옛날에 재물을 가볍게 여긴 이유는 어질음 때문이 아니라 단지 인구가 적고 재물이 많았기 때문이라 했다. 한비자가 살던 전국시대 말기, 인구는 폭발적으로 증가하는 데 반해 재화는 한정되어 있었다. 한정된 재화를 두고 많은 이들이 경쟁하게 되었으니, 사회갈등과 혼란이 발생할 수밖에 없었다.

한비자에 따르면 인간의 본성은 이익과 명예를 추구하는 것이다. 따라서 국가가 이러한 욕망을 억제하지 않는다면 국가질서는 유지될 수 없다.❽

❷ 순자, <荀子> 예론
❸ 순자, <荀子> 영욕
❹ 순자, <荀子> 유효
❺ 순자, <荀子> 군도
❻ 순자, <荀子> 군도
❼ 한비자, <韓非子> 48편 팔경(八經)
❽ 한비자, <韓非子> 54편 심도(心度),
"夫民之性, 惡勞而樂佚. 佚, 則荒. 荒, 則不治. 不治則亂."

3. 한비자의 국가론

한비자는, 통치자는 국가의 질서를 위해 통치해야 한다고 한다. 이를 위해 법을 정하고 모든 백성이 법을 일관되게 지키게 하여 다스려야 한다고 한다. 통치자가 사사로운 이익을 위해 다스린다면 국가는 무너지게 될 것이라 한다. 만약 관리가 자신의 오랜 친구를 사적으로 쓴다면 친구를 버리지 않는 자가 아니라 나라를 위태롭게 한 것이다. 또한 관리가 공공의 재물을 마구 뿌린다면 이를 어진 사람이라 하는 것이 아니라 나라를 위태롭게 한 것이다. 군주가 국가의 이익을 도모하지 않고 도덕적인 사람이라는 말을 듣고자 하는 사사로운 이익을 추구한다면 국가는 필연적으로 위태로워질 것이다.

한비자와 같은 법가 사상가들은 법령에 따라 백성을 다스려야 한다고 한다. 국가를 법령에 따라 다스리려면 모든 백성이 법령을 알 수 있도록 공포해야 한다. 모든 백성이 법을 알아야만 그것을 지킬 수 있기 때문이다.

당시에는 문자를 읽고 쓸 수 있는 사람이 극히 드물었기 때문에 진시황은 마을마다 법리라는 관리를 두었다. 진시황은 진나라 전체를 관통하는 길을 닦고 역마 제도를 두어 정보를 전달하고 취합하는 제도를 만들었다. 이를 효율적으로 수행하기 위해 도량형을 통일하고 마차 바퀴의 간격을 통일하고 길을 닦을 때 마치 철도처럼 마차 바퀴 자국을 내어 마차가 길을 따라 달릴 수 있도록 했다. 도량형의 통일과 잘 닦인 길을 따라 제국을 운영하기 위해 필요한 모든 물산과 정보가 움직였다.

진시황은 각 마을에 법리라는 관리를 두었다. 진시황이 법을 제정하고 이를 각 마을에 공포하면 법리는 지역의 백성들에게 법령의 내용을 글이 아닌 말로 알렸다. 백성들이 법의 내용에 대해 알고 싶은 것이 있으면 법리에게 묻고 법리는 법령에 관하여 완벽하게 알려주어야 했다. 모든 국민은 국가의 법을 알게 되고 이를 지킬 의무가 부여되었다.[49] 그리고 법을 어긴 자는 엄한 형벌을 받게 됨으로써 국가질서를 유지해야 한다고 한다.[50]

4. 법가사상과 근대 법치주의의 차이점

근대 유럽의 법치주의는 시민의 자유를 보장하기 위해 군주의 권력을 억제하는 원리이다. 그러나 법가 사상가들은 전국시대의 절대 군주를 옹호하기 위해 법가사상을 주장했다. 유럽의 법치주의는 군주의 권력을 분리하여 권력남용을 통제하는 원리이다. 군주의 권력남용은 시민의 자유를 침해한다. 시민의 자유와 권리를 실현하려면 권력을 분리하여 권력 간에 상호통제할 필요가 있다. 그러나 법가 사상은 권력분립, 권력 간의 통제를 인정하지 않고 전제군주의 권력을 최대한 강화해야 한다는 전제군주제와 결합한다. 따라서 군주의 권력을 억제하려는 법치주의와 구별된다.

다만 법가사상 이전에는 귀족에게 법이 미치지 않았다.[51] 그러나 법가 사상은 왕을 제외하고는 모두 법의 적용을 받았으므로 법의 지배를 확립했다는 점에서는 법치주의와 상통하는 면이 있다. 사기(史記)에 따르면 상앙이 진나라의 재상으로 있을 때, 다음과 같이 말했다. "법령은 반드시 행해졌다. 안에서는 귀족과 총신에 대한 아첨을 하지 않았고, 밖에서는 소원한 자를 불공평하게 취급하지 않았다. 그러한 까닭에 명령이 내려지면 금지된 행동은 하지 않게 되었고, 법이 제정되면 범죄가 그쳤다."[52]

국가론과 국가의 기능

1. 절대국가

절대주의 시대, 국가는 자유 영역을 지배했다. 국가는 종교·출판·경제활동을 전면적으로 지배했다. 코페르니쿠스의 지동설을 지지했다는 이유로 브루노[53]는 사형을 당했고, 갈릴레오 갈릴레이는 연금을 당했다. 루소의 저서는 금서(禁書)로 지정되어 출간이 금지되었다. 국가가 종교·학문 활동까지 제한했던 것이다.

절대주의 하에서 군주는 신의 대리인으로서 무제한적 국가권력을 행사했다. 신이 군주에게 왕권을 부여했다는 왕권신수설에 따라 군주의 권력은 자생적 정당성을 가졌다. 군주는 왕권을 부여한 신을 제외하고는 누구의 통제도 받지 않았다. 만약 권력이 국민의 합의로부터 나왔다면, 국가권력 행사는 국민의 의사에 구속될 수밖에 없다. 그러나 왕권신수설에 따르면 권력은 국민이 아닌 신으로부터 유래했으므로 군주의 권력행사는 국민의 의사에 구속되지 않는다. 국민이 가지는 권리는 군주가 베푼 은혜에 불과하다. 자유란 국가권력에 의해 부여된 실정법적 권리일 뿐이다. 따라서 군주의 국가권력 행사는 국민의 권리에 구속되지 않았다. 예를 들면 군주는 루소의 언론·출판의 자유에 구속되지 않으므로 루이 16세는 루소의 저서 출간을 금지하는 권력을 행사했다. 17~18세기를 걸쳐 성장한 시민들은 절대군주의 무제한적 권력 행사로 권리를 침해당하자 군주와 대립하였다. 군주와 시민의 대립은 시민혁명으로 나타나고, 시민혁명의 성공으로 시민의 자유를 최대한 보장하고자 국가의 역할을 최소화하는 소극국가론이 등장했다.

절대국가는 전(前)근대의 국가를 의미하는 것이다. 물론 홉스가 제시하는 괴수국가, 리바이어던 역시 절대국가와 유사하다. 홉스의 리바이어던은 모든 권력을 하나로 결집한 군주라는 의미에서 절대국가의 의미를 가지기도 한다. 그러나 한편으로는 왕권이 신으로부터 나오는 왕권신수설을 부정하고 개인이 자신이 스스로 원한 결과라는 의미에서 사회계약에 따른 강력한 국가이지만 절대국가는 아니라는 의미를 가지기도 한다. 따라서 홉스에 관한 내용이 제시된 텍스트의 경우 절대국가로 볼 수 있을 것인지 그 맥락을 잘 살펴야 한다.

2. 소극국가(야경국가)

(1) 역사적 배경

로크의 사회계약론에 따르면 자연 상태에서 인간은 자유, 생명, 재산이라는 자연법적 권리를 가진다. 자연법적 권리를 효과적으로 보호하기 위해 사회계약을 체결하여 국가와 국가권력이 탄생한다. 따라서 개인의 자유, 자연법적 권리는 국가권력 이전에 존재하고 성립하는 것이다. 오히려 국가권력의 목적이 자유와 권리 보장이므로 국가권력 행사는 자유와 권리에 구속당하게 된다. 국가는 시민의 자유와 권리를 보호해야 하므로 국가의 역할은 시민의 자유와 권리를 보존하는 것에 그쳐야 한다. '최소한의 정부가 최선의 정부이다.' 시민의 자유와 권리를 보존하는 소극적이고 최소한의 역할만을 하는 국가는 치안과 국방 등 자유와 권리 침해를 막는 역할을 한다. 이러한 국가를 소극국가, 야경국가라 한다.

[49] 한비, <韓非子> 난삼(難三)
[50] 상앙, <商君書> 17
[51] 공자, <禮記> 곡례, "예(禮)는 서민에게 미치지 않고, 형(形)은 대부에게 이르지 않는다."
[52] 사마천, <史記> 68, 집해 신서
[53] 브루노(Giordano Bruno, 1548~1600): 이탈리아의 철학자로 우주의 무한성과 지동설을 주장하였다. 반교회적인 범신론을 논하다가 이단으로 몰려 화형을 당했다.

(2) 19세기 유럽의 국가는 야경국가인가?

자본주의의 성립은 국가 주도로 이루어졌다. 영국의 인클로저 운동만 하더라도 국가가 나서서 농민을 농촌에서 도시로 몰아냈다. 농민들은 도시에서 저임금 노동자로 살 수밖에 없었고 자본가는 저임금으로 노동자를 고용할 수 있었다. 19세기 국가는 제한선거, 차등선거로 부르주아가 의회를 장악한, 자본가를 위한 국가였다. 자본가들이 장악한 의회는 자본가들의 재산을 보호하고, 사용자와 노동자 간의 계약이행을 강제하는 입법을 하였다. 국가는 사회적 약자인 노동자를 자본가가 착취할 수 있는 법적 여건을 마련해주고, 지탱해주었다. 이러한 법은 정의에 반하므로 악법이라 한다. 시민사회는 부르주아가 이미 장악했으므로 국가와 시민사회는 자본가 계급의 이익 보호라는 동일한 목적을 가지고 있었고, 뗄 수 없는 관계였다.

(3) 야경국가의 기능

야경국가의 중요한 기능은 다음과 같다. 첫째, 국가는 국내질서를 유지하기 위해 존재한다. 둘째, 국가는 시민들 사이에 이루어진 사적 계약 혹은 자발적 동의가 시행되도록 보장한다. 셋째, 국가는 외부의 공격에 대항하여 방어한다. 그리하여 최소국가의 제도적 장치는 경찰력, 사법제도와 어떤 종류의 군부에 제한된다.

우리가 흔히 야경국가의 역할이라고 하면 떠올리는 치안과 국방을 통해 최소국가, 야경국가를 파악할 수 있다. 자유주의자들에게 있어서 국가는 시민의 자유와 재산을 보호하는 역할을 한다. 사적 계약에 의해 성립된 개인의 재산과 질서를 국내적으로 보호하는 것이 치안이다. 자신의 자유를 행사한 결과로 성립한 재산을 국내의 다른 이가 폭력적인 방법으로 함부로 빼앗지 못하도록 하는 것이다. 외적에게서 자신의 생명과 신체, 재산을 지키는 것이 국방이다. 이처럼 야경국가는 필요 최소한의 소극적 역할만을 하므로 최소국가, 소극국가라고 한다.

이외의 모든 영역, 즉 경제적·사회적·문학적·도덕적 책임 등은 개인에 속하며, 이 책임은 확고하게 시민의 부분이다. 개인은 자유를 행사하며 그 책임은 확고하게 자기자신의 것이다.

3. 적극국가

19세기 노동자들은 선거권 투쟁을 통해 선거권을 쟁취했다. 선거권을 쟁취한 노동자들의 압력으로 사회적 기본권이 헌법이나 법률에 규정되었다. 국가는 사회적 기본권을 실현해야 할 적극적인 역할을 담당하게 되었다.

또한 1929년에 발생한 세계공황으로 인해 국가의 경제에 대한 개입이 활발해졌다. 케인즈는 시장경제가 불완전함을 밝혔다. 따라서 국가는 완전 고용과 경기 조절을 위해 적극적으로 경제에 개입해야 한다.

완전고용과 복지국가라는 국민합의를 바탕으로 국가개입주의는 1970년대를 지배했다. 그러나 케인즈주의적인 복지국가 모델은 높은 임금 비용, 조세 부담, 과도한 규제로 인해 비효율성을 초래했다. 이로 인해 1970년 후반부터 신자유주의가 등장한다.

4. 현대의 최소국가론

신자유주의의 경제적 기반은 하이에크에 의해 형성되었고, 정치철학적 기반은 노직에 의해 형성되었다.

하이에크는 국가에 의한 사회통제는 자생적 질서를 파괴하고 인간의 자유를 억압한다고 한다. 자생적 질서란 국가 이전에 개인 간에 자유롭게 스스로 만들어낸 질서, 즉 시장질서를 의미한다. 국가가 존재하기 전부터 인간은 자신의 필요에 따라 다른 이와 물물교환을 하였다는 것이다. 따라서 하이에크는, 시장질서가 국가질서보다 우월하며 국가의 개입은 시장질서를 왜곡하고 파괴한다고 본다.

노직은 복지국가에서의 과세는 노동수입의 일부를 다른 사람에게 강제적으로 이전하는 것으로 소유권 침해라고 한다. 노직에 의하면 국방과 치안을 위한 세금은 개인의 자유를 보장하기 위한 것이므로 타당하다. 그러나 복지에 대한 과세는, 어려움에 처한 사람을 도와야 한다는 도덕적 목적을 실현하기 위해 개인의 자유를 제한하는 것이므로 타당하지 않다고 보았다. 따라서 국가는 개인의 생명과 재산권을 보호하기 위한 국가안보와 질서유지 역할만을 수행하는 최소국가여야 한다.

5. 그 밖의 국가

(1) 전체주의 국가

전체주의 국가는 경제, 교육, 문화, 종교, 가족생활까지 통제하는 국가이다. 이런 국가에서는 자녀 교육, 혼인생활 등까지 국가가 관리하므로 시민 사회의 자율성과 사생활의 자유는 인정되지 않는다. 예를 들어 히틀러 치하의 독일, 무솔리니 체제 이탈리아, 스탈린의 소련 등이 대표적인 전체주의 국가이다.

엄밀히 말해 전체주의와 권위주의는 다른 개념이다. 권위주의(Authoritarianism)는 시민들을 정부의 정책에 무조건 복종시키고 반대할 수 없도록 국민의 자유를 억압하는 체제이다. 그러나 전체주의는 시민들의 정치적 신념을 한 방향으로 유도하여 국가에 대한 충성심을 극대화한다. 따라서 전체주의는 자신의 이념에 따라 모든 집단을 조직화하나, 권위주의는 국가 권위에 도전하지 않을 경우 지식인 조직을 방치하는 경향이 있다는 차이점이 있다.

(2) 발전 국가와 온정적 후견주의(Paternalism)

국가가 경제적 발전을 지도하고 유도하는 것이며 한국, 대만형 국가를 의미한다. 온정적 후견주의(Paternalism)를 근간으로 하고 있는 경우가 많다.

온정적 후견주의는 현대 발전국가에서 많이 나타나는데, 국민을 주권자로 보는 것이 아니라 교육과 훈육의 대상으로 삼는다. 대표적인 예시로 리콴유가 통치한 싱가포르이다. 싱가포르는 전형적인 온정적 후견주의를 보여주는 대표적인 국가이다. 우리가 길을 가다 보면 거뭇거뭇한 것들이 도로나 보도에 얼룩덜룩하게 붙어있는 것을 볼 수 있는데, 껌을 씹다가 길에 뱉은 흔적이다. 싱가포르는 껌을 씹으려면 의사의 처방을 받아야 하고, 껌을 씹다가 길에 뱉으면 상당한 벌금을 내야 한다. 싱가포르 공항에서 보이는 경고 문구 중에 유명한 것이 바로 이것이다. 더 놀라운 것은 화장실과 관련한 금지규정이다. 공중 화장실에서 대변을 보고 물을 내리지 않으면 처벌을 받는다. 생각해 보면 이러한 부도덕한 행동과 그에 대한 규제는 집에서 부모님이 자녀들에게 가르쳐야 할 내용이다. 다른 사람과 함께 살아나가는 사회에서 다른 가족 구성원들을 위해서 그런 행동은 해서는 안 된다고 가르치는 것이다. 성년인 부모는 미성년인 자녀들의 미래를 위해 후견자이자 보호자의 입장에서 도덕적인 행동이 무엇인지 가르쳐야 하는 것이다. 이를 확장해서, 국가가 국민들이 도덕적인 행동을 할 수 있도록 이를 가르치고 어겼을 경우 처벌하는 것이다. 국가 전체가 도덕적인 행동을 한다면 살기 좋은 국가가 될 것이다.

발전국가는 온정적 후견주의를 기반으로 하여, 국민을 국가의 주인이 아니라 보호와 훈육의 대상으로 보고 마치 부모의 가르침과 보호를 받아야 하는 미성년 자녀와 같이 대한다.

(3) 사회 민주 국가

평등, 사회정의를 실현하기 위해 국가가 사회에 개입하는 국가이다. 야경국가는 국가를 필요악으로 보는데 반해, 사회민주국가에서는 국가를 자유와 정의를 실현하는 적극적 수단으로 본다.

모의문제 06 국가

* 부록의 원고지를 사용하여 실제 시험처럼 제한시간(110분)에 맞춰 답안을 작성해보고, 답안을 작성한 후에는 p.473에서 해설과 예시답안을 확인해보세요.

Q. 제시문 (가), (나), (다)의 자연상태의 차이를 비교하고, 어떻게 각각의 자연상태로부터 서로 상이한 국가관에 도달하는지를 논술하시오. (600~800자)

(가) 신은 인간을 평등하게 창조했다. 우리는 누구나 갖고 싶어하는 것을 갖고 싶어하고 싫어하는 것을 싫어한다. 인간은 비슷한 것을 욕망하지만 능력은 비슷하다. 따라서 두 사람이 같은 자원을 갖기를 원하지만 그 자원이 유한해 두 사람 모두 그를 갖지 못하게 되면 그들은 서로 적이 된다. 인간은 자기 자신을 보존하고 싶어 하지만, 욕망을 달성하려는 목적을 실현하는 과정에서 서로가 서로를 굴복시키려 한다. 즉 인간은 만인의 만인에 대한 전쟁 상태에 있으며 이를 종식하기 위해서는 모든 이를 굴복시킬 수 있는 공통의 강력한 힘이 있어야만 한다.

만인의 만인에 대한 전쟁상태 하에서는 소유도 없고 지배도 없다. 이 상태에서는 자신의 힘으로 얻은 것이 자기 것이 되는데, 다른 이에게 빼앗기지 않을 때까지만 자기 것에 불과하다. 자연상태에 있는 인간은 이처럼 열악한 상황에 놓여있다.

인간은 정념과 이성에 의해 자연상태로부터 벗어날 가능성이 생긴다. 인간은 죽음에 대한 공포가 있고, 필요한 것을 얻고자 하는 욕망, 자신이 노력해서 얻을 수 있다는 희망이 곧 평화를 달성하고자 하는 정념으로 이어진다. 그렇기 때문에 사람들은 평화를 달성하기 위해 서로 동의할 수 있는 조항들을 이성에 의해 합의하게 된다.

자연법은 법을 준수하도록 하는 강력한 권력을 전제하지 않기 때문에 우리의 본성적 정념과는 반대된다. 계약은 어길 경우 제재받는다는 공포가 없이 말에 불과하며 누구도 구속할 수 없는 것이다.

주권의 양도는 개인들의 동의나 합의를 넘어서는 것이다. 인간 모두의 진정한 통일을 이뤄내어 하나의 인격으로 통합하고, 이는 모든 인간이 각 개인과 체결하는 계약에 의해 형성되는 것이다. 사회계약의 결과로 탄생한 하나로 통합된 인간을 국가라 한다. 이는 곧 리바이어던이며 우리는 평화와 안전을 리바이어던에게 의탁하는 것이다.

우리는 외부, 내부로부터의 안전을 달성하고자 한다. 국방과 치안을 통해 모든 이가 스스로 노력한 결과로 발생한 산물을 통해 풍족하게 살기 위해서는 공통의 권력이 있어야 한다. 이처럼 공통의 권력을 만들어내는 유일한 방법은 인간 모두의 힘과 권력을 한 인물이나 합의체에 양도해서 모든 이의 의지를 하나의 의지로 모으는 것밖에 없다.

(나) 자연상태와 전쟁상태는 명백하게 다르다. 만일 자연상태의 인간이 자유롭다면, 그는 자신의 인신과 소유물의 주인이고 다른 이에게 복종하지 않아도 되는 평등한 존재인 상태에서 벗어나 자신의 자유를 포기하는 이유는 무엇일까? 왜 자기 자신의 온전한 지배권을 포기하려고 하는 것인가? 그는 자연상태에서 권리를 갖고 있으나, 타인으로부터 이를 침해당할 수 있는 위험이 존재하는 불안정한 상태이기 때문이다.

인간은 자유롭고 평등하여 독립된 존재이기 때문에, 그 누구도 자기 자신이 원하지 않는 이상 타인의 권력에 복종할 수 없다. 개인이 자신에게 부여된 자연적인 자유를 포기하고 사회의 구속을 기꺼이 받기로 결정한 유일한 이유는 단 하나이다. 자신의 재산을 안전하게 유지하고 사회의 외부로부터의 위협에서 안전해지고 개인들 상호간에 안전하고 평화로운 삶을 살기 위해 타인들과 사회를 만들기로 각자 동의하여 계약했기 때문이다. 이 계약은 사람 수의 많고 적음과 관계없이 성립할 수 있는데, 이 계약이 다른 인류의 자유에 영향을 미치지 않아 여전히 그들은 자연상태의 자유를 누릴 수 있기 때문이다. 일정한 수의 사람들이 하나의 사회 혹은 정부를 만들기로 동의하면, 그들은 하나의 정치체를 이룬다. 그리고 이 정치체는 다수의 결정이 모든 사람을 움직일 수 있는 권리를 갖게 된다.

(다) 모든 사람은 평등하고 자유롭게 태어났다. 누구도 다른 사람을 지배할 권리를 타고 태어나지 않으며, 어떤 권리도 힘에 의해 발생하지는 않는다. 사람들이 인정할 수 있는 정당한 권위는 오직 사람들 간의 약속에 의해서만 발생한다.

원시 사회에서 인간이 독립적으로 각각 살고 있을 때, 그들은 상호 관계가 간헐적으로 발생할 뿐이므로 평화 상태 혹은 전쟁 상태라 말할 수 있는 상황 자체가 아니었다. 이를 볼 때, 인간은 자연상태에서 서로를 적으로 보지 않는다. 사람들 간에 전쟁이 발생하는 이유는 인간과 인간의 관계 때문이 아니라 사물과 사물의 관계로부터 비롯된 것이다.

인간은 이미 자연상태에서 살아가기 위해 사용할 수 있는 힘보다 인간 생존의 방해물이 가진 저항력이 더 커진 상황에 이르렀다. 따라서 자연상태는 더 이상 존재할 수 없고, 인간은 생존 양식을 바꾸지 않는다면 멸망하게 될 것이다. 그러나 인간이 새로운 힘을 창조하는 것은 불가능하므로 가지고 있는 힘을 모아 새로운 방향을 찾음으로써 인간 생존의 방해물을 극복해야 한다. 이처럼 인류가 단결하여 만들어낸 힘은 한 방향으로 움직여야 하고 전체는 이에 협력해야 할 것이다.

사회계약은 개인이 전체와 결합하나 이전처럼 자신에게만 복종함으로써 자유롭게 되는 것이다. 이러한 상태에서 전체가 가진 공적인 힘으로 사회 구성원의 인신, 그리고 재산을 방어하고 보호할 수 있다. 사회계약은 결국 하나로 귀결된다. 사회의 구성원 각각은 자기 자신의 모든 권리와 자기 자신을 공동체에 양도하는 것이다.

그러나 개인은 공동체 내의 특정한 개인에게 자신을 양도하는 것이 아니라 공동체 그 자체에 자신을 양도함으로써 일반 의지의 지도에 따르게 된다. 우리는 이러한 공동체 안에서 각각의 구성원들을 전체와 나눌 수 없는 것으로 여기게 된다.

이 결합으로 인해 정신적이면서 집합적인 집단이 만들어지고 이 집단이 계약을 행한 자들의 개인적인 인격을 대신한다. 이 집단은 투표권과 동일한 수의 구성원으로 구성되고, 이 계약으로부터 하나의 공통된 정체성과 생명을 얻는다. 모든 개인들이 계약하여 발생한 공적인 인격을 예전에는 도시라 불렀으나, 현재는 공화국이라 한다. 이를 이룬 구성원들이 소극적일 때는 국가라 하고, 적극적일 때는 주권자라 한다.

Chapter 02

민주주의

핵심 가이드

앞서서 국가론을 살펴보았으니, 이제 민주주의에 대해 생각해 보자.

국가론의 핵심은 국가란 무엇인가 하는 점이다. 국가는 곧 공동체이고 이 공동체의 목적이 무엇인가에 따라 국가론의 논리가 달라지기 때문이다. 국가론은 크게 두 관점이 있는데, 개인이 스스로 선택하여 국가라는 공동체를 만들었다는 입장과 국가라는 공동체가 있어야만 그 안에서 개인이 자유로울 수 있다는 입장이 있다. 전자를 자유주의라 하고 대표적인 학자로는 로크, 롤스가 있다. 후자는 공동체주의라 하고 대표적인 사상가로는 플라톤, 아리스토텔레스, 루소, 샌델이 있다.

국가를 운영하기 위해서는 운영체제가 필요하다. CPU, 그래픽카드, 랜카드 등의 전자 부품들이 모여 컴퓨터 하드웨어가 구성되었다고 하더라도 윈도우와 같은 운영체제가 없다면 쓸모없는 쇳덩어리에 불과하다. 이처럼 국가 역시 사람들이 모여 있는 것인데, 이를 운영할 체제가 필요하다. 인류는 국가의 운영체제를 여러 가지로 삼아본 역사가 있다. 대표적인 국가 운영체제는 왕정, 귀족정, 민주정이 있다.

인류는 결국 민주정, 민주주의를 국가 운영 체제로 삼았는데, 그 이유는 개인의 자유와 권리를 보장하고 국가 발전을 안정적으로 실현할 수 있는 체제임이 증명되었기 때문이다. 역사적인 예를 들어 생각해 보자. 1차 세계대전은 개혁군주정, 즉 왕정과 민주정의 싸움이었다. 개혁군주정은 프러시아의 빌헬름 2세와 철혈재상 비스마르크로 대표되었고, 민주정은 입헌군주정인 영국과 공화국 체제였던 프랑스로 대표되었다. 1차 세계대전의 승리는 민주정에게 돌아갔고, 유럽의 모든 국가는 민주주의를 도입했다. 2차 세계대전은 국민의 참여를 하향식으로 만들어낸 전체주의 체제와 국민의 참여가 국가를 지배하는 민주주의 체제의 싸움이었다. 미국과 소련으로 대표되는 국민의 참여와 지지가 국가를 지배하는 상향식 민주주의가 2차 세계대전의 승리자가 되었다. 현재에는 미국과 중국이라는 민주주의 체제가 경쟁 중이다.

민주주의의 핵심 쟁점은 주권자인 국민에게 통치 능력이 있는지 여부이다. 대의제 민주주의는 국민에게 주권은 있으나 통치능력은 없기 때문에 능력 있는 대표를 선출해 통치를 위임하고 임기기간 중의 능력을 평가하여 재신임할 것인지 통제하면 된다고 한다. 예를 들어, 기업 주주가 기업의 주인이지만 기업 경영의 전문가인 CEO를 선임하고 평가하는 것과 같다. 반면, 직접 민주주의는 국민이 주권자이며 통치능력도 있으나 자신의 생업으로 인해 대표를 선출해 자신의 뜻을 대신 행사할 대리인을 세운 것이라고 여긴다. 따라서 국민의 대표가 국민의 의사에 반하는 의사 결정을 한 경우 국민이 이를 판단하여 임기와 관계없이 즉각적인 통제를 할 수 있다고 한다.

수호자주의

1. 아테네와 스파르타

국가의 운영체제를 정치체제라 할 때, 이를 크게 보면 왕정, 귀족정, 민주정이 있다. 우리는 관념적인 것과 물질적인 것을 완전히 별개의 것으로 여기는 경우가 많다. 그러나 인간은 정신과 육체의 결합이며, 정신과 육체를 완전히 분리시켜 생각할 수 없다. 이와 마찬가지로 인간의 역사와 문화를 관념적인 것과 물질적인 것으로 완전히 분리시켜 생각할 수 없다. 이를 연결시켜 생각해 보자. 우리는 왕정이나 귀족정을 과거 역사의 오점 정도로 여기는 경우가 많다. 그러나 왕정이나 귀족정이 단점만 있는, 완전히 잘못된 것이라 한다면 그렇게 장기간 유지되지 못했을 것이다. 현재의 관점에서 잘못된 것이라 하더라도 그 당시의 상황에서는 최선의 것일 수도 있는 것이다.

이를 고대 그리스의 아테네와 스파르타의 경우를 통해 이해해 보자. 아테네는 자유시민들이 주축이 되어 민회를 구성하고 무역을 통해 번성했다. 물론 노예나 여성의 권리가 인정되지 않았다는 측면은 있으나, 이는 고대의 한계라 생각하자. 스파르타는 왕이 있었고, 소수의 지배층은 강력한 전사였으며, 다수의 노예를 두고 있었다. 스파르타의 노예들은 농사를 지었다. 우리가 보기에는 아테네와 스파르타 모두 그리스의 도시국가이고 큰 차이가 없어 보인다. 단순하게 생각하면 아테네는 본래부터 민주주의를 지지했고, 스파르타는 왕정이나 귀족정을 지지한 것으로 생각할 수도 있다. 이것이 암기식 공부의 한계점이다. 원래, 본래, 당연히 그렇다고 여기는 것이다. 원래 그런 것은 없다. 어떤 논리적인 이유에 따라 그러한 결과가 나왔을 것이다.

아테네부터 생각해 보자. 아테네는 척박한 해안가 도시국가이다. 기껏해야 올리브 나무를 키울 수 있을 뿐이고 밀이나 농사를 지을만한 땅은 아니다. 그렇다면 먹고살기 위해서는 다른 도시국가와 무역을 하는 수밖에 없다. 올리브는 주식이 될 수 없으니 어디선가 주식이 될 밀이나 곡물을 사와야 한다. 아테네는 밀 등의 곡물을 키울 만한 평지가 없어 올리브 등을 키우는 소규모 자작농이 많았을 것이고 대규모 농장을 가지고 있는 권력자가 나타나기 어려운 환경이었다. 게다가 무역을 하려면 항구를 운영해야 하고 배를 만들어야 하고 배를 운행할 전문가들이 필요하다. 올리브 나무를 키우는 사람에서 끝나지 않고 다른 나라와 협상을 하는 사람, 배를 만드는 사람, 선장이나 선원, 물품을 공급하는 사람, 돈을 빌려주는 사람 등등 수많은 사람들이 관계를 맺고 사회와 국가가 운영된다. 아테네는 서로 간의 부의 차이나 전문성의 차이는 있겠으나 모든 사람이 각자의 영역에서 자신의 전문성을 갖고 특정한 역할과 기능을 하고 있기 때문에 대등한 발언권과 지위를 갖게 된다. 그렇다면 아테네의 정치체제는 왕정이나 귀족정보다 민주정이 되는 것이 자연스러운 결과가 될 것이다.

스파르타는 귀족정의 정치체제를 갖춘 국가인데, 인구의 80~90% 가량은 노예들이었고 스파르타 시민은 10~20% 수준에 불과했다. 우리가 스파르타를 떠올리면 생각나는 강력한 전사의 이미지는 바로 이러한 이유에서 비롯된 것이다. 국가의 절대다수가 노예들이라면 이들이 반란을 저질렀을 때 지배층이 국가를 지킬 수 없기 때문이다. 심지어 스파르타의 노예들 중 대부분은 헤일로타이라고 불렸는데, 이들은 스파르타와의 전투에서 져서 노예가 된 자들이다. 고대 그리스의 도시국가들은 시민들이 생업에 종사하다가 전쟁이 벌어지면 군인이 되는 체제였다. 그러나 스파르타는 상비군인 체제를 갖고 있었다. 상비군인이란 언제나 준비되어 있는 군인이라는 의미로, 전제군주정이 되어야 나타나는 것이다. 스파르타는 소수의 시민들이 상비군이 되어 국가 방위와 노예 통제를 담당하는 정치체제를 선택했다. 심지어 스파르타는 이 체제를 유지하기 위해 스파르타 시민이 상업이나 제조업에서 일할 수 없도록 법을 제정하기까지 했다. 스파르타는 다른 도시국가와 달리 농사를 지을 수 있는 넓은 평야 지대가 있었고 스파르타에 진입하기 위해서는 방어하기 쉬운 협곡을 지나야만 했다. 이런 지형으로 인해 농사를 짓기 위한 대규모 인력이 필요했고, 다른 도시국가와 교역을 최소화하면서 자급자족할 수 있었다. 그 결과물이 스파르타 특유의 귀족정이었던 것이다.

2. 플라톤의 이데아론과 수호자주의

플라톤은 이데아론을 기반으로 해서 진리의 세계인 이상적인 이데아가 있고 그것을 비춘 그림자로써 현상계가 있다고 보았다. 대부분의 사람들은 그림자만을 볼 수 있을 뿐 이데아의 참모습을 알지 못한다.

플라톤은 이를 동굴의 우화를 통해 설명한다. 동굴에 사람들이 갇혀 있다. 그 동굴 안에는 죄수들이 있고 그 죄수들은 횃불에 비친 각종 그림자를 보고 이를 진짜라고 착각한다. 횃불이 타오를 때 움직이기 때문에 그림자도 너울너울 움직이고 마치 그것이 진짜인 것 같은 생각이 들기 때문이다. 그런데 어떤 죄수가 이에 의문을 품고 뒤를 돌아 그것이 진짜가 아니고 단지 모양에 불과하며 횃불 역시 진리가 아닌 것을 알았다고 하자. 이 의문을 품은 자는 동굴 밖으로 기어나가 바깥세상을 바라본다. 높은 하늘과 밝은 달, 수많은 별이 있는 진짜 세상을 보게 된 것이다. 아직 동굴 속에 오래 있어 눈이 어두운 이 용기 있는 자는 하늘에 떠있는 달빛마저도 너무 밝아 물에 비친 달을 본다. 점차 익숙해지자 하늘의 달과 별을 보게 된다. 더 익숙해지자 이윽고 떠오르는 태양을 볼 수 있게 된다. 이 자는 동굴 속에서 횃불과 그 그림자를 진실로 믿는 자들이 생각난다. 그리고 동굴로 돌아가 사람들에게 바깥세상에는 하늘에 태양이 있음을 알려준다. 그러나 동굴 속의 사람들은 동굴 안에서 평온하게 사는 사람들을 바깥으로 데리고 나가 죽이려 하는 것이라며, 오히려 바깥세상의 진실을 알려준 자를 때려 죽인다.

플라톤은 소크라테스의 제자이다. 동굴의 우화는 소크라테스와 그리스 시민에 관한 이야기이자 민주주의의 문제점을 말하고 있다. 소크라테스는 이데아의 세계와 진리를 탐구했고, 자신이 깨달은 바를 시민들에게 널리 알리려 했다. 그러나 그리스 아테네의 시민들은 오히려 소크라테스를 다수의 동의라는 힘으로 사형시켰다. 플라톤은 진리의 세계를 알지 못하는 일반인들이 진리의 세계를 알고 있는 자, 알려주려는 자를 오히려 죽이고 거짓의 세계에 안주하려 한다고 생각했다. 그래서 일반 시민들에게 결정권과 같은 권력을 부여해서는 안 된다고 생각했다. 그리스어로 철학은 지혜를 사랑하는 것이다. 지혜를 사랑하는 자가 철학자로서 그림자의 세계에 현혹되지 않고 사물과 현상의 이면에 있는 이데아를 이해하고 좋은 통치를 할 수 있다고 생각한 것이다. 따라서 플라톤은 민주주의를 부정하고, 철학자가 전문능력을 바탕으로 공동체 전체를 위한 국가통치를 해야 한다고 주장했다. 이것이 바로 철인왕이다.

동양 사상의 핵심사상가인 공자 역시 플라톤과 유사한 입장을 보인다. 공자는 공동체와 국가를 중시하는 입장에서, 일반 백성은 도덕과 이치를 잘 모르기 때문에 올바른 스승의 교육을 받아 몸가짐을 바르게 하고 그 지도에 따라 살아야 한다고 주장했다. 그리고 주어진 직분에 따라 살아야 나라가 평온하다고 하였다. 플라톤 이데아와 공자의 사상이 대단히 유사하다. 서양과 동양 사상의 원류인 두 사상가의 논리가 유사한 것을 보면, 마치 수렴진화가 일어난 것과 같은 인상을 받게 된다.

수호자주의는 일반 국민이 비전문가이기 때문에 통치의 전문인 철인왕 혹은 현명한 군주인 성군(聖君)의 지배를 받아야 한다고 본다. 일반 국민이 국가의 주인이 되어 통치에 적극 참여하는 민주주의를 비판하는 것이다.

3. 수호자주의의 의의

A는 전문항해사이고, B, C, D는 일반선원이다. A는 항해에 대해 아는 자이고 B, C, D는 알지 못한다. 그렇다면 B, C, D는 A의 결정에 따라야 한다. 그렇지 않고 B, C, D가 다수결로 배의 방향을 결정한다면 배는 풍랑 속에서 침몰할 수 있다.

국가가 지향해야 할 방향, 공공선을 소수 지혜를 가진 자들만이 알고 있다고 가정해 보자. 일반국민은 지혜를 가진 소수 지배자의 결정에 따라야 한다. 일반대중의 의사에 따라 국가를 운영한다면 국가는 난파선의 운명을 맞을 수밖에 없다. 일반대중의 의사에 따르기보다 소수 전문가가 통치권을 행사하는 것이 일반대중의 이익을 위해서도 바람직하다. 수호자주의는 다음과 같은 전제를 가지고 있다.

첫째, 일반대중은 진리 또는 공공선을 알 수 없다.
둘째, 뛰어난 지혜를 가진 소수의 엘리트만이 진리 또는 공공선을 알고 있다.

이런 전제하에 수호자주의는 국가의 통치권 행사는 일반 대중에게 맡겨서는 안 되며 소수의 지혜로운 엘리트에게 맡겨야 한다는 결론을 내린다. 결국 수호자주의는 일반 대중에 의한 지배를 추구하는 민주주의를 부정하고, 통치능력을 갖춘 전문가에 의한 통치체제인 왕정이나 귀족정을 지지한다. 소수의 지혜로운 엘리트가 왕정이나 귀족정을 통해 일반 대중을 통치해야 공동체 전체가 유지되고 존속할 수 있다고 한다.

여기에서 주의해야 할 점이 있다. 왕정이나 귀족정 체제는 공동체주의 입장을 갖고 있는데, 권력자는 소수라는 점이다. 공동체를 위한 것인데 왜 권력자, 지도자는 1명 혹은 소수의 귀족일까, 이 점이 모순적으로 보일 수 있다. 이를 논증할 수 있다면 모순이 아니라 오히려 논리적인 것이다. 일반인은 자신의 일도 스스로 결정하기 힘들다. 그런데 몇천 명, 몇만 명이 모인 공동체의 복잡한 일을 결정하는 것은 더 힘들고 어려운 일이 분명할 것이다. 따라서 공동체를 위해 선택하고 결정하는 일은 전문성을 갖춘 엘리트가 해야 하는 것이다. 국가와 공동체의 일을 일반인이 결정한다면 결코 좋은 일이 아닐 것이고, 그것이 일반인 다수의 선택이라 하더라도 좋은 결과가 찾아올 수 없을 것이다. 이러한 점에서 플라톤은 국가의 통치는 국가의 수호자, 즉 철인왕이 전담해야 하고 일반인에게 맡겨서는 안 된다고 주장한 것이다.

다시 민주주의로 돌아가서 플라톤은 철인왕에 의한 통치를 주장했고 민주주의를 인정하지 않았다. 국가 통치는 이성적인 판단이 가능한 전문능력을 갖춘 자가 해야 하고, 결코 일반인에게 맡길 수 없는 것이다. 플라톤은 이러한 전문능력을 갖추고 통치하는 자들을 수호자라 불렀다. 이들은 자신의 이익을 위해 통치하는 것이 아니라 모든 사람을 지키기 위해 통치하는 것이다. 플라톤은 일반인의 생각은 자신의 이익 정도에만 머무르기 때문에 통치자의 깊은 뜻을 이해하지 못하고 이들도 자기처럼 이익을 추구할 것이라 섣불리 오해해 이들을 몰아내려 할 것이라 했다. 플라톤의 스승이었던 소크라테스는 아테네 민중들에 의해 죽임을 당했다는 점에서 이렇게 생각한 이유를 충분히 알 수 있다. 수호자주의는 진리를 알고 있는 소수의 엘리트가 다수의 민중을 지배해야 한다는 생각이다.

4. 수호자주의의 역사

(1) 플라톤

플라톤은 수호자주의를 창시한 이론가이다. 플라톤은 <국가>에서 일반 국민의 지식이 아니라 수호자들의 지식에 의해 통치되어야 국가가 올바르게 운영된다고 주장한다.

국가를 수호하는 기술인 수호술(守護術)은 수호자들인 통치자들에게 있고 지혜를 가진 자, 즉 철인이 행해야 한다는 것이다. 이를 철인왕이라 한다. 플라톤에 따르면 철인(哲人)들만이 이데아 세계를 보고 선(善)의 이데아를 아는 자인 것이다. 이런 철인들이 통치권을 행사하여 국민을 이끌어야 한다.

(2) 근대의 엘리트이론

버크(E. Burke)에 따르면 자연이 위계질서로 구성되었듯이 인간 사회도 위계적이어야 한다. 평등이 아니라 불평등이 자연스럽다. 유력하고 현명한 소수가 통치권을 행사해야 한다. 다수에 의한 통치는 격렬한 의견 대립으로 이어져 무정부상태에 빠지기 쉽다.

(3) 레닌

노동자들의 노동 해방은 노동자계급이 주도할 수 없다. 다수의 노동자는 자신의 이해관계에 따라 부르주아가 제시하는 약간의 이익에도 쉽게 흔들리기 때문이다. 따라서 엘리트인 공산당이 민중 해방이라는 역사적 목표를 달성하기 위해 혁명가 집단으로서 헌신해야 한다. 레닌은, 엘리트인 공산당이 노동 해방을 위한 전략과 전술을 계획하고, 노동자들은 엘리트의 계획을 철저히 따라야만 노동 해방을 달성할 수 있다고 생각했다.

5. 수호자주의 찬성론

(1) 수호자의 우월성

지혜, 전문지식, 덕을 가진 수호자는 소수이고, 이들이 통치권을 전담하는 것이 국가와 다수 국민의 이익을 위해서 타당하다. 일반 국민이 알지 못하는 진리를 알고 있는 수호자가 국가의 통치를 담당해야 다수 국민도 행복할 수 있다.

(2) 다수의 지배로 인한 참주정(독재정) 우려

다수에 의한 지배를 반대하는 이유는, 대중이 통치를 할 만큼의 충분한 지혜와 전문지식을 가지고 있지 않기 때문이다. 또한 대중은 쉽게 현혹되어 다수에 의한 지배는 독재정으로 이어지기 때문이다. 플라톤은 <국가>에서 수호자에 의한 통치가 곧 귀족정으로 이어지고 곧 민주정으로 이어져 결국 참주정에 이른다고 보았다. 전문적 지식이 부족한 일반국민이 통치하는 민주정은 곧 독재자의 출현으로 이어져 자기 자신을 파멸시키는 결과로 이어진다고 본 것이다.

플라톤은 지혜를 갖추지 못한 대중에 의한 통치, 즉 민주주의는 필연적으로 참주정으로 이어질 것이라고 주장했다. 아테네의 경우를 보더라도 참주정의 위험성을 알 수 있다. 참주정은 귀족과 평민의 대립 상황에서 민중의 지지로 권력을 얻어 독재자가 된 자에 의한 통치를 말한다. 플라톤은 <국가>에서 수호자가 통치하는 명예정이 이내 과두정, 귀족정으로 옮겨가고 이는 다시 민주정으로 이행하며, 최종적으로 참주정이 된다고 한다. 과두정이란 지배층이 소수 세력인 경우를 말하며 귀족정과 유사하다. 플라톤은 <국가>에서 다음과 같이 말한다.

> 사람들은 욕망이 있고 그 욕망에 따라 자유를 가진 자는 더 큰 자유를 원하게 된다. 그래서 사람들이 원하는 만큼 자유를 주지 않는 통치자가 있다면, 사람들은 그를 비민주적이라 비난하게 된다. 사람들은 지배자의 명령을 따르는 자에게 노예 같은 놈이라 비난할 것이고, 사회는 혼란스럽게 된다. 이런 무질서는 국가와 사회를 넘어 가정까지 영향을 미치게 된다. 아버지가 아들을 두려워하고 아들은 아버지를 무시하게 될 것이다. 자유가 질서를 무너뜨려 그리스인이 아닌 자와 그리스인이 동등하게 될 것이다. 선생이 학생을 두려워하고, 학생은 선생을 무시하게 될 것이다. 사회 전체가 이렇게 되면, 국민들은 예민해지고 작은 일에도 분노가 폭발하게 되어, 법도 상식도 없는 세상이 되어 결국 체제가 무너져 결국 참주가 등장한다.

플라톤에 따르면, 민주정에서 사람들은 크게 3개의 계급으로 나뉘게 된다. 첫째로 가장 힘이 강해 마음껏 날뛰는 계급이 있는데, 이들은 파벌을 만들어 자유를 최대한으로 누리고 정권을 장악하고 있다. 둘째로 부자들이 있는데 이들은 언제나 재물이 많기는 하다. 그러나 지배자인 수벌들에게 착취당하고 있어 자신이 모은 꿀을 수벌들에게 뺏기고 있다. 마지막으로 민중 계급이 있는데, 재산이 별로 없어 노동으로 밥벌이를 한다. 이들은 권력도 돈도 없으나 모이면 무서운 세력이 되는데, 그 이유는 지배자들이 부자들의 꿀을 빼앗아 민중 계급에게 주기 때문이다.

플라톤이 지배자들을 수벌이라 하는 이유는 수벌은 아무것도 하지 않고 일벌들의 꿀을 빼앗아 먹기만 하기 때문이다. 수벌은 독침도 없고, 꽃가루를 모으거나 꿀을 모으지도 않는다. 오로지 여왕벌과의 교미만을 위해 존재하는 것이 수벌이다.

부자들은 불만을 갖고 대책을 세우려 하지만, 지배자인 수벌과 힘을 합친 민중이 무서워 눈치를 본다. 그러나 수벌의 착취에 시달리던 부자들은 과거의 과두 체제를 그리워해서 변혁을 시도하게 되고, 이를 핑계로 민중의 지도자들과 결탁하게 된다. 이렇게 권력을 잡은 자가 바로 참주가 된다. 이처럼 플라톤은 민주정이 곧 참주정으로 이어지게 된다고 생각했다. 이것은 현대의 관점으로 보면 포퓰리즘(populism)과 동일한 논리가 된다.

토크빌도 <미국의 민주주의>에서 민주정이 다수에 의한 독재정, 즉 다수전제로 이어질 수 있음을 경고한다. 국민 다수는 국가에게 자신의 안전, 즐거움, 어려운 문제의 해결을 요구한다. 이로 인해 국가의 권력은 확대된다. 토크빌에 따르면, 국민 다수는 평등에 대한 열망을 가지고 있으며, 민주정은 이 열망을 현실로 구현할 수 있는 힘을 부여하여 다수에 의한 소수에 대한 독재를 야기한다.[54]

(3) 일반국민의 능력에 대한 불신

일반국민들은 어린 아이들처럼 자신들의 이익이 무엇인지, 그를 위해 필요한 국가정책이 무엇인지 알 수 없다. 심지어 일반국민들은 자신에게 불이익이 되는 정책을 지지하기도 한다. 능력이 뛰어나고 교육받은 소수가 지배하는 것이 일반국민 다수의 이익을 위해서도 바람직하다.

오르테가 이 가세트는 <대중의 반란>에서 정당한 민주적 절차를 무시하고 직접행동에 나서는 대중을 말한다. 평균적인 대중은 사상을 밝히고 싶어 하지만 이를 논리적으로 증명하거나 설득할 능력도 의지도 없다. 결국 자신의 사상이나 생각을 타인에게 설명하고 설득하는 토론은 중단되고, 대중은 다수라는 수적 힘을 통해 자신들의 욕망을 관철하게 된다.[55]

6. 수호자주의 비판론

수호자주의에 따르면 소수의 수호자만이 진리를 알고 있으므로 소수 전문가가 국가의사를 결정해야 한다고 주장한다. 그러나 예전과는 다르게 현대의 국민들은 충분한 교육을 받아 과학적 지식을 가지고 있으므로 소수 전문가가 국가의사를 독점적으로 결정해서는 안 된다는 비판이 제기된다.

이 비판에 대해, 예를 들어 핵무기 전략에 대해 소수 전문가만이 지식을 가지고 있다는 반론이 제기될 수 있다.[56] 그러나 '핵전쟁은 정당한가, 어떤 상황에서 어떤 핵무기가 사용되어야 하는가?'라는 문제는 반드시 전문가가 결정할 문제는 아니고 오히려 핵전쟁으로 인해 피해를 감수해야 하는 국민 전체가 이를 고민하고 결정하는 것이 타당하다. 그뿐만 아니라 핵전략 전문가라 할지라도 핵무기 사용의 윤리적 정당성에 대한 전문가는 아니므로 이 비판은 타당하지 않다.

(1) 국민주권 원리 위배

역사적으로 배운 자, 가진 자들은 국가를 지배하면서 항상 일반국민의 저항을 두려워해 일반국민은 통치에 적합하지 않다고 강변해 왔다. 프랑스 혁명 이후, 무산자는 책임 의식이 없다는 이유로 선거권을 일정한 재산이 있는 자에게만 한정했다.[57] 일반대중이 선거권 투쟁을 통해 선거권을 가진 후에도 기득권 세력은 전문적 지식을 가진 자만이 국정에 참여해야 한다는 주장을 하고 있다. 최근의 사례를 본다면, 시민의 재판 참여를 반대하는 입장에서는 사법 전문가인 법조인이 재판을 해야지, 법에 대한 전문적 지식을 갖지 못한 일반국민이 재판에 참여해서는 안 된다고 주장한다. 이런 주장은 국민을 국가권력으로부터 유리(遊離)시키려는 것이므로 국민주권 원리에 위반된다.

국민주권 원리에 의하면, 국민은 국가의 주인이자 자기자신의 주인으로서 국가와 자기 자신의 운명과 행복을 스스로 결정할 권리가 있다. 인간은 스스로 자기 운명을 결정할 수 있을 때 행복할 수 있다. 자기 운명을 타인에게 맡기는 것보다 자존심을 상하게 하는 일은 드물다. 국가의사 결정에 있어 일반국민이 배제된 상태에서 수호자가 내린 결정에 일방적으로 따라야 한다면 일반국민은 행복할 수 없다. 이청준이 <당신들의 천국>에서 말하고 있듯이 수호자가 만든 천국은 당신들의 천국이지 일반국민들의 천국일 수 없다. 일반국민의 다소 서툰 결정으로 최선의 결과가 나오지 않더라도 공동체의 방향을 결정하고, 공동체를 만들어간다는 점에서 의의가 있다.

(2) 전체주의 우려

민주주의는 통치자의 무오류성이 아니라 오류 가능성을 전제로 한다. 그러나 수호자주의에 따르면, 수호자만이 진리를 알고 있으므로 수호자의 실수나 오류 가능성, 수호자에 대한 비판을 허용하지 않는다. 정부나 수호자가 설정한 국가 목표와 수단에 대해 국민은 무조건적인 추종만 해야 한다면 결국 수호자주의는 전체주의에 빠지고 말 것이다.

한나 아렌트는 <전체주의의 기원>에서 개인들이 전체주의 운동의 도구로 전락해 한 사람이 된다고 한다. 전체주의는 모든 인간이 마치 하나의 개인인 것처럼 조직하고 복수의 다양성을 제거해 단수의 획일성으로 만들어 나간다고 주장한다. 결국 대중은 하나의 의견을 같은 목소리로 말하고 동일하게 행동함으로써 결국 전체주의의 폭민(暴民)이 된다. 한나 아렌트는 전체주의 국가의 모범적 시민은 파블로프의 개와 같이 반응을 하는 존재에 불과하며 행위를 하는 인간은 아니라 한다.[58]

(3) 국가 발전 저해

수호자가 의사결정을 독점한다면 국민들은 국가정책에 무관심해질 것이다. 국민이 직접 국가의사결정과정에 참여함으로써 대화와 토론, 관용, 자유와 같은 민주주의의 가치를 배울 수 있다. 물론 처음에는 국민들의 의사결정이 번거롭고 현명하지 못한 결정을 내릴 수도 있다. 그러나 이러한 자유로운 결정에 대해 책임을 지는 과정을 통해 시행착오가 최소화될 수 있다. 예를 들어, 어린아이들이 자라나는 과정에서 부모가 아이보다 현명하다는 이유로 모든 의사결정을 대신한다면 그 아이는 결코 자기 운명의 주체로 성장할 수 없다. 이와 같이 수호자주의는 국민의 민주적 학습과 교육 기회를 박탈한다는 점에서 문제가 있으며, 이러한 국민이 모여 국가를 이루기 때문에 국가의 발전 또한 저해될 수밖에 없다.

대의제 민주주의와 직접 민주주의

1. 대의제 민주주의

대의제 민주주의란 국민이 선거를 통해 주요 국가기관을 구성하고, 국가기관이 국민을 대신하여 국가의사를 결정하는 민주주의이다.

(1) 자유주의

로크의 자유주의 사상은 영국의 명예혁명과 미국 건국의 기반이 되었다.

로크의 국가론은 국가의 주권자가 시민 개개인에게 있고 개인의 동의에 의해 국가가 형성된다는 것을 의미한다. 주권자인 개인의 동의에 의해 국가가 형성된다면, 개인의 동의를 얻는 과정이 반드시 필요하다. 개인의 동의를 얻는 과정이 바로 선거이다. 그리고 선거는 국민의 대표를 선출하는 것이다. 결국 로크의 자유주의 국가론은 대의제 민주주의로 귀결된다. 먼저 자유주의의 논리 흐름을 살펴보자.

자유주의는 개인의 자유를 목적으로 하는 사상이다. 자유주의에 따르면, 개인의 자유를 보장하기 위해서는 개인의 자유를 제한해야 한다. 자유를 위해서 자유를 제한한다는 것은 얼핏 보면 모순적인 말이다. 이를 논증해 보자. 개인의 자유를 증진시키기 위해 개인의 자유를 극대화한다고 가정해 보자. 그렇다면 나는 다른 사람을 죽일 자유도 있다.

개인이라는 말은 '나'만을 한정하는 것이 아니라 '타인'도 포함한다. '나'에게 다른 사람을 죽일 자유가 있다면, '나'외의 다른 개인 역시 그 사람에게는 다른 존재인 '나'를 죽일 자유가 있다. 서로가 서로를 자유롭게 죽일 수 있다면 모든 개인은 타인에게 죽임을 당하지 않기 위해 서로를 경계해야 한다. 이것이 바로 홉스가 말한 '만인의 만인에 대한 전쟁상태'이다. 개인의 자유를 보장하기 위해서는 개인의 자유를 제한해야 한다. 이 모순을 해결하기 위한 논증이 자유주의의 핵심 논증이 된다.

이 핵심논증은 해악의 원칙이라 해서 존 스튜어트 밀이 <자유론>에서 제시했다. 존 스튜어트 밀은 개인의 자유는 최대한 보장되어야 한다고 했다. 그러나 개인의 자유를 극대화하면 결국 개인의 자유를 누릴 수 없는 모순적 결과에 이른다고 생각했다. 밀은 이 모순을 해결하고자 '해악의 원칙'을 제안했다. 밀의 해악의 원칙은 다음과 같다.

개인의 자유는 최대한 보장되어야 한다. 그러나 그 개인의 자유 실현이 타인의 자유에 대한 직접적 해악을 입힐 경우 그 자유는 제한될 수 있다. 만약 개인의 선택이 타인의 자유에 직접적 해악을 입히지 않는다면, 어떤 선택이 어떤 개인에게 더 좋다거나 그렇게 결정하는 것이 더 현명하다거나 사회적으로 더 좋은 결정이라 하더라도 이를 강제할 수 없다. 다만, 그에게 그렇게 할 것을 권유하거나 권장하여 그가 그 선택을 자유롭게 선택하기를 바랄 수 있을 뿐이다.

예를 들어, 나이 든 부모가 보기에 이제 막 성인이 된 자녀의 선택이 철없어 보일 수도 있다. 그러나 성인이 된 자녀는 자유의 주체로 자신의 인생에 대한 옳고 그름은 스스로 판단할 자유가 있다. 그리고 그 선택에 대한 책임은 스스로 진다. 부모는 그 선택에 대한 조언을 해줄 수 있을 뿐이지 강제할 수는 없다.

이와 마찬가지로 국가 역시 개인의 자유로운 선택에 대해 강제할 수 없다. 이제 더 이상 옳고 그름을 대신 판단해 주는 부모와 같은 국가와 미성년자와 같은 국민은 존재하지 않는 것이다. 이것이 바로 자유주의와 국민, 국가의 관계가 된다.

㊱ 로버트 달, <민주주의와 그 비판자들>, 철학과 지성사, 136~165p
㊲ 빈민정치는 민회의 의원에게 재산 자격 자체를 요구하지 않거나 극히 소액만을 요구하는 데 반해, 과두정치는 고액의 재산 자격을 요구하는데, 그 어느 쪽도 공통적이지 않고 양자의 중간이 공통적인 것이다. (아리스토텔레스, <정치학>, 박영사)
㊳ 한나 아렌트, <전체주의의 기원>

(2) 자유주의와 대의제

자유주의는 대의제 민주주의와 연결된다. 개인의 자유를 보장하기 위해서는 다수로부터 소수의 자유를 지켜야 한다. 자유주의 국가에서는 옳은 것이 확정되어 있지 않다. 만약 옳은 것이 절대적으로 정해져 있다면 개인의 자유는 없어도 된다.

예를 들어 신이 정해준 절대적인 옳음이 있다고 하자. 그렇다면 개인은 자유롭게 선택할 수 없다. 절대적으로 옳은 것이 있는데 왜 개인이 자유롭게 선택한다는 말인가. 중세 시대는 신의 말씀을 현실국가에서 구현하는 것이 목적인 사회이다. 그러니 개인의 자유는 필요 없다. 조선 사회는 공자의 말씀을 구현하는 것이 목적인 사회이다. 그러니 무엇이 도덕적인 것인지 자유롭게 선택할 수 없고 공자의 말씀을 해석할 재량 정도만 허락될 뿐이다. 감히 공자의 말씀이 틀렸다고 말하는 자는 사문난적으로 찍혀 조선 사회에서 살아남을 수 없다. 서양의 중세 시대 역시 마찬가지이다. 성경과 다른 말, 바티칸과 다른 말을 하면 화형을 당하게 된다.

절대적으로 옳은 것이 있다면 개인의 자유로운 선택은 불가능하다. 서양 근대 헌법의 핵심 중 하나가 종교의 자유인 이유가 여기에 있다.

다수의 자유는 잘 지켜진다. 항상 문제는 소수의 자유를 지키는 일이 된다. 국어시험에서 잘 나오는 문제 중 하나가 '다르다'와 '틀리다'의 구분이다. 우리는 흔히 다른 것을 틀린 것이라 한다. 사실로서 다른 것과 가치적으로 틀린 것의 차이를 혼동하는 것이다. 이상하다는 것은 한자어로 모양이 다르다는 것인데 우리와 모양이 다른 것은 틀린 것이 된다.

자유주의자들은 소수의 자유를 다수로부터 지킬 방법을 고안해야 했다. 개인의 자유를 보장한다는 말의 의미는 그 개인이 단 한 명이라 하더라도 그의 자유를 지켜야만 개인의 자유가 보장된 것이다. 그렇지 않다면 다수의 자유를 보장했을 뿐이다. 그러나 한편으로 더 많은 개인이 옳다고 동의한 것이 잠정적으로 더 옳다는 것 역시 보장해야 한다. 조선에서 사문난적, 즉 유교와 유학의 기본원리를 깨는 자로 찍힌 자는 죽임을 당했고, 서양에서 이단으로 찍힌 자는 화형을 당했다. 다른 목소리를 낸 소수의 자유를 어떻게 보호할 것인가.

자유주의자들은 이 모순을 해결하기 위해 대의제 민주주의를 설계했다. 이 설계자들이 <법의 정신>을 쓴 몽테스키외, <제3신분이란 무엇인가>를 쓴 쉬에스, <미국의 민주주의>를 쓴 토크빌 등이다.

자유주의자들은 국민 개개인이 옳다고 생각한 것을 스스로 선택할 수 있도록 선거권을 부여했다. 개인은 자신이 옳다고 생각하는 것을 실현할 수 있는 전문성 있는 후보를 선택한다. 어떤 후보가 가장 옳은 결정을 할 것인지는 아무도 모른다. 따라서 가장 많은 선택을 받은 후보가 잠정적으로 옳은 선택이 되고 특정한 임기 동안 국민의 권리를 대신 실현할 권력을 부여받는다.

만약 임기 동안 국민이 원하는 가치를 실현하지 못한다면 그의 권력은 국민에게 회수되고 국민은 다른 후보를 선택한다. 그러나 다수의 선택을 받아 선출된 대표는 선거에 의해 권력이 부여되면 그때부터 임기가 끝날 때까지 국민의 의사에 구속되지 않는다. 국민 다수가 원한 것이라 하더라도 그것이 개인의 자유를 침해할 수도 있기 때문이다.

예를 들어, 국민 대다수가 A의 재산을 몰수해 나눠 갖기를 원한다고 하자. 그러나 이는 개인의 자유를 침해하는 것이다. 만약 이를 허용한다면 그다음은 두 번째 부자의 재산을 몰수하는 결과로 이어질 것이고, 세 번째 부자, 네 번째 부자로 확장되어 모든 개인의 자유는 없는 것이나 마찬가지가 될 것이다. 국민의 자유를 대신 실현할 것을 위임받은 대표는 개인의 자유를 보장해달라는 국민의 진정한 요구를 대신 실현하기 위해 지금 현재 다수 국민이 원하는 재산 몰수를 단호히 거부할 수 있어야 한다. 이를 위해 국민의 현재 요구사항을 거부할 수 있어야 한다는 것이다. 국민의 진정한 요구를 실현하기 위해 국민 다수의 현재 요구를 거부해야 한다는 모순은 대의제 민주주의에서 모순이 아닌 것이다.

예를 들어, 미성년자인 아이가 공부는 단 한 자도 하기 싫고 온종일 놀고 싶다고 요구한다고 하자. 부모가 아이의 자유를 인정한다고 하여 온종일 놀게 해야 하는가? 이것이 자녀가 훗날 성인이 되었을 때 진정으로 원하는 것일까? 부모는 자녀의 진정한 요구를 판단할 전문적 능력이 있는 것이다. 자유주의자는 이러한 의미에서 개인의 진정한 자유를 추정할 수 있는 전문능력을 가진 자를 선거를 통해 선출하고 이들이 개인의 자유를 보장하는 역할을 할 수 있도록 임기를 부여하는 대의제 민주주의를 설계했다.

(3) 대의제 민주주의

대의제 민주주의는 국민이 선출한 대표자(국회의원, 대통령 등)가 국가의사결정권한을 행사하는 민주주의이다. 국민에 의한 주요 국가기관선출, 국가기관구성권과 정책결정권의 분리, 치자와 피치자의 구별, 대표기관의 정책결정권, 자유위임과 무기속위임, 대표자는 전체국민을 대표해야 한다는 국민전체대표성, 추정적 의사중시 등을 본질적 요소로 한다. 국민은 국가기관구성권을 가지나 정책 결정권은 대표자가 가진다. 국민은 선거를 통해 대표자만 결정하고 어떤 정책을 결정해야 한다는 명령을 할 수 없다. 따라서 대표자는 국민의 의사에 구속되지 않고(무기속위임), 자유롭게 국가의사를 결정할 수 있다(자유위임). 따라서 대표자는 통치권을 행사하는 치자(治者)이고, 일반적 국민은 통치권의 객체인 피치자(被治者)이다. 따라서 치자와 피치자는 구별된다. 대표자는 특정한 집단 또는 지역구 주민의 대표자가 아니라, 전체 국민의 대표자여야 한다. 즉, 대표자는 특수이익과 국민 전체의 이익이 충돌한 경우 후자를 우선시해야 한다.

2. 직접 민주주의

직접 민주주의는 국민이 선거를 통해 국가기관을 구성할 뿐만 아니라 직접 국가의사를 결정하는 민주주의이다.

(1) 공동체주의

직접민주주의는 국민이 직접 국가의사를 결정하는 민주주의이다. 따라서 국민은 피치자(被治者)이면서도 치자(治者)가 되며, 이를 루소는 동일성 민주주의라 하였다. 국가기관은 국민의 대리인으로서 국민의 명령에 따라 국가의사를 결정해야 한다. 따라서 국민과 국가기관과의 관계는 명령위임·기속위임 관계이다. 국민이 A라는 의사를 가지고 있다고 가정해 보자. 직접민주주의에서 의회는 국민의 의사에 기속되어 A라는 의사를 구체화할 수 있을 뿐이다. 따라서 국민은 국가의사를 결정하는 치자이다. 그러나 A라는 의사를 구체화시키는 법률이 제정되고, 국민투표로 법이 확정되면, 국민은 법률에 구속당한다. 따라서 국민은 치자이면서 피치자이다. 국민은 자신의 의사에 의해 지배를 받는다.

그러나 대의제 민주주의에서는 국민이 A라는 의사를 가졌다고 하더라도 대표기관은 국민의 의사에 기속당하지 않으므로 A가 아닌 B라는 국가의사가 결정될 수 있다. 이를 자유위임, 무기속위임이라 한다. 따라서 국민은 피치자일 뿐이다.

루소는 대의제 민주주의가 말하는 국민의 의사를 대변하는 대표에 대해, 주권자의 의사는 결코 대표될 수 없다고 한다. 대표자라는 개념은 인류의 품위를 훼손하고 인간이라는 말을 욕되게 만든 불공정하고 터무니없는 봉건 정부에서 유래한 것이라 한다.[59]

59 루소, <사회계약론>

(2) 최종결정권

고대 그리스, 그중에서도 아테네는 민주주의를 정치체제로 가지고 있었다. 민주주의는 근대의 정치체제인데 특이하게도 아테네는 고대에 이를 받아들였다. 근대에서야 민주주의가 나타난 것이라기보다는 고대 아테네에서 민주주의를 시행한 것이 매우 특수한 일이라고 보아야 한다. 사실상 민주주의는 개인의 이성이 깨어나고 시민간의 대화가 가능하여야 하며 시민들이 안정적으로 생계를 유지할 수 있을 정도의 물질적 기반이 갖추어져야 가능하다. 민주주의가 자유주의 혁명, 과학혁명, 산업혁명이 일어난 근대 유럽이라는 시기와 장소에 특정해 나타나고 발전한 것은 결코 우연이 아니다.

아테네로 돌아가, 고대 그리스 아테네에 살았던 플라톤의 생각을 보자. 플라톤은 민주주의가 참주정, 현대의 용어로 포퓰리즘이 될 것이므로 국가 통치에 부적절한 체제라 보았다. 아테네의 민회에서 다수의 민중이 직접 의사 결정을 해서 자신의 스승이었던 소크라테스를 죽이는 결정을 했다는 점도 이러한 생각에 영향을 미쳤을 것이다. 우리에게는 아테네의 직접 민주주의가 도시국가의 모든 대소사를 직접 결정하는 것으로 인식되는데, 이는 아마도 소크라테스의 죽음에 대해 배웠기 때문인 듯하다.

그러나 아테네의 직접 민주주의는 우리의 선입견과는 달리, 모든 사항을 민회에서 결정하지 않았다. 아테네에는 행정관들이 있었다. 아테네의 행정관은 지금으로 보면 정부 공무원이다. 물론 이 행정관들은 자원한 시민들 중에서 추첨해서 맡겼다. 현재의 국가보다 규모가 작은 도시국가였기 때문에 전문가가 아닌 일반시민도 충분히 국가 업무를 수행할 수 있었을 것이다. 그러나 문제는 전문적 능력이 있어야 하는 군 사령관이나 회계감사관 등이다. 예를 들어 민회에서 다수의 지지를 받았다고 해서 군 사령관이 될 수 있다면 도시국가 자체가 멸망해 모든 사람이 죽거나 노예로 전락할 수 있다. 아테네는 전문능력이 필요한 직위를 추첨이나 인기투표로 선출하지 않았다.

직접 민주주의의 핵심은 최종결정권이다. 아테네 민회는 바로 최종결정권을 갖고 있었다. 예를 들어, 아테네 군 사령관을 선출하는 상황이라 하자. 당연히 전문능력이 필요하기 때문에 아테네에서는 공모를 했다. 공모 조건의 예를 들면 다음과 같다. 군 사령관이라면 10만 명 이상을 지휘해본 경험이 있을 것, 사령관으로 2번 이상의 승전 경험이 있을 것 등이다. 이를 만족한 후보가 민회에 출석한다. A 후보가 군 전략을 발표하고, B 후보도 자신의 전략을 민회에서 발표한다. 민회에 참석한 시민들은 각 후보들에게 의문점 등을 질문하고 답변을 듣는다. 그리고 자신이 죽을 수도 있는 전쟁에서 누가 나를 지휘할 것인지를 결정한다.

이것이 바로 최종결정권이다. 나의 선택이 내 책임이 되기 때문에 신중하게 결정할 수밖에 없다. 직접 민주주의는 주권자인 국민이 자신의 운명에 대해 스스로 결정하는 최종결정권을 행사할 수 있는 체제를 뜻한다.

(3) 직접 민주주의의 조건

루소는 직접 민주주의를 주장하였으나, 현실적 조건을 무시한 것은 아니다. 다음은 루소가 <사회계약론>에서 제시한 직접 민주주의가 실현되기 위한 4가지 조건이다.[40]

① 국가가 작아 인민을 쉽게 모을 수 있고, 시민들이 서로를 알 수 있어야 한다.

② 단순한 관습에 의해 많은 사무나 성가신 논의를 생략할 수 있어야 한다.

③ 인민들이 지위와 재산에 있어서 대체로 평등해야 한다.

④ 시민의 풍속이 검소해야 한다. 시민들이 사치에 빠져서는 안 된다. 사치는 부자를 재산으로, 가난한 사람을 물욕으로 부패시켜서, 조국을 허영심에 팔아넘기도록 한다.

현대에 들어서 시민의 교육 수준 향상, 경제적 성장, 정보통신기술의 발달 등으로 인해 루소의 직접 민주주의 실현 조건이 충족되고 있다. 이러한 상황에서 간접 민주주의의 문제점들이 커지고 있어 이제는 시민이 직접 의사결정에 참여할 때라는 주장이 힘을 얻고 있다.

보충자료 - 대의제 민주주의와 직접 민주주의의 비교

대의제 민주주의	직접 민주주의
쉬에스(Sieyes)	루소(Rousseau)
추정적 의사 우선	경험적 의사 우선
경험적 의사와 추정적 의사는 대립할 수 있다. (치자와 피치자 구별)	경험적 의사와 추정적 의사는 항상 일치한다. (치자 = 피치자)
국가기관은 국민과 다른 독자적 의사를 가질 수 있는 대표자이다.	국가기관은 국민의 의사와 다른 독자적 의사 가질 수 없다.
국민의 의사는 대표될 수 있다.	국민의 의사는 대표될 수 없다.
자유, 무기속 위임 → 면책	명령, 기속위임 → 책임(국민소환)
국가기관구성권과 정책결정권의 분리	국가기관구성권과 정책결정권 분리 반대

⑩ 루소, <사회계약론>, 제3편 제4장

필수배경지식

PART 03

해커스 LEET 김종수 논술 통합 기본서

3. 대의제 민주주의의 도입 배경과 역사

(1) 플라톤, 공자

수호자주의와 같은 엘리트 사상에 따르면, 일반 국민들은 올바른 지식과 식견이 없으므로 국정(國政)에 직접 참여해서는 안 된다. 전문적 지식과 지혜를 가진 전문가, 철학자, 군주가 국가의사를 결정하는 것이 국민의 이익을 위해서도 바람직하다는 엘리트 사상은 플라톤, 공자에 의해서도 제기되어왔다.

플라톤은 <국가>에서 수호자는 이해력이 좋고, 기억력이 뛰어나고 총명하고 예민한 성향을 갖고 있을 뿐만 아니라 용감함과 도량 넓은 자질까지 갖추어야 한다고 했다. 가장 훌륭한 수호자는 이러한 자질을 모두 갖추고 있어 극히 드물게 나타날 수밖에 없는 철학자여야 한다고 주장했다.

공자는 <논어>에서 "천하에 도(道)가 있으면 일반 백성들이 나라의 일을 논의하지 않는다"고 하였다. 공자에게 있어서 국가의 통치란 교육받아 전문적 능력을 갖추고 있는 귀족계급의 일이지, 일반 국민이 할 일은 아니다.

(2) 쉬에스, 몽테스키외

근대에 들어서는 쉬에스, 몽테스키외 등도 엘리트주의에 입각한 대의제 민주주의를 주장했다.

프랑스 혁명의 이론가인 쉬에스는, 근대상업사회에서는 각 개인들이 생계 유지를 위한 경제활동에 대부분의 시간을 보낼 수밖에 없어 개인이 공적 업무에 지속적으로 참여할 여가를 확보하기 어렵다고 하였다. 또한 공적 업무의 수준이 점차 전문화되어 개인들이 이를 판단하기 어렵다고 하였다. 따라서 일반 국민들은 선거를 통해 통치 전문가에게 권한을 부여하고, 이들로 하여금 공공의 관심사를 대신하여 자신의 모든 시간을 바치는 직업적 통치를 행함이 타당하다고 하였다.

몽테스키외는 <법의 정신>에서 일반 국민은 국가 의사를 결정할 토론능력이 없다고 하였다. 그러나 일반 국민은 자신보다 식견이 뛰어난 자를 알아볼 능력은 있다고 하였다. 따라서 일반 국민은 국가 의사 결정에 참여해서는 안 되지만, 이러한 능력을 갖춘 대표자를 선출할 수 있다.[61]

(3) 메디슨과 토크빌

미국 헌법의 기초자 중 한 명인 메디슨은 선거를 통해 선출된 능력 있는 입법부가 일반 국민 다수의 의견을 정제할 수 있다고 하였다. 대중은 자신의 의사를 가지고 있기는 하나 그 의사가 국가 전체를 고려하여 신중하게 결정한 것이라고는 할 수 없다. 따라서 메디슨은 능력 있는 집단이 대중의 일시적이고 부분적인 판단을 장기적이고 전체적인 방향으로 정제할 수 있다고 생각했다. 이러한 생각에서 메디슨은 연방제를 지지했다. 선출된 현명한 자들이 대중의 의견을 정제하여 이를 국가정책으로 만들 수 있다. 그런데 더 많은 국민들이 선출한 자가 현명한 자일 가능성이 크다. 자격 없는 후보가 꾸미는 술책에 의해 국민들이 선거과정에서 잘못된 결정을 할 수도 있으나, 국가의 규모가 커진다면 술책이 성공할 가능성이 적어진다. 따라서 메디슨은 미국이 작은 공화국과 큰 공화국 중 큰 공화국이 되어야 하기 때문에 연방제가 타당하다고 생각했다.[62]

토크빌은 <미국의 민주주의>에서 다수의 횡포를 우려했다. 국민이 직접 의사결정을 하는 민주주의는 다수에 의한 소수의 지배를 낳을 수 있다. 예를 들어 미국의 다수인 백인은 A, 소수인 흑인은 B라는 정책을 지지한다고 가정해보자. 직접 민주주의는 국민이 직접 의사결정을 하는 민주주의이고, 국민 의사가 나뉠 경우 다수 국민의 의사에 따라 국가의사를 결정해야 한다. 그렇다면 백인들이 지지하는 A라는 정책이 채택될 수밖에 없다. 이로 인해 소수인 흑인들의 이익은 보호될 수 없다. 직접 민주주의가 야기할 수 있는 다수의 횡포를 방지하려면 대의제 민주주의가 바람직하다. 대의제 민주주의는 국민이 직접 의사결정을 하지 않고 대표자가 국가이익을 기준으로 의사결정을 하는 민주주의이다. 대표자들이 국가이익의 관점에서 소수인 흑인들의 이익 보호가 바람직하다고 생각한다면, B정책을 국가정책으로 결정할 수 있다. 따라서 대의제 민주주의는 다수의 횡포를 방지하고 소수자를 보호하는 기능을 할 수 있다. 이런 관점에서 대의제 민주주의가 요구된다.

(4) 밀

공리주의자인 밀에 따르면, 전문성 때문이라도 직접 민주주의보다는 대의제 민주주의를 선택해야 한다. 외국과의 조약이나 협정, 대규모 사회간접자본 건설, 통화량·이자율 조정과 같은 정책결정 사항은 전문적 지식을 필요로 한다. 전문적 지식이 없는 일반 국민이 국가정책을 결정하는 것보다 일반 국민이 선출한 전문가가 국가정책을 결정하는 것이 국민에게 더 이익이 된다. 따라서 이런 전문성이 요구되는 정책사항은 국민이 직접 결정하기보다 전문가로 구성된 대표자들이 결정하는 것이 바람직하다.

또한 국가 규모가 클 경우 직접 민주주의는 현실적으로 실현 불가능하다. 아테네도 소규모 도시였고, 루소도 직접 민주주의 실현이 가능한 공동체는 소규모 공동체라고 생각했다. 국민의 의사를 집결하는 데 필요한 시간이나 비용 등을 고려한다면, 국가와 같은 대규모 공동체에서 직접 민주주의를 시행하는 것은 효용보다 비용이 더 크기 때문에 타당하지 않다.

(5) 소결

엘리트 모델은 독일의 파시스트와 같은 전체주의자들이 주장해온 엘리트들의 유전학적, 선천적 우월성과 현대사회조직의 복합성으로 인해 엘리트가 국가의사를 결정할 수밖에 없다는 현대 엘리트 이론가들의 주장에 근거하고 있다.[63] 또한 엘리트주의는 대중의 우매함, 대중에 대한 불신에 기초하고 있다.

[61] 몽테스키외, <법의 정신>, 제11편 6장
[62] 알렉산더 해밀턴·제임스 매디슨·존 제이, <페더랄리스트 페이퍼>
[63] 마틴 N. 마거, <엘리트 모델>, 인간사랑, 93p 참조

필수배경지식

PART 03

해커스 LEET 김종수 논술 통합 기본서

형식적 주권이론은 선진민주국가의 민주주의 발달 초기 이래 꾸준히 국가권력의 조직원리로서 크게 영향을 미쳐왔고, 오늘날까지도 기초 이론으로 원용하고 있어 우리나라에 있어서도 이 형식적, 명목상 국민주권론이 학계와 정계 및 일반인의 통념 속에 깊이 뿌리내려 있다. 이는 한마디로 민주주의 자체의 이념인 만큼 정치적으로만 이용되는 폐단이 많았고 그 현실적인 문제점이 정확히 파헤쳐지지 아니한 채 전체주의 국가에서도 정치적으로 오도되고 강권정치의 수단으로 운용되는 새로운 문제를 낳았다. 이로 인하여 민주주의 자체의 본질에 관련되는 정치적·사회적 여러 가지 심각한 문제점을 야기하였기 때문에 그 모순성과 폐단을 개선하기 위한 새로운 인식을 가지게 되었다. 국민이 실질적인 주권자로서 민주정치를 구현하는 실질적인 국민주권론이 현대 민주국가에서 공통적으로 적용되고 있는 이유가 여기에서 연유된다.

형식적 국민주권이론의 가장 중요하고 본질적인 특징은 국민을 개인으로서가 아니라 전체국민이라고 형식적이고 추상적으로 보는 점이다. 이 전체국민이 주권자라고 할 때 국민 각자가 과연 그 권리를 소유하고 행사할 수 있는 지위와 능력을 실제로 가지고 있느냐 하는 것이 가장 기본적인 문제점이 된다. 전체국민이 진정한 주권자가 되기 위해서는 이 전체국민이 국가의 최고 의사의 결정권을 단순히 보유하고 있을 뿐만 아니라 그 결정권을 구체적으로 행사까지 하여 실제로 국가의사를 결정하고 집행하는 것이 보장되어야 한다. 그런데 이러한 형식적 국민주권론은 선거라는 절차를 거쳐 선임된 국민대표의 어떤 의사결정이 바로 전체국민의 의사결정인 양 법적으로 의제되는 것으로 보기 때문에 대표자의 의사결정이 국민의 뜻에 반하더라도 아무런 법적 항변을 할 수 있는 실질적인 수단이 없다. 이것을 가지고 과연 국민이 나라의 주인으로서 행사하는 진정한 민주주의 구조라고 하기는 매우 어려운 문제가 생긴다.

이러한 부조리와 모순을 영국의 초기 민주제도에서 주시한 "장 쟈크 루소"는 이와 같은 형식적·추상적 국민주권론을 허구적인 것으로 지적하고 실질적·능동적 국민주권론을 제창하여, 이른바 프랑스 대혁명을 성공시키는 가장 큰 계기가 되었지만 대혁명 후의 의회를 지배한 시민대표들이 그들 역시 실질적 국민주권론이 자기들의 기득권에 위협을 줄 것을 두려워하여 이를 외면하고 형식적 국민주권론을 내세워 전체국민이 주권자인 것으로 미화하면서 실제로 국가권력의 구체적 행사는 재산의 소유 정도에 따른 극히 제한적이고 불평등한 선거절차에 의해 선출된 시민의 대표가 전권을 가지고 독점하는 이른바 순수대표제의 구조를 확립하여, 국민을 무능력한 주권자로서의 지위로 전락하게 하였다.

이와 같이 형식적 국민주권론은 서구 민주주의 발달 초기 이래 항상 차등 선거제도로 선거법이라는 매개수단을 통하여 국민의 실질적 참정권을 제한함으로써 이른바 구시대적·고전적 대표제 또는 순수대표제의 형태를 취하고 있었다. 실질적·능동적 국민주권론은 국민이 실제에 있어서 현실적으로 국가의 최고 의사를 결정함으로써 실질적으로 주인역할을 해야 된다는 실질적 생활용 국민주권 이론이다. 실질적 국민주권을 실현하기 위한 선거제도와 민주적 참정권은 모든 국민이 평등하게 국민대표를 직접 선출하여 국정을 위임하는 보통선거제도이고, 그 반은 언론의 자유를 통한 여론정치로 민의를 국정에 반영하는 자유선거제도이다. 따라서 현대적 대표제에 있어서는 구시대의 권력독점적 순수대표제와는 달리 민의 반영을 최우선 과제로 반 정도만 국민의 대표가 일을 하고 반 정도는 국민의 민의가 정치에 반영된다는 이른바 반대표제 또는 반 정도는 국민이 직접 정치에 참여한다는 의미의 반직접제로 확립되고 있는 것이 현대 서구민주국가의 국민대표제의 실상이다.

우리 헌법상 국민의 손에 쥐어준 주인으로서의 유일한 효과적 무기는 바로 대통령과 국회의원(앞으로 지방의원)을 선출하고 누구나 입후보자가 되어 국정에 참여할 수 있는 참정권과 헌법 제72조와 동 제130조에 의한 국민투표권 뿐이다. 그런데 가장 중요한 실질적 주권행사인 선거와 입후보의 자유마저 무력화시킬 수 있고 대다수의 국민이 쉽게 조달할 수 없는 과다한 기탁금액을 기준으로 입후보의 기회를 제한함으로써 국회에 진출할 수 있는 길을 봉쇄하고, 차등선거의 유물을 외국의 입법례에도 있다고 하여 보통선거제 하에서는 있을 수 없는 불평등한 선거법 조항을 만들어 국민의 참정권을 지나치게 제한하고 있다면 헌법에 보장된 실질적인 국민주권과 국민대표제의 본질을 침해하는 것이라고 아니할 수 없다.

4. 대의제 민주주의의 한계

(1) 대의제 민주주의의 이론적 한계

민주주의는 국민에 의한 지배(by the people), 국민의 지배(of the people), 국민을 위한 지배(for the people)이다. 대의제 민주주의는 국민에 의한 지배가 아니라 대표자에 의한 지배라는 점에서 민주주의 이념과 충돌한다. 또한 루소가 지적한 대로 국민주권 하에서도 국민은 여전히 지배의 객체로 남을 수 있다는 점에서 대의제의 한계가 있다.

대의제 민주주의는 국민의 국가의사결정 참여를 배제하여 국민의 정치에 대한 참여의식이 낮은 관객 민주주의로 이어지기 십상이다. 대의제 민주주의는 '과거의 나보다 더 나은 나'를 만들어갈 기회를 박탈한다. 직접 민주주의는 국가의 주인인 국민이 스스로 문제를 제기하고, 자신의 선택이 가져올 결과를 스스로 예측하고, 그 결정의 타당성에 대한 판단에 참여하고, 자신의 결정에 대한 책임을 지게 됨으로써, 국가의 주인으로서 자유와 책임의 주체가 된다. 이런 과정을 거쳐 국민 개인은 더 나은 공동체 구성원이 될 수 있다.

(2) 대의제 민주주의의 현실적 한계

① 대표에 대한 국민의 신뢰 상실

대의제는 국민에 의해 선출된 대표가 국민을 위해 국가권력을 행사해야 한다는 전제에 근거하고 있다. 그러나 대표가 국민의 이익을 파악할 만큼의 능력을 못 갖추거나(대표의 무능), 국민의 이익보다 대표자 자신의 이익을 우선하여 국민의 이익을 훼손한다면(대표의 타락), 대표자에 대한 국민의 신뢰가 유지될 수 없다. 주권자인 국민의 신뢰를 상실한 대표기관이 국가의사를 결정한다면 국민은 이를 수용할 수 없다. 이로 인해 대의제에 대한 불신이 생기고 있다. 여론조사 결과를 볼 때 국민들의 입법부에 대한 신뢰가 지속적으로 하락하고 있으며, 이는 대표기관인 입법부가 사회갈등의 해결과 국가의사 결정이라는 역할을 제대로 수행하고 있지 못한다는 평가를 받고 있음을 의미한다.

② 국민의 직접 참정 욕구 증대

18세기에는 국민 대다수가 충분한 교육을 받지 못했으므로 국민에 의한 지배가 적절하지 못했을 수도 있다. 그러나 현대에 와서는 일반 국민과 엘리트 간의 지식격차가 엘리트들의 통치권 전유(專有)를 정당화할 만큼 크다고 할 수 없다. 국민의 대표기관에 대한 불신과 더불어, 충분한 교육과 인터넷을 통한 정보습득으로 일반 국민들도 대표자 못지않은 전문성과 정치적 식견을 가지고 있다. 현행 대의제도는 국민들의 정치적 의사를 반영할 충분한 통로를 확보하지 못하고 있다. 국민들의 정치적 의사가 분출되고 있음에도 불구하고, 대의제 민주주의는 선거나 언론 등 형식적인 창구 외에 국민의 의사를 국가의사로 수렴할 수 있는 실질적 창구가 없으므로 국민의 불신이 커질 수밖에 없다.

🄰 헌재, 1989. 9. 8. 88헌가6

③ 대표기관의 대표성 약화

현대에 들어 국민의 분화(分化)현상이 급속하게 진행되어 왔다. 자본가·노동자, 진보·보수, 영남·호남의 갈등으로 대표자가 전체 국민을 대표하는 것 자체가 어렵게 되었다. 특정 집단의 지지를 받아 선출된 대표에 대해 이를 반대하는 다른 세력은 자신들의 대표로 인정하지 않음으로써 국가기관의 정당성이 약해지고 있다. 예를 들어 A, B, C 세력이 있을 때 A의 세력대표 甲이 대통령이 된 경우, B, C세력은 甲을 자신들의 대표로 인정하지 않는다. 이 경우 대통령 甲의 정당성이 약해지므로 甲의 국가의사결정 또한 국민에 의해 인정받기 힘들고 甲이 추진하는 국가정책의 동력이 약해진다.

④ 책임성의 문제

대의제에서는 대표자가 국민을 대신하여 국가 의사를 결정하고, 국민은 선거를 통해 주기적으로 대표자에 대해 책임을 추궁할 수 있어야 한다. 그러나 대표자와 국민의 정보 비대칭성 문제❹로 국민이 선거시 대표자의 책임을 추궁하기 어렵다. 대표자가 다음 선거에 입후보하지 않거나 소속 정당이 해체된다면 대표자나 정당에게 책임을 물을 수 없다. 따라서 대의제 하에서 국민의 이익에 반하는 의사결정을 한 자에 대해 책임을 묻기 힘들다. 특히 우리나라는 불법적 선거개입의 역사로 인해 대통령의 임기가 단임제로 되어 있어 역사적 책임만을 물을 수 있을 뿐 선거를 통해 직접 책임을 물을 수 없다.

5. 직접 민주주의의 현실적 확대 주장

(1) 직접 민주주의의 개념

민주주의자는 다른 사람에 의해 지시를 받기보다는 자신이 잘못을 범할 각오가 되어 있는 사람이다. 직접 민주주의는 대화와 토론을 통해 공동체의 문제를 결정할 수 있다는 점에서 '국민에 의한 지배'라는 민주주의의 이상과도 부합한다. 자기와 관련된 사항은 자기 스스로 결정해야 한다는 자기결정권의 논리는 민주주의 원리와 일맥상통한다. 국민이 직접 국가의사결정에 참여하면 그 참여과정에서 대화와 토론, 다른 사람의 의견 존중, 설득이라는 민주주의 의사결정과정을 배울 수 있다. 또한 이 결정에 의해 잘못된 결과가 도출되었다면 반성을 통해 이후 더 나은 정책결정을 할 수 있을 것이다. 국민이 직접 국가의사를 결정할 때 국민은 책임감을 가질 수 있다. 국민에 의한 국가정책 결정이 다소의 혼란을 초래하더라도 이는 민주주의 실현을 위한 학습 비용이다.

(2) 직접 민주주의 실현 수단

직접 민주주의는 국민이 직접 국가의사를 결정하는 민주주의이다.

국민발안제는 국민이 헌법개정안❹이나 법률안을 제안하는 제도이다. 국가기관이 의안제출권을 독점한다면 국민은 실질적인 선택권을 가질 수 없게 된다. 예를 들어, 대의제 민주주의하에서는 국민 100만 명이 원하는 국가의사가 있더라도 국회의원이 이 국가의사의 실현을 원하지 않는다면 국민이 원하는 국가의사가 법률이 되기는커녕 법안으로서 상정할 수조차 없다. 국민발안제는 특정법안을 국민이 직접 발의하고 일정 수 이상의 국민이 그 법안에 동의할 경우 국회의원의 발안 여부와 관계없이 국회에서 이를 심사하도록 한다. 따라서 국민발안제는 법안제출권을 국가기관이 독점할 수 없도록 하는 제도이다.

국민투표제는 헌법 개정안이나 국가의 중요정책 결정을 국민이 투표로 결정하는 제도이다. 우리 헌법 제72조❹와 제130조 제2항❹은 국민투표를 규정하고 있다. 그러나 우리 헌법에서 규정하는 국민투표는 의무적인 것이 아니라 국민투표 여부 자체를 대표기관이 결정하도록 되어 있다. 이에 대해 특정사안은 반드시 국민투표에 부의하도록 규정하거나 혹은 국민 다수의 요구가 있는 경우 국민투표에 반드시 부의해야 한다는 등으로 국가중요의사 결정에 국민이 최종결정권을 가져야 한다는 주장이 있다. 또한 대통령이나 국가원수의 신임을 국민투표로 물어보는 것을 특히 신임투표적 국민투표(plebiscite)라고 한다. 신임투표적 국민투표가 허용되는가에 대해서는 논란이 있다. 특히 노무현 대통령이 국회시정연설에서 신임투표를 헌법 제72조의 국민투표에 부의하겠다는 의사를 표시한 바가 있으나 이에 헌법재판소는 헌법 제72조에 위반된다고 하였다.

국민소환제는 임기 중 국회의원, 대통령을 파면하는 제도이다. 국민이 대표자에게 A라는 정책을 명령했는데 대표자가 이에 반하는 결정을 했을 때 대표자를 파면하는 제도이다. 대의제 민주주의 하에서 대표자는 국민의 의사에 구속되지 않는다. 국민이 A라는 의사를 가졌다 하더라도 대표자는 B라는 다른 의사를 결정할 수 있다. 대의제 민주주의하에서 대표는 자신의 전문성을 바탕으로 국민의 진정한 의사를 추정하여 자유롭게 국가의사를 결정할 권한을 가진다. 그리고 이 권한은 국민 자신이 선거를 통해 부여한 것이다. 만약 대표자의 권한 행사, 즉 자유로운 국가의사의 결정이 타당하지 않다면 이는 국민이 선거를 통해 심판할 일이지 이를 임기 중에 그 권한을 빼앗아서는 안 된다. 만약 이처럼 국민이 임기 중에 있는 대표의 권한을 뺏을 수 있다면 그 어떤 대표도 국민의 진정한 의사를 추정하여 진정으로 국민에게 이익이 되는 결정을 할 수 없을 것이다. 그렇다면 대의제 민주주의는 여론조사나 다를 바 없게 될 것이다. 따라서 국민의사에 반하는 결정을 했다는 이유로 대표자를 파면하는 국민소환제는 대의제 민주주의에 위반된다. 이런 이유로 국민소환제를 반대하는 주장이 있다. 대표자와 반대되는 정당이나 이익집단이 주도하고 대중이 부화뇌동(附和雷同)하여 대표자의 소환을 위협하는 경우 대표자의 업무 수행에 큰 지장을 주므로 소환제를 반대하는 견해도 있다. 국민주권 실현을 위해서 국민의사에 반하는 대표자를 파면해야 한다는 주장도 있다. 대표자의 무능과 부패로 인한 국민과 국가의 피해를 고려하면 소환제를 도입해야 한다는 견해도 있다.

대통령 신임을 국민투표로 부의하겠다고 제안한 행위(2004. 5. 14. 2004헌나1)

헌법 제72조는 "대통령은 필요하다고 인정할 때에는 외교·국방·통일 기타 국가안위에 관한 중요정책을 국민투표에 붙일 수 있다"고 규정하여 대통령에게 국민투표 부의권을 부여하고 있다. 헌법 제72조는 대통령에게 국민투표의 실시 여부, 시기, 구체적 부의사항, 설문내용 등을 결정할 수 있는 임의적인 국민투표발의권을 독점적으로 부여함으로써, 대통령이 단순히 특정 정책에 대한 국민의 의사를 확인하는 것을 넘어서 자신의 정책에 대한 추가적인 정당성을 확보하거나 정치적 입지를 강화하는 등, 국민투표를 정치적 무기화하고 정치적으로 남용할 수 있는 위험성을 안고 있다. 이러한 점을 고려할 때, 대통령의 부의권을 부여하는 헌법 제72조는 가능하면 대통령에 의한 국민투표의 정치적 남용을 방지할 수 있도록 엄격하고 축소적으로 해석되어야 한다. 이러한 관점에서 볼 때, 헌법 제72조의 국민투표의 대상인 '중요정책'에는 대통령에 대한 '국민의 신임'이 포함되지 않는다. 선거는 '인물에 대한 결정' 즉, 대의제를 가능하게 하기 위한 전제조건으로서 국민의 대표자에 관한 결정이며, 이에 대하여 국민투표는 직접 민주주의를 실현하기 위한 수단으로서 '사안에 대한 결정' 즉, 특정한 국가정책이나 법안을 그 대상으로 한다. 따라서 국민투표의 본질상 '대표자에 대한 신임'은 국민투표의 대상이 될 수 없으며, 우리 헌법에서 대표자의 선출과 그에 대한 신임은 단지 선거의 형태로써 이루어져야 한다. 대통령이 이미 지난 선거를 통하여 획득한 자신에 대한 신임을 국민투표의 형식으로 재확인하고자 하는 것은, 헌법 제72조의 국민투표제를 헌법이 허용하지 않는 방법으로 위헌적으로 사용하는 것이다.

---

❺ 정보의 비대칭성(information asymmetry): 대리인 관계에 있어 주인(위임자)과 대리인 양측이 갖는 정보가 같지 않은 경우를 말한다. 주인과 대리인은 각각 자신의 효용과 이익을 극대화하려고 하기 때문에 상충되는 이해관계를 가지며, 대리인이 주인보다 특정한 과업에 대해 더 많은 지식과 능력을 갖게 되는 정보의 비대칭성 때문에 주인이 자신의 이익을 충분하게 확보하지 못하는 대리인 문제(agency problem)가 발생한다. 정보의 비대칭성에는 '역선택(adverse selection)'과 '도덕적 해이(moral hazard)'로 지칭되는 두 가지 유형이 있다. 대의제 민주주의에서 정보의 비대칭성의 문제는 대표자가 주인인 국민보다 훨씬 많은 정보를 가지고 있어 발생하는 문제를 의미한다.

❻ 우리 헌법은 제2차 개정헌법부터 제6차 개정헌법까지 국민발안을 채택한 바 있다.

❼ 헌법 제72조: 대통령은 필요하다고 인정할 때에는 외교·국방·통일 기타 국가안위에 관한 중요정책을 국민투표에 붙일 수 있다.

❽ 헌법 제130조 제2항: 헌법개정안은 국회가 의결한 후 30일 이내에 국민투표에 붙여 국회의원선거권자 과반수의 투표와 투표자 과반수의 찬성을 얻어야 한다.

6. 참여 민주주의 반대론

(1) 국민의 의사결정능력 결여

베버(Max Weber)는, 근대사회의 규모나 복잡성을 감안할 때 대중의 정치 참여는 비효율적이라고 한다. 대중은 직접 정책결정에 참여하기보다 유능한 자와 무능한 자를 골라내는 역할을 해야 한다. 그리고 사회는 교육을 통해 유능한 자를 길러내어 유능한 소수가 통치를 담당해야 한다고 한다.[49]

> **과두제의 철칙(the iron law of oligarchy)**
>
> 조직이 확대되면 복잡성 때문에 조직을 대표해서 의사결정할 수 있는 자를 요구하게 된다. 대표자에 대한 권력 위임이 굳어지면 자기이익만을 추구하는 지도자 그룹이 형성된다. 민주주의 원리가 적용되는 정당에서조차도 소수자에 의한 지배가 불가피하다고 한다. 미헬스(Robert Michels)는 정당론(political parties)에서 이를 과두제의 철칙이라고 하였다.

(2) 책임성 결여

대의제 민주주의하에서 대표자는 선거 등을 통해 국민에게 책임을 진다. 선거에 민감한 대표자는 다음 선거 등을 고려하여 신중한 의사결정을 할 수밖에 없다.

반면, 다수 국민의 정책 결정은 마찬가지로 다수에게 그 책임이 분산되기 때문에 신중한 의사결정을 하기 어렵다. 국민의 정책 결정은 보통 시민단체나 이익단체 등의 활동으로 반영되는 경우가 많다. 국가정책을 선한 의도로 시작했다고 하더라도 현실적인 문제나 복잡한 사회현실의 문제로 인해 선한 의도가 실현되지 않고 오히려 공익을 해할 수도 있다. 그런데 시민단체나 이익집단의 참여로 정책을 결정했는데 공익에 해가 발생했다고 할 때, 국민이 시민단체 구성원이나 이익집단에 대해 책임을 추궁할 수 있는 방법이 없다. 따라서 책임지지 않는 시민단체 등은 무책임한 정책을 주장할 수 있다.

그러나 대의제 민주주의하에서는 소수 대표자가 의사결정을 하게 되므로 누가 어떤 정책을 결정했는지 확인할 수 있다. 따라서 대표의 책임이 명확하게 확정되므로 신중한 의사결정을 하게 된다.

(3) 국가 발전 저해

국민의 참여는 이익집단의 문제로 인한 국민 전체 이익의 저해, 사회 갈등 비용의 증대, 정책결정비용의 증대로 이어질 가능성이 높아 국가 발전을 저해할 수 있다.

국민 전체의 이익에 도움이 되기보다는 이익집단의 이익으로 이어질 수 있다. 사적 이익을 위한 결합된 집단들이 국가정책 결정에 참여함으로써 국민의 이익을 해할 수 있다. 예를 들어, 장애인 시설의 건설 여부를 지역주민의 참여로 결정한다고 생각해 보자. 다수 지역주민이 해당 지역의 아파트값이 떨어질 것을 우려해 장애인 시설 건설을 반대하여 무산된다면, 국민 전체 이익에 반할 수 있다. 또 다른 예로 쓰레기 매립장이나 소각장 등은 국민 전체 혹은 주민 전체를 위한 시설이지만, 설치지역주민이 혐오시설이라 반대하여 매립장과 소각장이 설치되지 않는다면 국가 비용만 높아질 수 있다.

국민의 정책 참여는 이익집단 간의 의견 충돌로 인해 사회갈등을 키울 수 있다. 이익집단 간의 사적 이익이 대립할 경우 국민을 볼모로 한 갈등이 발생하여 사회적 비용을 증대시킬 것이다.

국민의 정책결정 참여는 정책결정비용의 증대로 이어져 국익을 저해할 수 있다. 빠르게 변화하는 사회에서 시급하게 결정해야 할 사안들이 늘어나고 있다. 다수의 국민이 결정에 참여하면 정책 결정에 소요되는 시간이 길어진다. 이로 인해 정책 결정의 적시를 놓쳐 비용을 증가시키고 정책 효과를 떨어뜨릴 수 있다.

(4) 대중조작과 독재의 가능성

플라톤은, 대중은 쉽게 조작당할 수 있다고 한다. 대중은 자신에게 이익을 주는 사람을 지지하는데 그 이익이 바로 자기자신의 호주머니에서 나온 것임을 모른다.

대중사회는 개인이 원자화된 사회이다. 개인은 불안에 사로잡혀 있다. 이 때문에 조작을 통해 쉽게 대중을 통제할 수 있다. 기계기술의 발달로 지배자가 각종 매스미디어를 이용하여 대중을 더 쉽게 조작할 수 있게 되었다. 지배자는 국민들이 스스로 결정한 것이라고 착각하도록 대중을 조작한다. 조작된 동의는 지배자가 국민을 강제하는 것보다 권력의 부담을 줄여준다. 국민이 직접 국가의사를 결정한다는 미명 아래, 정치 지배자는 국민투표를 통해 정책을 결정하고 국민소환제를 통해 반대세력을 파면할 수 있다. 대중 조작에 성공한 정치지배자는 국민의 지지를 받았다는 이유로 제왕적 권력을 행사할 수 있다. 직접 민주주의는 합의에 의한 지배를 가장한 독재체제로 이어지기 쉽다.

국민의 참여가 늘어나면 오히려 독재의 가능성이 높아진다는 주장이 있다. 이를 보여주는 역사적 사례가 히틀러가 지배한 독일 제3제국이다. 어렵게 쟁취한 자유를 손쉽게 독재자에게 스스로 넘겨주는 아이러니에 대해 2가지 해석방법이 있다.

먼저 개인의 자유를 원인으로 하여 해석하는 방법이 있다. 인간은 르네상스(문예부흥), 종교 개혁, 프랑스 혁명을 통해 신(神)이나 군주와 같은 권위체로부터 자유를 얻었다. 인간은 자신을 구속하는 것으로부터 자유로울 수 있는 소극적인 자유를 얻었다. 그러나 구속으로부터는 자유를 얻었으나, 이 자유를 가지고 자신이 스스로 무엇을 해야 할지, 무엇을 어떻게 해야 할지에 대해서 인간은 갈피를 잡지 못하고 있다. 인간은 나를 억압하는 구속으로부터의 탈피라는 소극적 자유의 대가로, 이 자유로 무엇을 해야 할지 스스로 결정해야 하는 적극적 자유의 부담 또한 갖게 되었다. 자유에는 책임이 따르기 때문이다. 자기가 스스로 결정한 것이 잘못되었을 때 그 책임은 전적으로 개인에게 귀속된다. 인간은 자유롭게 살기를 원하지만 책임이라는 부담을 지는 것은 싫어한다. 그렇다면 이 책임이라는 부담으로부터 벗어날 유일한 방법은 자신의 자유를 누군가에게 넘겨주는 것이다. 인간은 불안에 빠져 삶의 목적과 방향을 결정해 줄 권위체를 찾는다. 권위자가 국민들에게 확실한 목적과 수단을 제시하면, 국민들은 권위자에게 복종한다. 에리히 프롬은 <자유로부터의 도피>에서 속박에서 풀려난 인간은 자유라는 무거운 짐으로부터 도피를 희구한다고 한다. 개인은 국가나 정치지도자와 같은 강력한 권위에 복종함으로써 자유와 책임이라는 무거운 짐으로부터 벗어나려 한다. 또한 타자에 대한 맹목적 동조를 통해 자유가 불러오는 고독감과 불안을 회피하려고 한다. 이런 상황에서 파시즘과 나치즘이 등장했다고 한다.[70] 따라서 일반대중은 자유와 책임을 온전히 감당할 준비가 되어 있지 않으므로 국민이 직접 국가의사를 결정하는 것은 타당하지 않다.

둘째, 공동체에 대한 소속감을 원인으로 해석하는 방법이 있다. 한나 아렌트[71](Hannah Arendt)는 대중이 삶의 지향점을 잃었기 때문에, 인간이 자신을 구속하고 자유를 억압하는 신이나 절대 군주 등의 권위체로부터 간신히 탈피하였음에도 불구하고 나치즘이나 파시즘과 같은 전체주의를 지지한다고 한다. 공동체주의에 따르면, 모든 사람은 어떤 공동체에 소속되어 그 공동체에서 자신의 위치와 의미를 갖고 싶어 한다. 사람은 공동체에서 의미 있는 존재로 취급받고 싶어 한다. 그러나 공동체로부터 유리된 대중은 자기보존본능마저 잃어버리고 자신의 죽음조차 무관심한 상태에 빠진다. 선동가들은 대중들에게 민족적 사명감 등을 불러일으키고, 공동체 소속의식과 같은 정체감을 부여함으로써 대중을 쉽게 동원할 수 있다.[72] 예를 들어, 1차 세계대전 직후의 독일 국민들은 패배감에 빠져 있었다. 이때 히틀러가 나타나 독일 민족의 우수성을 강조하고 민족공동체의 일원이라는 소속감을 강조하고 부여해주면 독일 민중은 삶의 의미를 갖게 해준 히틀러에게 복종하게 된다. 대중을 이와 같이 생각한다면 국민이 직접 국가의사결정을 하는 것은 타당하지 않다.

필수배경지식

PART 03

해커스 LEET 김종수 논술 통합 기본서

[69] 슘페터(P. Schumpeter)는 효율성의 관점에서 대중의 정치참여에 대해 소극적이다. 다만 국민은 선거 주기마다 경쟁하는 엘리트를 선택하고 응징할 수 있다. 그러나 유권자는 통치를 할 엘리트를 선택할 수는 있으나 엘리트에 의한 통치를 변화시킬 수 없다.

[70] 에리히 프롬, <자유로부터의 도피>

[71] 한나 아렌트(Hanna Arendt, 1906~1975): 독일 태생의 유대인 철학사상가이며 나치를 피해 미국으로 이주하였다. 1, 2차 세계대전 등 세계사적 사건을 두루 겪으며 전체주의에 대해 통렬히 비판했다. 아렌트는 스승 하이데거의 현상학적 실존주의를 정치 이론에 적용하여 현대사회에서 방향성을 잃은 군중들의 '세계 상실'을 이야기하였다. 파시즘과 스탈린주의 등 '전체주의'에 대한 그녀의 분석은 오늘날까지 인정받고 있으며 '악의 진부성'이란 개념은 나치스의 인종주의적 대학살의 성격을 정확하게 설명하였다는 평가를 받고 있다. 저서로는 <폭력의 세기>, <예루살렘의 아이히만: 악의 진부성에 대한 보고>, <전체주의의 기원>, <인간의 조건> 등이 있다.

[72] 한나 아렌트, <전체주의의 기원>

7. 참여 민주주의 긍정론

(1) 국민의 의사결정능력

국민의 통치 참여에 대해 부정적인 견해는 국민이 통치권을 담당하기에 비이성적이고, 감정에 쉽게 휘말리고, 편견에 사로잡혀있고, 전문지식이 없다고 국민을 폄하한다. 따라서 소수 전문가들의 지식이 다수 국민의 지식보다 우월하므로 전문가에게 통치를 맡겨야 한다고 주장한다.

그러나 전문가라 하여 일반대중보다 더 나은 판단을 한다는 가정은 타당하지 않다. 예를 들어 미국의 정보기관들은 많은 전문가를 보유하고 있음에도 9.11 테러를 예측할 수 없었다. 집단지성^⑦론에 따르면 함께 사유하고 해결책을 찾아간다면 집단은 소수 전문가보다 탁월한 결정을 할 수 있다고 한다. 사이버 공간에서 다른 사람과 연계되어 실시간으로 의견을 교환하고, 상호의견을 조정한다면 인류의 지식 역량을 총동원할 수 있기 때문에 타당한 지식을 형성할 수 있다. 최근 다국적 기업들도 디자인, 제품 기능에 대한 대중의 다양한 의견을 수용하여 제품을 출시한다. 적절한 정보 제공, 반대할 수 있는 분위기 조성, 자유로운 의사교환 등이 보장되면 대중은 현명한 결정을 할 수 있다.

또한 일반 대중이 집단적 의사 결정을 한다면 더 좋은 결정을 할 수는 없더라도 치명적인 실수를 하지 않을 수 있다. 전문가에 비해 더 좋은 결정을 할 수는 없더라도 더 나쁜 결정은 막을 수 있다는 것이다. 예를 들어, 최고의 전문가가 최악의 실수를 할 가능성이 0.1%로 매우 낮은 반면, 일반 국민은 최악의 실수를 할 가능성이 5%로 매우 높다고 하자. 개인 대 개인으로 비교하면 전문가에 비해 일반 국민이 최악의 결정을 할 가능성이 50배나 높다. 그러나 일반 국민 다수의 합의에 의해 결정한다면 모든 사람이 동시에 최악의 실수를 할 가능성은 소수 전문가에 비해 매우 낮을 뿐만 아니라 정책 결정에 참여하는 국민의 수가 늘어날수록 최악의 실수를 할 가능성은 '0'에 수렴하게 된다.

(2) 국민의 책임의식 고양

사람은 자기운명을 스스로 결정할 권리가 있다. 자기가 스스로 결정했다면 그 결과에 대한 책임을 져야 한다. 그러나 자기가 결정하지 아니한 결과에 대해 책임을 물어서는 안 된다. 국민이 직접 국가정책과정에 참여할 수 없다면 그 결과에 대해 책임을 지려는 의식을 갖기 힘들다. 대의제 민주주의는 필연적으로 국민의 책임의식과 참여의식 약화로 이어진다. 이로 인해 국민은 무책임한 주장을 한다든지, 인기영합적 정책에 찬성을 하기도 한다. 그러나 국민이 국가정책을 스스로 결정한다면 그 결과에 대한 책임을 져야 하므로 신중해질 수밖에 없다. 국민이 국민으로서 책임감을 느끼고, 공동체 구성원으로서 자기를 계발해 나가려면 국민의 국가의사결정 참여는 필수적이다.

(3) 국민의 정치적 소외감 해소

국가의사결정에 국민의 참여가 배제된다면 국민은 정치적으로 소외감을 느낄 수밖에 없다. 이러한 정치적 소외감으로 인해 제도 정치에 대한 불신이 커질 수 있다. 국민의 불신감 증대는 사회질서 혼란 등의 문제로 연결된다. 국민이 정책결정과정에 참여한다면 정치적 소외감을 털고 국민의식을 가질 수 있다.

(4) 전체주의 우려에 대한 반론

20세기 초반 대중이 나치즘이나 파시즘에 열광한 적이 있고, 지금도 한나 아렌트가 경고했듯이 전체주의의 위험이 없어진 것은 아니다. 그렇다고 하여 소수 엘리트에게 통치권을 전유(專有)시켜야 한다는 주장은 국민주권원리상 허용될 수 없다.

전체주의는 지도자가 정책발안권을 독점하고, 국민 간 의사소통을 막은 채 지도자가 일방적으로 자신의 견해만 주입했기 때문에 발생했다. 20세기 전체주의는 국민의 참여를 보장했기 때문이 아니라 국민의 참여를 보장하지 않았기 때문에 발생했다. 국민을 권력주체로서가 아니라 조작의 대상으로 삼았기 때문이다. 예를 들어 파시즘하의 이탈리아, 나치즘하의 독일, 스탈린의 소련 등은 모두 언론과 집회, 표현의 자유를 억압하였다. 독일의 게슈타포나 소련의 KGB 등 비밀경찰은 시민의 자유를 실질적으로 억눌렀고, 전체주의 정권은 선전부 등을 통해 시민의 여론을 조작하였다.

전체주의의 위험을 방지하려면 국민의 참여를 배제하기보다 국민이 참여할 수 있는 여건을 마련해야 한다. 국민 참여가 보장되려면 국민이 충분한 정보를 보유하고 있어서 대안을 채택했을 때 야기되는 결과를 예상할 수 있어야 한다. 그리고 반대자에게도 반대하는 이유를 설명할 기회, 이를 전달할 기회가 보장되어야 한다. 또한 제시된 안이 만족스럽지 않은 경우 국민은 새로운 안(案)을 제안할 권한을 가져야 한다. 지도자가 의제 제안권을 독점한다면 국민은 실질적인 선택의 기회를 가질 수 없기 때문이다. 이런 여건이 갖추어진다면 국민이 단기간 잘못된 결정을 할 수는 있으나 이를 스스로 깨닫고 반성하여 잘못된 결정을 반복하지는 않을 것이기 때문에 전체주의를 지지하는 함정에 빠지지 않을 것이다.

필수배경지식

PART 03

해커스 LEET 김종수 논술 통합 기본서

⑳ 집단지성: 집단지성이란 어디에나 분포하며, 지속적으로 가치 부여되고, 실시간으로 조정되며, 역량의 실제적 동원에 이르는 지성을 말한다. 집단지성의 토대와 목적은 인간들이 서로를 인정하며 함께 풍요로워지는 것이다. 집단지성은 공동체를 숭배하고자 하는 것은 아니다. 집단지성은 누구도 모든 것을 다 알지 못하고 모든 사람이 무엇인가를 알고 있다는 것을 전제로 하기 때문에, 집단구성원의 지식을 총동원한다면 더 나은 지식을 창출할 수 있다고 한다.

선거제와 추첨제

1. 선거제

(1) 선거의 개념과 기능

선거는 국민이 대표자를 결정하는 행위이다. 선거는 국가기관에 민주적 정당성을 부여하는 기능을 한다. 헌법 제1조 제2항은 "모든 권력은 국민으로부터 나온다."고 규정하고 있다. 입법권, 집행권, 사법권이라는 권력이 국민으로부터 나온다는 의미이다. 즉 국민으로부터 나오지 않는 권력은 정당성이 없다. 쿠데타를 통해 권력을 장악한 경우, 국민의사와 무관하게 권력을 가졌으므로 정당성이 없다. 국민의 뜻에 따라 국가권력이 부여된다면 그 국가권력은 정당하다. 선거는 국가권력에게 정당성을 부여하는 대표적인 제도이다. 선거는 국민의 정치수단이자 대표의 정치적 책임을 추궁하는 기능을 한다. 선거과정에서 국민은 국가 운영의 방향과 실현방안에 관심을 가지게 된다. 각 정당과 후보자의 정책을 듣고, 정치적 의사를 표현한다. 그리고 집권당이나 대표자가 임기동안 행사한 국가권력의 목적, 절차, 효과에 대해 책임을 추궁한다.

(2) 선거의 문제점

통치자는 복잡한 현안을 처리해야 하므로 고도의 전문성과 탁월성을 가져야 한다. 추첨제는 전문성을 가지지 못한 자가 통치자가 될 수 있다는 점에서 문제가 있다는 지적이 있다. 그러나 추첨제를 지지하는 견해는, 추첨명부에 올라가려면 자발적 지원이 있어야 하고 직무수행 중 소환을 받을 수 있고 법적 책임을 추궁당할 수 있으므로 추첨제가 무능력한 사람을 선발하는 제도가 아니라는 반론을 제기할 수 있다.

선거제를 지지하는 견해에 따르면, 현대국가가 담당하고 있는 복잡한 문제를 해결하려면 일반인보다 훨씬 탁월한 능력을 가진 자가 통치자가 되어야 하고, 이를 위해 선거제가 필요하다는 주장을 할 수 있다. 그러나 추첨제를 지지하는 입장에서는 선거를 통해 탁월한 능력을 가진 자를 선출할 수 있는지 의문을 가질 수 있다. 실제로 능력을 가진 자가 아니라 능력을 가진 것으로 인식된 자가 선출된다는 점에서 선거제의 문제가 있다. 능력을 가진 것으로 인식되려면 언론매체에 노출되어야 한다. 언론매체에 많이 노출되거나 말을 잘한다고 해서 문제해결능력이 탁월하다고 할 수 없다. 자신이 능력이 있다고 인식되려면 자신을 알려야 하고, 자신을 알리려면 많은 선전비용이 든다. 그렇다면 선거는 재산이 많은 자에게 유리할 수밖에 없다.

일반국민으로부터 후원금을 받으면 되지 않느냐는 반문이 있을 수 있다. 그러나 일반국민으로부터 후원금을 받기 위해서는, 자신을 알려야 하고, 이를 위한 선전비용이 필요하다. 게다가 선거조직, 후보 사무실을 운영하려면 상당한 자금이 필요하다. 따라서 선거제도는 가진 자에게 유리한 제도이다. 또한 부모가 재력이 있거나 유력한 정치인이었다면 그 자녀가 선거를 통해 당선될 가능성이 높다. 미국 제43대 대통령 조지 워커 부시는 제41대 대통령인 조지 허버트 워커 부시의 아들이다. 일본이나 우리나라 국회의원 중 상당수는 부모가 국회의원이었던 경우가 많다. 이처럼 선거제도는 기회 균등의 관점에서도 문제가 있다.

2. 추첨제

(1) 아테네의 추첨제

30세 이상의 시민 중 행정관으로 선출되기를 원하는 사람은 추첨명부에 등록된다. 추첨에서 뽑힌 사람은 납세실적, 병역의무 이행, 법적 자격이 있는지에 대한 직무심사를 거쳐야 한다. 직무수행 중 무능력, 비리 등의 문제가 있다면 시민들은 직무정지를 요구할 수 있고, 투표를 통해 불신임 결정을 받으면 법정에 회부되어 처벌받을 수 있다. 지원자만이 추첨명부에 등재되고, 직무수행의 문제로 인해 국민소환, 형사처벌될 수 있으므로 무능력에 따른 폐해를 줄일 수 있다. 현재 의회와 비슷한 평의회는 1년 임기로 추첨을 통해 선출되었다. 재판관과 배심원도 추첨을 통해 선출되었다.

(2) 추첨제의 장점

추첨제는 민주주의의 이념인 국민에 의한 통치를 실현하기에 용이하다. 선거제는 상위계층, 재산가, 학벌 좋은 자에게 유리하다. 일반계층의 국민은 선거에서 당선되기 힘들다. 추첨제는 일반국민들도 번갈아 선발되어 통치에 참여할 수 있으므로 국민에 의한 통치에 부합된다.

추첨제는 평등원칙에 부합된다. 선거제도는 능력 있는 전문가를 선출한다는 명목 하에 상위계층이 통치권을 장악하는 민주주의적 귀족정을 낳았다. 현실적으로 일반국민은 선거에 입후보하여 당선되는 것이 불가능하므로, 선거제도는 기회균등의 정신에 위반될 수 있다. 추첨제의 경우 자격이 있다고 생각하는 국민은 명부에 등록할 수 있고(기회 균등), 모든 계층의 국민이 통치자가 될 수 있으므로(결과의 평등), 추첨제는 평등원칙에 부합된다.

추첨제는 '국민을 위한 통치'라는 민주주의 정신에 부합된다. 통치의 객체로서 지배를 받았던 자가 통치자가 된다면 자신의 결정과 명령이 피치자에게 끼칠 영향을 고려할 수밖에 없다. 또한 임기가 끝나면 자신은 다시 피치자가 되어야 하므로 일반국민의 입장을 고려한 결정을 할 것이다. 따라서 추첨제는 국민을 위한 통치라는 정신에 부합된다.

추첨제는 누구의 감정도 상하게 하지 않는다는 장점을 가진다. 추첨이 되지 않았다고 하여 굴욕감을 느낄 여지는 없다. 그러나 선거에서 낙선하면 굴욕감과 패배의식이 발생한다.

(3) 추첨제의 예외

아테네는 대부분의 직위를 추첨제로 선출하였으나 모든 직위를 추첨제로 선출하지는 않았다. 군사령관, 최고재정담당관 등 중요행정직은 능력이 중시되는 직이므로 후보자 중에서 선거로 선출했다.[가] 그러나 이때에도 최종결정권은 아테네 민회가 행사했다.

먼저 능력이 중요시되는 직위의 경우, 해당 직위에 필요한 역량을 공지하여 이 역량을 갖춘 자만 해당직위에 공모할 수 있도록 하였다. 그리고 민회가 소집되어, 이 직위에 공모한 후보자들에 대해 아테네 시민들이 직접 후보자들에게 질문하고 응답하는 과정을 거쳐 최종적으로 시민들의 투표에 의해 선출하도록 하였다. 예를 들어, 아테네에서 군 사령관을 임명해야 한다고 하자. 먼저 군 사령관 직위에 합당한 역량에 대한 공모가 이루어진다. 그 공모 기준을 현대의 기준으로 예를 든다면, 3성 장군 이상의 직위를 수행한 경험이 있을 것, 합동군사작전을 3번 이상 지휘한 경험이 있을 것, 1만 명 이상의 병사를 지휘한 경험이 있을 것 등을 들 수 있을 것이다. 이러한 공모 기준을 만족하는 A, B, C가 군 사령관에 공모했다고 하자. 아테네 민회는 이 3명의 사령관 지원자에게 작전브리핑을 듣게 된다. 이 브리핑에 대해 의문점이 있을 경우 그 자리에서 지원자에게 질문하고 응답을 듣는다. 그 이후 아테네 민회는 투표를 통해 군 사령관을 선출한다. 이렇게 선출된 군 사령관이라 하더라도 반드시 승리한다는 보장은 없다. 그러나 아테네 민회의 구성원은 아테네 시민이며 이들은 곧 아테네 군인이다. 아테네의 시민이자 군인은 자신이 누구의 명령을 따라야 승리할 수 있을지 스스로 판단하고 결정하였다. 그리고 승리 혹은 패배라는 결과에 대한 책임은 자신이 스스로 지게 된다.

[가] 마넹, <선거는 민주적인가>

민주적 의사결정방법

1. 합법적 독재

(1) 독재

독재는 사회가 원하는 목표 달성에 유리한 제도이다. 세종대왕과 같은 성군(聖君)이 독재를 한다면 사회구성원 모두가 행복해질 것이다. 통치의 전문가가 사회의 목적을 달성하기 위한 최고의 방법을 제시하고, 모든 사람들이 이를 따르면 가장 적은 비용으로 가장 빨리 목표를 달성할 수 있다. 선한 의도를 가진 능력 있는 지도자가 독재를 한다면 그처럼 좋은 일은 없다.

그러나 독재는 성군이 아닌 폭군에 의해서도 사용될 수 있다. 일반적으로 독재는 힘을 지닌 한 사람에게만 유리한 결과를 가져온다. 그리고 권력자 이외의 모든 사람에게는 피해를 줄 수 있다. 절대 권력은 절대 부패한다. 예를 들어, 중동의 민주화 사건에서 리비아의 독재자인 카다피의 개인 재산은 140조 원에 달하는데, 대다수의 리비아 국민들은 생계에 곤란을 겪고 있다. 독재자와 그 주변의 소수 권력층은 엄청난 부를 누리지만, 절대다수의 국민은 생계 곤란을 겪을 정도로 가난하다. 이처럼 독재는 일반적으로 사회구성원 대다수에게 불이익을 준다.

(2) 독재의 필요성

독재가 곧 악(惡)이라 할 수는 없다. 공동체 전체의 존망이 달려있고, 다수의 의견을 들을 시간적 여유가 없으며, 전문적 의사결정이 필요한, 한정적인 상황에서는 독재가 반드시 필요하다. 고대 로마는 독재를 극단적으로 두려워 해, 최고지도자인 집정관을 선출할 때에도 2명을 선출했고 이들이 교대로 하루씩 통치할 정도였다. 이런 로마마저도 전쟁과 같은 위험에 처했을 때에는 국가의사결정의 전권(全權)을 행사할 수 있는 '딕타토르'를 임명하였다. 마키아벨리가 말하듯이 "위기 상황에 독재에 호소할 수 없는 국가는 필연적으로 멸망"할 수 있기 때문이다.

(3) 합법적 독재

독재의 위험성은 여전히 존재한다. 그래서 고대 로마에서는 국가 존망이 걸려있는 전쟁 상황에만 예외적으로 독재자인 '딕타토르'를 임명했고 위기가 해결되면 즉시 그 직을 반환하게 했다. 마키아벨리 역시 '위기 상황'에서만 독재를 허용할 수 있고 평시에는 공화정이 필요하다고 말했다. 독재는 국가위기상황과 같은 한정적 상황에서만 인정될 수 있다. 바로 이것이 국민들이 계엄법[75]에 동의하고 여러 제한 조건을 부가시켜놓은 이유이다.

2. 다수결

다수결은 민주적 의사결정방식 중 가장 일반적으로 사용되는 방법이다. 다수결은 최대다수의 편익 증진을 가능하게 한다는 점에서 널리 사용된다. 다수결은 기본적으로 다수가 소수에 의해 져서는 안 된다는 생각에 기반을 두고 있다. 또한 다수가 소수에 비해 더 현명하지 못한 결정을 할 수는 있더라도 더 나쁜 결정을 내리지는 않는다는 의미를 내포하고 있다. 만약 다수가 현명하지 못한 의사결정을 하더라도 민주주의는 절대적이고 고정적인 체제가 아니므로 다수가 그 잘못을 깨닫는다면 이내 시정할 수 있다.

3. 만장일치

집단에서 최고의 의사결정방식은 만장일치이다. 그러나 만장일치를 사용하는 경우가 드문 이유는 현실적으로 실현불가능하다는 문제점 때문이다. 특히 집단이 크면 클수록 만장일치를 사용하기 어렵다.

이보다 더 큰 문제점은 소수에게 절반의 독재를 허용하는 것이나 다름없다는 점이다. 독재자처럼 무엇을 할 것인지 하지 않을 것인지 결정할 수는 없으나, 무엇을 못하게 할 수 있기 때문에 소수에게 거부권을 주는 것이나 다름없다. 예를 들어, 100명의 집단에서 규칙을 만든다고 하자. 이 규칙을 독재로 결정한다면 설령 99명의 구성원이 반대하는 규칙이라 하더라도 1명의 독재자가 원한다면 그 규칙을 99명에게 강제할 수 있다. 그러나 만장일치로 결정한다면 99명의 구성원이 원하는 규칙이라 하더라도 1명의 구성원이 반대하여 규칙이 결정되지 못하게 할 수 있다. 이런 의미에서 만장일치를 소수결이라 하기도 한다. 절대다수의 결정이라 하더라도 소수가 거부권을 행사할 수 있기 때문이다.

그렇기 때문에 만장일치는 소수에게 거부권이 필요할 때 사용한다. 인류의 역사에서 다수가 소수의 권리, 재산을 함부로 침해한 경우가 많았다. 현대 민주주의 사회에서도 다수의 권리는 잘 지켜진다. 그러나 힘없는 소외계층이나 주류가 아닌 소수는 그 권리가 보호되기 어렵다. 이럴 때에는 만장일치에 가까운 의사결정방식이 필요하다.

4. 가중다수결

가중다수결은 만장일치를 현실에 적용한 의사결정방식이다. 가중다수결의 대표적인 사례는, 2/3 이상의 동의에 의해서 의사 결정을 할 수 있는 헌법 제·개정이나 헌법재판소의 위헌 결정❼이 있다. 가중다수결은 나치 독일의 경험 이후로 구체화되었는데, 나치는 약 90%에 달하는 독일 국민 대다수의 지지를 받았다. 당시 유태인은 대다수 독일 국민에 비해서 소수였다. 독일 국민 대다수가 유태인을 차별해도 된다고 결정했다. 그러나 차별의 대상은 소수여서 자유와 권리를 침해당하고 생명을 빼앗기더라도 대항할 수 없었다. 이 역사적 경험에서 만장일치를 언제 적용해야 하는지 배우게 되었다. 가중다수결은 만장일치를 현실적으로 적용한 것이다. 가중다수결을 통해 개개인의 생명, 자유, 권리를 지킬 수단을 실질적이고 방어적으로 보장하고자 하였다.

❼ 계엄법 제2조 (계엄의 종류와 선포) ② 비상계엄은 대통령이 전시·사변 또는 이에 준하는 국가비상사태에 있어서 적과 교전상태에 있거나 사회질서가 극도로 교란되어 행정 및 사법기능의 수행이 현저히 곤란한 경우에 군사상의 필요에 응하거나 공공의 안녕질서를 유지하기 위하여 선포한다.

제7조 (계엄사령관의 관장사항) ① 비상계엄의 선포와 동시에 계엄사령관은 계엄지역안의 모든 행정사무와 사법사무를 관장한다.

제9조 (계엄사령관의 특별조치권) ① 비상계엄지역안에서 계엄사령관은 군사상 필요한 때에는 체포·구금·압수·수색·거주·이전·언론·출판·집회·결사 또는 단체행동에 대하여 특별한 조치를 할 수 있다. 이 경우에 계엄사령관은 그 조치내용을 미리 공고하여야 한다.

② 비상계엄지역안에서는 계엄사령관은 법률이 정하는 바에 의하여 동원 또는 징발할 수 있으며, 필요한 경우에는 군수에 공할 물품의 조사·등록과 반출금지를 명할 수 있다.

③ 비상계엄지역안에서는 계엄사령관은 작전상 부득이한 경우에는 국민의 재산을 파괴 또는 소훼할 수 있다.

④ 계엄사령관이 제3항의 규정에 따라 국민의 재산을 파괴 또는 소훼하고자 할 때에는 미리 그 사유·지역·대상 등 필요한 사항을 당해 재산의 소재지를 관할하는 행정기관 및 그 재산의 소유자·점유자 또는 관리자에게 통보하거나 공고하여야 한다. [개정 2006.10.4]

❼ 헌법재판소법 제23조 (심판정족수) ② 재판부는 종국심리에 관여한 재판관의 과반수의 찬성으로 사건에 관한 결정을 한다. 다만, 다음 각호의 1에 해당하는 경우에는 재판관 6인이상의 찬성이 있어야 한다.

1. 법률의 위헌결정, 탄핵의 결정, 정당해산의 결정 또는 헌법소원에 관한 인용결정을 하는 경우

5. 가중다수결과 방어적 민주주의

법실증주의자였던 H. Kelsen은 상대적 민주주의를 주장하며, 민주주의는 가치와 이념으로부터 중립적이어야 한다고 한다. 그는 민주주의를 이념과 가치가 전제되어 있지 않는 빈 그릇과 같아서 어떤 내용으로도 채워질 수 있는 것이라고 하였다. 모든 국민 개개인은 자기자신이 심사숙고하여 자신의 가치를 스스로 결정하고 이를 국가의사에 반영할 권리가 있다. 이 권리는 모든 개인에게 동등해야 하며 이처럼 국민이 다양한 의사를 가질 경우 다수의 지지를 받은 의사를 공동체의 의사로 결정하는 것이 민주주의라고 한다. 켈젠에 따르면, 민주주의는 곧 수적 정당성을 확보하는 것이며 다수결에 의해 의사결정하는 것이 정당하다. 그러나 다수가 결정했다는 사실로부터 그 결정이 옳다는 당위는 성립하지 않는다. 예를 들어, 히틀러는 독일 국민 92%의 열광적 지지를 받아 총통에 취임했다. 켈젠의 주장에 따르면, 히틀러와 나치에 의한 의사결정도 다수의 지지를 받은 결정이므로 민주주의에 부합된다는 문제가 있다. 국민 다수의 지지를 받으면 인권이나 소수자(유태인)의 존립도 침해할 수 있다는 문제가 생긴다. 따라서 인권이나 소수자의 존립은 다수결의 대상이 되지 않는다는 주장이 제기된다.

나치 집권 시기에 라드부르흐, 칼 뢰벤슈타인은 이를 인식하고 방어적 민주주의를 주장했고, 2차 세계대전 후 독일 헌법에 방어적 민주주의를 규정했다. 민주주의는 자유, 평등, 정의의 실현이라는 목적을 갖고 있기 때문에 이 목적을 훼손하려는 법률은 다수결이라는 이유만으로 정당화될 수 없다. 자유, 평등, 정의에 근거한 질서를 자유민주적 기본질서라고 하는데, 이 질서를 방어해야 한다. 방어적 민주주의는 자유민주적 기본질서를 지켜야 한다는 생각으로부터 비롯되었다. 따라서 자유민주적 기본질서를 부정하는 정당은 해산되어야 하고(위헌정당해산제도), 이를 부정하는 기본권 주체의 기본권을 실효시켜야 한다(기본권실효제도)는 내용이 독일 헌법에 규정되었다. 다수의 지지를 받았다는 이유로 자유민주적 기본질서 침해를 방치한다면 민주주의의 해체로 이어질 수 있으므로 이를 부정하는 적들과 싸우겠다는 민주주의이다.

보충자료 - 독재와 만장일치

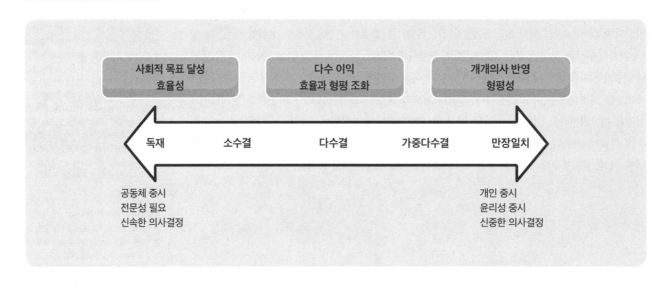

중국식 민주주의와 미중 갈등

1. 현실의 민주주의

민주주의는 이론과 현실이 결합되어 나타난다. 그렇기 때문에 논리와 사례 간의 논리적 연결과 증명을 중시하는 LEET와 로스쿨 면접에서 출제될 가능성이 높다. 또한 법은 국가 통치 수단이기 때문에 국가가 탄생한 이후로 언제나 존재해왔다. 근대 이전의 법의 목적은 왕권 강화인 것에 비해, 근대 이후의 법의 목적은 주권자인 국민의 권리 보호가 된다는 점에서 시험 출제 가능성이 높다. 여기에서는 현실의 국가를 통해 민주주의 체제를 설명한다.

2. 미중 패권국가 경쟁

미국과 중국 간의 대립이 본격화되고 있다. G2 갈등이 일어나고 있는 상황에서 우리나라의 고민은 커질 수밖에 없다. 정치제제는 미국과 연동되고, 경제 발전은 중국과 연동되는 우리나라의 상황에서 선택이 중요하기 때문이다.

우리나라의 경제는 미국과 관련이 깊다기보다 중국과 깊은 관련을 갖고 있다. 2000년대 초반부터 2020년까지의 경제 발전은 중국의 경제 발전에 우리나라가 올라탄 것이라 해도 과언이 아닐 정도이다. 중국은 도광양회(韜光養晦), 힘을 숨기고 기다리는 전략에서 벗어나 이제 미국과 겨뤄볼 마음을 먹은 듯하다.

그러나 미국은 세계 패권국가임에 분명하고, 여전히 미국과 중국의 격차는 모든 면에서 꽤 크다. 미국이 패권국가가 된 바탕에는 민주주의의 힘이 있다. 프랑스혁명 시기를 살았던 프랑스의 토크빌은 <미국의 민주주의>를 통해 이제 막 국가가 건립되어 아무 힘이 없던 미국이 장래 엄청난 번영을 할 것이라 예언했다. 그리고 그렇게 될 수밖에 없는 이유는 미국이 민주주의를 가장 강력하게 실현하고 있기 때문이라 했다.

3. 중국식 민주주의

중국의 공식 명칭은 중화인민공화국이다. 중국은 정치체제로 민주집중제, 집단지도체제를 갖고 있다고 하나, 우리의 시각으로는 권위주의 정치체제라 보고 있다. 사회주의 국가들 역시 자신들은 민주주의라 하고 있다. 서방세계의 관점을 받아들이고 있는 우리나라로서는 과연 중국이나 북한과 같은 사회주의 국가가 민주주의라 할 수 있을까 하는 의문이 들기 마련이다.

중국은 자신들의 경제 발전에 힘을 얻어 앞으로는 미국식 민주주의가 아니라 중국식 민주주의가 타국이 본받을 체제가 될 것이라 주장하고 있다. 중국은 민주주의를 인류 보편의 가치로 보지 않는 것이다. 이는 발전국가에서 많이 보이는 주장인데, 싱가포르의 통치자였던 리콴유는 유교 민주주의, 싱가포르식의 민주주의를, 우리나라 유신정권은 한국식 민주주의를 주장했다.

중국식 민주주의란 과연 무엇일지 알아보자. 민주주의는 주권자인 국민의 의사가 국가 운영에 반영되는 정치체제이다. 그렇다면 주권자인 국민의 의사가 무엇인지 알아야 한다. 미국이나 한국은 국민이 정치적 의사를 직접 표출하도록 하여 주권자의 의사를 확인하고 국민의 지지를 받은 통치자를 선출하는 방식을 사용한다. 그런데 중국은 그렇지 않다. 주권자인 국민의 의사는 사실 뻔한 것 아닌가. 경제적으로 낙후된 국가라면, 국민들은 잘 먹고 잘 사는 것을 원할 것이다. 그렇다면 국가의 목적은 국민들을 잘 먹고 잘 살게 하는 것이 된다.

중국은 인민의 의사가 공산당을 통해 집결된다고 생각한다. 그리고 이 집결된 의사는 잘 먹고 잘 사는 것을 원하는 것이다. 어떻게 하면 15억 명의 중국 인민이 잘 먹고 잘 살 수 있을지 머리를 모아야 한다. 따라서 공산당은 엘리트여야 하고 이 하나의 목표를 위해 여러 인재가 여러 수단을 강구해야 한다. 미국이나 한국은 여러 개의 정당들이 각자의 목표를 추구하지만, 중국과 북한은 하나의 정당이 하나의 목표를 추구하는 것이다. 다만, 목표를 추구하는 과정에서 방법은 여러 가지가 있으니 공산당 안의 인재들이 이 방법을 두고 경쟁하는 것이다.

이 경쟁의 결과로 결국 인민이 원하는 목표가 실현될 것이므로 주권자인 국민의 의사는 실현되는 것이다. 따라서 중국식 민주주의에 의하면 주권자의 의사는 충분히 달성되고 있고, 공산당은 중국 인민 중에 누구나 가입하여 활동 가능하기 때문에 민주주의라 할 수 있다는 것이다. 서방세계의 복수정당제처럼 정당 간의 경쟁은 없지만, 공산당 안에서 여러 인재들 혹은 파벌들이 경쟁을 하고 있기 때문에 경쟁 역시 존재한다고 주장한다. 따라서 서방세계의 민주주의만이 민주주의라 할 수 있는 것은 아니며, 중국식 민주주의 역시 다른 형태의 민주주의라 할 수 있다고 주장하는 것이다.

4. 중국몽과 AI 경쟁

미중 갈등은 미국의 대중국 반도체 규제로 드러나고 있다. 미국은 반도체 기업들이 중국에 반도체 생산장비, 첨단 반도체를 수출하는 것을 강력하게 규제하고 있다. AI 기술에 필수적인 엔비디아의 AI 칩은 최첨단 칩부터 그에 못 미치는 칩까지 중국 수출이 금지된다. 또한 첨단 반도체를 만드는 장비인 노광장비 중 최첨단 장비인 EUV 장비는 유럽의 ASML에서 독점생산되는데 이 장비 역시 중국 수출을 할 수 없도록 규제받고 있다. 중국식 민주주의, 중국 공산당의 목표, 중국에 대한 반도체 규제는 서로 연결되는 것이다. 아래의 3가지를 살펴보자.

> • 중국은 자신들의 정치체제를 중국식 민주주의라 규정한다.
> • 중국 공산당은 1921년 창당했고 2021년 새로운 100년의 정당의 목표이자 국가 비전으로 중국몽(中國夢)을 선언했다.
> • 중국은 AI를 국가 중요 목표로 두고 엄청난 투자를 하고 있다. AI 기술 발전을 위해서는 빅데이터가 필요한데, 국가 차원에서 15억 명의 데이터를 광범위하게 수집하고 있다. 이 과정에서 개인정보 보호는 광범위하게 침해되고 있다.

위의 3가지는 모두 다른 영역의 다른 논의로 보인다. 그러나 사실은 하나로 연결되는 것이다. 왜 그런 것일까? 이를 차근차근 논증해보자.

(1) 중국식 민주주의

중국식 민주주의는 국민, 인민의 의사를 엘리트인 중국 공산당이 잘 알고 있으며 이를 실현한다는 전제에서 시작한다. 이 전제는 언제나 타당한 것은 아니지만, 잘 맞는 부분도 있다. 예를 들어, 우리나라를 생각해보자. 6.25 전쟁 이후 국민의 의사는 무엇일지 국민들에게 물어볼 필요가 있을까? 생활 기반은 모두 파괴되었고 대부분의 국민들은 기본적인 의식주를 만족하지 못한 상태였을 것이다. 당연히 잘 먹고 잘 살기를 원할 것이라 알 수 있다. 국민의 다양한 의사가 존재하기 어려운 사회환경이다.

이를 중국에 적용해보자. 중국 국민의 의사는 무엇일까? 중국의 GDP는, 흑묘백묘론으로 잘 알려진 덩샤오핑이 상하이와 같은 경제특구를 개방하는 경제모델을 도입하면서 성장하기 시작했다. 중국의 현재 GDP는 약 18조 달러로 세계 2위이다. 그러나 1인당 GDP는 세계 60위권이다. 그럴 수밖에 없는 것이 세계 1위 경제대국인 미국의 인구가 4억 명이 채 안 되는데 중국은 약 15억 명으로 4배가 넘는다. 미국의 GDP는 약 23조 달러로 중국의 1.5배 정도 되는데, 인구는 1/5 수준이니, 1인당 GDP는 7~8배 수준의 차이가 나는 것이다. 중국은 부의 불평등이 심하다고 알려져 있는데, 극빈층의 수도 어마어마하다. 중국 인민 대다수의 의사는 잘 먹고 잘 사는 것이라 보아도 무방할 것이다. 중국 공산당은 엘리트 집단이고, 이를 모를 리 없다.

중국의 경제 규모가 커지고 1인당 GDP가 중진국이나 선진국 수준으로 올라선다고 가정해보자. 국민의 의사가 잘 먹고 잘 사는 것에서 더 잘 먹고 더 잘 사는 것으로 동일한 선상에 있게 될까, 중국 인구만큼이나 다양한 의사가 발생하게 될까?

(2) 중국몽

중국 공산당은 100년 이상의 역사를 갖고 있다. 중국은 일당독재의 집단지도체제를 갖고 있기 때문에 국가의 목표를 100년 계획으로 삼아 실현할 수도 있다. 이는 5년 단임제나 4년 중임제 대통령제 국가에서는 상상할 수도 없는 일이다. 중국 공산당은 1921년 창당된 이래로 추구해온 공산당의 목표를 새롭게 세워야 한다. 그리고 그것은 아메리칸드림의 중국 버전이다. 중국 공산당은 세계 패권국가, 강대국이 되겠다는 선언을 중국 인민들에게 한 것이다. 결국 중국 인민들의 의사는 잘 먹고 잘 사는 것에서 나아가, 강대국이 되는 것이라 예측한 것이다. 이 예측은 2121년 중국 공산당의 창당 200주년에 정확한 예측으로 남게 될까?

(3) AI와 빅데이터

AI는 빅데이터를 통해 인간 지능보다 뛰어난 지능을 갖게 되는 것이 목표가 된다. AI를 통해 우리가 알고자 하는 것은 생활상의 편리이기도 하지만, 예측 능력이라 할 수 있다. 인간은 종교를 통해 모든 것의 이유를 알고 미래를 예측하고자 했다. 신은 예언하고 실현한다.

과학은 이러한 종교의 기능을 물려받았다. 과학은 뉴턴역학과 상대성이론 등을 통해 아직 일어나지 않은 일을 예측하는 힘을 주었다. 아직 커지지 않은 태풍의 경로를 예측해서 대피함으로써 피해를 줄이는 것은 고대의 관점에서 보면 신의 예언에 따라 선지자가 자기 민족을 대피시키는 것이나 다름없다.

중국 공산당은 100년 후의 미래를 실현해야 한다. 중국 인민이 원하는 것은 무엇일지 알아맞혀야 한다. 미국이나 한국처럼 국민에게 직접 물어보지 않고, 엘리트인 공산당이 중국 15억 인민의 의사를 예측해서 실현함으로써 만족감을 주어야만 중국 인민은 체제의 정당성을 인정할 것이다. 이제 그 기능은 AI로 넘어간다.

내가 선택하고 결정해서 틀린 것은 납득할 수 있지만, 나보다 잘 난 사람이 좋은 성과를 내겠다고 호언장담해서 내 결정권을 내어주었는데 더 나쁜 결과가 찾아온다면 참을 리가 없다. 중국식 민주주의는 주권자인 국민의 의사를 엘리트인 공산당이 대신 알아서 실현해주기 때문에 의미를 갖게 된다. 중국 공산당은 지난 100년간 잘 먹고 잘 살게 해달라는 인민의 의사를 실현해왔으나, 100년 후의 미래 목표인 중국의 꿈을 실현할 수 있을 것인지 의문이다.

미래를 예측하기 위해서는 인간의 지능을 뛰어넘는 AI가 필요하고 빅데이터가 그 기반이 된다. 중국 공산당에게는 다행스럽게도 중국은 막대한 수의 인구가 있고 강력한 권력을 통해 수많은 데이터를 수집할 수 있기 때문에 AI 기술을 발전시킬 수 있다. 그렇다면 중국 인민이 원하는 정치적 의사를 예측할 수 있고 실현할 수 있을 것이며, 중국 공산당의 이전 100년의 역사가 성공적이었듯이 이후 100년의 역사도 성공적일 것이라 여기는 것이다. 그렇기 때문에 중국 정부의 개인정보 수집과 빅데이터에 대한 열망은 앞으로도 상당기간 강해질 것이 분명하다. 미국이 대중국 봉쇄전략으로 반도체와 빅데이터 기술을 선정한 것은 이런 이유가 있는 것이다.

모의문제 07 민주주의

* 부록의 원고지를 사용하여 실제 시험처럼 제한시간(110분)에 맞춰 답안을 작성해보고, 답안을 작성한 후에는 p.475에서 해설과 예시답안을 확인해보세요.

Q. 제시문 (가)와 (나) 각각의 관점에서 <표>의 다수대표제를 비판하시오. 그리고 제시문 (가)와 (나) 각각의 관점에서 비례대표제를 확대하여야 한다는 주장을 <표>에 적용하여 논증하시오. (800~1000자)

─── 〈제시문과 표의 배경〉 ───

다수대표제(多數代表制)는 한 선거구에서 최고득점자를 당선자로 결정하는 선거 제도를 말한다. 다수대표제는 일반적으로 소선거구제와 결합되어 운영되는데, 소선거구제는 1개의 선거구에서 1명의 당선자를 선출하는 선거 방식이다. 즉 소선거구제와 결합된 다수대표제는 1개의 선거구에서 최고 득점자 1명을 선출하는 선거 제도이다.

비례대표제(比例代表制)는 정당의 득표율에 비례해 당선자 수를 결정하는 선거 제도다. 여러 방식의 비례대표제가 있으며 대표적인 방식으로 정당명부식과 단기 이양식이 있다. 현재 우리나라에서 시행되는 비례대표제는 국가 전체를 하나의 선거구로 보아 비례대표에 할당된 의석을 정당이 획득한 득표율에 따라 배분하는 방식이다.

─── 〈표〉 ───

한 가상 국가의 선거 결과를 나타낸 것이다. 이 가상 국가의 입법부 총 정원은 10명이다. 이 국가에는 4개의 정당(A당, B당, C당, D당)이 있고, 선거에서 무소속 후보의 참여는 없었다.

구분	A당	B당	C당	D당	합계
1 선거구	290	340	300	40	970
2 선거구	200	370	360	60	990
3 선거구	213	360	247	110	930
4 선거구	340	330	300	80	1,050
5 선거구	320	300	300	70	990
6 선거구	450	210	160	230	1,050
7 선거구	400	190	140	250	980
8 선거구	500	350	300	60	1,210
9 선거구	420	340	310	40	1,110
10 선거구	437	168	235	80	920
총 득표 수	3,570	2,958	2,652	1,020	10,200
득표율	35%	29%	26%	10%	100%
다수대표제 시행 시의 의석 수	7석	3석	0석	0석	10석
비례대표제 시행 시의 의석 수	3석	3석	3석	1석	10석

(가) 대의제 민주주의는 국민주권의 원리를 실현하는 한 방법이다. 대의제 하에서는 국민이 직접 국가의사를 결정하는 것이 아니라 주권자가 국가기관을 선출하고 주권을 위임함으로써 대표기관이 국민의 의사를 대신 실현한다.

대의제 민주주의는 주권자인 국민의 의사를 정확하고 효과적으로 반영해야만 한다. 선거는 이러한 국민의 의사를 확인하고 위임하는 것이므로 대단히 중요하며 특히 선거구의 획정은 국민 의사의 반영에서 핵심 요소가 된다. 만약 선거구 획정이 잘못될 경우 선거에서 선거권의 평등이 훼손되고 이는 국민의 의사가 왜곡되는 것이기 때문에 이로 인해 대의제 민주주의의 본질과 정당성이 훼손되는 것이나 다름없다.

우리 헌법은 평등의 원칙을 중요하게 여기고 있으며, 국회의원 선거에서 '평등선거의 원칙'을 선언한다. 평등선거의 원칙이란 평등의 원칙이 선거에 반영된 것이다. 평등선거의 원칙은 두 가지 의미가 동시에 만족되어야 한다. 먼저, 1인 1표의 원칙(one person, one vote)이 성립하여 투표의 수적인 평등이 달성되어야 한다. 그리고 1표의 투표가치가 대표자 선정이라는 선거 결과에 기여한 정도에도 평등해야 한다는 원칙(one vote, one value), 즉 투표의 성과가치의 평등이 내용적으로 달성되어야 한다. 이는 특정집단의 의사가 정치과정에 과도하게 반영되거나 과소반영되도록 선거구를 차별적으로 획정하는 게리맨더링❼을 인정할 수 없다는 의미이기도 하다.

(나) 한국 민주주의가 발전하기 위해서는 기존의 보수독점적 양당 체제를 타파해야 한다. 보수독점적 양당 체제 하에서는 서민대중의 정치적 요구가 정치적으로 대표될 수 없다. 결국 국민의 의사가 정치적으로 반영되지 않음으로써 '거리의 정치'가 나타나게 된다. 따라서 이를 해결하기 위해서는 국회의원 선거제도를 개혁해야 하고, 비례대표제를 강화하는 것이 최선의 방법이다. 이 중에서도 독일식의 정당명부식 비례대표제를 도입하는 것이 타당하다. 정당명부식 비례대표제는 두 가지 효과를 동시에 달성할 수 있기 때문이다. 소선거구에서 유권자와 후보자가 밀접하게 접촉할 수 있기 때문에 정치 엘리트의 수직적 책임성을 확보할 수 있다. 그러면서도 정당 지지율에 비례한 대표기관이 형성된다. 선거제도의 구체적인 개선 방안은 이외에도 여러 가지가 있을 수 있다. 그러나 현재의 보수독점적 양당 체제를 가능하게 하는 단순다수대표제를 비례대표제의 방향으로 전환하는 것이 무엇보다도 중요하고 시급한 일이다.

❼ 게리맨더링(gerrymandering): 자기 정당에 유리하도록 선거구를 구획하는 일. 미국의 매사추세츠 주지사 게리(Elbridge Gerry)가 1812년 자기 정당에 유리하게 만든 선거구 중 하나의 윤곽이 도마뱀 모양이어서 도마뱀을 닮은 전설상의 괴물인 샐러맨더와 게리의 이름을 합성해서 생긴 말이다.

**Chapter
03**

법치주의

핵심 가이드

법은 목적이 아니라 수단이다. 개인들이 모여 국가를 만들어 살게 되면 필연적으로 갈등이 발생하게 된다. 이 갈등을 사전적으로, 사후적으로 해결하기 위해서는 일정한 규칙, 규범이 필요하다. 이 규칙이 관습, 도덕, 윤리, 종교, 법이 되었다. 그래서 우리가 국사나 세계사 등을 배울 때, 국가의 탄생과 함께 법이 나오는 것이다. 예를 들어, 고조선은 후한서에 나오는데 10개조의 법이 있었다는 기록이 있다. 결국 국가는 법과 뗄 수 없는 관계이다. 이는 동양 국가에서만 그런 것이 아니라 서구 역시 마찬가지였다. 플라톤은 <국가>라는 책을 썼는데, <법률>이라는 책도 함께 썼다. 더 거슬러 올라가면, 메소포타미아 문명은 '눈에는 눈, 이에는 이'로 유명한 함무라비 법전을 남겼다.

국가가 존재한다면 법은 필연적이다. 그러나 국가가 어떤 국가인가에 따라 법은 그 모습이 상당히 다르다. 국가의 목적에 따라 수단인 법이 하는 역할과 기능이 달라지기 때문이다.

왕정 국가의 법은 왕의 권력을 강화하는 목적으로 설계되고 운영된다. 예를 들어, 프랑스의 부르봉 왕조 루이 14세는 왕권 강화를 위해 베르사유 궁전을 세우고 귀족들을 모이게 했고 중앙집권체제 위주의 법을 제정했다. 우리나라의 예를 보면, 조선시대에 접어들면서 중앙집권이 강화된다. 태종 이방원은 조선 건국을 가능하게 했던 사병을 혁파하여 귀족이 사적으로 병사를 거느릴 수 없도록 했다. 태조 이성계와 태종 이방원은 함경도 지방에서 군사를 거느리고 있었던 지방 호족 세력이었고, 이 병력을 기반으로 조선을 건국할 수 있었다.

귀족정 국가는 소수 귀족의 지배 체제를 강화하는 목적으로 법이 설계되어 기능하게 된다. 고려 시대의 지방 호족, 서양의 중세 장원을 지배했던 영주들은 자기 지역에서는 왕이나 다름없는 권력을 갖고 있었다.

민주정 국가는 국가의 주인이 국민이라는 선언으로부터 시작하는 헌법을 최고 법으로 하여 법체계가 설계되고 법에 따라 국가가 운영된다. 근대 최초로 민주주의를 시작한 영국은 왕도 법을 지켜야 한다는 것으로부터 시작되었다. 그 결과 영국 왕은 군림하되 지배하지 않는다고 선언하게 되었다. 프랑스의 경우에는 주권자인 국민보다 위에 있는 왕이 존재할 수 없다는 생각에까지 이르렀고, 부르봉 왕조는 기요틴에 의해 단절되었다. 결국 프랑스는 통치하는 왕은 있으나 실제로 존재하는 왕은 없는 공화국이 되었다. 공화국의 왕은 주권자인 국민이 직접 규정한 법이다. 현대의 우리나라 역시 공화국이기 때문에, 실재하는 왕은 없으나 법이라는 왕에 의해 통치를 받고 있는 것이다.

시대에 따라 달라지는 국가에 따라 법은 지속적으로 변해왔다. 이 법의 역사는 궁극적으로 민주주의를 향해 흘러간다. 따라서 법조인이 되고자 하는 사람은 민주주의와 그 역사를 반드시 이해해야 한다. 법은 목적이 아니라 수단이기 때문에, 그 목적을 이해하지 못하고서는 어떠한 수단도 적절하지 않다.

법의 이해

1. 법철학

(1) 법의 수단성

법은 그 자체로 목적일 수 없고, 특정한 목적을 위한 수단이다. 따라서 법의 목적이 될 수 있는 가치가 있어야만 법은 의미를 가질 수 있다. 법철학은 법의 목적이 될 수 있는 가치에 대한 논의라 할 수 있다.

법은 인간이 집단을 이루고 국가를 만들어 살기 시작한 이래로 언제나 존재했다. 서로 다른 생각을 가진 사람들이 모여 살기 위해서는 사람들이 지켜야 할 규범이 있어야 하기 때문이다. 예를 들어, 단군이 지배했던 고조선 시대에도 법은 있었고 이후로도 법은 존재해왔다. 그러나 법의 목적은 변화했다. 왕이 지배하는 시대의 법은 그 목적이 왕의 권력을 강화하는 것이다. 반면 민주주의 시대의 법은 국민의 자유와 권리를 안정적으로 보장하는 것이다. 이처럼 법은 목적을 실현하기 위한 수단으로 만들어졌기 때문에 법의 목적에 대한 이해가 전제되어야 한다.

(2) 법철학 논쟁: 공동체주의와 자유주의

법철학의 접근에서 기본이 되는 것은 개인과 집단의 관계를 이해하는 것이다.

법은 인간이 집단을 이루어 살아야 한다는 전제에서 비롯된다. 만약 인간이 집단을 이루어 살 필요가 없다면 법이라는 강제력을 스스로 인정하여 자신을 구속하고 처벌할 수 있는 가능성을 용인한 필요가 없기 때문이다. 따라서 법은 인간 집단을 전제로 한다. 우리가 고대 국가를 배울 때 타인을 죽이지 말라거나 타인의 물건을 훔치지 말라는 등 단순한 형태의 법이 있음을 배우는 이유가 여기에 있다. 고대 수메르의 함무라비 법전이나 고조선의 8조법이 대표적인 사례이다.

한편 인간 집단이 구성되고 유지·존속하기 위해서는 집단을 이루는 기본단위인 개인이 있어야만 한다. 개인에게 집단을 구성하는 이유가 없다면 해당 집단은 필연적으로 붕괴될 것이다. 개인이 스스로 동의, 납득할 수 없는 행위를 할 것을 강제하는 집단이 있다면 단기적으로는 유지될 수 있을 것이지만 장기적으로는 해체될 수밖에 없다. 인류의 역사 전반을 볼 때, 개인을 필요 이상으로 억압하고 강제하는 국가는 멸망하고 새로운 국가로 대체되었다는 점이 이를 증명한다. 이러한 국가의 멸망과 대체의 방법이 폭력적 수단에 의한 것이었는가 평화적 방법이었는가가 현대 이전의 국가와 현대 국가를 구별하는 기준이 되기도 한다.

바로 이 지점에서 법철학의 논쟁이 시작된다. 집단이 있어야만 비로소 개인이 결과적으로 존재할 수 있는 것인지, 혹은 개인이 스스로 원하여 노력한 결과로 집단이 발생한 것인지, 원인과 결과에 대한 논쟁이 바로 그것이다. 이를 공동체주의와 자유주의라 한다.

(3) 관련논쟁: 사실과 가치 논쟁

공동체주의와 자유주의 논쟁은 사실과 가치 논쟁과도 매우 관련이 깊다. 공동체주의는 공동체의 유지와 존속을 그 목적으로 한다. 공동체는 가장 작은 단위로 가족이 있다. 가족은 내가 태어났을 때부터 이미 존재하는 '사실'적 관계라 할 수 있다. 반면, 자유주의는 개인의 자유를 그 목적으로 하는데, 개인의 자유는 가족과 사회로부터 '나'를 분리시켜야만 비로소 얻을 수 있는 '가치'이기 때문이다.

이뿐만 아니라 공동체주의와 자유주의의 논쟁은 도덕과 법이라는 논쟁과도 연결된다. 공동체주의는 공동체의 유지와 존속을 목적으로 하므로 사회도덕을 지키고자 한다. 부모에게 효도하고, 연장자를 공경하는 등의 도덕을 지켜나가는 일이 공동체를 유지하고 존속하는 핵심이 된다. 따라서 사회도덕을 훼손한 자들은 공동체의 유지·존속을 해한 것이므로 법이라는 수단을 통해 처벌하여야 한다. 우리 공동체가 사회도덕의 훼손을 결코 좌시하지 않겠다는 의지를 공동체 구성원 전체에게 선언할 필요가 있다. 그러나 자유주의는 개인의 자유 보장을 목적을 하기 때문에 이에 따르면 사회도덕은 개인의 가치관이 모여 다수가 동의한 가치 판단에 불과하고 이를 개인에게 강제할 수 없다. 따라서 법은 개인의 자유를 보장하기 위한 수단이므로 사회도덕은 법이 될 수 없으며 오히려 최대한 제거해야 한다.

(4) 법철학적 논쟁과 법의 관계

법철학의 논쟁은 법과 밀접한 관계가 있다.

자유주의에 따르면, 개인의 자유 증대가 법의 목적이 된다. 대표적인 학자로는 로크, 노직, 롤스 등이 있다. 공동체주의에 따르면, 공동체의 가치 실현이 법의 목적이 된다. 대표적인 학자로는 아리스토텔레스, 샌델 등이 있다. 공리주의에 따르면, 개인의 효용과 이익의 합이 극대화되는 것이 법의 목적이 된다. 대표적인 학자로는 벤담과 밀이 있다.

2. 고대 국가의 탄생과 가족주의

역사적으로 볼 때 공동체주의가 먼저 힘을 얻었고, 근대 이후에 들어서야 자유주의가 나타났다. 이는 인간이 자연의 위협에 대응할 힘이 있는가 여부에서 결정된다. 인간의 힘이 미약해서 자연의 위협에 대항할 수 없고 간신히 생존할 수 있었던 고대, 중세 시대에는 공동체주의가 힘을 얻었다. 고대와 중세의 공동체주의는 가치를 지향하는 공동체주의라 할 수 없기 때문에 가족주의라 규정하는 경우도 있다. 그러나 가족 또한 공동체 중 하나이기 때문에 일반적으로 공동체주의로 포섭한다.

고대, 중세 시대에는 개인이 혼자의 힘으로 자연의 위협에 대응할 수 없었다. 인간은 개인의 힘으로는 동물 한 마리의 힘에도 미치지 못한다. 석기 이상의 도구는 인간집단이 공동의 목표를 가지고 대를 이어가며 노하우를 누적시킬 때 간신히 나타난다. 따라서 고대와 중세 시대에는 집단, 공동체가 있어야만 개인이 존재할 수 있다는 점에서 공동체주의가 힘을 얻을 수밖에 없다. 이 시대의 가장 큰 처벌이 공동체로부터 추방하는 것이었다는 점이 이를 증명한다. 결국 개인이 스스로의 힘으로 생존을 영위할 수 있는 역량이 없는 상태에서 가족, 씨족, 부족, 원시국가가 집단 구성원을 보호하게 된다. 개인은 특정 집단의 구성원으로서 의미를 갖게 되기 때문에 집단을 위해 개인이 존재하는 셈이 된다.

이 시작점이 바로 고대의 가족주의이다. 인간은 혈연에 따른 자연발생적 집단인 가족을 통해 자연의 위협에 대항했다. 가족은 혈연을 기반으로 개인을 탄생시키고, 양육하고, 위협으로부터 보호한다. 이러한 점에서 '불'을 숭배하는 문화가 발생했다. 고대의 가족 공동체는 자연의 위협, 즉 강력한 동물이나 추위 등으로부터 가족을 보호할 수 있는 수단이 되는 '불'을 가정의 중심에 두었다. 이 '불'을 지켜나감으로써 과거 선조의 지혜가 가족 후손에게 전승되는 것이다.

자연의 위협에서 안정적으로 가족 구성원을 보호할 수 있는 방법은 가족의 수가 늘어나는 것이고 가족이 구성원의 보호를 성공적으로 행했다는 증거가 또한 가족의 수가 늘어나는 것이다. 가족의 규모가 커질수록 가족을 더 잘 보호할 수 있다. 가족이 점점 커지면서 가족, 씨족, 부족의 형태를 거쳐 가상의 확장된 가족인 국가로 발전하였다. 인간은 개인 각각의 힘으로 자연의 위협에 대항할 수 없다. 거대한 짐승, 가뭄이나 홍수, 일식이나 월식, 천체의 움직임 등이 끊임없이 인간의 삶을 위협하고 이를 극복할 방법을 알지 못하는 인간은 두려움에 놓일 수밖에 없다. 이 위협과 두려움으로부터 벗어나고자, 정신적으로는 신(神)을 믿으며 두려움을 극복하고자 했고, 육체적으로는 국가를 만들어 위협에 대응하였다. 따라서 국가와 종교는 고대인에게 반드시 필요한 것이었으며 자기 자신보다 훨씬 중요한 가치를 지닌 것이었다.

고대의 국가는 가족, 씨족, 부족의 확장판이 된다. 가족의 모든 권한은 자연의 위협을 가장 많이 겪어보았고 이를 극복한 경험이 가장 많은 연장자인 가부장이 가지게 되고, 가상의 확장된 가족인 국가의 가부장은 왕이 된다. 따라서 고대 국가는 자신을 지켜주고 자신을 벌할 수도 있는 엄한 아버지와 같다. 그리고 해당 국가의 종교는, 가족의 선조인 조상신이 우리 가족을 지켜주듯이 우리 국가를 지켜주는 왕가의 조상을 섬기게 된다. 아버지는 곧 예비 신이고 아내는 남편의 일부이자 오직 남편을 통해 조상과 후손이 생긴다. 독신과 간통은 조상신과 후손의 연결을 위협하기 때문에 중죄로 처벌되었다. 이로부터 가부장권(家父長權)이 발생하였다.

근대와 현대에 들어서도, 고대의 가족주의가 여전히 이어지고 있다. 아버지와 같이 국민을 보살피고 엄하게 가르치는 왕 혹은 국부(國父)가 필요하다는 입장이 있다. 이를 온정적 후견주의(paternalism)라 한다.

3. 고전적 공화주의와 공동체주의

(1) 고전적 공화주의

가족주의에 따르면, 모든 가족은 각기 다른 조상으로부터 기원했기 때문에 자기만의 신을 갖고 있다. 각 가족의 조상신은 자기 가족만을 보호했기 때문에 가족 숭배로부터 배제되는 것은 그 개인의 죽음을 의미하는 것이나 다름없었다. 고대 그리스와 로마의 신이 그토록 많았던 이유는 여기에서 기인한다. 각 가족들의 조상신을 인정해야 하기 때문이다. 가족의 연합으로 고대 국가가 형성되었기 때문에 조상신보다 더 상위의 신이 나타났고 이에 대한 숭배를 요구했다.

고전적 공화주의는 고대 그리스의 도시국가, 특히 아테네에서 중시되었다. 우리가 세계사에서도 배웠듯이 고대 아테네에서는 민주주의를 시행했으나, 성인 남성이면서 부모가 모두 아테네인인 경우에만 시민권을 주었다. 그 이유는 가족주의에서 기인하는 것이다. 고대 아테네인들은 조상들이 살았던 땅을 중시했다. 고대 시민들의 조상은 아테네에 살았고 현재의 시민들을 낳았고 길렀고 죽어 아테네에 묻혀 조상신이 되었다. 이들에게 아테네 땅을 잃는 것은 가족의 신을 잃는 것이고 모든 것을 잃는 것이다. 그러므로 자신의 도시를 적으로부터 방어하는 것은 고대 시민들에게 자신의 정체성의 핵심을 지키는 것이다.

고대 아테네인들에게 종교와 가족, 영토는 떼어놓고 생각할 수 있는 것이 아니기 때문에 '애국심'은 고대 아테네인들에게 가장 중요한 것이 된다. 당연히 고대 아테네인들은 공동체의 목적을 공동체 구성원들에게 시민으로서 살 수 있도록 '애국심'을 키우는 것에 있다고 보았다. 소크라테스가 아테네 민회로부터 사형 선고를 받고 다른 도시국가로 도망칠 수도 있었으나 독배를 마신 이유도 여기에 있다. 또한 아리스토텔레스는 살 만한 가치가 있는 것은 시민의 삶뿐이라고 한 이유도 마찬가지이다.[20]

고전적 공화주의에 따르면 시민은 도시국가에 대한 애국심을 발휘해야 할 의무가 있다. 시민이라면 누구나 도시의 통치에 역할을 담당해야만 했다. 시민은 민회에 출석하고, 토론장에서 자신의 의견을 발표하고, 논쟁에 대한 판단을 하고, 논쟁 중 어느 한 의견을 지지할 특권과 의무가 있다. 또한 추첨을 통해 행정관으로 일해야 하고, 필요하다면 배심원으로서 시민의 불법에 대한 판단을 해야 한다. 고전적 공화주의는 공동체에 대한 무관심을 허용하지 않으며 구성원들에게 공적인 일에 참여할 의무를 부여한다. 따라서 고전적 공화주의는 개인보다 공동체를 더 중시하며 특정 공동체의 구성원으로서 능동적인 역할을 할 것을 요구한다.

[20] 이로써 우리는 폴리스가 선천적으로 존재하며, 개인에 앞선다는 사실을 알 수 있다. (아리스토텔레스, <정치학>)

(2) 공동체주의

공동체주의는 장 자크 루소의 <인간불평등기원론>과 <사회계약론>을 통해 정립되었다고 할 수 있다. 앞서 제시한 가족주의나 고전적 공화주의와 유사점도 있고 차이점도 있다. 유사점은 공동체가 개인에 우선한다고 보지만, 차이점은 공동체주의는 공동체를 위해 개인의 자유를 박탈하지는 않는다는 점이다. 공동체 그 자체가 목적이며 가치라고 여기는 가족주의나 고전적 공화주의와 달리, 근대 이후의 공동체주의는 공동체 유지와 존속을 위해서는 공동체가 공유하고 있는 가치를 지켜야 한다는 입장이다. 공동체는 단순히 개인들의 모임이라 할 수 없다. 자연상태의 동물들도 단순히 모여 살기는 한다. 군집을 이루는 벌이나 개미를 공동체라 하지는 않는다. 따라서 공동체는 단순히 개인들의 집합이 아니라 목적을 갖고 있으며 가치를 지향한다.

공동체주의는 공동체의 유지·존속을 가장 중요한 목적이자 가치로 삼는다. 고전적 공화주의 역시 공동체주의와 이 점에서 목적을 같이한다. 그러나 고전적 공화주의는 가족이나 민족과 같은 혈연이 공동체가 형성되는 핵심원인이 되지만, 공동체주의는 공유된 가치를 중심으로 공동체가 형성된다고 본다는 점에서 차이가 있다. 고대 아테네에서 아무리 아테네에 오래 살았고 아테네에 공헌을 했다고 하더라도 아테네인 아버지와 어머니 아래에서 태어나지 않은 자는 아테네 시민이 될 수 없고 공동체 구성원으로 인정받지 못했다. 그러나 근대 프랑스에서 프랑스 혁명에 함께 피를 흘린 자는 혈통과 언어가 다르더라도 프랑스 민족 구성원으로 인정받을 수 있었다.

공동체주의에 따르면, 공동체는 서로 다른 생각을 가진 구성원들이 모여 이루어지기 때문에 공통의 생각과 가치가 있어야 한다. 인간은 최초부터 가족과 같은 공동체의 일원으로 태어나 공동체의 보호를 받으며 공동체의 가치를 학습받으며 살아간다. 이러한 공동체의 유지와 존속에 직결되는 필수적인 공유된 가치가 있다. 만약 공동체 구성원 모두에게 공유된 사회적 가치가 훼손된다면 공동체는 필연적으로 붕괴될 것이다. 이러한 공유된 가치는 하나인 것은 아니며, 개인의 자유는 이러한 공유된 가치 중 하나에 불과하다. 따라서 개인의 자유로운 행위가 모두 용인될 수는 없으며, 개인의 자유로운 행위가 공동체의 공유된 필수 가치를 훼손한다면 개인의 자유를 제한할 수 있다. 공동체는 공유된 가치의 약화와 훼손을 막기 위해 노력해야 하고, 공동체 구성원은 누구나 이를 따를 것이므로 이를 강제라 말할 수 없다.

이처럼 공동체주의는 사회의 공유된 가치를 지켜야 한다고 주장한다. 공동체주의자는 사회의 공유된 가치 중 하나가 개인의 자유라고 한다. 따라서 공동체주의자라고 하여 개인의 자유를 가볍게 여기는 것은 결코 아니다. 그러나 모든 경우에서 개인의 자유가 최고의 가치인 것은 아니며, 실제 사례마다 어떤 가치가 더 공동체에게 중요한 것인지 실질적으로 파악해야지 일률적으로 개인의 자유만 추구해서는 안 된다고 한다. 즉 자유주의자는 모든 사안에서 개인의 자유 보장을 목적으로 삼는 반면, 공동체주의자는 특정 사안마다 추구해야 할 공동체의 가치를 파악해야 한다고 본다.

공동체의 유지와 존속을 위해 필수적인 가치는 여러 가지가 있다. 이러한 공유된 가치는 자유주의와는 달리 개인의 합의를 필요로 하지 않는다. 왜냐하면 공동체의 구성원 모두가 공유하고 있는 가치이므로 개인의 합의가 필요 없다. 물론 개인은 자신의 이익에 따라 이를 거부할 수도 있으나, 공동체 구성원으로서 누구나 공유된 가치를 지켜야 함을 이미 알고 있다. 루소는 전자를 사적 의지, 후자를 일반의지라 했다.

공동체적 가치는 해당 사안마다 다르게 설정해야 한다. 예를 들어, 프랑스혁명 직전 시기의 프랑스 민중들을 생각해보자. 자유주의 입장에서는 개인의 자유를 보장해야 하므로 절대왕정은 무너뜨려야 한다. 반면, 공동체주의 입장에서 프랑스 민중들이 공유하고 있는 공동체적 가치는 자유의 보장이 된다. 공동체가 유지되고 존속되려면 프랑스 민중들의 자유가 억압되어서는 안 된다는 것이다. 따라서 프랑스혁명은 자유주의와 공동체주의 모두가 정의롭다고 여겼다. 이는 마치 일제 강점기의 우리나라에서 자유주의자와 공동체주의자 모두가 민족주의를 표방하며 독립운동을 지지했던 것과 유사하다. 그러나 현대사회로 접어들면서 민주주의 사회가 확립된 이후, 여전히 개인의 자유가 중요하다고 생각하는 자유주의와는 달리, 공동체주의는 공동체의 유지와 존속을 위협하는 가치 훼손을 막아야 한다고 판단했다. 이는 바로 극심한 경제적 불평등이다. 절대왕정을 무너뜨리고 개인의 자유를 확보한 이후, 공동체가 지켜야 할 가치는 평등이 되었다. 이처럼 공동체주의는 사회의 변화에 따라 공동체가 지켜야 할 가치가 변한다고 한다. 이러한 의미에서 공동체주의를 진보 혹은 좌파라 하고, 여전히 자유를 중요한 가치로 지켜나가야 한다고 주장한다는 점에서 자유주의를 보수 혹은 우파라 한다.

4. 자유주의

중세에서 르네상스를 거쳐 공동체와 종교로부터 개인을 분리하려는 시도가 나타났다. 이를 인본주의(人本主義)라 한다. 인본주의는 공동체에 예속되어 있던 개인을, 독립적인 존재로 격상시키려는 시도라 할 수 있다. 중세 장원경제와 봉건제 하에서 농노로 일하며, 영주와 교회에 육체적·정신적으로 속박되어 있었던 대부분의 인간은 신의 섭리를 실현해야 한다는 공동체적 목적을 위한 수단으로 취급되었다. 르네상스 시대에 접어들면서 신이 아니라 인간이 자신의 삶의 주인이며 나를 위한 삶을 살아야 한다는 의식이 커지기 시작했다.

인본주의로부터 자유주의가 시작되었다. 자유주의는 내가 나의 주인으로서 내 삶의 목적을 결정하고 이를 위해 어떤 노력을 기울일 것이며 그에 대한 책임을 진다는 생각이다. 신과 공동체를 위해 사는 집단의 일부에 불과한 '나'를 벗어나, '나' 자체인 개인이 모여 공동체를 이룬다는 의식의 변화가 일어났다. 이에 기초해 홉스와 로크의 사회계약론이 출현했다. 자연상태의 개인이 스스로 원해 다른 개인과 자유로운 의사의 결합으로 계약을 하여 사회가 구성되었다는 것이다. 국가라고 하여 개인을 뛰어넘는 대단한 무엇인가가 있는 것이 아니라, 내가 스스로 원하여 결혼을 하거나 동업을 해서 장사를 하거나 등과 유사하게 계약의 결과물이 곧 국가라는 의미가 된다.

근대 영국에서 시작된 자유주의는, 고대와 중세를 지배한 가족주의와 같은 공동체주의와 대립하였다. 가부장이 지배하는 가족과 국왕이 지배하는 절대왕정으로부터 개인을 분리시켜 개인의 자유를 보장하는 체제, 즉 자유주의에 기반한 민주주의인 자유민주주의가 시작되었다.

(1) 자유

자유주의는 정의의 기준으로서 자유를 제시하고, 개인의 자유를 보장하는 것이 정의로운 것이라 한다. 개인은 자기 자신의 주인으로서 자신의 삶의 목적이 될 가치관을 스스로 결정할 권리가 있다. 개인이 스스로 자유롭게 정한 가치관을 실현할 자유 역시 개인에게 있다. 개인은 스스로 정한 가치관을 실현하기 위해 얼마나 노력할 것인지 어떤 방법으로 노력할 것인지를 스스로 결정한다. 결국 개인이 스스로 결정하고 노력한 정도에 따라 결과가 도출되는 것이다.

(2) 예측가능성

자유주의는 개인의 자유로운 선택을 존중하기 위해 예측가능성이 전제되어야 한다고 주장한다. 자유로운 선택의 결과가 가져올 책임을 예측하여 선택했을 때 진정으로 자유로운 선택이라 할 수 있기 때문이다. 예를 들어, A라는 사람이 B라는 사람의 행동에 분노를 느껴 폭행을 하려는 욕구를 가지게 되었다고 하자. A는 B를 폭행하는 선택을 할 경우에 자신의 욕구는 해소되는 반면 처벌이라는 책임이 돌아올 것임을 예측한다. 또한 A가 B를 폭행하지 않는 선택을 할 경우에 자신의 욕구는 해소되지 않을 것이나 처벌을 받지 않는다는 것을 예측한다. A는 이를 예측한 상황에서 B에 대한 폭행 여부를 자유롭게 결정한 것이므로 그에 상응하는 처벌을 받아야 한다.

자유주의 국가의 존재 목적은 개인의 자유를 보장하는 것이다. 따라서 개인이 자유와 책임의 주체가 될 수 있도록 교육을 해야 할 의무가 국가에 부여된다. 개인의 이성을 증진하기 위한 교육은 개인의 자유로운 선택이 가져올 책임에 대한 예측가능성을 위해 반드시 필요하다. 그렇기 때문에 자유주의 국가는 모든 국민에게 교육받을 권리를 보장하고 보통교육의 실시를 국가의 의무로 하고 있다.

자유주의에서는 개인의 자유를 보장하기 위해서는 예측가능성이 전제되어야 하기 때문에 처벌 등과 같이 개인의 자유를 제한하는 법적 규제는 반드시 미리 정해져야 한다. 이를 소급금지의 원칙이라 한다.

(3) 책임

자유에는 책임이 뒤따른다. 단, 자유주의에 따르면 개인의 자유로운 선택이 아닌 결과에 대해서는 책임이 없다. 예를 들어, A가 B를 때렸다고 하자. A가 B를 때린 것만으로 처벌이라는 책임을 져야 하는 것은 아니다. A가 길을 걷다가 빙판길에 넘어지면서 B를 때린 것이라면 B의 기분이 나쁠 수는 있으나 A는 B를 때리겠다는 자유를 실현한 것이 아니기 때문에 책임이 없다. 이러한 점에서 책임은 자유에 대한 예측가능성의 결과가 된다.

5. 공리주의

(1) 효용

공리주의는 옳고 그름의 판단 기준으로 효용을 제시한다. 효용이 증가하면 옳고 효용이 감소하면 옳지 않다. 이러한 효용의 판단 주체는 개인이므로 개인의 쾌락이 증가하면 효용이 큰 것이고 개인의 쾌락이 감소하면 효용이 작다. 이 점에서 공리주의는 공동체주의와 근본적으로 다르다. 공리주의는 자신의 쾌락의 증감 여부를 판단할 수 있는 주체는 개인이며 결코 타인이나 사회가 될 수 없다고 한다. 따라서 사회의 의사 결정이나 국가 정책은 개인의 효용의 합을 극대화시키는 것이어야 정당하다.

(2) 공리주의와 자유주의의 차이점

공리주의자인 존 스튜어트 밀이 <자유론>에서 해악의 원칙을 제시하면서 마치 자유주의자인 것처럼 오인하는 경우가 많다. 존 스튜어트 밀은 누가 뭐라 해도 공리주의자라 할 수 있다. 공리주의자를 마치 자유주의자인 것처럼 오인하는 이유는 자유주의와 공리주의의 결론이 동일한 경우가 많기 때문이다. 달리 말하면, 공리주의와 자유주의가 원리 차원에서 대립하는 사례에서는 그 차이를 명확하게 확인할 수 있다는 의미이다.

공리주의와 자유주의가 원리 차원에서 대립하는 경우는 다음과 같다. 밀이 살던 시대의 영국은 여성의 선거권이 인정되지 않았다. 밀은 여성의 선거권을 인정해야 한다고 주장했다. 만약 밀이 자유주의자라면 여성의 선거권을 인정해야 하는 이유가 개인의 자유 때문이어야 한다. 개인은 자기 자신의 주체로 자신의 가치관에 따라 스스로 선택하고 이에 대한 책임을 지는 존재이다. 개인은 자신의 자유를 안정적으로 보장받고자 국가를 형성하였다. 국가는 개인의 자유의사를 존중하고 보장해야 하므로 개인은 국가의 주인으로서 국가의사를 결정할 권리가 있다. 이것이 바로 선거권이다. 따라서 개인은 성별과 관련 없이 국가의 주인으로서 국가의사를 결정할 수 있는 선거권이 있다.

그러나 공리주의자인 밀은 다른 이유를 제시한다. 밀은 영국은 발전할 수 없다고 단언했다. 영국 인구의 절반을 가정에서 살림만 할 것을 강제했는데 어떻게 영국이 더 발전할 수 있을 것이냐고 반문했다. 절반의 인구 중에서 뛰어난 자들이 경쟁하여 영국이 이렇게 발전했으니, 나머지 절반의 인구가 더 경쟁에 뛰어든다면 영국은 더 발전할 것이라고 했다. 영국의 발전을 위해서는 여성의 권리를 인정해서 경쟁에 뛰어들게 하면 되고, 이를 위해서는 여성에게 선거권을 주어야 한다는 논리를 펼친 것이다. 자유주의자는 개인의 자유라는 목적을 위해 선거권이라는 수단이 있다면, 공리주의자는 개인의 효용의 합을 극대화하는 것, 즉 국가 발전이라는 목적을 위해 선거권이라는 수단이 필요하다고 주장한다.

인치(人治)와 법치(法治)

1. 인치와 법치의 역사

법은 목적이 아니라 수단이다. 고대 국가에도 법은 있었고, 현대 국가에도 법은 있다. 그러나 고대의 법과 현대의 법은 이름만 동일할 뿐, 완전히 다른 것이라 보아야 한다.

법의 통치 방법에 따라 크게 두 가지로 구분할 수 있는데, 고대 국가는 일반적으로 인치(人治)를, 근대 국가는 일반적으로 법치(法治)를 통치방법으로 삼는다. 그러나 이 개념은 상대적인 개념이기도 하기 때문에 전근대 국가는 인치, 근대 이후의 국가는 법치로 단순 도식화시켜서는 안 된다.

고대 중국의 사례를 통해 이를 알아보자. 고대 중국을 최초로 통일한 왕조는 진이다. '차이나'는 바로 이 진의 이름으로부터 유래한 것이다. 진을 건국한 황제는 진시황이고, 진시황이 채택한 사상은 법가 사상이다. 춘추전국 시대에는 많은 사상가들이 있어서 이들을 제자백가라 불렀고, 이 중 하나는 유학의 창시자인 공자이다. 우리나라는 조선시대를 거치면서 유학과 공자의 사상을 중요하게 여겨왔다. 그런데 막상 중국을 최초로 통일한 왕조인 진나라는 공자의 사상을 선택하지 않았다. 진시황이 공자를 몰랐을 리는 없다. 이미 그 당시에도 공자는 성인으로 추앙받고 있었다. 그렇다면 통일왕조를 통치할 체제로 공자의 유가 사상이 적절하지 않았다는 의미가 될 것이다.

2. 공자(孔子)의 인치(人治)

공자는 인의(仁義), 즉 어짊과 옳음을 중요하게 여겼다. 이는 사람이 마땅히 지켜야 할 도리이며 가치이다. 이러한 사람된 도리를 중시하며 이를 중심으로 한 통치를 인치(人治)라 한다. 예절과 도덕을 중시하는 통치방법이라는 점에서 예치(禮治), 덕치(德治)라고도 한다. 공자는 이에 대해 도덕을 법으로 삼는다는 의미로 법도(法道)라고 표현하기도 한다. 사실상 인치, 예치, 덕치는 학문적으로 깊이 들어가면 구분되는 개념이지만, 국가 통치방법에서 법치와 구분되는 개념이라는 점에서는 동일한 개념이라고 생각해도 좋다.

공자는 70여 명의 제자들을 데리고 천하를 돌아다녔다. 공자는 제자들에게 인의를 가르쳤고 공자의 말씀은 제자들의 수업노트에 남았다. 이것이 바로 공자의 논리를 말씀으로 남긴 <논어>이다. <논어>는 "자왈(子曰), 어쩌고저쩌고"라는 문장들로 되어 있는데, 子는 공자를 말하는 것이고 曰은 말했다는 뜻이다. '공자가 말하기를'이라는 것은 결국 공자가 쓴 것이 아니라 제자들이 받아 적었다는 의미가 된다. 제자들은 스승인 공자의 말씀을 하나라도 놓치지 않기 위해 순번을 정해 공자의 말씀을 받아 적었다. 조선시대 왕의 말과 행동을 받아적는 사관(史官)을 둔 것은 이런 전통이 있는 것이다. 공자의 말씀을 받아 적어 역사에 남기듯이 왕의 말과 행동을 받아 적어 후세에 알리는 것이 유학의 전통이다.

어느 날 공자가 A 제자에게 어짊이 무엇이냐는 질문을 받았다. 공자는 A에게 어짊은 신중함이라 했다. 한 번 더 생각하고 두 번 더 생각해서도 어질다 생각되면 그제야 행동하라 했다. 그런데 다른 제자인 B가 똑같은 질문을 했다. 공자는 B에게 어짊은 과감함이라 했다. 생각이 났을 때 곧바로 행동하지 않으면 어짊이 아니라 했다. 이 대답을 받아 적던 C 제자가 질문했다. 어짊이 신중함과 과감함이라는 것은 너무 이상하고 모순적인 것이 아니냐고 말이다.

공자는 이렇게 말했다. A는 행동이 앞서는 성격이라 생각이 모자라 일을 그르친다. 그러니 선생이 신중함이 중요하다고 강조하면, 행동을 하려다가도 한 번쯤은 생각을 해볼 것이다. 반면에 B는 걱정이 많은 성격이라 고민하다가 행동에 옮기지 못하는 경우가 많다. 그러니 선생이 과감하라고 말해주면, 망설이다가도 행동을 할 가능성이 높을 것이다. 공자는 이것이 어찌 어짊이 아니겠느냐고 했다.

우리는 공자의 에피소드를 통해 깨달음과 한계를 동시에 파악해야 한다. 이것이 언어이해와 추리논증에서 측정하고자 하는 능력이고, 이를 논리적인 글로 증명하는 것이 논술이며, 다른 사람과의 대화를 통해 설득하는 것이 면접이다.

공자는 정의를 실현한 것이다. 정의란, 각자에게 올바른 몫을 주는 것이다. A는 과감함을 갖고 있으나 신중함이 부족했다. A에게 올바른 몫은 신중함이다. 반면, B는 신중함을 갖고 있으나 과감함이 부족했다. B에게 올바른 몫은 과감함이다. 공자는 A와 B의 상황을 파악하고 각자에게 올바른 몫을 준 것이니 정의를 실현한 것이고 인의(仁義)를 실천한 것이다. 공자는 현인(賢人)임에 분명하다.

3. 인치(人治)의 한계

공자의 사상은 한계가 있다.

먼저, 공자의 제자가 70여 명이 아니라 1만 명이라 하자. 공자가 아무리 현명하고 똑똑하다고 하더라도 제자 1만 명의 상황을 정확하게 파악할 수 있을까?

둘째, 공자가 제자와 함께 한 시간이 단 하루라 하자. 제자에게 부족한 것이 무엇인지 정확하게 파악할 수 있을까?

셋째, 공자의 제자들은 왜 이것을 모르고 공자만 알고 있었을까? 당시 공자의 제자라고 밝히기만 하면 한 국가의 왕이나 제후 앞에서 부국강병이나 외교, 정치 등에 대한 의견을 말할 기회를 줄 정도였고, 이것이 성공할 경우 그 자리에서 국가 재상이 되기도 했다. 실제로 공자의 제자 중에는 국가 재상이 된 경우도 있다. 이를 유세(遊說)라 하고, 이 말이 현대까지 이어져 선거 유세라는 말이 된다. 그럼에도 불구하고, 한 국가의 재상을 능히 담당할 만한 공자의 제자들이라 하더라도 그 스승인 공자와는 학문적 수준과 현실 적용 능력에는 엄청난 격차가 있는 것으로 보인다.

결국 공자의 사상은 대규모 국가를 운영할 수 있는 사상은 아니다. 국가를 이끌어갈 통치자가 아무리 똑똑하다고 하더라도 국가의 모든 대소사와 모든 사람의 상황에 따라 각자에게 올바른 몫을 줄 수 없다. 비록 그것이 각자에게 올바른 몫이 아니라 하더라도, 대규모의 일반 국민도 알아들을 수 있고 따를 수 있어 일반 국민에게 행동기준이 될 수 있고 국가의 규범이 될 수 있는 체제가 필요했다. 그래서 최초의 통일 중국 왕조는 공자의 유가 사상이 아니라 한비자의 법가 사상을 통해 나타난 것이다.

4. 한비자(韓非子)의 법치(法治)

공자의 유가, 유학은 중국을 통일한 사상이 되지 못했고, 될 수도 없었다. 공자의 사상은 작은 나라를 통치하는 방법에 어울린다. 뛰어난 통치자 한 명이 국민의 상황을 모두 파악해 각자에게 올바른 몫을 주는 것이기 때문이다. 이는 마치 서양 중세 장원의 영주가 해야 할 일과 유사하다. 그렇기 때문에 공자는 이 통치자가 어진 사람이 되어야 한다고 생각했다. 도덕적으로 뛰어날 뿐만 아니라 능력도 뛰어나야 하는 것이다. 이것이 바로 성군(聖君)인 것이며, 공자의 사상을 현실에서 구현하고자 했던 조선이 제왕교육을 3살부터 시작한 이유이기도 했다. 그런데 이것이 쉬울 리 없다.

500여 년의 조선의 역사에서 도덕적으로도 능력적으로도 뛰어난 왕이라 할 수 있는 경우는 몇 명 되지 않는다. 세종, 정조 정도가 생각날 뿐이다. 조선왕조 500년은 도덕적이지만 능력이 떨어지는 경우, 능력이 뛰어나지만 부도덕한 경우, 능력도 없고 부도덕하기까지 한 경우의 왕들로 가득하고, 성군의 치세는 고작 몇십 년 되지 않는다. 그런데도 우리는 성군이 나타나기를 기다려야 할까? 한비자는 자기 책에서 다음과 같이 말했다.

- 백성이란 권세에 복종하는 것으로, 의로움을 따르는 사람은 적다. 공자는 천하의 성인이다. 행실을 닦고 도를 밝혀, 천하를 두루 다녔다.
- 천하에서 그의 어짊을 좋아하고 그의 의로움을 아름답게 여겨 따른 사람은 70명이었다. 그만큼 어짊을 귀하게 여기는 사람이 적고 의로움을 따르기가 어려운 것이다.
- 결국 세상 전체에서 공자를 따른 사람은 70명뿐이었고, 인의를 실천한 사람은 세상에 공자 단 한 명뿐이었다.

한비자는 이 넓은 세상에서 수많은 사람 중에 공자 한 명만 실천할 수 있는 가치에 근거한 통치방법은 국가를 다스릴 좋은 방법이 아니라 판단했다. 한비자는 일관된 법을 명확하게 정해서 모든 사람이 지키도록 해야 한다고 생각했다. 비록 그러다 보면 억울한 사람이 다소 생길 수도 있다. 그러나 약간의 억울함을 해결하고자 대다수의 신뢰를 깨는 일은 국가 통치에 있어서 최악의 상황이 될 것이다.

예를 들어, "1만 원에 해당하는 절도를 한 자는 곤장 1대에 처한다"는 법이 있다고 하자. 이 법은 너무나 명확해서 누구나 알 수 있다. 내가 절도를 하면 곤장을 맞는 것이고, 하지 않으면 맞지 않는다는 것이다. 그런데 A가 너무 가난해서 부모를 봉양할 수 없게 되자 부모의 식사를 준비하기 위해 1만 원을 절도했다고 하자. 공자는 A를 처벌하지 않을 것이고, 오히려 상을 줄 것이다. 법은 사람 된 도리를 실현하고자 하는 것이고, A는 부모에 대한 효를 실천한 것이기 때문에 오히려 상을 줘야 한다는 것이다.

그러나 한비자는 곤장 1대를 쳐야 한다고 할 것이다. 어떤 이유로 절도를 저질렀는지는 중요하지 않고, 절도라는 행위를 한 것이 곧 처벌의 이유가 되기 때문이다. 만약 이 자를 용서하게 되면 세상 누구도 법을 지키려 하지 않게 되어 국가의 법도가 무너지고 전쟁에서 국가의 명령에 따라 싸우려는 자가 없게 될 것이다.

진나라는 한비자의 법가 사상을 받아들여 부국강병에 성공했다. 원래 법을 지키지 않는 자는 아랫사람이 아니라 윗사람이다. 권력과 부가 있는 자는 본래 법을 우습게 안다. 한비자의 법가 사상에 따르면 왕은 법 그 자체이다. 한비자는 왕을 제외한 그 누구도 법의 예외가 되어서는 안 된다고 했다. 상앙은 진나라의 재상으로 진 효공을 도와 변법에 성공했다. 어느 날 왕위를 이을 태자가 법을 어겼다. 과연 태자를 처벌할 수 있을까? 태자를 처벌하지 않는다면 태자가 아닌 왕자도 법을 어길 것이고, 왕족은, 귀족은, 법을 지키지 않을 것이었다. 그러나 태자는 현재는 왕이 아니지만 곧 왕이 될 존재이다. 상앙은 태자가 법을 어긴 책임을 그 스승에게 물어 태자의 최고 스승의 코를 베고 다른 스승들은 이마에 문신을 새기는 처벌을 했다. 고대에 태자를 가르치는 스승은 대단히 높은 직위였고 명예로운 벼슬이었다. 내 제자가 나중에 왕이 되는 것인데 당연하지 않은가. 이 시대에 문신을 새기는 것은 범죄자에게 하는 처벌이다. 태자의 스승에게도 강력한 처벌을 한다면 어떤 귀족도 법의 처벌을 벗어날 수 없다는 뜻이 된다. 그러자 진나라의 모든 귀족과 백성들은 한번 정해진 법은 그대로 시행된다고 굳게 믿었고, 명확한 법률 규정에 따라 신상필벌이 이루어져 진나라는 빠른 속도로 엄청난 발전을 이루게 되었다.

법치주의의 개략

1. 의의

법치주의의 목적은 국가 권력으로부터 국민의 자유와 권리를 보호하는 것이다. 그렇기 때문에 국가의 통치권 행사가 반드시 국민의 의사인 법에 근거해야 한다는 발상에서 법치주의 원리가 도입되었다. 법치주의는 절대왕정국가에서는 발상조차 할 수 없고, 국가의 주인이 국민이라는 전제하에서만 가능하다. 국가의 주인인 국민의 의사는 헌법과 법률로 드러나고, 이에 근거해서 입법권과 행정권, 사법권이 작동해야 하는 것이다. 따라서 법치주의를 실현하기 위한 수단으로 권력분립, 법률의 우위, 법률에 의한 행정, 법률에 의한 재판 등을 헌법과 법률 등에 규정하고 있다.

구체적으로 보면, 법치주의는 정당한 법에 의한 통치 원리를 의미한다. 국민의 자유와 권리를 제한하거나 국민에게 새로운 의무를 부과하려 할 때에는 반드시 국민의 대표기관인 의회가 제정한 법률로써 가능하게 하고, 행정과 사법도 법률에 의거하여 하도록 함으로써 국민의 자유와 권리 및 법적 안정성, 예측가능성을 보장하기 위함이다. 이뿐만 아니라 법률은 자유·평등·정의의 실현을 내용으로 하여야 한다. 즉 법률의 목적과 내용 또한 기본권 보장의 헌법이념에 부합되어야 한다.

2. 연혁

법치주의는 국가 권력으로부터 국민의 자유와 권리를 보호하겠다는 목적이 실현된 정치체제, 즉 민주주의의 역사와 궤를 함께 한다.

먼저, 명예혁명으로 민주주의가 처음 시작된 영국은 법의 지배(rule of law)를 강조했다. 대헌장(Magna Carta)에서 적법절차원칙[79]이 규정되었다. 또한 Edward Coke는 '법의 지배'를 제시했는데, 코크는 왕도 보통법의 지배를 받아야 한다고 주장했다. 코크는 법에 반하는 왕의 명령을 따르지 않고 법원의 판례로 성립한 보통법에 따라 재판을 했다. 그리고 1688년 명예혁명 이후 의회가 제정한 제정법 우위사상이 확립되어 제정법에 따른 통치가 강조되었다.

프랑스는 프랑스 혁명을 통해 민주주의를 확립했다. 프랑스 혁명 전에는 왕이 자의적으로 통치권을 행사했다. 왕이 원하면 마음대로 세금을 걷기도 하고 처벌하기도 했다. 루이 14세는 "짐이 곧 국가다"라고 말하기까지 했다. 그러나 프랑스 혁명 후 시민들은 시민의 자유와 권리 보장을 위해 사람에 의한 통치(人治)를 부정하고 법에 의한 통치를 강조하였다. 프랑스 시민들은 왕정을 무너뜨리고 공화국을 새로운 통치체제로 삼아 법에 의한 통치를 국가체제로 확립했다.

(1) 고전적 권력분립론의 배경

17~18세기 유럽에서는 군주와 시민이 대립하고 있었다. 군주가 입법권·집행권·사법권을 모두 장악한 상태에서 시민의 소유권과 자유는 보장받을 수 없었다. 고전적 권력분립은 군주에게 집행권을, 시민에게는 입법권을 부여하고, 상호통제하게 함으로써 군주와 시민의 대립을 해소하고자 했다.

(2) 고전적 권력분립론

몽테스키외는 절대권력은 남용되고, 권력 남용은 자유 침해로 이어진다고 한다. 따라서 권력을 분립시켜 권력 간의 통제를 해야 권력의 남용을 막고 자유를 보호할 수 있다고 한다.

로크는 법률을 제정한 자가 집행할 권력까지 가져서는 안 된다고 한다. 만약 입법자가 집행권까지 가진다면 자신들을 법률에 대한 복종에서 면제시키고, 사적 이익에 맞게 법률을 고칠 수 있기 때문이다. 집행권(국내법 집행권력)과 연합권(대외 업무를 다루는 권력)은 왕과 같이 한 사람에 집중되어서는 안 되며, 집행권을 담당하는 사람과 연합권을 행사하는 사람은 구분되어야 한다.[80]

(3) 현대 권력분립론

로크와 몽테스키외의 고전적 권력 분립론은 입법부·집행부·사법부 간의 권력 통제를 목적으로 한다. 그러나 정당의 등장으로 인해 입법권과 집행권을 여당이 모두 장악하는 상황이 발생한다. 이런 상황에서 입법부와 집행부 간의 권력 통제의 의미는 없어진다. 또한 사회국가원리는 입법부와 집행부 간의 통제보다 상호협조를 요구한다. 입법부가 국민기초생활보장법과 같은 법을 제정하고, 정부는 예산과 생활보호대상자 지정을 해야 사회국가원리가 실현되기 때문이다. 그래서 현대의 권력분립은 국가기관 간 권력 통제보다는 정책 결정, 집행, 통제 기능에 있어서의 권력 통제를 강조한다. 특히 지방자치제도, 헌법재판제도, 시민단체에 의한 권력 통제가 중요시되고 있다.

3. 법치주의의 확립 과정

절대군주 자의적 권력행사로 절대주의 체제 하에서 성장한 시민사회의 자율성, 시민의 자유와 권리가 침해되자 이를 보호하고 유지하기 위해 시민대표의 동의 없는 또는 의회가 제정한 법률에 의하지 아니하고는 국가는 시민사회에 개입할 수 없다는 시민적 법치국가원리가 확립되었다. 시민적 법치국가원리는 절대군주와 대립하는 개념이므로 투쟁 개념이었다.

19세기에 접어들면서 법치주의는 형식적 법치국가원리로 변화한다. 경제적 불평등, 무산자계층의 확대와 착취 등 사회문제가 발생하면서 시민적 법치국가원리는 무산자계층으로부터 시민사회를 방어하기 위한 원리로 변해갔다. 유산자계층인 시민의 대표로서 의회는 유산자계층이 무산자계층을 착취할 수 있는 사회적 제도를 유지하기 위한 법률을 제정하여 이러한 불평등한 사회질서를 유지시켜야 한다는 원리가 되면서 시민적 법치국가원리는 형식적 법치국가원리가 되었다. 그러나 한편으로 형식적 법치국가원리는 국가권력의 합법성만을 강조하고 정당하지 않은 법률에 의한 국가권력행사를 허용함으로써 국가는 합법적 불법국가가 되게 된다. 바이마르(Weimar) 공화국[⑪]은 법률의 내용과 관계없이 법률의 형식만 갖추면 된다는 법실증주의적 세계관에 따라 불법국가가 되었다.

나치의 경험 이후, 형식적 법치국가원리는 실질적 법치국가원리로 변화하였다. 바이마르 공화국의 형식적 법치국가원리로 인해 나치와 히틀러가 독일 국민 다수의 지지를 받아 2차 세계대전을 일으키고 유태인 학살을 자행했다. 이에 따라 단순히 국민 다수의 지지를 받으면 국가권력의 합법성이 있는 것으로 의제하는 형식적 법치국가원리의 한계가 드러났다. 이에 대한 반성으로, 사회의 경제적 불평등을 제거하여 사회적 안전, 정의실현과 사회적 약자의 생존권을 보장하기 위해 국가는 기존의 사회질서를 유지하는 데 그쳐서는 안 되고, 사회적 정의와 평화를 실현하는 새로운 사회질서를 형성하는 국가이어야 한다는 사회적 법치국가사상이 등장하였고 1949년 독일기본법은 이를 규정하기에 이르렀다. 사회적 정의, 평화, 안전을 실현하기 위해서는 올바른 법, 정당한 법이 요구되고 이러한 법에 따라 국가는 사회질서를 형성해야 하므로 국가는 실질적 법치국가이어야 한다. Theodor Maunz에 따르면 법치국가는 정의국가인 것이다.

⑲ 적법절차 원칙: 개인의 권리보호를 위해 정해진 일련의 법적 절차를 말한다. 적법절차에서 적(適)은 적정한(due)이란 뜻이고 절차는 권리의 실질적인 내용을 실현하기 위하여 택하여야 할 수단적, 기술적 방법을 말한다.

⑳ 로크, <통치론> 제12장

⑪ 바이마르공화국(Die Republik von Weimar): 제1차 세계대전 후인 1918년에 일어난 독일혁명으로 1919년에 성립하여 1933년 히틀러의 나치스 정권 수립으로 소멸된 독일 공화국을 통칭한 것이다. 바이마르에 소집된 국민의회(國民議會)에서 그 골격을 규정한 바이마르 헌법이 채택되었기 때문에 이 이름이 붙었다. 1919년 총선거에서 민주공화파가 대승을 거두어 F.에베르트(1871~1925)가 대통령이 되고, 이어 P.샤이데만(1865~1939)이 총리가 된 민주공화파 3당의 연립내각(聯立內閣)이 성립되어 8월 11일에 바이마르 헌법, 즉 독일민주공화국 헌법이 반포됨에 따라 바이마르 공화국이 출범하였다. 이 헌법은 국민주권을 확인하고, 국민의 기본권을 상세히 규정한 민주적인 헌법이었으나 대통령에게 긴급명령권(緊急命令權)을 부여한 제48조는 뒤에 히틀러가 독재정권을 수립하는 길을 열어 주는 근거를 마련하기도 하였다.

실정법과 자연법의 대립

1. 자연법과 실정법의 개념

자연법은 신이 제정한 법 또는 자연의 이치에 따른 법이다. 자연법은 인간이나 국가가 만든 법이 아니고, 자연법론자들에 따르면 인간이 계시 또는 이성을 통해 확인한 법이다. 자연법은 시대와 국가와 관계없이 인정되므로 보편성을 특징으로 하고, 자연법은 옳고 그름의 최고 근거가 된다.

이에 반해 실정법은 국가가 제정한 법이다. 실정법은 국가와 시대마다 다를 수 있고, 옳고 그름의 기준이 아니라 위법 여부의 기준이 된다. 따라서 법실증주의자들은 자연법이 전제로 하는 신이나 자연의 이치를 실제로 증명할 수 없기 때문에 자연법을 인정하지 않는다.

실정법	자연법
인간이 만든 법이다.	인간과 무관한 법이다.
특정한 시대와 국가에 효력이 있는 법이다.	시대와 국가를 초월하여 존재하는 법이다.
위법성 판단 기준	옳고 그름의 판단 기준

2. 자연법 사상

(1) 스토아학파

키케로는 법을 영구법, 자연법, 인정법(人定法)으로 나누었다. 영구법이란 자연과 인간 모두에게 적용되는 법이다. 우주이성, 세계이성이라 한다. 자연법은 영구법이 인간사회에 적용된 법으로서 인간사회의 최고가치 기준이다. 인간의 본성에 이성이 내재해 있고 정당한 이성이 가리키는 것이 자연법이다. 인정법은 실정법으로서 특수한 민족, 국가에만 적용되는 법이다.

(2) 중세

아우구스티누스에 따르면 영구법은 하나님의 의지, 이성에 의해 창조된 원리이다. 토마스 아퀴나스에 따르면 인간은 이성을 통해 자연법을 인식할 수 있다고 한다. 실정법은 통치자가 정립한 법이다. 실정법은 자연법에 근거를 두고 있는 한 법에 해당하나, 자연법에 배치되는 경우 실정법은 법의 본질을 상실한다. 국가가 자연법에 반하는 실정법에 따라 국가권력을 행사하는 경우 국민은 저항할 수 있다.

(3) 근대 자연법사상

절대주의 하에서 군주는 지배자이고 시민은 피지배자였다. 절대주의에 따르면 시민의 자유란 입법자인 군주가 실정법으로 인정한 자유이며 군주가 시혜적으로 인정해주는 것이다. 따라서 절대주의 체제의 실정법을 부정하지 않고서는 시민의 자유와 권리는 보장될 수 없었다.

군주와 대립했던 시민들은, 자유는 국가 이전의 상태부터 인간으로서 누릴 수 있는 자연적이고 천부적인 권리라고 주장한다. 시민은 자신의 자유를 보장하기 위해 스스로 사회계약을 맺고 그 계약의 결과 국가가 성립했다. 따라서 국가가 권력으로 시민의 자유를 침해한다면 이는 사회계약에 위반된다. 이러한 자연법 사상은 시민혁명을 정당화시키는 이론이었고 시민혁명을 통해 성립한 근대입헌주의 헌법은 천부적 인권을 규정하였다.

3. 실정법 사상

(1) 명확성의 원칙

실정법은 법이 초현실적인 것이 아니라 현실에서 정해진 약속이라고 파악한다. 따라서 모든 국민이 법을 명확하게 알 수 있어야 법을 지킬 수 있다고 생각하기 때문에 신의 뜻, 옳은 것, 인간으로서 마땅히 해야 할 일 등과 같이 불명확한 것들이 법에 들어가서는 안 된다고 여긴다.

이러한 관점에서 실정법을 중시하는 입장에서는 명확성의 원칙을 중시한다. 이 원칙은 정말 단순하게도 법과 그 적용은 명확해야 하고 모호해서는 안 된다는 것이다. 단순한 원칙이지만, 이 원칙이 가진 의미는 크다.

도덕과 정의를 중시하는 인치는 모호함을 특징으로 한다. 그도 그럴 수밖에 없는 것이 누군가에게 어느 순간에 어느 장소에서 정의이자 도덕인 것이 다른 상황에서는 부정의이자 부도덕이 될 수 있기 때문이다. 정의나 도덕은 사람마다 모두 다르다. 인간이 신이 아닌 이상 다른 이의 도덕이나 정의 역시 옳을 수 있음을 부정할 수 없다. 따라서 인치는 신 혹은 현인을 전제로 한다. 옳지 않은 결정이라 여겼는데 나중에 보니 그 상황에는 그것이 가장 옳은 선택이었다는 것이다.

동양에서는 하늘의 뜻을 대신하는 성군이 나타나 백성의 고통을 이해하고 이를 해결할 것이라 믿었다. 하늘은 성군이 나타난 것을 기이한 현상으로 보여주는데, 별이 떨어진다거나 하얀 사슴이 나타난다거나 하는 것이 바로 그러한 사례이다. 또한 서양의 중세 국가는 신의 말씀을 현실의 왕국에서 구현해야 했다. 신은 완전하고 진리 그 자체이며 성경의 문구는 옳은 것이므로 그대로 실현되어야 하는 것이다. 그리고 그 해석의 권능은 신의 사제에게만 있는 것이다.

그렇기 때문에 개인의 자유는 결국 옳고 그름이 개인마다 다를 수 있다는 관점에서 시작된다. 옳고 그름이 정해져 있는 것이라면, 개인의 자유는 존재하지 않는다. 예를 들어, 신이 존재한다면, 인간이 신의 말씀과 어긋나는 선택을 했을 때 이는 말할 필요도 없이 틀린 것이 된다. 절대적으로 옳은 것이 있다면 개인의 자유는 의미가 없기 때문이다. 이를 절대주의라 한다. 그러나 절대적인 옳고 그름이 없다면 누구에게나 자신의 옳고 그름을 선택할 자유가 있다. 모든 것은 상대적인 것이기 때문이다. 이를 상대주의라 한다.

결국 서양의 발전에서 신으로부터 인간이 벗어나는 것이 그 핵심이 된다. 중세는 암흑의 시대라고 부른다. 신이 지배하는 시대에 신의 놀라운 광휘는 인간에게 진한 그림자를 남기게 되어 암흑의 시대인 것이다. 르네상스는 다시 태어난다는 뜻이고, 인간이 다시 세상의 중심으로 태어나는 인본주의를 의미한다. 계몽은 이성이 깨어난다는 의미이며, 영어로는 enlightenment 즉, 밝아진다는 뜻이다. 모호한 신의 말씀이 있는 종교와 도덕을 대신해 명확한 인간의 언어를 사용하는 법이 중심을 잡은 것이 바로 근대이다. 근대는 바로 인간의 시대이며, 자신이 스스로 설정한 옳고 그름의 기준에 따라 자유롭게 선택하고 이에 대한 책임을 지는 시대이다. 이를 규정하고 보장하는 것이 바로 근대법이며, 명확한 문구에 따라 모든 사람이 지켜야 한다는 신뢰를 바탕으로 법적 안정성이 성립하게 된다.

(2) 법실증주의

법실증주의는 19세기 독일 Karl Friedrich Von Gerber, Paul Laband, Georg Jellinek, Hans Kelsen에 의해 주도된 학파이다. 실증주의는 증명할 수 있는 것만을 학문의 대상으로 삼자는 학문조류이다. 법실증주의는 실제로 증명할 수 있는 실정법만을 법학의 연구대상으로 삼아야 한다고 하며, 신이나 도덕과 같은 자연법은 증명할 수 없으므로 법학의 연구대상에서 제외한다.

옐리네크(G. Jellinek)는 법은 사실적 힘을 가진 자가 제정했기 때문에 효력을 가진다는 사실의 규범적 효력설을 주장했고, 켈젠(H. Kelsen)은 상위법에 근거하여 제정했기 때문에 법이 되었다는 법 단계설을 주장했다. 이에 따라 실정법은 효력을 가진다. 만약 옳고 그름의 객관적 기준이 있고, 우리가 이를 알 수 있다면, 법은 옳음을 반영해야 하고 우리가 법을 준수할 이유는 법이 옳기 때문이다. 그러나 법실증주의는 옳고 그름의 객관적 기준은 없고, 설령 옳고 그름이 객관적으로 존재하더라도 인간이 이를 인식할 수 없다고 한다. 이러한 점에서 법실증주의는 가치상대주의 혹은 가치중립주의를 기반으로 한다. 따라서 법은 그것이 옳기 때문에 정당한 것이 아니라 입법자가 절차에 따라 제정했기 때문에 옳은 것이며, 우리는 그 절차적 정당성에 따라 법률을 준수해야 한다. 이 관점을 형식중심주의 혹은 절차중심주의라 한다.

이에 따르면 형식과 절차를 만족하여 결정된 법률은 정당한 내용으로 의제된다. 예를 들어, 헌법과 법률이 규정한 선거 절차에 의해 선출된 입법부가 마찬가지로 헌법과 법률에 규정된 절차대로 법률을 제정했다면 그 법률의 내용이 무엇인지는 상관없이 제정된 법률은 옳은 것으로 의제된다. 만약 제정된 법률이 옳지 않은 내용을 담고 있다면 국민들이 이 법률을 옳지 않다고 판단하여 법률에서 정한 절차에 따라 옳지 않은 법률을 폐지하거나 개정할 것이다.

구분	법실증주의 학파	자연법학파
법의 효력 근거	법은 옳기 때문에 효력을 가지는 것이 아니라 입법자의 명령이기 때문에 효력을 가진다.	법은 옳기 때문에 효력을 가진다.
옳음의 존재	옳고 그름은 상대적 문제이다. 따라서 옳고 그름을 구별할 보편적 기준은 없다.	옳고 그름은 절대적 문제이다. 따라서 옳음에 대한 보편적 기준이 있다.
법과 도덕	법과 도덕은 구별된다. "법이 있다는 것과 법이 좋고 나쁘다는 것은 별개의 문제다." "어떤 내용도 법이 될 수 있다."	법은 도덕, 옳음을 반영해야 한다.

4. 자연법과 실정법의 대립과 해소

법이 옳기 때문이 아니라 국가가 제정한 법이기 때문에 법을 준수해야 한다는 법실증주의의 논리는 옳지 않은 법이라도 준수해야 한다는 결론에 이른다. 따라서 옳지 않은 법에 따른 지배를 정당화시키는 이론이라는 비판을 받는다. 법실증주의에 따르면 나치가 제정한 악법이라도 법을 준수해야 한다. 이러한 주장은 악법에 의한 인권 침해를 정당화시켰다는 비판을 받는다.

따라서 정의로운 법에 따라 통치를 해야 한다는 주장이 제기된다. 그러나 이 주장은 무엇이 정의로운가에 대해 학자마다 법관마다 다를 수 있다는 데 문제가 있다. 만약 신(神)이나 진리와 같이 객관적인 옳고 그름이 있다면 일관된 통치가 가능할 것이다. 그러나 옳고 그름에 대한 견해가 학자나 종교인마다 다르므로, 객관적 옳음이 존재하느냐에 대해 의문을 가질 수밖에 없다. 혼란이 있을 수밖에 없는 자연법에 근거하여 실정법의 효력을 부정한다면, 법적 안정성에 혼란이 생길 수밖에 없다. 따라서 자연법에 따른 통치는 법적 안정성을 해칠 수 있다는 점에서 문제가 있다.

어떤 사상이 옳다 하더라도 법적 강제력을 갖추지 못하는 한, 현실세계를 변화시키기 어렵다. 신분제를 폐지해야 한다는 사상이 옳다고 하더라도 실정법이 신분제를 인정하고 있다면, 그 사상의 실효성은 없다. 따라서 당연한 법원리나 법사상도 실정법에 규정할 필요가 있다. 실정법에 규정된다면 실정법의 강제력에 의해 현실세계를 변화시킬 수 있기 때문이다. 예를 들어 신분제를 폐지하는 실정법이 제정되면 신분제도가 현실세계에서 점차 사라질 것이다. 자연법이나 이성법이 실질적 강제력을 확보하려면 실정법에 규정될 필요가 있다.

실정법은 자연법을 수용함으로써, 자연법사상이 현실 세계에서 실효성을 가지게 할 수 있다. 자연법은 실정법이 나아가야 할 방향을 제시하고 실정법의 정당성 기준으로서, 실정법의 타락을 막아주는 최후의 보루로 기능해야 한다.

정의와 법적 안정성

1. 법적 안정성

법이 공포·시행되면 질서가 형성된다. 법질서를 유지할 필요성이 법적 안정성이다. 법에 따르면, 행인은 횡단보도를 건널 때 파란 불에서는 건너고 빨간 불일 때는 서야 한다. 국민은 법에 따라 행동하고 이를 유지할 필요가 있다. 갑자기 오늘부터 횡단보도를 건널 때 빨간 불에서 건너야 한다면 혼란이 발생한다. 법이 수시로 바뀌면 법적 혼란이 발생한다. 법적 안정성을 유지해야만 무질서의 폐해를 막을 수 있다.

법적 안정성은 국민에게는 신뢰보호 원칙과 관련된다. 신뢰보호 원칙이란, 기존의 법질서가 유지되고 존속할 것이라는 정당한 신뢰를 보호해야 한다는 것이다. 예를 들어, 횡단보도에서 빨간 불에 멈춰야 한다는 기존 법질서에 대한 정당한 신뢰를 갖고 행한 개별국민의 행위에 대해 갑자기 오늘부터 빨간 불에 건너는 것으로 법이 바뀌었다고 한다면 이는 신뢰보호 원칙에 어긋나는 것이다. 법적 안정성은 법치국가의 본질적 요소에 해당하는데 국민이 법에 따라 행위하면 그 법에 규정된 본래의 법적 효과가 인정될 것이라는 것을 신뢰할 수 있다는 것이다.

법적 안정성의 차원에서 보호되는 신뢰는, 신뢰에 기초한 구체적 행위가 존재해야 하고 구체적으로 존재하는 신뢰행위가 법적으로 보호할 만한 가치를 지니고 있어야 한다. 예를 들어, 직장인인 A는 법학전문대학원법이 시행되자 법학전문대학원에 진학하고자 결심하여 직장을 그만두고 입시 공부를 시작하였는데, 국회가 갑작스럽게 법학전문대학원법을 폐지했다고 하자. 이 경우 법학전문대학원법을 신뢰한 A가 직장을 그만 둔 구체적 행위가 있다. 또한 이 행위는 자신의 미래를 결정하는 것으로 법학전문대학원법에 기반한 선택이므로 법적으로 보호할 만한 가치가 있는 행위라 할 수 있다. 따라서 국회의 법학전문대학원법 폐지는 A의 신뢰 이익을 침해했다고 할 수 있고, 이는 법적 안정성을 저해하는 것이다.

2. 정의(正義)

정의는 각자에게 올바른 몫을 주어야 한다는 것이다. 따라서 각자에게 걸맞는 그의 몫을 주어야 한다는 분배적 평등을 의미한다. 권리와 의무의 올바른 분배가 정의이다.

정의는 옳은 것임에 분명하지만, 사람마다 정의가 무엇인지 다를 수 있다는 문제가 있다. 누군가에게는 옳은 것이, 누군가에게는 옳지 않은 것일 수 있다. 만약 정의가 신(神)과 같이 객관적으로 정해진 것이라면 정의를 실현하는 것이 모든 이에게 받아들여질 수 있을 것이다. 그러나 정의가 사람마다 다른 것이라면 이를 모든 사람에게 강요할 수 없을 것이다.

3. 법적 안정성과 정의의 관계

무질서의 폐해를 막으려면 법적 안정성이 필요하다. 법이 제정된 후, 정의는 법질서를 평가하는 기준이 된다. 정의에 반한다고 하여 실정법을 반드시 폐기해야 하는 것은 아니다. 정의에 반한다고 하여 실정법을 폐기하면 법적 안정성을 침해하기 때문이다. 새로운 법을 제정하여 새로운 법질서를 만드는 비용도 있다. 따라서 법을 폐지하고 새로운 법을 정립할 때 드는 비용과 이를 통해 실현되는 정의를 비교형량하여 법의 폐지 여부를 결정해야 한다.

정의롭지 않은 실정법을 그대로 유지한다면 옳지 않은 법질서가 유지된다. 그러나 단순히 정의롭지 않다는 이유로 법을 폐지한다면 법적 안정성이 침해되어 법적 혼란이 발생한다. 그래서 G. Radbruch은 실정법이 단순히 정의롭지 못한 경우 법적 안정성이 우선권을 가진다고 한다. 다만 실정법률의 정의 위반이 참을 수 없을 정도에 이른 경우 실정법은 효력을 상실해야 한다고 주장한다.[82]

4. 형식적 법치주의

법치주의를 실현함에 있어서 형식적 절차를 중시하는 입장과 실질적인 내용을 중시하는 입장이 있다. 전자를 형식적 법치주의라 하고, 후자를 실질적 법치주의라 한다. 형식적 법치주의는 법적 안정성을 중시하고, 실질적 법치주의는 정의를 중시한다.

(1) 법실증주의와 다수결

법실증주의는 한스 켈젠의 <순수법학>으로 대표되는 중요사상이다. 중세 이전 시대, 모호한 가치가 법에 반영된 것을 반성하면서 나타난 사조이다. 이름만 해도 순수법학이라는 것이 그 이전의 법은 순수하지 않았다는 의미가 된다. 순수하지 않았다는 것은 불순물이 있었다는 것이고, 이는 법에 명확하지 않은 것이 있었다는 뜻이다.

법실증주의는 자유주의와 연결된다. 법실증주의는 말 그대로, 법에는 실제로 증명할 수 있는 것만 있어야 한다는 뜻이다. 실제로 증명할 수 없는 것들의 대표적인 사례로는 신, 도덕, 윤리, 종교 등이 있다. 그래서 법실증주의는 옳고 그름과 같은 모호한 것들은 법에서 배제해야 한다고 생각했다. 모호한 것들을 법에서 배제하는 것은 개인의 자유를 보장하기 위한 목적을 가진 법체계에서 대단히 중요한 것이다.

예를 들어, A가 생각하는 정의가 있고, B가 생각하는 정의가 있다. 그런데 특정 종교에서 A가 생각하는 정의를 옳은 것으로 여기고 있으며, A와 B의 국가는 이 종교를 국교로 삼고 있으며 종교의 자유는 없다고 하자. 그렇다면 B가 생각하는 정의는 옳지 않은 것, 틀린 것이 된다. B는 자신이 생각하는 정의를 바탕으로 자유롭게 선택하고 행동할 수 없다. 따라서 특정 도덕, 종교에 의해 옳고 그름이 절대적으로 정해져 있고 국가와 사회는 이 옳음을 실현해야 한다는 생각은 결국 개인의 자유 박탈로 이어지게 되는 것이다. 이에 대한 대표적 사례가 신의 왕국을 땅에서 실현하려 했던 서구의 중세사회이고, 유학을 믿었던 조선 사회인 것이다. 우리는 수많은 사극을 통해 조선사회에 대해서는 어느 정도 이해하고 있다. 신 중심의 서양 중세 사회를 알고 싶다면, 리들리 스콧 감독의 <킹덤 오브 헤븐>을 보는 것도 좋을 것이고 사족이지만 감독판으로 보는 것을 추천한다.

법실증주의와 자유주의에 따르면, 법은 개인의 자유를 보장해야 하고 옳고 그름에 대한 판단 권한은 개인에게 있다. 개인은 자신의 가치관에 따라 옳고 그름을 스스로 판단하고 선택하고 추구한다. 그렇다면 옳고 그름은 어떻게 정해야 할까? 이것이 바로 다수결이다. 개인은 모두 스스로의 판단에 따라 자신의 정의로움을 추구할 수 있다. 그러나 국가나 사회는 다수가 모여 이루어진 것으로 생각이 서로 다른 다수가 의사 결정을 하거나 가치 판단을 해야 하는 경우가 반드시 존재한다. 따라서 다수가 결정한 것, C 의견이 더 많은 사람에게 더 옳은 것으로 받아들여졌다면 C 의견이 잠정적으로 옳은 것이 된다. 그러나 이렇게 결정된 C 의견도 옳다는 보장은 없다. 그렇다면 사람들의 생각이 바뀌게 될 것이다. 사람들이 C 의견보다 D 의견이 더 타당하다고 생각하게 되고 다수의 사람들이 D 의견을 지지한다면 이제 C 의견 대신 D 의견이 잠정적으로 옳은 선택이 된다. 결국 다수의 결정이 옳다는 것은 개인의 자유를 보장하는 것과 동일한 것이고, 옳고 그름에 대한 판단은 개인의 자유로운 선택의 결과에 불과할 뿐이다.

그 결과가 옳기 때문에 정의로운 것이 아니라 개인의 자유로운 선택과 다수결이라는 절차가 잘 지켜진 결과라는 사람들의 신뢰가 정의로움을 보장한다. 이를 두고 절차적 정당성 혹은 형식적 정당성이라 한다.

(2) 사실과 가치 논쟁

히틀러와 나치는 독일 국민의 민주적 투표에 의해, 즉 다수결에 의해 권력을 갖게 되었다. 이 과정에서 법실증주의에 따른 문제점은 단 하나도 없었다. 법실증주의에 따르면 독일 국민 다수의 결정은 절차적 정당성을 갖춘 옳은 결정임이 분명하다. 그리고 그 결과는 아리안 민족의 삶의 공간인 레벤스라움을 확보하기 위함이라는 명목으로 시작된 2차 세계대전, 개인의 자유에 대한 전면적 박탈, 대량학살이었다. 결국 법실증주의는 옳고 그름이라는 내용적 판단이 전면 배제되어 있기 때문에 단지 다수가 옳다고 생각하기만 하면 명백하게 옳지 않은 것도 현실이 될 수 있는 것이다.

이것이 바로 20세기의 대논쟁인 사실과 가치 논쟁이다. 대학에서 헌법을 배운 학생이라면 사실과 가치를 배운 적이 있을 것이다. 법실증주의자인 켈젠은, 사실(sein)과 당위(sollen)을 구별해야 한다고 했다. 당위는 마땅히 그러해야 한다는 의미로 가치 판단을 전제한다. 다수가 그것이 옳다고 찬성했다는 사실로부터 과연 그것이 옳은 결정이라는 의미가 도출되는 것인가?

유태인을 차별하고 배제하고 제거하자는 법안이 있다고 하자. 전체 국민 중 90%가 이를 찬성했다는 사실로부터 그것이 옳다는 당위가 도출되지 않는다. 또 다른 예로 인간의 역사는 전쟁의 역사라는 사실이 다고 하자. 실제로 우리는 인식하지 못하지만 세계 어디선가는 크고 작은 전쟁이 벌어지고 있다. 인류의 역사가 기록된 몇천 년 중 전쟁이 없는 시기는 고작 50년도 안 된다는 말도 있다. 이것이 사실이라 한다면, 인류는 전쟁을 해야만 하는가?

법조인이 하는 일이 바로 이것이다. 사실과 가치는 같은 것이 아니기 때문에 이 둘의 간격을 좁히는 증명 과정이 필요하다. 이를 논증이라 한다. A가 사람을 죽였다는 사실과 A를 처벌해야 한다는 당위는 엄연히 다른 것이다. A가 우리 국민을 위협하는 적군을 사살했다면, 처벌해야 하는 것이 아니라 오히려 훈장을 줘야 하는 것이다. 살인의 99%는 살인죄로 처벌해야 할 범죄일 것이다. 그러나 대부분의 살인이 살인죄의 대상이 된다는 사실로부터 A도 살인죄로 처벌해야 한다는 당위가 도출되는 것은 아니다. 그렇기 때문에 로스쿨 입시에서 당연한 것은 없다. 사실과 가치의 관계는 논증 없이 성립할 수 없는 것이다.

히틀러와 나치의 유태인 학살로 돌아와서, 이 사건에는 사실과 가치 논쟁이 또 하나 숨어있다. 이것이 바로 우생학이다. 당시에는 우생학이 과학적 사실로 받아들여졌다. 우생학의 연구 결과에 따르면 독일 아리안 민족은 우월하고, 유태인은 열등하다. 진화론에 따르면 우월한 형질을 지닌 개체는 살아남고 열등한 형질을 지닌 개체는 도태되어 진화가 일어난다.

진화론과 우생학을 과학적 사실로 받아들인다고 하더라도, 그것이 곧바로 다음과 같은 당위로 이어지지는 않는다. 인류의 진화와 독일의 발전을 위해서는 열등한 유태인을 제거해야만 한다는 당위가 바로 그것이었다. 그러나 히틀러와 나치, 다수의 독일 국민은 우생학적 사실을 열등한 유태인의 제거라는 당위로 곧바로 받아들였다. 그래서 독일은 유태인과의 성관계를 금지하는 법을 만들었고 유태인을 격리했고 유태인을 학살했다. 스티븐 스필버그의 <쉰들러 리스트>를 보면, 쉰들러가 자신의 생일파티에서 모든 여성에게 키스를 퍼붓는데, 유태인 소녀 직공들이 선물을 주었고 그녀들에게도 키스를 하자 주변 사람들이 놀란 눈으로 쳐다보는 장면이 나온다. 바로 유태인과의 성관계를 금지하는 법 때문이다.

⑫ 라드부르흐, 《법률적 불법과 초법률적 법》, <법철학>

(3) 형식적 법치주의

형식적 법치주의는 다수결로 결정된 법률에 따라 행정과 재판이 이루어져야 한다는 것이다. 해당 법률의 내용이 옳은지 그른지는 판단할 필요가 없다. 왜냐하면 이미 국민이 다수결을 통해 의회를 구성했고 이렇게 구성된 의회의 법률 제정 과정에서 그 내용의 정당성이 판단되었기 때문이다.

법률의 내용에 대한 정당성 판단 기준은 모든 사람이 서로 다르다. 이를 가치 상대주의라 한다. 만약 법률의 내용이 옳다거나 그르다고 판단하여 법에 대한 복종을 거부한다면 법적 혼란이 발생하여 법적 안정성을 저해한다. 많은 사람들이 참여하여 법률을 제정하였으므로, 개인 자신만의 가치관을 들어 법에 대한 복종을 거부한다면 다수의 의견이 틀렸다고 말하는 것이나 다름없다. 그리고 만약 다수의 동의를 얻어 제정된 법률의 내용이 정당하지 않다면, 이에 불복종할 것이 아니라 다시 논의하여 다수의 동의를 얻으면 그 부정의의 상태가 해소될 것이다.

형식적 법치주의의 문제점은 합법적 불법국가가 출현할 수 있다는 점이다. 다수가 동의하였다는 사실로부터 그 동의가 옳다는 당위는 도출할 수 없다. 형식적 법치주의의 문제점을 드러낸 사례가 나치의 유태인 학살이다. 나치의 당수인 히틀러는 1933년 2월에 독일의 총리가 되었다. 그리고 1933년 3월에 수권법(授權法), 즉 '민족과 국가의 위난을 제거하기 위한 법률'을 공포하였다. 수권법에 따르면, 당시 90% 이상의 의석을 차지하고 있었던 나치당과 그보다 더 높은 개인적 지지율을 보인 히틀러에게 법을 제정할 권리가 부여되었다. 히틀러 행정부의 정책은 법에 기반할 필요 없이 그 자체가 법적 정당성이 있는 것이 되었다. 1934년 히틀러는 국민투표를 통해 총리와 대통령을 겸하게 되어 입법부와 행정부를 동시에 지배하는 총통(總統)이 되었다. 히틀러는 국민투표에서 독일 국민으로부터 압도적인 지지를 받아 형식적 정당성을 얻었다. 형식적, 절차적으로 정당성을 얻은 히틀러는 2차 세계대전과 유태인 학살이라는 내용의 권력을 행사하였다.

나치의 수권법(授權法)[83]

제1조 독일의 법률은 헌법에서 규정되고 있는 수속 외에 독일 정부에 의해서도 제정될 수 있다. 본조는 바이마르 헌법 제85조 제2항 및 제87조에 대하여도 적용된다.

제2조 독일 정부에 의해 제정된 법률은 연방 의회 및 연방 참의원의 제도에 영향을 미치는 것이 아닌 한 헌법에 위반될 수 있다. 단 대통령의 권한은 바뀔 수 없다.

제3조 독일 정부에 의해 제정된 법률은 총리에 의해 작성되어 관보(官報)를 통해 공포된다. 특수한 규정이 없는 한 이 법률은 공포한 다음 날부터 그 효력을 발생한다. 헌법 제68조에서 제77조는 정부에 의해 제정된 법률의 적용을 받지 않는다.

제4조 독일과 외국과의 조약도 본법의 유효기간에 있는 동안 입법에 영향을 미치는 기관들과의 합의를 필요로 하지 않는다. 정부는 이러한 조약의 이행에 필요한 법률을 공포한다.

제5조 이 법은 공포한 날부터 효력을 발한다. 이 법은 1937년 4월 1일까지 효력을 발휘하며 현 정부가 다른 정부에 교체될 경우에는 효력을 잃는다.

---

5. 실질적 법치주의

(1) 형식적 법치주의와 다수결의 문제점

법실증주의는 개인의 자유를 안정적으로 보장하는 데 기여했다. 그러나 인간이 만들어낸 것 중에 완벽한 것은 없다. 법실증주의는 나치의 유태인 학살에 기여한 측면도 있다. 그리고 그에 대한 반성으로 실질적 법치주의, 즉 방어적 민주주의가 주창되었다. 2차 세계대전의 발발은 케인즈에 의해 예언되었고, 그 결과에 대한 반성은 법학의 발전으로 이어졌다. 방어적 민주주의는 헌법재판소의 기본 논리가 되며 혐오표현에 대한 처벌 논리가 된다는 점에서 매우 중요하고 로스쿨 면접에서도 다수 출제된 바 있다.

법실증주의는 옳고 그름이 사전에 결정되어 있지 않다는 상대주의에 근거해 개인이 자유롭게 옳고 그름을 스스로 판단한 결과를 존중한다. 따라서 다수의 의사가 곧 잠정적으로 옳은 것이 되고, 만약 그것이 옳지 않은 결정이었다면 이후에 시정하면 된다는 입장이다.

그러나 어떤 결정이 자유로운 선택의 결과라 하더라도 목적 그 자체를 파괴하는 논리 모순적인 것이라면 어떨까? 예를 들어, 개인의 자유를 보장한 결과가 자살이라면 어떤가? 자살이라는 결정 자체는 개인의 자유로운 선택의 결과가 분명하다. 그러나 자살은 개인의 모든 자유가 박탈되는 결정이고, 되돌이킬 수 없는 비가역적 결정이다. 개인의 자유라는 목적에 반하는 선택이며, 이후에 시정할 수 없는 선택임이 분명하다.

나치가 발흥했던 1차 세계대전 이후의 독일에서 이를 살펴보자. 1차 세계대전에서 패전한 독일은 막대한 전쟁 배상금을 갚아야 할 상황이었다. 이때 전쟁 배상금을 받아내려 했던 영국과 프랑스의 정책에 대해 새로운 전쟁을 만들어내는 것이라 비판했던 사람이 바로 경제학의 거인, 존 메이나드 케인즈인 것은 알아두자. 독일은 막대한 수의 상이군인과 무너진 경제 기반, 갚아야 할 대외 부채인 전쟁배상금까지 있는 상황이었다. 계몽군주인 빌헬름 2세와 철혈재상 비스마르크의 결합으로 1차 세계대전이 발발했고, 독일은 이 전쟁에서 패배하였기 때문에 왕정 대신 민주주의와 자유주의를 도입했다. 그 결과 현대의 관점에서 보아도 선진적이라 평가할 만한 바이마르 헌법이 제정되었다.

바이마르 헌법은 개인의 자유를 보장할 수 있도록 법실증주의 요소가 강력하게 반영되었다. 그러나 자유주의와 민주주의는 시행 초기에 갈등과 시행착오가 작동한다. 예를 들어, 수험생이 제대로 된 공부법을 시작한다고 하더라도 곧바로 점수가 향상되는 것이 아니라 오히려 잘못된 공부법으로 공부할 때보다 점수가 낮아지는 경우가 많다. 오랫동안 잘못된 방식으로 공부해 최대 효율이 나오는 것과, 이제 막 시작한 낮은 효율의 좋은 공부법의 점수는 격차가 나기 마련이다. 독일은 전쟁 직후의 혼란기에 오히려 그 혼란이 가중되는 민주주의 강화가 이루어졌던 것이다.

독일 국민들은 정확한 진단, 복잡한 해결법을 원하지 않았다. 오히려 우리의 이 고통의 원인은 누구인지 명확하고 단순하게 알려주기만 한다면, 그들을 향해 쌓여 있는 분노를 표출할 준비가 되어 있었다. 이것이 바로 혐오이다. 히틀러와 나치는 독일의 복잡한 문제를 해결할 능력이 없었지만, 단 하나의 능력은 있었다. 독일 국민들에게 독일의 고통의 원인을 지목할 능력이 바로 그것이었고, 그 대상은 유태인이었다. 히틀러는 독일이 1차 세계대전에서 패배한 것은 독일 곳곳에 몰래 숨어서 활약하는 유태인들 때문이라 지목했다.

독일의 전쟁 패배가 유태인 때문이었는지 그 사실은 독일 국민 다수에게 중요한 것이 아니었다. 독일 국민 다수는 히틀러와 나치에게 열렬한 지지를 보냈다. 히틀러와 나치는 국민들에게 지금은 비상사태이기 때문에 개인의 자유가 중요하지 않고 민족과 국가를 중시해야 할 때라고 주장했다. 히틀러와 나치는, 독일 내부에는 독일을 해하려는 유태인들이 암약하고 있고, 외부에는 독일의 발흥을 막으려는 외국 세력들이 있다고 주장했다. 히틀러와 나치에게 권력을 준다면 유태인을 제거하고 외국 세력을 물리쳐 위대한 독일 민족의 막강한 국가를 만들어내겠다고 약속했다. 독일 국민들은 개인의 자유보다 위대한 국가를 만드는 것을 선택했다.

(2) 자유 보장에 의한 자유 침해

독일 국민 대다수가 히틀러와 나치를 지지했고, 나치는 국민의 압도적인 지지를 받아 다수결에 의해 절대 다수당이 되어 단독으로 헌법을 제정할 수 있을 정도의 의석을 얻었다. 이 과정에서 절차상의 하자는 전혀 없었고 정당한 민주적 형식과 절차에 의해 나치는 절대다수의 의석을 얻었고 정권을 잡았다.

⑩ 나치 수권법의 정식 명칭은 '민족과 국가의 위난을 제거하기 위한 법률'(Gesetz zur Behebung der Not von Volk und Reich)이다.

나치는 독일 국민들에게 다음과 같은 설명을 했다. 히틀러는 행정부의 수반인 총통이고, 나치당의 당수를 겸하고 있으므로 입법부를 장악하고 있다. 전쟁 상황이라서 신속한 의사 결정이 중요한데, 굳이 행정부가 어떤 결정을 하려 할 때 반드시 입법을 해야 하겠는가? 히틀러 정부가 어떤 결정을 하면 그 근거가 되는 법률이 있는 것으로 하자. 이 법의 공식 명칭은 민족과 국가의 위난을 제거하기 위한 법률(Gesetz zur Behebung der Not von Volk und Reich)이고, 보통 수권법(授權法)이라 한다. 입법부가 자신의 권한을 행정부에 넘겨준 것이기 때문이다.

민주주의 국가는 국민의 기본권에 대한 사항은 입법부가 제정한 법률에 근거하게 되어 있다. 민주국가의 존재 목적은 국민의 자유와 권리를 보장하는 것이다. 따라서 국민의 기본권을 제한하기 위해서는 국민의 직접 선출로 대표가 된 입법부에 의해 법률이 제정되어야만 한다. 행정부는 국민의 의사로 제정된 법률을 수행하는 역할을 한다. 그래서 행정부인 것이고, 행정부는 법률에서 규정한 이상의 정책을 수행해서는 안 된다. 정책의 위법성을 판단하는 기관이 사법부이다. 입법, 행정, 사법이 국민의 자유와 권리 보장이라는 목적을 위해 서로 견제와 통제를 하는 것이 3권 분립을 헌법에 규정한 이유가 된다.

그러나 독일 제3제국의 수권법은 행정부가 입법부의 모든 역할을 가져오는 것이다. 총통인 히틀러는 법을 시행하는 역할을 넘어서서, 정부의 필요에 따라 법률 그 자체를 제정하고 개정하고 폐지할 수 있는 권한을 넘겨받았다. 심지어 법을 제정할 때 공포기간을 두어 국민들이 법에 대해 인지할 시간적 여유를 두는데, 수권법에 의하면 히틀러 행정부의 정책은 공포기간 없이 곧바로 시행되기까지 했다.

결국 독일의 사례는 민주주의의 모순, 플라톤이 우려했던 민주주의의 문제점으로 이어졌다. 개인에게 자유를 주기 위한 민주주의 강화는 결국 국민 자신의 손으로 민주주의를 파괴하는 정부를 선출하는 것으로 이어진 것이나 마찬가지이기 때문이다. 개인이 자신에게 주어진 주권에 따라 스스로 옳고 그름을 판단하여 다수결에 의해 개인의 자유를 파괴하는 내용의 결정을 한 것이다.

(3) 실질적 법치주의

실질적 법치주의는 법률의 목적과 내용은 정의에 부합해야 한다는 것이다. 법에 의한 통치일지라도 그 법이 정의를 훼손하는 내용을 담고 있다면 불법적 통치일 수 있다. 다수가 지지하고 동의해 제정된 법률이라도 그 내용이 부정의할 수 있다. 예를 들어, 사회의 절대 다수가 백인일 경우 제정된 법률은 백인과 흑인을 차별하는 부정의한 내용을 담고 있을 가능성이 크다.

실질적 법치주의는 나치 시대에 대한 반성으로 2차 세계대전 이후 본격적으로 도입되기 시작하였다. 실질적 법치주의는 통치의 정당성을 강조하고, 정의에 반하는 법률에 대해서는 시민불복종과 저항권을 인정할 수 있다는 입장이다. 그러나 시민불복종과 저항권은 법적 안정성을 심대하게 침해하기 때문에 이를 법적 안정성의 틀 안에 받아들이기 위해 위헌법률심판 제도와 헌법재판소 제도를 도입했다. 다수의 지지를 받아 제정된 법률이 정의와 기본권에 반하는 내용을 담고 있을 때, 기존에는 다수의 생각이 바뀔 때까지 기다리거나 여론을 바꾸기 위한 노력을 하거나 직접행동을 해서 법적 처벌을 받거나 하는 등의 행동 외에 다른 수단이 없었다. 그러나 실질적 법치주의가 인정된 이후, 법률의 내용이 정의와 기본권에 반한다고 판단될 경우 법원이나 개인이 그 법률의 내용에 대해 판단해 달라고 헌법재판소에 요청할 수 있게 되었다. 그 결과 다수가 지지하는 입법권에 의한, 소수자에 대한 기본권 침해를 배제할 수 있게 되었다.

6. 정의와 법적 안정성의 대표적 사례

(1) 남편 고발 사건

독일의 한 여성이 남편을 제거하고자 남편이 집에서 히틀러를 비판했다는 이유로 남편을 고발했다. 남편은 유죄판결을 받고 사망률이 높은 러시아 전선에 보내졌다. 2차 세계대전 종전 후 살아 돌아온 남편이 부인이었던 여성을 고소했다. 그 여성은 자신의 행위가 나치의 법에 따른 고발이었다고 하면서 무죄를 주장했다. 그러나 법원은 유죄 판결을 했다.

독일법원은 나치의 법이 인권과 평등을 위반할 의도로 제정된 법이므로 라드부르흐의 공식대로 법의 효력이 없다고 보았다. 나치법이 정의에 명백히 반하므로 법이라 볼 수 없기 때문에 그 여성의 행위는 법에 따른 행위가 아니다. 오히려 독일 1871년 형법에 위반되는 행위였다. 독일법원은 나치의 법이 정의에 명백히 위반된다는 이유로 법적 안정성보다 정의를 우선했다고 볼 수 있다.

(2) 몰수 사건

나치 치하에서 유태인인 원고는 1939년 스위스로 이민하였다. 1941년 11월 25일자 제국시민법에 관한 제11명령 제2조, 3조에 따라 독일 국적을 상실하는 동시에 재산을 몰수당했다. 그런데 피고 은행에 예치되어 있었던 원고의 유가증권은 나치 멸망 이후에도 여전히 원고의 명의로 남아 있었다. 원고는 2차 세계대전 이후 거주지를 독일로 다시 옮겼고, 유가증권반환청구 소송을 제기했다. 이에 대해 독일연방법원은, 형식적으로 법률이라는 옷을 입은 몰수 처분은 법으로서의 성격이 없다고 판결했다. 독일법원은 나치가 제정한 제국시민법은 평등을 무시할 의도로 제정된 법이므로 더 이상 법이라고 할 수 없다고 했다. 따라서 나치의 제국시민법에 근거한 몰수 처분은 그 자체로 부정의한 것이다. 법원은 정의에 입각한 판결을 했다.

(3) 친일파 부동산 사건

甲은 이완용의 손자이다. 이완용의 아들인 乙이 사망하자 甲은 A부동산을 상속받았다. 丙은 甲의 동생인 J로부터 A부동산을 매수하였다. A부동산이 丙명의로 등기되자, 甲은 소유권이전등기말소 청구의 소를 제기하였다. 법원은 반민족 행위자나 그의 후손이라고 하더라도 법률에 의하지 아니한 재산권 박탈은 법치주의에 위반된다고 하였다. 그리고 법원은 甲의 소유권을 인정하는 판결을 하였다.[84]

법원은 정의보다는 법적 안정성을 중시해 甲의 소유권을 인정했다.

(4) 친일파 재산 환수 사건

이재극은 대한제국합병의 공적을 인정받아 일본천황으로부터 남작의 작위를 수여받은 친일파였다. 이재극 소유이었던 부동산을 피고인 국가가 국가명의로 소유권보존등기를 마치자, 이재극의 상속인인 원고가 대한민국 명의의 보존등기의 말소를 구하는 소를 제기했다. 서울지방법원은 "반민족행위자의 재산을 반민족행위로 취득한 것으로 추인할 수 있다. 반민족행위를 통하여 취득한 재산에 관한 법의 보호를 구하는 것은 현저히 정의에 반한다. 따라서 당해 소는 부적법하다"고 하여 소를 각하했다. (2001. 1. 16. 99가합30782)

그러나 서울고등법원은 "국민의 법감정, 정의를 내세워 법률의 근거없이 일제시대의 반민족행위자나 그 후손이 자신의 재산권을 보존하기 위해 법원에 재판을 구하는 경우, 재판을 거부한 것은 법치주의에 위배된다"고 하였다.[85]

1심 법원은 법적 안정성보다 정의를 우선시했다. 반민족행위로 취득한 재산과 관련해 법의 보호를 구하는 것은 정의에 위반된다고 한다.

그러나 2심인 서울고등법원은 법에 따른 재판을 제기했는데 정의를 내세워 법률의 근거 없이 재판을 거부한 것은 법치주의에 위배된다고 한다. 이는 법적 안정성을 중시한 판례이다.

[84] 서울고등법원, 1997. 7. 25. 92나23638
[85] 서울고등법원, 2003. 4. 25. 2001나11194

법과 도덕

1. 개념과 관계, 범위

(1) 개념

도덕은 내면성을 중시한다. 도덕은 내적 동기를 중시하기 때문에 의도성이 중요하다. 칸트에 따르면 도덕은 법과는 다르게 행위의 동기를 문제 삼는다. 甲은 친구 乙에게 100만원을 빌렸다. 甲은 돈을 갚기 싫었으나 乙의 비난이 두려워 100만원을 갚았다. 도덕 기준으로 보면 甲의 동기는 선하지 않았으므로 옳지 않다.

법은 외면성을 중시한다. 법은 아무리 내적으로 악한 의도를 가졌어도 외적으로 드러나지 않으면 규제하지 않는다. 위의 사례에서 볼 때, 법은 甲의 동기를 문제 삼지 않으며 결과적으로 甲이 乙의 돈을 갚았으므로 甲의 행위는 합법적이다. 그러나 법에서도 위법행위를 동기에 따라 고의·과실로 구별하기도 한다. 고의로 사람을 죽인 경우(살인죄)와 과실로 사람을 죽인 경우(과실치사)와 같이 성립되는 범죄가 다르다.

(2) 관계

법과 도덕의 관계는 이원론과 일원론으로 견해가 나뉜다.

이원론에 따르면 법과 도덕은 구분되는 것이다. 칸트는 법과 도덕을 강제 유무를 기준으로 구별한다. 법이란 타율이고, 도덕은 자율이다. 법은 의무적 행동에 대한 강제 규범이고, 도덕은 내심적 동기에 관한 자율적 규범이다. 도둑질을 했는데 타인이나 사회에 발각되면 처벌된다. 이처럼 외부적 행동에 대한 타율적 제재영역이 법의 영역이다. 그러나 도둑질을 했는데 발각되지 않았다면 처벌되지 않는다. 그렇더라도 내적으로 양심의 가책을 받는다. 이것이 도덕이다.

일원론에 따르면, 법과 도덕은 다르지 않다. 예를 들어, '도둑질하지 말라'는 도덕이 결국 법에 절도죄로 들어온다. 따라서 도덕과 법은 형식이 다를지라도 그 내용은 같다. 라드부르흐는 도덕은 법의 목적이자, 타당성의 근거라고 하였다.

(3) 범위

'법은 도덕의 최소한'이라는 견해(G. Jellinek)와 '법은 도덕의 최대한'이라는 견해(G. Schmoller)가 있다. 도덕 중에서 사회를 보호하기 위해 꼭 필요한 것만 법에 규정해야 하므로, '법은 도덕의 최소한'이라고 할 수 있다. 다만, 도덕은 도덕에 위반되어도 강제할 수 있는 수단이 적은 반면, 법은 강제수단을 통해 관철할 수 있다는 점에서 법은 '도덕의 최대한'이라고 할 수 있다.

2. 도덕의 법적 강행화 소극설: 자유주의, 반완전주의

(1) 자유 침해

자유주의자는 타인의 자유에 해악을 발생시키지 않은 경우, 국가는 개인의 자유에 개입해서는 안 된다고 한다. 밀은 이를 해악의 원칙이라 하였다. 자유주의에 따르면, 타인의 자유에 직접적 해악을 주지 않는 행위이지만 부도덕한 행위일 경우 부도덕하다는 평가에 대한 책임을 개인이 스스로 감수하면 그만이다. 그러나 도덕을 모두 법으로 강제한다면, 개인의 자유는 위축되고 국가 권력은 비대해질 수 있다. 도덕을 법으로 강제하기 위해서는 무엇이 옳은 행위이고 옳지 않은 행위인지를 정해야 하기 때문에 국가 권력의 힘이 커지는 것이다.

1790년 조선 윤지충은 가톨릭을 믿어 돌아가신 어머니의 제사를 지내지 않고 위패도 모시지 않았다. 당시에 윤지충의 행위는 도덕적으로 용납될 수 없는 행위였다. 국가는 도덕의 보호라는 이름 하에 윤지충을 사형에 처했다. 도덕을 법적으로 강제함으로써 윤지충은 종교의 자유를 누릴 수 없었다.

(2) 절대국가의 정당화

국가가 도덕을 모두 법으로 강제한다면 국가가 개인의 행동방식, 사생활까지도 간섭할 수 있다. 그렇다면 개인의 자유는 억압당하고, 국가는 절대국가가 될 것이다. 국가지배계층은 도덕이라는 절대무기를 독점하고, 도덕에 반한다는 이유로 이런저런 행위를 금지할 것이다. 개인의 자유 영역은 사라지고, 국민은 권리의 주체가 아니라 훈육자인 국가의 지배 대상으로 전락할 것이다.

(3) 성인의 자기결정권 침해

성숙한 성인은 자기이익을 가장 잘 판단할 수 있다. 자기이익을 가장 잘 판단할 수 있는 행위자는 당사자 개인이지 국가가 아니다. 그럼에도 국가가 도덕적으로 바람직하다는 이유로 도덕적 행위를 법으로 강제하면, 개인은 자기결정권을 누릴 수 없다. 개인은 자기 운명의 주체가 아니라 국가의 지시에 순종해야 하는 노예로 전락할 것이다.

(4) 도덕의 자율성 보장

도덕을 모두 법으로 강제한다면 도덕의 핵심인 자율성이 손상될 수 있다. 법은 타율성, 도덕은 자율성의 영역이다. 국가가 도덕을 법으로 강제한다면 도덕의 자율성이 약화된다. 예를 들면 효도는 도덕의 영역이므로 자율성의 영역이다. 국가가 효도를 법으로 강제한다면 효도의 정신인 자녀의 부모에 대한 존경과 사랑이 오히려 약해질 수 있다. 법 때문에 마지못해 효도한다면 내면의 부모에 대한 사랑이 약해져 효도의 본질이 상실될 수 있다.

3. 도덕의 법적 강행화 적극설: 공동체주의, 간섭주의, 완전주의

(1) 공동체 유지

국가는 무엇이 올바른 삶인가와 관련하여 특정 견해를 장려할 관심을 가져야 하며 입법을 통해 정당한 공공도덕을 보호해야 한다. 사회는 도덕 공동체이다. 따라서 도덕이 붕괴되면 사회도 붕괴된다. 공공도덕에 반하는 행위를 규제해야 사회가 유지될 수 있다. 개인들이 공동체의 도덕 규칙을 준수하지 않으면 공동체는 파괴된다. 그렇다면 공동체 구성원인 개인의 자유도 파괴될 수밖에 없다. 개인의 자유와 권리의 최대한 보장에만 관심이 있는 개인주의는 공동체를 파괴할 수 있다. 공동체가 파괴된다면 개인의 자유와 권리도 보호될 수 없다.

(2) 악법 발생 예방

도덕과 법을 단절시키면 악법이 제정될 수 있다. '악법도 법'이라는 법실증주의적 사고로 나치의 악법이 통용되었다. 이런 법실증주의적 사고로 독일 국민은 나치의 악법에 복종했고, 아무런 비판도 하지 못했다(G. Radbruch). 도덕과 법의 분리는 악법에 의한 지배를 정당화할 수 있다.

(3) 국가의 기본권 보호 의무

국가는 적극적으로 국민의 권리를 보호할 의무를 진다. 밀은 판단능력이 있는 이성적 성인을 전제로 하여, 자기이익은 행위자가 가장 잘 판단할 수 있으므로 국가가 개입해서는 안 된다고 주장했다. 그러나 많은 국민들이 판단능력의 결여 또는 게으름으로 인해 자기 이익을 보호하지 못하고 자신의 선택이 자신에게 위해를 가할 수도 있다. 예를 들어, 오토바이 운전시 안전모 착용을 생각해보자. 안전모를 착용하지 않은 것은 타인에게 위해를 가하지 않는다. 그러나 오토바이 운전자들이 안전모를 착용하지 않았을 때 발생할 피해가 막대함을 알고 있더라도, "설마 그런 일이 있겠어", "귀찮은데 이번 한 번쯤은 괜찮겠지"라는 생각을 할 수 있다. 그렇다면 결국 자신이 자신을 위험에 빠뜨릴 수 있다. 따라서 국가가 국민의 생명을 보호하기 위해 안전모를 착용하지 않으면 처벌하는 등 개인의 자유를 일정 정도 강제하여 스스로 자신을 위험에 빠뜨리는 행동을 하지 못하도록 할 수 있다. 이와 같이 도덕적인 문제에 있어서도 국민이 더 나은 삶을 살 수 있도록 국가가 법으로 강제할 수 있다.

4. 비범죄화이론과 데블린 – 하트 논쟁

(1) 개념과 유형

비범죄화란 국가형벌권 행사를 축소시키기 위해 일정한 형사제재규정을 폐지, 비적용하여 형벌을 가볍게 하려는 시도이다.

비범죄화의 유형은 크게 2가지이다. 첫째, 사회의 범죄관의 변화로 사회적으로 용인되는 경우가 있다. 사회의 범죄관이 변화하여 종래 범죄로 생각되던 행위가 사회적으로 허용되는 행위로 바뀐 경우이다. 네덜란드처럼 안락사를 처벌하지 않은 경우, 캐나다와 같이 기호용 대마를 처벌하지 않는 경우가 대표적인 사례이다. 둘째, 사회통념상 사회적 유해 행위나 형법의 보충성으로 처벌의 필요성이 소멸한 경우가 있다. 형법은 인간의 공동생활에 있어서 불가결한 가치를 보호한다. 형법 이외의 다른 수단으로 법익을 보호할 수 없는 경우에 한해 형법이 이를 보호해야 한다는 것을 형법의 보충적 기능이라고 한다. 사회적으로 아직 허용되기 힘든 행위이나 형법의 보충성 기능을 고려하여 형벌권 행사가 축소될 필요가 있다. 예를 들면 도박, 마약 등이다.

(2) 비범죄화 이론의 근본사상

조선시대 천주교 신자였던 윤지충은 어머니의 제사를 모시지 않았으며 위패를 땅에 묻었다는 이유로 사형을 당했다. 천주교 신자였던 윤지충의 종교관과 그에 따른 행동은 당시 조선의 지배적 사상이었던 유교에 반한다는 이유로 형벌의 대상이 되었다. 이처럼 국가가 일정한 종교관·윤리관을 강제하여 형벌을 행사한다면 개인의 자유는 보호받을 수 없다. 어떤 행위가 부도덕하다는 판단만으로는 처벌해서는 안 되고, 사회의 공존·공영을 위해 확보해야 할 법적 이익을 침해하거나 위태롭게 한 경우만 처벌할 수 있게 된다(법익론). 어떤 행위가 불쾌하다거나 불안감을 준다는 것만으로 처벌해서는 안 된다.

사회적 법익을 해하는 행위, 즉 당벌성(當罰性)이 있는 행위일지라도 필벌성(必罰性)이 없는 경우도 있다. 자율적으로 해결해야 할 사안이라든지 손해배상 등 사법적으로 해결해야 할 사안도 있기 때문이다.

대량으로 발생하는 경미한 범죄까지 처벌하려면 수사인력과 자금이 많이 소요된다. 따라서 사법경제적(司法經濟的) 관점에서 경범죄를 처벌할 필요가 없다는 주장이 제기된다.

(3) 비범죄화 이론의 한계

법은 개인의 자유와 권리를 제한하는 측면도 있으나, 타인의 침해로부터 개인의 자유와 권리를 보호하는 측면도 있다. 과잉범죄화가 국가에 의한 개인의 자유침해를 발생시키듯, 지나친 비범죄화는 타인의 침해로부터 개인의 자유를 국가가 보호하지 못하는 문제를 안고 있다. 자칫하면 비범죄화는 치안 부재, 무질서의 혼란으로 이어질 수 있다.

(4) 데블린 - 하트 논쟁

1954년 8월 울펜덴 남작을 위원장으로 하는 위원회는, 비범죄화에 대한 보고서를 발표했다. 울펜덴 보고서의 핵심 내용은, 동성 간의 연애는 사사로이 행해지는 한 형법이 관여할 문제가 아니라는 것이었다. 이에 따르면, 형법으로 시민의 사생활을 강요해서는 안 되고 타인에게 직접 해를 주는 행위만 규제할 수 있을 뿐이다. 동성애는 시민의 사생활에 해당하고 다른 시민에게 직접적 해악을 주는 행위가 아니므로 형법으로 규제할 수 없다고 하였다.

이에 대해 데블린은 동성애를 형법으로 규제해야 한다는 입장을 밝혔다. 데블린은, 사회는 단순히 개인의 이익을 확보하기 위한 장(場)이 아니라 도덕적 이념 공동체라 한다. 기본도덕은 사회를 결속시키는 접착제와 같아서 기본도덕 없이 사회는 유지될 수 없다. 따라서 사회를 유지하고 존속하기 위해 사회의 지배도덕에 반하는 행위를 형법으로 처벌하여야 한다. 사회는 공유된 지배도덕을 통해 유지되고 존속하기 때문에 이를 훼손하는 행위는 사회통합을 저해하는 것으로써 해당 행위에 대한 규제는 정당하다.

하트는 데블린의 주장을 반박했다. 부도덕이 사회를 해체한다는 데블린의 주장에 대해, 하트는 동성 간의 음행(淫行)이 지진의 원인이라는 주장과 마찬가지로 데블린의 주장은 아무 근거 없는 주장이라고 비판한다. 하트는, 우리 사회가 유지해야 할 공동체의 도덕이 무엇인지 명확하게 제시할 수 없기 때문에 데블린의 주장은 모호하다고 비판한다. 하트는 해악의 원칙에 따라 타인에게 해악을 주는 행위만 규제하더라도 공동체는 충분히 유지되고 존속할 수 있다고 한다.

하트는, 사회는 개인이 모여 이루어지는 것이므로 사회의 역할보다 개인의 자유와 권리가 우선한다고 보았다. 사회는 사회 구성원들이 하나의 지배도덕을 공유함으로써 유지되는 것이 아니라, 각 개인이 서로 다른 도덕을 갖고 있다는 사실을 인정하고 다른 도덕을 가진 사람들의 행위를 관용함으로써 유지된다고 생각했다. 따라서 국가는 지배도덕을 개인에게 강요해서는 안 되고, 외부의 침해로부터 개인을 보호할 필요가 있을 때에 한해 간섭할 수 있을 뿐이라 하였다.

5. 존속상해치사죄

(1) 문제제기

- **영희:** 우리 형법에도 똑같은 상해치사라 할지라도 존속에 대한 상해치사는 일반인에 대한 상해치사보다 가중처벌하잖아.[86] 부모에 대한 상해치사는 일반인에 대한 상해치사보다 도덕적으로 더 비난 받아야 한다고 생각해. 따라서 비속[87]의 존속[88]에 대한 상해치사를 가중처벌하는 법이 도입된 것 아니니?
- **철수:** 네 말도 옳은 것 같은데, 도덕이 법에 들어온다면 너무 주관적이지 않을까? 예를 들면 조선시대에는 조상에 대해 제사지내지 않는 것이 큰 죄에 해당하지만 오늘날에는 그렇지 않잖아. 도덕 자체가 상대적이어서 도덕을 최대한 법에 반영한다면 억울하게 처벌되는 자가 많이 생길 것 아니야.

[86] 제259조 (상해치사) ① 사람의 신체를 상해하여 사망에 이르게 한 자는 3년 이상의 유기징역에 처한다. <개정 1995.12.29> ② 자기 또는 배우자의 직계존속에 대하여 전항의 죄를 범한 때에는 무기 또는 5년 이상의 징역에 처한다.
[87] 비속(卑屬): 아들 이하의 항렬에 속하는 친족을 통틀어 이르는 말
[88] 존속(尊屬): 조상으로부터 직계로 내려와 자기에 이르는 사이의 혈족으로, 부모나 조부모 등을 이른다.

(2) 존속상해치사죄 존치론

① 공동체 유지·존속

서로 다른 생각을 가진 개인들이 모여 공동체를 이루기 때문에 공동체가 공유하고 있는 가치가 이 공동체를 유지시키고 존속시킨다. 만약 이 공유된 가치가 훼손된다면 공동체는 붕괴되고 말 것이므로 공동체 구성원은 이 공유된 가치를 지킬 의무가 있다. 직계비속의 직계존속에 대한 존경 의무는 도덕적 의무로서 우리 사회질서의 핵심을 이룬다. 따라서 일반인에 대한 상해치사보다 가중처벌하는 것은 사회질서를 보호하고 공동체를 유지·존속하기 위해 허용된다.

② 사회갈등 예방

공동체의 공유가치를 훼손한 자와 그렇지 않은 자를 동일하게 처벌해서는 안 된다. 존속에 대한 상해치사는 명백하게 사회의 공유가치를 훼손한 자이며 이런 자를 가중처벌하는 것은 사회구성원 모두가 필요하다고 인정한 것이다. 우리 사회가 공유가치를 훼손한 자를 가중처벌하지 않는다면 존속상해치사가 우리 공동체의 공유된 가치가 아니라고 선언하는 것이나 다름없으며 이로 인해 공유된 가치의 혼란이 발생해 사회갈등이 커질 수 있다.

(3) 존속상해치사죄 폐지론

① 자기책임의 원리 위배

자기책임의 원리란, 개인의 자유로운 선택에 대해 책임을 져야 한다는 것이다. 그러나 개인이 어떤 선택을 함에 있어 예측할 수 없었던 것에 대해 책임을 지우는 것은 과도한 책임이다. 범죄자가 스스로의 선택으로 상해치사에 대한 범죄를 저지른 것에 대한 처벌은 자기 행동에 대한 책임이므로 타당하다. 그러나 존속상해치사에 대한 사회적 분노는 예측가능하지 않으므로 가중처벌하는 것은 개인의 책임을 넘어선다. 따라서 존속상해치사 가중처벌은 타당하지 않다.

② 평등원칙 위배

평등원칙이란, 같은 것은 같게 다른 것은 다르게 대하라는 원칙이다. 만약 같은 것을 다르게 대한다면 평등원칙에 위배된다. 존속상해치사죄가 지키고자 하는 가치는 가족 간의 사랑이다. 그런데 존속상해치사 가중처벌은 자녀가 부모를 상해치사한 경우에는 가중처벌하고 있다. 그러나 우리 형법은 직계존속의 직계비속에 대한 범죄에 대해서는 가중처벌을 하지 않고 오히려 영아살해죄, 영아유기죄에 있어서 직계존속의 범죄를 감경처벌하도록 한다. 따라서 가족을 해친 동일한 범죄에 대해 다르게 처벌하고 있으므로 평등원칙에 위배된다.

* 부록의 원고지를 사용하여 실제 시험처럼 제한시간(110분)에 맞춰 답안을 작성해보고, 답안을 작성한 후에는 p.481에서 해설과 예시답안을 확인해보세요.

Q. 제시문 (가), (나), (다)의 논지를 분석하고, 그 중 한 제시문의 관점에서 인권과 민주주의의 관계에 대하여 자신의 견해를 논술하시오. (1300~1500자, 60점)

─────〈조건〉─────

1. (가), (나), (다)에 제시된 논거를 찾아 분석에 포함할 것.
2. 자신이 선택한 관점에서 다른 두 제시문에 대해 비판하는 내용을 포함할 것.

(가) 민주주의 없는 인권이란 형용 모순이다. 민주주의가 부재한 곳에서 시민은 예속적인 위치에 처하므로 주체적인 삶을 영위할 수 없고, 자율적 인간으로서의 존엄성을 확보할 수도 없다. 시민에게 주체적인 삶이란 무엇인가? 그것은 사회 속에서 자신의 운명을 스스로 결정한다는 것을 의미하고, 구체적으로 자신에게 적용될 규칙을 제정하는 데 동등하게 참여할 수 있음을 의미한다. 따라서 민주주의의 부재는 시민의 주체성을 부정하는 것이고, 인권의 존립 기반을 허무는 것이다. 이러한 의미에서 민주주의는 인간 존엄의 한 요소이고, 민주주의에 대한 권리는 핵심적인 인권이라 할 수 있다.

민주주의가 결여된 상태에서는 타인의 간섭 없이 자유로운 선택에 따라 자신의 행동을 결정한다는 의미에서의 행동의 자유가 침해된다. 이러한 소극적 의미의 행동의 자유는 정치적 자유와 필연적으로 연관된다. 시민은 정치적 자유를 행사하여 자신의 행동에 대한 정부의 영향력을 통제할 수 있을 때 비로소 행동의 자유를 확보할 수 있기 때문이다. 만일 어떤 정부가 행동의 자유를 보장한다고 공언하면서도 시민에게 정치 과정에 참여할 권리를 부여하지 않는다면 이는 실제로 행동의 자유를 박탈하는 것이 된다.

행동의 자유의 범위는 본질적으로 정치 과정을 통해 결정되므로 정치적 참여권의 보장 없이는 행동의 자유가 존재할 수 없다. 민주주의는 인권을 적절하게 향유하는 데에도 필수 불가결한 조건이다. 우리는 인권 실현 과정의 역동적 성격에 주목할 필요가 있다. 인간이 어떤 권리를 가진다는 것은 갈색 눈이나 검정 모자를 소유하는 것과 같은 소극적 상태로 파악되어서는 안 된다. 권리를 가진다는 것은 그것의 해석을 통해 다른 이들과 의견을 공유하는 능동적 능력을 발휘할 수 있음을 의미한다. 이 능력은 인간이 자신의 견해를 공적으로 제약 없이 표현할 수 있는 경우에만 실현된다. 이처럼 자신의 권리를 해석하는 능력과 견해를 표현할 수 있는 자유는 민주주의 국가에서만 존재할 수 있다.

(나) 인권과 민주주의는 서로 다른 필요를 충족시키기 위해 탄생했다. 인권은 개인의 차원에서 인간 존엄, 생명, 자유, 평등을 보호하기 위해 발전했다. 그에 비해 민주주의는 동등한 지위를 갖는 구성원들로 이루어진 집단의 의사 결정 절차로서 발전했다. 결과적으로 민주주의가 성립하기 위해서는 인권이 실현되기 위한 전제 조건 이외의 추가적인 조건들이 충족되어야 한다. 예컨대 민주주의는 정치 과정에 시민들이 동등하게 참여할 것을 요구하지만 인권의 요구는 거기까지 미치지 않는다. 또한 민주주의에 대해서는 일정 정도 양보가 가능하지만 인권에 대해서는 양보가 불가능하다. 인권은 민주주의보다 더 절박한 인간의 요구를 반영하기 때문이다.

인권은 민주주의와 마찬가지로 집단적 자기 결정을 하나의 필수 요소로 규정하고 있다. 하지만 인권이 요구하는 집단적 자기 결정의 수준은 민주주의가 요구하는 엄격한 수준보다 낮다. 예를 들어, 시민의 평등한 참여를 보장하는 민주적 절차를 갖추지 못했지만 시민의 이해관계를 반영하는 그 나름의 정치 과정을 통해 공공선을 실현하고, 시민에게 적정 수준의 건강, 교육, 경제적 안정, 신체적 안전 등을 보장해 주는 국가가 있을 수 있다. 시민에게 평등한 정치 참여를 보장하지 않는다는 이유로 이 국가가 인권을 침해했다고 말할 수는 없을 것이다.

민주주의가 현존하는 최선의 정치 제도라는 데에는 대체로 동의할 수 있다. 그렇다고 해서 정치 과정에의 평등한 참여를 배제하는 사회를 정의롭지 못하다고 비난할 수 있는가? 이는 간단히 대답할 수 있는 문제가 아니다. 복잡한 규범적인 문제와 관련해서는 얼마든지 다양한 의견이 있을 수 있다. 이때 서로의 의견이 일치하지 않더라도 그 의견이 합당하다면 이를 용인하는 것이 관용적인 태도이다. 이러한 태도는 정치 제도에도 적용할 수 있다. 물론 정치적 이유로 시민의 인권을 심각하게 유린하는 행위는 용납할 수 없겠지만, 고유한 문화와 전통에 입각하여 정치적 문제를 해결하고 공공선을 추구한다면 그러한 사회의 정치 제도는 합당한 것으로 용인해야 한다. 이 점에서도 우리는 민주주의와 인권의 요구가 다르게 취급되어야 한다는 것을 확인할 수 있다.

(다) 어떤 사회 제도가 근본적인 선(善)을 보호하는 데 효과적이라는 점이 입증되면, 그 제도는 도덕적으로 정당화될 수 있다. 인권이라는 근본적 선과 관련해서 보자면, 민주 정치를 구현한 사회가 다른 사회보다 인권 보호에 효과적이라는 점이 경험적으로 입증되고 있다. 이는 개별 국가의 차원에서뿐만 아니라 국가들 간의 관계에서도 확인할 수 있다.

한 사회에서 민주주의와 인권 보호 사이에는 높은 상관성이 존재한다. 고문을 예로 들어 보자. 민주적인 사회에서는 고문과 같은 인권 침해에 반대하는 정치적 결사나 정당들의 활동에 제약이 없기 때문에 시민들이 힘을 결집하여 인권 침해의 책임자를 응징할 수 있다. 민주주의가 지닌 참여와 경쟁이라는 요소가 인권을 보호하는 데 탁월한 역할을 하는 것이다. 반면, 권위주의 국가에서는 시민들의 정치 참여와 공직 진출이 제한되기 때문에 견제와 감시의 기능이 작동하지 않는다. 이러한 상황에서는 고문과 같은 중대한 인권 침해 사실이 드러나기 어렵고, 드러난다 하더라도 책임을 추궁하기 힘들다. 그 결과 권위주의 국가의 통치자들은 억압적인 수단을 사용하려는 유혹을 떨쳐 내지 못하는 경우가 많다. 그들이 설령 인권을 보호한다 하더라도 이는 정략적인 목표에 따른 것이다. 권위주의 국가의 통치자들은 위기에 처하게 되면 언제든지 인권에 대한 보호를 철회하므로, 그들로부터 장기적이고 안정적인 인권 보호를 기대하기 어렵다.

민주주의와 인권 보호 사이의 상관관계는 국제적인 차원에서도 확인된다. 근대적인 국제 관계가 확립된 이후 민주주의 국가들 사이에 좀처럼 전쟁이 일어나지 않는다는 것은 역사적으로 입증된 사실이다. 민주주의 국가는 다른 민주주의 국가와의 분쟁을 해결하는 데에 평화적 수단을 선호하기 때문이다. 반면, 민주주의 국가와 권위주의 국가, 또는 비민주적 국가들 사이에는 전쟁이 일어날 가능성이 상대적으로 높다. 따라서 민주주의 국가의 수가 늘어날수록 국제 관계는 더욱 안정적이고 평화적으로 발전하며, 이는 전쟁이 야기할 수 있는 총체적인 인권 침해의 가능성을 감소시킨다.

Chapter 04

경제

핵심 가이드

우리는 흔히 정치와 경제는 분리되어 있는 것이라 생각한다. 그러나 정치와 경제는 뗄 수 없는 관계이다. 정치학은 많은 개념 정의가 있지만, 그 중에 가장 일반적으로 사용되는 정의는 "누구에게 무엇을 얼마만큼 줄 것인지 결정하는 학문"이다. 아무리 보아도 경제학의 개념처럼 보이겠지만, '무엇'을 '돈'으로 한정할 때만 경제가 되는 것이다. '무엇'이 권력이 될 수도, 명예가 될 수도 있다. 중세 시대, 조선 시대에는 돈보다 권력이나 명예가 더 중요한 것이었다. 따라서 정치가 먼저 존재했고, 이후에 정치로부터 경제가 분화된 것이다. 간단히 생각해보더라도 정치학의 시작은 아리스토텔레스이고, 경제학의 시작은 아담 스미스이다. 정치학은 고대 그리스 시대에 시작된 것이고, 경제학은 근대 이후에 성립한 것이다.

경제학이 독자적인 학문이 되기 위해서는 전제되어야 할 것이 있다. 그것은 바로 정치적 자유이다. 정치적 자유가 보장되지 않고서는 경제적 자유가 존재할 수 없기 때문이다. 예를 들어, 왕이 절대적 권력을 갖고 국민에 대한 생사여탈권을 무소불위로 휘두를 수 있다면 돈이 있다 한들 무슨 의미가 있겠는가.

경제학의 시조인 아담 스미스가 명예혁명이 일어난 영국 사람인 것은 결코 우연이 아니다. 당시 영국은 명예혁명 이후로, 헌법에 의해 왕의 권력이 제한되는 입헌군주제가 도입되었다. 이를 시작으로 영국은 정치적 자유가 안정적으로 보장되는 자유주의와 민주주의가 성립하고 이를 법률로 명확하게 보장하는 법치주의가 안정적으로 실현되었다. 정치적 자유가 보장되면 재산권이 인정되는 것이고, 사람들은 자신의 노력의 결과를 타인에게 함부로 빼앗기지 않을 것이라 신뢰할 수 있다. 그렇다면 경쟁이 촉발되고 경쟁은 새로운 상품과 서비스의 탄생으로 이어진다. 이것이 바로 산업혁명이다.

패권국가의 역사를 살펴보면 이를 더 잘 파악할 수 있다. 가장 먼저 경제적 발전을 이루어 유럽의 패권을 잡은 것은 영국이다. 영국은 마그나 카르타, 권리장전, 명예혁명을 통해 근대 민주주의를 시작했다. 그리고 산업혁명이 일어난 최초의 국가이기도 하다.

이후 프랑스는 프랑스 혁명을 통해 영국보다 더 앞선 형태의 민주주의가 나타난다. 프랑스는 절대군주 왕조인 부르봉 왕조의 루이 16세를 단두대에서 처형했다. 프랑스는 왕이 존재하지 않는, 인간이 아닌 법이 왕이 되는 공화국이 되었다. 민주주의와 자유주의 측면에서 본다면 영국의 입헌군주제보다 더 발전한 민주주의인 것이다. 프랑스는 급격히 발전해 영국과 경쟁하는 국가가 된다.

미국은 영국이나 프랑스와 달리 민주주의의 기초부터 새롭게 시작하는 국가가 되었다. 미국은, 기존의 귀족이나 지식인이 중심이 되어 민주주의를 열어나간 영국, 프랑스와는 달랐다. 미국은 기존의 국가가 없는 이민자들의 나라였고, 이들은 자신들이 원하는 국가를 스스로 자유롭게 만들 수 있었다. 결국 정치적, 경제적 패권은 팍스 브리타니카에서 팍스 아메리카나로 넘어가면서 유럽 중심의 국제 질서는 미국 중심의 국제질서로 넘어가고 말았다.

패권의 변화는 민주주의의 발전 정도가 그 원인이 된다. 민주주의의 발전은 경제적 발전으로 이어지기 때문이다. 발전한 국가 순위를 판단할 때, 민주주의의 발전 정도가 그 항목으로 들어가 있는 이유는 바로 이런 이유 때문이다.

경제와 시장 메커니즘

1. 아담 스미스의 보이지 않는 손

경제학의 시작은 아담 스미스이다. 아담 스미스 이전에는 경제학이라는 학문은 없었고, 철학과 정치학의 한 부분이었다. 아담 스미스는 논리학, 철학 교수였고, 자신 스스로도 국부론보다 도덕감정론을 더 자신있게 여겼다. 심지어 자신의 묘비에 도덕감정론의 저자로 새겨 달라는 요구까지 했다. 아담 스미스는 우리의 식탁 위에 고기를 올려 놓는 것은 능력 있는 자의 자비심이 아니라 푸줏간 주인의 이기심 때문이라 했다. 그리고 시장의 효율성은 보이지 않는 손에 의해 실현된다고 했다.

보이지 않는 손이라는 개념은 아담 스미스의 주장의 핵심 개념이고, 시장자유주의자들이 가장 강조하는 개념이기도 하다. 그렇다면 그 당시 사람들은 보이지 않는 손이라는 개념을 어떻게 이해했을까. 보이지 않는 손이라는 말은 보이는 손의 반대 개념이다. 아마도 아담 스미스와 같은 시대를 살던 사람들은 보이는 손에 더 익숙했을 것이다.

중세시대, 전근대 시대를 살아가던 사람들은 중세 장원 경제 체제에서 살았다. 중세 장원 경제체제는 똑똑한 영주가 소규모의 장원 경제를 운영했다. 예를 들어 100명으로 이루어진 마을이 있다고 하자. 이 마을의 경제가 제대로 돌아가기 위해서는 94명의 농부, 2명의 제빵사, 2명의 대장장이, 2명의 푸줏간 주인이 필요하다고 가정하자. 지금도 그렇지만 농사는 고된 일이고 지금처럼 트랙터나 비료, 농기구, 농사기술이 없는 상황에서의 농사는 인간의 노동력을 곡물로 만든다고 생각해도 될 만한 일이다. 아마 중세시대의 농부는 "내가 전생에 무슨 죄를 지어 이렇게 고통스럽게 일해야 하는가"라는 생각을 했을 것이다. 농부들 중에는 "나도 편하게 제빵사가 되고 싶다"고 생각하는 사람이 있을 것이다. 만약 그런 사람이 10명이라 하자. 그렇다면 농부는 84명으로 줄어들고, 제빵사는 12명이 된다. 농부가 줄어들면 밀이 부족해지고 100명의 삶이 위험해진다. 게다가 밀이 없으면 빵을 만들 수 없다.

개인이 사익을 추구한 결과 공익을 저해하는 상황이 벌어지고 마는 것이다. 이러한 사태를 막기 위해서는 누군가가 지시를 내려 공익을 실현하고 사익을 억제해야 한다. 그렇기 때문에 선하고 똑똑한 권력자가 공익을 생각해서 지시를 내려야만 하는 것이다. "너는 농부를 하고, 너는 제빵사를 해야 한다"고 지시하는 보이는 손이 있어야만 하는 것이다.

아담 스미스는 국부론에서 공익적 목적을 위해 헌신하는 엘리트가 없어도 그들이 있을 때와 동일한 결과 혹은 그보다 더 좋은 결과가 나타날 것이라 주장했다. 보이는 손의 지시 없이도, 보이지 않는 손이 우리 사회를 자비심 넘치는 결과로 이끌어갈 것이라 생각했던 것이다.

결국 아담 스미스는 정치 영역에서 인정되는 개인의 자유가 경제 영역에서도 성립해야 함을 증명한 것이다. 개인의 자유를 보장하여 자비심이나 도덕적 행위를 목적으로 행동하지 않더라도 자유로운 경쟁의 결과로 사회 전체에 도덕적인 것처럼 보이는 결과가 발생할 수 있다는 것이다.

그렇기 때문에 매우 예외적인 경제적 상황에서는 개인과 기업의 자유를 제한할 수 있는 것이다. 개인의 자유를 인정한 결과가 사회적인 문제를 일으키는 경우, 즉 죄수의 딜레마 상황이나 공유지의 비극이 일어나는 경우에는 국가가 개인의 자유를 제한할 수 있다는 결과가 도출되는 것이다.

2. 시장의 존재 목적

시장은 시민사회의 일부로 중세 시대에는 별도의 주체로 인정받지 못했다. 근대 이후 자유주의와 민주주의가 확립되면서 개인은 자유의 주체가 되었고 국가는 개인의 자유를 보장하는 역할을 하게 되었다. 개인은 자기 자신의 주체로서 자신이 하고 싶은 일을 스스로 결정하게 되었고, 자신의 노력의 결과를 국가로부터 보장받게 되었다. 개인은 자유와 재산권의 주체로 자신의 이익을 자유롭게 추구하고 그러한 개인들이 시장에서 경쟁하면서 소비자들의 선택을 받은 상품이 경쟁에서 승리하는 자유시장체제가 성립하였다.

산업혁명 이후 대량생산 체제가 필요해지면서 개인이 감당할 수 없는 자본이 필요하게 되었다. 이에 여러 사람이 자본을 출자하여 독자적인 가상의 인격을 만들었다. 이를 법인이라 한다. 법인은 인간은 아니지만 독립적인 인격이나 마찬가지로 영업의 자유의 주체가 된다.

시장은 이윤을 얻기 위해 노력하는 개인과 기업들의 경쟁의 장(場)이다. 기업의 목적은 이윤 추구이며, 소비자나 다른 기업의 자유에 직접적인 해악을 가하지 않는 한 영업의 자유를 제한 받지 않는다. 이처럼 개인과 기업들이 자기 이윤을 위해 노력한 결과, 다수 소비자의 효용이 증대된다. 경쟁기업에 비해 더 좋은 품질과 더 낮은 가격을 달성할 수 있다면 소비자의 선택을 받아 경쟁에서 이기게 되고 이윤을 얻을 수 있다. 소비자는 기업이 생산한 재화와 서비스 중 좋은 것을 선택하기만 하여도 더 낮은 가격으로 더 좋은 제품의 효용을 달성할 수 있게 되어 소비자 효용이 증대된다.

시장의 존재 목적은 소비자 효용의 증대가 된다. 그렇기 때문에 기업의 영업의 자유는 소비자 효용이 증대된다는 목적 하에서 인정된다. 대부분의 경우 이윤 추구를 목적으로 하는 기업이 영업의 자유를 실현하면 이는 무한 경쟁으로 이어지고 소비자는 그 결과로 낮은 가격에 높은 효용을 누릴 수 있게 된다. 우리는 기업의 영업의 자유를 보장함으로써 자유 경쟁을 촉진시켜 시장의 존재 목적을 달성하려 한다. 그렇기 때문에 공정거래위원회와 같은 형태의 정부 조직이 독과점을 규제한다. 기업들이 담합 등을 통해 기업의 이윤을 극대화하고 소비자 효용을 침해하기 때문이다. 기업의 영업의 자유는 그 자체로 목적이 아니기 때문에 소비자 효용 침해는 자유의 제한 사유가 될 수 있다.

그러나 매우 드물게 경쟁이 오히려 소비자 효용을 감소시키는 경우가 있다. 자연독점이 대표적인 경우에 해당한다. 도시가스, 유선방송 등은 이 재화나 서비스를 공급하기 위한 설치비가 막대하다. 이를 경쟁을 시킨다고 한다면 불필요한 설치비가 2~3배로 들게 될 것이다. 따라서 이와 같은 경우에는 오히려 사업허가와 같은 형태로 일부기업의 독과점을 허용하여 소비자 효용을 극대화할 수 있다. 물론 이 경우 국가가 허가 기준, 가격 통제 혹은 품질 검사 등을 강력하게 시행함으로써 기업이 소비자 효용을 해치지 못하도록 한다.

3. 자원의 효율적 배분

시장에서 가격은 정보 신호를 전달한다. 소비자의 선호가 큰 재화는 많은 사람이 원하므로 희소해져서 가격이 상승한다. 반면 소비자의 선호가 적은 재화는 가격이 하락한다. 시장경제체제는 이러한 시장의 가격 메커니즘에 의해 생산량이 결정되며 자원이 효율적으로 이용된다. 그러나 시장경제에는 시장실패가 있다. 독과점, 외부 효과, 공공재 공급 문제는 시장 경제에서도 자원의 비효율적 이용이 발생할 수 있음을 보여준다.

계획 경제는 시장 신호가 없거나 약하다. 따라서 소비자들이 어떤 상품을 원하는지 알기 힘들다. 수요를 예측하기 힘들므로 경제를 계획하는 관료가 결정한 생산량은 수요와 어긋나기 일쑤이다. 예를 들어 식료품 생산이 수요보다 적어 소비자들이 식료품 가게 앞에 길게 늘어서는가 하면, 여름에 비가 많이 내릴 것으로 예상해 우산을 많이 생산했으나 비가 내리지 않는 등의 사태가 나타난다. 따라서 계획경제는 자원을 비효율적으로 이용한다는 문제가 있다.

4. 경제적 자유주의와 민주주의의 긴장관계

(1) 자유와 평등

경제적 자유주의와 민주주의는 모든 개인의 자유가 사회발전에 긍정적이라는 신념에 기초하고 있다. 이런 관점에서 두 원리는 상호보완적이다.

경제적 자유주의는 생산수단을 소유하고 있는 사람들에게 유리한 불평등한 체제이다. 그러나 민주주의는 생산수단의 소유 여부와 관계없이 1인 1표를 부여하는 평등한 체제이다. 이러한 관점에서 두 원리는 상호충돌한다.

(2) 시장과 정부

경제적 자유주의는 경제적 효율성을 높여 중산층을 두텁게 형성하는 것에 기여한다. 중산층은 민주주의를 지탱하는 계층이므로 두 원리는 서로 결합한다.

경제적 자유주의는 시장을, 민주주의는 정부의 개입을 중시하므로 양자가 충돌한다. 경제적 자유주의는 국가권력의 경제개입 최소화와 경제적 자유의 최대화를 요구하는 원리이다. 반면, 민주주의는 국민에 의한 지배, 국민에 의해 선출된 대표기관에 의한, 국민을 위한 지배를 위한 원리이다. 경제영역에서는 소수 대기업 등이 다수의 경제적 약자에게 불공정한 관계를 강요할 수 있다. 이에 따라 국민 다수는 국가에게 시장에 대한 개입을 요구한다.

(3) 효율과 분배

경제적 자유주의는 효율성을 강조한다. 경쟁의 자유는 효율성을 증진한다. 경쟁은 기존의 경제 권력에게 유리하므로 부자에게 유리하다. 따라서 빈부격차가 심화될 수 있다.

그러나 민주주의는 다수 국민이 빈부격차의 완화를 요구하므로 복지와 분배에 강조점이 있다. 복지와 분배를 위한 국가의 개입은 시장의 자율성을 약화시켜 효율성을 떨어뜨릴 수 있다. 따라서 양자는 충돌한다.

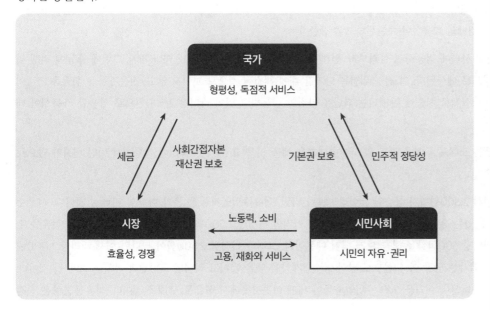

고전 경제학파와 케인즈주의

1. 고전 경제학파

고전 경제학파는 공급과 수요는 일치하므로 초과 공급이 발생하지 않는다고 한다.[89] 개인이 저축을 늘리면 이자율이 떨어지고, 이자율이 떨어지면 기업의 투자가 늘어나고, 이로 인해 고용이 증가하여 노동자들의 소비여력이 늘어나 수요가 증가한다. 또한 소비가 줄어들면 상품가격이 내려가 다시 수요가 늘 것이다.

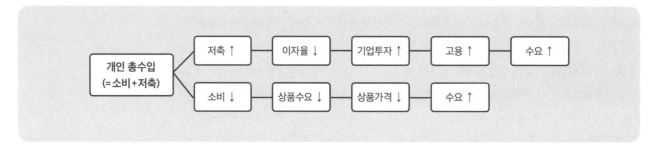

고전 경제학파에 따르면, 시장은 그 자체로 균형을 찾아갈 수 있는 힘을 지니고 있다고 한다. 이러한 점에서 고전 경제학파를 시장주의자라고 부르기도 한다. 이러한 시장질서에 국가가 개입하면 가격결정 메커니즘이 왜곡되어 자원이 비효율적으로 배분된다. 따라서 고전 경제학파는 국가의 시장 개입에 대해 비판적이다.

2. 시장의 자기조정적 기능

고전 경제학파는 시장의 자율성을 옹호하며 시장에는 자기조정적 기능이 있다고 생각한다. 시장의 자기조정적 기능이라는 것은 시장이 스스로 문제를 해결하는 능력이 있다는 의미가 된다. 고전 경제학파는 정부의 개입과 통제가 시장의 자기조정적 기능을 저해하고 심지어 암시장이 형성되는 등으로 경제의 효율성이 훼손된다고 주장한다.

고전 경제학파의 주장을 실제 현실 사례에 적용하여 살펴보자. 현재 휘발유 가격이 리터당 1,500원이라 하자. 그런데 중동에 전쟁 위험이 커져 석유 가격이 급등할 것으로 예상된다. 이 전쟁 위험은 단기간 내에 해소될 것으로 보이지 않고, 전문가들은 휘발유 가격이 리터당 2,500원이 될 것이라 한다. 실제로 시중에 판매되는 휘발유 가격이 급등하고 있어 리터당 2,500원으로 상승할 가능성이 매우 높다.

이 상황에서 보통 사람들은 정부는 도대체 무엇을 하고 있느냐며 대책을 세울 것을 요구할 것이다. 이 상황에서 어떤 변화가 앞으로 일어날 것인지 예상해보자.

휘발유 가격이 리터당 1,500원에서 2,500원까지 상승할 것이라 예측된다면, 석유수입업자들은 몸과 마음이 바빠질 것이다. 석유수입업자가 리터당 2,000원에 팔 수 있는 유전을 알고 있다고 하자. 기존 가격인 리터당 1,500원인 상황에서는 이 유전에서 석유를 수입하지 않을 것이다. 왜냐하면 리터당 500원씩 손해를 보게 되기 때문이다. 그러나 리터당 2,500원이 된다면 이제 리터당 1,000원씩 이익을 보게 된다. 이 석유수입업자는 당장 이 유전으로 날아가 수입계약을 맺을 것이고 리터당 500원의 이익을 보게 될 것이다. 이런 수입업자들이 한 명은 아니기 때문에 이익을 노린 수입업자들이 세계 이곳저곳에서 석유를 구해올 것이다. 석유공급량은 점점 늘어나게 된다.

한편 소비자들은 휘발유가 리터당 2,500원이 되면 휘발유 1리터를 소비했을 때의 편익이 2,500원 이상인 사람만 소비를 하게 된다. 예를 들어 운송업자가 운송을 했을 때 이익이 2,000원이라 하자. 그런데 휘발유 리터당 가격이 1,500원이라면 500원의 이익이 있지만, 2,500원이라면 오히려 500원의 손해를 본다. 따라서 소비자들은 자신의 이익과 비용에 따라 소비를 줄이게 된다.

결국 소비가 한정적인 상황에서 공급이 늘어나게 되고 석유가격은 점차 낮아져 균형가격인 1,500원에 도달하게 된다. 따라서 고전 경제학파는 조금만 기다리면 시장이 자기조정 능력을 발휘해 수요와 공급의 원칙에 따라 균형가격으로 돌아올 것이므로 정부가 개입할 필요가 없다고 주장한다.

그런데 다수 국민들의 요구대로 정부가 개입해 휘발유 가격을 1,500원으로 통제한다고 하자.

소비자들은 소비를 줄이지 않을 것이다. 휘발유의 적정가격은 2,500원이지만 판매가격은 1,500원이기 때문이다.

공급자 역시 공급을 늘리지 않을 것이다. 노력을 기울여 석유를 구해온다고 하더라도 적정가격인 2,500원을 받을 수 없기 때문이다. 결국 소비하려는 자는 많고, 공급하려는 자는 적은 상황이 벌어진다.

이 경우 균형가격이 상승해야 하나 정부의 통제로 인해 가격을 올릴 수 없게 된다. 결국 암시장이 형성되어 더 높은 가격을 주고서라도 석유가 필요한 소비자들과 더 높은 비용을 들여 구해온 석유의 적정가격을 받으려는 공급자들이 거래를 하게 된다. 이는 시장에서 해결할 수 있었던 문제를 시장 외부에서 해결하게 되면서 발생하는 위험 프리미엄이 추가된다. 정부의 가격 통제를 어기는 것이므로 불법적인 것이고 불법에는 위험관리비용이 붙기 때문이다.

고전 경제학파는 시장은 스스로 균형을 찾아가는 자체적인 힘이 있다고 한다. 따라서 시장의 자기조정적 기능을 무시하고 정부가 시장에 개입해 통제하려 한다면 더 큰 사회문제가 발생할 것이라 주장한다.

3. 케인즈의 자기조정적 시장 비판

근현대의 경제학은 개인의 자유로운 경쟁을 인정하기 때문에 너무 복잡한 변수들이 작동한다는 한계가 있다. 따라서 특정한 가정을 통해 단순화한 변수를 사용한다.

이와 관련한 유머가 있다. 어느 무인도에 비행기가 불시착해 3명의 학자가 상륙했다. 굶주림에 시달리던 3명의 학자는 통조림을 발견했으나 따개가 없어 먹을 수 없었다. 먼저, 물리학자가 말했다. 이 통조림을 높은 곳에서 떨어뜨리면 위치 에너지에 의해 통조림이 열릴 것이다. 둘째, 화학자가 말했다. 이 통조림을 가열하면 내부의 부피가 커져 통조림이 열릴 것이다. 마지막으로 경제학자가 말했다. 우리에게 통조림 따개가 있다고 가정하자.

고전 경제학파, 시장자유주의자들의 주장 역시 이런 측면이 강하다. 케인즈는 경제의 현실을 파악하고 경제학의 한계를 보완해, 수정 자본주의를 제안한 경제학자이다. 그리고 대공황의 해결방안을 제시하기도 했다.

케인즈는 고전 경제학파의 주장에 의문을 가졌다. 고전 경제학파는 시장이 자기조정적 기능을 수행하므로 정부가 개입해서는 안 된다고 주장했다. 그러나 케인즈는 시장의 자기조정기능이 달성되지 않는 경우도 있다고 생각했다. 고전 경제학파와 비교를 통해 케인즈의 생각을 알아보자.

고전 경제학파는 다음과 같은 과정을 통해 수요가 회복된다고 생각했다. 개인이 소비를 줄이기로 했다고 가정하자. 소비 감소는 수요 감소가 된다. 먼저, 소비가 감소하면 저축이 늘어난다. 개인의 소득 자체가 감소한 것이 아니라 소비만을 줄인 것이므로 소비하지 않은 금액인 저축이 늘어나게 되는 것이다.

저축이 늘어나면 은행에 돈이 늘어나게 된다. 은행은 대출을 통해 이익을 보게 되는데, 저축이 늘어나 빌려줄 돈은 많은데 빌려줄 곳은 한정적이니 이자율이 낮아지게 된다.

@ 이를 세이의 법칙(Say's law)이라 한다. 세이의 법칙은, '공급은 스스로 수요를 창출한다'(Supply creates its own demand)는 의미이다. 고전경제학파는 경제 전체적으로 봤을 때 공급이 이루어지면 그만큼의 수요가 자연적으로 생겨나므로 유효수요 부족에 따른 공급과잉이 발생하지 않는다고 한다.

이자율이 낮아지면 기업이 돈을 빌리기 쉬워져 투자를 늘리게 된다. 예를 들어 100억 원 대출에 이자율이 3%라면 매년 이자만 3억 을 갚아야 하지만, 1% 이자율이라면 1억만 갚아도 되니 같은 상황에서 기업으로서는 2억의 이익이 생기게 된다. 투자가 늘어나면 고용이 늘어나고 가계 소득이 늘어나 소비가 늘어나게 된다.

고전 경제학파의 논리대로라면, 소비가 줄어들었으나 연쇄적 고리를 타고 소비가 다시 늘어나니 정부가 개입할 필요가 없는 것이다.

케인즈는 고전 경제학파의 생각처럼 되지 않을 것이라 생각했다. 소비가 감소하면 저축이 늘고, 저축은 이자율이 낮아지는 결과가 되는 것은 분명하다. 그러나 현실의 기업은 이자율로 투자를 결정하지 않는다. 기업인은 합리적으로 계산해 투자하기보다는 야성적 본능에 따라 투자한다. 예를 들어, 우리나라 IMF 시기에 이자율이 15~20% 수준이었으나 이때 과감하게 투자한 기업이 삼성이다. 이를 보아도 이자율이 곧 투자로 이어진다고 볼 수 없다. 그렇다면 이자율이 낮아도 기업인의 투자심리가 악화되어 있다면 투자는 일어나지 않을 것이고 고용도 소득 증가도 소비 증가도 없게 된다.

케인즈는 소비심리, 투자심리가 위축된 특수한 상황에서는 가계나 기업에게 소비와 투자를 강요할 수 없기 때문에 정부가 나서야 한다고 생각했다. 정부가 정부 투자를 통해 최소한의 소비와 투자를 자극하여 경기의 침체가 심각해지고 장기화되는 것을 막아야 한다는 것이다. 이것이 바로 수정 자본주의이고 대공황의 해결방안이자 루즈벨트의 뉴딜정책의 핵심이었다.

4. 공황 발생과 해결방안

케인즈는 저축이 늘고 소비가 감소하더라도 노동조합의 반대로 임금이 쉽사리 내려가지 않는다고 하였다. 또한 독과점 기업은 소비가 줄어도 상품가격을 내리지 않는다. 따라서 수요가 늘어나지 않으므로 상품 초과 공급이 발생한다. 상품초과공급현상은 임금과 가격의 경직성으로 인해 쉽게 해소되지 않는다. 따라서 이러한 상품초과공급현상이 일정기간 지속되면 공황이 발생한다.

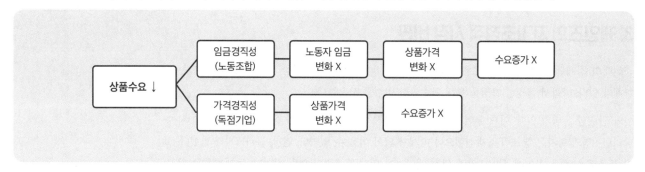

시장은 민간 주체, 즉 기업이나 가계의 자율적 활동이므로 국가가 상품 초과 공급 현상 해소를 위해 소비를 강요할 수 없다. 따라서 케인즈는 국가가 정부재정을 통해 수요증대정책을 인위적으로 펼쳐 시장의 불안정성을 해소해야 한다고 한다. 즉 케인즈는 국가가 경제에 개입하여 수요증대정책을 펼쳐야 한다고 주장한다.

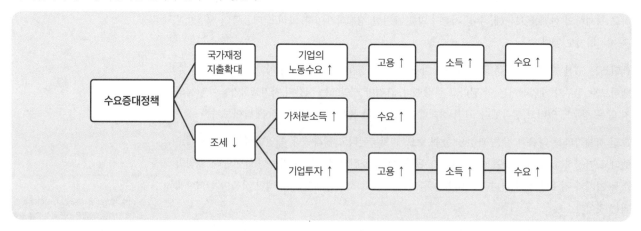

자본주의와 사회주의

1. 자본주의

(1) 자본주의와 자유주의 정치 원리

자유주의는 절대주의와 전제정치에 대한 시민계급의 저항에서 시작되었다. J. Locke는, 자연 상태에서 인간은 자유롭고 평등하였다고 말한다. 자연 상태는 자연법이 지배하며 이에 따라 각 개인은 자신의 생명을 유지·보전할 권리를 지닌다. 또한 자신의 신체를 이용한 노동의 결과물은 온전히 자신의 사유물이 된다고 하였다.[90] 그러나 자유롭고 평등한 자연 상태는 약간의 불편이 존재한다. 이는 언제든 분쟁이나 전쟁이 발생할지도 모른다는 위험이다. 따라서 인간은 자신의 자연권을 보장받기 위해 자발적인 계약을 맺어 사회를 구성하고, 2차적으로 정부를 구성하는 지배계약을 맺게 된다.[91]

자유주의는 각 개인들이 정부를 구성하고 그 지배 아래 자신을 두는 가장 큰 이유를 자신들의 사적 소유물을 보호하기 위해서라고 본다. 따라서 정부(국가)는 개인의 사적 재산을 보호하기 위해 존재한다. 당시의 국가, 즉 절대왕정국가를 고려할 때, 로크를 위시한 자유주의자들은 개인의 자유와 소유권을 침해할 수 있는 국가 권력을 제한해야 한다고 보았다. 이러한 관점에서 G. Sartori는, 자유주의는 개인의 자유와 소유물을 보호하기 위한 국가권력의 제한을 그 핵심원리로 삼는다고 말한다.

(2) 자본주의 경제 원리

근대의 확립은 절대군주의 등장에서 비롯된다. 상공업 확대를 위해서는 화폐 일원화, 통일된 법률체계, 효율적 정치체제를 확립할 수 있는 중앙집권적 권력이 필수적이다. 따라서 시장 확대를 원하는 중간상층인 부르주아 계급은 절대왕정 성립을 지지하였고, 절대왕정의 성립은 부르주아 계급의 발전에 기여하였다.

그러나 점차 절대군주는 시민사회에 대한 강력한 지배를 원하는 반면, 시민은 국가의 간섭 배제를 요구함에 따라 절대주의 정치체제는 시민과 충돌하게 된다. 절대군주는 집중된 권력을 이용하여 자의적으로 조세를 부과하며 이는 시민의 사유재산권 침해로 이어진다. 이에 따라 부르주아 계급과 절대군주·귀족계급의 투쟁이 나타나게 되었으며, 부르주아 계급은 소외된 빈곤계급의 경제적 불만을 이용하여 시민혁명에 성공했다.

자유주의자들은 국가와 사회를 분리하여 이원적 관계로 파악한다. 로크는 사회계약을 2단계로 이해하는데, 사적 자치원리에 의해 운영되는 시민사회(사회계약, 1차 계약)와 이러한 시민사회를 보호하기 위해 형성되는 정부(지배계약, 2차 계약)가 바로 그것이다. 따라서 정부는 국가의 정치원리에 따라 야경꾼으로서의 역할을 하며, 시민사회는 자유방임의 상태에 놓이게 된다.

[90] 로크는, 개인의 자유는 자연법에 의해서만 제한될 수 있다고 하였다. 자연법은 개인의 생명, 신체, 소유물을 보호한다. 그러나 자신의 신체를 이용하여 노동했다고 하여 무조건적인 사유가 인정되는 것은 아니다. 다른 사람에게도 충분한 양이 남아있는 경우에 한하여, 자신이 소유할 수 있을 만큼(썩지 않을 정도)만이 사유물로 인정된다. 그러나 현대 화폐제도의 출현은 무제한적인 소유를 가능하게 하였다.
[91] 정부와의 지배계약이 깨지더라도, 자발적이고 1차적인 사회계약에 의해 여전히 사회는 존속한다. 따라서 로크는 홉스와는 달리 계약이 파기될 수 있다고 보았다. 이것이 바로 저항권의 개념이다.

자유주의는 아담 스미스(Adam Smith)[32]의 주장처럼 개개인이 자신의 이익을 추구하여 사적 소유물을 가지려 하는 욕구를 극대화할 수 있는 여건을 조성하여야 한다고 본다. 이때 보이지 않는 손(an invisible hand)에 의해 자원의 효율적 배분이 가능하다. 이렇듯 상공업의 확대에서 시작된 부르주아 계급의 자유주의는, ① 모든 개인의 자유로운 경제활동 여건 조성, ② 민족국가, 더 나아가 세계적 무역지대 확립과 장애요인의 제거, ③ 사유재산권, 상속권, 자유로운 거래의 보장 등이 그 핵심이 된다.

(3) 자본주의

자본주의는 사유재산제와 계약의 자유를 기초로 하는 경제체제를 말한다.

자본주의는 개인들은 자기이익을 극대화하려는 이기적 욕망을 가지고 있다는 전제에서 출발한다. 개인들이 추구하는 자기이익 극대화는 가장 효율적인 생산, 분배를 가능하게 하며, 그 혜택은 다시금 개인에게 돌아간다. 따라서 자본주의는 사유재산제와 자유로운 시장, 가격 메커니즘에 의한 조정 등을 그 특징으로 한다.

(4) 자본주의의 한계

그러나 시장경제 하에서 생산자는 소비가 아니라 판매를 위해 생산한다. 따라서 생산과 소비가 일치하는 것은 우연에 불과하며, 자본주의에서 경기변동(호황과 불황)은 피할 수 없다. 이를 욕망의 이중적 불일치라 한다. 이에 대해 스티글리츠[33]는, 자본주의는 경쟁적 균형상황에서도 비효율적 자원 배분이 나타난다고 하였다. 시장경제가 효율적이려면 여러 조건이 필요하다. 그 조건이란 완전한 정보, 규모수익 체증이 없으며, 외부효과가 없어야 하는 등을 말한다. 그러나 현실에서는 이러한 조건이 충족되지 않는다. 따라서 국가의 개입을 통한 교정이 필요하다.

시장은 본질적으로 자기파괴적이다. 자본주의 하에서 모든 기업은 자신의 이윤을 극대화하고자 행동하며, 그 궁극적 방향은 독점이다. 독점은 시장의 효율성을 보장해주는 조건인 공정하고 자유로운 경쟁을 소멸시킨다. 이처럼 순수한 자본주의 하에서는 시장의 자기파괴가 나타날 수밖에 없으므로 이를 막기 위해서는 국가의 개입이 필요하다.

2. 사회주의

(1) 사회주의의 개념

사회주의는 생산수단의 사회화를 근간으로 하는 경제체제이다. 사회주의는 생시몽(Saint-Simon), 오웬(Robert Owen), 푸리에(F. M. Charles Fourier) 등의 '공상적 사회주의'에서 시작되었다. 공상적 사회주의는 초기 자본주의가 가져온 극심한 빈부격차에 대한 대응으로 나타나 생산수단을 사회화(공동소유)하는 공동체를 제안하였다.

(2) 마르크스의 인본주의

고전 경제학파는 시장의 자기조정 능력을 믿었기 때문에 정부 개입을 최소화해야 한다고 주장한다. 반면 케인즈는 시장이 스스로 문제를 해결할 수 없을 때에는 정부가 개입해서 문제를 완화시켜야 한다고 주장한다. 케인즈는 많은 사람들로부터 공산주의자라는 비난을 들었고, 현대에도 케인즈가 공산주의자라고 믿는 사람들도 있다. 그러나 케인즈는 시장의 힘을 신뢰하였다. 다만, 시장이 패닉에 빠졌을 때 자력으로 상황을 해결할 수 없는 예외적 경우가 있을 것이라 생각한 것뿐이다. 상식적으로 생각해보면 이것이 타당하다.

우리의 삶을 대입해서 생각해보자. 우리가 몸이 아프다고 해보자. 몸살이 났거나 열이 나거나 근육통이 오거나 손을 베이거나 하더라도 대부분의 경우에는 쉬거나 시간이 흐르거나 하면 자연적으로 낫는다. 심지어 뼈가 부러지더라도 자연적으로 뼈가 붙는 경우도 있다. 그러나 매우 특수한 경우, 예를 들어 맹장이 터졌다거나 더 심각한 응급상황의 경우에는 외부 전문가의 개입, 즉 병원과 의사의 도움 없이는 자연적으로 회복되지 않는 경우도 있다.

케인즈의 처방은 자본주의가 안정적으로 유지되기 위해서 필요한 보완책으로서 개혁방안인 것이지, 근본적으로 다른 목적을 가진 체제가 필요하다는 혁명은 아니다. 여기에서 케인즈와 근본적으로 다른 목적과 생각을 가진 사회주의 경제체제를 살펴보면서 이를 비교해보자.

사회주의 경제체제는 생산수단의 사회 소유, 국유화를 통해 노동의 가치 배분을 달성하자는 목적을 갖고 있다. 먼저 생산물 함수를 살펴보자. 생산물 함수란 F(L, K)로 표현되는데, 어떤 생산물은 노동과 자본이 결합되어 나타난다는 것이다. 예를 들어, 자동차를 생산한다고 하자. 자동차를 생산하기 위해서는 설계, 생산, 운송, 판매 등을 담당하는 노동자가 필요하다. 또 철판, 고무, 플라스틱 등의 원재료와 부품, 생산설비 등의 자본이 필요하다. 이렇게 노동과 자본이 결합되어 자동차가 생산되었고 판매되어 100만 원의 이익이 발생했다고 하자. 이때 노동의 가치가 50%이고 자본의 가치가 50%라고 가정한다면 각각 50만 원씩 나눠가지면 정의로울 것이다.

그런데 마르크스는 이렇게 생각했다. 현실에서는 희소성의 원칙이 작동한다. 노동을 가진 사람은 많은 반면, 자본을 가진 자는 적다. 자본을 가진 자가 더 적기 때문에 희소성의 원칙에 따라 더 높은 평가를 받게 된다. 결국 노동과 자본은 각 가치가 50%라 하더라도 희소성의 원칙에 따라 자본이 더 많은 몫을 가져가게 될 것이다. 예를 들어, 노동은 30%, 자본은 70%의 몫을 가져가게 된다. 본래 노동의 몫이었던 부분을 자본이 희소성의 원칙에 따라 가져가게 된 부분 20%를 마르크스는 착취라고 하였다.

마르크스는 자본을 사회가 공동으로 소유해야 한다는 해결방안을 내놓았다. 자본을 가진 자가 노동을 가진 자보다 더 적기 때문에 착취가 일어나고 노동은 자기 몫을 온전히 배분받지 못하는 것이다. 마르크스는, 노동은 인간이 하는 것이고 자본은 비인간의 것인데 인간이 물질을 위해 희생당하는 것은 정당하지 않다고 생각했다. 따라서 자본을 개인이 소유하지 못하게 하고, 사회가 자본을 소유한다면 노동의 몫에 따라서만 정당한 배분이 일어날 것이다. 사회주의 경제체제는 개인이 아닌 사회가 자본을 소유하고 있고, 집단농장이나 국유기업, 국영기업이 중심이 되는 것은 바로 이러한 이유에서 비롯된 것이다. 마르크스는 이러한 점에서 인본주의자라 할 수 있고 이상주의적이다.

(3) 레닌-스탈린주의

마르크스[74]와 엥겔스[75]는 공상적 사회주의자들의 순진한 생각을 비판하면서 '과학적 사회주의'를 정립하였다. 마르크스는 개인의 자아실현과 권리의식 발현이라는 근대의 성과가 부르주아 계급에만 한정되는 현실에 대해 그 성과를 사회 전체로 확대해야 한다고 보았다. 따라서 사회를 근대적·합리적으로 개조하기 위해 전 세계 노동자 계급이 단결하여 세계를 변혁해야 한다고 주장하였다.

이러한 마르크스의 구상을 구체적인 혁명전략, 사회구성원리로 발전시킨 사람이 바로 레닌[76]이다. 마르크스는 노동자 계급이 단결하여 사회 변혁을 시도하게 될 것이며, 이는 역사 발전의 자연스러운 흐름이라고 보았다. 그러나 레닌은 자본주의에서 사회주의로의 발전이 쉽게 이루어지지 않을 수도 있으며, 따라서 공산당이 '노동자의 전위대'로서 사회주의로의 발전을 이끌어야 한다고 하였다. 그 결과 레닌은 조직된 공산당의 힘을 바탕으로 볼셰비키 혁명을 일으키고 제정(帝政) 러시아를 사회주의 국가로 변모시켰다.

스탈린[77]은 신경제정책을 통한 사회주의의 발전을 시도한다. 스탈린은 대규모 산업화 정책과 중앙계획을 시행하여 높은 경제성장을 이루었다. 1930년대 연평균 25~30%의 고성장률이 이를 증명한다. 물론 스탈린의 생산력주의는 1989년 동구권의 붕괴로 그 실패가 증명되었으나 이에 대해서는 논란의 여지가 남아있다.

[72] 아담 스미스(Adam Smith, 1723~1790): 영국의 정치경제학자·도덕철학자로 고전경제학의 창시자이다. 근대경제학, 마르크스 경제학의 출발점이 된 <국부론>을 저술하였다. 처음으로 경제학을 이론·역사·정책에 도입하여 체계적 과학으로 이룩하였다. 근대인의 이기심을 경제행위의 동기로 보고, 이에 따른 경제행위는 '보이지 않는 손(an invisible hand)'에 의해 종국적으로는 공공복지에 기여하게 된다고 생각하였다. 그는 생산과 분배에는 자연적 질서가 작용하여 저절로 조화되어간다는 자연법에 의한 예정조화설을 설파하였다.

[73] 스티글리츠(Joseph E. Stiglitz, 1943~): 재무경제학·정보경제학 등의 분야에서 업적을 남긴 미국의 경제학자. 어느 한쪽만 정보를 알고 상대방은 이를 알지 못할 때 발생하는 정보의 불균형을 해소하는 방안을 연구하여 정보경제학이라는 현대 경제학의 새로운 영역을 개척한 공로로 애커로프·스펜스와 함께 2001년 노벨 경제학상을 받았다.

[74] 마르크스(Karl Heinrich Marx, 1818~1883): 독일의 경제학자·정치학자. 헤겔의 영향을 받아 무신론적 급진 자유주의자가 되었다. 엥겔스와 경제학 연구를 하며 집필한 저서 <독일 이데올로기>에서 유물사관을 정립하였으며, <공산당 선언>을 발표하여 각국의 혁명에 불을 지폈다. <경제학 비판>, <자본론> 등의 저서를 남겼다.

[75] 엥겔스(Friedrich Engels, 1820~1895): 독일의 사회주의자로 마르크스와 공동 집필한 <독일 이데올로기>에서 유물사관을 제시하여 마르크스주의의 철학적 기초를 확립하였다. 마르크스의 이론적·실천적 활동을 경제적으로 지원하였으며 마르크스주의 보급에 노력하였다.

[76] 레닌(Vladimir Il'ich Lenin, 1870~1924): 러시아의 혁명가이자 정치가이다. 11월 혁명(볼셰비키 혁명)의 중심인물로서 러시아파 마르크스주의를 발전시킨 혁명이론가이자 사상가이다. 무장봉기로 과도정부를 전복하고 이른바 프롤레타리아 독재를 표방하는 혁명정권을 수립한 다음 코민테른을 결성하였다.

[77] 스탈린(Iosif Vissarionovich Stalin, 1879~1953): 러시아의 정치가이며, 소련 공산당 서기장과 소련 국가평의회 주석을 지냈다. 그는 소련을 독재적으로 통치하면서 세계 주요 강대국으로 변모시켰다. 스탈린은 소련을 공업화하고, 농업을 강제로 집단화했으며, 철저한 경찰 통치로 그의 지위를 확고히 했다. 스탈린은 소비에트 전체주의를 설계하고 조직적으로 이를 실행하여 그때까지 남아있던 개인의 자유를 완전히 말살하고 생활 수준을 궁핍하게 만든 반면, 강력한 군산복합체(軍産複合體)를 이룩해 소련을 핵시대로 이끌었다.

(4) 사회주의의 한계

사회주의의 문제점은 다음과 같다.

먼저, 사회주의적 인간상의 문제이다. 사회주의는 공동체를 우선적으로 고려하는 인간상을 전제로 한다. 그러나 현실의 인간은 보통 합리적·이기적이며 무임승차하려는 속성을 지니고 있다. 따라서 사회의 모든 정보를 알고 있는 계획자를 상정하더라도 그 계획자가 사회의 이익을 위해, 시민의 복지를 위해 행동할 것인지는 보장할 수 없다. 오히려 자신의 이익을 위해 사회의 이익을 희생할 수도 있다. 더불어 완전한 정보를 지닌 계획자는 현실에 존재하지 않는다. 시민의 측면에서도 각 개인은 자신의 필요를 감춤으로써 자신의 이익을 극대화하려고 할 것이며, 이로 인해 자원배분의 효율성은 달성될 수 없다.

또한 사회현상은 복잡성을 지닌다. 카오스 이론이나 프랙탈⁷⁰ 이론이 의미하듯이 사회현상은 불확실하고 예측가능성이 낮다. 특히 복잡한 그물망과 같은 관계에서는 이론적인 계산이 가능하더라도 현실적으로는 균형을 달성할 수 없다. 예를 들어, 계획경제 하에서 빈번하게 나타난 각종 생필품 부족 사태를 생각해보자. 아무리 예측을 잘 하더라도 갑작스러운 기후 변동 등으로 인한 비누 부족이나 치약, 식량 부족 등은 예상할 수 없다. 물론 이것은 시장경제체제에서도 마찬가지이다. 그러나 계획경제체제 하에서는 생산수단(자본)이 사회(국가)의 것으로 국유화되어 있기 때문에 변화에 대응하기 어려워 시장경제체제보다 수요-공급의 불균형이 쉽사리 해소되지 않는다.

신자유주의

1. 신자유주의의 논의 배경

케인즈주의식 정부 간섭주의는 정부 실패를 낳았다. 정부 실패란 시장 실패를 해결하기 위한 정부의 개입이 더 나쁜 결과를 초래했다는 의미이다. 정치가나 관료의 정보와 지식 부족, 이들의 타락이나 비효율성으로 인해 정부실패가 발생한다. 정부실패로 인한 비용이 시장실패로 인한 비용을 초과한다는 것이 신자유주의의 견해이다. 이에 따르면 케인즈적 복지국가는 국가의 과도한 규제를 낳아 시장의 자율성을 해쳤고, 이로 인해 1970년대의 경기침체가 발생했다.

신자유주의는, 국가의 시장개입은 얻는 것보다 잃는 것이 더 많으므로 국가는 시장에 개입해서는 안 된다고 한다. 또한 복지정책은 노동자들의 일할 의욕 감퇴로 이어져 사회 전체적으로 생산성을 떨어뜨렸다. 더불어 과도한 복지정책은 국가의 적자재정 확대, 기업의 조세부담 가중으로 이어져 기업가들의 투자의욕을 꺾고 사회의 잠재성장력을 낮추었다.

1979년 등장한 영국 대처[99] 정부는 전후(戰後) 케인즈적 복지국가 해체를 시도한다. 뒤이어 1980년 미국의 레이건 정부 역시 존슨 정부의 '위대한 사회'에서 절정을 이룬 수요중시 경제학을 버리고 공급중시 경제학의 관점에서 감세, 탈규제, 복지지출의 삭감을 시도하였다. 이는 국가실패의 경험에서 비롯되어 다시금 시장으로 되돌아가려는 시도이며 이를 신자유주의라 한다.

2. 신자유주의 철학

신자유주의자들은 국가규제를 완화하고 시장기능을 활성화하여 경제문제를 해결해야 한다고 한다. 하이에크에 따르면, 시장에 의해 형성된 자생적 질서는 안정적이다. 시장에 문제가 생길 경우 시장은 자기조절능력이 있어서 균형에 다시 도달한다. 따라서 신자유주의자들은 정부가 시장에 개입할 필요가 없으며 정부의 시장 개입은 비효율을 초래할 뿐이라고 한다.

하이에크[100](Friedrich A. Hayek)는, 시장은 효율적일 뿐만 아니라 윤리적이기까지 하다고 주장한다. 하이에크에 따르면, 시장질서는 의도되지 않은 결과로 나타나는 자발적 질서, 자생적 질서이다. 자연상태의 인간이 사회를 이루고 시장에서 자발적이고 자유롭게 물물교환을 시작했다. 물물교환의 불편함, 위험을 제거하기 위해 국가가 만들어졌다. 인위적으로 만들어진 국가 질서가 자생적인 질서인 시장에 개입하는 것은 타당하지 않다. 공정한 분배에 대한 요구는 불공정한 분배가 누군가의 의도적 의사결정에서 기인하는 것이라는 오해에서 비롯된다. 따라서 공정한 분배라는 사회적 정의의 개념은 중앙집권적 계획경제 하에서만 성립할 수 있다.

프리드먼[101](M. Friedman)은, 시장에서는 자발적인 교환이 일어나므로 누구도 다른 사람을 강제하지 못 한다고 하였다. 따라서 자유시장은 모든 사람들이 자유롭게 경쟁할 수 있도록 허용하기 때문에 평등의 조건을 충족시킨다. 그리고 시장에서 발생하는 불평등은 자발적 교환의 결과이므로 시장에 의한 부의 분배를 정의나 부정의라고 말할 수 없다. 반면 평등주의는 질시와 탐욕에 기초하고 있기 때문에 파괴적이라고 한다.

98 프랙탈(fractal): 작은 구조가 전체 구조와 비슷한 형태로 끝없이 되풀이되는 구조를 말한다. 즉, 프랙탈은 부분과 전체가 똑같은 모양을 하고 있다는 '자기 유사성' 개념을 기하학적으로 푼 것으로, 단순한 구조가 끊임없이 반복되면서 복잡하고 묘한 전체 구조를 만드는 것이다.

99 대처(Margaret Hilda Thatcher, 1925~2013): 영국의 정치가로 교육·과학장관 등을 지내고 보수당 당수를 거쳐 영국 최초의 여총리가 되었다. 집권 후 긴축재정을 실시하여 영국의 경제 부흥을 이룩하였고, 1982년의 포클랜드전쟁에서도 뛰어난 정치적 역량을 발휘하였다. 1983·1987년 실시된 총선거에서 보수당이 승리, 3기를 연임함으로써 영국 사상 최장기 집권의 총리가 되었다. 그 후 과감한 사유화와 노조의 와해, 교육·의료 등 공공분야에 대한 대폭적인 국고지원 삭감 등 획기적인 정책 추진과 독단적인 정부운영 등으로 '철(鐵)의 여인'이라 불리게 되었다. 1990년 유럽통합 반대 입장을 고수하다가 당 지도부의 반발을 사게 되어 자진 사임하였으며, 1991년 5월 정계를 은퇴하였다. 1992년 남작 작위(케스티븐의 대처 남작)를 받고 상원의원으로 활동을 재개하였다.

100 하이에크(Friedrich August von Hayek, 1899~1992): 오스트리아 태생의 영국 경제학자. 화폐적 경기론과 중립적 화폐론을 전개하였고, 신자유주의의 입장에서 모든 계획경제에 반대하였다. 필생의 대작으로 불리는 <법, 입법, 자유>를 저술하였으며 1974년 화폐와 경제변동의 연구가 인정되어 노벨 경제학상을 공동수상하였다.

101 프리드먼(Milton Friedman, 1912~2006): 자유방임주의와 시장제도를 통한 자유로운 경제활동을 주장한 미국의 경제학자. 1976년 노벨 경제학상을 받았다. 신화폐수량설로 통화정책의 중요성을 주장하였으며 케인즈학파의 재정중시책에 반대하였다. 저서에 <소비의 경제이론 - 소비함수>, <미국과 영국의 통화추세> 등이 있다.

신자유주의에 따르면, 국가는 비효율적 자원배분기구이며 비효율성의 근원 자체이기 때문에 국가는 반드시 실패할 수밖에 없다고 주장한다. 그 이유는 크게 세 가지로 구분된다.

먼저 국가는 공익의 수호자가 아니라 사익의 추구자이다. 이기적 국가론의 입장에서 지배자는 세입극대화, 관료는 예산극대화, 정치인은 재선을 추구한다.

둘째로 규제국가론의 입장에서 특수한 사적이익을 추구하는 이익집단이 국가를 움직인 결과로 사회 전체의 복지 손실이 발생한다. 시카고학파는, 국가의 규제로 인해 어느 집단은 이익을 보고 어느 집단은 손해를 보지만 사회 전체로는 항상 손실의 합이 이익의 합을 능가한다고 한다. 이를 자중손실(deadweight losses)이라 한다.

셋째로 지대추구국가론의 입장에서 국가에 의한 자원배분은 필연적으로 지대를 낳는다고 한다. 지대는 기회비용을 초과하는 독점이윤이라 할 수 있다. 국가는 규제를 통해 자원을 배분하게 되고, 사회구성원들은 경쟁보다 로비나 뇌물을 통해 자신에게 유리한 국가규제를 얻어내어 정상 이상의 초과이윤인 지대를 추구하게 된다. 지대 추구로 인해 각종 로비 등이 나타나게 되며, 비효율적 자원배분이 나타날 수밖에 없다고 한다.

3. 최소한의 국가, 그러나 강한 국가

신자유주의자는 최소한의 국가를 주장한다. 그러나 여기에서 당혹스러운 것은 '최소한의 국가, 그러나 강한 국가'를 주장한다는 점이다. 신자유주의자가 주장하는 강한 국가는 시장질서의 회복을 위한 권위를 지닌 국가이다. 예를 들어 지대추구국가론의 입장에서 국가는 규제를 통해 자원배분을 왜곡한다. 이러한 왜곡의 결과로 사회 전체의 비효율성과 손실이 발생한다. 그러나 국가의 규제는 일부 특수집단에 이득을 가져다준다. 규제국가가 해체되고 시장질서가 회복될 경우 기득이익을 상실할 특수집단은 재분배국가로 돌아갈 것을 강력하게 주장할 것이다. 따라서 이러한 재분배압력을 억누르기 위해서는 강력한 국가가 필요하다. 더불어 국가는 시장에서 이탈하려는 자들 역시 시장에 다시 진입하도록 강제해야 하기 때문에 국가의 권위는 강력해야만 한다.

4. 신자유주의의 주요정책

(1) 탈규제

신자유주의자들은 시장에 대한 국가의 규제를 최소화하여야 한다고 주장한다. 시장은 스스로 효율적이므로 국가의 규제는 시장원리의 왜곡과 비효율성을 유발할 뿐이라고 한다. 이러한 관점에서 국가의 규제는 최소화되어야 하며, 그 역할은 치안, 국방 등의 공공재 공급과 공정거래의 질서 확립 등에 그쳐야 한다.

(2) 노동의 유연성

고용을 강력하게 보장하게 되면 기업의 부담이 커져 기업들이 노동자를 고용하지 않게 된다. 이에 따라 고용률이 낮아지게 되고 노동자들의 생활수준이 낮아질 수 있다. 신자유주의자들은 노동을 유연화하면 기업들이 고용을 쉽게 할 수 있으며 이에 따라 자연스럽게 고용률이 높아질 수 있다고 주장한다.

(3) 사회보장 축소

신자유주의자들은 사회보장제도로 인해 노동자들의 일할 의욕이 저하된다고 본다. 각종 사회보장제도로 인해 세율이 높아지고 세율 상승은 노동자들의 가처분소득[⑩] 감소로 이어지기 때문이다. 따라서 신자유주의자들은 노동자들의 일할 의욕을 고취하기 위해서는 사회보장을 축소하여 세금을 낮추는 편이 낫다고 한다. 예를 들어 영국의 대처 정부는 소위 '영국병'을 해결하기 위해 복지를 위한 공공지출을 대폭 삭감한 바 있다.

(4) 공기업의 민영화

기업하기 좋은 환경을 만들려면 세율을 낮추어야 한다. 세율 하락으로 인한 세수 감소는 복지정책의 축소로 이어진다. 비대해진 공기업은 비효율적으로 운영되어 시장에 부담을 주기 때문에 과감하게 민영화하여야 한다. 그렇게 되면 민영화된 공기업은 시장의 경쟁을 통해 효율적으로 운영될 것이다.

5. 신자유주의의 문제점

(1) 인간소외, 공동체 파괴

자생적 질서가 지배하는 자기조정적 시장이 인류에게 번영을 보장한다는 신자유주의자들의 믿음과는 달리, 칼 폴라니는 시장의 위험성을 강변한다. 폴라니는 자기조정적 시장이 성립한다면 사회가 해체되어 인류에게 재앙이 올 것이라 한다. 자기조정적 시장에서는 생산의 결과물인 재화만이 아니라 생산에 필요한 모든 생산요소들을 시장에서 상품으로 취급하게 된다. 이에 따라 시장은 외부 간섭에서 벗어나 모든 것을 자기 스스로 조절·통제하는 자기조정적 시장이 된다. 특히 원래는 상품이 아니었던 노동, 토지, 화폐를 임금, 지대(rent), 이자라는 이름으로 통제하여 인간, 자연, 생산조직의 모든 영역을 자신의 지배하에 둔다. 그리고 노동, 토지, 화폐 등 모든 것을 상품처럼 다루어 사회의 모든 영역을 시장의 요구에 맞게 획일화하려고 한다. 이로 인해 인격 파괴, 인간관계 파괴, 환경 파괴가 발생한다고 한다. 자기조정적 시장은 사회적 유대와 통합을 파괴한다. 칼 폴라니는 자기조정적 시장의 파괴적 속성 때문에 국가의 규제와 개입이 필수적이라고 하였다.

(2) 실업, 노동자 빈곤

실업과 노동자 문제는 사회의 기반을 뒤흔들 수 있다. 특히 신자유주의자가 주장하는 노동의 유연화는 손쉬운 고용뿐만 아니라 해고로 이어질 수 있다. 예를 들어 경제상황이 안 좋아지면 대다수의 기업은 구조조정을 시행할 것이며, 실업으로 인해 노동자들의 소비여력이 줄게 된다. 이러한 소비의 감소는 다시금 경제 상황을 악화시키는 악순환에 빠지게 된다. 따라서 국가는 노동과 고용의 문제가 시장에 미치는 영향력을 제어할 필요가 있다.

⑩ 가처분소득(可處分所得, disposable income): 개인이나 가족 또는 그 밖의 소비 단위에 생긴 소득 가운데 수령인(受領人)이 마음대로 처리할 수 있는 몫. 흔히 소득에서 세금을 제외한 금액으로 실제 소비가능한 금액을 통칭한다.

(3) 빈부격차 심화와 사회갈등의 격화

신자유주의는 시장원리의 실현을 극대화하고자 한다. 이러한 시장원리의 극대화는 부익부 빈익빈 현상을 가속화한다. 이로 인해 나타나는 양극화의 심화는 가진 자와 못 가진 자 사이의 갈등을 발생시킨다. 이러한 갈등의 격화는 사회 공동체의 붕괴로 이어질 수 있다. 따라서 국가는 재분배정책을 통해 빈부격차를 완화하고 사회갈등을 해결해야 한다.

(4) 독과점, 경쟁 왜곡

거대자본을 가진 기업은 경쟁에서 유리하다. 이러한 유리함을 바탕으로 시장독점을 추구하는데, 독과점 기업은 정상적인 이윤 외에 추가적인 독점이윤을 얻을 수 있기 때문이다. 그 과정에서 시장의 원리가 작동하는 메커니즘인 공정한 경쟁이 위협받을 수 있다. 거대 기업이 자신의 자본이나 시장지배력을 이용하여 공정한 경쟁을 왜곡할 수 있기 때문이다. 예를 들어 거대 신문사가 무가지를 제공한다거나 경품을 제공하는 등의 경우가 나타날 수 있다.

시기	패러다임	정부와 시장의 관계
16세기~19세기 초	• 중상주의	• 정부 중시
19세기 중엽	• 자유주의	• 시장기능 중시 • 정부기능 축소
20세기 초~1970년	• 케인즈학파 • 자유주의 퇴조	• 정부기능 확대
1980년대	• 신자유주의	• 정부기능 축소 • 시장기능 확대
2000년대	• 신케인즈주의 • 신자유주의 퇴조	• 정부기능 확대

시장과 정부

1. 주류 경제학자들의 시장에 대한 관점

시장의 기능과 중요성을 옹호하는 자본주의 입장이다. 이들의 입장은 두 가지 의문에 기초를 두고 있다. 하나는 개인적 이익을 추구하는 것이 사회적 질서와 번영과 양립할 수 있는가에 대한 것이고, 다른 하나는 사익 추구가 공익 달성과 양립할 수 있다면 어떠한 방법으로 가능할 수 있는가에 대한 것이었다.

이 두 가지 의문은 아담 스미스(A. Smith)에 의해 풀리게 되었는데, 이것이 바로 '보이지 않는 손'의 원리이다. 개인은 자신의 이익을 위해 최선을 다하면 되고, 그 노력은 시장에서 보이지 않는 손에 의해 공익과 수렴하게 된다는 명제를 만들어냈던 것이다. 즉 '시장'은 인간의 이기심을 사익과 공익의 조화로 수렴시키는 장이므로 경제에 있어 필수적인 것으로, 그 작동원리를 '보이지 않는 손'이라고 설명한다. 아담 스미스는 개인이 사회의 이익을 목적으로 행동한 것이 아니라 자기 자신의 이익을 추구하기만 해도 결과적으로 사회의 이익이 달성된다고 보았다. 그렇다면 공익적 목적을 실현하기 위해 국가가 시장에 간섭하고 통제할 이유가 없으며, 오히려 개인의 이익을 추구하려는 자유인 영업의 자유를 인정하는 것이 사회 전체의 효용을 증대시키는 것이 된다.

따라서 시장주의자들에 따르면 경제에 대한 국가의 통제는 바람직하지 못한 것이고, 시장주의자들은 국가가 경제 영역에 가급적 간섭하지 않는 것이 좋다는 자유방임주의를 주장한다. 물론 1930년대 들어 대공황 이후 시장의 불완전성을 보완하기 위해 국가통제의 필요성이 강력하게 제기되었고 국가의 경제 개입이 이루어지기도 했지만, 70년대 이후 '신자유주의'라는 이름으로 자유방임주의는 다시 힘을 얻게 되었다.

2. 마르크스 경제학자들의 시장에 대한 관점

마르크스주의는 자본주의 경제이론을 비판하는 입장이다. 그들은 수요와 공급이 시장이라는 공간 속에서 가격이라는 매개변수를 통해 균형을 이룬다는 것은 그저 수학적으로 조작된 비현실적인 모형 속에서의 현상일 뿐이라고 한다.

마르크스는 빈부 격차의 심화와 노동자의 빈곤화 문제를 착취의 측면에서 비판했다. 생산물의 가치에 기여하는 것은 자본과 노동이다. 자본가가 자신의 몫을 가져가는 것은 정당하다. 그러나 자본가가 노동자의 몫의 전부 혹은 일부를 가져가는 것은 정당하지 않으며 이는 노동자에 대한 '착취'가 된다. 노동가치설의 입장에서 잉여가치의 원천은 노동인데, 자본가는 노동에 대한 대가로 임금을 지불할 뿐 노동자가 생산한 잉여가치에 대한 대가를 지불하지 않는다. 결국 마르크스에 의하면, 자본가가 가져가는 잉여가치는 노동자의 노동력을 착취한 결과가 된다.

마르크스주의자들은, 자본주의는 그 본질적인 한계로 붕괴할 수밖에 없다고 한다. 자본가들은 끊임없는 착취를 통해 부를 축적하고 그 과정에서 노동자들은 더욱더 가난해진다. 이 과정이 계속 진행되면서 유효수요는 더욱 부족해지고 과잉 생산된 제품은 그 소비처를 찾지 못해 공황이 일어나 자본주의는 붕괴된다는 것이다. 1930년대 대공황이 일어났을 때 이들의 주장은 일견 맞는 듯했다.

그러나 그 이후 지금까지 자본주의는 공고히 유지되고 있고 오히려 공산권의 붕괴로 그들의 주장은 설득력을 잃게 되었다. 자본주의가 자기수정, 개혁을 통한 자생력을 보유한 시스템이라는 것이 역사를 통해 입증되고 있다.

3. 두 관점이 시장에 대해 가지는 시사점

정통파 경제학자들이 주장하는 것은 무조건적인 자유방임주의는 아니다. 아담 스미스는 인간의 이기심은 무제한적인 자기 이익의 극대화를 의미하는 것이 아니라 사회 구성원들의 공감을 받는 이기적인 행동만이 인정된다고 하였다. 인간의 이기심이 결코 방종을 의미하는 것은 아니다. 아담 스미스에게 뿌리를 두고 있는 이들은 합리적이고 윤리적인 인간이 구성원인 사회를 기준으로 하여 '보이지 않는 손'의 원리를 주장한 것이다. 따라서 그러한 사회적 여건이 만들어지지 않는다면 언제든지 보다 강력한 힘의 통제가 필요하다는 것이 그들의 생각이다.

자본주의 체제가 완벽한 시스템이 아니기에 마르크스주의자들의 주장은 여전히 많은 시사점을 줄 수 있다. 생산력은 과거와 비교도 안 될 만큼 엄청나게 성장했는데, 왜 여전히 극빈자들이 넘쳐나고 있는지, 부익부 빈익빈 현상은 날로 갈수록 심화되는지에 대해서 마르크스주의는 여전히 많은 점을 지적해 주고 있는 것이다.

4. 하이에크의 시장과 정부의 관계

하이에크는 신자유주의의 철학적 기반을 제공했고, 진화론적 합리주의자이며 철저한 자유자의자이자 시장주의자이다. 그에 의하면 인간 사회의 질서란 의도적 설계와 계획의 산물이 아니다. 그것은 인간이 복잡하고 불확실한 사실들에 오랫동안 적응하면서 형성된 경험적 진화의 산물이다. 따라서 시장질서는 자연발생적으로 등장한 질서의 전형이다. 즉 시장체제란 서로 다른 개인이 서로 다른 목적을 위하여 하는 행동을 자연스럽게 조화시켜 모두의 이익이라는 놀라운 결과를 창출하는 위대한 질서의 요람이다.

하이에크에 따르면, 현대에서 가장 위험한 사상은 경제를 계획화함으로써 사회문제를 해결하려는 생각이다. '계획화'라는 생각이 근본적으로 잘못된 이유는 2가지이다. 첫째, 계획화는 경제의 원활한 기능을 저해한다. 둘째, 계획화는 경제를 포함한 사회생활 전반을 일정한 집단으로 조직화할 수밖에 없는데 이 과정에서 최악의 인간이 최고 지위에 오를 가능성이 있다. 비록 사회복지를 위해서라도, 관리되는 국가의 국민은 '사회복지' 혹은 '공공선'이라는 추상적 목표, 전체주의적 목적에 봉사하는 수단으로 전락하게 된다고 한다.

이와 같은 관점에서 볼 때 시장질서에 대한 최대의 적은 정부의 시장 간섭이다. 시장질서에 대한 정부의 간섭은 항상 특정 집단의 이해관계에 편중된 결과를 가져온다는 것이다. 따라서 정부의 간섭은 시장질서 전체를 교란시키고 시장의 자율적 상호조정기능을 가로막으며 정의의 원칙에도 어긋난다. 하이에크는 사회정의의 이름으로 특수이익을 보호하는 데 정부가 앞장서며, 다수가 동의하면 무슨 일이든 할 수 있다는 것이 민주주의인 것처럼 이해되면서 정부의 간섭이 크게 늘어나는 추세를 특히 우려했다. 하이에크는 시장질서의 회복과 자율을 위해 가장 중요한 과제는 정부 권한을 제한하여 시장에 대한 간섭을 차단하는 것이라고 한다. 그는 정부의 역할은 일부의 강제와 폭력에서 모든 사람들을 보호하기 위한 최소한의 목적에 국한되어야 한다고 한다.

5. 폴라니의 시장과 정부의 관계

폴라니에 따르면 자기조정적 시장은 환상에 지나지 않는다고 한다. 시장의 확대와 심화가 '악마의 맷돌'이 되어 사회를 위태롭게 함에 따라 '자기 보호'를 위한 사회의 반격이 시작된다고 한다. 시장의 확대 위협으로부터 사회를 보호하기 위해 국가가 시장에 개입하게 된다.[103] 따라서 시장의 자기조정 기능은 사회적 목표를 위한 국가의 개입과 조화를 이루어야 한다.

폴라니는, 정부의 개입과 규제를 무조건적으로 배격하고 독립적 시장의 자기조정 기능을 믿는 자유주의는 비현실적인 허구이지만, 그렇다고 하여 개인의 자유에 바탕을 둔 시장경제를 전면 부정하고 국가의 계획과 통제가 이상사회를 가져올 것이라고 믿는 사회주의 또한 비현실적인 허구라고 한다. 자유가 자동적으로 질서를 가져다주지도 않지만, 자유가 없는 질서도 결코 바람직하지 않다. 여기서 폴라니는 자유와 통제, 시장과 국가의 조화가 필요하다고 역설한다.

폴라니는 자신의 이론과 주장을 뒷받침하기 위한 작업을 수행했다. 첫째, 시장은 곧 자연상태가 아니며 자기조정적 시장은 결코 저절로 등장하거나 자체적으로 유지되는 것이 아님을 밝혀내고자 했다. 시장경제가 성립하기 위해서는 재화와 용역뿐만 아니라 생산요소들인 노동, 화폐, 토지가 상품화되어 자유롭게 교환될 수 있어야 하는데, 이것을 가능케 했던 것은 바로 국가였음을 밝혀낸다. 둘째, 자기조정적 시장의 작동과정이 사회에 파괴적 효과를 가져왔다는 점을 강조한다. 예를 들어, 시장은 인간을 노동력으로만 인식하여 인간을 파괴할 뿐만 아니라 환경을 자원으로만 인식하여 삶의 터전을 오염시킴으로써 사회를 파괴할 것이라 보았다.

6. 소득불균형과 재분배정책

(1) 소득재분배 정책

신자유주의자들이 주장하는 국가규제 완화, 노동 유연성 확대는 고용 불안, 실업 양산을 야기했다. 이로 인해 중산층이 붕괴되어 소득양극화 현상이 뚜렷하게 나타나고 있다. 미국마저도 국민의 10%는 최저생활에도 못 미치는 생활을 하고 있으며, 의료보험의 혜택도 받지 못하고 있다. 지나친 소득불균형은 하층계층의 생존여건을 악화시키고, 노동의욕을 떨어뜨려 사회갈등과 생산성 저하를 야기한다. 소득불균형 문제를 해결하는 대표적 방법은 소득재분배 정책이다.

국가는 기업이나 고소득계층에게 높은 세율의 조세를 부과하여 예산을 확보한다. 확보된 예산으로 저소득자에게 실업수당, 의료보험, 무상교육 등의 혜택을 지급해야 한다.

(2) 소득재분배 정책 비판

첫째, 노직(Robert Nozick)은 조세부과를 통한 소득재분배 정책은 소유권 침해이고 더 나아가 강제노동이라고 주장한다. 국가가 甲으로부터 10일 치의 임금에 해당하는 조세를 부과하여 乙에게 재분배했다면 甲은 10일 치의 강제노동을 당했다는 논리이다. 이에 대해서는 정의 영역에서 구체적으로 논의할 것이다.

둘째, 소득재분배를 위한 높은 세율은 기업의 이윤을 감소시켜 투자의욕을 낮추고, 고용도 줄어들어 오히려 실업자를 양산하여 빈곤을 더욱 가속화할 수 있다. 또한 세계화로 인해 자본 이동이 자유로워져 기업들은 소득세율과 법인세율이 낮은 국가에 투자하려는 유인을 갖게 된다. 그 결과 세율을 높이면 기업의 투자가 줄어든다. 실업자들은 실업수당을 받기 때문에 굳이 일자리를 찾으려 하지 않는다. 영국의 복지병을 생각해보면 소득재분배 정책이 소기의 결과를 달성하지 못했음을 쉽게 알 수 있다. 이 때문에 기든스는 실업수당보다는 취업교육, 고용을 늘리는 기업에 대한 지원 등을 통해 실업문제, 빈곤문제를 해결해야 한다는 제3의 길을 제시한다.

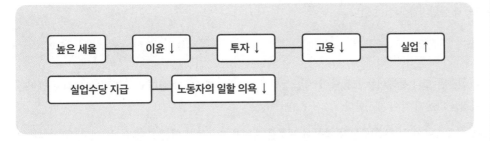

● 칼 폴라니, <거대한 변환: 우리 시대의 정치적, 경제적 기원>

7. 사회민주주의(제3의 길)

(1) 논의의 배경

앤서니 기든스는 '제3의 길'에 대해, 이미 새로워진 세계에 사회민주주의를 적용시키고자 하는 사고와 정책의 틀인 동시에 구식 사회민주주의와 신자유주의를 뛰어넘고자 하는 시도라고 규정한다.[104]

1979년 집권한 대처 정부는 극심한 경기침체와 고율의 인플레이션이라는 전형적인 스태그플레이션을 해결해야만 했다. 대처 정부는 인플레이션을 '공공의 적 제1호'라고 선언하고, 인플레이션은 정부의 적자 지출에 의한 통화량 증가 때문에 일어난다는 통화주의의 교리를 받아들였다. 통화주의에 의거해, 대처 정부는 1980년 3월부터 '중기 금융전략'을 세우고 통화량의 증가 목표를 설정해 재정금융 긴축정책을 실시했다. 그러나 실효를 거두지 못했다.

1985년에 대처 정부는 통화주의의 교리를 버리고 공급중시 경제학의 교리를 받아들이기 시작했다. 대처 정부는 조세 삭감을 통해 국민에게 '일할 유인'을 주고 기업가에게 투자 유인을 주려고 하였다. 그러나 영국의 기업들은 투자 자금을 자기의 유보이윤에 의존한다는 특징을 가지고 있기 때문에, 조세 삭감을 통한 투자유인은 영국에 적합하지 않았다. 이외에도 규제를 완화하고 사회보장제도를 축소하며 노동조합의 힘을 약화시켜 노동시장을 유연화하려 하였다.

레이건 정부와 비교하여 특기할 만한 것은 국유기업의 민영화이다. 1945년 최초로 국회에서 다수당이 된 노동당 정부는 대규모로 국유화를 실시했다. 대처 보수당은 국유화를 통해 거대화된 공공부분의 특징을 비효율성, 재정적자의 누진, 노동조합의 전투성이라고 규정했다.

민간부문이 공공부문보다 효율적이고 시장의 실패가 정부의 실패보다 작다는 이데올로기를 가지고 있었던 보수당은 "공공자산을 매각하는 것이 재정지출을 삭감하는 것보다 정치적으로 훨씬 쉽고 인기 있다"고 생각했고 이를 실행에 옮겼다.

이러한 일련의 정책은 소득 불평등을 심화시켰다. 1979년에는 상위 10% 계층과 하위 10% 계층의 소득 격차는 3.18배였지만, 1997년에는 4.15배로 확대되었다.

(2) 기든스의 '제3의 길'

기든스는, '제3의 길'(The Third Way : The Renewal of Social Democracy)의 목표는 시민들로 하여금 우리 시대의 중요한 혁명들, 즉 '세계화', '개인 생활의 변화', '자연과의 관계' 속에서 올바른 길을 개척하도록 돕는 것이라고 말한다.

기든스는, 우리는 보다 많은 평등을 달성하는 사회적 정의를 추구해야 하는데 정부가 이 목표의 추구에서 핵심적 역할을 담당해야 한다고 믿는다.[105] 경제 관리 이론으로서의 사회주의의 사망과 함께 좌·우파를 나누는 중요한 구분선 중의 하나는 사라졌다. 좌파 마르크스주의자들은 자본주의를 전복하고 그것을 다른 체제로 대체하고자 하였으나 이제 더 이상 어느 누구도 자본주의를 대신할 대안을 갖고 있지 않다. 남은 논쟁은 얼마만큼, 그리고 어떤 방법으로 자본주의를 관리하고 규제해야 하는가에 관한 것이다.

쇄신된 사회민주주의는 중도 좌파여야 한다. 왜냐하면 사회 정의와 해방의 정치가 사회민주주의의 핵심에 그대로 남기 때문이다. 그러나 '중도'란 그 실체가 공허한 것으로 간주되어서는 안 된다. 오히려 우리는 사회민주주의들이 다양한 생활스타일의 실마리들로부터 짜낼 수 있는 연합에 대해 얘기하고 있다.

국가와 정부의 개혁은 민주주의를 심화시키고 확장시키는 과정이어야 한다. 정부는 공동체의 복원과 발전을 위해, 이른바 신혼합경제[106]를 기반으로, 시민사회의 행위 주체들과 동반자가 되어야 한다.

(3) 토니 블레어의 '제3의 길'

1994년 영국 노동당 최연소 당수로 선출된 토니 블레어는 노동당이 '新노동당'으로 거듭 태어나야 한다고 주장했다. 토니 블레어는 新노동당이 舊노동당과 구별되는 특징을 다음과 같이 제시한다.

첫째, 구노동당은 소득재분배의 필요성을 강조하고, 시민의 복지 향상이 새로운 사회를 건설하기 위한 도덕적 의무라고 생각한다. 그러나 신노동당은 사회적 정의가 경제적 효율성을 저해해서는 안 된다고 말한다.

둘째, 구노동당은 국가가 시장에 개입해 시장을 지도해야 하고, 극빈자를 보호하기 위해 시장을 대체해야 한다고 생각한다. 그러나 신노동당은 국가가 민간부문과 협조해야 하며, 국가는 "확실한 낮은 인플레이션 환경을 제공하고 장기투자를 촉진해야 하며, 기업이 교육을 잘 받은 사람을 노동자로 채용할 수 있도록 해야 하고, 기업과 협력해 지역발전을 촉진하고 중소기업을 육성해야 하며, 세계에서 우리 상품을 위한 시장을 개척해야 하고, 실업급부와 복지급부 등 사회적 비용이 경제에 부담을 주지 않도록 강력하고 단결된 사회를 창조해야 한다"고 말한다.

셋째, 구노동당은 노동조합이 노동당 정부와 긴밀한 관계를 맺어 노동자들의 이익을 유지해야 한다고 주장한다. 그러나 신노동당은 노동조합이 기업과 협조관계를 맺어 영국이 더욱 성공적이고 경쟁적인 경제를 만드는 데 적극적인 역할을 해야 한다고 말한다.

넷째, 구노동당은 평등이 하나의 명확한 목적이라고 말하는데, 신노동당은 평등이란 모든 사람에게 균등한 교육 기회를 제공해 각자가 자기의 잠재력을 최고도로 발휘할 수 있게 하는 것이라고 생각한다.

구노동당은 국가, 집단주의, 누진세를 바탕으로 노동자계급의 이익을 옹호하는 것을 목적으로 삼았다. 그러나 신노동당은 시장, 개인, 낮은 조세를 바탕으로 유권자의 표를 최대한 획득하는 것을 목적으로 삼았다. 다음은 제3의 길이 제시하는 정부의 새로운 역할들이다.

> 1. 국가는 교육, 보건서비스, 철도서비스 등을 반드시 직접적으로 공급하기보다는 오히려 그것들을 보증해야 한다.
> 2. 국가는 각종의 상호부조를 격려하고 활용해야 한다.
> 3. 국가는 공공서비스를 보증하는 역할을 하기 때문에, 정부의 세입에도 변화가 있어야 한다.
> 4. 사회보장정책은 시민들에게 급부를 주는 것보다 취업시키는 것에 중점을 두어야 한다.
> 5. 제3의 길은 자산에 근거한 평등주의를 주장한다.

(4) '제3의 길'에 대한 비판과 전망

기든스와 블레어의 '제3의 길'은 노선이 매우 애매하면서도 전체적으로 좌파라기보다는 우파에 더욱 가깝다는 비판이 많다. 예컨대 '평등'에 대해 '제3의 길'은 기회의 평등이나 개인의 책임을 중시하는 편인데, 이렇게 되면 결과로서 나타나는 불평등을 사실상 인정하고 그것을 방치하는 것을 의미할 것이다. '세계화'에 대해서도 세계화를 돌이킬 수 없는 것으로 받아들이면서, 그것이 야기하는 온갖 폐해를 시정하려는 의도가 보이지 않기 때문에 세계화와 타협하고 있다는 비판을 받게 된다. 더욱이 '제3의 길'은 사회민주주의와 신자유주의를 명확한 노선에 의해 지양하고 있지 않기 때문에 하나의 독특한 정치이념으로서 살아남을 수 없다는 비판이 있다.

그러나 인류 역사에서 불가역적 과정을 인정하지 않는 사상이나 세력은 살아남을 수 없다. 이미 시대적 역할을 마친 낡은 개념과 사상으로 불가역적 과정과 맞서는 것은 어리석고 부질없는 짓에 지나지 않는다. 평등, 개인, 세계화, 국가, 환경 등의 개념이 새로운 의미로 등장하거나 낡은 정의를 벗고 새로운 정의를 입을 수밖에 없다면 사회민주주의자들은 이 새로운 정의를 받아들여야 한다.

⑭ 앤서니 기든스, <제3의 길>, 생각의 나무, 2000, 35p

⑮ 보비오의 견해에 따르면, 한 가지 주요한 기준이 우파로부터 좌파를 구별해준다고 한다. 그 기준이란 바로 평등에 대한 태도이다. 좌파는 보다 많은 평등을 원한다. 반면에 우파는 사회가 불가피하게 위계적이라고 파악한다. 기든스는 보비오의 정의에 정부의 역할을 추가한다.

⑯ 신혼합경제는 공익을 실현하기 위해 시장의 역동성을 이용하고자 하는 것으로, 공공 부문과 민간 부문 사이의 상승 효과를 추구한다. 이를 위해 국가와 지방 수준뿐만 아니라 초국가적 수준에서도 규제와 탈규제 사이의 균형을 수반하며, 경제와 비경제적인 것 사이의 균형 역시 포함한다.

시장실패와 정부실패

1. 시장실패

시장실패란, 시장이 효율적 자원배분을 가져다주지 못하는 상황에 처한 것을 말한다. 시장실패의 주된 원인은 시장의 불완전성, 공공재의 존재, 외부성 등을 들 수 있다. 시장실패 상황에서는 자원의 비효율적 배분이 나타나게 되므로, 국가는 독점 규제, 공공재 공급, 환경오염 규제를 위해 시장에 개입할 필요가 있다. 케인즈가 주장한 대로 과잉공급으로 인한 시장의 불안정성이 오랫동안 지속된다면, 국가는 재정정책 등을 사용하여 시장에 개입할 필요가 있다. 또한 시장은 빈부격차를 자율적으로 해결할 수 없으므로, 국가가 복지국가 실현을 위해 시장에 개입할 필요가 있다.

시장실패는 효율적인 자원 배분을 목적으로 하는 시장이 그 목적을 실현하지 못하는 것을 말한다. 시장실패의 주요 원인은 불완전경쟁, 공공재, 외부성 등을 들 수 있다.

(1) 불완전경쟁

시장이 효율적 자원 배분을 달성하려면 완전경쟁시장이 전제되어야 한다. 독점이나 과점시장에서는 자원배분이 비효율적이므로 시장실패가 나타난다. 현실에서 완전경쟁이 이루어지는 사례는 지극히 드물고 대부분의 시장은 독과점화되어 있는 상황이다.

(2) 공공재

공공재(public goods)란 국방서비스, 공원 혹은 도로처럼 여러 사람이 공동으로 소비하기 위해 생산된 재화나 서비스를 말한다. 공공재는 다음과 같은 두 가지 특성 때문에 시장실패를 일으킨다. 첫 번째 특성은 비경합성(non-rivalry)이다. 한 사람이 그것을 소비한다 해서 다른 사람이 소비할 수 있는 기회가 줄어들지 않는다는 말이다. 두 번째 특성은 배제불가능성(non-exclusiveness)이다. 대가를 치르지 않는 사람이라도 소비에서 배제할 수 없다는 성격이다.

공공재가 갖는 이 두 성격 때문에 공공재에 양(+)의 가격을 매기는 것이 가능하지도 않고 바람직하지도 않게 된다. 시장기능은 가격을 통해서만 발휘될 수 있기 때문에 이와 같은 상황은 시장실패를 가져오는 원인이 된다.

(3) 외부성(외부효과)

어떤 사람의 행동이 제3자에게 의도하지 않은 혜택이나 손해를 가져다주면서 이에 대해 대가를 받지도 지불하지도 않을 때 외부성(externality)이 생긴다고 말한다. 차를 운전하고 다니는 사람이 배기가스를 방출해 주위 사람들에게 의도하지 않은 손해를 끼치는 것이 그 좋은 예다. 대가를 주고받지 않으므로 시장의 테두리 밖에서 일어난다고 보아 외부성이라는 이름을 붙였다. 외부성은 생산과정에 일어날 수도 있고 소비과정에서 일어날 수도 있다. 외부성은 해로운 것, 이로운 것도 있을 수 있으며, 이를 각각 부정적 외부효과, 긍정적 외부효과라 한다. 부정적 외부효과의 대표적인 사례는 공장 가동시 발생하는 유독가스를 배출하는 것 등이 있고, 긍정적 외부효과의 사례로는 양봉업자가 벌을 기르는 과정에서 인근 과수원의 수분이 잘 일어나 과일 수확량이 증대되는 것을 들 수 있다.

외부성이 존재하기 때문에 자원배분이 비효율적으로 되는 대표적인 사례가 바로 환경오염 문제다. 오염물질을 방출하는 사람이나 기업은 남에게 손해를 끼치면서도 이에 대해 아무런 대가를 지불하지 않는다. 따라서 오염물질을 방출하는 측의 관점에서 보면 그와 같은 행위에 아무런 비용이 따르지 않는 것처럼 보이게 된다. 그렇기 때문에 공기나 물을 오염시키는 물질을 마구 버리는 현상이 일어나는 것이다. 만약 그들이 오염물질을 방출하는 행위에 대해 어떤 대가를 치러야 한다면 훨씬 더 조심해서 버리게 될 것이 분명하다.

2. 정부실패

(1) 정부의 경제적 역할

시장실패가 나타날 때 정부가 개입해야 할 필요성이 생길 수 있다. 그러나 시장실패의 존재가 정부 개입을 자동적으로 정당화해주지는 않는다는 점에 유의해야 한다. 시장실패로 인해 생긴 비효율성을 시정한다는 명목으로 정부가 개입했을 때 언제나 더 좋은 결과를 얻을 수 있다는 보장이 없기 때문이다. 따라서 정부의 개입은 이로 인해 더욱 효율적인 결과를 얻을 수 있을 경우에 한해 그 정당성을 인정받을 수 있다.

정부는 다음 3가지 중 하나의 개입방식을 선택하게 된다. 각 방법은 나름대로 장단점을 갖고 있어 상황에 따라 적절히 선택하는 것이 바람직하다.

첫째, 정부의 직접적 행동이다. 정부가 직접적 행동을 통해 개입하는 것의 가장 좋은 예는 특정한 재화나 서비스를 생산해 국민에게 공급하는 일이다. 정부가 생산, 공급하는 재화나 서비스는 그것들이 특별한 성격을 갖고 있기 때문이다. 국방서비스, 경찰서비스, 도로, 공원같이 공공재의 성격을 갖기 때문에 직접 생산, 공급하는 경우가 가장 흔하다. 민간부문의 시장은 공공재의 성격을 갖는 재화나 서비스를 효율적으로 배분하지 못하기 때문에 정부가 직접 행동해야 할 필요성을 느낀다고 볼 수 있다.

둘째, 유인(incentive)을 제공한다. 정부가 직접 행동하는 것이 아니라 민간부분에 단지 유인만을 제공해 원하는 방향으로 이끌어 가는 개입방식도 있다. 투자 촉진을 위해 조세나 금융상의 혜택을 제공하는 것이 대표적인 사례이다.

셋째, 민간부문의 행동을 규제한다. 정부가 개인이나 기업의 행동에 일정한 제약을 가하는 방식으로 규제(regulation)를 실시하기도 한다. 규제의 목적으로 소득재분배, 소비자보호, 환경보호, 국민의 건강 보호, 공정거래질서 유지 등 다양한 것이 있다. 그런데 정부의 규제는 기본적으로 경직성을 갖는 데다가 자의성을 띠는 경우도 많아 적지 않은 비용을 수반할 가능성이 있다. 어떤 규제가 실시된 후 상황이 변하여 그 규제가 부적합해지거나 불필요해지는 결과가 나타날 수 있다. 그렇지만 규제당국이 상황의 변화에 신축적으로 대응할 수 있는 능력을 갖추고 있는 경우는 지극히 드물다.

(2) 정부실패(국가실패)의 의의

정부실패란, 정부가 시장실패를 교정하기 위해 개입하였음에도 이를 달성하지 못하거나 심지어 악화시킨 경우를 말한다. 시장이 실패할 수 있는 것처럼 정부도 실패할 가능성이 있다. 정부가 선의를 가지고 시장에 개입했다고 하더라도 반드시 좋은 결과가 나온다는 보장은 없다.

정부실패의 원인은 다음과 같다.

첫째, 제한된 정보와 지식이다. 정부가 갖고 있는 정보와 지식의 제약 때문에 어떤 정책을 실행에 옮기려 할 때 그것의 귀결을 완벽하게 예견할 수 없는 경우가 있다. 예컨대 통화를 더 찍어내는 정책이 경제의 각 부문에 어떤 결과를 가져올지 정확하게 예측하는 것은 매우 어려운 일이다.

둘째, 민간부문 반응의 통제 불가능성이다. 정부는 민간부문이 특정한 반응을 보일 것이라는 기대 아래 정책을 수행하게 된다. 그러나 정책이 실천에 옮겨진 다음에 나타나는 민간부문의 반응은 기대한 바와 판이하게 다를 수 있다. 말을 물가로 데리고 갈 수 있지만 물을 먹게 만들 수는 없듯, 정부가 원하는 방향으로 시장과 가계가 반응한다는 보장은 없다. 예를 들어 정부가 소득세율을 과감하게 낮추는 정책을 펼쳐 개별가계의 저축이나 근로의욕을 촉진하려 하였으나, 사람들이 기대한 바와 다르게 반응하는 바람에 원했던 효과가 나타나지 않을 수 있다.

셋째, 정치적 과정에서의 제약이 있다. 모든 정책은 정치적 과정을 거쳐 구체적인 골격이 갖추어진다. 그런데 상반된 이해관계를 갖고 있는 집단들이 정치적으로 타협을 모색하는 과정에서 정책이 엉뚱한 방향으로 변질될 가능성이 있다. 환경을 보호하자는 취지의 정책이 자원을 개발하는 데 더 관심이 많은 집단의 영향 때문에 오히려 환경을 파괴하는 정책으로 변질되는 것이 그 좋은 예라 할 수 있다.

넷째, 관료조직의 문제가 있다. 관료들은 '공복'(public servant)이란 말이 의미하듯 국민의 종으로서 국민의 이익을 위해 열심히 일해야 하는 도덕적 의무를 갖고 있다. 그러나 관료들도 사람인지라 공익을 추구하기보다 자신의 이익을 먼저 챙기려고 노력할 가능성이 있다. 관료들의 도덕적 해이도 심각한 문제가 될 수 있다. 관료들이 이와 같은 태도를 보일 때 정부의 정책이 기대한 성과를 거둘 수 없음은 두말할 나위도 없다.

(3) 정부실패의 해결책

① 제도 개혁

현실을 보면 제도상의 결함이 비효율성을 낳은 원인이 되는 사례가 상당히 많다. 예를 들어 관료 조직의 비대화, 역할 분담의 불명확성, 상호견제기능의 미비 등 제도적인 측면에서의 문제 때문에 비효율성이 초래되는 경우를 자주 본다. 이 경우라면 제도의 개혁을 통해 획기적인 개선을 기대해볼 수 있다. 그러나 현실에서는 여러 이해당사자들의 개입으로 인해 제도 개혁이 말처럼 쉽게 이루어질 수 없는 경우가 많다.

② 적절한 유인의 제공

정부의 업무는 보통 성과를 평가할 수 있는 명백한 기준이 존재하지 않는 경우가 많다. 관료들이 어떤 뚜렷한 목표의식을 갖고 행정업무에 종사하는 것이 아니기 때문에 효율성을 발휘하기 힘든 것이다. 또한 각 관료의 성과를 개별적으로 평가하기 힘들어 열심히 일하더라도 돌아오는 보상이 별로 크지 않다는 문제도 있다.

관료들이 자발적으로 열심히 일하게끔 유도하기 위해서는 열성적인 노력에 대해 후한 상을 주고 태만한 자세를 가차 없이 벌하는 유인 구조를 도입해야 한다. 그러나 한편으로는 공무원의 노력을 포상하기 위해서는 포상기준이 있어야 하는데, 이윤 추구를 목적으로 하는 기업과 다르게 정부의 목적은 공익이라는 추상적인 가치이기 때문에 객관적인 기준을 설정하기 어렵다는 문제점도 있다.

③ 경쟁의 도입

정부 부문의 비효율성은 경쟁이 존재하지 않는다는 사실에 그 상당한 이유가 있다. 경쟁에서 오는 압력을 느끼지 않기 때문에 방만한 운영을 하게 될 가능성이 높은 것이다. 따라서 다른 부처와의, 또는 민간부문과의 경쟁체제를 도입함으로써 효율적인 운영을 하도록 유도하는 것이 필요하다.

3. 현행 헌법의 경제적 기초

(1) 우리나라 현행헌법의 경제질서

우리나라의 헌법의 경제질서에 대해 다수설과 헌법재판소는 사회적 시장경제질서로 보고 있다. 사회적 시장경제질서는 개인과 기업의 경제상 자유와 창의에 의해 시장경제질서를 근간으로 하면서 시장경제의 문제를 국가개입을 통해 해결하는 경제질서이다. 또한 자유방임정책을 지양하고 국가에 의한 경제질서 형성을 인정한다. 사회적 시장경제는 경제적 자유주의와 사회주의 간의 제3의 길로서 새로운 방식의 종합이라 불린다.

(2) 시장경제질서

> **제119조**
> ① 대한민국의 경제질서는 개인과 기업의 경제상의 자유와 창의를 존중함을 기본으로 한다.

자유시장 경제질서는 개인과 기업의 창의정신에 따라 형성되는 경제질서이다. 헌법재판소는 헌법 제119조 제1항의 개인과 기업의 자유와 창의존중 정신을 자유시장 경제질서로 이해하고 있다.

(3) 사회적 시장경제질서

① 의의

개인과 기업의 자유와 창의에 따른 자유시장 경제질서는 경제적 강자에 의한 약자의 착취와 경제적 불평등을 심화시키는 문제점을 야기하였다. 이에 헌법상 경제적 정의를 실현하기 위해 국가가 개인과 기업의 경제활동을 규제할 필요성이 대두되어 헌법상 이에 대한 근거를 제119조 제2항에 규정하게 되었다. 헌법 제119조 제1항에 따라 개인과 기업의 자유와 창의 정신에 따라 형성되는 것을 원칙으로 하면서 이에 따른 문제점을 제거하기 위하여 국가가 보충적으로 경제에 대한 규제와 조정을 하는 경제질서를 사회적 시장경제질서라 한다.

> ### 헌법 제119조
>
> ② 국가는 균형있는 국민경제의 성장 및 안정과 적정한 소득의 분배를 유지하고, 시장의 지배와 경제력의 남용을 방지하며, 경제주체간의 조화를 통한 경제의 민주화를 위하여 경제에 관한 규제와 조정을 할 수 있다.
>
> ### 축협중앙회 해산 (2000. 6. 1. 99헌마553)
>
> 우리 헌법상의 경제질서는 사유재산제를 바탕으로 하고 자유경쟁을 존중하는 자유시장경제질서를 기본으로 하면서도 이에 수반되는 갖가지 모순을 제거하고 사회복지·사회정의를 실현하기 위하여 국가적 규제와 조정을 용인하는 사회적 시장경제질서로서의 성격을 띠고 있다. 즉, 절대적 개인주의·자유주의를 근간으로 하는 자본주의사회에 있어서는 계약자유의 미명 아래, "있는 자, 가진 자"의 착취에 의하여 경제적인 지배종속관계가 성립하고 경쟁이 왜곡되게 되어 결국에는 빈부의 격차가 현격해지고, 사회계층간의 분화와 대립갈등이 첨예화하는 사태에 이르게 됨에 따라, 이를 대폭 수정하여 실질적인 자유와 공정을 확보함으로써 인간의 존엄과 가치를 보장하도록 하였는바, 이러한 절대적 개인주의·자유주의를 근간으로 하는 초기 자본주의의 모순 속에서 소비자·농어민·중소기업자 등 경제적 종속자 내지는 약자가 그들의 경제적 생존권을 확보하고 사회경제적 지위의 향상을 도모하기 위하여 결성한 것이 협동조합이며, 국가는 이러한 자조조직인 협동조합을 보호하게 되었던 것이다.

② 국가의 경제 규제에 대한 보충성

경제질서는 1차적으로는 개인과 기업의 자유에 따라 형성되어야 하므로 국가의 경제영역에 대한 개입은 보충적이어야 한다. 개인과 기업의 자유정신에 따라 해결할 수 있는 경제적 문제를 국가가 1차적으로 개입하면 개인과 기업의 자유와 창의정신에 위배되게 된다. 헌법재판소는 국제그룹 해체사건에서 부실기업 정리를 은행의 자율에 맡기지 않고 공권력이 개입함으로써 기업의 문제해결능력, 자생력을 마비시켜 시장경제원리의 적응력을 위축시킬 뿐이므로 재무부장관의 국제그룹 해체관련 제일은행장의 지시는 기업의 경제상의 자유와 창의의 존중을 기본으로 하는 헌법 제119조 제1항의 규정과는 합치될 수 없다고 한 바 있다.

다만, 개인과 기업이 자율로 해결할 수 없는 경제적 문제가 발생한 경우에는 국가의 경제영역에 대한 개입이 허용될 수 있다. 헌법재판소는 국민의 건전한 양심에 따른 자율적 규제로 토지투기를 억제하기 어렵다는 것이 명백하므로 토지에 대한 국가의 규제가 허용된다고 하면서 토지거래 허가제는 사적 자치원칙이나 헌법상의 보충원리에 위배되지 않는다고 보았다.

③ 사회적 시장경제질서 실현조항

경제질서는 개인과 기업의 자유와 창의로 형성되는 것을 1차적으로 한다. 그러나 경제를 개인과 기업에만 맡겨둠으로써 발생하는 소득불균형, 경제력 남용, 경제주체간의 갈등을 해소하기 위해 헌법 제119조 제2항은 국가가 경제에 관한 규제와 조정을 할 수 있도록 하여 경제에 관한 국가의 보충적 역할을 인정하고 있다.

성장과 분배

1. 성장중심주의

성장중심주의는 고전 경제학파, 시장주의 입장과 관련이 깊다. 자유시장주의에 따라 시장에 영업의 자유를 폭넓게 인정하고 자유롭게 경쟁한 결과 창의성이 증진되어 새로운 재화와 서비스가 나타날 것이라 여기기 때문이다. 국가와 정부가 자유로운 시장 질서에 개입하면 경쟁이 저해되고 새로운 재화와 서비스가 출현하지 않을 것이라 생각한다. 특히 우리나라는 전 세계에서도 유례없는 고속 성장을 한 나라이기 때문에 성장중심주의의 목소리가 매우 크다. 우리나라의 1인당 국민소득은 1999년 1만 달러를 넘은 후, 2006년 2만 달러를 넘었고, 2017년 3만 달러를 넘었다. 2021년 1인당 국민소득은 3만 5천 달러 수준이다.

성장중심주의는 경제가 성장하면 전체 파이가 커져 모든 국민에게 이익이 된다고 생각하는 관점이다. 예를 들어, A와 B로 이루어진 국가에서 A의 소득은 1만 5천 달러이고 B의 소득은 5천 달러라 하자. 평균을 내면 1인당 국민소득은 1만 달러가 된다. 그런데 A의 소득이 4만 5천 달러가 되었고 B의 소득은 1만 5천 달러가 되었다면, 1인당 국민소득은 3만 달러가 된다. 이때 B의 소득은 5천 달러에서 1만 5천 달러까지 무려 1만 달러가 상승했다. 환율로 단순 계산하면 5천 달러인 B의 연봉은 640만 원 정도로 월급은 53만 원에 불과하다. 그런데 1만 5천 달러로 B의 연봉이 상승하면 1,920만 원 연봉에 월급은 160만 원에 달한다. 월급 53만 원으로 생활하는 것과 월급 160만 원으로 생활하는 것은 비교할 수 없을 정도로 생활의 질에 차이가 있을 것이다.

성장중심주의는 낙수효과 혹은 적하효과(trickle-down effect)에 기반하고 있다. 이는 생산능력과 소비능력이 있는 사람은 매우 적다는 현실성에 기반하고 있다.

첫째, 생산능력이 있는 자는, 예를 들어 일론 머스크 같은 사람이다. 일론 머스크는 전기차 회사인 테슬라를 성장시켰다. 미국 자동차는 경쟁력을 잃었고 독일, 일본, 한국산 자동차가 미국 시장을 잠식했다. 자동차 도시였던 디트로이트와, 미국 러스트 벨트의 쇠퇴는 이를 증명한다. 일론 머스크는 내연기관 자동차 시장을 전기차 시장으로 전환시켜 미국산 자동차가 미국 공장에서 생산되도록 했다. 결국 미국 시장에 대한 투자 증가, 미국 노동자의 고용 증대, 소득과 소비의 증대를 불러일으켰다.

둘째, 소비능력이 있는 자는 고소득자이다. 단순하게 가정해서 평균인이 1년에 1,200만 원을 소비한다면, 10배의 소득을 갖고 있는 자는 1억 2천만 원을 소비할 것이다. 사치라는 것은 인간 노동력을 필요 이상으로 사용하는 것이다. 고소득자가 많은 소비를 할 때 사치품에 대한 소비를 할 가능성이 크고, 1명이 고용되어야 할 일에 2명이 고용될 수 있다는 의미가 된다.

이처럼 생산능력이 있는 자와 소비능력이 있는 자의 일할 의욕과 소비욕구를 높여서 고용을 늘려 저소득층의 소득을 향상시키려면, 세금을 낮춰야 한다. 대기업과 고소득자에 대한 감세를 함으로써 저소득층의 고용이 늘어나 고소득층과 저소득층 모두 만족할 수 있는 경제 성장이 일어나게 된다.

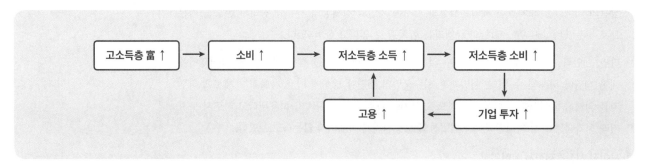

이처럼 성장중심주의는 先성장 後분배의 논리를 강조하는 입장이다. 성장을 추구하면 고소득층이 증가하고 저소득층에도 富가 확산됨으로써 분배 문제가 자연스럽게 해결된다고 한다. 이처럼 고소득층의 富가 저소득층으로 확산되는 것을 적하(滴下)효과, 낙수효과(trickle-down effect)라 한다. 즉 성장이 이루어지면 분배는 저절로 해결된다는 것이다. 그러나 분배를 강조할 경우 개인의 성취동기가 저하되어 경제 발전에 역행할 수 있다고 한다. 성장중심주의 견해에 따르면, 아르헨티나가 선진국 진입을 앞두고 몰락한 것은 지나친 분배정책 때문이었다고 한다.

그러나 성장중심주의에 대한 비판은 다음과 같다. 첫째, 성장중심주의의 입장에 따를 경우, 지속적인 참여가 문제될 수 있다. 즉 성장이 지속되기 위해서는 다수의 참여와 성취동기가 필요한데 과연 개인의 지속적 참여가 계속될 수 있는지가 문제된다. 둘째, 현실적으로 고소득층의 부가 저소득층으로 저절로 확산된다는 전제가 문제될 수 있다. '소득의 자동적 분산', 즉 낙수효과는 한계가 있다는 지적이 그것이다. 낙수효과는 우리가 앞서 살펴본 고전 경제학파의 입장처럼 이론적으로는 타당하나, 현실에서는 언제나 성립하지는 않는다는 점이 확인되고 있다. 대기업에 감세를 하면 투자가 늘어난다는 전제와, 고소득자에 감세를 하면 소비가 늘어난다는 전제가 성립하지 않기 때문이다.

2. 분배중심주의

한때 북유럽 경제에 대한 관심이 커진 적이 있었다. 강력한 복지 혜택을 바탕으로 한, 사람 중심의 경제에 대한 관심이 바로 그것이다. 북유럽 경제와 복지에 대한 관심은 '저녁이 있는 삶'이라는 말로 요약된다. 이것이 바로 분배중심주의 경제체제이다. 그리고 우리나라에서는 IMF 위기 극복을 위한 방안으로 노사정 위원회가 시도된 바 있는데 이것이 분배중심주의 경제체제의 한 방안이다. 우리나라는 전세계에서 유례없는 고속 성장을 한 나라이다 보니 분배중심 경제체제에 대한 공포심과 관심이 동시에 존재하는 이상한 상황이 연출되고 있다.

분배중심 경제체제에 대한 설명은 영국 케임브리지 대학의 장하준 교수의 논리를 빌려오도록 한다. 장하준 교수는 우리나라의 경제 정책은 미국의 그것과 매우 유사한데 이는 부적절할 수 있다고 비판한다. 미국과 같은 거대한 내수시장을 갖고 있는 나라의 경제정책과 소규모 내수시장의 개방경제인 우리나라의 경제정책이 같을 수 없다는 것이다. 따라서 스웨덴과 같은 소규모 개방경제 모델 정책이 적합할 수 있다고 제안한다.

만약 글로벌 경제위기가 찾아왔다고 하자. 우리나라의 한 수출기업이 기업의 경쟁력 자체는 높으나, 글로벌 경제위기로 인해 수출이 줄어 걱정하는 상황이다. 이 기업은 200명의 직원이 있는데 100명을 구조조정하면 글로벌 위기를 견딜 수 있고, 글로벌 위기가 지나가면 경쟁기업이 사라져 더 좋은 상황에 놓일 것이라 예상된다. 이 기업은 100명의 구조조정에 성공할 수 있을까? 아마도 불가능할 것이다. 100명의 구조조정 대상자들은 극렬하게 반대할 것이기 때문이다. 우리나라의 상황에서 구조조정 즉 해고는 죽음이나 마찬가지다. 이때 구조조정이 불가능해지면 기업 자체의 존속이 어려워지고 글로벌 경제위기가 해소되면 더 좋은 기업이 더 많은 고용을 할 수 있는 기회 자체가 사라져버리게 된다.

이때 국가와 기업과 노동자가 서로 합의를 통해 공동전선을 편다면 어떨까? 이를 코포라티즘이라 한다. 노동자는 안정적인 소득과 직장을 원한다. 기업은 비용 절감을 원한다. 국가는 노동자와 기업이 협력하기를 원한다. 노동자에게 부담이 되는 것은 주거와 교육과 의료, 미래 직업 안정성이다. 국가는 노동자에게 주거와 교육, 의료 복지를 제공하고 미래 직업 교육을 제공한다. 방금 전의 기업 노동자들 중에 100명 정도는 "지금 아이들이 어리니 소득이 조금 줄더라도 아이들과 놀아줄 수 있었으면 좋겠다. 그리고 이 기간 동안 직업 교육을 받아 몇 년 후에 재취업을 하자."고 생각할 수 있다. 기업은 100명의 구조조정을 해서 몇 년 후에 글로벌 경제 위기가 해소된 후 글로벌 경쟁력을 갖춘 기업으로 성장할 수 있다. 국가는 안정적인 성장 동력을 갖춘 기업과 미래 시장에 대응할 능력을 갖춘 노동자를 보유한 국가가 된다.

결국 국가와 기업, 노동자라는 경제 주체 모두 장기적으로 이익을 얻게 되는 셈이다. 그 핵심에는 국가 차원의 안정적 복지가 있다. 분배를 통해서 성장 동력을 얻는 것이다. 장하준 교수는 이를 사회적 대타협이라 한다. 우리의 적은 우리 안에 있는 것이 아니라 외부에 있으니 외부의 위협에 대응하기 위해 내부의 주체들이 서로의 힘을 합치는 것이다. 우리나라 역시 IMF 위기가 동아시아 외환위기 사태였기 때문에 외부의 위협에 대해 내부 주체들이 힘을 모아야 한다는 생각에서 노사정 위원회가 그 역할과 기능을 발휘했던 것이다. 즉 복지로부터 성장을 이끌어낼 수 있다는 논리가 된다.

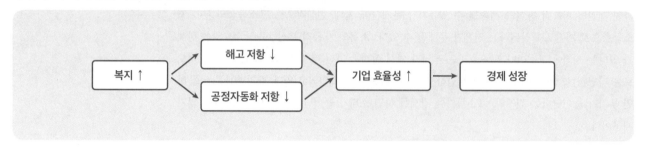

이처럼 분배중심주의는 先분배 後성장의 논리를 강조하는 입장이다. 소득분배를 정당하고 형평성 있게 하면 경제는 저절로 성장한다고 한다. 고른 분배가 이루어지면 경제 성장의 원동력이 될 수 있다. 노동자들이 정당한 보상을 받지 못하면 노동 생산성이 떨어지고 노동자의 불만이 쌓이게 되면 정치적 불안이 찾아올뿐더러 성장의 원동력을 상실하게 된다.[10] 북유럽 국가들은 분배와 복지 정책을 우선시함으로써 부를 지속적으로 누리고 있다.

그러나 분배중심주의에 대한 비판은 다음과 같다. 경제 성장을 위해서는 지속적인 투자가 필수적으로 필요한데, 분배 문제에만 집착할 경우 투자 감소 문제가 나타날 수 있다. 그리고 분배의 몫에 지나치게 주의를 기울이다보면 국제 경쟁에서 경쟁력 상실로 이어질 수 있게 된다.

3. 성장과 분배의 관계

성장과 분배가 같은 방향으로 움직이는 경우가 있다. 예를 들어 분배가 매우 불공평하고 사회가 극도로 분열되어 있는 상황에서는 분배를 개선하여 사회를 안정시키는 것이 성장에 도움이 된다. 또한 오랫동안 정체되어 있던 경제가 지속적인 성장궤도에 진입하여 중· 저소득 계층도 고임금을 지급하는 안정적인 일자리를 쉽게 가질 수 있는 단계에 도달할 경우 성장으로 인하여 분배가 개선될 수 있다.

그러나 성장과 분배가 반대 방향으로 움직이는 경우도 있다. 과도한 재분배 정책이 성장을 둔화시키는 경우가 그러하다. 정부가 재분배를 위해 개인과 기업에 지나치게 무거운 조세를 부담지울 경우 사람들은 열심히 일하기보다 정부의 보조에 기대어 살기를 원하고, 그로 인해 노동과 투자가 줄어들어 성장이 둔화될 수 있다. 이를 복지병 혹은 유럽병이라 하는 경우가 많다.

성장과 분배에 있어 어느 것을 우선할 것인가는 매우 어려운 문제이다. 그러나 성장과 분배는 별개의 문제가 아니다. 성장과 분배 중 어느 한 쪽의 논리만 강조할 경우 각각 한계가 있기 때문이다. 그러므로 이들을 어떻게 조화시킬 것인가가 중요하다. 성장이 없으면 나눠 가질 富가 없어 분배를 생각할 수 없다. 그러나 분배와 연결되지 않은 성장은 성장을 위한 성장에 그칠 뿐 국민의 삶의 질의 개선과 전체 국민의 복지로 이어질 수 없다. 성장과 분배는 상호 보완적인 관계로 보아야 한다. 성장과 분배의 개선을 위해서는 성장 촉진을 통해 분배를 개선하는 방향이 있을 수 있고, 재분배 강화를 통해 성장을 촉진시키는 방향이 있을 수 있다. 이에 대한 국민적 합의가 필요하다.

모의문제 09 경제

* 부록의 원고지를 사용하여 실제 시험처럼 제한시간(110분)에 맞춰 답안을 작성해보고, 답안을 작성한 후에는 p.483에서 해설과 예시답안을 확인해보세요.

(가) 유효수요는 소비와 투자를 합친 수요량을 말한다. 한 기업의 수요를 결정짓는 개별가계의 소비 활동과, 또 다른 기업의 투자 활동이 더해져, 구매 가능한 실질적인 수요량을 의미한다. 고전 경제학파는 수요와 공급이 일치하는 점에서의 수요량을 중요하게 여긴다. 그러나 이 균형점은 이상적이지만 유효수요와 동일한 것은 아니다.

유효수요는 개별재화의 공급 조건에 의해 결정된다기보다는 개별가계의 실질소득에 의해 결정되는 것이다. 한 가계의 소득에서 저축을 제외한 가처분소득에서 얼마나 소비를 할 것인지를 소비성향이라 하고 이것을 일정하다고 가정하자. 그렇다면 유효수요가 증가하면 기업의 판매가 더 많이 일어나서 고용이 늘어난다. 고전 경제학파는 공급이 수요를 만들어낸다고 하지만, 일반적으로는 수요가 공급을 창출한다고 보는 것이 타당하다.

유효수요를 더 크게 하려면 국민들이 장기적으로 저축을 함으로써 소비를 더 하고 저축이 투자로 이어지도록 해야 한다. 그러나 사람들은 누구나 유동성을 선호한다. 유동성은 화폐를 보관할 때 가장 빠르게 현금으로 전환할 수 있는 방법을 의미한다. 이때 유동성이 가장 큰 보관방법은 자기 지갑에 현금으로 두는 것인데, 돈이 필요할 때 곧바로 쓸 수 있기 때문이다. 반면 유동성이 가장 나쁜 방법은 땅을 사서 땅 문서를 갖고 있는 것인데, 땅을 팔아야 현금화가 되는데 즉각적으로 팔 수도 없을 뿐만 아니라 경제상황이 좋지 않을 때에는 팔리지 않거나 더 낮은 가격으로 팔아야 하는 경우도 있기 때문이다.

많은 사람들이 장기적인 경제 상황이 좋지 않아 불확실성이 커졌다고 판단한다면, 누구나 유동성을 확보하려는 유인이 생긴다. 이보다 더 경제 상황이 안 좋을 경우 사람들은 단기예금과 같이 현금화가 손쉬운 방법을 찾을 것이다. 이보다 더 심각한 경제공황에 빠져 은행마저도 파산할 것이라는 예상이 커진다면, 결국 모든 돈이 개인의 손에 쥐어져 집에만 머무르게 되어 투자로 이어지지 못하는 상태에 빠지게 된다. 돈이 개인의 집에 머무르게 되면 이 돈은 투자로 이어지지도 않고 소비로 이어지는 것도 아니다. 결국 유효수요는 더욱 더 감소할 수밖에 없다.

기업의 투자가 줄어들면 경기는 더 안 좋아지고 파산하는 기업이 늘어나면 실업자가 늘어나게 될 것이다. 이로 인해 경기가 좋지 않을 것이라는 사람들의 기대심리가 결국 현실이 되어 경제는 더 나쁜 지경에 이르게 된다.

이처럼 경기가 좋지 않을 때 정부가 해야 할 일이 있다. 먼저, 정부는 가장 신용도가 높은 경제주체이므로 투자 자금을 모으기 쉽다. 또 이 투자 자금으로 정부 사업을 할 경우 안정적으로 일자리를 만들어 사람들에게 제공할 수 있다. 그뿐만 아니라 정부가 이처럼 일을 주도하게 되면 미래에 대한 사람들의 불안한 심리가 줄어드는 효과가 있다. 결국 정부 정책과 투자는 경제위기 극복에 필요한 신뢰를 줄 수 있다. …(중략)…

⑩ 허쉬먼의 터널 효과: 경제 발전 초기에는 소득불평등을 어느 정도 허용하지만, 경제가 발전한 뒤에도 소득분배가 제대로 되지 않으면 빈부격차가 심화되고 정치·사회적 불안으로 이어져 경제 성장의 원동력을 잃게 된다는 것이다.

정부가 투자량을 통제할 수 있다면 완전고용을 이루기까지 필요한 실질소득을 달성할 수 있다. 만일 투자가 많아져 완전고용의 수준을 넘어서면 인플레이션이 일어나고 그 이상의 소득 증가는 화폐적인 것에 의한 것이라 할 수 있다. 완전고용 이하의 상태, 즉 투자가 위축된 상태에서는 정부가 투자를 늘려 경기를 인위적으로 부양하면 거시경제의 문제 중 많은 부분은 해결된다. 그러나 이와 같은 정부 개입은 이상에 불과하다고 할 수 있다. 그 이유는 민간 자본이 불안정한 미래 예상수익에 따라 민간 투자를 결정하기 때문이다. 따라서 정부는 사기업의 투자를 결정할 수 없다.

그러나 정부가 직접 결정하는 재정투자는 정부가 통제할 수 있다. 불안정한 민간 투자의 변동분을 정부가 공공 재정투자로 상쇄시킬 수 있는 것이다. 민간 투자가 적을 때에는 정부가 재정투자를 늘리고, 민간 투자가 과도할 때에는 정부가 재정투자를 줄여서 경기를 안정적으로 유지해야 한다.

(나) 1929년 10월에 발생한 주식시장 붕괴는 대공황의 시작이면서 대공황의 결정적인 요인인 것으로 여겨졌으나, 이는 진실이 아니다. 1929년 중반에 이미 경기가 정점에 이르렀고 이는 주식시장 붕괴보다 몇 개월이나 빨랐기 때문이다. 경기가 이처럼 빠르게 정점에 달하게 된 이유는, 연방준비은행이 투기(speculation)를 억제하고자 긴축통화정책을 쓴 것 때문이라 할 수 있지만, 이러한 간접적 방식은 경기 수축에 일부 영향을 미칠 뿐 결정적이지는 않다. 주식시장 붕괴는 경기 수축에 일부 영향을 미쳤는데, 시장의 신뢰 저해와 개인의 지출 의욕 감소에 간접적으로 영향을 미치기 때문이다. 이러한 효과들의 영향은 통상적이고 일반적인 경기 후퇴보다 조금 더 길고 심한 경기 수축 정도에 그칠 정도에 불과할 뿐, 실제로 벌어진 대공황과 같은 경제활동 붕괴에 이르지는 않는다.

실제 발생한 경제 위축의 첫 해에는 대공황의 특징적인 양상이 전혀 보이지 않았다. 물론, 일반적이고 통상적인 경기 수축의 첫 해에 발생하는 것보다 훨씬 심각한 경제 위축을 보였으나, 이는 아마 주식시장 붕괴에 더해 1928년 중반부터 유지된 긴축통화정책에 대한 민간의 반응인 것으로 보인다. 그러나 이는 이질적인 특징이라 할 수는 없고 특히 대공황과 같은 재난의 조짐이라 볼 수도 없다.

1930년 9월과 10월의 경제 상태에서 이후 수년간 발생하게 될 지속적이고도 급격한 경기 위축을 발생시키게 될 불가피한 요인 혹은 가능성이 매우 높은 요인은 찾을 수 없었다. 지금에 이르러 돌이켜 볼 때, 연방준비은행은 이전과 다른 행동을 했어야 한다는 것은 분명하다. 1929년 8월부터 1930년 10월까지 3%에 달하는 통화량이 감소했는데, 이 정도의 통화량 감소는 통상적인 것이라 할 수 없다. 연방준비은행은 이를 방치해서는 안 되었다. …(중략)…

1930년 10월 이전에는 유동성 위기의 징조도, 은행에 대한 신뢰 문제도 없었다. 그러나 그 이후부터 경제의 유동성 위기가 반복적으로 발생했다. 은행들의 잇따른 파산 문제가 줄어드는 듯했으나 극적인 파산 사례가 발생해 은행 제도에 대한 신뢰가 추가적으로 손상되었고 뱅크런이 발생함으로써 은행들의 파산이 또다시 일어났다. 이는 은행 파산 자체도 있으나, 은행 파산이 통화량에 미치는 영향 때문에 중요한 것이기도 하다.

지급준비율 제도를 채택한 은행 제도 하에서는 은행이 예금액 전체에 달하는 현금을 갖고 있지 않다. 만일 현금 1달러를 은행에 예금한다면, 은행은 지급준비율만큼의 현금만 보유하고 나머지는 대출을 한다. 일반적으로 지급준비율은 15~20% 정도이기 때문에 은행은 15~20센트만 현금으로 보유하고 80~85센트는 대출해준다. 대출을 받은 사람은 대출액을 은행에 다시 예금할 수도 있기 때문에 이 과정이 반복된다. 결국 은행은 예금 1달러에 대해 수 달러에 이르는 예금반환채무를 지게 되므로, 대중이 예금하려는 금액 비중이 커지면 현금과 예금의 합계인 총 통화량은 이보다 더 커지게 된다. 따라서 예금주들의 예금 반환 요구가 늘어나면 다른 방법이 없는 한 총 통화량의 감소는 명백한 것이다. 어떤 은행의 예금주들이 해당 은행에 예금 인출을 요구하고 그 인출요구액이 지급준비율에 따른 은행의 보유현금을 넘어서게 된다면, 해당 은행이 현금을 창출할 방법은 다음과 같은 방법 외에 없다. 대출해준 단기 융자금을 상환할 것을 요구하거나, 투자한 주식을 매도하거나, 해당 은행이 다른 은행에 예금한 금액을 인출해줄 것을 요구해 다른 은행을 압박하는 것이다. 은행들이 현금을 보유하려는 목적으로 한 행동이 주식 가격을 끌어내리고, 재정이 양호한 은행들도 지급불능상태에 빠지고, 예금주들의 불신이 커져 예금 인출 요구가 늘어나게 되는 악순환이 발생할 것이다.

Q1. (가)와 (나)를 각각 요약하시오. (200~300자)

Q2. (가)와 (나) 각각의 관점에서, 1929년 대공황이 일어난 원인과 그 대책을 논하시오.
(1000~1200자)

**Chapter
05**

정의와 불평등

핵심 가이드

정의(正義)는 각자에게 올바른 몫을 준다는 의미이다. 그렇다면 올바른 몫의 기준이 정의의 기준이 되는 것이다. 이 정의의 기준이 될 수 있는 이론 체계를 우리는 이데올로기라 한다. 이데올로기란 어원상 이데아와 로직의 합성어인데, 사회집단의 사상, 행동, 생활 방법을 근본적으로 제약하는 추상적이면서 이념적인 의식형태를 말한다. 우리가 흔히 ○○주의라 부르는 것이 이데올로기의 대표적인 사례이다. 보통 ○○주의, ○○이즘이라고 하면 대단히 어려운 철학의 느낌이 나기 때문에 근본적으로 반발감이 들게 된다.

그러나 ○○주의라 하는 것은 사실 그리 어려운 말은 아니다. ○○주의의 앞에 붙어 있는 ○○이 목적이 되는 것이라 생각하고 해석하면 되기 때문이다. 이데올로기는 그 자체로 옳은 것이 아니라 목적이 되는 가치에 대한 일관된 논리를 보여주는 논리 체계라 여겨야 한다.

이러한 이데올로기의 대표적인 예시가 자유주의이고, 이 논리체계를 잘 보여주는 것이 존 스튜어트 밀이 자유론에서 제시한 해악의 원칙이다.

자유주의는 개인의 자유를 극대화하고자 하는 사상 체계이다. 그렇다면 개인의 자유를 극대화한다고 가정하자. 그렇다면 개인이 자기가 하고 싶은 일은 자유롭게 모두 할 수 있다고 한다면, 예를 들어 지나가던 행인을 죽여도 되고 폭행해도 된다고 하자. A가 자유롭게 B를 살해할 수 있다고 한다면 이는 개인의 자유가 실현된 것이 아니라 개인의 자유가 제한된 것이다. 피해를 입은 B 역시 개인이기 때문이다. A의 자유가 극대화된 결과 B의 자유는 침해된 것이므로 개인의 자유가 극대화된 것은 아니다. 따라서 자유주의는 개인의 자유를 극대화하기 위해 개인의 자유를 제한해야 하는 상황에 놓이게 된다.

이를 해악의 원칙이라 하고, 이는 존 스튜어트 밀이 자유론에서 제시한 것이다. 해악의 원칙은 개인의 자유는 최대한 보장되어야 하나, 타인의 자유에 직접적 해악을 입힐 경우에 한해 제한될 수 있다는 것이다.

개인은 자신의 선택에 따라 자유로운 행동을 할 수 있으나 그것이 타인의 자유에 대한 해악이 되는 경우에는 자유에 대한 제약을 받을 수 있다. 만약 A가 B를 놀릴 수도 있고 폭행할 수도 있다고 하자. A가 B를 놀리는 자유를 선택했다면 이는 B의 자유에 대한 해악은 아니므로 A는 자신의 자유를 구속당하지 않을 것이다. 그러나 A가 B를 폭행하는 선택을 했다면, 이는 B의 신체의 자유에 대한 직접적 해악이 되므로 A는 형사처벌 등의 자유 구속을 당하게 된다.

이를 통해 개인의 자유가 보장되는 것이다. 이처럼 이데올로기는 일관된 논리를 보여주는 논리 체계이며, 정의에 대해 논할 때 기준이 되는 가치를 제시하는 기능을 한다.

이처럼 정의의 기준으로서 제시할 수 있는 것으로 크게 개인의 자유, 공동체의 가치, 편익 극대화가 있다. 먼저, 개인의 자유를 정의의 기준으로 삼는 사상을 자유주의, 둘째로 공동체의 가치를 정의의 기준으로 삼는 사상을 공동체주의, 편익 극대화를 정의의 기준으로 삼는 사상을 공리주의라 한다.

자유주의, 공동체주의, 공리주의

1. 논의의 배경

정의에 대한 논쟁과 법철학적 접근에서 기본이 되는 것은 개인과 집단의 관계를 이해하는 것이다. 법은 인간이 집단을 이루어 살아야 한다는 전제에서 비롯된다. 만약 인간이 집단을 이루어 살 필요가 없다면 법이라는 강제력을 스스로 인정하여 자신을 구속하고 처벌할 수 있는 가능성을 용인한 필요가 없기 때문이다. 따라서 법은 인간 집단을 전제로 한다. 우리가 고대 국가를 배울 때 타인을 죽이지 말라거나 타인의 물건을 훔치지 말라는 등 단순한 형태의 법이 있음을 배우는 이유가 여기에 있다. 고대 수메르의 함무라비 법전이나 고조선의 8조법이 대표적인 사례이다.

한편 인간 집단이 구성되고 유지·존속하기 위해서는 집단을 이루는 기본단위인 개인이 있어야만 한다. 개인에게 집단을 구성하는 이유가 없다면 해당 집단은 필연적으로 붕괴될 것이다. 개인이 스스로 동의, 납득할 수 없는 행위를 할 것을 강제하는 집단이 있다면 단기적으로는 유지될 수 있을 것이지만 장기적으로는 해체될 수밖에 없다. 인류의 역사 전반을 볼 때, 개인을 필요 이상으로 억압하고 강제하는 국가는 멸망하고 새로운 국가로 대체되었다는 점이 이를 증명한다. 이러한 국가의 멸망과 대체의 방법이 폭력적 수단에 의한 것이었는가, 평화적 방법이었는가가 현대 이전의 국가와 현대 국가를 구별하는 기준이 되기도 한다.

바로 이 지점에서 법철학과 정의의 논쟁이 시작된다. 집단이 있어야만 비로소 개인이 결과적으로 존재할 수 있는 것인지, 혹은 개인이 스스로 원하여 노력한 결과로 집단이 발생한 것인지, 원인과 결과에 대한 논쟁이 바로 그것이다. 이를 공동체주의와 자유주의라 한다.

공동체주의와 자유주의 논쟁은 사실과 가치, 사실과 당위 논쟁과도 매우 관련이 깊다. 공동체주의는 공동체의 유지와 존속을 그 목적으로 한다. 공동체는 가장 작은 단위로 가족이 있다. 가족은 내가 태어났을 때부터 이미 존재하는 '사실'적 관계라 할 수 있다. 반면, 자유주의는 개인의 자유를 그 목적으로 하는데, 개인의 자유는 가족과 사회로부터 '나'를 분리시켜야만 비로소 얻을 수 있는 '가치'이기 때문이다.

이뿐만 아니라 공동체주의와 자유주의의 논쟁은 도덕과 법이라는 논쟁과도 연결된다. 공동체주의는 공동체의 유지와 존속을 목적으로 하므로 사회도덕을 지키고자 한다. 부모에게 효도하고, 연장자를 공경하는 등의 도덕을 지켜나가는 일이 공동체를 유지하고 존속하는 핵심이 된다. 따라서 사회도덕을 훼손한 자들은 공동체의 유지·존속을 해한 것이므로 법이라는 수단을 통해 처벌하여야 한다. 우리 공동체가 사회도덕의 훼손을 결코 좌시하지 않겠다는 의지를 공동체 구성원 전체에게 선언할 필요가 있다. 그러나 자유주의는 개인의 자유 보장을 목적으로 하기 때문에 이에 따르면 사회도덕은 개인의 가치관이 모여 다수가 동의한 가치 판단에 불과하고 이를 개인에게 강제할 수 없다. 따라서 법은 개인의 자유를 보장하기 위한 수단이므로 사회도덕은 법이 될 수 없으며 오히려 최대한 제거해야 한다.

또한 법철학과 정의의 관점에서 개인의 자유, 공동체의 가치 간의 논쟁은 배분의 기준과 연결되어 불평등의 용인과도 관련된다. 정의의 기준이 개인의 자유가 된다면 개인이 스스로 선택하여 노력한 결과물은 그 개인의 것이 되어야 정의로울 것이다. 그러나 정의의 기준이 공동체의 가치가 된다면 공동체의 가치를 저해하는 개인의 자유는 일부 혹은 전면 제한될 수 있을 것이고 이것이 정의로운 결과가 될 것이다.

2. 자유주의

자유주의는 정의의 기준으로서 자유를 제시하고, 개인의 자유를 보장하는 것이 정의로운 것이라 한다. 개인은 자기 자신의 주인으로서 자신의 삶의 목적이 될 가치관을 스스로 결정할 권리가 있다. 개인이 스스로 자유롭게 정한 가치관을 실현할 자유 역시 개인에게 있다. 개인은 스스로 정한 가치관을 실현하기 위해 얼마나 노력할 것인지 어떤 방법으로 노력할 것인지를 스스로 결정한다. 결국 개인이 스스로 결정하고 노력한 정도에 따라 결과가 도출되는 것이다.

(1) 예측가능성

자유주의는 개인의 자유로운 선택을 존중하기 위해 예측가능성이 전제되어야 한다고 주장한다. 자유로운 선택의 결과가 가져올 책임을 예측하여 선택했을 때 진정으로 자유로운 선택이라 할 수 있기 때문이다. 예를 들어, A라는 사람이 B라는 사람의 행동에 분노를 느껴 폭행을 하려는 욕구를 가지게 되었다고 하자. A는 B를 폭행하는 선택을 할 경우에 자신의 욕구는 해소되는 반면 처벌이라는 책임이 돌아올 것임을 예측한다. 또한 A가 B를 폭행하지 않는 선택을 할 경우에 자신의 욕구는 해소되지 않을 것이나 처벌을 받지 않는다는 것을 예측한다. A는 이를 예측한 상황에서 B에 대한 폭행 여부를 자유롭게 결정한 것이므로 그에 상응하는 처벌을 받아야 한다.

자유주의 국가의 존재 목적은 개인의 자유를 보장하는 것이다. 따라서 개인이 자유와 책임의 주체가 될 수 있도록 교육을 해야 할 의무가 국가에 부여된다. 개인의 이성을 증진하기 위한 교육은 개인의 자유로운 선택이 가져올 책임에 대한 예측가능성을 위해 반드시 필요하다. 그렇기 때문에 자유주의 국가는 모든 국민에게 교육받을 권리를 보장하고 보통교육의 실시를 국가의 의무로 하고 있다.

이처럼 자유주의에서는 개인의 자유를 보장하기 위해서는 예측가능성이 전제되어야 하기 때문에 처벌 등과 같이 개인의 자유를 제한하는 법적 규제는 반드시 미리 정해져야 한다. 이를 소급금지의 원칙이라 한다.

(2) 책임

자유에는 책임이 뒤따른다. 단, 자유주의에 따르면 개인의 자유로운 선택이 아닌 결과에 대해서는 책임이 없다. 예를 들어, A가 B를 때렸다고 하자. A가 B를 때린 것만으로 처벌이라는 책임을 져야 하는 것은 아니다. A가 길을 걷다가 빙판길에 넘어지면서 B를 때린 것이라면 B의 기분이 나쁠 수는 있으나 A는 B를 때리겠다는 자유를 실현한 것이 아니기 때문에 책임이 없다. 이러한 점에서 책임은 자유에 대한 예측가능성의 결과가 된다.

(3) 자유주의와 불평등

자유주의자는 개인의 자유의 결과로 발생한 불평등은 타당하다고 주장한다. 예를 들어, A와 B가 하루에 동일한 10시간의 자유시간이 있다고 하자. A는 10시간을 공부하기로 결정했고, B는 여가시간을 누리기로 결정했다. 이렇게 1년의 시간이 흘러 A는 3650시간의 학습량을 채워 높은 성적을 냈고, B는 3650시간의 휴식을 취한 결과 낮은 성적이 나왔다고 하자. A와 B의 성적 격차라는 결과는 자유로운 결정의 책임으로써 불평등할 것이나 이는 정의롭다.

3. 공동체주의

(1) 가족주의와 고전적 공화주의

공동체주의의 원형은 가족주의이다. 최초의 공동체이자 가장 작은 공동체가 가족이기 때문이다. 가족주의에 따르면, 모든 가족은 각기 다른 조상으로부터 기원했기 때문에 자기만의 신을 갖고 있다. 각 가족의 조상신은 자기 가족만을 보호했기 때문에 가족 숭배로부터 배제되는 것은 그 개인의 죽음을 의미하는 것이나 다름없었다. 고대 그리스와 로마의 신이 그토록 많았던 이유는 여기에서 기인한다. 각 가족들의 조상신을 인정해야 하기 때문이다. 가족의 연합으로 고대 국가가 형성되었기 때문에 조상신보다 더 상위의 신이 나타났고 이에 대한 숭배를 요구했다.

고전적 공화주의는 고대 그리스의 도시국가, 특히 아테네에서 중시되었다. 우리가 세계사에서도 배웠듯이 고대 아테네에서는 민주주의를 시행했으나, 성인 남성이면서 부모가 모두 아테네인인 경우에만 시민권을 주었다. 현대의 우리는 아테네의 폐쇄적인 시민권 제도가 이해되지 않을 수 있다. 그러나 이는 고대의 가족주의의 연장선에서 생각해야 이해할 수 있다. 고대 아테네인들은 조상들이 살았던 땅을 중시했다. 고대 시민들의 조상은 아테네에 살았고 현재의 시민들을 낳았고 길렀고 죽어 아테네에 묻혀 조상신이 되었다. 이들에게 아테네 땅을 잃는 것은 가족의 신을 잃는 것이고 모든 것을 잃는 것이다. 그러므로 자신의 도시를 적으로부터 방어하는 것은 고대 시민들에게 자신의 정체성의 핵심을 지키는 것이다.

고대 아테네인들에게 종교와 가족, 영토는 떼어놓고 생각할 수 있는 것이 아니기 때문에 '애국심'은 고대 아테네인들에게 가장 중요한 것이 된다. 당연히 고대 아테네인들은 공동체의 목적을 공동체 구성원들에게 시민으로서 살 수 있도록 '애국심'을 키우는 것에 있다고 보았다. 소크라테스가 아테네 민회로부터 사형 선고를 받고 다른 도시국가로 도망칠 수도 있었으나 독배를 마신 이유도 여기에 있다. 또한 아리스토텔레스는 살 만한 가치가 있는 것은 시민의 삶뿐이라고 한 이유도 마찬가지이다.

고전적 공화주의에 따르면 시민은 도시국가에 대한 애국심을 발휘해야 할 의무가 있다. 시민이라면 누구나 도시의 통치에 역할을 담당해야만 했다. 시민은 민회에 출석하고, 토론장에서 자신의 의견을 발표하고, 논쟁에 대한 판단을 하고, 논쟁 중 어느 한 의견을 지지할 특권과 의무가 있다. 또한 추첨을 통해 행정관으로 일해야 하고, 필요하다면 배심원으로서 시민의 불법에 대한 판단을 해야 한다. 고전적 공화주의는 공동체에 대한 무관심을 허용하지 않으며 구성원들에게 공적인 일에 참여할 의무를 부여한다. 따라서 고전적 공화주의는 개인보다 공동체를 더 중시하며 특정 공동체의 구성원으로서 능동적인 역할을 할 것을 요구한다.

고전적 공화주의는 고대 그리스와 로마에서 잘 드러난다. 특히 아리스토텔레스는 정치 참여가 좋은 삶을 위해 반드시 필요하다고 주장했다. 아리스토텔레스는 정치 참여가 우리의 본성에 부합하는 것이라 했다. 꿀벌이나 개미와 같이 모여 사는 동물보다 인간이 우월하고 구별되는 이유는 인간은 정치적 연대를 하기 때문이다. 우리는 동물과 달리 언어를 구사하는 특징을 갖고 있는데, 언어를 통해 다른 이와 연대하고 함께 살아가기 위한 도덕을 생각하는 능력을 계발해나간다. 따라서 우리는 언어를 통해 연대하여 공동체를 구성하고, 정치 참여를 통해 도덕적으로 옳은 것이 무엇인지를 생각하고, 정치 공동체를 통해 이를 후대에 전승하며 문화와 역사를 함께 만들어나간다.

(2) 공동체주의와 공유된 가치

공동체주의는 앞서 제시한 가족주의나 고전적 공화주의와 유사점도 있고 차이점도 있다. 유사점은 공동체가 개인에 우선한다고 보지만, 차이점은 공동체주의는 공동체를 위해 개인의 자유를 박탈하지는 않는다는 점이다. 공동체 그 자체가 목적이며 가치라고 여기는 가족주의나 고전적 공화주의와 달리, 근대 이후의 공동체주의는 공동체 유지와 존속을 위해서는 공동체가 공유하고 있는 가치를 지켜야 한다는 입장이다. 공동체는 단순히 개인들의 모임이라 할 수 없다. 자연상태의 동물들도 단순히 모여 살기는 한다. 군집을 이루는 벌이나 개미를 공동체라 하지는 않는다. 따라서 공동체는 단순히 개인들의 집합이 아니라 목적을 갖고 있으며 가치를 지향한다.

공동체주의는 공동체의 유지·존속을 가장 중요한 목적이자 가치로 삼는다. 고전적 공화주의 역시 공동체주의와 이 점에서 목적을 같이한다. 그러나 고전적 공화주의는 가족이나 민족과 같은 혈연이 공동체가 형성되는 핵심원인이 되지만, 공동체주의는 공유된 가치를 중심으로 공동체가 형성된다고 본다는 점에서 차이가 있다. 고대 아테네에서 아무리 아테네에 오래 살았고 아테네에 공헌을 했다고 하더라도 아테네인 아버지와 어머니 아래에서 태어나지 않은 자는 아테네 시민이 될 수 없고 공동체 구성원으로 인정받지 못했다. 그러나 근대 프랑스에서 프랑스 혁명에 함께 피를 흘린 자는 혈통과 언어가 다르더라도 프랑스 민족 구성원으로 인정받을 수 있었다.

공동체주의에 따르면, 공동체는 서로 다른 생각을 가진 구성원들이 모여 이루어지기 때문에 공통의 생각과 가치가 있어야 한다. 인간은 최초부터 가족과 같은 공동체의 일원으로 태어나 공동체의 보호를 받으며 공동체의 가치를 학습받으며 살아간다. 이러한 공동체의 유지와 존속에 직결되는 필수적인 공유된 가치가 있다. 만약 공동체 구성원 모두에게 공유된 사회적 가치가 훼손된다면 공동체는 필연적으로 붕괴될 것이다. 이러한 공유된 가치는 하나인 것은 아니며, 개인의 자유는 이러한 공유된 가치 중 하나에 불과하다. 따라서 개인의 자유로운 행위가 모두 용인될 수는 없으며, 개인의 자유로운 행위가 공동체의 공유된 필수 가치를 훼손한다면 개인의 자유를 제한할 수 있다. 공동체는 공유된 가치의 약화와 훼손을 막기 위해 노력해야 하고, 공동체 구성원은 누구나 이를 따를 것이므로 이를 강제라 말할 수 없다.

이처럼 공동체주의는 사회의 공유된 가치를 지켜야 한다고 주장한다. 공동체주의자는 사회의 공유된 가치 중 하나가 개인의 자유라고 한다. 따라서 공동체주의자라고 하여 개인의 자유를 가볍게 여기는 것은 결코 아니다. 그러나 모든 경우에서 개인의 자유가 최고의 가치인 것은 아니며, 실제 사례마다 어떤 가치가 더 공동체에게 중요한 것인지 실질적으로 파악해야지 일률적으로 개인의 자유만 추구해서는 안 된다고 한다. 즉 자유주의자는 모든 사안에서 개인의 자유 보장을 목적으로 삼는 반면, 공동체주의자는 특정사안마다 추구해야 할 공동체의 가치를 파악해야 한다고 본다.

공동체의 유지와 존속을 위해 필수적인 가치는 여러 가지가 있다. 이러한 공유된 가치는 자유주의와는 달리 개인의 합의를 필요로 하지 않는다. 왜냐하면 공동체의 구성원 모두가 공유하고 있는 가치이므로 개인의 합의가 필요 없다. 물론 개인은 자신의 이익에 따라 이를 거부할 수도 있으나, 공동체 구성원으로서 누구나 공유된 가치를 지켜야 함을 이미 알고 있다. 루소는 전자를 사적 의지, 후자를 일반의지라 했다.

공동체적 가치는 해당 사안마다 다르게 설정해야 한다. 예를 들어, 프랑스혁명 직전 시기의 프랑스 민중들을 생각해보자. 자유주의 입장에서는 개인의 자유를 보장해야 하므로 절대왕정은 무너뜨려야 한다. 반면, 공동체주의 입장에서 프랑스 민중들이 공유하고 있는 공동체적 가치는 자유의 보장이 된다. 공동체가 유지되고 존속되려면 프랑스 민중들의 자유가 억압되어서는 안 된다는 것이다. 따라서 프랑스혁명은 자유주의와 공동체주의 모두가 정의롭다고 여겼다. 이는 마치 일제 강점기의 우리나라에서 자유주의자와 공동체주의자 모두가 민족주의를 표방하며 독립운동을 지지했던 것과 유사하다. 그러나 현대사회로 접어들면서 민주주의 사회가 확립된 이후, 여전히 개인의 자유가 중요하다고 생각하는 자유주의와는 달리, 공동체주의는 공동체의 유지와 존속을 위협하는 가치 훼손을 막아야 한다고 판단했다. 이는 바로 극심한 경제적 불평등이다. 절대왕정을 무너뜨리고 개인의 자유를 확보한 이후, 공동체가 지켜야 할 가치는 평등이 되었다. 이처럼 공동체주의는 사회의 변화에 따라 공동체가 지켜야 할 가치가 변한다고 한다. 이러한 의미에서 공동체주의를 진보 혹은 좌파라 하고, 여전히 자유를 중요한 가치로 지켜나가야 한다고 주장한다는 점에서 자유주의를 보수 혹은 우파라 한다.

(3) 공동체주의와 불평등

공동체주의는 불평등을 해소해야 한다고 주장한다. 극심한 불평등은 사회갈등을 심화시켜 사회를 붕괴시킬 수 있기 때문이다. 현대적 공동체주의는 개인의 자유와 경쟁을 거부하지 않는다. 그러나 개인의 지나친 탐욕으로 인한 극심한 사회 불평등은 제재될 수 있다고 한다. 이는 공동체의 안정적인 유지와 존속을 위한 사회 갈등의 해소를 위함이다.

구분	자유주의	공동체주의
인간관	• 인간을 공동체 이전의 개체로 가정 • 공동체 가치로부터 독립된 개체	• 인간을 공동체 구성원으로서 가정 • 공동체 가치를 체화한 구성원
개인주의 vs 공동체주의	• 사회와는 별개로 개인은 이익 달성을 위해 합리적 대안을 선택할 수 있다.	• 사회를 떠나 생각할 수 있는 자는 없다. • 사회유대와 공동체의 가치를 소중히 해야 한다.
반완전주의 vs 완전주의	• 반완전주의 • 국가는 어떤 삶이 더 나은 삶이라는 것을 결정할 수 없다. 국가는 어떤 삶을 권장하는 정책을 실행할 수 없다. • 그렇다면 반완전주의는 살인이나 절도행위에 대해서는 국가가 중립적이어야 한다는 주장인가? → 그렇지 않다. 반완전주의는 국가가 옳음이나 정의에 대해서는 중립적이어서는 안 된다고 한다. 다만 '무엇이 삶을 좋게 만드는가?'라는 선의 문제에 대해 중립적이어야 한다고 할 뿐이다.	• 완전주의 • 국가는 어떤 삶이 더 나은 삶인지 공동체 가치에 따라 판단할 수 있고, 이를 권장할 수 있다. 국가가 가치있는 삶을 권장하지 않는다면, 오페라, 국악, 뮤지컬과 같이 비용이 많이 드는 문화 등은 사라질 것이다. • 공동체는 개인을 뛰어넘는 힘을 갖고 있다. 공동체는 문화를 만들어내고, 공동체가 이어져나가 역사를 만든다. 문화와 역사를 공유하는 공동체를 이어나가기 위해 개인의 자유를 일부 제한할 수 있다.
대표적 학자	롤스	왈저, 매킨타이어, 샌델 등

4. 공리주의

(1) 공리(= 개인의 이익의 합)

공리주의는 정의의 기준으로서 효용을 제안한다. 효용이 크면 정의롭고 효용이 작으면 정의롭지 않다는 것이다. 효용은 행복이나 쾌락으로 판단할 수 있다. 내가 어떤 행위를 했을 때 행복하거나 쾌락이 증가했다면 효용은 증가한 것이며, 반대로 불행하거나 고통이 커졌다면 효용은 감소한 것이다. 이러한 행복, 쾌락, 효용의 판단 주체는 개인이다. 따라서 어떤 사회적인 결정이 개인들의 효용의 합을 커지게 한다면 정의롭고, 그렇지 않다면 부정의하다.

공리주의는 효용 계산을 명확하게 해야 한다. 만약 효용 계산 과정을 구체적으로 증명하지 않는다면 공리주의에 대해 증명한 것이 아니다. 효용의 주체를 제시하고, 효용의 증가 혹은 감소를 증명해야 한다. 따라서 공리주의에 의하면 특정 사례가 옳을 수도 그를 수도 있다. A라는 사람은 효용이 증가했음을 증명했는데, B라는 사람은 오히려 효용이 감소했음을 증명할 수도 있기 때문이다.

(2) 공리주의와 공동체주의의 차이점

공리주의는 논리적 거리로 보았을 때 공동체주의보다 자유주의에 가깝다. 공리주의의 대표적인 학자인 존 스튜어트 밀은 <자유론>에서 개인의 자유를 극대화하기 위해 해악의 원칙을 제시한 바 있다. 공리주의라는 용어로 인해 마치 공동체주의인 것으로 오인하는 경우가 많은데, utilitarianism은 효용을 추구하는 자라는 뜻이며 공동체라는 의미를 전혀 담고 있지 않다는 점을 기억하기 바란다. 단, 공리주의는 개인들의 이익의 합이 극대화되는 것이 정의롭다는 입장을 가지고 있기 때문에, 공동체의 가치를 중시하는 공동체주의와 결론이 동일한 경우가 있다. 그러나 이는 단지 결과가 동일할 뿐 원인이 되는 가치가 완전히 다르다는 점에서 큰 차이가 있다.

(3) 공리주의와 자유주의의 차이점

공리주의와 자유주의는 매우 유사하기 때문에 착각을 일으키기 쉽다. 자유주의는 개인의 자유를 가장 중요한 가치로 여기고 나머지는 이를 위한 수단이 된다. 그러나 공리주의는 효용이나 이익의 합을 극대화하는 것을 목적으로 하고 나머지는 이를 위한 수단이 된다. 공리주의자인 존 스튜어트 밀은 여성에게 선거권을 주어야 한다고 주장했다. 만약 밀이 자유주의자라면 여성도 개인의 자유가 있기 때문에 선거권을 주어야 한다고 주장할 것이다. 그러나 밀은, 자국민의 절반이나 되는 여성을 가정에 묶어두고 국가 발전에 참여할 어떤 기회도 부여하지 않은 상태에서 영국이 더 이상 발전할 수 없다고 하였다. 이는 영국의 발전을 위해서는 여성에게 선거권을 부여해야 한다는 것이다. 즉, 영국 국민 개개인들의 이익의 합을 극대화하기 위해서 여성에게 정치적 자유를 주어야 한다는 의미가 된다. 따라서 밀의 주장은 공리주의에 근거하고 있다.

공리주의자인 존 스튜어트 밀이 <자유론>에서 해악의 원칙을 제시했다는 점에서 밀을 자유주의자로 오인하는 경우가 많다. 그러나 존 스튜어트 밀은 누가 뭐라 해도 공리주의자라 할 수 있다. 공리주의자를 마치 자유주의자인 것처럼 오인하는 이유는 자유주의와 공리주의의 결론이 동일한 경우가 많기 때문이다. 달리 말하면, 공리주의와 자유주의가 원리 차원에서 대립하는 사례에서는 그 차이를 명확하게 확인할 수 있다는 의미이다.

자유주의는 개인의 자유를 가장 중요한 가치로 여기고 나머지는 이를 위한 수단이 된다. 그러나 공리주의는 효용이나 이익의 합을 극대화하는 것을 목적으로 하고 나머지는 이를 위한 수단이 된다.

공리주의와 자유주의가 원리 차원에서 대립하는 경우는 다음과 같다. 밀이 살던 시대의 영국은 여성의 선거권이 인정되지 않았다. 밀은 여성의 선거권을 인정해야 한다고 주장했다. 만약 밀이 자유주의자라면 여성의 선거권을 인정해야 하는 이유가 개인의 자유 때문이어야 한다. 개인은 자기 자신의 주체로 자신의 가치관에 따라 스스로 선택하고 이에 대한 책임을 지는 존재이다. 개인은 자신의 자유를 안정적으로 보장받고자 국가를 형성하였다. 국가는 개인의 자유의사를 존중하고 보장해야 하므로 개인은 국가의 주인으로서 국가의사를 결정할 권리가 있다. 이것이 바로 선거권이다. 따라서 개인은 성별과 관련 없이 국가의 주인으로서 국가의사를 결정할 수 있는 선거권이 있다.

그러나 공리주의자인 밀은 다른 이유를 제시한다. 밀은 영국은 발전할 수 없다고 단언했다. 영국 인구의 절반을 가정에서 살림만 할 것을 강제했는데 어떻게 영국이 더 발전할 수 있을 것이냐고 반문했다. 절반의 인구 중에서 뛰어난 자들이 경쟁하여 영국이 이렇게 발전했으니, 나머지 절반의 인구가 더 경쟁에 뛰어든다면 영국은 더 발전할 것이라고 했다. 영국의 발전을 위해서는 여성의 권리를 인정해서 경쟁에 뛰어들게 하면 되고, 이를 위해서는 여성에게 선거권을 주어야 한다는 논리를 펼친 것이다. 자유주의자는 개인의 자유라는 목적을 위해 선거권이라는 수단이 있다면, 공리주의자는 개인의 효용의 합을 극대화하는 것, 즉 국가 발전이라는 목적을 위해 선거권이라는 수단이 필요하다고 주장한다.

(4) 공리주의와 불평등

공리주의는 불평등에 큰 관심이 없다. 공리주의는 사회 전체의 효용이 증대되는 것이 중요하기 때문에 사회 안에서 발생하는 효용 간의 격차에 큰 관심이 없다. 예를 들어, A와 B 두 명으로 이루어진 사회가 있다고 하자. 이 사회는 두 가지 정책 중 하나를 선택해야 한다고 가정하자. 정책 ①을 선택할 경우, A는 200의 효용을 얻고 B는 0의 효용을 얻는다. 정책 ②를 선택할 경우, A와 B 각각 90의 효용을 동일하게 얻는다고 하자. 공리주의는 정책 ①로 인해 발생하는 사회 전체의 효용은 200이고, 정책 ②로 인해 얻는 사회 전체의 효용은 180이므로, 극심한 불평등과 관계없이 정책 ①을 시행하는 것이 정의롭다고 한다.

노직의 자유지상주의

1. 사상적 배경

자유지상주의는 정치적으로는 자유주의, 경제적으로는 공리주의 혹은 시장주의가 결합되어 나타난 것이라 할 수 있다. 노직과 하이에크로 대표되는 자유지상주의는 개인의 자유를 극대화해야 한다는 목적에서 시작된다. 전체주의와 민주주의 국가가 격돌한 2차 세계대전으로부터 개인의 자유에 대한 관심이 다시금 촉발되었고 이후 미국과 소련의 냉전 시기를 거치면서 이 의식이 더 강화되었다.

자유지상주의를 집대성한 철학자는 로버트 노직인데, 저서로는 "아나키에서 유토피아로"가 있다. 노직의 자유지상주의는 로크의 천부인권과 소유권 사상을 결합하고 발전시킨 사상이다. 노직은 개인의 자유를 최대화해야 한다는 입장인데, 그럼에도 불구하고 국가는 필요하다고 주장한다. 다만, 그 국가는 최소국가여야만 한다는 것이다.

노직의 저서 제목은 "아나키에서 유토피아로"인데 이것이 그 의미를 담고 있다. 아나키는 무정부 상태를 말하는 것인데, 극단적인 자유주의자는 아나키스트라고 하며 개인의 자유를 구속할 수 있는 국가 자체를 거부한다. 그러나 노직은 국가는 개인의 자유를 지키기 위해 반드시 필요하다고 본다는 점에서 극단적 자유주의인 아나키즘과 다른 입장이다.

노직은 개인의 자유에 대해 밀과 유사한 입장을 보인다. 개인의 자유는 최대한 보장되어야 한다. 다만, 개인의 자유는 제한될 수 있는데 이는 타인의 자유에 직접적 해악을 주는 경우에 한해 제한 가능하다. 특히 노직은 개인이 스스로 노예가 되겠다는 선택을 한 경우에는 노예가 되는 것도 인정할 수 있다고 한다. 물론 노예가 된 개인이 자유롭게 또다시 노예에서 벗어나겠다는 선택 역시 할 수 있어야 한다는 입장을 보인다.

2. 로크의 소유권 사상의 계승

자유지상주의는 로크의 천부인권과 소유권 사상을 이어받아 더욱 발전시킨 것이라 할 수 있다. 로크는 개인은 신으로부터 생명과 신체를 부여받았으므로 왕을 비롯한 어느 누구도 개인의 생명과 신체를 훼손할 수 없다고 주장했다. 그리고 신은 모든 인간에게 자연을 주었으므로 자연은 모든 인간의 공유물이 된다. 개인은 불가침의 생명과 신체의 자유를 이용하여 모두에게 부여된 자연자원을 이용할 권리가 있다. 따라서 개인의 생명과 신체의 자유를 자연에 투입하여 얻은 결과물은 자기 자신의 소유라 할 수 있으며 타인은 이를 당사자의 동의없이 수취할 수 없다. 개인의 자유와 그 결과물로서의 소유권은 개인의 동의에 근거한 물물교환, 즉 시장경제로 이어진다.

노직은 개개인의 자유를 정당화할 방법으로 개별성과 자기 소유라는 기본개념을 전제로 한다. 우리는 모두 다른 생활을 하고 있으며, 완전히 별개의 존재이다. 개인은 각각 자기 몸의 소유자이며, 자신의 생활이나 자유에 관해 스스로 결정할 수 있다. 노직은 권리의 도덕적 기초로 '의미 있는 삶을 살기 위한 능력'을 강조했는데, '의미 있는 삶'은 그 누구도 정해줄 수 없고 개인이 자기 자신의 삶에 대해 자유롭게 결정할 수 있을 뿐이다. 따라서 개인은 서로 독립된 삶을 영위하여야 하고, 누구도 타인을 위해 희생되어서는 안 된다는 생각으로 이어진다. 노직은 정의의 소유권 이론을 정립했다.

3. 노직의 '의미 있는 삶'

자유지상주의자인 노직은 사회 다수와 국가가 개인의 자유를 제한해서는 안 된다고 생각했다. 특히 민주주의 국가는 다수결을 의사 결정방식으로 삼기 때문에 다수에 의한 개인의 자유 침해가 문제될 수 있다. 노직은 복지와 같은 현대국가 기능은 인정할 수 없다고 하였다. 이는 개인이 스스로 자신의 삶의 목적이 되는 가치관을 스스로 선택할 자유를 제한하는 것이기 때문이다. 자신의 삶의 목적이 될 가치는 누군가가 정해줄 수 없는 것이다. 만약 누군가가 이를 정해줄 수 있다면 정해진 삶을 살아야 하는 사람은 수단이 되는 것이다.

이는 개인의 존엄성에 반하는 것이다. 존엄성이란 목적으로 대하고 수단으로 대해서는 안 된다는 의미이다. 개인은 자유로운 존재로 자신의 삶의 의미를 스스로 선택하고 추구할 수 있다. 만약 누군가가, 혹은 사회가, 혹은 국가가 개인의 삶의 목적을 정하여 이를 강제할 수 있다면 이는 개인의 자유를 부정한 것이고 존엄성에 반하는 것이다.

자유지상주의를 포함하여 자유주의 입장에서는 종교의 자유를 대단히 중요하게 여긴다. 이는 서구의 중세사회에서 신 중심의 사상을 가졌던 것에서 기인한다. 서구 중세사회는 신이 존재하고 신의 말씀을 기록한 성경대로 살아야 함을 강조했고 개인은 이를 지켜야만 했다. 신의 말씀과 다른 의견은 틀린 의견이 되었고 이단 심판을 받았으며 때로는 화형에 처해졌다. 결국 인간은 신의 섭리를 실현하기 위한 도구가 되었다. 인간은 스스로 목적을 세울 수 없고 정해진 섭리를 따르는 존재여야 했다. 개인의 자유를 보장하기 위해서는 인간에게 정해진 삶의 목적이 절대적으로 정해져 있어서는 안 된다.

A의 삶의 가치도, B의 삶의 가치도, C의 삶의 가치도 각자에게 중요한 것이고 서로 비교할 수 없는 것이어야 하는 것이다. 만약 A의 삶의 가치는 옳은 것이지만, B와 C의 삶의 가치는 틀린 것이라면, B와 C의 자유를 인정할 필요가 없다.

이와 동일하게 A가 믿는 종교의 가치는 옳은 것이지만, B와 C가 믿는 종교의 가치는 틀린 것이라면, A의 종교만이 허용되고 B와 C의 종교는 금지되어야 하는 것이다. 따라서 자유주의는 상대주의가 될 수밖에 없다.

나의 삶의 목적은 내가 정하는 것이다. 타인이 보기에 그 삶의 목적이 틀린 것으로 보인다고 하더라도 이 삶의 가치를 추구하지 말라고 강제할 수는 없다. 단지 그 삶의 가치는 좋지 않은 것이니 그렇게 살지 말라고 권유하거나 다른 가치가 더 좋은 것이라고 권장할 수 있을 뿐이다. 그러나 개인이 스스로 설정한 삶의 가치가 상대적인 것으로 보장된다고 하더라도 그 가치를 추구한 결과가 타인의 자유에 직접적 해악을 가한 경우에는 개인의 자유를 제한할 수 있다.

예를 들어, 예술가가 명작을 그리겠다는 삶의 가치를 추구할 자유는 있다. 그러나 예술가가 명작을 그리기 위해 타인을 살해해 그 피로 그림을 그릴 자유가 인정되지는 않는 것이며, 그 예술가가 이를 생각에 머무르지 않고 행동으로 옮기는 선택을 했다면 그 자유로운 선택에 대한 책임을 지게 된다. 이는 종교의 자유 역시 마찬가지가 된다.

4. 최소국가

노직의 자유지상주의에 따르면, 국가는 최소국가여야 한다. 개인의 자유를 최대화해야 한다는 자유지상주의에 의하더라도 국가는 필요하다. 국가가 있어야만 개인의 자유와 권리를 안정적으로 보장할 수 있기 때문이다.

개인의 자유와 권리를 위해 전제되어야 할 것이 바로 국방과 치안이다. 외적의 침입은 개인의 생명과 신체, 재산을 직접적으로 침해한다. 이를 막기 위한 것이 국방이다. 내부의 적으로부터 개인의 생명과 신체, 재산의 침해를 막는 것이 치안이다. 따라서 국방과 치안은 개인의 자유와 권리를 안정적으로 보장하기 위해 반드시 필요한 것이며, 국가의 역할이 된다. 이때 국방과 치안이라는 국가의 기능과 역할은 개인의 자유에 반하지 않고 오히려 부합하는 것이다. 이러한 점에서 노직은 국방과 치안에 관한 세금은 개인의 소유권에 반하는 것이 아니라 부합하는 것이며 기꺼이 낼 수 있는 것이라 한다.

노직과 같은 자유지상주의자는, 아나키즘, 즉 무정부주의는 개인의 자유를 최대화하지 못한다고 판단한다. 국방이나 치안은 개인의 차원에서 행할 수 없는 것이고 국가만이 할 수 있는 일이기 때문이다. 따라서 개인의 자유를 최대화하기 위해서는 개인의 자유를 지킬 수 있는 안정적 수단으로서 국가가 반드시 필요한 것이다. 그리고 이 국가가 개인의 자유를 되려 침해할 수 있으므로 최소국가여야 한다는 것이다.

자유지상주의에 따르면, 국가는 자유주의의 경우와 달리 '최소국가'를 지향한다. 노직에 따르면 '최소국가'의 역할은 '폭력·도난·사기로부터의 보호, 계약의 집행' 등으로 한정된다. 즉, 침략행위에서 시민을 보호하고 경찰이나 법원을 통해 시민을 보호하는 것이다. 그 이외의 것은 시민의 권리를 침해하는 것으로, 부당하다고 간주한다.

통상 국가에서는 공공서비스를 제공하거나 복지 정책을 실시하는 등 그 외의 다른 역할도 담당한다. 또 온정적 후견주의(paternalism)라고 해서 사람들의 생활이나 활동을 그들을 위한 일이라는 명목으로 관리한다. 그런데 노직은 국가가 그러한 역할을 할 필요가 없다고 주장한다. 국가는 그저 시민의 신변과 소유를 보호하는 역할만을 담당하면 된다.

자유지상주의의 입장에서 보자면 국가가 개개인의 생활에 개입하여 소득을 재분배하거나 복지정책을 실시하는 것은 완전히 월권이다. 하물며 국민을 위해서라는 명목으로 시민의 생활에 간섭하는 온정적 후견주의는 단호히 거부해야 한다. 개개인은 어디까지나 개별적인 존재이며 자신의 생활과 자유에 대해 스스로 결정할 권리가 있기 때문이다.

5. 복지에 대한 접근방법

노직의 자유지상주의를 현실에 적용해보면, 국방과 치안을 위한 세금은 개인의 생명과 신체의 자유를 보장하기 위한 것이므로 개인의 자유를 제한하는 것이 아니다. 그러나 복지를 위한 세금은 개인의 자유와 소유권에 대한 과도한 제한이다. 어려움에 처한 타인을 도와야 한다는 사회 다수의 도덕적 판단을 개인에게 강요하고 개인의 소유권을 침해하는 것이다. 노직에 따르면 어려움에 처한 타인을 돕는 일은 좋은 일이지만 이를 개인의 동의 없이 강요해서는 안 된다. 노직은 기부에 대한 세제 혜택을 줌으로써 개인의 자유를 보장하고 국가가 도덕적인 일을 권유할 수 있음에도 불구하고, 복지를 국가정책으로써 일률적으로 강제하는 것은 개인의 자유를 과도하게 제한하는 것이라 여긴다.

국가는 개인의 자유와 권리 침해를 막는 소극적 역할만을 해야 하며, 그 이상의 적극적 역할을 해서는 안 된다. 어떤 가치가 옳으니 그 가치를 실현할 수 있는 정부정책을 시행하겠다는 것은 개인의 자유와 권리를 침해할 수 있기 때문이다. 특히 사회복지정책은 도덕적으로 좋은 일이기 때문에 사회 다수가 찬성하여 시행될 가능성이 높은데 이는 개인의 자유와 권리를 침해하는 것이다.

노직의 논리를 통해 자유지상주의의 관점을 살펴보자. A와 B가 있다고 하자. A는 하루에 10시간을 일하는 사람으로 일을 열심히 해서 능력을 인정받았고 성과에 따라 1억 원의 수입이 있다. 그러나 B는 하루에 1시간만 일하는 사람으로 능력도 없고 성과도 없어 1천만 원의 수입이 있다. A와 B는 동일지역에 거주하는데 이 곳에서 생계를 유지하려면 2천만 원이 필요하다고 가정하자. A는 충분한 수입이 있기 때문에 생계 유지에 문제가 없을 것이나, B의 경우에는 생계 유지에 1천만 원이 부족하다. 이때 국가가 나서서 고소득자인 A에게 복지를 위한 세금으로 1천만 원을 부과하고 이 돈을 B에게 지원함으로써 생계 유지를 가능하게 하도록 한다고 하자.

이는 분명히 좋은 일임에 분명하다. 그러나 자유지상주의의 논리에 따르면 이는 타당하지 않다. A는 10시간의 노동을 통해 1억 원의 소득을 얻었다. 그런데 복지를 위한 세금으로 A에게 1천만 원의 세금을 부과했다. 이는 A의 자유를 침해하는 것이고, A는 부분적으로 노예가 된 것이다. A는 스스로 동의하지 않은, 생계 곤란을 겪는 이를 돕는 것이 옳다는 도덕적 가치를 강요 당한 것이다. 그 결과 매일 1시간의 노동에 해당하는 1천만 원의 세금을 강제 받았다. 그러니 A는 국가가 특정한 가치를 실현해야 한다는 미명 아래 자기 시간의 1/10 만큼 자유를 제한 받았고 그만큼 노예가 된 것이나 다름없다.

노직은 국가의 복지 강제는 잘못된 것이고 그 이유는 개인의 자유를 제한하기 때문이라 했다. 그렇다면 개인의 자유를 제한하지 않고 오히려 증진하는 복지는 타당하게 된다. 노직은 개인의 기부를 권유하고 권장하는 것이 좋은 방안이라 제안했다.

기부를 하고자 하는 이는 자유롭게 기부를 선택할 수 있다. 자신의 돈으로 좋은 일을 실현하겠다고 스스로 선택한 자는 기부를 하면 된다. 만약 자기 돈으로 자기를 위한 소비를 하겠다고 선택한 자는 기부를 하지 않으면 된다. 국가는 복지정책을 세워 실행하거나 개인에게 기부를 하라고 강제할 수 없다. 개인의 자유를 침해하기 때문이다. 그러나 개인이 기부를 스스로 선택했고 이를 실행했다면 이는 도덕적인 결정임이 분명하다. 다만, 도덕을 개인의 자유에 반해 국가가 강제로 실현하는 것이 타당하지 않다고 생각한다.

또한 기부를 활성화하도록 세제 혜택을 주는 것은 타당하다. 이는 개인의 자유를 보장하고 국가가 도덕적인 일을 권유하는 것이다. 아무리 세제 혜택이 있더라도 기부하기 싫다면 하지 않을 자유가 보장된다. 기부를 원하는 사람은 나보다 더 복지를 실현할 사람이나 조직을 스스로 찾아 기부를 선택함으로써 사회에 더 좋은 결과가 발생하게 된다. 복지를 전담하는 사람이나 조직은 효율적인 복지를 위해 경쟁하게 되고, 기부자들은 이 경쟁하는 복지조직들을 잘 살펴 자신이 가장 원하는 곳에 기부를 자유롭게 선택하기만 하면 된다.

롤스의 현대적 자유주의

1. 미국의 갈등과 롤스의 정의론

자유주의자인 롤스는 미국의 갈등을 경험하며 철학적 해결방안을 고민했다. 롤스의 철학에 대해 본격적으로 알아보기 전에 롤스의 고민이 되었던 당시 미국의 갈등이 어떤 것이었는지 살펴보자.

2차 세계대전 이전의 미국은 "자유"라는 거대한 가치에 대한 합의가 성립한 사회였다. 2차 세계대전을 배경으로 한 유명한 미드가 있는데, HBO에서 제작한 "밴드 오브 브라더스"가 있다. "밴드 오브 브라더스"는 미국의 유럽 전선을 배경으로 한다. 미국은 2차 세계대전을 수행하면서 제공권의 중요성을 깨닫고, 수송기를 이용해 적진의 한복판이나 배후에 병력을 낙하시키는 공수사단을 만들었다. 이 드라마는 공수사단의 전투를 담고 있다. 그런데 미국의 전선은 하나가 더 있다. 태평양 전선이 바로 그것이다. 이를 배경으로 한 드라마가 "퍼시픽"이다. "퍼시픽"에서 등장인물이 이런 말을 한다. "군에 입대하려고 자원했던 마을 청년 두 명이 자살을 했는데, 그 이유는 신체조건으로 인해 입대가 거부되었기 때문이다." 이 시기의 미국인들은 전체주의와 공산주의에 대항해 자유를 지켜야 한다는 가치를 합의하고 있었음에 분명하다.

그런데 베트남 전쟁이 터지면서 처음으로 미국은 반전운동에 직면했다. 자유 진영과 반자유 진영의 전쟁에 미국은 당연히 참전해야 한다는 입장과 전쟁 자체에 반대하는 입장이 격돌했다. 무장한 병력 앞에 꽃을 든 여성이 서 있는 모습이 이 시기를 대표하는 기록사진이다. 미국은 참전과 반전으로 양분되어 엄청난 갈등을 겪었다. 물론 참전 목소리가 더 컸기 때문에 베트남 전쟁이 시작되었으나, 이후 미국 내의 반대 목소리가 높아지면서 베트남 전쟁에서 승리를 거두지 못한 채 철수할 수밖에 없었다.

미국의 갈등은 전쟁을 주제로 한 것만이 아니었다. 미국의 갈등은 여러 분야에서 다양하게 터져 나왔다. 대표적으로 인종 갈등, 세대 갈등, 환경 갈등이 나타났다. 킹 목사의 "I have a dream"으로 시작되는 인종차별에 저항하는 연설이 인종 갈등을 드러낸다. 세대 갈등은 우드스탁으로 대표되는 기성 세대와 히피족들의 대립이었다. 마지막으로 환경 갈등은 레이첼 카슨의 침묵의 봄이 그 원인이 되었다. 자연을 경제적 이익을 얻기 위한 자원으로 인식하고 있는 입장과 우리의 삶의 터전인 환경으로 인식하는 입장이 대립한 것이다.

롤스는 당시 미국의 풍요로움을 상징하는 공리주의로는 이 다양한 갈등을 해소할 수 없다고 판단했고 공리주의를 비판했다.

2. 롤스의 공리주의 비판

롤스는 공리주의를 비판했다. 공리주의를 통해 미국은 풍요롭고 부유해졌음에 분명하다. 공리주의에 의해 미국의 물질적 풍요가 달성된 것은 사실이다. 그러나 물질적 풍요가 커져 부가 증가했다고 하더라도 그 결과가 정의롭다는 뜻이 되는 것은 아니다. 공리주의는 개인들의 이익의 합이 커지는 것이 목적이기 때문에 사회 전체의 부가 증가하는 것이 곧 정의라 생각한다.

그러나 공리주의는 이처럼 증가한 부를 공평하게 분배할 원칙이 없다는 한계가 있다. 그냥 부가 늘어나기만 하면 그 자체로 정의로운 것이다. 롤스는 이처럼 자의성에 근거한 원칙은 정의로울 수 없다고 생각했다.

극단적인 예를 들어보자. A와 B, 두 명으로 이루어진 사회가 있다. A는 10을 얻고 있고, B는 2를 얻고 있다. 총합은 12이다. 그런데 어떤 사회정책을 시행한 결과, A는 100을 얻게 되었고, B는 20을 얻게 되었다. 총합은 120이 되었다. 공리주의에 의하면 사회적 효용의 총합이 커졌으므로 정의로운 결과임에 분명하다. 그러나 과연 이것이 정의로운 결과라고 할 수 있을까? A와 B의 격차는 8에서 80으로 10배가 커졌다. 물론 B의 소득이 2에서 20으로 커진 점도 사실이다. B의 소득이 늘어난 것으로 보자면, 정의롭다고 볼 수 있다. 그러나 A와 B의 격차가 10배, 72의 격차로 벌어진 것은 정의롭다고 보기 어렵다. 이처럼 정의는 원칙과 기준에 따라 다를 수 있는 것이다.

롤스는 공평하게 분배할 수 있는 공정한 정의 원칙이 필요하다고 생각했다. 그리고 이 정의 원칙은 하늘에서 뚝 떨어지는 것이 아니라 결국 인간들의 약속을 통해서만 만들어질 수 있다고 생각했다. 그러나 약속은 언제나 깨지기 마련이다. 우리는 상황에 따라 약속을 깨거나 어긴다. 이처럼 개인의 변덕 혹은 시시때때로 변하는 이해관계에 의해 깨질 수 있는 약속은 정의 원칙이 될 수 없다. 롤스는 정의 원칙은 자의적인 것이어서는 안 된다고 생각했다. 그런 점에서 공리주의는 정의의 원칙이 될 수 없다. 롤스는 자의성을 벗어나기 위해 도덕에 대한 직관적인 믿음에 호소했다.

도덕에 대한 직관적인 믿음은 크게 두 가지이다. 먼저, 보편적인 원칙이어야 한다. 둘째로 공정한 상황과 공정한 절차가 필요하다.

먼저 롤스는 정의 원칙이 보편적인 원칙이어야 한다고 생각했다. 보편적이라는 것은 사람들의 선입견이나 이해관계에서 벗어난 것이어야 하고 모든 사람들이 받아들일 수 있는 것이어야 한다는 의미가 된다. 이는 칸트의 논리와도 관련이 깊다. 마이클 샌델의 <정의란 무엇인가>에서 롤스에 대한 부분이 나오기 전에 칸트의 논리를 먼저 제시하는 이유는 바로 이 보편성에 대한 논리를 칸트가 제시했기 때문이다.

둘째, 공정한 상황 하에서 공정한 절차에 의한 것이어야 사회 구성원들의 합의를 얻을 수 있다. 도덕적으로 정의원칙을 승인하기 위해서는 도덕적 평가가 필요한데, 이는 공정한 상황에서 공정한 절차에 의한 것이어야만 도덕적 평가가 타당할 수 있기 때문이다.

3. 중립성(neutrality)

롤스가 정의론을 구상하게 된 계기는 미국의 다양한 갈등이었다. 롤스는 풍요롭고 부유해진 미국이 수많은 갈등을 겪는 이유를 중립성(neutrality)이 부재하기 때문이라 생각했다. 롤스는 미국의 다양한 갈등을 직접 겪으면서 이 갈등을 해결할 원칙이 필요하다고 생각했다.

미국은 2차 세계대전이 끝나고 냉전 시대가 찾아오면서 물질적 풍요로움을 갖게 되었다. 그리고 다원주의 시대가 찾아왔다. 이는 자유주의와 유사한 개념인데 역사적 맥락이 있는 용어이다. 자유주의는 반자유주의의 반대 개념으로 볼 수 있다. 이런 점에서 자유주의의 반대 논리는 전체주의나 공산주의가 된다. 개인의 자유를 목적으로 두는 체제인 자유주의의 반대 입장에는 개인의 자유 제한이 당연시되는 체제가 있는 것이다.

예를 들어, 자유주의는 우리의 자유를 파괴하려 하는 거대한 적, 전체주의 독일이나 일본 제국과의 싸움이라고 할 수 있다. 다원주의는 자유주의가 자리잡은 이후에 거대담론으로서의 자유가 아닌 미시적인 가치들을 추구하는 것을 말한다. 자유와 반자유로 나누어져 거대한 싸움을 하는 것이 아니라 자유를 누리는 안에서 개인들이 추구하는 소소한 가치들을 말하는 것이라 할 수 있다. 다양한 가치를 추구할 자유를 인정하게 되면, 개인의 자유를 보장하는 국가 안에서 개인이 다수자에게 관심이 없는 가치, 혹은 다수가 싫어하는 가치를 추구할 수 있다는 의미가 있다. 따라서 이는 개인의 자유를 보장하는 자유주의 국가 안에서도 다수결에 의해 자유 침해가 발생할 수도 있는 소수자의 보호가 중요한 이슈가 된다.

특히 자유주의는 개인의 자유를 중시하기 때문에 자칫하면 다수 독재가 되어버릴 가능성이 있다는 점에 주목해야 한다. 개인의 자유를 보장하게 되면 결국 옳고 그름은 개인들의 의사를 확인해서 가장 많은 개인이 옳다고 생각하는 것이 옳음으로 의제되는 형태의 체제가 된다. 우리는 이를 다수결이라 한다. 다수결은 언제나 소수일 수밖에 없는 자들의 자유를 제한하는 결과로 이어질 가능성이 크다. 예를 들어, 장애인이나 동성애자가 대표적인 소수자라 할 수 있다.

롤스가 살던 시대의 미국은 자유주의에서 벗어나 다양한 가치가 추구할 자유가 인정되는 시대로 나아가면서 다양한 갈등이 나타나고 있었다. 대표적인 갈등은 다음 4가지의 갈등이었다. 첫째, 미국의 베트남전 참전을 두고 참전 입장과 반전운동이 갈등을 일으켰다. 이는 이념 갈등이면서 세대 갈등이 겹쳐져 나타났다. 둘째, 흑백 갈등 혹은 인종 갈등이 나타났다. 킹 목사가 이끄는 흑인 인권 운동과 KKK단으로 대표되는 백인 우월주의가 격돌했다. 셋째, 세대 갈등이 나타났다. 기성세대와 신세대가 가치관을 두고 갈등을 일으켰다. 우드스탁으로 대변되는 치렁치렁한 긴 머리와 음악을 사랑하는 모습으로 표현되는 히피 세대가 이때의 신세대이다. 참고로 애플을 세운 스티브 잡스가 바로 이 히피 세대에 해당한다. 미국은 히피 세대가 미국의 주력 세대를 차지하고도 한참이 지난 것이다. 넷째, 개발 갈등이 나타났다. 자연환경을 개발할 것인가, 보호할 것인가를 두고 갈등이 일어났다. 예를 들어, 홍수 예방과 수변 공간 개발을 위해 강의 양안을 콘크리트로 직강화시킬 것인가, 자연스러운 강의 흐름을 위해 내버려둘 것인가가 이때의 갈등 양상을 나타낸다고 볼 수 있다.

롤스는 이 모든 갈등의 원인이 중립성의 부재 때문이라 보았다. 중립성의 부재란, 각각의 입장이 해당 갈등에서 이미 옳은 답이 무엇인지를 정해두었다는 것이다. 예를 들어, 베트남전 갈등을 두고 기성세대는 참전이 옳은 것이라고, 신세대는 반전이 옳은 것이라 이미 답을 갖고 있었기 때문이라는 것이다. 롤스는 개인의 자유를 위해서는 중립성을 지켜야 하고, 이를 위해 원초적 상태라는 사고 실험을 통해 무지의 베일, 무지의 장막이라는 개념을 제시했다.

4. 원초적 상태와 무지의 베일

롤스는 미국의 갈등이 자신의 생각이 옳은 것이고 이를 서로에게 강요하려고 하는 문제라 생각했다. 결국 중립성(neutrality)의 부재가 문제의 원인이라 여긴 것이다. 중립성이란 자유주의자에게 특히 중요한 것인데, 개인의 자유를 보장하기 위해서는 국가가 중립적이어야 하기 때문이다.

롤스는 이 중립성의 보장을 위해 사유(思惟)실험을 떠올렸다. 만약 국가나 법률, 사회가 특정한 입장이나 주장을 옳은 것으로 삼는다면, 그 외의 생각을 가진 자들은 틀린 것이 된다. 따라서 틀린 생각을 갖고 있는 자의 자유는 보호받을 수 없게 된다. 그러므로 중립적인 입장을 지키는 국가, 사회, 법률이 있어야만 개인의 자유가 안정적으로 보장될 수 있는 것이다.

롤스는 현실에 살고 있는 모든 사람들은 중립적인 입장이 되기 어려울 것이라 생각했다. 그도 그럴 수밖에 없는 것이 현실의 '나'라는 개인은 이미 구체적인 상황 속에서 살고 있기 때문이다. 예를 들어, A와 B가 있다고 하자. A는 남성이고 대학을 졸업했고 서울에 거주하며 미혼이고 연봉 1억 원을 벌고 있다. 그러나 B는 남성이고 대학 중퇴이며 지방에 거주하고 기혼이며 아이는 3명이 있고 연봉 3천만 원을 번다. 만약 아이들에 대한 보육 서비스와 교육 강화를 위해 고소득자에 대한 세율을 올리는 정책안이 발표되었다고 하자. A는 반대할 가능성이 높고, B는 찬성할 가능성이 높다. 이미 A와 B는 자신이 어떤 구체적 상황에 놓여 있기 때문에 중립적인 결정이 아니라 내용 구체적인 결정을 하게 될 것이다.

롤스는 중립성을 지키면서 정의 원칙이 보편성과 공정성을 갖기 위해서는 현실에 있는 '나'가 아니라, 누구나 될 수 있는 개인이어야 한다고 생각했다. 개인이라는 말은 '나'라는 말과 유사한 의미로 쓰이고 있지만, 명백하게 다른 개념이다. 예를 들어, 개인의 자유라는 말은 A에게 자유가 있다는 뜻이 되기도 하지만 A에게도 B에게도 C에게도 그리고 인간이기만 하다면 자유가 있다는 뜻이기도 하다. 오히려 개인의 자유라는 말의 의미는 전자보다는 후자에 더 가까운 뜻이 된다.

이것이 칸트가 말한 보편적 도덕준칙이 된다. 칸트는 개인의 자유란 이성에 따른 보편적 도덕준칙에 부합하는 것이라고 했다. 이 말은 대단히 어려워 보이지만 그 뜻은 의외로 쉽다. A에게만 옳은 것, A에게만 허용되는 것은 보편적 도덕준칙에 부합하지 않는다. 어떤 인간이라도 이성적으로 판단했을 때 동의할 수 있는 것이 보편적 도덕준칙이다. 예를 들어, A에게 다른 사람의 재산을 빼앗을 수 있는 권리가 부여된다고 하자. 내가 A라면 당연히 좋을 것이다. 그러나 내가 A 외의 타인이라면 당연히 싫을 것이다. 따라서 이러한 규칙은 이성적으로 생각했을 때 보편적 도덕준칙이 될 수 없는 것이다.

롤스는 칸트의 보편적 도덕준칙을 받아들여 원초적 입장이라는 사고실험을 제안했다. 원초적 입장이라고 하는 것은 나의 구체적인 상황을 모두 제거하고 순수하게 이성만 남아있는 상태이다. 이는 마치 홉스와 로크가 말하는 자연상태와도 흡사하다. 자연상태란 국가가 만들어지기 이전의 상태를 말하는 것이고, 사회계약론의 대전제가 되는 개념이다. 롤스는 자유주의자로서 자유주의의 대전제를 지키면서 정의원칙을 세울 방법을 고안한 것이다.

5. 원초적 입장과 롤스의 정의 원칙

롤스는 원초적 입장을 최초계약 상황이면서 공정한 상황이라 생각했다. 여기에서 원초적 입장은 거대한 사유실험이기 때문에 주의해야 한다. 사유실험이란 실제 상황이 아니라 우리의 머리로 생각하는 가상의 상황이라는 뜻이다. 롤스는 원초적 입장이라는 사유실험을 통해 중립성을 확보하고자 했다.

롤스는 원초적 입장에서 모든 당사자들이 평등하며, 자유롭고 자율적인 인간이면서 서로에게 모든 것이 공개되어 있다고 가정했다. 그리고 무지의 베일, 혹은 무지의 장막 하에서 자신의 이해관계를 벗어나 선택하게 된다.

여기에서 무지(無知)의 의미는 당사자의 구체적인 상황을 알 수 없다는 것이지 모든 것을 모르는 백지 상태를 의미하는 것은 아니다. 예를 들어, 드라마에서 자주 나오는 것처럼 현실의 '나'로서의 기억은 잃어서 내 이름도 내 나이도 내 고향도 내 재산도 모르는 상태이지만, 한글을 읽거나 쓰고 산수를 할 수 있고 물건을 사거나 버스를 타는 등의 활동은 할 수 있는 이성이 살아있는 상태라고 생각하면 된다.

롤스는 이러한 상황 하에서 내린 선택이라야만 진정으로 자유로운 결정이 될 수 있다고 생각했다. 그리고 자신의 정의관을 제시한 후에, 원초적 입장이라는 사유실험에서 자신이 제시한 정의관이 정당화될 수 있음을 증명하는 방식을 취했다.

롤스의 정의관, 정의원칙은 크게 2가지로 구성되어 있다. 이를 제1정의원칙과 제2정의원칙이라 한다. 제2정의원칙은 또다시 세부적으로 두 가지 원칙으로 나누어진다.

롤스는 정의원칙을 다음과 같이 규정한다.

> 1. 모두와 조화롭게 살 수 있는 평등권과 자유권이 구비된 최상의 체제에서 동등한 자격을 갖는다.
> 2. 사회, 경제적인 불평등은 다음의 두 조건을 충족하는 범위 내에서 받아들일 수 있다. 모두에게 직무와 직위가 열려 있는 공정한 기회 균등의 조건 하에서만 사회, 경제적인 불평등을 제한해야 하고, 그 사회의 최소 수혜자에게 혜택이 가장 큰 방향으로 사회, 경제적 불평등을 조정해야 한다.

먼저, 1의 원칙을 제1정의원칙이라 하고 자유우선의 원칙이라 한다. 자유우선의 원칙은 롤스가 자유주의자로서 개인의 자유가 가장 큰 목적임을 선언한 것이다. 그리고 보편적으로 모든 사람은 자신의 자유를 보장받기를 원할 것임이 분명하고 이에 동의할 수 있음을 뜻하는 것이다.

둘째, 2의 원칙을 제2정의원칙이라 하고, 평등제한원칙이라 한다. 제2정의원칙의 두 조건 중 앞의 조건은 공정한 기회 균등을 위한 원칙이다. 그리고 후자의 조건은 불평등의 해소를 위한 원칙이다. 이 원칙을 차등의 원칙이라고도 한다.

롤스는 원초적 입장에서 무지의 베일 아래에 놓인 당사자들은 정의로운 원칙에 동의할 것이라 여겼다.

6. 자유와 우연의 분리

자유주의는 분리의 기술이라고도 한다. 엄밀한 분리를 통해 자유를 확보하기 때문이다. 예를 들어 대학으로부터 종교를 분리하면 학문의 자유가 도출된다.

롤스는 자유주의자로서 노직과 같은 자유지상주의자의 논리에 의문을 가졌다. 자유지상주의자는 자유의 결과는 모두 개인에게 귀속되는 것이라 했다. 개인은 누구나 자신의 상황에 대해 알고 있고 이에 따라 예측을 통해 선택 가능하기 때문에 그 자유로운 선택에 대한 책임이 있다는 것이다. 롤스는 개인이 선택한 모든 것이 다 개인의 자유로운 결정일 수 없고 책임일 수 없다고 생각했다. 자유지상주의자가 생각한 자유에는 불순물이 있는 것이다. 이 불순물을 제거하고 분리해야 순수하게 자유로운 선택이 될 수 있고 이것만이 개인의 자유와 책임 영역이 된다고 여겼다.

예를 들어, A라는 사람이 변호사로 일하면서 연봉 1억 원을 받고 있다고 하자. 이 사람은 어린 시절부터 놀고 싶어도 참고 공부했고, 다른 사람들에 비해 많은 시간을 들여 노력했음이 분명하다고 가정하자.

자유지상주의자는 A는 놀 것인가, 공부할 것인가 자유롭게 선택할 수 있었음에도 불구하고 공부할 것을 선택했다. 공부할 자유에 대한 책임은 변호사 자격 취득과 좋은 보수가 될 것이다. A는 자신이 공부를 하는 선택을 했을 때의 책임과 노는 것을 선택했을 때의 책임을 예측하였고 그 예측에 따라 자유롭게 선택한 것에 대한 책임을 지게 되는 것이다. 따라서 A의 연봉 1억 원은 자유의 결과이기 때문에 치안과 국방을 위한 세금 외의 사회복지를 위한 목적의 세금을 부과하는 것은 A의 자유를 제한하는 것이다.

그러나 롤스는 A의 연봉 1억 원이라는 결과가 모두 A의 자유의 결과라 할 수 없다고 본다. A의 연봉 1억 원에는 많은 우연들이 섞여 있다.

첫째, 개인적 우연이 있다. A가 공부에 재능을 가진 것은 전적으로 우연이다. 어떤 사람은 운동을 잘 하고 어떤 사람은 바느질을 잘 한다. 우리 사회는 공부를 잘 하는 사람에게 큰 가치를 부여한다. A가 우리 사회가 원하는 재능을 타고난 것은 전적으로 우연이고 행운이다.

둘째, 시대적 우연이 있다. A가 조선시대에 태어났다면 A가 공부에 재능이 있고 공부에 노력한다고 하더라도 큰 의미는 없을 것이다. 오히려 A의 신분이 더 중요한 요소가 된다. A가 현대에 태어난 것은 개인의 자유와 노력의 결과가 아니라 단지 우연에 불과하다.

셋째, 사회적 우연이 있다. A가 현대에 태어났으나 내전을 겪고 있는 국가에서 태어났다고 하자. 내전을 겪는 상황에서 공부를 잘 하는 재능과 노력은 아무 의미가 없다. 폭력을 사용할 수 있는 신체적 능력이 그 사회의 핵심 능력이 될 것이기 때문이다.

그러나 롤스는 여전히 자유주의자이다. 위의 우연들을 모두 가지고 있는 사람은 A 하나만 있는 것은 아니다. 이런 우연들을 갖고 있는 사람이라 하여 모두 노력하는 것은 아니다. A는 여전히 동일한 우연을 갖고 있는 사람들 중에서도 노력하였음이 분명하고, A의 노력의 결과는 최소수혜자에게 도움이 되기 때문에 A가 더 많은 연봉을 받는 것을 정당화할 수 있다.

7. 절차적 정당성과 실질적 기회의 평등

(1) 케이크 자르기 게임

롤스는 개인의 노력의 결과라 하더라도 그것이 곧바로 불평등의 정당화가 될 수는 없다고 했다. 롤스는 누군가가 노력한 결과로 불평등이 발생한다고 하더라도 개인에게 그럴 만한 자격이 있어서 그러한 것은 아니며 게임의 규칙에 따른 결과이기 때문에 받아들여야 하는 것이라 했다.

이것은 롤스의 케이크 자르기 게임을 통해서 파악할 수 있다. 모든 사람이 달콤한 케이크를 좋아한다고 가정하자. 아버지인 A는 두 딸인 B와 C를 위해 케이크를 가지고 집에 들어갔다. B와 C는 둘 다 자신이 케이크를 더 많이 먹겠다고 주장하고 있다. 이때 아버지인 A가 케이크를 절반으로 잘랐다고 하더라도 B와 C는 이를 납득하지 못할 것이다. B는 아버지인 A가 C를 더 좋아하기 때문에 C의 몫이 더 크다고 주장한다. C는 자신의 몫에 있는 생크림이 더 적다고 주장한다. 아버지인 A는 둘의 케이크 조각을 바꾸라고 하지만, B와 C는 바꾸는 것도 싫다고 한다. 도대체 케이크를 어떻게 잘라야 공정하고 평등한 것이 될 수 있을까?

위 게임에서 A를 법관이라고 해보자. 법관이 객관적인 위치에서 두 개인이 관련된 사건을 해결한다고 하더라도 그 결과가 공정하고 평등할 것이라는 보장은 없다. 롤스는 정의의 올바른 내용을 확정할 수 없기 때문에 내용적 정당성은 존재할 수 없다고 한다. A가 아무리 뛰어난 능력을 가지고 있고 공정한 사람이라 하더라도 B와 C가 만족하는 결과가 나타날 수는 없다는 것이다. 만약 신이 갑자기 나타나 B와 C에게 정확하게 1/2의 케이크 조각을 준다고 하더라도 인간인 B와 C가 그것을 인식할 수 없다. 심지어 A는 신이 아니기 때문에 정확한 1/2이라는 것도 존재할 수 없는 것이다.

롤스는 결국 우리 모두가 동의하는 공정한 절차와 형식을 결정함으로써 그 결과가 정당하다고 여길 수밖에 없다고 한다. 위 사례에 이를 적용해보면 다음과 같다. B와 C 둘 다 동의할 수 있는 공정한 절차는 다음과 같다. B가 케이크를 자르고, C가 먼저 케이크 조각을 고른 후에 B가 남은 조각을 갖는 것이다. B는 1/2로 자르려 노력할 것인데, 만약 한 조각을 더 크게 자른다면 남은 케이크를 가져야 할 자신이 가질 몫이 적어질 것이기 때문이다. C는 자신이 보기에 더 큰 케이크 조각을 가져갈 것이다. 그러나 이것이 실제로 더 작은 조각일 수도 있을 것이지만, C는 자유롭게 자신이 스스로 큰 것을 골랐다고 믿기 때문에 이는 상관이 없다. 결국 B와 C는 자신들의 케이크 조각에 만족하게 되는데, 이는 케이크 조각이 실제로 정확히 1/2이기 때문이 아니라 그 결과가 공정하다고 신뢰하기 때문이다.

롤스는 가상의 게임인 케이크 자르기를 통해 절차와 형식의 중요성을 강조했다. 롤스는 개인의 노력의 결과가 정당한 의미, 정당한 내용을 갖기 때문에 해당 개인에게 정당한 자격이 있다고 보지 않았다. 단지 모든 개인이 동의한 절차와 형식에 따라 우리가 규칙을 정했고, 그 규칙을 적용한 결과가 불평등하게 나왔다면 이를 신뢰하고 따라야 한다고 했을 뿐이다.

(2) 실질적 기회의 평등

롤스는 자유주의자이지만 자유지상주의자와는 명백히 다르다. 노직과 같은 자유지상주의자는 자유를 형식적인 것으로 파악한다. 자유를 형식적인 것으로 본다는 말은 자유주의를 이해함에 있어서 대단히 중요하다. 이는 기회의 평등에 대한 관점의 차이점에서도 잘 드러난다.

자유주의는 자유를 최고의 가치로 여긴다. 자유는 모든 가치 중에 유일하게 형식적인 개념이기 때문이다. 자유는 아무런 내용을 갖고 있지 않은 것이다. 자유주의는 어떤 의미와 내용이 특정된 가치를 목적으로 삼아 실현하려 한다면 개인의 자유는 파괴된다고 여긴다. 중세국가는 성경의 말씀을 현실에서 실현하려 했고 그 결과 개인의 종교의 자유는 전적으로 제한되었던 것이 이를 증명한다. 종교의 자유를 보장한다면 그것이 어떤 종교인지 규정하지 않아도 된다. 예를 들어, 100명의 사람이 있을 때 개인의 종교의 자유를 인정한다면 개인들은 자신이 스스로 종교를 선택할 것이고 100가지의 내용과 의미가 결정될 것이다. 만약 1000명의 사람이 있다고 하더라도 마찬가지가 된다. 자유주의자는 사회가 개인의 자유를 보장하기만 하면 결과적으로 다양한 가치가 도출되기 때문에 결과물인 가치를 목적으로 하지 말고 그 원인인 자유를 목적으로 해야 한다는 것이다.

자유지상주의는 개인의 자유를 극단적으로 추구하기 때문에 모든 개인에게 동등한 기회가 주어져야 하고 이 역시 형식적인 것이어야 한다고 여긴다. 기회를 준다는 것은 개인의 자유를 실현할 수 있었다는 뜻이다. 예를 들어, 선거권을 생각해보자. 모든 국민 개개인은 주권자로서 국가의 대표를 선출하는 선거권과 투표할 자유를 가진다. 선거는 개인이 자신의 자유와 그 책임을 규정할 법률과 국가정책을 제정하고 실현하는 입법부와 행정부의 대표를 선출하는 것이다. 선거할 기회 자체가 주어지지 않는다면 개인의 자유는 없는 것이나 마찬가지가 된다. 기회가 주어졌다면 투표를 할 것인지 하지 않을 것인지 선택할 자유가 있었던 것이고 투표를 했다면 어떤 후보를 뽑을 것인지 선택할 자유가 있었다는 것이다.

그러나 롤스는 형식적 기회를 준 것만으로는 개인의 자유를 보장하는 것이라 볼 수 없다고 생각했다. 형식적으로는 기회가 있었으나 실질적으로는 기회가 제한되었다면 개인의 자유가 보장되었다고 볼 수 없다는 것이다. 위 사례와 동일하게 선거권을 생각해보자. A와 B는 모두 선거권이 부여되었다. A는 투표를 했으나, B는 투표를 하지 않았다. B는 자신의 자유가 제한되었다고 주장한다. B는 휠체어를 이용하는 장애인인데 투표 장소가 2층이어서 다른 사람의 도움 없이 자력으로 투표를 할 수 없었기 때문에 투표할 기회를 제한당했다고 주장한다. 롤스는 이처럼 실질적 기회가 제한된 것 역시 자유의 제한이 될 수 있다고 한다. B가 장애를 갖게 된 것은 선천적으로 혹은 후천적으로 우연적 요인이다. B가 스스로 투표를 하지 않겠다고 자유롭게 선택하지 않았다면 B에게는 자유가 제한된 것이다. 국가는 B의 자유로운 선택이 아닌 우연적 요인으로 B의 자유를 제한한 것이다. 따라서 국가는 엘리베이터가 설치된 장소에 투표소를 설치하는 등으로 개인의 투표할 자유의 실현 기회를 실질적으로 보장해야 한다.

롤스는 개인의 자유를 보장하기 위해서는 실질적으로 기회의 평등이 달성되어야 한다고 주장한다.

8. 불평등의 정당화

(1) 최소수혜자의 이익

롤스는 개인의 노력의 결과라 하더라도 그 자체로 정당한 것은 아니라고 했다. 개인이 스스로 노력할 것을 선택했다고 하더라도, 개인의 재능이나 성품 등과 같은 우연적 요인이 분명히 있을 것이기 때문이다. 또한 개인이 노력했다는 것이 곧바로 불평등의 자격이 되는 것은 아닌데, 이는 사회를 이루는 개인들이 동의한 게임의 규칙에 따른 결과에 불과하기 때문이다.

롤스는 불평등을 정당화 하기 위해서는 정의의 원칙이 전제되어야 한다고 했다. 먼저, 개인의 자유가 보장되어야 하고, 둘째 실질적인 기회의 평등이 실현되어야 한다. 롤스는 위의 두 조건들이 만족되어 그 결과로 발생한 불평등이라 하더라도 그것이 곧바로 정당한 것은 아니라고 생각했다. 이를 위해서는 최소수혜자에게 이익이 될 때라는 조건이 하나 더 필요하다.

최소수혜자에게 이익이 된다는 조건의 의미를 생각해보자. 롤스는 최소수혜자의 이익이라는 개념을 설명하기 위해 변호사와 의사를 예로 든다. 변호사와 의사는 지적 능력에 재능을 타고난 우연이 있다고 하더라도 노력하지 않고서는 달성 불가능한 직업이고 우리 사회에서 부와 명예를 인정받는 직업이기 때문이다. 이에 더해 의사는 생명과 신체를 직접적으로 담당하고, 변호사는 생명과 신체의 자유에 직결되는 권리를 담당하기 때문이기도 하다.

예를 들어, 우리 사회가 의사가 된 자의 불평등을 인정하지 않기로 했다고 가정하자. 만약 의사의 평균 연봉이 1억 원이고, 우리 사회의 평균 연봉이 2천만 원이라고 하자. 의사라 하더라도 평균 연봉인 2천만 원을 받는 것이 정당하다고 생각하는 것이다. 그 결과는 최소수혜자의 극단적 불이익이 될 수밖에 없다. 의사가 되기 위해서는 10년 넘는 기간 동안 막대한 분량의 공부와 실습, 수련을 거쳐야 한다. 내가 의사가 되고자 하는 사람이라 하자. 나는 지금 곧바로 취업을 할 수도 있고, 의사가 되기 위해 노력할 수도 있다. 그런데 이 상태에서 10년 후를 예측해보자. 곧바로 취업을 할 경우 연봉 2천만 원을 10년간 얻을 수 있으므로 2억 원의 예상소득이 있으나, 의사가 되고자 한다면 10년간 아무 소득 없이 학비만 들 것이고 이후에 기대할 수 있는 소득도 보잘것없다. 엄청난 소명 의식을 가진 극소수의 사람을 제외하면 현실적으로 의사가 되기 위해 그 긴 기간을 감내할 수 없다. 따라서 의사의 수는 극단적으로 줄어들게 된다.

우리 사회에 의사가 적은 편이 최소수혜자에게 이익이 될까, 혹은 의사가 많은 편이 최소수혜자에게 이익이 될까. 두말할 것도 없이 의사가 많은 편이 최소수혜자에게 이익이 된다. 의사가 많으면 경쟁이 일어나고 가격이 낮아지고 다양한 서비스가 나올 수 있다.

변호사도 마찬가지이다. 법률 서비스 접근성이 좋아지려면 변호사가 많아야 한다. 개인이 자발적으로 그 오랜 기간의 어려운 공부와 노력을 감내할 것을 선택하게 유도하려면 그에 상응하는 불평등이 용인되어야 한다. 그러나 그 불평등이 최소수혜자에게 이익이 되지 않는다면 최소수혜자 역시 동의할 수 없을 것이다.

이처럼 롤스는 불평등이 정당화되기 위해 최소수혜자의 이익을 실현하는 것이어야만 한다고 생각했다.

(2) 불평등의 해결방안

롤스의 현대적 자유주의는 자유주의라는 큰 틀을 유지하면서도 복지를 제공할 수 있는 논리를 제시했다. 따라서 자유주의를 지키면서 결과적으로 공동체의 갈등을 줄일 수 있기 때문에 현실적인 방법이라는 찬사를 받았다. 현대 자유주의 국가는 롤스의 논리를 기반으로 한 정부정책을 수립하고 실행하고 있다.

롤스에 따르면 우연에서 비롯된 이익은 개인의 정당한 몫이 아니기 때문에 이를 환수하여 사회적으로 사용해야 한다. 그러나 사회적 사용이라 하더라도 이것이 자동적으로 정당화되지는 않는다. 롤스는 역사적·사회적 우연과 천부적 재능으로 인한 우연이 행운으로 찾아온 자들에게서 자신의 정당한 몫이 아닌 부분을 환수하여, 이것이 불운으로 찾아온 자들에게 기회를 줄 수 있도록 사용해야 정당하다고 주장하였다.

이를 보상이라 한다. 예를 들어, 육체적으로 장애를 가진 사람은 선천적이거나 후천적인 불운을 겪은 것이다. 이들은 자유롭게 노력을 한다고 하더라도 육체적으로 장애가 없는 행운을 가진 자에 비해 결과물이 좋지 않을 것이다. 단지 결과물로만 이들의 소득과 부라는 결과물을 배분한다면 이는 자유를 보장하는 것이 아니라 장애 유무에 따라 결과물이 배분되는 셈이 된다. 롤스는 육체적 장애가 없는 행운을 가진 자의 결과물 중 일부를, 육체적 장애를 가진 자도 노력할 수 있는 기회를 부여하는 재원(財源)으로 사용해야 한다고 한다. 점자로 된 책을 공공도서관에 보급한다거나, 장애인들이 자유롭게 이동할 수 있도록 저상버스의 도입이나 지하철역에 승강기를 설치하는 등이 대표적 사례라 할 수 있다. 특히 장애인에게 직접적으로 결과를 주는 것이 아니라, 장애인이 노력할 수 있는 기회를 부여한다는 점에 주목해야 한다.

대표적인 사례로는 대학입시 특별전형이 있다. 구체적으로 살펴보자. 시각장애인 A가 대학에 진학하려 한다고 가정하자. A는 시력을 완전히 잃은 것이 아니라 시력이 일부 존재하는 상태이다. 그래서 A는 돋보기 등의 확대보조기구를 사용하면 공부를 할 수 있다. A는 대학입시를 위해 수능 시험을 보려 하는데, 일반적인 다른 수험생과 동일한 환경에서 시험을 볼 수 없는 상황임에 분명하다.

수능 시험을 보는 수험생들은 A를 위해서 시력 보조 도구를 제공하거나 도구 조작시간을 감안해 시험시간을 추가로 더 주는 것은 불공정하다고 주장한다. 시험은 동일한 조건에서 치러야 하는 것이고, 이미 이것은 법률과 시행령 등으로 정해진 규칙이기 때문이다.

그러나 롤스는 시각장애인 A에 대한 보상이 필요하다고 주장한다. A의 시각 장애는 선천적, 혹은 후천적으로 우연적인 것이 분명하고, 불행한 우연이다. 수학능력평가시험이 측정하려 하는 것은 시각에 대한 선천적 혹은 후천적 행운이나 불운의 여부가 아니다. A는 자신의 불운에 대한 책임이 없으므로, 우리 사회는 A에 대한 보상을 해야 하고 이를 통해 개인의 자유와 노력에 대한 배분을 한 것이 되어 정의로운 결과가 된다.

그렇다고 해서 A의 시험 점수와 관계없이 대학에 합격시키거나 할 수는 없다. 만약 이런 방식으로 A의 우연을 보상하려 한다면 이는 개인의 자유를 부정하는 결과가 된다. 누구도 노력하지 않고서 그에 상응하는 책임을 얻어서는 안 되기 때문이다.

A에게 실질적인 기회의 평등을 보장하면서도 개인의 자유를 지키는 방법이 있다. A에게 시각 보조 기구를 제공하고 시각 보조 기구를 조작할 시간을 추가적으로 제공하는 것이다. 그렇다고 하더라도 만약 A가 충분한 지적 능력이 없다면 시험 성적은 낮을 것이다. 그러나 A가 충분히 공부했다면 충분한 시험 성적을 얻을 수 있을 것이다.

A에게 시각 보조 도구를 지급하고 별도의 고사장을 제공하며 추가적인 시간을 주더라도 수능 시험 전체에 영향을 미치지 않을 수 있도록 하기 위해서는 추가적인 재원(財源), 즉 더 많은 돈이 필요하다.

롤스는 이 재원은 우연적으로 행운을 얻은 자들로부터 얻은 것을 배분해야 한다고 생각했다. 자신의 노력에 더해 행운을 가진 자는 더 큰 성과를 얻게 된다. 그러나 반대로 불운을 가진 자는 자신의 노력이 깎여 더 적은 성과를 얻게 된다. 그러므로 행운을 얻은 이의 것을 깎으려 하지 말고, 행운을 얻은 이의 성과에 대해 일정정도 세금을 부과해 이를 재원으로 삼아 불운을 가진 자에 대한 기회의 평등을 보장할 수단으로 제공하는 것이 적절하다.

이것이 바로 롤스가 정의론에서 제시한 방법이고, 자유주의의 큰 틀 안에서 사회 갈등을 해결하는 방법이다.

(3) 적극적 우대조치

현존하는 차별을 방치해서는 기회 균등이 실현될 수 없고, 차별이 굳어져 계급화, 서열화될 여지가 높다. 이로 인한 사회갈등을 완화하기 위해서 사회적 약자에게 우선적 조치를 해야 한다는 주장이 제기되었다. 예를 들면 전체 공무원 중에서 여성이 차지하는 비율이 낮은 경우, 여성채용목표제를 실시하여 여성에 대한 차별 인식을 없애고 남녀평등을 실현할 수 있다. 이러한 조치를 적극적 우대조치(Affirmative Action)라고 한다. 그러나 적극적 우대조치는 사회적 강자에게 역차별을 낳을 수 있다.

현존하는 차별을 방치해서는 기회 균등이 실현될 수 없고, 차별이 굳어져 계급화, 서열화될 여지가 높다. 이로 인한 사회갈등을 완화하기 위해서 사회적 약자에게 우선적 조치를 해야 한다는 주장이 제기되었다. 예를 들면 전체 공무원 중에서 여성이 차지하는 비율이 낮은 경우, 여성채용목표제를 실시하여 여성에 대한 차별 인식을 없애고 남녀평등을 실현할 수 있다. 이처럼 현존하는 차별을 해소하는 조치를 적극적 우대조치(Affirmative Action)라고 한다. 그러나 적극적 우대조치는 사회적 강자에게 역차별을 낳을 수 있다.

적극적 우대조치의 대표적인 사례가 대학입시나 고시에서의 지역할당제이다. 시험기회를 동등하게 인정하더라도 현존하는 차별로 소수자가 시험에 합격하기 어렵다. 이를 방치한다면 차별의 정도가 더욱 심화되어 계층 간 갈등의 골만 깊게 할 수 있다.

인재지역할당제 찬성론의 입장은 다음과 같다. 종래 사회에서 차별을 받아온 지방인에게 보상을 해주어야 한다. 지방대는 교육여건, 교육투자가 부족해 지방대 학생들은 부당한 차별을 받아왔다. 과거의 피해를 보상하기 위해서라도 지역할당제를 도입할 필요가 있다. 또한 지역할당제로 지방대 출신자의 고등고시 합격자가 늘어나면 서울·지방간 갈등을 해소하고 사회통합을 할 수 있다. 또한 지방대 출신 인재를 등용함으로써 서울과 지방 간 균형발전을 달성할 수 있다.

인재지역할당제 반대론의 입장은 다음과 같다. 인재지역할당제는 서울소재대학 출신자들의 평등권과 공무담임권을 침해한다. 서울소재대학졸업자가 지방대학졸업자보다 점수가 높음에도 불구하고 불합격하고 후자가 합격하는 것은 평등원칙에 위반된다. 지방대 졸업자라고 하더라도 고시에 합격한 경우 서울 등에서 근무하므로 지방균형발전에 도움이 되지 않는다. 고시에 합격한 지방대 졸업자는 특혜 수혜자 그룹이라는 사회적 평가로 심리적 열등감을 느낄 수 있다. 지방대 졸업자는 지역할당제 없이는 합격할 수 없다는 인식을 확산시켜 유능한 지방대 졸업자에게 좌절감을 심어줄 수 있다.

현대적 공동체주의

1. 논의의 배경

롤스가 정의론을 출간하면서 자유주의 철학의 단단함이 더욱 커지게 되었다. 정의론을 읽어보면 얼핏 지나치기 쉬운 하나하나까지도 다 생각해서 논리를 체계적으로 구성해두었다는 인상을 받게 된다. 롤스의 정의론은 다음과 같은 평가를 받는다. "롤스는 정의론에서 자유주의 철학을 벽돌 한 장, 한 장을 차근차근 쌓아 올려 거대한 성을 만들었다. 부분적으로는 문제가 있을 수도 있으나 벽돌 한 장, 벽 하나가 무너졌다고 해서 성 전체가 무너지지는 않는다." 실로 엄청난 평가라고 할 수 있다.

1971년 출간된 정의론은 엄청난 논쟁의 한복판에 서 있었다. 1970년대에는 자유지상주의자인 로버트 노직과 자유주의 논쟁이 일어났다. 노직의 자유지상주의와 롤스의 평등주의적 자유주의가 논쟁을 벌였다. 1980년대에는 마이클 샌델이 시작한 자유주의 비판에 의해 촉발된 논쟁이 마이클 왈저, 찰스 테일러, 알레스데어 매킨타이어가 참여해 자유주의-공동체주의 논쟁으로 발전했다.

이때 자유주의 비판을 시작했던 마이클 샌델은 20대의 젊은이였고, 우리가 알고 있는 정의란 무엇인가를 쓴 바로 그 샌델이다. 위 4명의 학자는 롤스의 정의론에 대항해 롤스의 평등주의적 자유주의를 비롯해 자유주의를 비판했다. 그리고 이 4명의 학자가 자유주의를 비판했다는 공통점에서 착안해 이들을 공동체주의자라 했다. 물론 이 4명의 학자들은 자신은 공동체주의자가 아니라고 하는 경우가 많다. 실제로 샌델도 <정의란 무엇인가>에서 자신은 공동체주의자라기보다는 목적론자라고 말한다.

자유주의는 개인의 자유 증진을 목적으로 하는 사상이다. 반면, 공동체주의는 공동체의 가치를 실현하는 것을 목적으로 하는 사상이다. 여기에서 착각하면 안 되는 것이 있는데, 이는 흑백논리와 관련되어 있다. 자유주의는 공동체를 중요하게 여기지 않는다고 생각하거나, 공동체주의는 개인의 자유를 파괴해도 된다고 생각하는 것이 바로 그것이다.

자유주의는 공동체를 중요하게 생각하고, 공동체주의 역시 개인의 자유를 중요하게 여긴다. 다만, 자유주의는 개인의 자유를 보장한 결과 공동체가 성립한다고 여기며, 공동체주의는 공동체가 지켜야 할 가치 중 하나가 개인의 자유라고 여긴다.

자유주의는 개인의 자유를 목적으로 하여 이를 보장하면 결과적으로 좋은 공동체가 도출된다고 생각한다. 따라서 개인의 자유를 보장해야 하며, 공동체를 위해 개인의 자유를 제한하는 것은 목적과 수단이 전도된 것이라 여긴다.

반대로, 공동체주의는 공동체를 유지하고 존속하기 위해 필요한 여러 가치가 있는데 개인의 자유는 이 중에서 하나일 뿐이라 한다. 공동체에 특정한 사건이 발생했을 때 어떤 가치가 중요한 것인지 판단해야 하고, 이때 개인의 자유를 제한해야 할 필요성이 있다면 그렇게 할 수도 있다는 것이다. 그래서 샌델의 <정의란 무엇인가>, <돈으로 살 수 없는 것들>을 읽어보면 먼저 공동체에 발생한 특정한 사건, 사례를 제시한 후에 그에 관련된 가치들을 생각하게 한 후에 이때 개인의 자유를 제한 여부와 정도를 논하는 방식으로 구성되어 있다. 샌델은 <정의란 무엇인가>에서 공리주의의 문제점을 제시한 후에, 칸트를 소개하고, 롤스의 논리를 설명한 후에, 매킨타이어의 논리를 제시하며 공동체주의를 논한다. 공리주의 비판, 자유주의 소개와 비판, 공동체주의의 입장 논증이라는 순서를 따르는 것이다.

2. 롤스의 원초적 입장에 대한 비판

롤스의 평등주의적 자유주의 사상을 담고 있는 정의론은 1971년에 출간되었다. 정의론은 출간 이후 수많은 논쟁의 시작점이 되었다.

1970년대에는 로버트 노직의 자유지상주의와 롤스의 평등주의적 자유주의가 논쟁을 벌였다. 로버트 노직과 존 롤스는 하버드대 철학과 교수로 함께 재직하며 논쟁을 했다. 로버트 노직은 자신의 저서인 <아나키에서 유토피아로>의 서문에서 롤스와의 논쟁이 큰 도움이 되었다고 밝히고 있다.

1980년대에는 마이클 샌델이 제기한 자유주의 비판으로 논쟁의 중심이 바뀌었다. 당시 마이클 샌델은 옥스퍼드에서 정치철학을 전공하고 자유주의를 비판하는 박사 학위 논문을 썼다. 이 논문이 통과되기도 전에 하버드 대학에서는 마이클 샌델을 교수로 임용했다. 당시에 마이클 샌델의 나이는 불과 27세였다. 마이클 샌델은 자신의 책 서문에서 다음과 같은 일화를 소개한 바 있다.

옥스퍼드에서 하버드 대학으로 와 배정된 교수 연구실에서 한창 짐을 풀고 있었는데 전화가 왔다. 전화를 받으니 한 남자가 말을 했다. "마이클 샌델 교수인가요? 전 존 롤스인데, 점심 식사를 함께 하지 않겠습니까? 아, 참 제 철자는 R-A-W-L-S입니다." 샌델은 이는 마치 어떤 독실한 신자에게 전화가 와서 받아 보았더니, "저는 신입니다. 아, 참 제 철자는 G-o-d입니다. 첫 글자는 대문자 G입니다." 라고 한 것이나 마찬가지라고 했다.

샌델이 옥스퍼드에서 정치철학에 몰입해 공부할 때 독서여행을 갔는데 이때 가져간 책이 다음의 4권이다. 칸트의 <순수이성비판>, 롤스의 <정의론>, 노직의 <아나키에서 유토피아로>, 한나 아렌트의 <인간의 조건>이 바로 그것이다. 공동체주의자의 책은 한나 아렌트뿐이라는 점을 보면 이때부터 자유주의 비판에 관심을 두고 있었던 것으로 보인다.

샌델은 롤스의 원초적 입장에 대해 비판적이다. 원초적 입장의 당사자들이 현실과 아무런 관련성이 없는 존재일 수 있을까? 아마도 불가능할 것이다.

롤스가 가정하는 원초적 입장의 개인은 다음과 같은 특성이 있다. 매우 이성적이고 합리적이며 상호 무관심하다. 다른 사람의 것을 샘내거나 질투를 느끼지 않으며, 자신의 몫 이상을 가지려 하지 않는다. 자신이 누구의 자식이거나 부모이거나, 지금 어떤 사회적 지위에 있는가, 얼마만큼의 재산을 갖고 있는가 등에 관련한 현실적 이해관계를 전혀 고려하지 않고 완벽하게 중립적이다. 내가 살면서 인생에서 단 한 번이라도 이런 존재를 만날 수 있을지 의문스러울 정도의 사람을 가정하고 있는 것이다. 이들을 보통 사람이라 할 수는 없다.

LEET(법학적성시험)를 준비하는 수험생들을 비롯해 기초 논리를 공부해 본 사람이라면, 삼단논법을 배웠을 것이다. 가장 효과적인 비판은 대전제를 비판해서 무너뜨리는 것이다. 롤스가 <정의론>에서 전개한 평등주의적 자유주의를 비판하기 위해, 공동체주의자들은 롤스의 대전제인 원초적 입장의 개인을 비판했다.

3. 매킨타이어의 서사적 존재

롤스의 논리를 비판했던 공동체주의자로는 4명의 학자가 있다. 마이클 샌델, 마이클 왈저, 찰스 테일러, 알레스데어 매킨타이어이다.

이 중에서도 알레스데어 매킨타이어는 <덕의 상실>이라는 책을 쓴 학자이다. <덕의 상실>에서 매킨타이어가 제시한 것은 서사성과 서사적 존재라는 개념이다. 이 개념은 샌델이 <정의란 무엇인가>에서 제시한 바가 있다. 공동체주의자인 매킨타이어는 이를 이용해서 롤스의 자유주의를 비판했다.

매킨타이어는 롤스의 개인이 현실에 존재할 수 없는 것이라 여겼다. 매킨타이어가 생각하기에, 롤스가 제시한 원초적 입장에서 무지의 베일 상태에 놓인 개인이 선택한다는 것은 불가능하다. 매킨타이어는 인간은 누구나 탄생과 동시에, 혹은 탄생 이전부터 타인과 이야기를 갖게 된다. 이것이 바로 서사이고 서사적 존재로서의 인간이다. 나는 개인으로 태어나 개인으로 살아가지 않는다. 나는 다른 사람들과 이야기를 맺으면서 태어나서 살아가고 죽은 이후에도 이야기의 일부가 된다. 예를 들어, 나는 태어나면서 누군가의 손자, 누군가의 아들로 태어난다. 자라면서 누군가와 친구가 되어 우정을 나누고, 누군가와 사이가 좋지 않은 관계일 수도 있다. 누군가와 연애도 하고, 누군가와 결혼하여, 내 아이를 낳게 되어 누군가의 아버지가 될 것이고, 이후에는 누군가의 할아버지가 될 것이다. 내 생애가 끝나고 나더라도 나는 누군가의 할아버지, 누군가의 조상으로 기억될 것이다. 이처럼 우리는 타인과 끊임없이 관계를 맺고 이야기를 만들어가는 존재이다. 개인을 타인과 사회의 이야기로부터 분리시켜 홀로 있는 섬처럼 만들어서는 안 된다.

자유주의는 분리주의를 추구한다. 이런 점에서 자유주의를 분리의 기술이라고 부르기도 한다. 자유는 무엇인가로부터 분리됨으로써 달성된다. 예를 들어, 집단이나 가족으로부터 개인을 분리시키면 사생활의 자유가 도출된다. 종교로부터 대학을 분리시키면 학문의 자유가 도출된다.

매킨타이어는 자유주의의 분리 시도를 비판한다. 우리는 -개인이 아님에 주의하자- 끊임없이 이야기를 만들어나가고 개인은 이야기의 일부이자 주인공이다. 우리는 나와 타인의 이야기로부터 결코 분리될 수 없다.

예를 들어, x라는 사람이 항해를 나갔다가 조난을 당해 생사를 알 수 없는 상황이라 하자. x는 무인도에 홀로 살아남아 있지만 이를 아는 사람은 아무도 없다. 그러나 x의 가족, 친구들은 여전히 그를 기억하고 있다. x가 조난 당한 날짜에는 친구들이 전화를 하다가 x를 떠올리고 있다. x는 여전히 이야기의 일부임에 분명하다.

공동체주의자는 이러한 예를 들 때에도 A와 B가 있다고 가정하지 않는다. 눈치를 챘을지 모르겠으나, x, y라고 한 이유는 집합이나 함수를 떠올리면 좋을 것이다. X라는 집합의 원소인 x를 설정한 것이다. 즉 이러한 예를 들 때에도 논리적 일관성을 감안해서 사용하는 것이다. 공동체주의자는 독립적인 개인이라는 개념을 인정하지 않기 때문에 X라는 집단의 소속 구성원인 x를 예로 들어야 논리적 일관성을 지킬 수 있다고 판단한 것이다.

매킨타이어는 개인이 독립적 존재로 보편적 이성을 발현한다는 자유주의의 전제를 비판했다. 그리고 비판의 핵심 개념으로 서사성을 가진 서사적 존재로서의 인간을 제시했다.

4. 마이클 왈저의 다원주의적 평등

(1) 두꺼운 개념과 얇은 개념

방글라데시와 같은 세계 최빈국의 인권 문제는 국가 주권과 연계하여 자주 출제되는 중요 주제이다. 이는 자유주의-공동체주의 논쟁과 관련이 있다. 롤스의 <정의론>이 출간되면서 정의에 관한 자유주의-공동체주의 논쟁이 시작되었다. 이 논쟁의 시작은 마이클 샌델이었고, 테일러, 매킨타이어, 왈저가 그 뒤를 이어 논쟁을 가속화했다.

마이클 왈저(Michael Walzer)는 번역자에 따라 왈쩌, 월처라고도 한다. 공동체주의자인 왈저는 다원주의적 평등을 중심 개념으로 제시하면서 유명해졌다. 그뿐만 아니라 왈저는 공동체주의의 개념을 바탕으로 하여 국제 인권에서도 중요한 논리를 제시한 바 있다.

본래 국제 인권은 칸트를 시작으로 하여 보편적 인권을 중심으로 하고 있었다. 칸트는 보편적 도덕준칙을 제시하면서 개인의 자유를 논했다. 결국 어떤 국가의 어떤 개인인지가 중요한 것이 아니라, 이미 개인이 존재하고 인간이라면 누구나 인권을 누릴 자격이 있는 것이다.

그러나 왈저는 공동체주의의 입장에서도 보편적 인권에 준하는 인권의 개념이 가능함을 보여주었다. 왈저의 국제 인권과 국가 주권은 얇은 개념, 두꺼운 개념으로 잘 알려져 있다. 여기에서는 먼저 마이클 왈저의 국제인권과 국가 주권의 관계를 살펴본 후에 다원주의적 평등을 살펴본다. 왈저의 국제인권과 국가 주권의 관계는 방글라데시의 리바이스 사례로 널리 알려져 있다. 이 사례를 통해 왈저의 개념을 이해해보자.

방글라데시에 패션회사인 리바이스가 청바지 생산공장을 세우고, 14세 정도의 여아들을 고용했다. 이 여공들은 일당 1달러 정도를 받게 되었는데 방글라데시에서는 대단히 높은 일당이다. 심지어 생계 문제로 여아들이 아동 매매춘에 내몰리고 있어 고용된 여공들은 깨끗한 환경, 높은 일당에 만족하고 있다. 그러나 미국의 인권단체는 리바이스의 방글라데시 공장이 아동 노동을 자행하고 있다면서, 리바이스 불매운동을 벌였다. 만약 이 공장이 문을 닫게 된다면 방글라데시의 여공들은 아동 매매춘에 팔릴 상황이다.

왈저는 개별 국가의 인권의 개념이 존재하고, 이 개별 국가 인권의 개념이 중첩되는 영역이 보편적 인권이라 할 수 있다고 했다. 개별 국가의 인권의 개념을 두꺼운 개념, 보편적 인권의 개념을 얇은 개념이라 한다. 위 사례의 인권단체는 보편적 인권의 개념에서 아동노동을 주장한 것이 아니다. 미국이라는 개별 국가의 인권의 개념에서 이를 타국인 방글라데시에 강요한 것이다.

미국이 아동노동을 금지하는 이유는 아동의 생계가 보장되어 있기 때문에 공동체가 이에 더해 아동의 교육받을 권리를 보장하고자 한 것이다. 이처럼 미국의 인권의 개념은 아동의 생계 보장과 교육받을 권리로 두꺼운 개념이다. 그러나 방글라데시는 최빈국으로 아동의 생계 자체가 위험한 상황이다. 이런 상황에서 아동 노동을 금지한다면 교육받을 권리가 보장되는 것이 아니라 아동의 생명 자체가 위험해진다.

결국 해결 방법은 자국의 두꺼운 개념을 타국에 강요하지 않는 것이다. 그러나 한편으로 아동노동으로 인한 교육 받을 권리 제한이 해결되어야 한다. 왈저의 개념에 따르면 해결 방안은 다음과 같고, 이는 이미 국제적으로 합의되어 널리 실행되고 있는 것이므로 반드시 알아두어야 한다.

방글라데시의 리바이스 공장은 여공들을 고용함으로써 아동의 생계를 보장하는 것이 타당하다. 그리고 공장 내, 혹은 해당 지역에 야학을 운영하는 학교를 설립하는 것이다. 공장의 여공들이 공장에서 일하도록 해서 생계를 보장하고 야학에서 공부하도록 하여 교육을 받게 함으로써 두 가지 권리를 동시에 보장할 수 있다.

(2) 다원주의적 평등

대학에 거액의 기부금을 내고 대학에 입학하는 기여입학제가 논쟁이 된 바 있다. 이를 통해 공동체주의자인 마이클 왈저의 다원주의적 평등의 개념을 알아보자.

일반적으로 다원주의는 자유주의와 깊게 연결된 개념이다. 개인의 자유를 보장하면 다양한 가치가 결과적으로 발생하기 때문에 자유주의가 다원주의로 연결되는 것이다.

왈저는 평등을 중시하는 공동체주의의 입장에서도 다원주의가 성립할 수 있음을 밝힘으로써 롤스의 평등주의적 자유주의에 반론을 제기한다. 롤스는 자유주의의 입장에서도 평등한 분배가 가능함을 주장했기 때문이다.

왈저는 지배적 가치라는 개념을 제시한다. 특정한 가치를 가질 경우 다른 모든 가치들까지 모두 갖게 되는 것을 지배적 가치라 한다. 지배적 가치는 역사적으로 다른데, 과거에는 신분이었다. 중세시대에 높은 신분을 갖게 되면 학력, 돈, 명예 등 다른 모든 가치들을 연쇄적으로 가질 수 있었기 때문이다. 현재의 지배적 가치는 공동체의 모든 구성원이 알고 있는 것처럼 돈이다. 돈을 갖고 있으면 다른 가치들을 연쇄적으로 가질 가능성이 커지기 때문이다. 따라서 우리 사회는 돈이라는 지배적 가치가 다른 가치들을 연쇄적으로 지배하는 것을 막아야 한다.

돈은 부의 영역에서 작동해야 한다. 기업 공동체는 이윤 추구, 즉 돈을 목적으로 하기 때문에 돈을 버는 능력을 발휘하는 자가 기업에서 좋은 위치를 차지하는 것이 정당하다.

반면 대학 공동체는 진리 탐구와 학문을 목적으로 하는 집단이다. 따라서 대학이라는 공동체 구성원들은 돈의 유무와 정도에 따라 평가되어서는 안 된다. 대학 구성원들은 진리 탐구와 학문을 위한 지적 능력의 유무와 정도로 평가받아야 한다. 만약 돈을 가진 자가 공부를 하지 않았음에도 자신의 부유함을 이용해 학위를 받는다면 이것이 바로 지배가 되는 것이다.

이러한 의미에서 왈저는 돈을 내고 대학에 입학하는 기여입학제, 기부금을 내고 수여하는 명예박사 학위 등은 인정할 수 없다고 하였다. 우리 공동체가 돈이라는 가치가 지배적 가치가 되도록 허용하는 것이나 다름없기 때문이다. 왈저는 공동체를 단 하나의 큰 의미로 규정해서는 안 된다고 생각한다. 이는 전체주의이기 때문이다.

왈저의 지배적 가치는 공동체를 하나의 큰 덩어리로 볼 때 성립하게 된다. 이는 공동체주의가 아니라 국가주의이며 나치 독일이나 군국주의 일본제국과 같은 것이다. 왈저는 다양한 공동체가 존재할 수 있고, 이러한 공동체는 각각 자기 공동체가 추구하는 목적이 되는 가치가 각각 존재하고 있다. 예를 들어 대학은 진리 탐구, 기업은 이윤 추구, 군대는 국가안보와 전투력이라는 가치가 각각 존재한다. 해당 가치는 각 공동체의 목적이 되며, 해당 공동체 구성원들은 이 가치를 실현하기 위해 자유롭게 노력하고 경쟁할 수 있다. 예를 들어, 대학 공동체의 구성원들은 진리 탐구라는 가치를 잘 실현하기 위해 자유롭게 노력하고 경쟁한다. 그리고 이를 더 잘 실현한 구성원이 더 좋은 위치를 점하는 등으로 더 많은 배분을 받는 것이 정당화된다.

5. 적극적 우대조치

정치철학에서 롤스를 중심으로 한 자유주의와 샌델 등을 중심으로 한 공동체주의는 첨예한 논쟁을 계속하고 있다. 그러나 현실적으로 볼 때에는 그 차이가 잘 드러나지 않는데, 이는 결국 균형적으로 수렴하기 때문이다. 이 논쟁을 적극적 우대조치의 사례인 특별전형을 통해 알아보자.

현실적으로 자유주의-공동체주의 논쟁의 차이점이 잘 드러나지 않는 이유는 동일한 현실문제를 해결하기 때문이다. 개인의 자유를 보장하기 위한 목적으로 시작한 정책이나 공동체적 가치를 보호하기 위한 목적으로 시작한 정책이나 결국 모두 동일한 현실 문제를 해결하게 된다. 예를 들어, 서울에서 출발한 기차가 대전에 도착한 것이나 부산에서 출발한 기차가 대전에 도착한 것이나 결과적으로는 대전에 도착했다는 점에서 동일한 결과가 발생했기 때문이다.

그러나 로스쿨 입시를 준비하는 수험생, 공부를 하는 학생에게 있어서 이 차이점은 근본적으로 완전히 다른 것이다. 어떤 원인으로부터 어떤 결과가 발생하는 것인지 이 논리적 과정을 증명하는 것이 학문의 기본 목표이기 때문이다. 두 개의 논리가 결국 동일한 결과로 귀결되었다면 겉으로는 같은 것으로 보인다. 그러나 논증 과정을 보았을 때 원인이 다르다면 학문적으로는 완전히 다른 논리를 갖는 것이다.

이를 적극적 우대조치를 통해 알아보자. 우리나라는 대학입시에서 저소득층에 대한 적극적 우대조치를 도입해 시행하고 있다. 이는 롤스의 자유주의 입장, 평등주의적 자유주의에 따라 정당화된다. 또한 왈저의 공동체주의 입장, 다원주의적 평등에 따라서도 정당화된다.

먼저, 롤스의 자유주의 입장에 따라 그 정당성을 살펴보자. 롤스의 평등주의적 자유주의에 의하면, 개인의 자유로운 노력이 아닌 우연이라는 사실에 의해 결과가 정당화되어서는 안 된다. 따라서 우연을 보상함으로써 실질적인 기회를 보장하고, 개인의 자유로운 노력의 결과에 따라 성과를 인정해야 한다. 예를 들어, A라는 저소득층 학생은 출생이라는 우연적 요인에 의해 불평등한 기회를 갖게 되었다. 이는 A의 자유로운 선택과 노력의 결과라 할 수 없다. 따라서 A의 불운을 보상함으로써 실질적인 기회의 평등을 보장해야 한다. 저소득층 학생에 대한 적극적 우대조치를 시행함으로써 저소득층 부모 아래에서 태어난 동일한 불운을 겪은 학생들이 동일한 출발선상에서 경쟁하도록 해야 한다. A를 비롯해 저소득층 자녀들이 저소득층에 대한 적극적 우대조치를 통해 경쟁하여 이 중에서 가장 좋은 성적을 얻은, 즉 가장 노력한 자유를 실현한 학생을 선발한다.

다음으로, 왈저의 다원주의적 평등에 따라 저소득층에 대한 적극적 우대조치의 정당성을 살펴보자. 현대의 지배적 가치는 돈이다. 돈을 가진 자는 학력이라는 가치를 지배할 수 있다. 저소득층에 대한 적극적 우대조치를 도입함으로써 돈이 많은 자가 학력이라는 가치를 지배하는 것을 예방 혹은 완화할 수 있다. 이처럼 저소득층에 대한 적극적 우대조치는 돈이 지배적 가치로 작동하여 가치의 지배현상을 사회에 퍼트리는 것을 막을 수 있다. 따라서 저소득층에 대한 특별전형은 다원주의적 평등에 기여하므로 정당화된다.

모의문제 10 정의와 불평등

*부록의 원고지를 사용하여 실제 시험처럼 제한시간(110분)에 맞춰 답안을 작성해보고, 답안을 작성한 후에는 p.485에서 해설과 예시답안을 확인해보세요.

Q. 제시문 (가), (나), (다)의 주장을 각각 요약한 후, 제시문 (가), (나), (다) 각각의 입장에서 <사례> 상황을 해결할 때 <사례> ①, ②, ③의 우선순위를 정해 논술하시오. (1000~1200자)

(가) 민주주의는 실용적 도구이며, 개인의 자유를 보호하기 위한 목적이 있다. 그렇기 때문에 개인의 자유와 민주주의가 언제나 동일한 것은 아니다. 민주 체제보다도 독재적 지배 하에서 문화적·정신적 자유가 더 컸던 적도 많았다. 동질적이고 교조주의적인 입장을 가진 다수가 탄생시킨 민주 정부가 최악의 독재만큼 압제적일 수도 있다. 따라서 독재가 자유를 근절시키는 것이 아니라 계획이 독재로 귀결된다고 보는 것이 타당하다. 왜냐하면 특정한 목적의 계획을 실현할 때 독재는 대규모 중앙 계획이 가능하고 계획 실현을 위한 강제력을 행사 가능한 가장 효과적인 도구이기 때문이다.

민주주의라는 수단이 개인의 자유를 보장할 목적으로 시행되지 않는다면, 민주주의는 전체주의 체제 아래에서도 작동할 수 있다. 진정한 '프롤레타리아 독재(dictatorship of the proletariat)'는 민주적인 형태를 가지고 있다고 하더라도 중앙집권기관에서 지시하는 경제활동을 수행하기 위해 독재정치보다도 더 개인의 자유를 제한하고 파괴할 수 있다.

민주적 절차에 따라 권력이 부여되면 정당하다는 근거는 없다. 민주적인 절차와 자의적 권력을 대비시켜서는 안 된다. 자의적인 권력의 출현을 예방하기 위해서는 권력의 '원천'에 관심을 두기보다 권력의 '제한'에 관심을 두어야 한다. 민주적 절차를 거쳐 결정된 정책이라 하더라도 이를 실행하기 위해서는 권력이 사용되어야 한다. 따라서 확고한 규칙이 권력의 사용을 제약하지 않는다면 그 권력은 필연적으로 자의적 권력이 될 것이다.

(나) 인간은 고통과 쾌락에 지배받는다. 고통과 쾌락은 옳고 그름의 기준이다. 행복을 증가시키느냐 또는 감소시키느냐에 따라 어떤 행동이 칭찬할 행동인지 비난할 행동인지가 결정된다. 효용성은 개인의 행위뿐 아니라 국가의 모든 정책의 판단기준이다. 효용성은 이익, 쾌락, 행복을 가져오고 불이익, 고통, 불행을 예방하는 속성이다. 공동체 이익은 도덕의 가장 일반적인 표현 중 하나이다. 공동체는 개인으로 구성된 허구체일 뿐이다. 공동체의 이익이란 그 공동체를 구성하는 구성원들의 이익을 합한 것이다. 따라서 개인의 이익을 별개로 하여 공동체의 이익을 논한다는 것은 무익하다.

(다) 공동체로부터 유리된 개인은 존재할 수 없다. 우리는 이미 태어났을 때부터 누군가의 자녀이고 손자일 수밖에 없다. 마치 식물의 씨앗이 스스로 발아하듯이 독립된 개인으로 태어나는 것이 아니라, 가족 공동체의 일원으로 태어나 가족, 친구, 사회의 도움을 받아 성장해 개인으로 독립하는 것이다. 매킨타이어는 이를 두고 인간은 '서사적 존재'라고 하였다. 이야기는 시간의 흐름에 따라 만들어지고, 나 혼자 독백은 가능할지언정 이야기를 만들어나갈 수는 없다. 매킨타이어에 의하면 서사적 존재로서의 인간을 부정하고 독립적 개인을 말하는 것은 현실의 인간을 부정하고 가상의 존재를 인간으로 상정하는 것이나 다름없다. 예를 들어, A와 B가 동시에 물에 빠졌는데, A와 B 중에 하나만 구할 수 있는 상황이라 하자. 자유주의에 따르면 A와 B 중 누구를 구할 것인지는 구하려는 사람의 자유에 달린 것이며 심지어 구하지 않는 선택을 해도 된다. 롤스의 자유주의에 따르더라도 이는 마찬가지이다. 그러나 A는 내 아들이고 B는 모르는 아이라 하자. B를 살릴 수 있는 가능성이 더 높고 A는 멀리 있어 구하기 어려운 상황이라 하더라도 우리는 A를 구하려 뛰어들 것이다. 매킨타이어는 우리가 이런 선택을 할 것임은 자명하고 나와 이야기를 갖고 있는 존재를 더 중요하게 생각할 수밖에 없다고 하였다. 그렇기 때문에 우리는 서로 연대해야 할 도덕적 의무가 있다. 이것이 바로 매킨타이어의 서사적 존재의 개념이고, 우리가 가족을, 친구를, 민족을, 국민을, 타인보다 더 중요하게 여길 수밖에 없는 이유라 할 수 있다.

―――〈사례〉―――

당신이 예산 배분을 결정하는 직위에 있다고 하자. 현재 당신이 사용할 수 있는 최대 예산은 10억 원이다. 일단 이 한정된 예산으로 아래 〈사례〉 ①, ②, ③ 중 하나에 지원하려 하는데, 동시에 2개 이상의 사례를 해결할 수 없고 예산을 나누어 사용할 수도 없다. 단, 예산은 앞으로 늘어날 수도 있기 때문에 미리 예산 지원의 순서를 정해두려 한다.

사례 ① A국은 우리나라와 멀리 떨어져 있어 역사적으로 큰 관계가 없는 국가이며, 세계 최빈국 중 하나이다. 이 국가의 아동들은 개당 1,000원인 약이 있으면 생명을 구할 수 있으나 돈이 없어 생명을 잃고 있는 상황이다. 약이 없어 생명의 위협에 놓인 A국 아동의 수는 100만 명이다.

사례 ② 우리나라와 국경을 마주하고 있는 B국은 갑자기 발생한 가뭄으로 인해 식량 생산에 차질이 발생한 상황이다. B국은 종교국가로 종교적 이유로 인해 우리나라와 50년동안 크고 작은 분쟁을 겪어왔다. 현재 가뭄으로 인해 식량 배급 상황인 B국은 생명은 유지할 수 있으나 아동들의 건강이 문제되고 있다. B국의 아동들에게 개당 5천 원인 영양식을 공급하면 이 위기를 해결할 수 있으며, 영양문제에 직면한 B국의 아동은 20만 명에 달한다.

사례 ③ 우리나라의 아동들 중 소득불평등으로 인해 교육의 기회를 평등하게 가지지 못한 경우가 있다. 교육의 기회를 공평하게 제공하기 위해 아동 1명당 교육비가 50만 원이 소요된다. 교육의 기회를 제공받을 필요가 있는 저소득층 아동은 2,000명이다.

Chapter 06

근대화와 민족주의

핵심 가이드

인류와 인류의 역사를 한 사람의 인생으로 치환해서 생각해보면 대단히 이상한 지점이 있다. 바로 근대 시기이다. 근대를 다음의 예를 통해 생각해보자.

예를 들어, A라는 사람이 있다고 하자. A는 50세이며 사회적으로 성공한 사람이다. A에게 "당신은 언제 자신이 성공했다는 것을 깨달았나요?"라고 물었다. 그러자 A는 "2014년 3월 28일 오후 2시 35분부터 같은 날 오후 5시 25분 사이에 성공했습니다."라고 말했다. 이는 대단히 이상한 일일 것이다. 대략 언제쯤이라는 정도라면 이해할 수 있지만, 정확한 일시와 시간까지 특정할 수 있다는 것은 매우 이상하다.

그러나 개인이 아닌 인류의 측면으로 볼 때 인류의 발전과 성공의 이유와 시기를 특정할 수 있다. 그것이 바로 근대이다.

국가론이 시작된 시점도, 민주주의가 시작된 시점도, 법치주의가 시작된 시점도, 경제라는 학문과 시장경제가 시작된 시점도, 불평등과 정의에 대한 관심이 일어나게 된 시점도 모두 근대이다. 근대의 발전은 서양에서도 매우 좁은 특정지역, 즉 서유럽에 한정된 발전이다. 시기적으로 보더라도 호모 사피엔스의 역사 2만 년에 비할 수 없을 정도로 짧은 몇 백 년에 불과하다.

그러나 근대는 인류의 모습을 그 이전과 그 이후로 나눌 정도로 대단한 의미가 있다. 현대의 우리가 누리고 있는 대부분의 사회 시스템은 그 원리의 규명과 발전의 시작이 근대에 근거를 두고 있기 때문이다.

근대에 들어서 인류는 민주주의 국가, 산업혁명과 같은 엄청난 발전을 이루었다. 그러나 한편으로는 제국주의와 식민지, 세계대전, 전체주의와 홀로코스트라는 어두운 면을 보이기도 했다. 특히 제국주의와 식민지는 민족주의의 발흥과 민족국가의 출현에서 기인하는 것이다. 민족주의 국가인 서구 제국주의 국가가 식민지를 지배했고, 식민지 국가들은 서구 제국주의에 대항할 논리로 민족주의 논리를 받아들였다.

합리성과 이성중심주의

1. 합리성

근대화는 이성에 대한 확신을 통해 합리성이 확대되는 과정이다. 유럽의 근대화 과정은 정치적으로는 국민국가의 형성, 경제적으로는 산업화에 따른 자본주의 체제 성립, 사회적으로는 신분제도 해체와 계급의 형성을 특징으로 한다.

근대는 합리성이 지배하는 시대이다. 근대 이전, 즉 전근대는 비합리성과 미신을 특징으로 한다는 의미가 된다. 막스 베버는 근대를 합리성의 시대로 규정하고, 합리성은 문화적 합리성과 사회적 합리성의 두 가지로 나누어진다고 설명했다.

(1) 문화적 합리성

먼저, 문화적 합리성이 있다. 합리성은 목적과 수단이 일치하는 것을 말한다. 그렇다면 비합리성은 목적과 수단이 일치하지 않는 것을 의미할 것이다. 비합리성의 대표적인 사례가 미신이다.

예를 들어, 리트를 잘 보고 싶은 수험생이 있다고 하자. 이 수험생이 리트를 대비하기 위해 말미잘 선생의 사진을 출력해서 걸어두고 매일 큰 절을 100번씩 한다고 하자. 이는 비합리적이고 미신이다. 이에 대한 논증은 다음과 같다. 리트는 지적 능력을 측정하고자 하는 목적을 가진 시험이다. 그렇다면 리트 성적을 높이고자 한다면 지적 능력과 관련한 수단을 선택해야 목적과 수단이 일치하게 된다. 그런데 이 수험생은 말미잘 선생의 사진에 큰 절을 하루에 100번씩 하는 수단을 선택했다. 이 수단은 코어 근육이 튼튼해지고 정신 수양에 도움이 될 수도 있다. 그러나 지적 능력의 향상은 기대할 수 없는 수단임에 분명하다. 따라서 이 수험생의 선택은 비합리적이라 할 수 있다. 이러한 비합리성에서 탈피하는 것이 문화적 합리성이다.

(2) 사회적 합리성

둘째, 사회적 합리성은 맥도널드화라는 개념과 관련이 있다. 문화적 합리성은 목적과 수단이 일치할 것을 요구하는 것이고, 문화적 합리성의 반대 개념은 미신이 된다. 따라서 전근대 시기를 한 마디로 표현하면 미신의 시대, 비합리성의 시대가 된다. 문화적 합리성이 자리 잡는다고 하더라도, 합리성이 실현된 것은 아니다. 사회적 합리성의 개념 역시 중요하다. 사회적 합리성은 목적을 달성할 수 있는 여러 수단 중에서 가장 효율적인 수단을 선택하는 것을 의미한다. 목적을 실현하는 수단을 선택하면 문화적 합리성은 실현된 것이다. 그러나 목적을 실현하는 수단이 여러 가지라면 어떤 수단을 선택할 것인지가 문제될 수 있다.

사회적 합리성은 곧 효율성의 개념과 일치하는 것이다. 효율성을 논증하기 위해서는 반드시 두 가지 개념을 동시에 생각해야만 한다. 효율(效率)은 한자로 효과의 '효'와 비율의 '율'이 합성된 개념이다. 효율은 비용 대비 효과를 말하는 것이다. 효율이 높다는 말의 의미는 조합으로 볼 때 크게 4가지가 될 수 있다. 비용이 동일한데 효과가 큰 것, 효과는 동일한데 비용이 낮은 것, 비용은 높아졌는데 효과가 더 크게 높아지는 것, 효과는 낮아졌는데 비용은 이보다 더 낮아지는 것이다. 리트 논술이나 로스쿨 면접에서 효율성을 논거로 제시하는 경우가 많은데, 이때 효과만 논하거나 비용만 논하면 효율성을 논증한 것이라 할 수 없다. 효율성은 효과와 비용을 동시에 논해야 한다. 따라서 이 중 하나를 누락할 경우 논리적 오류가 된다.

사회적 합리성의 예는 다음과 같다. 로스쿨 입시를 준비하는 수험생 A가 있다고 하자. 수험생 A는 반드시 올해 합격해야 하는 상황이다. A가 로스쿨에 합격하기 위해 큰 절을 하루에 100번 하는 선택을 하는 것은 미신에 해당하며 문화적 합리성에 어긋나는 선택이다. A는 큰 절을 하는 대신 공부를 하기로 마음먹었다. 그렇다면 A는 문화적 합리성이 있는 선택을 했다.

그런데 공부방법은 여러 가지가 있다. 수험생 A는 다음 공부방법 중에 하나를 선택하려 한다. ① 교수님들이 추천하시는 동서양의 고전 200권을 모두 읽어서 기초능력을 쌓는다. ② 기출문제를 풀어보고 점수 향상에 직접적으로 연관된 부분만 공부한다. 만약 수험생 A가 ①의 방법을 선택했다면 과연 효율적일까? 아마도 대단히 비효율적일 것이고 수험기간은 끝도 없이 길어질 것이다. 동서양의 고전 200권을 읽는다는 자체가 엄청난 도전이다. 1년은 52주인데 1주일에 한 권의 책을 읽는다고 하더라도 4년이 걸리는 분량이다. 게다가 이 긴 시간을 들여 읽었는데 오독을 하거나 잘못 이해해서 잘못된 선입견이나 고정관념이 생기게 되면 더 큰 문제가 된다. ①의 방법은 대학에 이제 막 입학한 학부 1, 2학년에게 적합한 방법이다. 올해 반드시 합격해야 한다는 목표가 있는 A에게 어울리는 방법이 아니다. 1년 내 합격이라는 효과를 동일하게 규정할 때, 비용이 낮은 선택을 해야 사회적 합리성이 있는 것이다. 그런데 ①의 선택은 2~3년의 시간이라는 비용이 들거나 효과가 달성될 수 없는 것이다. 따라서 수험생 A의 효율적 선택은 ②가 될 가능성이 높다.

이처럼 사회적 합리성은 목적을 달성할 수 있는 여러 수단 중 가장 효율적인 수단을 선택하는 것을 의미한다. 맥도널드화는 결국 사회적 합리성이 극대화된 형태를 의미하는 것이다.

2. 관료제와 상비군

막스 베버는 근대를 합리성의 시대로 규정했고, 특히 이러한 합리성이 구현되는 조직을 관료제라 생각했다. 관료제는 피라미드 형태로 구성되어 목적을 구현하는 수단을 중심으로 권한과 책임을 촘촘하게 부여한다. 베버의 관료제를 행정학에서 중요하게 다루는 이유가 바로 여기에 있다.

중세 봉건제는 태양왕 루이 14세로 대표되는 전제군주정을 거쳐 근대 민주주의 국가로 변모한다. 사실 관료제는 전제군주정을 위한 것이었다. 전제군주정이 성립하기 위해서는 상비군과 관료제 두 가지가 필요하다.

먼저, 상비군의 필요성을 알아보자. 군대는 군주의 명령을 강제할 수 있는 전문적이고 강력한 군사력을 말한다. 전근대 시대의 군대는 지휘관만 직업 군인이고 일반병은 농민을 소집하는 형태였다. 그러나 전문적이고 강력한 군사력을 발휘하기 위해서는 지휘관부터 일반병까지 모두 직업 군인으로 삼는 것이 좋다. 이 경우 군대의 병력 수는 적으나 이를 능가하는 전문성을 갖추게 되어 전투력이 높아진다. 이 경우 모든 군인은 직업적 전문가이므로 이에 상응하는 월급을 주어야 한다. 이를 위해서는 세금이 필요하다.

둘째, 관료제는 전문 조직이다. 강력한 군대를 유지하기 위한 대규모의 세금을 거두어들이기 위해서는 각자의 전문분야를 발휘하는 전문 조직이 필요하다. 이 전문 조직이 바로 행정 관료이고 관료제를 통해 유지된다. 예를 들어, 세금을 걷으려면 인구 조사와 인적사항 파악, 개인의 소득 조사가 필요하다. 이는 주먹구구식으로 할 수 없다. 현대의 예를 들면, 국세청, 통계청 등이 필요한 것이다.

전제군주정의 군주는 상비군과 관료제를 통해 권력을 유지한다. 강력한 전문군인의 군사적 압력으로 세금을 걷어 권력을 유지하고 확대하는 것이다. 프랑스 혁명과 민주주의는 이를 지배하는 군주를 국민으로 바꾸는 것이다. 그렇기 때문에 근대 국가와 현대 국가는 군의 수장을 군인으로 하지 않는 것이다. 군 통수권자는 국민이 직접 선출한 행정부의 수반이 된다. 관료제의 우두머리 역시 마찬가지로 국민이 직접 선출한다.

군대와 행정조직을 모두 통제하는 행정부의 수반, 즉 대통령은 전제군주와 같은 권력을 갖게 된다. 따라서 이를 통제하기 위해 군대와 행정조직을 고용하고 유지할 수 있는 돈을 통제한다. 세금은 국민이 직접 선출한 국민의 대표인 입법부만 세목을 정할 수 있다. 법률 없이는 세금을 걷을 수 없고, 이 세금을 행정부가 국민을 위해 제대로 사용했는지 확인하고 통제하는 것은 입법부의 권한이 된다. 만약 행정부가 국민의 세금을 입법부가 규정한 항목 외의 목적으로 사용했다고 판단된다면, 사법부가 이를 법률에 적합한 것인지 판단하도록 한다.

국가의 주인인 국민을 위해서는 상비군과 관료제가 반드시 필요하다. 그러나 이는 날카로운 칼이다. 이 칼이 권력자의 것이 될 것인지 국민의 것이 될 것인지는 알 수 없다. 따라서 민주주의 시스템을 고안해낸 사상가들은 권력 분립을 통해 이 강력한 힘을 통제하려 했다.

3. 합리성의 확산

중세시대 神이 창조한 자연은 인간에게 공포 그 자체였다. 화산 폭발, 홍수 등 자연의 거대한 힘은 인간이 예측할 수 없고 그 근원을 알 수 없어 마치 神의 힘 자체로 인식되었다. 그래서 인류는 과학이 발달하기 전에는 홍수, 가뭄, 전염병, 혜성의 출현 등을 신이 내린 징벌로 생각했다. 중세시대의 인간들에게 자연은 神이 만들어낸 것이며 생명을 지니고 있어 자신의 의지로 힘을 발휘하는 것처럼 여겨졌다. 그러므로 중세시대의 자연은 인간이 알 수 없는 신비로운 것이었다. 그래서 이런 현상이 발생하면 신에 대한 속죄로 사람이나 동물을 희생양으로 바쳤다. 신을 달래는 수밖에 없다고 생각했기 때문이다. 신(神) 중심의 세계관에 의하면 인간은 무력한 존재이고 인간의 운명은 신에 의해서 좌우된다.

그러나 근대인은 합리성, 즉 인간의 이성으로 자연을 이해할 수 있다고 생각했다. 데카르트에 따르면 세계는 神이 만든 것이고, 인간은 이성을 사용하여 세계를 인식할 수 있다. 자연법칙은 神에 의해서 확정되나, 그 이후에는 神에 의해서도 변화될 수 없다. 자연은 법칙에 따라 작동하는 기계이다. 자연이 일정한 인과법칙에 따라 운동해야 자연과학은 성립할 수 있다. 또한 자연이 법칙에 따라 작동하는 기계여야만 인간의 이성을 통해 법칙을 파악하고 이를 이용해 자연을 통제할 수 있다. 따라서 데카르트는 근대 과학의 철학적 근거를 제시했다. 자연과학자인 갈릴레이와 뉴턴은 자연의 운동법칙을 수학적으로 계산했다. 자연의 운동원리가 밝혀지면 자연의 이용을 위해 기술을 발전시키는 일만 남는다.

과학의 발달과 더불어 인간 이성에 대한 신뢰가 싹텄다. 근대 인간은 과학 발전과 더불어 인간 이성에 대한 확신을 가지게 되었다. 막스 베버는 <직업으로서의 학문>에서 생활조건에 대한 이해는 근대인보다 미개인이 더 뛰어나다고 한다. 예를 들어, 근대인은 엔지니어나 물리학자가 아니라면 엘리베이터가 어떻게 움직이는지 모르지만, 미개인은 그날의 식량을 얻기 위해 무엇을 해야 하는지 잘 알고 있다. 그럼에도 근대인은 원하기만 하면 언제라도 배워 원리를 이해할 수 있기 때문에 어떤 신비롭고 예측할 수 없는 힘이 내 생활에 작용할 수 없고 오히려 모든 것은 원칙적으로 내 이성적 판단과 예측에 의해 지배할 수 있다는 것을 믿는다.

근대인은 이성으로 자연 현상의 원리를 파악하고 더 나아가 자연을 통제할 수 있다고 생각했다. 더 나아가 인간사회까지도 이성에 따라 통제할 수 있다고 믿었다. 이성에 입각해 유토피아를 건설할 수 있다는 낙관주의가 확산되었다.

4. 데카르트의 이성중심주의

베버가 말했듯이 근대는 합리성의 시대이고, 합리성은 이성중심주의와 직접적으로 연결된다. 근대는 두 인물로 그 핵심을 설명할 수 있고, 데카르트는 근대의 정신을 확립했고 뉴턴은 근대의 육신이라 할 수 있다.

데카르트는 합리적 의심을 통해 개인을 발견하고 공동체로부터 개인을 분리, 독립시켰다. 르네 데카르트는 "나는 생각한다. 고로 존재한다"라는 말로 유명하다. 라틴어로는 Cogito ergo sum이고, 이 말이 너무 유명하기 때문에 코기토라고만 해도 동일한 의미로 받아들이게 된다. 데카르트는 이성을 통해 의심하고 흔들리지 않는 대전제를 발견한 후에 이로부터 결론을 도출하는 연역적 추론 방법을 사용한다.

우리는 이미 근대 이후를 살고 있기 때문에 이러한 사고방식이 너무나도 당연하다. 그러나 데카르트가 살던 시대는 중세에서 근대로 넘어가는 과도기이기 때문에 이러한 사고방식이 당연하지 않다. 신분제가 당연한 중세 시대의 사고방식과 평등한 지위가 당연한 현대 시대의 사고방식이 그 전제부터 다를 수밖에 없는 것이나 마찬가지이다.

데카르트는 건강이 좋지 않아 침대에 누워있는 시간이 많았다. 데카르트는 남는 시간에 의심을 시작했다. 내가 건강한 사람인데 실제처럼 생생한 꿈을 꾸고 있는 것은 아닐까? 나는 나비인데 사람의 꿈을 생생하게 꾸는 것은 아닐까? 꿈에서 뺨을 때리면 꿈에서 깨어날 텐데 고민할 것이 없다고 생각할 수도 있다.

그러나 데카르트는 인간의 감각은 믿을 수 없는 것이라 생각했다. 그리스의 파르테논 신전의 가장 아래 단은 우리 눈으로 보면 똑바른 수평선으로 보인다. 그러나 실제로는 약간 휘어져 있는데 우리 눈은 둥글기 때문에 일정 길이 이상을 넘어가면 실제로는 직선인데 우리는 그것을 곡선으로 인식한다. 파르테논 신전의 설계자들은 이를 보정하기 위해 곡선으로 설계해서 우리 눈이 그것을 보았을 때 직선으로 인식하도록 만들었다. 데카르트는 신뢰할 수 없는 모든 것을 의심했다.

그러다가 데카르트는 결국 절대 의심할 수 없는 대전제에 도달했다. 그것은 바로 내가 의심하고 있다는 사실이었다. 내 눈이 보고 있는 것이 실제의 모습인지, 내가 사람인지 나비인지는 확실하지 않다. 그러나 내가 이를 의심하고 있다는 사실만큼은 부정할 수 없다. 따라서 내가 의심하고 있다는 생각을 하고 있기 때문에 내가 존재할 수 있다는 결론에 도달하게 된다.

이는 개인의 존재 의미가 곧 합리적 의심을 할 수 있는 능력, 즉 이성으로부터 도출된다는 의미가 된다. 개인은 곧 자신의 이성으로부터 존재의 의미가 시작된다는 점에서 근대는 이성중심주의가 될 수밖에 없다.

5. 뉴턴의 자연의 이해와 지배

아이작 뉴턴은 영국의 과학자이며 그 업적을 인정받아 사후에 웨스트민스터 사원에 묻혔다. 아이작 뉴턴은 우리를 학창 시절에 괴롭혔던 미분과 적분을 비롯해서 만유인력의 법칙, 작용과 반작용, 빛의 굴절 등 물리와 수학에 넓고 깊은 업적을 남겼다. 뉴턴의 과학적 성취를 보고 있으면, 영국의 모든 과학자가 장기간 이루어낸 성취를 단 한 사람이 했다고 거짓말을 한 것이 아닐까 싶을 정도로 놀랍다. 공부도, 운동도 잘하고, 인성도 바르며, 효자인데다가, 돈도 잘 번다는 엄마 친구 아들은 가상의 인물임이 분명하다. 그러나 아이작 뉴턴은 분명한 실존 인물이라는 점에서 더 놀랍기만 하다.

데카르트의 합리적 의심은 "나는 생각한다. 고로 나는 존재한다."라는 이성이 곧 개인이라는 발견을 가능하게 했다. 그러나 내가 개인임을 발견하고 깨달았다고 하더라도 나에게 현실적인 힘이 없다면 변하는 것은 없다. 예를 들어, 내가 성인이 되었다고 하더라도 경제적으로 독립할 힘이 없다면 내 의식주를 책임지고 있는 부모님의 지시를 일정 정도 따를 수밖에 없는 것이다. 이를 인간에 대입하면 인간이 자연의 힘과 공포로부터 독립할 수 없다면 인간의 독립 선언은 사춘기 소년의 반항 정도에 머무를 뿐이다.

공포라는 것은 알 수 없는 것에 대한 예측 불가능성으로부터 기인하는 것이다. 자연의 공포는 인간이 자연을 예측할 수 없기 때문에 발생하는 것이다. 인간은 자연을 예측하고 싶어했고 그 방법으로 자연을 지배하는 신에 대한 믿음, 즉 종교에 의존했다. 그렇기 때문에 종교의 가장 큰 적은 과학일 수밖에 없다. 그리고 뉴턴은 자연의 지배력을 인격을 가진 신으로부터 비인격적인 이성과 논리인 수학과 과학으로 돌려놓았다.

돌을 하늘로 던지면 땅으로 다시 떨어진다. 이것은 왜 그렇게 되는 것일까?

아리스토텔레스는 돌은 가장 큰 땅인 지구로부터 나온 것이므로 그 본질인 지구로, 더 큰 땅으로 돌아오려는 성질이 있다고 했다. 중세 신학은 아리스토텔레스의 본질론을 신의 섭리로 치환시켜 신께서 그렇게 섭리를 구현해두었다고 여겼다.

그러나 뉴턴은 만유인력의 법칙에 따라 그렇게 되는 것이라 설명했다. 뉴턴은 질량과 초기 속도, 시간과 같은 특정 조건을 알 수 있다면 그 결과를 예측할 수 있음을 증명했다. 이 과정에서 우주의 중심은 지구여야 한다는 가치와 신이 인간을 사랑하기 때문에 그러하다는 인격적 개입은 전혀 존재하지 않았다.

이처럼 뉴턴은 인간의 이성을 발현해 개인이 자연을 예측하고 공포를 극복할 수 있음을 증명했다. 그리고 근대의 인간은 이전과 달리 '개인'이 되어 자연으로부터 독립된 존재가 되었다.

근대화의 특징

1. 합리성과 집단으로부터 개인의 분리

중세 시대, 알 수 없는 거대한 힘을 지닌 자연의 공포로 인해 집단과 개인의 관계는 집단의 절대적 우위로 규정되었다. 개인의 힘으로는 홍수나 가뭄 등 자연의 위협을 극복할 수 없기 때문에 개인은 자신이 속한 집단의 명령을 따라야만 하고 자유를 누리기 어려웠다. 집단은 그 자체로 신성한 것이었고 집단의 명령, 예를 들어 왕의 명령은 개인의 생명을 비롯한 모든 자유를 박탈할 수 있었다.

로크에 따르면 소유권 확립을 위해 계약을 통해 국가가 성립했다. 따라서 국가가 소유권자의 동의 없이 과세하는 것은 계약 위반이다. 로크는 국가의 자의적인 과세처분에 의한 소유권 침해를 배제할 수 있는 근거를 제시했다. 소유권이 없다면, 개인간의 계약을 통한 자원의 교환도 있을 수 없고 자신의 효용을 극대화하기 위한 효율성도 발생하지 않는다. 따라서 자본주의는 소유권을 전제로 한다. 로크는 소유권의 발생 원인과 국가에 의한 소유권 침해를 배제하는 이론을 제시하여, 자본주의 형성에 기여했다. 아담 스미스는 시장 원리에 따른 경제활동이 가장 효율적임을 밝혔다. 로크가 자유주의를 정치적 측면에서 정당화했다면, 아담 스미스는 경제적 측면에서 자유주의를 정당화하였다. 자유주의 정신에 따라 부르주아는 정치적·경제적으로 최대한의 자유를 누릴 수 있었다.

2. 국민국가의 형성, 평등의 확산과 신분제 폐지

근대화의 정치적 측면은 국민국가의 형성이고, 근대화의 사회적 측면은 구(舊)신분제도의 폐지와 계급의 확립이다. 국민국가란, 국민이 국가에 대한 일체감을 가지고 국가의사 형성에 참여하는 국가이다. 전근대국가에서는 상위 신분만 정치에 관여하고 나머지 신분은 법적으로 정치 참여가 금지되었다. 따라서 국민이라는 일체감을 가질 수 없었다. 조선시대의 양반과 노비는 한 나라의 국민이라는 동질감보다 이질감을 크게 느꼈을 것이다. 국가의 구성원들이 국민으로서의 일체감을 가지려면 신분제가 폐지되어야 한다. 신분제 폐지 없이 국민의 동질성을 확보하기 어렵다.

국가는 폭력을 사용하여 국민을 동원할 수 있다. 그러나 폭력을 사용한 동원은 비용도 많이 들 뿐더러 국민들이 적극 참여하지 않으므로 효율성도 낮다. 국민이 국가에 대한 의무감으로 동원에 적극 호응한다면 비용도 낮고, 효율성도 높일 수 있다. 신분제 폐지는 국가 구성원 모두를 국민이라는 하나의 의식으로 묶기 위해 필요했다. 봉건적 신분제의 폐지는 '우리'라는 연대의식을 심어주어 국민국가 형성에 기여했다. 국가는 의무 교육, 국가 행사를 통해 국민에게 동질성을 부여했다.

국민 상호간에 일체감을 형성하기 위해 정치의식, 역사의식이 공유될 필요가 있다. 근대국가는, 자신이 어디에서 왔으며, 현재 어디에 있고, 앞으로 어디로 가려는지에 관한 이데올로기를 만들어 국민들에게 주입했다. 이를 위해 국가와 국민, 국민 상호 간에 소통할 수 있는 언어(표준어)가 있어야 하고, 대부분의 국민이 문자를 읽을 줄 알아야 한다. 따라서 근대국가는 국민에게 의무교육을 장려하였다.

신분제는 폐지되었으나 자본주의가 확립되면서 계급간의 모순은 강화되었다. 계급간의 모순은 국가 구성원을 우리와 그들로 갈라놓아 국민국가를 분열시킬 수 있었다. 이러한 계급 모순을 덜어줄 수 있는 이데올로기가 필요했다. 그것이 바로 민족주의였다.

3. 사유재산권의 보장

조선 시대에는 지주가 토지와 땅문서를 가지고 있었다. 그렇다고 하여 사유재산권이 보장되었다고 할 수 있을까? 열심히 일해 땅도 사고 은행에 저금도 했는데 국가가 땅을 몰수하고, 은행이 부도가 나 돈을 모두 날리게 된다면 열심히 일할 의욕이 생기지 않는다. 사유재산권이 확보되어야만 근로의욕, 저축의욕이 생긴다. 내가 열심히 일해 1년에 2000만원을 벌었다고 가정해보자. 국가가 1500만원을 세금으로 가져간다든지, 부패한 관료가 이런저런 이유로 세금을 부과해 나의 재산을 착취한다면 열심히 일할 이유가 없다. 1860년대 조선시대에는 민란이 끊임없이 발생했다. 이는 관료들이 부패해 이런저런 이유로 백성들의 재산을 빼앗아갔기 때문이다.

유럽에서도 비슷한 경우가 있었다. 절대왕정시대에 왕이 자신의 필요에 따라 세금을 거두다보니 시민들의 거센 저항을 받게 되었다. 그래서 시민들은 시민의 대표인 의회의 동의 없이 세금을 거두어서는 안 된다고 주장했다. 이것이 세계사 시간에 배웠던 권리청원(1628년)과 권리장전(1648년)의 "의회의 승인 없이 과세 없다."라는 의미이다.

권리장전

1. 국왕이 의회의 동의 없이 법의 효력을 정지하거나 법의 진행을 정지하는 것은 위법이다.
4. 국왕이 의회의 승인 없이 세금을 징수하는 것은 위법이다.
5. 국민이 국왕에게 청원을 했다고 구금되거나 박해를 받는 것은 위법이다.
6. 의회의 동의 없이 상비군을 징집하여 유지하는 것은 위법이다.
8. 의원 선거는 자유로워야 한다.
9. 의회 내에서 토론하고 논의한 것은, 의회 아닌 어떤 곳에서도 고발당하거나 심문당하지 않는다.
13. 법을 수정, 강화, 유지하기 위해서 의회는 자주 열려야 한다.

---

4. 권력 분립과 법치주의

로크와 몽테스키외가 자유와 권리를 보장하기 위해 권력분립을 주장하였다.

권력분립과 법치주의가 확립되기 전

- **세무 공무원 A**: 당신은 100만원의 소득을 올렸으니 80만원을 세금으로 내시오.
- **일반 시민 B**: 작년에는 50만원밖에 내지 않았는데요.
- **세무 공무원 A**: 베르사유 궁전을 건축하기 위해 재정이 필요하니 80만원을 내시오.

권력 분립과 법치주의가 확립된 후

(같은 상황에서)
- **일반 시민 B**: 시민이 구성한 의회가 제정한 국세기본법에 의하면 세율이 20%로 정해져 있는데 왜 80만원의 세금을 내라는 말이오?
- **세무 공무원 A**: 왕의 지시사항이오.
- **일반 시민 B**: 법원에 제소하겠소. 법원은 왕의 지시가 아니라 법률에 따라 재판할 것이오.
- **법원 판사**: B에 대한 80만원의 과세처분은 법률에 근거하지 않은 처분이므로 취소한다.

입법권, 집행권, 사법권을 모두 장악한 왕을 절대군주라고 한다. 루이 14세가 대표적인 절대군주이다. 절대군주의 뜻이 곧 법이므로 A에게 80만원의 세금이 부과되어도 A는 구제받을 수 없었다. 그러나 영국의 명예혁명과 프랑스의 대혁명 후에는 권력분립과 법치주의가 자리를 잡게 되었다. 법률에 근거하지 않은 세금 부과는 A의 재산권 침해이므로 허용되지 않는다. 만약 A에게 80만원의 세금이 부과되면 A는 법원에 소송을 제기할 수 있다. 법원은 군주로부터 독립된 기관으로서 A에 대한 조세부과는 법률에 위반된다 하여 80만원의 과세 처분을 취소할 것이다. 그러면 A의 사유재산권 침해가 구제된다. 사유재산권이 보장되려면 권력 분립과 법치주의가 꼭 필요하다. 법치주의가 확립되어야만 안심하고 투자하고, 일할 수 있다. 투자나 노동을 국가가 착취한다면 일할 의욕을 갖기 힘들다. 법치주의가 확립되지 못한 17세기와 19세기 사이 중국인의 1인당 GNP는 큰 변화가 없었다. 그러나 같은 시기, 법치주의가 확립된 영국에서는 1인당 GNP가 6배 이상 상승하였다.

5. 자본시장의 형성

에디슨이 백열전구를 개발하고 가장 심각하게 고민했던 것은 무엇인가? 바로 자본이다. 발전소와 전선이 없다면 백열전구에 불이 들어올 수 없다. 발전소를 짓고 전선을 집과 공장까지 끌어 오려면 엄청난 자본이 필요하다. 자본시장이 형성되지 않았더라면 에디슨의 백열전구는 집안을 밝힐 수 없는 무용지물이 되었을 것이다. 금융회사인 JP Morgan에서 자본을 빌려줘 에디슨의 백열전구는 실용성을 지니게 되었다.

자본시장이 형성되지 않고서 대규모 생산은 불가능하다. 영국이 18~20세기 초까지 세계를 지배할 수 있었던 것도 자본시장 덕분이었다. 1873년 런던 금융시장은 1억 2천만 파운드, 파리는 1천 3백만 파운드, 뉴욕은 4천만 파운드를 이용할 수 있었다고 한다. 당시 런던은 자본이 풍부하여 자본을 빌릴 때 이자가 낮았다. 사업가가 사업을 위해 돈을 빌릴 때 런던 은행의 이자는 연 5%이고 파리 은행은 연 10%라면 당연히 사업가는 런던에서 돈을 빌릴 것이다. 돈을 빌리는 회사 입장에서 이자는 비용이므로, 비용을 낮추기 위해 런던에 회사를 차리는 것이 이익일 것이다.

뛰어난 발명가, 사업가들은 이와 같이 자본이 많은 지역에서 사업을 하려고 한다. 그러다 보니 20세기 초까지 영국이 초강대국이 될 수 있었다.

6. 교통과 통신 체계의 발달

교통시설이 제대로 갖춰지지 않은 경우 거대한 시장을 형성하기 어렵다. 그러므로 대규모 생산도 필요 없다. 산업화는 거대한 시장을 전제로 하므로, 물건을 팔 시장이 없는 경우 생산자도 없다.

18세기에 천안에서 대량으로 옷을 생산했다고 가정해보자. 당시 조선에는 철도도, 경부 고속도로도 없었다. 사람이 직접 지게에 지고 이를 서울까지 운반했다. 당연히 운송에 필요한 인건비가 매우 높아서 운송비가 너무 높아 옷값도 높을 수밖에 없었다. 그러면 수요자도 많을 수가 없다. 따라서 대량생산도 할 수 없게 된다. 이처럼 교통 인프라와 운송시설 없이는 산업혁명이 성공할 수 없다. 교통 인프라와 운송시설은 엄청난 자본이 장기간 투자되어야 하고 그 이익은 초장기간 조금씩 회수되는 특징이 있다. 예를 들어 아프리카의 한 국가에 철도를 가설해야 한다고 하자. 수천km에 달하는 철도와 신호체계, 이를 운용할 인력 양성, 역사 시설, 철도 장비의 생산과 수리, 유지·보수 등을 위한 인프라와 역사 시설은 엄청난 자금과 함께 10년 이상의 시간을 필요로 한다. 그러나 이 자금을 회수하기 위해서는 이보다 더 긴 몇십년이 소요될 것이다. 그렇기 때문에 이렇게 큰 자본을 장기간 투자하고 그보다 더 긴 시간동안 비용을 회수할 수 있다는 신뢰가 안정적으로 확보되어야 한다. 합리성과 민주주의, 법치주의는 정치적 안정과 함께 안정적인 법질서가 유지될 것이라는 신뢰를 위해 반드시 전제되어야 한다.

영국에서 증기기관이 최초로 발명된 이후 산업혁명이 이루어졌다는 점이 이를 증명한다. 물론 합리성의 확산, 민주주의와 국민국가의 확립, 법치주의와 자본주의, 자본시장의 형성이 전제되어야 하는 것은 물론이다.

교통과 통신체계가 구축되면 특정지역에 한정되었던 시장이 전국가적 단위로 커지게 된다. 거대한 시장이 형성되면 대규모 생산시설을 통해 규모의 경제를 실현할 수 있어 소비자는 낮은 가격으로 좋은 상품을 구매할 수 있어 삶의 질이 높아지게 된다. 이처럼 교통과 통신체계의 발달은 국가경제의 활성화로 이어진다.

7. 조선의 근대화 실패 원인

일본은 1854년 개항 이래, 서양의 합리주의와 산업기술을 적극 도입해 근대화에 성공했다. 일본은 이러한 힘을 바탕으로 조선을 침략했다. 반면 조선은 근대화에 실패하여 일본의 지배를 받게 되었다. 만약 자신이 19세기 조선시대의 학자나 관료였다면 근대화를 어떻게 촉진시킬 것인지 생각할 필요가 있다.

(1) 과학적 합리주의

18세기에 홍대용, 이익 등은 서양의 과학사상을 적극 수용하였다. 그러나 과학적 합리주의는 실학사상가의 전유물일 뿐, 일반 국민들에게 전달되기 어려웠다.

우리나라 근대과학의 선구자라고 할 수 있는 홍대용, 정약용 등은 백성들이 잘 모르는 한문으로 책을 썼다. 한문을 아는 백성의 경우에도 기본적인 초등 교육을 받지 못했기에 과학적 합리주의가 확산되기 힘들었다. 더군다나 정조가 죽은 후, 정약용이 귀양 가는 등 과학적 합리주의 사상을 가진 자들이 국가 정책에 참여하지 못했다. 과학적 합리주의가 교육을 통해 확산되지 못한 이유 중 한 가지이다. 과학적 합리주의자들은 국가 권력을 장악하지 못한 재야 세력이었기 때문에 일반 국민에게 교육을 통해 이러한 사상을 전달시키기에는 무리가 있었다.

(2) 국민국가의 형성, 평등의 확산과 신분제 폐지

근대화의 정치적 측면은 국민국가의 형성이고, 근대화의 사회적 측면은 구(舊)신분제도의 폐지와 계급의 확립이다. 조선은 왕을 중심으로 한 중앙집권체제 국가였고, 세도가문을 중심으로 한 세도정치가 확산되었다. 이러한 상황에서 국민은 존재하지 않았고 통치의 대상인 백성이 존재할 뿐이었다.

(3) 사유재산권 보장

조선시대에도 땅문서가 있었고 국가가 토지소유권을 인정해왔다. 그렇지만 사유재산권은 보장되지 않았다. 관료들은 자기들 마음대로 백성에게 세금을 부과하여 재산권의 침해가 심각했고, 백성들은 생존 터전을 잃고 떠돌아다녔다. 그런 상황에서는 누구도 열심히 일해 자본을 축적할 필요성을 느낄 수 없었다.

(4) 권력분립과 법치주의

구한말, 조병갑은 부안 군수로 재직하면서 백성들에게 보를 쌓게 하면서, 첫해에는 수세(水稅)를 물리지 않겠다고 약속했다. 그러나 그는 약속을 어기고 논 한 마지기당 쌀 두 말, 또는 한 말의 수세를 거두었다. 이는 동학농민운동이 발발하는 계기가 되었다.

재산권이 보장되려면 조병갑은 법률에 근거해서 수세를 부과해야 하고, 이 법률은 국민의 대표인 의회가 제정한 법률이어야 한다. 또한 법률에 근거하지 않은 조세였다면 과세권자와 독립된 법원에 소송을 제기할 수 있어야 한다. 그러나 당시 조선에서는 조세를 부과 받는 백성들이 제소하더라도 실제로 군수인 조병갑, 전라도 감사, 조정이 재판을 한다. 따라서 백성들이 자신들의 재산권을 침해받아도 구제받을 방법이 없었다. 왕과 조정이 입법권·행정권·사법권을 모두 쥐고 있었다. 왕과 조정이 마음대로 과세하더라도 백성들은 재산권을 보장받을 별다른 방법이 없었다. 유일한 방법은 민란, 동학농민운동과 같은 실력 행사뿐이었다. 이것도 무력으로 진압당하는 바람에 백성들의 권리 보장은 불가능했으며 백성들은 성군(聖君)이 나타나기를 기도하는 것 외에는 방법이 없었다.

(5) 자본 시장의 형성

사유재산권이 보장되지 않고 권력분립과 법치주의가 실현되지 않는다면, 자본시장은 왕과 권력층에게 내 돈을 가져가달라고 하는 것이나 다름없다. 따라서 거대자본이 형성되지 않으므로 대규모 투자가 불가능하여 산업의 탄생과 발달 또한 기대할 수 없다.

연암 박지원이 지은 <허생전>에서 허생은 한양 최고 갑부로 알려진 변승업의 아버지에게 1만 냥을 빌려 그 돈으로 과일, 대추, 밤 등의 제수음식을 샀다. 설날이 되자 제사상에 대추, 밤을 올려야 하는데 대추, 밤이 없어 가격이 올라 허생이 10배로 팔아 이득을 챙겼다. <허생전>을 보면 당시 조선의 시장 규모가 얼마나 작았는가를 알 수 있다. 금융시장이 전혀 없었던 것은 아니지만, 영국이나 프랑스에 비하면 없는 것과 마찬가지였다. 대부분의 사람들이 돈이 있으면 장롱 속이나 땅 속에 숨겨 놓았지 은행에 예금하지 않았다. 상인들이 돈을 차입해서 대출해주는 경우도 있었으나 이는 지극히 드문 경우였다. 자본 시장이 제대로 형성되지 않았기 때문에 공장을 지어 대량 생산을 가능하게 한 산업 혁명이 조선시대에는 일어나지 못했다.

(6) 교통과 통신 체계

조선 말기, 우리나라에는 철도가 없었고 운송수단이었던 수레나 말이 매우 귀했다. 대부분의 상인들은 직접 발품을 팔아 물품을 유통시켰다. 따라서 운송비가 높아 큰 시장이 형성되기 어려웠다. 물품 가격보다 운송비가 더 비싸다면 거래가 발생할 수 없다. 그렇기 때문에 높은 운송비보다 더 비싼 물품만 시장에서 거래될 수 있다. 비단, 인삼 등과 같은 물품이 대표적이며 이마저도 생산비용에 운송비용이 더해져 훨씬 비싼 가격이 될 수밖에 없었다. 박제가는 <북학의>에서 수레 사용을 권장했는데 이는 운송비를 낮춰 물품 이동을 용이하게 하기 위함이었다.

이와 같이 조선 시대에는 도로와 철도가 없었기 때문에 유통비용이 매우 높아 거대시장이 형성되기 어려웠다. 따라서 도로와 철도를 건설하려면 엄청난 자본이 들었다. 조선은 이러한 자본 시장이 미약하여 철도나 도로와 같은 운송 체계를 만들지 못했다. 그래서 생산된 물품이 있다 하더라도 운송비가 너무 높아 수지가 맞지 않았다. 그러면 대량 생산을 할 이유가 없고, 따라서 산업화가 성공하지 못했다.

기록에 의하면, 조선시대의 어떤 양반가에서 11km 떨어진 포구에서 소금 18두(현재 기준으로 108ℓ 정도)를 구입했다. 소금의 가격은 12냥 4전이었는데, 11냥 2전 3푼의 '노비(路費)'가 들었다. 11km라면 걸어서 2~3시간 정도 되는 거리인데, 상품 가격의 99%에 달하는 운송비가 추가로 소요된 것이다. 도로가 제대로 닦여 있지 않아 사람이나 소, 말이 직접 운송해야 하는 상황이었기 때문이다. 심지어 경상도 지역의 조세미 1석을 조령 고개를 넘어 충주까지 운송하는 비용만 쌀 2석이 들었다. 실학자인 박제가는 <북학의>에서 수레를 적극적으로 사용해서 운송비를 줄여야만 물산이 국가 전체에 골고루 분배될 수 있다고 주장했다. 그러나 조선을 지배한 유학에 의하면 사농공상(士農工商)에 따라 상업은 돈을 추구하는 것으로써 천한 것이기 때문에 박제가의 주장은 받아들여지지 않았다. 이러한 상황에서 산업화가 진행되고 근대화가 시작되기는 어렵다.

탈근대화

1. 근대화의 문제점

(1) 생산성 증가와 행복

계몽주의 사상가들은 이성이 인간의 모든 문제를 해결할 수 있으리라 생각했다. 자연과학은 자연현상을, 사회과학은 인간과 인간 간의 현상을 분석하고 예측하고 통제할 수 있다고 생각했다. 그들은 이성을 이용하여 자연과 사회를 통제하고 유토피아를 만들 수 있다고 생각했다. 그러나 21세기를 맞이한 우리들은 유토피아 대신 자연의 보복이라고 불리는 지구온난화와 같은 위험으로 가득 찬 위험사회에 살고 있다.

동양은 욕망을 억제함으로써 행복을 추구했으나, 서양은 욕망을 억제하지 않고 물질적 소비를 더 크게 함으로써 행복을 극대화하려 했다. 근대화, 산업화, 자본주의는 소비의 증가가 정비례는 아닐지라도 비례하여 행복을 증가시키리라는 전제에 근거하고 있다. 의식주 해결은 분명히 행복을 증가시킨다. 그러나 우리나라는 1980년대보다 2008년의 국민실질소득은 증가했으나 국민이 그때보다 더 행복한가에 대해서는 의문스럽다. 새뮤얼슨[100]은 "행복＝물질적 소비/욕망"라고 한다. 1980년대보다 현재가 물질 소비량은 더 크다. 그러나 물질 소비가 늘었다고 더 행복해지는 것은 아니다. 따라서 물질적 소비가 커진다고 행복이 커질 것이라는 근대적 사고에는 오류가 있다.

인류는 소비 증가를 위해서 자연자원을 더 많이 이용했고 이는 자원의 고갈과 환경 파괴로 이어졌다. 그런데 소비 증가와 행복이 비례 관계가 아니라면, 환경 파괴를 감수하면서 생산성을 증가시킬 필요가 없지 않느냐는 의문이 제기될 수 있다.

(2) 인간 소외

인간을 위해 재화가 필요하다. 재화를 위해 인간이 필요한 것은 아니다. 그러나 점차 인간 스스로가 목적이 되지 않고 다른 것을 위한 수단이 되는 현상이 발생하기 시작했다. 이러한 현상을 인간 소외라고 한다.

예를 들어, 조선시대 도자기를 만드는 장인을 생각해보자. 도공은 도자기를 만드는 주체로서, 어떤 점토를 사용하고 어떤 모양을 새기고 언제 화덕에 넣고 꺼낼지를 스스로 결정한다. 즉 도자기를 만들기 위한 구체적인 내용은 도공이 결정한다. 만든 도자기가 도공의 마음에 들지 않는다면 깨뜨리기도 한다. 따라서 도공이 노동의 주체였다.

다른 예로 자동차 공장에서 바퀴를 끼우는 노동자를 생각해보자. 자동차 공장의 노동자는 오전 9시 정각에 컨베이어벨트 앞에 도착해야 한다. 정해진 바퀴가 아니라 다른 바퀴를 끼운다든지, 차 색깔이 마음에 들지 않는다고 차를 부숴버릴 수 없다. 정해진 시간, 똑같은 바퀴를 맞춰 넣기만 할 뿐이다. 자신이 직접 결정할 수 있는 것이란 거의 없다. 노동자는 사용자로부터 고용된 생산요소에 불과하다. 이를 노동소외라고 한다.

[100] 새뮤얼슨(P. A. Samuelson): 미국의 경제학자로 1970년 노벨 경제학상을 받았다. 뛰어난 경제이론가로 알려진 새뮤얼슨은 훌륭한 수학적 기법을 도입함으로써 다양한 부문의 경제이론을 발전시키는 데 크게 기여했다. 특히 승수이론과 가속도원리의 상호작용에 관해 수학적 공식을 세운 것과, 소비분석에서 현시선호(顯示選好)의 이론을 전개한 것은 경제이론의 발전에 커다란 영향을 미쳤다. 그의 경제학 입문서는 고전으로 인정받고 있다.

회사 입장에서도 노동자인 나를 기계 부품으로 취급한다. 자본주의 사회에서 회사는 비용을 최소화하여 생산을 늘려야 경쟁에서 이길 수 있다. 그 경우 생산의 효율성을 위해서 인간을 사물처럼 취급하여 배치하고 관리하는 것이 유리할 수밖에 없다. 작업 능률의 향상이라는 미명하에 노동자의 작업 동선과 시간 소요를 엄밀히 측정하고, 노동자의 일거수일투족을 통제한다. 인간을 수단으로 이용해서는 안 된다는 휴머니즘은 효율성이라는 표어에 산산조각난다. 인간은 효율적 생산을 위한 수단일 뿐이다.

인간을 위해 물건이 필요한데 이제 인간이 물건처럼 취급되는 가치전도 현상이 곳곳에서 발생하고 있다. 시장경제에서 재화는 효용성에 따라 그 가치가 결정된다. 가치전도 현상으로 인해 재화 취급을 받게 된 인간도 효용성에 따라 가치가 결정된다. 재화의 가치가 화폐를 통해 수량으로 측정되듯이, 인간도 연봉이라는 수량으로 측정된다. 가정에서조차 이런 일이 벌어지고 있다. 경제적으로 능력 있는 가장은 효용성이 있어 가족 구성원에게 좋은 대우를 받지만 그렇지 못하면 무시당하기 일쑤다. 인간은 그 자체가 목적이 아니라 수단이 되어버린 것이다. 수단으로서 효용성이 있지 않으면 가정에서조차도 버림받을 수 있다. 이는 특히 카프카의 <변신>에 잘 드러나 있다.

(3) 제국주의, 식민주의

유럽의 여러 나라들은 근대화의 성공으로 얻은 경제적 부와 군사력을 동원하여 아프리카, 아시아의 여러 나라를 강제로 식민지 삼았다. 산업 혁명 이후 유럽의 자본주의는 급속히 발전하여 19세기 중엽부터 자본의 집중과 집적을 통한 독점 자본주의가 등장하였다. 독점 자본주의는 값싼 원료와 자국에서 생산한 상품의 시장, 그리고 잉여 자본의 투자 지역을 찾아 아직 자본주의가 성립하지 않았거나 미숙한 지역을 무력으로 식민지화하였는데, 이를 제국주의(帝國主義)라고 한다. 서양열강은 동양과 아프리카는 비합리적·비문명적이라고 매도하고 이들을 문명화시키기 위해 지배한다는 논리로 지배를 합리화하였다.

(4) 환경 파괴

근대화로 인해 인간이 물질적 풍요를 누리게 된 것은 분명하다. 그러나 인간의 욕망은 만족할 줄 모른다. 하나를 채우면 또 하나를 욕망한다. 이러한 욕망을 채우기 위해서는 끊임없이 생산을 늘려야 한다. 30년 전만 하더라도 자동차를 가진 집이 드물었지만, 지금은 두 대 이상의 자동차를 가진 집이 흔한 실정이다. 자동차 생산에는 철광석, 원유, 고무 등 천연 자원을 이용해야만 하므로, 자동차 생산을 늘리기 위해서 자연 파괴는 불가피하다. 인간의 만족할 줄 모르는 욕망을 채우다보니, 어느새 자연은 파괴되고 지구온난화 등의 환경문제는 심각해졌다.

2. 합리성의 역설

(1) 합리성의 폐해

합리주의는 목적 달성에 맞춰 효율적 수단을 선택하는 원리이다. 이러한 합리적 사고는 생산력을 증대시켜 물질적 풍요를 가져다주었다. 상급자로부터 대량살상무기를 개발하라는 명령을 받았다고 가정해보자. 그래서 핵무기, 화생방 무기를 개발해서 적군을 대량 살상했다. 핵무기나 화생방 무기는 목적 달성에 효율적이므로 매우 합리적이라고 평가받을 수 있다. 그렇다면 유태인 학살이라는 히틀러의 지시 아래, 독가스실에 유태인을 가둬 살상하는 방법을 고안해낸 것 역시 합리적 방법이라 할 수 있다. 목적 자체에 대한 고민 없이 목적 달성에 효율적인 수단을 고안해내는 것을 도구적 이성이라고 한다. 이미 설정된 목적에 대한 비판적 사고를 할 때 도구적 이성의 문제를 해결할 수 있다.

(2) 베버의 합리성의 역설

베버의 합리성은 문화적 합리성과 사회적 합리성으로 나뉜다. 문화적 합리성은 미신에 대항하는 이성 중심의 문화를 의미한다. 또한 사회적 합리성은 관료제로 대표되는 효율성 추구를 의미한다. 베버는 합리성으로 인해 중세시대가 끝나고 새로운 시대가 올 것이라 생각했다. 합리성은 곧 이성 중심주의와 연결되기 때문에 근대는 이성의 시대이자 인간의 시대가 된다.

베버는 합리성이 인류에게 새로운 가능성을 주겠지만 문제점 또한 함께 줄 것이라 예상했다. 이것이 바로 합리성의 역설이다. 합리성을 요약하면, 목적과 일치하는 여러 수단 가운데 가장 효율적인 수단을 선택하는 것이다. 문화적 합리성과 사회적 합리성을 동시에 달성하는 것이라 할 수 있다. 합리성의 역설은, 극단적으로 효율성을 추구하다 보면 목적 자체를 잃을 수 있다는 것이다. 결국 효율적인 수단이 목적을 구축하게 된다는 의미가 된다. 독일에서 유태인으로 살아간 막스 베버가 예언한 합리성의 역설은 결국 나치 독일에서 유태인 학살로 증명된다. 이것이 역사의 잔인함이라 할 수도 있을 것이다.

(3) 한나 아렌트의 악의 평범성

한나 아렌트는 <예루살렘의 아이히만>을 쓰면서 악의 평범성이라는 개념을 제시했다.

나치 전범인 아이히만은 나치의 유태인 학살 계획인 최후의 해결책, The Final Solution의 책임자였다. 2차 세계대전 종전 후, 아이히만은 아르헨티나로 도주했고 신분을 숨긴 채 살았다. 그러나 이스라엘과 모사드는 그를 추적했고 예루살렘으로 압송해 전범재판에 세웠다.

전범 재판에서 아이히만이 주장한 것은 "나는 독일의 공무원이다"라는 것이었다. 아이히만의 주장은 독일 국민이 정당한 절차에 따라 히틀러에게 권력을 부여했고 국가권력의 지시를 받아 일개 공무원이 명령을 효율적으로 수행했을 뿐이라는 의미가 된다.

아이히만은 공무원이 상급자의 정당한 지시를 받아 도로를 건설한 것과 마찬가지로 상급자의 지시를 받아 유태인을 학살한 것이 동일하다고 주장했다. 100억 원의 예산을 주고 5년간 600만 대의 차량이 이용할 수 있는 도로를 건설하는 것과, 동일한 예산과 기간 내에 600만 명의 유태인을 학살하라는 명령은 동일하다는 의미가 된다. 아이히만은 상급자의 어떤 지시라 하더라도 결국 효율적으로 수행하기만 했다면 면책된다는 의미를 갖고 있다.

극단적인 예시를 들어보면 다음과 같다. A가 총을 이용해서 B를 살해했다면 A를 처벌해야지 총을 처벌할 수는 없다. A는 독일 국민 혹은 히틀러이고, B는 유태인이며, 총은 아이히만과 같은 독일 공무원이다.

그러나 이는 합리성의 역설을 보여주는 것이다. 아이히만은 위의 사례에서 총과 유사하지만 결정적인 차이점이 있다. 총은 목적이 무엇인지 생각할 수 없지만, 아이히만은 목적에 대해 생각할 수 있는 인간이라는 점이다.

베버의 합리성의 역설은, 수단을 효율적으로 찾다 보면 목적을 잃게 된다는 의미이다. 결국 이를 극복할 방법은 인간이 자신의 이성을 발현해 목적을 고민하는 것이다. 아이히만의 주장은 독일 공무원의 존재 목적이 인간의 존엄성을 지키는 것이라는 점에서 비판된다. 나치의 경험 이후 독일 헌법은 제1조에 인간의 존엄성을 명문화하는 것으로 개정되었다.

한나 아렌트의 악의 평범성은 악마가 악한 행위를 하는 것이 아니라 평범한 우리가 목적에 대한 고민 없이 행동하면 악한 행위로 이어질 수 있음을 경고하는 것이다.

3. 탈근대화

'현대성(모더니즘)'이란, 16세기 말 이래 전개된 근대성이 완숙한 경지에 이른 19세기 중엽에 이와 같은 역사적인 흐름을 반성하면서 나온 지적 태도를 말한다. 그래서 현대성은 근대성의 완성이라는 의미와 탈근대성이라는 의미를 동시에 지닌다. 탈근대성을 근대성의 연속선에서 볼 때, 탈근대성은 근대의 '비판적 발전' 형태, 곧 근대성이 발전한 형태가 될 것이다. 그러나 탈근대성을 근대성의 불연속선 위에서 볼 때, 탈근대성은 근대성과의 단절을 의미한다. 즉 근대가 합리적이고 과학적이라면, 탈근대는 오히려 비합리적이고 비과학적이다.

탈근대성은 이성을 바탕으로 하는 계몽과 도덕을 거부하고 합리주의로 위장된 억압의 본질을 폭로하는 데 주력한다. 푸코는 <광기의 역사>에서 이성중심적 사회가 광기를 이성과 대립한 것으로 보고, 광인들을 타자화시키고, 이를 억압했음을 보여준다. 합리주의는 이성과 비이성(광기)을 분리하고, 광인들을 수용소에 유폐시키고, 일반인과 단절시켰다. 이성으로 설명할 수 없는 모든 것을 비정상으로 보고 이를 배제했다. 탈근대성은 의식보다 무의식을 강조하는데 무의식의 활동은 합리적이 아니라 충동적이므로 무의식이 강조되면 이성보다 감정과 욕망이 중시된다. 이성은 예측 가능하나 감정과 욕망은 예측 불가능하다. 이성의 관점에서 본다면 무의식을 기본으로 하는 사유는 일관성이 없고 모순적이다.

포스트모더니즘은 1970년대까지 사회 체제의 통치 이데올로기나 반체제운동의 지배 이데올로기였던 거대 이념(담론)을 거부한다. 지배계급이 자신의 이해관계를 국가나 민족으로 포장하는 허구적 국가주의는 말할 것도 없지만, 그에 맞서 민족적·계급적 해방을 내거는 거창한 이념도 거부한다. 거대 이념은 항상 통합과 합의를 목적으로 하기 때문에 목적론의 덫을 피할 수 없다. 목적론에 따르면, 개인은 국가나 민족, 계급을 위한 수단으로 전락할 수밖에 없다. 탈근대성이 강조하는 것은 전체가 아니라 부분이며 동질성이 아니라 차이다. 즉 이성, 의식, 확실성, 일관성, 연속성, 동질성 등 근대적 사유의 틀을 버리고 무의식, 불확실성, 모순, 단절, 차이에 초점을 맞춘 것이다.

민족주의(民族主義)

1. 근대와 민족

근대는 민족주의, 민족국가의 시대이다. 근대는 제국주의의 시대이기도 하다. 서구의 발전된 국가들, 대영제국이나 프랑스, 독일은 거의 대부분이 국민국가이자 민족국가이다. 대영제국과 프랑스, 독일 등 유럽 제국의 식민지였던 국가들은 민족의 이름으로 독립운동을 펼쳤다.

우리나라의 경우를 생각해보자. 일본제국은 민족을 중심으로 하여 민족국가, 국민국가를 만들었고 국력을 발전시켰다. 일본제국은 그 힘을 키우면서 대외적으로 국력을 발산해 조선, 중국, 대만, 만주, 동남아시아 등에 식민지를 가지려 했다. 우리 조상들은 일제를 상대로 하여 독립운동을 펼쳤다. 이때 우리 조상들은 조선의 국권 회복을 원하지 않았고 민족해방운동을 펼친 것이다. 이처럼 근대에 민족이라는 개념은 당대를 관통하는 중요개념이었다.

우리는 민족이라는 개념을 대단히 오래된 개념으로 착각하고 있다. 우리가 한민족을 반만년의 민족이라 부르는 것처럼 5천년이나 된 개념인 것으로 보고 있는 것이다. 민족이라는 말은 우리의 예상과 달리 근대에 만들어진 개념이다. 베네딕트 앤더슨은 민족을 상상의 공동체 혹은 상상된 공동체라 규정했다.

여기에서 가장 기초적인 논리를 적용해 이를 생각해보자. 귀류법을 사용해서 민족의 개념을 생각해보는 것이다. 민족은 가족의 확장판이라 생각할 수 있다. 단군 이래로 한민족이 존재했다고 가정하자. 고구려, 백제, 신라는 서로 피터지게 전쟁을 했고, 결국 신라는 바다 건너 당나라의 도움을 얻어 고구려와 백제를 멸망시킬 수 있었다. 이는 자국의 이익을 위해 민족을 배반한 것이라 할 수 있다.

그러나 민족이라는 개념이 근대 이전에 존재하지 않았다고 한다면 충분히 이해할 만한 일이다. 민족은 상상된 공동체(imagined community)이며, 말 그대로 'imagined'된 것이다. 부산에 사는 A가 있다고 하자. 경기도 파주에 사는 한국인 B와 오사카에 사는 일본인 C가 있다고 할 때, A는 B와 C 중 누구를 자기 민족으로 여길까? 당연히 B라고 대답할 것이다. 그러나 C는 A와 지리적으로 가까이 살고 있고, A가 무역이나 관광업에 종사한다면 B보다 C와의 이해관계가 더 클 것이다. 그럼에도 불구하고 만나본 적도 없고 지리적으로도 멀고 이해관계도 전무한 B를 자기 민족으로 여기는 것은 전적으로 상상된 것이다.

민족을 상상하게 하기 위해서는 두 가지 조건이 만족되어야 한다. 언어와 역사의 공유가 바로 그것이다. 같은 언어를 사용하고, 같은 역사를 공유하는 존재는 곧 우리 민족이 되는 것이다. 우리가 국사, 근현대사에서 일제 강점기의 중요인물로 배웠던 두 사람을 떠올릴 수 있을 것이다. 주시경 선생과 신채호 선생이 바로 그 두 사람이다. 한글과 국사는 언어와 역사를 의미하는 것이고, 일제 강점기에 우리 민족이 상상된 공동체로서 결집하기 위해서 언어와 역사의 공유는 핵심요소 그 자체이기 때문이다. 이처럼 민족주의는 근대를 관통하는 중요 개념이다.

2. 민족의 개념

학문적으로 민족(民族)을 정의하면, 남들과 구별되는 문화적 공통사항을 지표로 하여 상호간에 전통적으로 연결되어 있다고 생각하는 사람들, 혹은 다른 사람들에 의해 그렇다고 인정되는 사람들을 말한다. 이때 문화적 공통사항이란 언어, 종교, 사회, 경제생활 등의 생활양식을 포괄한다. 따라서 민족이라는 개념 자체는 문화에서 비롯된다고 할 수 있다.

민족을 구별하는 기준은 크게 둘로 나뉜다. 민족을 바라보는 관점에는 크게 객관적인 조건에 의해 구별된다는 입장과 주관적 조건을 강조하는 입장이 있다. 객관주의적 입장은 영속주의적 견해와 결합되며, 주관주의적 입장은 현대적 견해와 유사하다.

먼저 영속주의적 견해는 민족을 과거로부터 이어진 영원불변의 존재라고 본다. 민족을 종족이나 조상, 언어, 종교, 전통문화, 영토, 관습 등 공동의 역사·사회적 가치를 공유하고 있는 원초적 유대관계에 의한 종족적 형태로 파악한다. 이러한 견해는 민족을 인종이나 언어, 종교 등의 객관적인 기준으로 구별하기 때문에 객관주의적 입장과 궤를 함께 한다.

반면 현대주의적 관점은, 민족은 법적·정치적 의무와 권리를 가지는 시민으로 구성되었다고 한다. 이러한 견해는 프랑스 대혁명 후 프랑스의 민족국가 성립을 설명하는 이론이다. 민족은 언어, 혈통에 의해 구성되기보다는 정치적으로 형성된 것으로 본다. 이 관점에 따르면 민족구성원들이 민족 공동체에 자신을 귀속시키고자 하는 주관적 의지가 민족을 만든다.

(1) 민족에 대한 객관적 정의

민족에 대한 객관적 정의는 대개 일반인들의 상식처럼 혈통, 언어, 관습, 종교, 영토 등의 기준에 근거하고 있다. 객관적 민족주의에 따르면, 민족이란 동일한 혈통, 언어, 관습, 종교, 영토 등의 기준을 공유하고 있는 집단이다. 민족을 누가 보더라도 인정할 수 있고 명확한 기준에 따라 나눌 수 있다고 본다는 점에서 객관적 민족주의라 한다.

민족을 객관적 조건에 따라 나눌 수 있다고 주장하는 입장, 즉 객관주의적 입장에 따르면 민족은 과거로부터 혈통이나 관습 등을 물려받아 이어지는 영원불변의 존재가 된다. 이러한 관점에서 영속주의적 견해라고도 한다. 따라서 이러한 입장에서 민족은 종족, 조상, 언어, 종교, 전통문화, 영토, 관습 등 공동의 역사와 사회적 가치를 공유하는 집단이다. 즉 원초적 유대관계를 맺고 있는 종족 개념에 가깝게 된다.

(2) 민족에 대한 주관적 정의

한국인이지만 미국에서 태어나 미국에서 자란 교포 2세를 생각해보자. 비록 혈통은 한국인이지만 미국에서 태어났고 미국의 교육을 받았다면 사고방식이나 집단의식은 미국인에 가까울 것이다. 한편 미국인이지만 한국에서 태어나 한국에서 자란 사람이 있다고 하자. 파란 눈의 백인이라 하더라도 이 사람은 한국인의 정서를 가지고 있는 사람일 가능성이 크다.

위의 예를 볼 때, 민족은 생김새나 언어 등의 조건에 근거하기보다는 주관적 요인에 근거하는 바가 크다고 할 수 있다. 민족을 주관적으로 정의하는 입장에 따르면, 민족의 기준은 민족성원들의 집단적이거나 개인적인 소속감과 소속 의지가 된다.

에르네스트 르낭[100]은 민족을 가리켜 "매일의 인민 투표 an everyday plebiscite"라고 말한다. 르낭은 민족이란 우리가 함께 살아가고자 하는 의지가 있는 것인지를 매일매일 확인하는 것과 같다고 본다. 에르네스트 르낭은 민족에 대해 두 가지 본질적 조건을 언급한다. 하나는 풍요로운 추억을 가진 유산을 공동으로 소유하는 것이며, 나머지 하나는 현재의 묵시적 동의, 함께 살려는 욕구, 각자가 받은 유산을 계속해서 발전시키고자 하는 의지라고 하였다. 특히 르낭은 민족 구성원이 민족에 속하는 근거를 해당 지역 주민의 의지라고 했다. 우리가 흔히 생각하듯이 누가 보더라도 인정할 수 있는 객관적 조건, 즉 지리적 조건이나 언어, 종교, 인종 등에 기준을 둔 것이 아니라, 민족 구성원 스스로가 자신을 어느 민족이라고 생각하는지 주관적인 소속감, 정체감이 민족의 기준이라고 보았다는 점에 주목해야 한다.

르낭의 입장은 알자스-로렌 지역을 두고 독일과 프랑스가 영토 분쟁을 벌이면서 나타난 것이다. 이는 알퐁스 도데(Alphonse Daudet)의 <마지막 수업>에 잘 드러나 있다. 이 소설의 배경이 되는 곳이 바로 알자스-로렌 지역이다. 이 지역은 우리의 예상과는 달리, 18세기 말까지 독일어를 사용했고 독일 혈통의 주민들이 대부분이다. 알자스-로렌 지역의 주민들은 프랑스 혁명이 일어나자 주민 투표를 통해 프랑스에 통합되는 것을 스스로 선택했다. <마지막 수업>에서 나타나는 프랑스의 민족주의는 혈통이나 언어, 종교와 같은 겉으로 드러나는 요소가 아니라 주민들이 스스로 속하기를 원하는 시민적 헌신에서 비롯된 것이다.

3. 민족주의의 개념과 성격

(1) 개념

민족주의란, 스스로 민족이라고 자각하는 사람들이 자기 민족의 통일·독립·자유·발전·번영을 지향·추진시키려는 사상 내지 운동[10]이라 할 수 있다. 그래서 민족주의는 민족 구성원들이 민족에 최고의 충성을 바쳐야 한다고 한다. 물론 종교, 신분, 직업, 영웅 등도 충성의 대상이 될 수 있다. 그러나 민족주의에 따르면 민족은 어떤 존재보다도 충성의 대상으로 적합하다. 왜냐하면 민족은 다른 어떤 존재보다도 우월하기 때문에 민족에 최고의 충성을 바치는 것은 자명하다고 한다.

민족주의는 민족의 우월성을 전제로 한다. 민족의 우월성을 강조하기 위해 기억하기 싫은 민족사를 생략하거나 영광의 역사를 과장하기도 한다. 이 과정에서 역사왜곡이 발생하기도 한다. 그 예로 일본의 역사왜곡이나 중국의 동북공정을 들 수 있다. 더불어 자민족을 우월하다고 보는 의식은 다른 민족을 낮춰보고 무시하는 풍조로 연결될 수 있다. 예를 들어 일제 강점기 '조센징'이라는 용어는 이를 잘 나타낸다.

(2) 민족주의의 보편성 여부

앞서 언급한 민족에 대한 객관적·영속주의 견해와 주관적·현대주의적 견해의 대립에서도 알 수 있듯이 민족주의에 대한 연구는 역사적 경험에 근거하는 바가 크다. 따라서 "민족주의는 바로 이 것이다"라고 일의적(一義的)으로 개념을 정립하기 어렵다. 예를 들어 지방분권적이고 봉건영주의 지배력이 강하여 중앙집권이 필요했던 독일은 언어나 인종, 종교적 동일성을 강조하여 민족과 국가를 동일시하려고 하였다. 그러나 프랑스는 시민들이 대혁명을 통해 '우리'가 되는 경험을 했기 때문에 주관주의적 민족 개념이 도출될 수밖에 없다.

민족은 각 민족의 역사적 경험만큼 다양하기 때문에 민족주의에 대해서도 '민족이란 이런 것이다'는 보편적 개념을 도출하기 어렵다.

(3) 민족주의의 2차적 성격

민족주의는 자기완결적 논리 구조를 갖추지 못한 이데올로기이다. 이데올로기를 어떤 개인과 집단 또는 계층·계급이 사회와 자연에 대해 품고 있는 어느 정도 체계화되고 일관성 있는 관념형태[11]라고 할 때, 민족주의는 자신의 체계만으로 사회변혁이나 정치행위의 지침을 제공할 수 없다. 따라서 민족주의는 필연적으로 다른 이데올로기와 결합하게 된다. 예를 들어 일제 강점기 시절 자유주의 계열의 독립운동가들도, 사회주의 계열의 독립운동가들도 민족주의를 부르짖었다는 점에서 젠킨스[12](Brian Jenkins)가 말하는 민족주의의 2차적 성격을 알 수 있다.

(4) 민족주의의 양면성

민족주의는 각 민족의 역사적 경험을 반영하므로 보편적 합의가 어려운 개념이며, 자기완결성이 없는 이데올로기로서 2차적 성격을 지닌다. 따라서 민족주의는 다양한 양상을 보이며 무엇보다도 보수·진보의 야누스적 양면성을 띠는 개념이다.

프랑스 대혁명에서 민족은 혁명 바로 그 자체였다. 즉 혁명기의 민족주의는 구성원 간에 존재하는 모든 자연적 차이점을 뛰어넘어 사회 구성원들을 민족이라는 하나의 틀 속에 진보적으로 통합시킬 수 있었다.

[10] 르낭(Joseph-Ernest Renan, 1823~1892): 프랑스의 사상가·종교사가·언어학자로 프랑스 실증주의 대표자 중 한 사람이다.
[11] 이극찬, <정치학>, 법문사, 629p
[12] 칼 뢰벤슈타인(Karl Löwenstein), <Political Systems>, 정치학(이극찬)에서 재인용
[13] 젠킨스는 민족주의를 자기완결성이 없어 필연적으로 다른 이데올로기와 결합해야 하는 2차적 이데올로기라 했다.

그러나 이후 테르미도르 반동에서 이어지는 '권리와 의무 선언', 나폴레옹의 황제 즉위, 왕정복고 등은 질서의 기치 아래 조직된 민족을 생성했고 구체제로의 복귀는 전통이라는 명분으로 포장되었다. 이 시기의 민족주의는 전통이라는 감정에 호소하여 민족적인 연대감을 확보하고 민족주의의 보수화를 시도하였다.

이처럼 민족주의는 2차적 성격을 지니고 있는 이데올로기이며, 어떠한 이데올로기와 결합하는가에 따라 그 성격이 달라진다.

4. 민족주의의 역사

(1) 고대 그리스

민족은 보통 타자와의 관계 속에서 생겨난다. 즉 우리 민족과 타민족의 구별에서 민족의 의미가 강화된다. 이러한 의미의 '우리'와 '그들'의 구별은 고대에서도 나타난다. 페르시아 제국의 침략 전, 아테네와 스파르타는 하나의 공동체로 생각하지 않았지만 페르시아의 침략이 있자 하나의 공동체로 인식하고 연합하여 통일된 '그리스 민족'으로 페르시아에 대항했다. 물론 페르시아의 멸망과 함께 '그리스 민족'도 사라졌다는 점은 민족주의의 일면을 확인하게 한다.

(2) 중세의 지역적·왕조적 충성심

중세에 접어들면서 공동체의 연대의식은 희미해지게 되었다. 물론 중세 봉건제는 왕과 봉신(封臣)의 계약에 따른 지역분권체제가 성립되어 지역주의가 강화되고 '우리는 같은 지역 사람'이라는 동류의식을 발생시켰다. 또한 14세기에 이르면 지역과 봉건영주에 대한 충성심, 지역에 대한 동질감이 왕조에 대한 충성심으로 전환된다. 그러나 이러한 봉건적·왕조적 충성심이 적극적 연대의식을 의미한다고 볼 수는 없다. 강력한 신분제도와 왕·귀족(봉신)들의 권력독점 하에서 구성원들에게 연대의식과 스스로 이 공동체를 위해 헌신하겠다는 의지는 발생할 수 없다.

(3) 프랑스 대혁명과 혁명적 민족주의

프랑스 대혁명은 근대 민족주의를 탄생시켰는데 이는 민족주의의 두 가지 전제조건을 만족시킴으로써 가능하였다. 이 조건들은, 지역주의나 왕조적 충성심을 벗어나 민족을 수직적으로, 즉 권력자와 피권력자인 민중을 통합시킬 수 있는 강력한 민족의식을 발흥시켜야 하고, 단순한 애국주의를 정치적 차원의 적극적 행동으로 전환하는 이데올로기로 바꿀 수 있어야 한다. 프랑스 대혁명을 주도한 부르주아는 민중을 동원하고 부르주아와 민중이 하나의 민족공동체라는 의식을 심어주기 위해 민족이라는 개념을 이용하였다. 평등원칙에 따라 신분제를 폐지하여, 민중의 공동체 귀속감을 높였다.

(4) 민족주의의 변질

'그들'의 국가에서 '우리'의 국가라는 강한 연대감을 느끼게 한 프랑스 대혁명의 결과는 테르미도르 반동[13]으로 귀결되었다. 인민주권과 평등의 원칙은 테르미도르 반동 이후 재산과 자유의 원칙으로 전환되었다. 혁명적 민족주의가 가져온 자유, 평등, 형제애의 정신은 프랑스 제국주의의 정신으로 뒤바뀌었다. 평등과 자유의 공동체를 지향하던 민족주의는 국가에 대한 헌신, 지배자에 대한 복종의 논리로 변모했다. 이는 민족주의가 전통과 민족의 결합을 통해 민족적 연대감을 강화하여 국가에 대한 충성을 이끌어내는 수단이 되었다는 의미이다.

이뿐만 아니라 민족주의의 반동이 나타나게 되었다. 유럽의 민족국가는 자본주의에 의한 발전을 추구하면서 제국주의적 확장과 식민지 확보에 열을 올리게 되었다. 민족주의의 변질은 무솔리니의 파시즘과 히틀러의 나치즘 하에서 절정에 이른다. 인간성의 가치는 부정되었으며 국가·민족이 절대시되었다. 이에 따라 자민족 중심주의, 민족 이기주의가 신성시되었고 침략전쟁이 정당화되었다.

5. 현대의 민족주의

냉전의 종식과 더불어 구소련과 동구권에서 분리주의적 민족주의가 발흥하였다. 냉전 체제는 초강대국이 한순간에 서로를, 그리고 전 세계를 날려버릴 수도 있다는 공포[⑩]에 기반한 냉평화 (Cold Peace)를 가져왔다. 이러한 냉전체제의 종식은 초강대국에 의해 통제되고 있었던 갖가지 갈등과 분쟁을 촉발하는 계기가 되었다. 이른바 거대 이데올로기의 대립이 민족주의를 정치무대에서 사라지게 하였다. 그러나 20세기 초의 여러 문제점들이 해결되어 민족주의가 사라진 것이 아니라 단지 냉전체제라는 큰 흐름에 의해 숨죽이고 있었던 셈이다.

거대 이데올로기의 대립에 의해 동결되어 있던 민족주의의 문제는 1990년대 고르바초프의 개방 정책(글라스노스트), 개혁정책(페레스트로이카)과 함께 새롭게 부상한다. 소련의 정책변화는 동구권 위성국들에 대한 군사적 지원을 철회한다는 의미이며, 그 결과 중앙집권적 통제로 인해 눌려 있던 민족주의가 분리·독립을 외치게 되었다. 1990년대의 유고슬라비아, 그루지야, 아르메니아, 아제르바이잔 등의 분리 및 독립은, 민족주의로 인한 사회주의 붕괴가 아니라 사회주의 붕괴로 인한 민족주의의 재등장이라 할 수 있다.

선진 자본주의 국가 내에도 소수 민족 문제가 있다. 특히 주변부로부터 이주해 온 난민들의 문제가 있다. 독일, 러시아 등에서 이주외국인에 대한 혐오, 즉 제노포비아(xenophobia)가 나타나고 있다는 점을 볼 때, 종족적·언어적 단일성 등을 추구하는 소위 동질성의 확보를 위한 민족주의는 바람직하지 못하며 자기파괴적이다.[⑫] 특히 요즘 우리나라에서도 외국인 노동자의 범죄 급증에 따른 혐오감, 반발감 증가와 외국인 신부에 대한 인권침해 논란이 일고 있다는 점에서 혈통에 집착하는 경향이 강한 한국의 객관적·영속주의적 민족주의에 대한 논의와 반성이 필요하다.

(1) 세계화와 민족주의의 약화 가능성

세계화는 전 세계적인 경제활동을 통해 부를 공유한다. 예를 들어 세계화 상황에서 저개발국의 싼 노동력은 다국적 기업이 저개발국에 진출하도록 한다. 이로 인해 저개발국의 고용 상황이 호전되고 부의 획득·축적이 가능해진다. 또한 국경의 의미가 약화되고, 여행·관광 등이 증가하여 타국과 그 문화에 대한 이해가 높아진다. 정보통신기술의 발달은 전 세계적 커뮤니케이션을 활성화하여 지구촌 의식을 일깨울 수 있다.

(2) 세계화로 인한 민족주의의 강화 가능성

외국자본의 유입 증대와 그에 대한 국가 통제력의 약화, 실업에 대한 공포는 민족주의를 강화할 수 있다. 또한 이민자나 외국인 이주자들에 대한 적대심, 혐오감(xenophobia)이 커질 수 있다. 독일이나 러시아의 네오나치나 스킨헤드족의 무차별적 외국인 공격사건은 이를 잘 보여준다. 최근 우리나라에서도 외국인 노동자에 대한 혐오감을 드러내는 홈페이지 등이 나타나고 있는 실정이다. 미디어를 통한 소위 세계(미국) 문화의 확산은 자국문화에 대한 관심을 촉발한다. 이러한 상황들과 9.11 테러 이후 강화된 미국의 고립주의·패권주의는 타국의 민족주의를 자극하고 있다. 미국 트럼프 행정부의 이민정책 등도 그 예라 할 수 있다.

[⑩] 테르미도르 반동(Thermidorian Reaction): 프랑스 대혁명 기간 중 혁명력 제2년 테르미도르 9일(1794. 7. 27)에 시작된 반란. 이 반란으로 막시밀리앵 로베스피에르는 몰락하고 혁명의 열기와 '공포정치'가 끝났다. 1794년 6월 프랑스 국민들은 늘어만 가는 처형에 환멸을 느끼게 되었고(6월에만 1,300명을 처형), 파리에서는 공안위원회 위원이자 공포정치의 지도자인 로베스피에르에 대한 음모가 진행 중이라는 소문이 나돌고 있었다. 테르미도르 8일(7. 26) 로베스피에르는 호소와 협박으로 가득 찬 연설을 했다. 다음날 국민공회 의원들은 그에게 반기를 들고 체포명령을 내렸다. 테르미도르 9일 45명의 반(反)로베스피에르파들이 처형당했던 바로 그 단두대에서 이후 3일간 104명에 달하는 로베스피에르파들이 처형당했고, 이로써 프랑스 전역에서 자코뱅당에 대한 '백색 테러'가 잠시 벌어졌다. 이 쿠데타는 무엇보다도 공안위원회에 대해 국민공회의 권리를, 그리고 파리 코뮌에 대해 국가의 권리를 재확인한 행동이었다. 그 뒤 공안위원회는 해체되고 죄수들은 감옥에서 풀려났으며, 자코뱅 클럽은 폐쇄되었다. 새로 생긴 총재정부는 왕당파도 공화파도 아니었다. 사회와 정치는 자유롭고 사치스러워졌으며 더 타락해졌다. 옷차림은 사치스러워졌고 부르주아들은 엄청난 부를 소유했다.

[⑯] 상호확증파괴(Mutual Assured Destruction): 적이 핵 공격을 가할 경우 적의 공격 미사일 등이 도달하기 전에 또는 도달한 후 생존해 있는 보복력을 이용해 상대편도 전멸시키는 보복 핵전략을 말한다. 1960년대 이후 미국, 소련이 구사했던 핵전략으로, 영문 머리글자를 따서 MAD로 약칭하기도 하고, 상호확증파괴전략 혹은 상호필멸전략이라고도 한다. 이 전략 개념은 선제공격으로 완전한 승리를 하기보다는 핵무기를 사용하지 않기 위해 행하는 전략, 즉 핵전쟁이 일어나면 누구도 승리할 수 없다는 전제 아래 행하는 핵 억제전략이다. 따라서 핵무기는 사용하기 위해 생산하는 것이 아니라 사용하지 않기 위해 생산하는 억제 무기로서, 상대국의 국민과 사회 그 자체를 볼모로 삼는 도시대응 무기 전략이다.

[⑫] 에릭 홉스봄, <1780년 이후의 민족과 민족주의>, 236p

(3) 소결

근대 이후 국민국가는 대부분 민족을 기반으로 형성되었다. 따라서 세계화와 민족주의의 관계는 국민국가의 문제라고 할 수 있다. 세계화로 인해 국민국가·민족국가 간의 상호의존성이 커진다고 해도 국제관계의 기본단위가 여전히 국민국가·민족국가인 이상 민족주의는 소멸되지 않는다. 민족주의는 자기완결성이 없는 이데올로기로 다른 이데올로기와 결합되어 의미를 지니는 2차적 이데올로기이다. 따라서 어떤 이데올로기가 민족주의와 결합하는지에 따라 다양한 양상이 나타날 수 있다. 이에 따라 살펴보면, 프랑스 대혁명 시기의 민족주의가 '형제애'[16]를 통해 다양한 민족의 공존을 추구하였다는 점에서 민족주의와 세계화는 긍정적 상호영향을 미칠 수 있다. 반면 민족국가의 영토에 대한 집착이나 쇼비니즘[17]과 같은 극단적 형태의 애국심, 군국주의는 민족주의를 권위주의 체제에 기여하도록 할 것이다.

6. 민족주의의 순기능과 역기능

(1) 민족주의의 순기능

첫째, 국민국가의 형성이 있다. 중세의 봉건제적 질서는 엄격한 신분제도를 기반으로 한다. 즉 내부적으로 '우리'와 '그들'의 엄격한 차이가 있다. 그러나 프랑스 대혁명에서 시작된 민족주의의 발흥은 내부적으로 '우리'와 '그들'의 차이를 소멸시켰다. 이는 자유롭고 평등한 구성원들의 강력한 수직통합을 가능하게 하고, 구성원 모두가 '우리' 민족이라는 연대감을 가지게 하였다. 이러한 민족적 연대감은 국가에 대한 자발적인 귀속의지로 이어지게 되었다. 근대 서구 국가의 비약적인 발전은 일정부분 이에 근거한 바가 크다고 할 수 있다.

둘째, 국력의 신장에 기여한다. 민족국가·국민국가의 발전은 강력한 결속력 하에서 가능했다. '우리'와 '그들'의 구별이 존재하는 상황에서는 내부통합이 이루어질 수 없고 외부적으로 강력한 힘을 표출할 수도 없다. 그 예로 중국과 영국의 아편전쟁을 들 수 있다. 넓은 영토와 자원, 인구를 지닌 중국과 상대적으로 모든 영역에서 열세인 영국의 아편전쟁은 1차와 2차 모두 영국의 승리로 끝났다. 강력한 신분제도가 남아있던 중국이 국민 모두를 동원할 수 없는 반면, 평등하고 자유로운 민족국가가 성립되어 국민적 동원이 가능했던 영국의 국력 차이를 확인할 수 있다. 국가 지도층과 국민의 결집이 가능한 국가의 국력은 당연히 그렇지 않은 국가에 비해 클 수밖에 없다. 이처럼 민족주의는 강력한 수직적 통합을 통해 국력신장의 기반이 되었다.

(2) 민족주의의 역기능

첫째, 자민족 중심주의가 문제된다. 민족주의는 자민족과 타민족의 구분에서 비롯된다. 이러한 구분은 자민족에 대한 소속감, 연대감으로 작용할 뿐만 아니라 타자와의 차이를 강하게 인식하는 계기로 작용하기도 한다. 우리나라는 반만년을 이어온 한민족이라는 혈통에 대한 인식이 매우 강하다. 이처럼 핏줄에 대한 강한 귀속감을 순혈 민족주의라 한다. 순혈 민족주의와 같은 객관적 요소를 강조하는 민족주의는 타민족에 대해 배타적이며 다른 핏줄의 민족 동화를 허락하지 않는다. 예를 들어 외국인 신부에 대한 인권침해문제와 소위 코시안이라고 불리는 그 자녀들의 문제는 자민족 중심주의, 순혈 민족주의가 얼마만큼 배타적일 수 있는지를 잘 보여준다.

둘째, 조작 가능성이 있다. 베네딕트 앤더슨은 민족을 '상상의 공동체'라 주장한다. 앞서 언급한 바와 같이 중세시대까지만 해도 사회 구성원들의 연대의식은 봉건제 하에서 지역적 연대감이나 왕조에 대한 충성심에 지나지 않았다. 이러한 느슨한 연대감은 프랑스 대혁명을 통해 민족이라는 강력한 연대감으로 이어졌고 민족 간의 평화가 가능하다는 '형제애'로 표출되었다. 그러나 평등과 자유의 공동체를 추구했던 민족주의는 국가에 대한 헌신, 지배자에 대한 복종의 논리로 전환되었다. 국가에 대한 충성을 이끌어내는 수단으로 전락한 민족주의는 조작 가능성을 내포한다. 근대의 국민국가·민족국가 성립에 있어서 국민교육은 구성원 통합에 있어서 중요한 역할을 담당한다. 따라서 역사교육은 국가나 민족의 정체성을 일체화하는 데 의미가 크다. 즉 역사를 통한 자민족 의식, 타민족과의 차이 인식이 가능하다. 이러한 관점에서 민족우월성을 드러내려는 역사조작·왜곡이 나타날 수 있다. 대표적인 예로 일본의 역사왜곡[18]이나 중국의 동북공정[19]을 들 수 있다.

셋째, 민족주의의 반동이 발생할 수 있다. 민족국가·국민국가는 민족주의의 반동을 경험한다. 자발적 귀속감에서 비롯되었던 민족주의가 민족을 통해 정체감, 소속감을 조작하는 것이다. 통치자에 의해 조직된 민족은 국가에 대한 헌신과 복종을 강조하는 논리이다. 현대사회의 개인은 원자화, 파편화되어 소속감과 정체감을 잃었다. 강력한 지도자가 '민족'이라는 명분으로 개인에게 사명감과 민족의 일원이라는 소속감을 부여한다면, 민족주의는 국가 혹은 독재자에 대한 헌신과 복종을 정당화할 수 있다. 역사적 경험으로 무솔리니의 파시즘과 히틀러의 나치즘을 들 수 있다. 또한 민족적 우월성을 드러내기 위해 민족국가는 확장을 시도하게 된다. 물론 자민족의 힘을 과시하려는 것은 일정 부분 민족주의의 발전이라 할 수 있다. 그러나 타민족을 지배함으로써 자민족의 우월성을 확인받고자 한 것은 민족주의의 반동이라 할 것이다. 그 대표적인 예로 근대 유럽국가의 제국주의적 확장, 식민지 확보경쟁, 침략전쟁 등을 들 수 있다.

⑯ 프랑스 대혁명의 혁명정신을 '자유', '평등', '우애(형제애)'라고 한다. 우애를 박애라고 하는 견해도 있다.

⑰ 쇼비니즘(chauvinism): 배타적(排他的) 애국주의를 뜻하며 징고이즘(jingoism)과 유사하다. 프랑스의 연출가 코냐르가 지은 속요(俗謠) <삼색모표(三色帽標) La Cocarde Tricolore>(1831)에 나오는 나폴레옹 군대에 참가하여 분전하고, 황제를 신(神)과 같이 숭배하여 열광적이고도 극단적인 애국심을 발휘했던 N.쇼뱅이라는 한 병사의 이름에서 유래한 말이다.

⑱ 역사교과서 파문으로 시작된 일본의 역사왜곡은 동아시아 패권주의를 기반으로 한다. 경제대국으로 발돋움한 일본은 군사대국을 위한 각종 제도적 장치를 마련하고 있다. 역사교과서 왜곡은 일제(日帝)시대의 '침략'을 '진출'로, '종군위안부' 등 침략사실을 대폭 삭제하는 등 군국주의 시대의 황국사관(皇國史觀)을 드러낸다.

⑲ 동북공정(東北工程)은 2002년 2월부터 진행되었으며 중국 동북지방의 역사, 지리, 민족 문제 등과 관련된 여러 문제를 학제적으로 다루는 국가적 프로젝트이다. 동북공정은 중국 내 소수민족의 문제와 남북한 통일 후를 대비하여 국경 문제를 비롯한 영토 문제를 공고히 하기 위한 목적으로 진행되고 있다.

*부록의 원고지를 사용하여 실제 시험처럼 제한시간(110분)에 맞춰 답안을 작성해보고, 답안을 작성한 후에는 p.486에서 해설과 예시답안을 확인해보세요.

(가) 가장 어려운 증명을 하기 위해서 기하학자들이 사용하는 간단하고도 손쉬운 논증을 성찰한 끝에 인간의 지식 전부를 이와 비슷한 논리적 방식으로 얻을 수 있다는 결론에 도달했다. 그리고 나는, 누구나 논증에 필요한 순서를 신중하게 따른다면 도달할 수 없는 진리라는 것은 없고 또 발견하지 못할 만큼 숨겨진 진리도 없을 것이라는 점을 알게 되었다. 나는 시작점을 찾는 것에 어려움을 겪지 않았는데 가장 간단하고 알기 쉬운 것부터 시작해야 한다는 것을 깨달았기 때문이다.

과거에 진리를 찾고자 한 여러 학자들 중에 수학자들만 확실하고 명확한 추리와 논증 방법을 발견했다는 점에서, 나 역시 수학자들의 시작점에서 시작해야 한다는 점을 확신할 수 있었다. …(중략)…

나는 가장 간단하고 일반적인 원리로 시작했고, 내가 발견한 진리 각각들이 다른 진리를 발견하기 위해 필요한 하나의 규칙이 되었다. 그래서 나는 과거에 고민했던 여러 난제들을 해결할 수 있었고, 결국 해결되지 않은 문제들이 얼마나 풀리게 될지, 그 해결 절차를 어떻게 밟을 것인지 알 수 있다고 여기게 되었다. 나는 주어진 문제에 대한 해답은 하나만 있으며 내가 발견한 해답을 누구나 이해할 수 있다는 점에서 내 방법이 타당한 것이라 믿는다. 예를 들어 산수를 배운 어린 아이가 사칙연산의 법칙에 따라 올바르게 덧셈을 한다면, 그 아이는 자신이 수행한 덧셈의 결과에 대해 인간 정신이 발견 가능한 모든 것을 발견했다고 확신할 수 있다. 올바른 절차를 따라 우리가 탐구하고자 하는 대상의 모든 조건을 명확하게 진술하는 것이야말로 수학 규칙에 확실성을 부여하는 것이기 때문이다.

내가 이 방법을 가장 만족스럽게 여기는 이유는 다음과 같다. 비록 완벽하다고 할 수는 없으나 내 능력이 미치는 한, 내가 모든 것에 대해 이성을 사용했기 때문이다.

(나) 과학혁명은 자연을 생명체와 같이 살아있는 것에서 죽어있는 기계와 같은 것으로 만들었다. 우주의 모든 것은 서로 연결되어 있어 유기적이고 생기 있는 것이 아니라 각각이 독립적이어서 입자인 것이 되었다. 자연의 변화는 생명의 움직임과 같은 것이 아니라 힘의 전달에 의해 일어나는 무생물적인 것으로 환원되었다.

과학혁명을 일으킨 중요인물들로부터 근대과학의 자연관을 확인할 수 있다. 갈릴레이는 역학을 수학으로 설명하여 양적인 것으로 표현하려 했다. 갈릴레이는 떨어지는 물체의 법칙을 추상적인 수학을 통해 설명했다. 갈릴레이는 양적인 형태의 표현이 과학 연구에서 중요한 것이라 판단했다. 이에 따라 갈릴레이는 양적인 형태로 기술할 수 없는 것들, 즉 색과 소리, 형상, 맛, 냄새와 같은 것들을 연구 대상에서 배제했다.

자연이 기계와 같이 죽은 것이고 수학과 실험을 통해 규명할 수 있게 된 것으로 전락하자, 필연적으로 자연은 인간의 통제 아래 놓이게 되었다. 과학과 기술이 결합되고, 인간이 이를 이용해 자연을 대규모로 이용하고, 그로 인해 발생하는 물질적 풍요를 인간이 누리는 것이 당연하게 된 것이다. 사회의 진보를 인간 이성의 발달과 물질적 풍요의 확대로 본다면, 과학혁명으로 인한 변화는 인류의 빛나는 성취라고 할 수 있다.

(다) 스펜서는 진화론의 적자생존의 원칙을 받아들여, 맬서스(Malthus)의 인구론에 접목했다. 스펜서는 다음과 같이 말했다. 출산이 증가하여 인구가 증가하면 천재가 늘어나게 된다. 인구가 증가하는 데 비해 자원의 증가는 이에 미치지 못하기 때문에 생계 유지의 압박이 커질 수밖에 없다. 이를 극복하려면 정신활동을 증가시켜 생산 향상을 도모해야 한다. 그러나 이러한 압박을 정신활동에 대한 자극으로 받아들일 수 없는 사람들은 소멸할 수밖에 없고 궁극적으로 이 압박을 자극으로 받아들이는 사람으로 대치되어야만 한다.

스펜서는 인류의 진화는 이성의 발달에 의해 결정될 것인데, 이성이 발달한 자가 생존에 유리해 살아남고 그렇지 않은 자는 도태될 것이기 때문이라 보았다. 그러나 정부가 빈민법 등의 사회복지정책을 펼침으로써 도태되어야 할 자들이 살아남게 된다면 적자생존의 원칙이 교란되어 진화 메커니즘을 저해할 것이라 주장했다.

(라) 엔트로피는 무질서도의 증가라 설명할 수 있다. 예를 들어, 물에 잉크 한 방울을 떨어뜨리면 잉크는 물 속으로 점점 퍼져나가 확산된다. 잉크가 모여 있는 상태를 질서가 있는 상태라 한다면, 물 전체에 잉크가 확산된 상태는 무질서한 상태라 할 수 있다. 고전역학에서는 자연의 모든 현상은 엔트로피가 증가하는 방향으로 일어난다고 한다. 이는 자연이 점차 무질서한 방향으로 변화한다는 의미이다.

열역학 제1법칙에 따르면, 에너지는 창조되거나 소멸되지 않고 그 형태가 바뀌는 것에 불과하다. 이를 에너지 보존의 법칙이라 한다. 열역학 제2법칙은 자연계에서 에너지는 분산된 상태로 변화하는 한 방향으로만 변환 가능하다. 즉 엔트로피가 증가하는 방향으로 변환된다. 이 두 법칙을 고려했을 때 엔트로피의 증가는 사용 가능한 에너지의 감소를 의미하는 것이다.

자원 재활용과 같은 물질 재순환을 생각해보자. 흔히 많은 사람들은 자원 재활용 기술이 발전하면 우리가 이미 사용한 물질을 대부분 회수해 사용할 수 있으리라 여긴다. 그러나 이는 잘못된 생각이다. 예를 들어 철과 같은 금속으로 이루어진 물품이 있다고 하자. 이 물품을 사용하는 과정에서 조금씩 철이 부식되거나 혹은 사용과정에서 활용 불가능한 작은 형태로 떨어져나가거나 한다. 결국 사용가능한 자원은 조금씩 줄어들게 된다. 또한 오늘날 재회수 효율은 금속의 경우 30%에 불과하다. 이보다 더 문제가 되는 것은 자원 재순환 과정에서 가외의 에너지를 추가로 소모한다는 것이다. 사용한 금속류를 수집하고, 분류하고, 운송하고, 순수한 금속으로 재처리하는 모든 과정에서 추가적인 에너지가 들어간다. 이는 엔트로피를 증가시키는 과정이다.

이를 지구 전체로 확대해보면 지구의 물질적 엔트로피는 지속적으로 증가하고 있으며 종국에는 최대치에 이르게 될 것이다. 우주와 지구의 관계를 볼 때 지구는 열린 계가 아니라 닫힌 계이기 때문이다. 지구는 태양이나 우주공간 등과 에너지를 교환하나, 주위와 물질을 교환하지 않는다. 물론 운석 등이 아주 가끔 지구에 떨어져 물질을 공급하고 우주의 먼지 등이 지구의 중력에 의해 끌려 들어와 물질을 공급하기는 하나, 이는 극히 미미하므로 지구는 우주와의 관계에서 닫힌 하부 계인 것이다. 많은 사람들은 태양 에너지가 지구에 유입되어 물질을 만들어낸다고 생각하는 경우가 많다. 그러나 이는 불가능하다. $E=mc^2$라는 특수상대성이론을 생각해보자. 물질은 에너지로 전환될 때 광속(c)의 제곱배만큼 전환된다. 그러나 에너지가 물로로 전환될 때는 그 반대가 되어 막대한 에너지가 미미한 물질로 전환된다. 태양은 에너지가 물질로 유의미하게 전환될 정도의 에너지를 지구에 전달할 수 없다. 오히려 지구의 막대한 물질이 에너지로 변환되고 있는 것이다. 그렇다면 태양만으로는 생명을 생산할 수 없다는 의미가 된다.

Q1. 제시문 (가), (나), (다)를 활용하여 근대인의 자연관과 사회관을 설명하시오. (600~800자)

Q2. 모든 제시문을 활용하여 근대인의 세계관을 비판하시오. (600~800자)

Chapter
07

문화/역사/언어

핵심 가이드

문화는 인간이 자연의 위협에 맞서서 생존하기 위해 만들어낸 모든 것을 의미한다. 인간은 자연의 생존 위협에 대응할 힘이 부족했기 때문에 도구를 만들어 이를 극복했다. 이 도구가 바로 문화이며, 의식주를 위한 기본적인 도구를 비롯해 국가, 민주주의, 법, 경제, 철학 등이 모두 문화가 된다. 문화를 인류생활양식의 총체라고 정의하기도 하는데, 이는 인간이 살기 위해 지금까지 만들어낸 모든 것이라는 뜻이다.

인류가 만들어낸 문화를 후대에 전승하는 것을 역사라 한다. 역사는 인류가 살아온 과정만을 의미하지 않는다. 과거의 조상들이 만들어낸 인간 생활 양식과 도구가 후대에 전승되어 인류는 발전한다. 예를 들어, 동물은 개체와 집단이 얻은 것들 중에 극히 일부만 후대에 전승된다. 그러나 인간은 과거의 업적과 실수가 후대에 전승되는 역사를 통해 '거인의 어깨 위에 서는 효과'가 발생한다.

문화와 역사는 언어를 통해 전승된다. 인간이 집단으로서 기능하기 위해서는 언어가 필수적이다. 인간은 말로 하는 언어를 통해 집단적 결속이 가능해진다. 또한 문자 언어를 발명하여 엄청나게 많은 정보를 후대에 전승할 수 있게 되었다.

이처럼 문화와 역사와 언어는 인류의 발전을 가능하게 한 원동력으로 작동해왔다. 따라서 LEET 논술과 언어이해, 추리논증의 필수 교양이 되므로 반드시 잘 이해해두어야 한다.

문화: 자문화중심주의와 문화상대주의

1. 문화의 개념

문화란 인간의 생활양식 총체를 의미한다. 즉, 인간이 만들어낸 모든 것을 의미한다. 가장 기본적으로는 의식주 문화가 대표적이다. 인간은 입고 먹고 생활할 공간을 필요로 한다. 문화는 인간이 자연환경 하에서 살아가기 위해 만들어낸 모든 것이다. 그렇기 때문에 다른 환경에 놓여있는 인간 집단은 문화가 서로 다를 수밖에 없다.

2. 문화절대주의

문화 절대론적 시각, 즉 문화 절대주의란 문화를 질적으로 평가할 수 있다고 생각하는 것으로 한 문화를 가치 판단의 기준으로 삼아 다른 문화의 가치를 평가하는 태도를 말한다.

(1) 자문화 중심주의(자민족 중심주의)

자문화 중심주의는 자신의 문화만이 가장 우월하다고 믿고 자신의 문화 기준으로 타문화를 평가하는 태도를 말한다.[120] 우리나라의 보신탕 문화를 두고 프랑스 여배우 브리짓 바르도가 야만적이라고 비난한 것이나 아프리카 원주민의 식인 풍습을 비합리적이고 야만적이라고 평가하는 것이 이에 속한다. 독일의 히틀러가 게르만 민족의 우월성을 강조하여 유태인을 아우슈비츠 수용소에서 학살한 것이나 중국인들이 중화사상을 강조하여 중국 이외의 민족들을 변방 오랑캐라 부른 것도 모두 자문화 중심주의에 해당된다.

자문화 중심주의는 한 문화권 내에서는 민족의 자부심과 긍지, 일체감을 형성하여 사회 통합에 기여하기도 한다.[121] 그러나 이러한 자문화 중심주의가 강조될 때에는 타문화에 대한 배타적 편견이나 배척의 태도를 갖게 된다. 그리고 문화적 우월주의는 문화의 다양성을 상실하게 함은 물론 '열등한' 문화에 대한 폭력성으로 나타나거나 자기 문화의 가치관을 다른 집단에게도 강요하는 문화적 제국주의로 나타나기도 한다.[122]

(2) 문화 사대주의

문화 사대주의는 자신이 속한 문화보다 다른 사회의 문화가 더 우월하다고 믿고 동경하거나 숭상하는 태도나 주의를 말한다. 이는 강대국이나 선진국의 문화만을 무조건 높게 평가하는 것으로 자국 문화에 대한 열등의식에서 비롯된다. 조선은 중국에 대해서는 문화사대주의를, 서양에 대해서는 자문화중심주의라는 이중적 태도를 가지고 있었다. 과거 조선이 중국의 문화가 뛰어나다고 인정하고 조선을 소중화(小中華, 작은 중국)로 만들려 했던 것이나 한글을 언문(諺文, 한글을 속되게 일컫던 말)으로 격하하고 한자를 숭상했던 것이나 요즘의 영어지상주의와 같은 태도이다. 그러나 문화 사대주의는 정체성의 혼란을 초래하고 국가나 민족의 존립마저 위협할 수 있게 된다.

[120] 자민족 중심주의란 자기 민족의 모든 것(문화, 가치관, 제도, 생활습관, 생물학적 지능, 체질, 체력, 때로는 절대자의 은총까지도)이 타민족·인종의 그것보다 우월하다고 믿고 타민족의 문화를 배척하는 이념을 말한다. 자문화 중심주의와 같은 맥락이다.

[121] 자문화 중심주의는 특히 위기에 처해 있는 민족이나 약소국가에게는 민족의 사기를 한데 모으고 단결력을 공고히 할 수 있는 방편이 되기도 한다. 흥선대원군이 외국 문화의 유입을 막고자 폐쇄적 쇄국정책을 폈을 때 조선의 국내 사회는 오히려 어느 정도 안정을 찾았던 것도 이 때문이다.

[122] 아마존 지역의 자파테족은 덥고 습한 날씨 때문에 옷을 입지 않고 살았다. 그런데 스페인 탐험가들은 그들의 문화가 미개하다고 하여 옷 입기를 강요했다. 그 결과 자파테크족은 피부병에 걸려 고생했다고 한다. 이는 문화적 폭력이자 문화적 제국주의 사고방식이다. 일제 식민통치 시절 우리나라에 일본의 문화를 이식하여 일본화시키려는 생각 역시 문화적 제국주의의 한 사례이다.

3. 문화상대주의

문화는 지역이나 나라에 따라 다양하게 존재할 수 있기에 문화는 상대적인 관점에서 이해해야 한다는 입장이다. 즉 문화는 특정 사회의 관습이나 가치를 포함하고 있기에 그 사회의 특수한 환경과 상황 그리고 역사적, 사회적 맥락에서 이해하고 평가해야 한다는 태도이다. 레비-스트로스는 <슬픈 열대>에서 야만인을 드러내는 식인 풍습마저도 문화상대적으로 볼 때 미개한 것이라 단언할 수 없다고 한다. 유럽 사회의 경우 죽은 사람에 대한 공포를 앙트로페미(anthropemie, 특별한 인간을 토해 버리는 즉 축출하거나 배제해 버리는 일)함으로써 해결한다. 끔찍한 존재를 일정기간 혹은 영원히 분리시킴으로써 사회로부터 추방한다. 그러나 유럽사회가 미개인이라 부르는 존재들은 죽은 사람의 손톱이나 살점 일부를 곡물 등에 섞어서 조금 먹음으로써 공포스러운 존재를 자기 자신 안에 흡수하는 것이다. 그렇다면 그 끔찍한 존재들은 식인을 한 구성원들을 자기 자신으로 인식할 것이고 해를 끼치지 않을 것이다. 이처럼 각각의 사회마다 문화는 그 나름대로의 독특한 의미와 가치를 지니고 형성된 것이므로 다른 문화와 비교하여 우열을 판단하거나 특정 문화의 잣대로 평가되어서는 안 된다.

그러나 문화상대주의가 극단적으로 흐르는 극단적 문화상대주의에 이르면, 문화의 보편성을 해치는 행위마저도 용인할 수 있게 된다. 즉 인간의 생명, 존엄성과 같은 보편적인 가치나 윤리의 존재마저 부정할 수 있게 된다. 이러한 것까지 문화적 차이로 보고 그대로 인정하자는 것은 극단적 상대주의이다. 그러나 인권을 침해하거나 인간에게 고통을 주는 제도에 대해서도 서로 인정하고 존중해야 한다는 주장은 비판받을 만한 것이다. 만약 도덕적 규범까지도 문화에 종속된 것으로 파악하는 윤리적 상대주의마저 받아들인다면 식인풍습이나 갓 태어난 아기를 종교적 제물로 바치는 영아 살해, 강간 당한 여성에게 죽음을 강요하는 명예살인(집안의 명예를 더럽혔다는 이유로 죽이는 관습)까지도 용인하게 된다. 문화상대주의는 다른 문화에 대한 존중과 관용이라는 측면에서 장점을 가진다. 그러나 문화상대주의가 보편적 인류의 가치인 인간의 존엄성과 평등을 부정하는 의미로 받아들여서는 안 된다.

4. 비교론적 시각

비교론적 시각은 서로 다른 문화 간의 유사성과 차이를 분석함으로써 보편성과 특수성을 각각 밝히려는 태도이다. 보편성과 특수성을 밝히는 과정에서 자기 문화의 특징을 보다 잘 이해할 수 있을 뿐만 아니라 다른 문화에 대한 이해의 폭도 넓혀준다.

예를 들어 한국의 가족제도와 미국의 가족제도를 비교해 보면서 가족이란 두 사회 모두 사회의 기본 단위라는 유사성 또는 보편성을 알게 된다. 그리고 한국의 가족제도는 서열과 남성의 권위가 강조되는 반면 미국의 가족제도는 가족간의 평등과 민주성을 중시한다는 차이점을 발견하게 된다. 나아가 최근 한국 역시 민주화, 개인주의화되면서 점차 미국의 가족의 생활모습을 닮아가고 있음도 알게 된다.

5. 총체론적 시각 (전체론적 시각/체계론적 시각)

총체론적 시각은 문화의 전체적인 연관 속에서 폭넓게 이해하려고 하는 태도이다. 이에 따르면 각 문화의 요소는 다른 요소들과 연관되어 있기에 서로 관련지어 이해하지 않으면 안 된다는 것이다. 예를 들어 인도인들이 소를 잡아먹지 않는 식문화는 인도의 종교와 농경생활을 이해할 때 이해할 수 있다는 것이다. 인도인들이 믿고 있는 힌두교는 소에 종교적인 의미를 부여하여 성스러운 존재로 생각한다. 그리고 이와 같은 종교적 의미 부여는 소가 농경생활과 일상생활에 여러 가지로 유용하다는 점과 연관되어 있는 것이다. 이러한 시각에서 보면 비서구 문화의 특정 부분만을 보고 야만적이라거나 미개하다고 판단하는 것은 전체적인 연관성을 보지 못한 부적절한 사고의 결과라고 할 수 있다.

문화: 인권과 주권

1. 보편적 인권과 국가 주권

(1) 개념

인권(人權)은 인간으로서의 존엄과 가치 그리고 자유와 권리를 말한다. 간단하게 말해 사람으로서 누려야 하는 권리라고 할 수 있다. 따라서 인권은 인간이기에 가지는 권리가 되며 보편적으로 성립한다는 특성이 있다. 보편성이란 시간과 공간을 초월하여 성립하는 것을 의미하기 때문에, 인권은 개별국가와 특정한 시대에 국한되지 않는 특성을 갖는다. 이러한 점에서 인권은 문화절대주의와 연결될 수 있다.

주권(主權)은, 국가의 지배 영역에서 다른 권력에 종속하지 않는 최고의 지배권력, 국제법상 국가의 기본적 지위를 나타내는 권리이다. 주권의 의미는 여러 가지가 있으나, 인권과 주권의 대립에서 말하는 주권은 개별국가와 특정한 시대에 한정하는 개념으로 받아들일 수 있다. 이러한 의미에서 국가주권이라고 하기도 한다. 이에 따르면, 국가주권의 최고성·절대성을 핵심으로 하여, 국내문제 불간섭의 원칙에 근거한 국내관할권, 조약체결권, 독립권, 주권국가간의 주권 평등의 원칙에 근거한 평등권 등으로 확장된다. 그리고 주권의 일부로 받아들여졌던 개별주권국가의 자기보존권은 오늘날 자위권으로 남아 있다. 주권은 각 국가의 국민들이 자신들이 추구하는 인권의 수준에 대해 스스로 판단하고 동의하여 형성된 것이므로 문화상대주의와 연결될 수 있다.

(2) 보편성과 상대성

인권의 보편성을 주장하는 측에서는, 생명과 신체의 자유, 언론의 자유, 종교 및 집회결사의 자유 등의 권리는 국가와 문화의 차이를 막론하고 동일하게 보장되어야 한다고 주장한다. 이에 따르면 인권은 언제나 성립해야 하는 옳은 것이기 때문에 시대와 지역에 관계없이 인권의 내용이 지켜져야 한다.

반면, 인권의 상대성을 주장하는 측에서는, 문화의 다양성과 차이를 중시하면서 무엇이 옳고 그른지는 그것이 처해 있는 문화적 배경에 따라 달라질 수 있으므로 생명과 신체의 자유, 언론의 자유, 종교 및 집회결사의 자유 등의 권리도 상이한 배경에 따라 달라질 수 있다고 주장한다.

결국 인권의 보편성을 강조하는 입장에서는, 인권은 국가주권의 상위 개념이며 국가주권은 인권을 달성하기 위해 존재하는 수단에 가깝다. 그러나 인권의 상대성을 강조하는 입장에서는, 국가주권은 해당국가 국민들이 현재 수준에서 스스로 결정한 인권의 수준이며 국가마다 자신이 처한 상황이 다르므로 타국 국민들은 이를 무시하지 말고 존중해야 할 것이다.

(3) 인권과 주권의 관계

인권과 주권의 관계는 오랜 세월에 걸쳐 확립되었다. 인권은 인간으로서 누려야 하는 권리이지만, 현실적으로 볼 때 개별국가의 차원에서 인권을 규정하고 보호하고 있다. 위기 상황에 빠진 국가의 국민들에게 인권 침해가 발생하는 사례가 많다는 점을 보아도 이를 알 수 있다. 따라서 개별국가의 주권이 우선한다는 원칙이 성립한다. 그러나 개별국가의 주권만 강조하면 해당국가의 다수 혹은 권력자가 인권을 침해하는 문제가 발생하더라도 이를 막을 수 없는 모순적 상황에 빠질 수 있다.

개별국가의 주권을 중시하여 해당국가 국민들이 스스로 정한 인권의 내용을 존중해야 한다. 그러나 해당국가 국민들이 정한 인권의 내용이 명백하게 반인권적인 경우에는 인권의 회복을 위해 국제적 제재가 이루어질 수 있다. 이는 마치 개별국가 내에서 법적 안정성을 위해 실정법을 중시하되 실정법의 정의 위반이 참을 수 없는 정도에 이르렀을 때 실정법을 부정할 수 있다는 라드부르흐 공식과 유사하다.

(4) 명백한 인권 침해

국제관습법상 인정되는 명백하게 반인권적인 내용이라 볼 수 있는 기본적 인권의 침해 사항은 아래와 같다.[123]

> ① 집단학살
> ② 노예범죄나 노예무역
> ③ 살인이나 개인의 강제실종을 발생시키는 행위
> ④ 고문, 기타 비인간적이고 비인도적 처우나 처벌
> ⑤ 장기적인 자의적 구금
> ⑥ 조직적인 인종 차별
> ⑦ 국제적으로 널리 인정된 인권에 대한 지속적이고 심각한 위반

2. 인도적 무력개입

(1) 불간섭의 원칙과 무력사용금지의 원칙

유엔체제에서 주권국가의 국내문제에 불간섭하는 것은 명백한 원칙이다. 이는 해당국가 국민들의 권리를 인정하여야 한다는 생각으로부터 비롯된 것이다. 따라서 주권국가는 그 국력과 관계없이 타국에 대하여 하나의 당구공과 같이 주권의 불가침성을 인정받는다. 그렇기 때문에 일국이 타국의 인권 문제를 이유로 무력을 사용하는 것은 금지되어 있다. 이를 불간섭의 원칙과 무력사용금지의 원칙이라 한다.

(2) 인도적 개입의 논의 배경과 사례

1999년 코소보 사태에서 NATO는 유엔 안전보장이사회의 결의가 없었음에도 불구하고 무력을 사용하여 개입하였다. 당시 유엔은 코소보에서 인종학살이 자행되고 있었음에도 불구하고 아무런 조치를 취하지 않았고 NATO는 사태가 더 악화되는 것을 막고자 무력적 개입을 하였다.

특정국가의 국민이 억압적 정권에 의해 인권이 조직적으로 심각하게 침해되고 있을 때, 타국이 인도적인 목적에서 무력행사를 포함한 개입을 할 수 있을지 논의되었고, 이를 인도적 개입 혹은 인도적 간섭이라 한다.

1979년 탄자니아는 인접국가인 우간다에 인도적 무력개입을 시도하였다. 당시 우간다는 이디 아민(Idi Amin)의 독재로 인해 인종청소와 압정에 시달리고 있었다. 또한 베트남은 인접국가인 캄보디아에 무력개입을 시도하였다. 당시 캄보디아는 크메르 루즈에 의한 킬링필드가 자행되고 있는 상황이었다. 그러나 이 두 경우 모두 논란의 여지는 있으나 지역 내에서 자신들의 힘을 강화시키겠다는 목적으로 인접국가에 무력행사를 시도한 것으로 해석되고 있다. 따라서 인도적 개입의 사례라고 보기 힘들다는 평가를 받고 있다.

(3) 정당화 조건

첫째, 인도적 개입의 대상이 되는 인권상황은, 가장 중요한 인권에 대한 심각한 유린 상황이 존재해야만 한다. 인종청소와 대량학살이 발생하고 있다면 인도적 무력개입이 가능하나, 특정국의 언론의 자유가 심각하게 침해된다고 하여 군사적으로 개입할 수 없다.

둘째, 인도적 개입은 최후의 수단이어야 한다. 군사적 개입을 하지 않고 해결 가능한 수단이 있다면 그것을 먼저 사용해야 한다. 예를 들어, 외교적 비난이나 경제제재 등의 방법을 사용하여 해결할 수 있다면 인도적 무력개입은 허용될 수 없다.

셋째, 인도적 개입이 특정국가 1국에 의해 사용되는 것은 인도적 개입을 명분으로 한 정치적 목적의 개입일 가능성이 크다. 따라서 유엔이나 나토 등과 같은 많은 국가가 함께 하는 국제공동체에 의해 이루어져야 남용될 가능성이 적다.

3. 인권과 국제 관계의 역사

주권은 대내적 최고 권리이고, 대외적으로는 독립적이다. 따라서 국내 문제는 주권국가가 독립적으로 결정할 문제였다. 한 국가 내에서 인권 침해 문제가 있다고 하더라도 타국가가 이에 대해 간섭하는 것은 내정 간섭에 해당하며, 국가의 주권 침해로 인식되었다. 그러나 2차 세계대전 당시 유태인 학살, 일본의 난징 학살을 계기로 인권 침해에 대한 국제적 개입이 필요하다는 국제적 여론이 높아졌다. 더구나 구소련의 붕괴로 미국과 소련의 개별 국가에 대한 장악력이 떨어져 개별 국가 내 인종, 종교적, 민족적 갈등으로 인한 국가 내 인권 침해 현상이 두드러지게 나타나자 국제적 차원에서 인권 문제를 다루어야 한다는 주장이 제기되었다. 그러나 미국은 국내 인권 침해를 이유로 유고 공습 등을 통해 정치적·군사적 이익을 확보하려 해 비난을 받고 있다.

(1) 인권 사상의 긍정론

인권은 국가영역을 넘어서는 보편적 가치이다. 따라서 인권침해행위는 국가의 주권이라는 명목으로 정당화될 수 없다. 인권침해에 대한 국제적 간섭이 내정간섭이며 주권침해라는 주장이 있다. 그러나 주권국가론은 독재자들이 국민의 인권을 탄압하면서 자신의 권력을 유지하기 위한 핑계에 불과하다. 인권은 더 이상 한 국가 내의 전속적인 국내문제가 아니라 국제사회문제이다.

(2) 인권 사상의 부정론

인도적 이유로 한 강대국의 개입은 강대국의 정치·경제적 이익을 위한 수단으로 악용될 수 있다. 코소보 문제만 하더라도 그렇다. 미국은 냉전 후 유럽이 미국으로부터 군사적으로 독립하는 것이 두려워 NATO 강화를 꾀하였다. 그로 인해 세르비아의 인종 청소 문제를 이유로 유고 공습을 자행했다.

인권 보호라는 이유로 행해진 소위 인도적 개입은 인권 침해의 구제라는 목적 달성에 실패했다. 세르비아의 알바니아계 인종청소를 이유로 한 미국의 개입은 1200명의 민간인 사망, 다뉴브강 오염, 학교·도로 등의 파괴를 낳았다. 나토의 공습으로 유고 경제는 2030년에 이르러서야 1989년 수준을 회복할 것이라 예측될 정도의 경제적 피해를 입었다. 미국이 주도한 나토의 공습은 알바니아계의 인권 침해를 배제한다는 대외명분용 목적조차 달성하지 못했다.

📖 미국 대외관계법 주석(Restatement) 702조

문화: 오리엔탈리즘

1. 개념

오리엔탈리즘은 본래, 동양의 언어, 문학, 종교 등을 연구하는 학문을 의미한다. 그러나 한편으로 오리엔탈리즘은 서양의 관점에서 동양을 상상하고 규정하여 동양을 타자화한 동양의 이미지이기도 하다. 예를 들어 서양은 합리적이라면 동양은 비합리적이라는 이미지가 바로 그것이다.

2. 오리엔탈리즘의 형성 배경

오리엔탈리즘은 서양의 동양에 대한 지배를 정당화하기 위한 이론이다. 서양이 동양을 무력으로 지배하는 데에는 유지비용이 많이 든다. 동양인 스스로 서양의 지배를 당연한 것으로 받아들인다면 지배 비용은 줄어든다. 오리엔탈리즘은, 서양은 근대화에 성공했고 합리적·과학적이고, 동양은 정체해 있고 스스로 근대화·과학화를 할 수 없다고 한다.

서양이 동양을 지배해 서양과 같이 동양을 발전시킨다면 동양에게도 바람직하다는 논리를 위해 서양은 동양에 대한 편견을 만들어낸다. 결과로서의 오리엔탈리즘은 서양의 동양 지배에 기여한다. 에드워드 사이드에 따르면, 오리엔탈리즘은 서구 제국주의의 식민지 지배를 정당화하는 논리로 이용되었다.

3. 오리엔탈리즘의 내면화

에드워드 사이드는 동방, 즉 '오리엔탈리즘'에 대한 서양의 언술체계가 동양에 대한 '지식'을 만들었다고 한다. 또한 '권력-지식' 관계의 연결이 서양의 '권력'에 이득을 주도록 만들어졌음을 보여준다. 사이드는 한 언술체계의 진리는 그 말해진 내용보다 그 말하는 사람과 또 언제, 어디서 언술되었는지에 더 좌우된다는 푸코의 주장을 차용한다. 사이드는 "동방(The Orient)은 유럽이 조작한 것이다"라고 말하면서 '오리엔탈리즘'이라는 용어는 유럽과 동방의 관계를 기술하기 위해 사용된 용어이며 특히 "동방이라는 상반되는 이미지, 사상, 개성과 경험을 통해 유럽 또는 서양이란 정의를 내리는 것을 도와주기" 위해 이 용어가 쓰였다는 것이다. 사이드는 또 유럽문화가 동방을 자신의 대용물이나 심지어 숨은 자아 같은 것으로 대비하여 구분함으로써 힘과 자기 정체성을 갖게 되었다는 것을 보여주려 하였다.

오리엔탈리즘은 단순히 '동양'이라는 의미를 넘어 18세기 유럽에서 낭만주의의 한 경향인 이국취미로 동방에 대한 동경을 의미한다. 이런 동양에 대한 동경은 단순히 학문체계만이 아니라 문학작품, 여행기, 수필까지 포함하는 광범위한 지식인의 진술을 포함하고 있다. 즉 사이드가 말하는 오리엔탈리즘은 동양을 바라보는 서양의 학문, 지식체계 또는 서양에서 진행된 동양에 대한 논의를 가리킨다.

오리엔탈리즘은 서양과 구별되는 세계로 재현된 동양에 대한 담론이다. 사이드는 이를 세 가지 측면에서 분석한다. 첫째, 고대 이래 서양 담론에서 나타나는 '동양'과 '동양인'에 대한 재현이다. 이는 동양에 대한 서양의 지식이라는 형태로 구체화된다. 둘째, 서양에서 동양에 대해 취하는 정치적, 도덕적 태도이며 셋째는 첫 번째의 지식을 정밀화하는 학문적 체계와 문화적 제도이다. 사이드는 이 세 가지 분석을 중심으로 좀 더 정교하고 치밀하게 분석의 논의를 이끌어간다.

먼저 오리엔탈리즘이 서양이 일방적으로 만들어낸 것이라고 해도 이를 동양의 현실과 완전히 동떨어져 있거나 조작된 관념으로 보아서는 안 된다고 본다. 다음으로 오리엔탈리즘과 같은 문화, 역사의 연구에서는 그것이 갖는 강제력을 봐야 한다고 주장한다. 다시 말해 오리엔탈리즘은 서양과 동양의 관계에서 나타난 지배·권력관계로 이해하는 동시에 오리엔탈리즘이 담론에 의해 가능했다는 사실을 인식해야 한다는 것이다. 마지막으로 오리엔탈리즘을 단순히 허위와 신화로 치부해 진실이 밝혀지면 일거에 문제가 해결될 것이라고 생각해서는 안 된다고 역설한다.

근대의 오리엔탈리즘은 과거와 달리 다양한 담론과 제도를 통해 과학으로 자리잡게 되었다는 것이 사이드의 분석이다. 오리엔탈리즘의 형성은 순수한 객관적 지식과 정치적 지식이 역동적으로 혼합되어 만들어진 것이다. 이렇게 오리엔탈리즘이 제도와 담론의 활발한 상호작용을 통해 형성되었기 때문에 서양이 오리엔탈리즘을 통해 지리적으로 먼 동양을 지배할 수 있었다는 것이 사이드의 핵심 논지이다.

구체적으로 오리엔탈리즘은 식민지를 다룰 때 적용된다. 서양과 동양을 이항대립시켜 파악하는 것이다. 오리엔탈리즘의 기본은 서양과 동양을 서로 다른 체계로 상정하고 서양은 우수하고 긍정적인 반면, 동양은 열등하고 부정적이라고 대립시켜 차이를 부각시키는 것이다. 식민주의 및 제국주의의 맥락에서 서양이 문명이고 동양이 야만이라고 파악하고 있으며 무력을 포함하여 가능한 모든 수단을 동원하여 동양을 문명화하는 것이 서양의 의무라고 생각한다.

초기의 제국주의는 이러한 오리엔탈리즘을 실천하여 무슨 수단을 써서라도 동양을 정복해 서양의 지배 아래에 두려고 했다. 이런 인식은 식민 지배가 본격화되면서 완전한 상호 대립·배제의 관계가 아니라 남성-여성, 자연-인간과 같이 상호보조적인 형태로 변환된다. 상호 보조적인 인식에서는 상대의 존재 자체가 자신의 존립의 근거가 되기 때문에 한 쪽이 다른 한 쪽을 완전히 없애버리는 일은 불가능해진다. 그러나 이와 같은 상호 보조적 인식은 서양의 오리엔탈리즘이 자신의 지배를 정당화하는 데 이용된 것은 물론 피식민지가 서양 제국주의의 존재를 인정하게 하는 데에도 이용되었다.

서구 제국주의는 오리엔탈리즘을 통해 서구의 동양 지배를 정당화하려 했다. 이를 접한 동양의 지식인들은 국가가 서양과 같은 근대화를 이루어야만 독립할 수 있고 발전할 수 있다고 생각했다. 이런 생각을 통해 오리엔탈리즘은 내면화된다. 동양인 스스로 서양은 앞선 것, 동양은 이를 따라가야만 할 것 등으로 생각한다. 우리의 관점에서 우리를 보기보다는 서양의 관점에서 우리를 보고 평가한다.

일본은 조선의 지배를 위해 오리엔탈리즘을 사용해 왔다. 오리엔탈리즘에 따르면, 일본은 합리적이고 단결력이 강한 국가이고, 조선은 비합리적이고 파당이나 일삼은 국가이다. 조선의 근대화를 위해서는 일본의 지배가 필요하다.

우리가 동남아시아를 보는 견해도 오리엔탈리즘이 반영되어 있다. 우리는 동남아시아를 열등하다고 여기고 이들을 경멸한다. 우리는 서양·백인·영어에 대해서는 저자세를 취하나 흑인·동남아시아인에 대해서는 무시한다.

4. 옥시덴탈리즘[124]

옥시덴탈리즘은 서양을 바라보는 적대적 편견을 말한다. 에드워드 사이드가 주창한 오리엔탈리즘(서양의 관점에서 왜곡된 동양)의 대항개념이다. 오리엔탈리즘이 동양을 비합리적이고 열등한 어린애로 비하한다면 옥시덴탈리즘은 서양을 물신주의와 기계문명에 물들어 타락한 비(非)인간으로 악마화한다. 바로 9·11테러를 자행한 이슬람 테러리스트의 시각이다.

이언 바루마, 아비샤이 마갤릿의 <옥시덴탈리즘>에 따르면, 옥시덴탈리즘의 기원은 서양에 있다고 한다. 독일은, 선발산업국인 영국·프랑스와 후발산업국인 독일의 경쟁을 '상인 대 영웅'의 대결로 바라봤다. 러시아는, 유기체적 러시아 정신과 기계적 서구 정신을 선악으로 대비하였다. 그리고 일본은, 미국과의 대결을 '근대의 초극'으로 찬양했다. 서양은 물신주의와 기계문명에 물든 타락한 존재이고 그에 대항하는 자들은 가치를 추구하는 자들이 된다.

이런 반(反)물질, 反도시, 反상업의 성향은 바그너의 악극, 도스토예프스키의 소설, 일본 사무라이 영화에만 등장하지 않는다. 윌리엄 블레이크와 T. S. 엘리엇의 시, 프루동과 마르크스의 사상에서도 발견되는 이런 성향은 반유대주의와 결부된다. 본토에서 쫓겨난 유대인들이 주로 유럽의 도시에 정착해 상업 활동에 종사했기 때문이다. 반유대주의처럼 옥시덴탈리즘도 전혀 근거 없는 편견은 아니다. 그러나 그 편견이 정치권력화할 경우 나치즘과 파시즘의 비극을 재발시킬 수 있다는 것이 저자들의 경고다. 경고는 귀담아듣되 반물질주의까지 서구적 전통으로 환원시키는 지독한 서구중심주의는 경계할 필요가 있다.

역사: 역사 발전

1. 자연과 진보

다윈[125]은 생명이 복잡성이 증가하는 방향으로 나아가고 있으며, 따라서 진화는 진보라고 한다.

그러나 굴드[126]는 진화가 곧 진보라 볼 수 없다고 한다. 진화는 생명의 복잡성이 증가하는 과정이 아니라 예측할 수 없는 자연환경의 변화에 대한 대응에 불과하기 때문에 국지적 적응에 불과할 뿐, 진화가 곧 진보라고 할 수 없다.

2. 역사와 발전

(1) 고대 이론

공자와 맹자는 요순시대를 이상 사회로 보는 복고주의적 사고를 가지고 있다. 플라톤은 야만상태에서 문명 상태로 다시 야만상태로 역사는 순환한다고 하였다.

(2) 근대의 진보사관

근대 진보사관은 인간이 이성에 따라 자연과 사회를 통제함으로써 역사는 진보한다는 사관이다. 콩트[127]에 따르면 역사는 신학적 단계, 형이상학적 단계, 실증적 단계로 발전해왔다. 근대의 진보사관에 따르면 동물이 자신의 기능을 발전시켜왔듯이 인간도 이성과 과학을 이용하여 정신적·지적 능력을 발전시킬 수 있다고 한다.

스펜서[128]의 사회진화론에 따르면 자연이 진화하듯이 인간사회도 다양하게 발전해 나간다고 한다. 스펜서는 경쟁을 통해 지적으로 열등한 자들은 도태되고 지적으로 우수한 인간들이 살아남음으로써 생산력이 확대될 것이라고 한다. 정부의 간섭은 사회의 발전을 저해한다고 한다.

(3) 칼 마르크스의 역사관

마르크스는 역사가 어떤 목적을 향해 일정한 법칙에 따라 발전해 나간다고 한다. 마르크스는 인류사회의 역사를 원시 공산제사회-고대 노예제 사회-중세 봉건제 사회-자본주의 사회-공산주의 사회로 나누었다. 생산력의 발전에 따라 생산력과 생산관계가 모순을 이룬다. 생산관계를 구성하는 계급투쟁을 통해 발전된 생산력에 부합된 생산관계가 재구성되면서 사회는 발전한다고 한다.

[124] 옥시덴탈리즘(occidentalism) : 오리엔탈리즘의 반대로, 동양이 서양에 대해 갖고 있는 이미지를 말한다. 서양의 이성과 합리성을 무조건 좋은 것으로 여겨 배우려거나, 반대로 서양 문화 자체를 퇴폐적인 것으로 보고 받아들이려 하지 않는 태도는 서양 문화를 단편적으로 이해하고 있다는 점에서 오리엔탈리즘과 상통하는 부분이 있다.

[125] 다윈(Charles Robert Darwin, 1809~1882): 생물진화론을 정하여 뜻을 세운 영국의 생물학자이다. 해군측량선 비글호에 박물학자로서 승선하여, 남아메리카·남태평양의 여러 섬과 오스트레일리아 등을 항해·탐사했고 그 관찰기록을 <비글호 항해기>로 출판하여 진화론의 기초를 확립하였다. 1859년에 진화론에 관한 자료를 정리한 <종(種)의 기원(起原)>이라는 저작을 통해 진화사상을 공개 발표하였다.

[126] 굴드(Stephen Jay Gould, 1941~2002): 미국의 진화생물학자. 화석 연구를 통해 '진화는 생태계의 평형상태가 갑자기 깨어지면서 나타나는 현상'이라는 가설을 제안하여 학계의 주목을 받았다. "진화는 진보가 아니라 다양성의 증가일 뿐"이라고 주장하여 진화의 기본개념을 바꾸었다.

[127] 콩트(Isidore-Auguste-Marie-François-Xavier Comte, 1798~1857): 프랑스의 철학자이며 사회학의 창시자. 여러 사회적·역사적 문제에 관하여, 온갖 추상적 사변을 배제하고, 과학적·수학적 방법에 의하여 설명하려고 하였다. 3단계 법칙에서는 인간의 지식의 발전단계 중 최후의 실증적 단계가 참다운 과학적 지식의 단계라고 주장하였다.

[128] 스펜서(Herbert Spencer, 1820~1903): 영국의 철학자. 36년간에 걸쳐 쓴 대작 <종합철학체계>로 유명하다. 성운(星雲)의 생성에서부터 인간사회의 도덕원리 전개에 이르기까지 모든 것을 진화(evolution)의 원리에 따라 조직적으로 서술하였다. 또 철학과 과학과 종교를 융합하려고 하였다.

(4) 역사의 종말

프란시스 후쿠야마[19]는 <역사의 종말 The end of history>에서 "냉전 시대의 종말과 함께 이념 전개로서의 역사는 자유민주주의의 승리로 끝났다."고 선언한다. 후쿠야마에 따르면, 민주주의는 역경과 순풍의 시기를 지나왔으나 동시에 역사에는 민주주의를 향한 명확한 조류가 존재한다. 두 번에 걸친 세계대전과 히틀러와 스탈린의 대학살, 전체주의의 발흥에도 불구하고 자유민주주의 국가의 수는 꾸준히 증가하였다. 더불어 아시아의 경제 기적은 자유주의 경제체제의 가능성을 실제로 증명하였다. 따라서 그는 역사 발전을 자유민주주의를 향한 단선적인 것으로 본다.

후쿠야마의 주장은 사회주의 체제의 붕괴를 전제로 하는 결과론적 주장이라는 비판이 있다. 또한 현실의 사회주의는 실패하였을지라도 그 실패와 비판을 기반으로 하여 새로운 형태의 사회주의가 부활할 가능성도 부인할 수 없다. 더불어 자유민주주의의 기반인 서구 근대철학에 대한 반성이 이루어지는 현대에 있어 그의 주장은 우익의 궤변이라 보는 입장도 있다.

3. 식민지 근대화론

(1) 식민지 근대화론의 배경

식민지 근대화론은 식민지 지배를 정당화하기 위한 이론이다. 식민지 근대화론자들은 근대화가 완성된 영국과 미국을 준거집단으로 본다. 이러한 견해는 국가가 일정한 발전단계를 거쳐 발전해 간다는 계몽주의적 사관을 전제로 한다. 새뮤얼 헌팅턴은 <문명의 충돌>에서 보편문명(universal civilization)에 대해 제시한다. 근대화는 문자 해독률, 교육, 부, 사회적 유동성의 수준을 획기적으로 높였다. 서구는 가장 먼저 근대화에 도달한 문명으로 근대화의 문화를 남보다 한 발 앞서 터득했다. 헌팅턴은, 다른 사회 역시 서구와 유사한 교육, 노동, 부, 계급구조 패턴을 도입할 수밖에 없다면 근대서구문화를 보편문명으로 받아들여야 한다고 주장한다.

이러한 관점에서 근대화의 정도를 기준으로 보면, 예를 들어 영·미는 100점 만점에서 100점이고, 일본은 95점이고, 조선은 10점이다. 일본이 도와준다면, 조선도 근대화가 가능하다. 조선의 근대화에 도움이 되므로 일본의 조선 지배는 정당하다.

(2) 일제 식민지 근대화론

긍정(일본의 입장)	• 조선은 자생적으로 근대화를 실현할 능력이 없었다. • 일본의 조선 지배를 통해 일본은 조선의 근대화에 기여했다. • 따라서 일본의 조선 지배는 조선에게도 유익했으므로, 정당하다.
부정	• 조선은 자생적으로 근대화를 추진할 능력이 있었다. • 일본의 조선 지배로 조선의 근대화는 좌절되었다. • 일본의 수탈로 조선은 근대화를 추진할 인적·물적 능력을 상실했다. • 일본의 조선 지배는 조선의 근대화를 좌절시켰으므로, 정당하다고 할 수 없다.
식민지 근대성 이론	• 조선은 자생적으로 근대화를 추진하기 어려웠다. • 일본의 조선 지배는 나쁜 의도였으나 조선의 근대화에 기여했다. • 일본의 조선 지배는 정당화될 수 없으나 조선의 근대화에 기여한 면도 있다.

(3) 일본의 지배가 식민지 한국의 근대화에 도움이 되었는가?

긍정설	• 무역이 확대되고 자본이 유입되어 조선의 경제개발을 촉진하였다. • 1차 산업의 비중이 감소하고, 2차 산업인 광공업과 3차 서비스 산업의 비중이 증가했다. • 식민지 한국의 연평균 총생산이 연평균 인구성장률을 크게 넘어섰다.
부정설	• 일본은 토지조사사업을 통해 전국의 농경지와 임야의 많은 부분을 무상으로 약탈했다. • 해방 전 기업 중 1960년까지 잔존한 기업은 1% 미만이므로, 1960년 이후 한국의 경제성장과 일제의 식민지 정책은 무관하다.

(4) 식민지 근대화론 비판

① 역사는 단선적으로 발전하는가?

식민지 근대화론은 역사가 일정한 방향으로 발전한다는 입장을 전제로 한다. 그러나 모든 국가가 단 하나의 목표를 향해 발전한다고 볼 수 없다. 경제적으로 앞선 국가가 문화적으로도 앞서 있다고 말할 수는 없다. 소위 선진국(先進國)이라는 국가는 자신들이 앞선 문명과 문화를 가지고 있으므로 후진국의 발전을 도와줄 의무가 있다고 하면서 식민지 지배를 정당화한다. 선진국은 1·2차 세계대전, 환경 파괴, 핵전쟁 등을 유발해 왔는데, 이를 발전이라고 할 수 있는지 의심스럽다. 소위 선진국이라는 국가가 과학기술과 물질생활의 증진에는 기여한 바가 있으나, 약소국 침략, 환경파괴를 야기해 인류의 행복과 생존에 위협을 가한 측면도 있다. 이러한 나라들은 물질적 풍요 측면에서 앞서 있다는 것일 뿐 전체적인 문화가 앞서 있다고 할 수 없다. 따라서 소위 선진국이라는 국가들이 다른 나라의 발전을 이끌어 줄 능력과 자격을 갖추었는지 의심스럽다.

② 조선은 자생적으로 근대화할 능력이 없었는가?

식민지 근대화론은, 조선은 스스로 근대화할 능력이 없음을 전제로 한다. 일본은 과학적, 합리적이고 조선은 비과학적, 미신적이라는 오리엔탈리즘의 담론을 근거로 하고 있다. 조선은 영구적으로 전근대적이고 발전할 수 없으므로, 타자(일본)의 도움이 필요하다는 논리이다. 조선은 발전이 불가능하다는 명제는 증명할 수 없다. 따라서 조선의 발전불가능성을 전제로 한 식민지 근대화론은 비과학적 주장이다. 과학적이라고 자칭하는 일본은 비과학적 주장인 식민지 근대화론을 통해 식민지 지배를 정당화하려 한다.

③ 식민지 지배의 정당화 논리

식민지 지배가 식민지 근대화를 위해서라는 논리는 일본의 자기합리화일 뿐이다. 일본의 식민지 지배는 상품판매시장 확보와 자원과 노동력 착취를 위함이지 식민지인 조선의 발전을 위함이 아니다. 그렇기 때문에 식민지 지배가 식민지의 근대화에 도움이 되었다고 하더라도 결과론적인 정당화이지 식민지 지배의 목적이 식민지 근대화라고 할 수 없다.

④ 국가 발전 저해

식민지 지배의 목적은 식민지 국가의 발전이 아니라 식민지 착취이다. 식민지 착취를 위해 일본은 철도, 도로, 공장을 건설하였기 때문에 식민지의 경제가 발전할 수는 있다. 그러나 일본의 목적을 위해 식민지의 산업구조를 왜곡하므로 식민지의 발전에는 한계가 있다. 1910~1945년에 걸친 조선의 경제발전보다 대한민국 건국 이후의 경제발전 속도가 더 빠르다. 따라서 식민지 지배가 국가발전에 큰 도움이 되었다고 할 수 없다. 또한 일본의 지배는 남북한 분단의 원인이라는 점에서도 한국의 발전에 해를 주었다.

⑤ 자기결정권 침해

개인도 국가도 스스로 방향을 결정하고, 결과에 대해 반성함으로써 성숙해간다. 선의(善意)라고 하더라도 제3자가 다른 개인의 인생을 당사자의 의사를 무시하고 좌지우지한다면 개인의 자기결정권을 해한다. 일본이 조선의 발전을 위함이라는 명목 하에 조선의 의사에 반해 지배하였으므로 이는 조선 국민들이 스스로 국가의 운명을 결정할 자유를 침해한 것으로 자기결정권 침해이다.

⑩ 프란시스 후쿠야마: 미국의 미래 정치학자로, 미 국무부 정책기획실 차장, 조지메이슨대학교 공공정책학과 교수 등을 지냈다. 동유럽의 사회주의 붕괴를 지적한 논문 <역사의 종말>로 주목받았으며 마르크스적 역사의 종언을 주장했다.

역사: 역사관

1. 사실과 해석

랑케는, 역사가는 과거의 사실을 그대로 서술해 현재에 그대로 복원해야 한다고 주장했다. 인식 주체인 역사가는 자기 자신을 해소함으로써 사실이 스스로 말하도록 해야 한다고 주장했다. 즉, 역사가는 최대한 주관적 신념을 배제하고 역사를 있는 그대로 보아야 한다고 강조했다. 랑케의 주장을 객관주의라고 한다.

이탈리아 역사학자 크로체는 모든 역사는 현대사라고 주장하여 역사가의 주관적 해석을 강조했다. 그는 서술된 사건이 아무리 먼 시대의 것이라 하더라도, 역사가가 실제로 반영하는 것은 현재의 요구 및 현재의 상황이라고 했다. 역사적 사실은 고정된 객체가 아니라 역사가의 해석에 따라 다양하게 해석될 수 있는 대상이다.

카(E. H. Carr)는 "사실은 스스로 이야기한다고들 말한다. 이는 물론 진실이 아니다. 사실은 역사가가 허락할 때에만 이야기한다. 어떤 사실에 발언권을 줄 것이며 그 서열이나 차례는 어떻게 할 것이냐를 결정하는 것은 바로 역사가이다."라고 한다. 카에 따르면 역사가의 적극적 해석을 통해 역사적 의미가 결정된다.

2. 역사는 보편적인가

계몽주의 사관에 따르면 역사는 일정한 법칙에 따라 발전한다. 따라서 인류사는 보편사이다. 역사의 보편성을 강조하면 단 하나의 역사 법칙이 모든 국가에게 적용된다. 그러면 역사 발전의 기준에 따라 발전된 나라가 있을 테고 덜 발전된 나라가 있을 것이다. 이런 논리에 따르면 발전된 국가가 뒤떨어진 국가를 지배하여 도움을 주는 것이 타당하다는 식민지 근대화론으로 이어질 수 있다.

19세기 유럽에서 영국과 프랑스는 선진국이고 독일은 후진국이었다. 독일 역사학자인 랑케는 역사가 일정한 방향으로 진보한다는 것에 대해 부정적이었다. 물질적인 측면에서 진보는 있을 수 있어도 정신의 진보는 있을 수 없다고 했다. 예를 들면 그리스 소포클레스보다 현재 소설가가 발전된 소설가라고 할 수 없지 않느냐는 것이었다. 랑케는 역사가 일정한 법칙에 따라 발전한다는 보편사를 부정하고 개별국가마다 그 역사의 독자성이 인정되어야 한다고 강조했다. 19세기 당시 자유와 권리가 보장되는 영국과 프랑스에 비해 독일은 절대주의가 여전히 맹위를 떨치고 있었다. 그는 각 나라마다의 특수성을 강조하여 인권을 탄압하는 독일 상황을 정당화시켰다는 평가를 받고 있다.

3. 역사는 일정한 법칙에 따라 발전하는가

역사가 일정한 법칙에 따라 발전한다면, 인간의 의지로 역사를 바꿀 수 없다. 역사가 인간의 의지와 상관없이 인간에게 주어진다면, 인간은 꼭두각시에 불과할 뿐이다. 따라서 인간에게 역사에 대한 책임을 물을 수 없다.

신이나 절대이성에 따라 역사가 일정한 법칙에 따라 발전한다면 인간은 역사를 결정할 자유가 없다. 따라서 어떤 개인이 유태인 학살과 같은 만행을 저질렀다고 하더라도 자유가 없는 개인에게 책임을 물을 수 없다. 먼저, 유태인 학살과 같은 만행을 신의 목적에 따른 행위라고 보아야 하므로 개인에게 책임을 물을 수 없다. 히틀러에 대한 심판은 신이나 역사가 하는 것이지 인간이 해서는 안 된다. 인간은 신의 섭리를 알 수 없기 때문이다. 둘째로 절대이성에 따라 역사가 발전한다면 유태인 학살과 같은 만행이 정당화될 수 있다는 문제점이 있다. 이성이 확대된다면 역사는 절대이성에 가까워지는 것이므로 정당하다. 유태인 학살과 전쟁 등 나치의 만행으로 인해 철학, 정치, 법학, 의학 등 인류의 지적 성취가 나타났다. 그러므로 이성이 확대되었으므로 유태인 학살과 같은 만행이 정당화될 수 있다.

이러한 결정론적 역사관은 인간을 역사의 방관자로 만들고, 역사 발전의 도구로 취급한다. 인간은 운명에 따라 종속되므로 자유도, 책임도 가질 수 없다. 역사가 초월적 존재의 목적에 따라 발전해 나간다는 주장은 증명될 수 없을뿐더러 인간의 자율성만 부정하는 주장이다. 그뿐만 아니라 유태인 학살과 같은 인권침해를 한 자의 책임을 물을 수 없다는 점에서도 타당하지 않다.

역사: 역사 심판

1. 역사 심판의 목적

역사 심판은 역사적 악행을 대상으로 한다. 심판과 형벌의 목적은 응보와 교화이다. 역사 심판 역시 응보와 교화라는 두 가지 목적을 실현하는 것이지만, 그 심판의 대상이 개인뿐만 아니라 사회·민족·국가까지 확대된다는 점에서 응보보다는 교화·예방의 목적이 더 크다고 할 수 있다. 따라서 역사 심판은 예방과 재발 방지라는 목적에 부합해야 한다. 그렇다고 해서 역사적 악행에 대한 개인·사회·민족·국가의 책임이 무조건 면책되는 것은 아니다.

역사 심판을 통해 역사적 악행이 재발하는 것을 예방하기 위해서는 역사적 진실 규명과 진심 어린 반성이 전제되어야 한다. 역사적 악행이 어떻게 일어났는지 어떤 일이 일어났는지 모르는 상태에서 진심어린 반성은 불가능하다. 그렇다면 역사적 악행은 멀지 않은 미래에 다시 발생할 것이 분명하다.

2. 역사 심판의 대상

역사 심판은 역사적 악행에 대한 모든 것을 그 대상으로 한다. 보통 역사적 악행은 개인 단위에서 행해지기 어렵고 조직적이고 계획적으로 행해진다. 예를 들어 나치의 유태인 학살이나 스탈린의 집단 이주, 제국주의 시대의 식민지 정책, 일제 강점기 731부대의 인체 실험 등이 대표적이다. 이처럼 조직적이고 계획적으로 자행되는 역사적 악행은 개인과 개인 간의 범죄와는 다르게 피해 범위가 일민족, 일국가 단위, 혹은 인류 전체까지 확장될 수 있다는 차이가 있다.

3. 역사 심판의 한계

역사 심판은 사법적 심판에 머무를 경우, 재발 방지라는 목적 달성에 실패할 수 있다는 한계가 있다. 역사 심판의 대상이 되는 역사적 악행은 대규모로 행해지기 때문에 조직적이고 계획적으로 국가 차원에서 시행된다. 따라서 정부 정책 입안자나 정책 시행 책임자 등의 고위 공무원에게 책임과 처벌이 집중된다. 그러나 현대 정부는 일반 국민 다수의 지지로 구성되고, 정부의 고위 공무원은 이처럼 집결된 국민 다수의 의사를 정부 정책으로 계획·입안, 조직적으로 실현한다. 만약 역사적 악행에 대한 역사적 책임을 고위 공무원과 같은 특정 인물에 집중시켜 처벌한다면, 역사적 악행을 지지한 일반 국민 다수는 마치 자신의 책임이 전혀 없는 것으로 여길 수 있다. 국민 개인은 역사 심판의 대상이 되지 않았기 때문에 법적 책임을 지지 않아도 되며 더 나아가 자신에게는 책임이 없다고 생각할 것이다. 그렇다면 일반 국민 다수의 생각은 변하지 않아 역사적 악행은 언제든지 재발할 수 있다.

역사적 악행의 재발 가능성은 평범한 일반 국민 다수의 반성하지 않는 태도에서 증대된다. 한나 아렌트는 이러한 문제점을 '악의 평범성'이라 하였다. 이에 따르면 유태인 학살과 같은 역사적 악행은 히틀러와 같은 악마의 소행이 아니라 평범한 독일 국민에 의해 일어난 것이나 마찬가지이다. 그리고 평범한 국민 다수가 역사적 악행에 대한 반성을 하지 않는 한, 전체주의는 다시 발흥할 수 있고 대규모 인권 침해는 언제든지 재발할 수 있다.

4. 역사적 책임

역사적 악행에 대한 책임은 크게 세 주체의 문제라고 할 수 있다.

첫째로 과거 악행과 직접적 관련이 있는 국가기관 구성원, 즉 공무원이다. 예를 들어 나치의 유태인 학살에서 아우슈비츠 수용소 운용 인력이나 일제 강점기 731부대원 등이 대표적이다.

둘째로 과거 악행을 저지른 정부를 지지한 일반 국민 다수가 있다. 예를 들어 나치를 지지하여 히틀러를 총통으로 선출한 당시 독일 국민들이 바로 이들이다.

마지막으로 과거 악행과 관련이 없는 민족 구성원이 있다. 2차 세계대전 종전 이후 태어난 독일의 소위 68세대, 패전 이후 태어난 일본 국민들을 예로 들 수 있다.

(1) 공무원의 책임

대규모 인권 침해와 같은 역사적 악행을 수행한 공무원이 살아 있다면 윤리적 책임을 추궁해야 한다. 그래야만 이들의 반성을 이끌어내고 재발을 방지할 수 있다. 만약 공무원의 행위는 국가의 명령에 의한 것이었다고 하여 국가의 책임만을 강조한다면 인권침해를 자행한 공무원에게 변명거리를 제공할 수 있다. 그렇다면 훗날 동일한 상황에서 공무원들이 다시 소수자들의 인권을 침해하는 선택을 하게 될 것이다. 재발 방지를 위해 국가의 명령에 의해서 인권을 침해했더라도 인권침해를 한 공무원의 책임을 물어야 한다.

다만, 공무원의 책임을 묻는다고 하더라도 시간이 흘러 역사적 진실이 불분명할 때에는 사법적 책임 대신 윤리적 책임을 추궁해야 한다. 만약 역사적 악행을 사법적으로 심판한다면 책임자들은 과거의 잘못을 숨기려 할 것이므로 역사적 사실이 은폐될 수 있어 과거사 청산과 극복에 도움이 되지 않는다. 과거의 잘못된 역사를 모두 들추어냈을 때, 당시 국가기관의 공무원이었던 역사적 악행의 책임자들은 처벌받거나 비난받을 수 있으므로 사실을 은폐하려고 한다. 사실을 은폐한다면 반성도, 역사적 기억에 대한 국민의 공유와 책임의식도 확보할 수 없다. 따라서 역사의 사법적 심판은 과거사 청산과 극복이라는 목적을 달성할 수 없다. 남아프리카 공화국에서 '화해와 진실 위원회'가 과거의 인종차별행위에 대한 사법적 책임을 면해 주면서 과거의 진실을 드러내도록 한 것도 역사적 진실을 밝혀야 과거사 청산이 가능하다고 생각했기 때문이다. 따라서 역사적 진실이 규명되지 않은 경우, 책임자인 공무원의 사법적 책임을 추궁하기보다 역사적 진실을 공개할 것을 요구하는 윤리적 책임을 추궁하여야 한다.

(2) 일반 국민의 책임

역사적 악행의 책임은 대규모 인권 침해를 자행한 공동체 구성원 전원에게 있다. '나는 직접적으로 인권 침해에 관여하지 않았고, 나는 정부가 하는 일을 미처 알지 못했다'는 말로 변명한다면 인권침해는 또 다시 발생할 수 있다. 나치의 유태인 학살의 책임은 침묵의 공모를 한 전체 독일 국민에게도 있다. 당시 독일 국민들은 나치의 대규모 인권 침해에 대해 알고 있었고 최소한 유태인 차별정책에 최소한 저항을 하지 않았으므로 나치에 소극적 지지를 보냈다고 해석할 수 있다. 만약 당시 독일 국민들이 나치의 유태인 차별정책에 대해 저항을 하였다면, 선거에 민감한 민주주의 국가에서 유태인에 대한 일부의 차별은 있었을지라도 명백하게 부정의한 유태인 학살이라는 역사적 악행은 발생하지 않았을 것이다. 역사적 악행의 재발을 예방하기 위해 역사적 악행의 책임은 국민모두에게 있음을 명백히 해야 한다.

(3) 민족의 책임

과거의 역사적 악행에 관련이 없는 현대의, 그리고 미래의 개인들도 역사적 책임을 져야 한다. 민족은 과거, 현재, 미래를 공유하는 집단이다. 그렇기 때문에 우리는 민족의 업적에 대한 자부심을 가지고 있다. 예를 들어, 조선시대 세종의 한글 창제는 현대의 나 자신과 전혀 관련이 없는 업적임에도 불구하고 현대의 우리는 한글 창제라는 민족적 업적에 자부심을 갖는다. 개인에게 자유와 책임이 동시에 부여되듯이, 민족에게는 민족적 자부심과 함께 민족적 책임의식이 수반되어야 한다. 대표적인 예로 중국과 한국의 국민들은 일본을 걱정과 우려의 눈으로 보고 있다. 왜냐하면 일본의 제국주의 시절과 유사한 상황이 발생한다면, 난징 학살, 731부대의 인체 실험, 종군 위안부 등의 문제가 또 발생할 수 있다고 생각하고 있기 때문이다. 일본인들이 아직도 군국주의와 그로 인한 역사적 악행을 역사적 진실이 아니라고 부정하고 있기 때문에 진심으로 반성하지 않았음이 분명하고 그렇다면 역사적 악행은 언젠가 다시 나타날 것이라 여길 수밖에 없다.

언어: 언어란 무엇인가?

1. 언어의 개념

언어란, 사전적으로는 말하기 또는 글쓰기의 형태로 나타나는 관습적 기호의 체계이다. 인간은 이러한 언어를 사용하여 사회집단의 구성원으로서, 문화에 대한 참여자로서 의사를 소통한다.

(1) 언어의 음성적 측면

언어는 체계성을 지닌다. 동물이나 어린 아이의 소리는 비체계적이다. 그러나 어린 아이가 언어 체계를 습득하게 되면 발음 가능한 소리 중에서 한정된 음성만을 사용하게 된다. 또한 문법과 같은 언어의 일정한 질서에 따라 배열하여 의미를 드러낸다. 예를 들어 유아는 주변의 소리를 흉내낸다. 그러다가 생후 2년이 지나면서 이러한 흉내는 체계적으로 변하면서 모방하기 시작한다. 유아가 "맘마" 등의 말을 하는 단계가 바로 이에 해당한다. 생후 3년이 지나면서부터는 언어의 소리를 충분히 흉내낼 수 있게 된다. 3~6년이 지나면 언어질서, 즉 문법형식을 습득하게 된다.

언어의 음성과 그 음성이 지칭하는 사물 사이에는 아무런 필연적 관계가 없다. 소쉬르[180]는 이에 대해 언어의 음성(혹은 기호)을 기표(signifiant, 시니피앙)라 하며, 지칭하는 개념을 기의(signifié, 시니피에)라고 하였다. 소쉬르에 따르면 기표와 기의의 관계는 자의적(恣意的)이다. 예를 들어 어떤 동물을 영어로 'horse', 프랑스어로 'cheval', 한국어로 'mal'이라고 부르더라도 어떤 호칭이 이 동물을 더 적절하고 명확하게 드러내는 것인지 불분명하다. 더불어 각 언어에서 각기 다른 음성으로 이 동물을 표현하더라도 그 의미는 동물 자체로서 동일하다.

이처럼 기표와 기의의 관계가 자의적이라면 언어는 많은 사람들 사이에 성립된 약속, 규약에 얽매인다. 예를 들어 A라는 사람이 '책'을 '펜'이라고 부르기로 마음먹었다고 하자. 기표와 기의의 관계는 필연적이지 않으므로 A의 생각 자체는 문제될 것이 없다. 그러나 앞으로 A는 다른 사람과의 의사소통에 문제가 발생할 수밖에 없다. A가 사회의 언어 규약에서 벗어나 있기 때문이다. 따라서 기표와 기의의 관계는 자의적이라 할지라도 언어는 언어 사회의 규약에 얽매이게 된다.

(2) 언어의 기호적 측면

언어는 기호와 관련이 깊다. 기호는 사물 그 자체를 드러내는 것이라기보다 오히려 상징에 가깝다. 예를 들어 '책'이라는 말이나 문자는 책 그 자체가 아니다. 또한 '민주주의'라는 말은 많은 지면을 써야만 표현할 수 있는 행동체계이다. 따라서 언어는 기호, 상징을 통해 의미를 나타낸다.

[180] 소쉬르(Ferdinand de Saussure): 스위스의 언어학자로, 언어구조에 관한 그의 개념은 20세기 언어학의 진보와 언어학에 대한 접근방식의 토대가 되었다. 소쉬르는 언어를 사회현상으로 보고, 특정시대에 존재하기 때문에 공시적으로, 또는 세월이 흐름에 따라 변화하기 때문에 통시적으로 생각할 수도 있는 구조적 체계라고 주장했다. 그는 언어연구에 대한 기본적 접근방식을 확립했고, 각 접근방식의 원칙과 방법론은 변별적이며 상호배타적이라고 주장했다.

2. 인간과 언어의 관계

(1) 문화의 전제조건으로서의 언어

언어는 동물과 인류를 구분짓는 특징적인 요소이다. 물론 인류 외의 동물 중 일부는 소리나 몸동작으로 상호작용하거나 인간의 말을 어느 정도 이해하기도 한다. 그러나 앞서 지적한 바와 같이 소리를 체계화하여 언어와 같은 기호체계로 확립한 것은 인간밖에 없다. 언어의 역사성으로 볼 때, 원시인들이 언어를 사용했는지에 대해 논란이 있으나 석기와 같은 도구의 존재에서 원시인은 언어를 사용했을 것이라 유추할 수 있다. 석기나 도기 등의 도구를 만들기 위해서는 협력이 필요하고 협력의 과정에는 상호의사소통이 수반되어야 하기 때문이다. 예를 들어 원시인이 석기를 만드는데 언어가 없다면 정확한 위치를 지정하거나 어떠한 도움이 필요한지 의사전달할 수 없을 것이다. 그렇다면 여러 사람의 손이 필요한 발전된 도구를 만들 수 없다. 따라서 도구를 만드는 과정에서 적절하고 명확한 의사전달이 꼭 필요하므로 원시인은 체계적 언어를 사용하였다고 예상할 수 있다.

(2) 언어와 학습능력

언어는 학습을 가능하게 하여 인간행동양식의 총체인 문화의 기초가 된다. 물론 벌과 같은 하등동물도 복잡한 행동양식을 보이는 경우가 있다. 그러나 이러한 행동양식은 유전되는 것으로 선대의 행동을 학습한 것은 아니다. 척추동물 특히 고등 포유류는 선대의 행동을 학습하며 이를 통해 생물학적 우위를 점하게 된다. 인간을 제외한 고등 포유류의 학습활동은 주변상황이나 환경과 밀접한 관련이 있으나, 인간은 언어를 통해 추상적 학습을 한다는 차이가 있다. 예를 들어 어미사자가 새끼사자에게 영양을 사냥하는 방법을 가르친다고 하자. 사자는 인간과 달리 체계적이고 추상적인 언어를 사용할 수 없으므로 어미사자가 새끼에게 영양 사냥법을 가르치려면 실제로 영양을 사냥하는 모습을 보여주어야만 한다. 그러나 인간은 체계적 언어를 통해 추상적 상황을 제시하고 그 방법 등을 전달할 수 있다. 따라서 인간은 언어를 통해 누구의 경험에 대해서나 학습할 수 있다. 그리고 이러한 학습은 대를 이어 누적되어 문화의 발달로 이어지므로 언어는 인류의 발전을 가능하게 한다.

3. 언어의 기능

(1) 의사소통 기능

언어의 근본적 기능은 무엇보다도 의사소통에 있다. 인간은 의사소통을 통해 학습과 협력이 가능하였다. 인류의 발전은 언어로 인해 가능하였다고 해도 과언이 아니다. 특히 집단 내에서 필연적으로 발생할 수밖에 없는 갈등해소 과정에 있어서 언어의 역할이 크다. 갈등상황하에서 인간은 감정이나 물리적 폭력 등의 비이성적 수단을 사용할 수도 있으나 자신의 의사를 상대방에게 전달하여 이를 해결할 수도 있다.

언어의 의사소통 기능은 인간 이성(理性)을 구현하거나 표현하는 수단이 된다. 언어를 통한 이성의 작용은 크게 인식과 표현기능으로 볼 수 있다. 예를 들어 "이 바나나는 노랗다."고 말을 한다면, 화자(話者)는 그러한 인식을 하고 있는 것이다. 또한 "나는 오늘 기분이 좋다."라고 말한다면 언어를 통해 자신의 감정이나 사상을 드러내는 것이다.

(2) 의사형성 기능

언어의 중심적이고 본질적인 기능을 의사소통기능으로 보는 언어관에 반하여 언어는 의사소통 이상의 기능을 한다고 보는 언어관이 있다. 이러한 언어관은 언어가 인간 이성의 도구일 뿐만 아니라 인간의 정신에 일정한 영향력을 미친다고 본다. 이를 흔히 언어의 형성기능이라 한다. 대표적으로 홈볼트[10]의 '민족언어이론', 워프-사피어의 '언어상대성이론', 비트겐슈타인의 언어사용이론을 계승·발전시킨 오스틴의 '언어행위이론'이 있다.

① 민족언어이론

홈볼트는 한 민족의 고유한 언어는 그 민국의 세계관을 담고 있다고 하였다. 이에 따르면 언어의 차이는 세계관의 차이로 이어진다. 따라서 '언어가 서로 다르다'라는 의미는 언어를 표현하는 음성이나 문자 등의 기호가 다르다는 것에 그치지 않고 사물을 바라보는 민족의 관점이 다르다는 뜻이 된다. 이러한 관점에 따르면 민족의 언어는 민족의 정신을 형성한다고 할 수 있다.

② 언어상대성이론

워프와 사피어는 언어가 그 언어를 사용하는 사람들의 사고를 규정한다고 하였다. 이에 따르면 우리는 객관적 세계를 있는 그대로 파악할 수 없고 언어를 통해 인식할 수밖에 없다. 예를 들어 무지개의 경우 우리는 흔히 '빨주노초파남보'라고 하여 7가지 색으로 본다. 그러나 실제의 무지개는 어디서부터가 빨강이고 주황인지 불연속적으로 구분할 수 없다. 인간이 언어를 통해 불연속적으로 인식할 뿐이다. 이에 대해 사피어는, "언어는 인간의 사고를 주조(鑄造)한다"고 하였다.

③ 언어행위이론

오스틴은 언어가 어떠한 행동을 수행하기도 한다고 하였다. 이러한 종류의 문장을 수행문(performative sentence)이라고 한다. 예를 들어 '사람을 죽이면 안 된다.'라는 문장이 있다고 하자. 이는 사실이나 거짓에 해당하지 않으며, 이를 통해 화자는 자신의 의지와 행동을 결단할 뿐이다. 따라서 언어는 사실이나 사물의 인식·표현 외에 행위의 일부로서 작용하여 인간행위의 일부가 될 수 있고 행위를 이끌어내기도 한다.

[10] 홈볼트(Karl Wilhelm von Humboldt): 독일의 언어철학자. 언어연구에 주력하여 내적 언어의 형성을 존중하였으며, 언어를 유기적으로 취급하고, 언어철학의 기초를 쌓아 종합적이고 인간적인 언어학을 추진하였다.

언어: 구술문화와 문자문화

1. 개념

사전적인 의미로 구술이란 어떤 내용을 글로 쓰지 않고 입으로 말하는 것을 의미한다. 이에 반해 문자는 말의 소리나 뜻을 눈으로 볼 수 있도록 적기 위한 체계적인 부호로 정의된다. 따라서 구술문화는 입으로 말하는 것에 의존하는 문화이며, 문자문화란 공동체가 공유하고 있는 문자 기호에 기반한 생활양식이다. 역사적으로 볼 때, 구술문화는 문자문화로 발전하였다고 할 수 있다.

2. 구술문화와 문자문화의 특징

(1) 구술문화의 특징

구술문화 속에서 사는 사람들은 말에 힘이 있다고 믿는다. 말은 반드시 입 밖으로 나와야 하며, 소리로 울리게 되므로 말을 하기 위해서는 반드시 힘이 필요하다. 말은 목소리이며 필연적으로 힘에 의해 생기는 것이다. 따라서 구술문화 속에서 사는 사람들은 사람의 이름이나 사물의 명칭을 표찰과 같은 것이라기보다 마술적 힘을 지닌 것으로 여긴다.

구술문화가 강한 사회는 이성적이기보다 감정적이다. 또한 말이 힘을 지니고 있으며, 입으로 전해져 내려온 전설과 영웅담이 힘을 지니고 있는 것과 마찬가지로 사회 구성원들의 기원과 염원이 강하면 공동체의 발전이 가능하다고 믿는다. 예를 들어 고등학교 때 배운 '구지가'처럼 공동체의 구성원들이 모여 왕을 내려달라고 힘을 합쳐 노래하면 그 소원을 이룰 수 있다고 믿는다.

(2) 문자문화의 특징

문자의 사용, 즉 쓰기는 인간의 내적 의식을 끌어올렸다. 문자를 통해 쓴다는 것은 구술-청각의 세계에서 시각의 세계로 의식을 이동시켜 전보다 정교한 구조나 지시체계를 가능하게 한다. 이러한 새로운 감각세계의 이용은 의식의 분화를 가져온다. 자신의 음성을 글로 쓰게 되면 텍스트와 자신 사이에 일정한 거리가 생겨난다. 이러한 거리는 자신의 말을 객관적으로 바라보게 하여 새로운 사고를 이끌어낼 수 있게 한다. 그 결과 문자는 다양한 의식 분화를 가능하게 한다.

구술문화	문자문화
집합적	분석적
다변(多辯)적	간결함
인간생활에 밀착됨	상대적으로 간격 있음
감정이입적	객관적 거리 유지
상황의존적	추상적

(3) 디지털 문화와 구술·문자문화

디지털 문화의 등장은 구술문화에서 문자문화로 옮겨 간 사회의 언어문화를 다시금 구술문화로 이끌어간다. 인터넷과 결합한 텍스트, 즉 하이퍼텍스트^⑫는 문자문화의 최종점인 책과는 다른 특징을 지닌다.

먼저 하이퍼텍스트는 링크를 통해 다른 텍스트로 이동할 수 있는 끝나지 않는 텍스트이다. 책은 물리적으로 정해진 크기가 있으며, 분명한 경계를 지닌다. 어떠한 내용이 책처럼 문자로 씌여질 경우 문자 자체의 의미로 파악된다. 그러나 말로 할 경우 화자의 경험이나 상황에 따라 끝없이 이야기가 이어진다. 예를 들어 구전(口傳)되는 전설이나 민담 등은 동일한 스토리라고 할지라도 지역이나 시대에 따라 조금씩 그 구체적 내용이 다르다. 하이퍼텍스트는 끝이 정해져 있는 책이 아니라 마치 할머니의 이야기 주머니처럼 끝나지 않는 스토리가 될 수 있으므로 구술문화적 성격이 강하다.

둘째로 하이퍼텍스트는 직관적이고 연상적이다. 책의 경우 텍스트의 순서대로 그 내용을 따라가게 되어있으나 하이퍼텍스트는 독자의 관심에 따라 건너뛸 수 있다. 즉 순차적이고 단선적인 흐름에서 비약과 건너뛰는 진행이 가능하다. 이처럼 이야기가 글을 쓰는 작자보다 상황에 의존하는 청자 중심이라는 점, 청자의 관심이나 경험, 이해도에 따라 스토리가 생략되거나 자세해질 수 있다는 점에서 하이퍼텍스트는 구술문화적 성격을 지닌다.

마지막으로 하이퍼텍스트는 문자 중심에서 벗어나 이미지와 소리에도 의존한다. 문자문화에서는 문자가 글의 중심에 놓인다. 그러나 하이퍼텍스트는 문자 뿐만 아니라 도표, 그림, 소리, 동영상까지 포함하여 멀티미디어적 성격을 지닌다. 따라서 하이퍼텍스트는 단지 글이나 그림을 보기만 해야 하는 책과 달리 손짓이나 표정, 억양 등이 결합되어 전달되는 구술문화와 가깝다.

3. 구술문화의 사회적 의미

구술문화적 관점에 따르면 언어는 단순한 도구가 아니라 의식에 영향을 미치는 도구 이상의 존재이다. 더군다나 의식과 책 사이에 일정한 이성적 거리를 가질 수밖에 없는 문자문화와는 달리 구술문화는 청자의 상황이나 반응에 따라 이야기를 변형할 수 있으므로 청자와의 거리가 매우 가까워져 이성적이라기보다 감정적이다.

이러한 구술문화적 특성에 인터넷의 쌍방향성과 익명성까지 결합되면 엄청난 파급력을 지니게 된다. 그러나 이러한 파급력은 긍정적 기능도 있으나 역사적으로 볼 때 독재자에 의해 악용된 사례가 많다. 특히 문학작품에서 언어의 힘을 악용할 가능성을 제시한 경우가 많다. 예를 들어 조지 오웰의 '1984'에서 대형(빅 브라더)은 의식적으로 언어를 변형하는데 '자유'라는 단어가 없다면 '자유'를 알 수 있겠느냐고 반문한다. 또한 헉슬리의 '멋진 신세계'에서 사회의 지배자인 '포드'는 문학을 금지하여 인간의 의식을 제한할 필요가 있다고 한다.

모의문제 12 문화/역사/언어

*부록의 원고지를 사용하여 실제 시험처럼 제한시간(110분)에 맞춰 답안을 작성해보고, 답안을 작성한 후에는 p.487에서 해설과 예시답안을 확인해보세요.

Q. 제시문 (나)를 활용하여 제시문 (가)의 계몽주의자들이 취하고 있는 역사관을 비판하시오. (700~900자)

(가) 우리는 역사의 진보를 의심하지 않는다. 우리의 생활 수준은 지속적으로 향상되고 있기 때문에 문명이 진보하고 있음은 당연한 것이라 여겨지고 있다. 그러나 진보가 곧 물질적 풍요로움이라 할 수는 없다.

역사가 진보한다는 생각은 근대가 시작되는 17세기에 등장했다. 자연과학이 발전하면서 산업혁명이 일어났고 상업이 발달하고 무역과 해외 진출이 활발해졌다. 신 중심의 사회였던 중세시대와 비교조차 안 되는 근대의 물질적 풍요로 인해 사람들은 인류의 진보를 믿게 된 것이다. 인간이 이용하기는커녕 인간을 위협했던 자연은 이제 인간의 지배대상이 되었다. 결국 인류의 진보는 자연의 예속에서 벗어나는 것이며 인간이 자유로워졌다는 것을 의미한다.

17세기 유럽에서 시작된 인류 진보의 개념은 18세기의 계몽사상가들에 의해 강력하게 주장되었다. 계몽주의자들은 자연의 법칙과 역사의 법칙이 동일한 것이며 자연과 역사는 모두 진보한다고 주장했다. 계몽주의자였던 콩도르세(Marquis de Condorcet)는 인간 이성의 발전에 한계가 없기 때문에 인간 능력의 진보 역시 한계는 없고 인간은 무한히 완성에 근접할 수 있다고 했다. 완성을 향하는 진보는 저지할 수 없고 인간은 진보를 계속해 나갈 것이라 했다.

이에 비해 헤겔은 자연과 인간의 세계를 구분했다. 헤겔에 따르면 자연은 진보하지 않는 것이고 역사는 진보하는 것이다. 헤겔은 자연을 반복과 정체의 공간으로 인식하였고, 반면 인류의 역사는 이성의 진보의 역사라고 하였다. 헤겔은 나폴레옹과 시저를 예로 들었다. 그들의 정열은 전쟁이라는 파괴행위로 이어졌으나, 결국 이성을 확장시켰다는 것이다. 헤겔은 정반합이라는 변증법의 논리는 현실 생성과 인간의 사유(思惟)에 공통적으로 적용된다고 했다. 이 논리에 의하면 이성과 부조리한 세계 사이의 갈등은 일시적으로 존재할 뿐인데 부조리는 결국 이성에 의해 극복되기 때문이다. 헤겔은 이성이 세계의 부조리를 해결해나가면 인간 역사는 절대이성이라는 종점에 도달할 것이라 주장했다.

마르크스는 헤겔의 역사관이 가진 혁명적 성격에 공감했으나, 역사가 의식의 역사라는 헤겔의 주장에 동의하지 않았다. 마르크스는 인류의 역사는 계급 투쟁의 역사라고 주장했다. 그리고 계급 투쟁의 역사는 필연적으로 프롤레타리아의 승리, 즉 공산주의로 종결되어 인류 역사가 완성될 것이라 하였다.

(나) 인간의 진보(progress)와 생물의 진화(evolution)는 명백하게 다르다. 계몽주의 사상가들은 서로 모순되는 두 견해를 받아들였다. 하나는 역사의 법칙과 자연의 법칙을 동일시했다는 것이다. 그들은 자연계 안에서 인간의 위치를 해명하고자 했다. 다른 하나는 자연을 진보하는 것이라 여겼다는 것이다.

헤겔은 역사는 진보하는 것이지만 자연은 진보하지 않는 것이라고 구분함으로써 어려움에 빠졌다. 다윈의 진화론은 진화와 진보를 같은 것으로 보아 어려움과 혼란을 해결한 것처럼 보였다. 그러나 이는 진화의 원천인 생물학적인 유전(biological inheritance)을 역사 진보의 원천인 사회적인 획득(social acquisition)과 혼동한 것으로 심각한 오해를 불러일으켰다. 진화는 생물학적 유전에 의해 일어나기 때문에 천 년 혹은 만 년을 단위로 측정된다. 인간이 역사를 기록하기 시작한 이후로 인간 종 자체의 변화가 일어나 생물학적 진화가 일어나지는 않았다. 반면 진보는 사회적인 획득에 의해 일어나기 때문에 세대를 단위로 한다. 인간은 이성적 존재로 과거 세대의 경험을 말이나 글을 통해 축적하여 자신의 능력을 발전시키는 것에 인간의 본질이 있다. 5천 년 전의 원시인에 비해 현대인의 뇌가 더 크거나 사고능력 자체가 달라지지는 않았다. 그러나 현대인은 수 세대의 경험을 누적시킨 결과에 자신의 경험을 결합함으로써 사고의 유효성을 엄청나게 증가시킨 것이다. 사회적 진보는 획득형질(獲得形質, acquired characteristics)의 전승에 의해 일어나는 것이고, 생물학적 유전에서는 획득형질이 결코 전승되지 않는다. 이처럼 역사는 획득한 기술이 과거 세대에서 다음 세대로 전승됨으로써 일어나는 진보인 것이다.

440 한 번에 합격, 해커스로스쿨 lawschool.Hackers.com

둘째, 역사의 진보에 일정한 시점(始點)과 종점(終點)이 있다고 할 수 없다. 문명의 탄생을 곧 진보의 시작이며 발명품이라 보는 경우가 많다. 그러나 문명은 극적인 비약이 포함되어 있는 무한하게 점진적인 발전과정이다. 진보의 종점이 존재한다는 가설은 더 심각한 오해를 불러일으킨다. 헤겔은 역사에는 절대이성이라는 종점이 있고, 이것이 바로 프로이센 군주국가라고 선언했으나, 이는 결코 타당하다고 볼 수 없다.

역사의 진보는 시간적으로 지역적으로 연속적이지 않다. 역사는 일직선으로 전진하는 것이 아니라 역전하거나 일탈하거나 중단되거나 하는 것이다. 전진하는 시기가 있다면 퇴보하는 시기도 있고, 퇴보 후의 전진이 같은 지점이나 같은 길을 따라 가는 것도 아니다. 문명의 전진 노력이 한 지역에서 사라진 후에 다른 지역에서 다시 시작되는 경우도 많다. 또 한 시대의 문명을 전진시킨 집단이 다음 시대에는 전진에 기여하지 못하거나 오히려 퇴보시키는 집단이 되기도 한다. 따라서 진보는 모든 사람에게 동일하고 동시적인 것을 의미하지 않고 의미할 수도 없다. 역사의 진보라는 가설을 유지하려면, 역사의 길은 중단되기도 한다는 조건을 반드시 인정해야 할 것이다.

Chapter 08

과 학

핵심 가이드

인류는 오랜 기간 자연의 일부로 살아오며 자연의 위협에 집단의 힘으로 대응해왔다. 이것이 고대와 중세의 집단주의, 가족주의가 나타난 이유가 된다. 자연의 힘에 대항할 방법은 집단을 이루는 수밖에 없었던 것이다. 예를 들어, 종교의 발전과정을 보자. 인간이 동물의 힘을 이길 수 없을 때에는 동물을 신의 모습으로 숭배한다. 고대 이집트의 토테미즘이 이를 보여준다. 이후 동물의 힘을 이겨내자, 홍수나 화산 등의 거대한 자연의 힘이 숭배의 대상이 된다. 배화교(拜火敎)로도 불리는 조로아스터교가 그 사례이다. 이후 자연의 힘을 이겨내자 하늘의 천체가 숭배의 대상이 된다. 태양신과 달력의 중요성이 이를 보여주는 사례가 된다. 천체의 움직임을 기록하고 전승한 이후에는 형체가 없는 유일신 신앙이 나타난다.

과학은 이성과 합리성의 산물이다. 인류는 과학의 힘을 이용해 자연을 이해하고 극복하고 지배했다. 그렇기 때문에 중세의 교황청은 우주의 비밀을 풀어내려는 과학자를 화형에 처했다. 갈릴레이가 "그래도 지구는 돈다"고 말했다는 것 역시 이를 뜻하는 것이다.

과학의 발전은 인류를 자연으로부터 해방하고 자연을 이용하여 풍요로움을 누릴 수 있도록 했다. 그러나 한편으로는 극심한 생산과 소비, 인류의 삶의 터전인 지구 환경의 오염을 불러왔다. LEET 논술과 언어이해, 추리논증, 로스쿨 면접까지 과학을 소재로 하여 문제가 출제되고 있기 때문에 과학에 대한 기본적인 이해가 필요하다.

자연관

1. 고대인들의 자연관

(1) 물질관

고대인들은 지상계는 불, 공기, 물, 흙의 4가지 요소로 구성되어 있다고 보았다. 이러한 요소는 본래의 장소를 가지고 있고, 본래의 장소로 향하려는 본성을 가지고 있다. 흙은 우주의 중심을 향해 내려가려고 하고, 불은 천구를 향해 위로 올라가려 한다. 요소들은 외부의 강제 없이도 본래의 장소를 향해 움직이려 한다. 예를 들어 돌처럼 흙의 속성을 지닌 것을 위로 던지면 다시 아래로 떨어진다. 흙의 본래 장소가 지구이기 때문이다.

(2) 천동설

우주의 중심에 지구가 있고, 태양과 행성, 별 등의 모든 천체가 지구의 둘레를 돈다는 설로 지금으로부터 2000년 전 그리스의 천문학자 프톨레마이오스가 주장했다. 행성의 움직임은 천동설로도 설명이 잘 되므로 천동설은 16세기까지 약 1400년 동안 믿어져 왔다.

천동설에 따르면 지구는 우주의 중심에 고정되어 있으며, 그 둘레를 달, 행성 및 태양이 원궤도를 그리며 돌고 있다. 행성의 역행 현상을 설명하기 위해 행성들의 원궤도에 회전의 중심을 두고 있는 주전원이라고 하는 작은 원운동을 도입하였다. 또한 내행성인 수성과 금성의 경우는 주전원의 중심이 태양과 항상 일직선상에 놓이게 하여 이들의 위치가 태양으로부터 멀리 벗어나지 않게 하여 관측되는 모든 행성의 운동을 거의 설명할 수 있었다.

2. 근대인의 자연관

(1) 지동설

① 천동설을 고집한 이유

신이 지구를 우주의 중심으로 정하고, 인간을 창조하였다. 따라서 모든 천체가 지구를 중심으로 회전해야 한다. 만약 지구가 태양을 중심으로 공전한다면 지구는 우주의 중심이 아니라 작은 행성에 불과하고, 인간은 우주의 중심이 아니라 우주의 변방에 사는 생물체가 되어버린다. 따라서 지동설에 대한 강한 반발이 있었다.

② 코페르니쿠스의 지동설

프톨레마이오스의 천동설에 따르면 행성들은 하늘에 정지해 있는 것으로 보일 때도 있고, 후진하는 것으로 관측될 때도 있다. 천동설은 이를 설명하기 어려웠다.

코페르니쿠스는 지구가 태양을 돌고 있다면 행성들의 후진운동을 쉽게 설명할 수 있다고 생각했다. 지구의 공전주기는 365.26일, 화성의 공전주기는 686.98일이다. 따라서 지구는 화성보다 빠르게 회전하므로 화성이 후진하는 것처럼 보일 것이다. 예를 들어 A가 B의 2배의 속도로 한 방향을 향해 달리고 있다고 가정하자. A가 B를 추월하는 시점에서 B는 움직이지 않는 것처럼 보일 수 있고, A가 B를 추월하면 B는 후진하는 것처럼 보일 것이다.

코페르니쿠스는 지동설을 채택할 경우 행성들의 운행을 쉽게 설명할 수 있다고 생각했다. 티코 브라헤는 코페르니쿠스의 지동설이 옳다면 지구가 공전함에 따라 관찰자가 항성[13]을 바라보게 되는 시점이 변하므로 연주시차를 확인할 수 있어야 하는데, 연주시차를 확인할 수 없었다. 이를 이유로 티코 브라헤는 지동설을 부인하고, 지구 주위를 태양이 돌고 있으며 나머지 행성[14]은 모두 태양의 주위를 돈다는 절충설을 제시했다.

③ 갈릴레오 갈릴레이의 지동설

갈릴레오는 개발한 망원경으로, 목성 주위의 작은 별들이 목성을 중심으로 돌고 있다는 것을 발견했다. 이는 작은 별들이 큰 별을 중심으로 돈다는 것을 보여준다. 따라서 작은 별인 지구가 태양을 중심으로 돌 수 있다는 의미이다. 그는 망원경으로 금성을 관찰하다가 금성이 반달 모양, 초승달 모양으로 보인다는 것을 알았다. 이는 금성이 태양을 중심으로 돌고 있기 때문이라고 생각했다.

(2) 뉴턴의 역학

코페르니쿠스는 지구가 태양을 중심으로 돈다고 했고 갈릴레오는 낙하현상을 설명했으나 그 이유는 밝히지 못했다. 뉴턴은 그 이유를 밝힘으로써 근대의 자연관을 완성하였다.

뉴턴에 따르면, 모든 물체는 끌어당기는 힘인 인력을 가지고 있다. 태양과 지구 모두 인력을 가지고 있다. 물체의 인력은 물체의 무게와 비례하므로 중력(重力)이라고 한다. 물체간의 인력은 거리제곱에 반비례하고, 중량과는 비례한다. 태양은 지구보다 중량이 크므로 지구가 태양을 중심으로 돌게 된다. 사과가 땅에 떨어지는 것도 마찬가지다. 사과 무게보다 지구의 무게가 크므로 사과의 인력보다 지구의 인력이 크다. 따라서 사과는 지구로 떨어진다.

(3) 근대 자연관의 특징

근대인은 자연을 기계로 보고 수학적으로 설명할 수 있다고 생각했다. 이러한 자연관을 기계론적 자연관이라고 한다. 프랑스 과학자 라플라스(Pierre-Simon Laplace)는 "만일 우주의 물체의 위치와 운동량을 아는 사람이 있으면, 그 사람은 우주역사의 전 과거와 미래를 예측할 수 있다"고 했다. 이러한 라플라스의 주장은 모든 자연계의 현상이 일정한 법칙에 따라 일어난다고 보는 결정론에 근거하고 있다. 근대인들은 근대과학의 영향 아래, 인간의 이성으로 물리적 세계의 법칙을 발견하고 그에 따라 미래를 예측할 수 있듯이, 사회와 역사도 일정한 법칙에 따라 발전하므로 사회발전을 예측할 수 있고 관리·통제할 수 있다고 믿었다.

고전역학은 우주를 마치 수많은 톱니가 서로 물려 복잡하게 동작하고 있는 거대한 기계로 간주한다. 따라서 우주의 변화 과정은 이미 정해져 있는 것이고, 일상적인 역학 현상에 대해서 적어도 원리적으로는 전혀 오차가 없이 필요한 모든 운동 정보를 계산해 낼 수 있다. 혹시 그 변화를 정확하게 예측할 수 없는 경우는 관련된 인자들이 너무 많거나 계산과정이 너무 복잡하기 때문에 불과한 것이다. 만약 우리의 계산능력이 더 발달하고 복잡한 계산과정을 풀어낼 수 있게 된다면, 현재 불가능한 것이라 하더라도 얼마든지 예측할 수 있다.

3. 현대인의 자연관

(1) 양자역학과 불확정성의 원리

빛의 입자들의 작은 덩어리를 양자라고 하고, 전자·원자핵과 같은 미시적 세계에 대한 연구를 양자물리학이라고 한다. 양자물리학에 따르면 전자운동량과 전자의 위치를 동시에 알 수 없다. 예를 들어 전자의 위치를 파악하면 운동량을 알 수 없다고 한다. 반대로 운동량을 파악한다면 전자의 위치를 알 수 없다. 위치와 운동량이라고 하는 두 역학적 정보를 동시에 측정할 수 없는 것을 불확정성의 원리라고 한다. 양자물리학으로 미시세계에 대한 정확한 측정이 어렵다는 것이 밝혀졌다.

(2) 카오스 이론

던져진 주사위는 만유인력법칙의 지배를 받지만, 던지는 사람의 힘, 방향, 바닥에 부딪쳐 회전하는 주사위의 움직임까지 무한대의 변수가 있다. 따라서 주사위를 던질 경우 다음에 나올 숫자는 확률로 예측할 수 있을 뿐이다. 기상학자인 에드워드 로렌츠는 소수점 이하의 작은 차이로 기상예측이 크게 달라진다는 것을 발견했다. 수많은 변수와 초기조건의 민감성[15] 때문에 미래의 기상에 대해서는 확률로 예측할 수 있을 뿐이다.

(3) 근대인의 세계관과 현대인의 세계관

근대인들은 우주를 뉴턴의 역학법칙에 따라 움직이는 거대한 시계와 같은 기계로 보았다. 우리가 기계의 법칙을 안다면 미래에 일어날 일을 정확히 예측할 수 있다고 생각했다. 그러나 현대에 와서 미시세계는 확률적으로만 예측할 수 있다는 것이 밝혀졌다. 기상이나 환경 문제도 정확한 예측은 힘들다. 인간이 자연을 손아귀에 넣고 지배할 수 있다는 생각은 인간의 오만일 뿐이다.

[13] 항성(恒星, fixed star): 핵융합 반응을 통해서 스스로 빛을 내는 고온의 천체이며, 대표적인 것으로는 태양을 들 수 있다. 우리은하 내에는 항성이 1000억 개 정도 있으리라 추정된다. 이들은 모두 스스로 빛을 내며, 마치 천구(天球)상에서 움직이지 않는 것처럼 보여 항성이라 불린다.

[14] 행성(行星, planet): 태양계 내에서 태양 주위를 공전하며 스스로 핵융합반응에 의해 에너지를 생성하지 못하고 태양빛을 반사하여 빛나는 천체를 말한다.

[15] 초기조건의 민감성: 카오스 이론에서 최초의 미세한 차이가 시간의 흐름에 따라 엄청난 차이를 가져오게 한다는 의미로 사용되는 용어이다. 미국의 기상학자 에드워드 N. 로렌츠는, 컴퓨터를 사용하여 기상현상을 수학적으로 분석하는 과정에서 초기 조건의 미세한 차이가 시간의 흐름에 따라 점점 커져서 결국 그 결과에 엄청나게 큰 차이가 난다는 것을 발견했다. 이를 나비효과라하고 이것이 후에 카오스 이론으로 발전하였다.

과학적 방법론

1. 과학적 방법에 대한 관점의 변천사

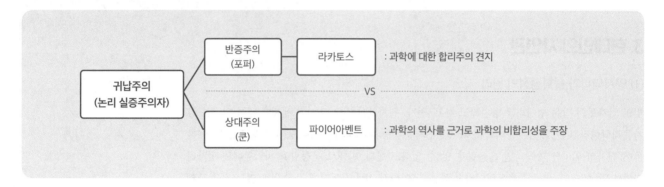

2. 과학적 방법론

(1) 귀납주의

관찰을 통해 단칭 문장들을 확증하고 이로부터 일반명제까지 확증하는 것이 과학의 방법이다. 귀납주의는 다양한 범위의 조건들 하에서 X에 대한 다양한 관찰이 행해지면 모든 X들의 속성이 속성 Y를 가지고 있다고 한다. "X는 Y의 속성을 가지고 있다"와 상충되는 어떠한 사례도 발견되지 않았다면, "X는 Y이다"는 보편적인 원칙이다.

그러나 아무리 관찰된 X가 모두 Y라는 성질을 가진다고 하더라도, 모든 X는 Y라는 성질을 가진다고 단언할 수 없다. 왜냐하면 관찰자가 모든 X에 대해 검증한 것이 아니기 때문이다. 예를 들어, 까마귀 백만 마리를 관찰하고 까마귀는 까맣다는 일반명제를 도출할 수 없다. 왜냐하면 백만 한 번째 까마귀는 하얀 색일 수도 있기 때문이다. 관찰언명은 제한된 수에 대한 관찰 결과에 불과하기 때문에 관찰의 수를 아무리 늘리더라도 보편언명에 이를 수 없다. 보편언명은 무한수에 대한 연구이기 때문이다.

버트란드 러셀은 <철학이란 무엇인가>라는 책에서 다음과 같은 이야기를 하고 있다. 주인이 칠면조에게 999일 동안 모이를 주었다. 1000일째 되는 날에 주인이 나오자 칠면조는 주인이 모이를 줄 것으로 알고 달려갔으나 주인은 칠면조의 목을 비틀었다. 그 날은 추수감사절이었다.

버트란드 러셀은 두 개의 사건이 자주 같이 발견되었다 하여 두 사건이 인과관계에 있다고 볼 수 없다고 한다. 즉, 주인이 나타났다는 사실과 먹이를 주었다는 사실은 칠면조에게 999일 동안 같이 발견된 사건이나, 주인이 나타났다는 것이 먹이를 준다는 것의 원인이 될 수는 없다는 것이다. 그러나 우리들은 쉽게 과거의 경험을 통해 두 개의 사건이 같이 발견되었다는 이유만으로 양자가 인과관계에 있다고 믿고는 한다. 그러다가는 주인에 의해 목이 비틀린 1000일차의 칠면조처럼 될 수 있다.

보충자료 - 단순성의 원리(the Principle of Simplicity)

과학철학에서 쟁점이 되는 것들 중에서, 사고 실험들을 쉽고 다양하게 펼칠 수 있는 주제가 바로 단순성의 원리 문제이다. 따라서 수험자의 사고 실험을 중요시하는 논술 분야에서 가장 출제되기 좋은 주제라고 할 수 있다. 단순성의 원리 문제를 이해하기 위해서는 예비적으로 "가장 좋은 설명으로의 추론"을 이해하는 것이 필요하다.

오늘날 과학과 관련된 철학적 입장들 중 가장 중요한 것이 바로 가장 좋은 설명으로의 추론이다. 자연과학을 옹호하는 입장에 서 있는 자연주의 철학자들은 오늘날 우리가 가지고 있는 가장 좋은 이론을 참으로 간주한다. 이들 철학자들의 추론은 다음과 같은 형태를 지니며, "가장 좋은 설명으로의 추론(Inference to the Best Explanation)"이라고 불린다.

(전제) 어떤 관찰된 사태 S와 관련된 이론들 T1, T2, T3,…, Tn 중에서 T1은 S에 대한 가장 좋은 설명이다. 따라서 T1은 S에 대하여 참인 설명이다.

이 논증에서 주의해야 할 것은 T1을 제외한 이론(혹은 가설)들 모두, 경험적 자료들에 비추어 보았을 때, 충분히 정합적으로 사태 S를 설명할 수 있다는 점이다. T1은 정합적으로 사태 S를 설명한다는 것 외에 어떤 다른 미덕들을 지니고 있을 때에 최선의 설명이 될 수 있다. 그러한 미덕들 중 한 항목이 바로 다음과 같은 사항이다.

그렇다면 가장 좋은 설명이라는 것은 대체 무엇인가? 이 기준이 마련되어야만, 가장 좋은 설명으로의 추론이 작동할 수 있다. 단순성의 원리는 바로 이 기준에 대한 한 가지 대답이다. 오컴의 면도날이라 불리는 단순성 원리는, "더 적은 것을 가지고 할 수 있는 일을 더 많은 것을 가지고 할 필요는 없다."는 것이다. 오컴의 면도날로부터 명료화된 단순성 원리(전문적 수준)는 다음과 같다.

① **수학적 단순성의 원리**: 수학자들은 오컴의 세 원리를 좀 더 적은 수의 공리를 사용해 이론을 구성해야 한다는 지침서로 여겼다.

② **이론 선택시의 단순성의 원리**: 예측 가능성이 똑같은 두 이론이 있다면 좀 더 단순한 형태의 것을 선택해야 한다.

③ **경제성의 원리**: 가급적이면 적은 수의 존재자들을 가정해야 한다.

이처럼 단순성의 원리에 따라, 어떤 사태를 설명하려고 하는 이론 T는 독립적 설명(도입할 공리가 적고, 이론 자체가 단순하며, 존재론적인 설명이 적어야)을 필요로 하는 문제들을 가급적 적게 포함하고 있어야만 한다.

(2) 반증주의

반증주의는 반증할 수 있는 주장만이 가치 있는 주장이라고 한다. 예를 들어, 점쟁이는 올해는 좋은 일이 있을 것이라고 한다. 이런 발언은 너무 포괄적이고 모호하므로 항상 부합하는 사례를 발견할 수 있다. 내가 산 주식이 오른 것, 길에서 돈을 주운 것, LEET 점수가 오른 것, 회사에서 승진한 것 등과 같은 사례를 찾을 수 있다. 따라서 점쟁이의 주장은 타당하다는 결론을 내릴 수 있다. 점쟁이가 올해는 불행이 닥칠 것이라는 발언도 마찬가지이다.

이와 같이 이론이 모호하고 일반적인 경우에는 그 이론을 확증하는 사례는 발견하는 것이 쉽다. 따라서 포퍼에 따르면 과학은 이론을 확증하는 것이 아니라 반증하는 것이라고 한다. 하나의 반증사례[136]로부터 이론이 거짓이라고 추론하는 것은 연역적이므로 과학은 귀납없이도 발전할 수 있다. 그는 가설을 반증하려 함으로써 과학이 발전한다고 주장한다. 하나의 가설이 제시되었을 때, 그 가설로부터 예측들이 도출되어야 하고 반증이 되면 그 가설은 포기된다. 반증되지 않았다면 계속해서 더 엄격한 검증을 받아야 한다.

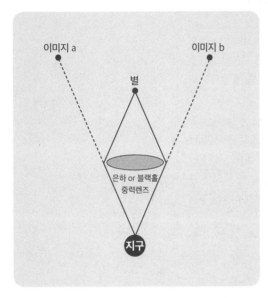

아인슈타인은 일반상대성 이론을 제시하고, 태양에 가까이 지나가는 빛은 태양의 중력장에 의해 빛의 경로가 휘어질 것이라고 예측했다. 근대 뉴턴역학에서는 물체의 질량, 시간과 공간이 불변이라 생각하나, 아인슈타인에 따르면 물체의 질량과 공간은 불변이 아니다.[137] 은하나 블랙홀, 별 등의 질량으로 공간은 휘어진다. 옆 그림에서, 별에서 나온 빛은 블랙홀의 질량으로 인해 휘어진 공간 때문에 블랙홀 근처를 지날 때 휘어진다. 그래서 지구에서 보면 '이미지 a나 b'에서 온 빛으로 생각하게 된다. 시간도 공간과 마찬가지로 가변적이다. 빛의 속도에 가까워질수록 시간은 느리게 움직인다. 뉴턴의 고전역학은 시간·질량·공간의 불변성을 전제로 하나, 아인슈타인의 상대성이론은 이를 깨뜨린다.

그 이후 실험과 관측을 통해 아인슈타인의 주장은 반증되지 않았다. 그러나 일반상대성 이론이 반증되지 않았다 하더라도 영구적 진리라고 할 수는 없다. 일반상대성 이론도 추후에 반증될 수 있기 때문이다. 반증주의에 따르면 세계에 대한 우리의 지식은 잠정적인 것이다.

반증되어 폐기된 아리스토텔레스의 견해에 따르면 흙은 반드시 우주의 중심인 지구를 향하고, 불은 천구를 향해 위로 올라간다고 한다. 우주선은 일정 이상의 출력을 가하면 지구를 벗어난다. 우주선 사례를 통해 흙은 반드시 지구를 향한다는 가설은 반증되었다고 할 수 있다. 물론 잘못된 반증도 있었다. 티코 브라헤는 지동설을 반증하려고 했다. 만약 지구가 태양을 공전한다면 지구와 항성간의 연주시차가 관찰되어야 한다. 브라헤는 연주시차를 관찰할 수 없었다. 따라서 지동설을 반증했다고 생각했다. 그러나 연주시차를 관측할 수 없었던 것은 지구와 항성간의 거리가 브라헤의 예상보다 멀고, 관측도구가 정밀하지 못했기 때문이다. 즉 현대의 과학자는 연주시차를 확인할 수 있으므로 지동설이 타당함을 증명할 수 있다.

(3) 토마스 쿤의 <과학혁명의 구조>

① 패러다임과 정상과학

패러다임은 과학자에게 일련의 연구방법을 제시해주는 틀이다. 천동설, 지동설, 뉴턴 역학 등이 그 예이다. 패러다임은 세계관 또는 문화관의 총체이다. 패러다임은 자연에 실재하는 것이 아니라 과학자 공동체가 만들어낸 틀로, 2개의 패러다임은 2개의 언어와 같이 공약불가능하다.

정상과학이란 패러다임과 자연이 일치하도록 함으로써 패러다임을 정교하게 만드는 시도이다. 정상과학의 기간 동안에 과학자들은 패러다임을 비판하는 입장을 취하지 않는다. 패러다임과 일치하지 않는 관찰이 있더라도 패러다임을 부정하기보다는 추가적 연구와 관찰을 통해 패러다임을 지지하려고 한다. 19세기에 뉴턴 역학을 근거로 계산된 천왕성의 궤도와 실제로 관찰된 천왕성의 궤도는 일치하지 않았다. 그러나 과학자들은 중력에 영향을 미치는 행성이 존재할 수 있고, 이를 확인하지 못했다고 생각했지 뉴턴 역학이 부정되었다고 생각하지 않았다. 그래서 천문학자들은 뉴턴 역학이 계산을 통해 예측한 궤도를 꾸준히 탐색하였고 결국 천문학자 르베리에(U. I. J. Leverrier)가 해왕성을 발견하여 뉴턴 역학이 옳았음을 밝혔다.

뉴턴 역학이 패러다임이라면 뉴턴 역학에 따라 새로운 행성인 해왕성을 발견해내는 르베리에의 행위가 정상과학이다. 한 패러다임에서 연구를 하는 동안 반례로 간주될 수 있는 관찰은 반례로 간주되지 않고, 해결해야 할 문제로 간주된다.

② 과학발전의 단계

토마스 쿤은 <과학혁명의 구조>에서 과학발전을 4단계로 구성된다고 하였다.

1단계는 정상과학단계이다. 패러다임이 수립되면 과학자들에게 문제를 해결하는 방법과 가이드라인을 제시해준다.

2단계는 위기의 단계이다. 정상과학의 패러다임으로 풀리지 않는 변칙이 발생한다. 패러다임의 이론적 구조와 물리적 세계의 구조가 일치하지 않으면 변칙이 나타난다.

3단계는 과학혁명의 단계이다. 많은 변칙적인 사건들을 기존의 패러다임으로 설명할 수 없을 때 새로운 패러다임이 등장한다.

4단계는 새로운 패러다임이 기존의 패러다임을 대체하여 새로운 정상과학의 단계로 접어든다. 정상과학은 기존에 승인된 이론에 따른 연구라면, 과학혁명은 승인된 과학이론들을 다른 이론으로 교체하는 것을 뜻한다. 예를 들어, 뉴턴 역학에 따른 수성의 궤도와 관찰이 일치하지 않자 수성 궤도 안쪽에 '벌칸'이라는 다른 행성이 있을 것이라 가정했다. 이는 마치 천왕성의 궤도가 뉴턴역학의 예상과 다르자 다른 행성의 존재, 즉 해왕성을 가정한 것과 같다. 그러나 '벌칸'은 존재하지 않았다. 수성의 궤도는 뉴턴 역학으로는 설명할 수 없었다. 이때 아인슈타인의 상대성이론이 나타나 태양의 큰 질량으로 인해 시공간이 왜곡되어 있음을 밝힘으로써 수성의 궤도를 정확하게 계산할 수 있었다. 따라서 아인슈타인의 상대성이론은 역학의 새로운 패러다임으로 볼 수 있다.

구분	실증주의	쿤
관찰	관찰과 이론의 엄격한 구별	관찰과 이론의 상호작용
과학의 발전	축적되는 연속적 발전	혁명적 발전, 비연속적 발전
과학의 기반	자연에 존재하는 실재	과학과 사회에 의해 형성된 패러다임
과학적 행위	발견	과학자에 의한 구축

⑯ 하얗지 않은 백조 한 마리를 관찰함으로써 백조는 하얗다는 일반화 원칙을 반증할 수 있다.
⑰ 상대성 이론에 따르면 질량과 시공간도 변한다. 우주선이 초속 29만km가 되면 그 무게는 4배로, 29만 9,000km가 되면 12배로 무거워진다. 즉 우주선의 속도가 빨라지면 질량이 무거워진다. 공간도 물체의 질량에 따라 휘어진다.

3. 관찰은 객관적인가?

과학적 실재론자들은 과학의 대상은 연구자의 정신과 독립적으로 존재한다고 한다. 그러나 과학적 반실재론자들은 우리의 정신으로부터 독립적으로 존재하는 객관적 대상을 부정하거나 객관적 대상이 존재하더라도 우리의 배경지식이나 경험에 의해 그것에 대한 인식은 영향을 받을 수밖에 없다고 한다. 예를 들어, X-ray 사진을 보는 일반인과 의사는 동일한 상이 망막에 잡히지만 경험적 내용은 다를 수밖에 없다. 일반인에게는 의미 없는 사진이나 의사는 많은 의미를 경험한다. 동일한 X-ray 사진을 보면서 일반인은 흰색과 검은색, 뼈의 모양 정도를 파악할 수 있겠지만, 의사는 질병명, 질병의 정도 등을 파악할 수 있을 것이다. 이와 같이 기초지식이나 경험에 따라 관찰의 내용이 다를 수 있다.

소박한 귀납주의에 따르면 관찰자는 자신의 경험과 주관에 사로잡히지 않고 관찰한 것만을 기록한다고 한다. 이런 관찰에 입각하여 일반 원리를 도출하고, 일반원리에 따라 자연현상을 예측할 수 있다. 그러나 앞에서 보았듯이 관찰 자체가 관찰자의 경험과 지식에 영향을 받으므로 객관적 관찰을 할 수 없다. 관찰은 이론과 기존의 경험을 근거로 하고 있다는 점에서 관찰은 이론의존성이 있다고 할 수 있다. 예를 들어, 석양을 볼 때 지동설을 받아들인 코페르니쿠스주의자들은 태양이 한 곳에 고정되어 머물고 있고 지평선이 하늘 위로 떠오르고 있다고 본다. 그러나 천동설을 받아들인 프톨레마이오스주의 천문학자들은 지평선이 고정되어 있고 태양이 지평선 아래로 떨어지고 있다고 본다.

4. 과학 발전에 대한 관점

과학에 대한 관점으로 크게 객관주의(실재론)와 상대주의(반실재론)가 있다. 이 두 관점에 따라, 과학 발전에 대한 두 관점을 제시할 수 있다. 객관주의의 연장선상에서 과학의 발전은 진보라는 관점이, 상대주의의 연장선상에서 과학 발전은 혁명이라는 관점이 도출된다.

(1) 진보 관점

실재론의 관점에서 현재의 과학 이론이 과거보다 진보했다고 할 때 진보된 이론은 상대적으로 자연의 객관적 사실들을 더 정확히, 더 광범위하게 포착한다. 진보된 이론은 그 조상이 되는 이론보다 참이다. 진보된 이론을 통하여 과거보다 확장된 자연 혹은 세계 이해가 가능하다.

(2) 혁명 관점

과학 발전은 점진적이고 연속적으로 진보하지 않으며 혁명적이고 불연속적으로 도약한다는 관점이다. 이 관점은 토마스 쿤의 패러다임이라는 개념이 대표적인 예이다. 과학이 진보하고 있다고 말하려면, 기존 이론 TP와 새롭게 등장한 이론 TN 사이에 공통적으로 말할 수 있는 객관적인 공통 사실이 있어야만 한다. 우리는 같은 종들 사이에서만 '진보'나 '발전'을 의미 있게 말할 수 있기 때문이다. 그러나 반실재론에 따르면 그러한 객관적 사실들이라는 것은 존재하지 않으며, TP와 TN은 전혀 다른 것에 대한 설명들이 된다. 과학에는 어떠한 진보도 없으며, TP에서 TN으로의 혁명적 변환만이 있을 뿐이다. 예를 들어, 뉴턴 역학과 아인슈타인의 상대성이론은 전혀 다른 것에 대한 설명이다. 상대성이론과 양자역학 역시 마찬가지의 관계라는 점에서 이를 확인할 수 있다.

5. 상대주의와 합리주의

(1) 상대주의

① 절대적 상대주의

절대적 상대주의에 따르면, 자연에 실재란 있을 수 없다. 자연에 대한 어떤 설명도 다 참이다. 진리의 관점에서 보자면 그리스 신화와 현대과학에는 어떠한 차이도 없다. 천연두의 원인을 신의 노여움으로 믿는 미신과 smallpox virus[18]에 의한 것이라는 설명에는 하등의 차이가 없다. 자연과학의 진리는 단순히 과학자들 사이에 합의한 것에 불과하다.

이런 절대적 상대주의에 대해 라카토스는 다음과 같이 비판한다. 다수결 혹은 이론 지지자들의 신앙과 입심에 의해 이론을 평가하게 된다면, 진리는 힘에 의존하는 것이나 다름없으므로 과학적 변화는 군중 심리의 문제이며 과학적 진보는 본질적으로 시위효과에 불과하다. 이론 선택을 위한 합리적 기준이 존재하지 않는다면, 이론의 변화는 종교적 개종과 유사한 것이다.

② 일반적 상대주의

일반적인 상대주의에 따르면, 발견한 과학법칙은 과학자들의 합의가 개입될 수 있다. 과학도 과학자의 사상과 사회의 영향을 받을 수밖에 없으므로 과학법칙은 진리라고 할 수 없다. 과학은 단순한 자연의 재현이 아니라 특정한 시대와 문화에 뿌리를 둔 국지적 지식이다.

(2) 합리주의

어떤 이론이 다른 이론보다 더 우수하다고 평가할 보편적 기준은 존재한다. 귀납주의는 사실로부터 더 많은 지지를 받은 과학이론이 그렇지 않은 이론보다 타당하다. 과학은 궁극적 진리를 향해 점진적으로 나아가고 있다. 시대에 따라 과학적 해석이 바뀌는 것은 사회적 규약이나 문화가 달라지기 때문이 아니라, 새로운 환경에서 측정한 실험 중에서 과거의 이론으로 설명할 수 없는 사실들이 많이 나오기 때문이다. 예를 들면, 19세기말 미세한 원자세계의 특성을 측정하기 시작하면서 일상생활에서 다루는 물체의 성질을 잘 기술하던 고전물리학의 한계가 드러나 양자역학이 나오게 됐던 것이다. 그러나 이 경우에도 양자물리학은 고전물리학을 일상적인 조건에서는 잘 맞는 근사적인 법칙으로 포용하게 된다. 즉, 새로운 이론은 과거의 이론보다 더욱 넓은 범위의 실험사실들을 일관성있게 설명할 수 있기 때문에 받아들여지는 것이지, 사회적 규약이 바뀜에 따라 과거의 경험적 법칙들을 완전히 부정하는 것은 아니다.

이들은 과학의 내용이나 진리가 사회에 의해 영향을 받는다는 주장에 매우 비판적이다. 합리주의자들은 과학의 이론이나 법칙이 자연에 존재하는 것을 어렵게 발견하며, 과학의 방법이 세계에 대한 인식으로부터 과학자의 주관, 편견, 믿음을 하나씩 제거해서 순수하게 객관적인 진리에 도달하는 것이라고 믿는다.

(3) 소결

과학자는 주관적 편견과 기존 지식으로부터 최대한 자유로운 상태에서 자연을 관찰하고, 자연법칙을 도출해야 한다. 그러나 과학자는 인간이라는 류, 특정사회의 구성원, 특정한 사상이나 심리를 가지고 있는 사람이다. 따라서 경험 없이 자연을 관찰하는 것은 불가능하다. 그렇다고 편견을 가진 과학연구가 정당하다는 의미는 아니다. 더 나은 과학적 지식은 있다. 관찰과 실험을 통해 자연을 더 잘 설명하고, 미래를 더 정확하게 예측할 수 있다면 상대적으로 더 나은 이론이다. 현대과학은 분명히 고대와 중세 시대의 과학보다 더 나은 이론이다. 아리스토텔레스의 과학 이론보다 아인슈타인의 상대성 이론이 우리가 살고 있는 세계를 잘 설명할 수 있고, 더 뛰어난 예측력이 있기 때문이다.

[18] smallpox virus: 악성 전염병인 천연두를 일으키는 바이러스이다. 천연두의 주요 증세는 고열과 전신에 나타나는 특유한 발진(發疹)이다. 전염력이 매우 강하고, 예전에는 대유행을 되풀이하여 많은 사망자를 내기도 했으나 19세기 이후 영국 의사 E.제너가 창시한 종두가 보급되고부터 격감하였다.

과학과 지식사회학

1. 지식사회학이란 무엇인가?

(1) 과학에 대하여 널리 퍼져 있는 관점

과학 이론의 장점은 그 이론이 계급, 인종, 성 또는 과학을 지지하는 개인이나 집단이 가지고 있는 그 밖의 다른 특성과 무관하다는 사실에 있다고 본다. 과학의 전개와 평가는 전통적인 견해에서 보아 적절한 사회적 설명의 대상은 될 수 없다고 주장한다.

(2) 현대의 사회학자들의 관점

과학이 사회적 설명에서 면제될 수 있다고 보지 않는다. 이들은 과학적 지식의 전형적 속성으로 치부되어 왔던 객관성과 그로부터 비롯되는 인식론적 지위를 거부한다.

2. 과학의 인식적 측면과 비인식적 측면에 대한 구분

(1) 인식적 측면

일반적으로 과학이 수행한다고 생각되는 지적인 활동 영역을 말한다. 이론 연구 및 실험 수행 등이 이 측면에 포함된다.

(2) 비인식적 측면

과학적 활동이나 현상들 중 분명히 사회의 연관 하에서만 설명될 수 있는 영역들이 이에 해당한다. 예컨대, 다음의 질문들은 이 비인식적 측면에 대한 내용을 묻는 것이다. "왜 어떤 특정한 과학 협회 또는 학회가 설립되었는가?", "왜 과학자의 명성이 기울게 되었는가?", "왜 특정 시기와 장소에 어떤 연구소가 세워지게 되었는가?", "왜 1820년과 1860년 사이에 독일의 과학자 수가 급격하게 증가하게 되었는가?", "과학이 환경에 미치는 영향은 무엇인가?", "유전공학이 우리 사회에 미칠 잠재적인 영향은 무엇인가?" 등등이 바로 그것이다.

(3) 전통적 관점과 비인식적 측면

과학의 활동이 객관적인 지적 작업이라고 보는 전통적인 관점을 따른다고 해서, 과학과 관련된 위와 같은 사회적 탐구 영역이 있을 수 있음을 부정하는 것은 아니다.

(4) 지식사회학자의 주장

지식 사회학자는 객관적인 것으로 치부되어온 소위 인식적 측면이라는 것들도 사실은 사회와의 연관 하에서만 설명될 수 있다고 주장한다. 이들에 따르면, 어떤 과학 이론의 장점을 판단하는 기준은 보편적인 기준이 아니라, 맥락-사회 의존적이며 따라서 항상 변화한다고 주장한다. 그리고 그 기준이 사회적 맥락의 산물인 한, 과학의 결론들은 물리적 세계의 본질에 의하여 단순히 결정되지 않는다.

우생학자인 골턴의 사례에서 이를 확인할 수 있다. 유전에 대한 그의 초기 사상은 그가 주로 알고 지내던 영국 캠브리지의 지식인들이 혈족 관계로 연결되어 있다는 점에 큰 영향을 받았다. 이 점에서 유전에 대한 골턴의 초기 사상은 확실히 그의 사회적 경험의 어떤 특성에 기원을 두고 있다고 말할 수 있다.

3. 과학기술과 사회의 관계

(1) 사회구성론

사회구성론은 과학기술 자체가 사회의 변화방향을 결정짓는 것이 아니라 과학기술이 과학 외적 원인에 의해 구성된다는 입장이다. 사회구성론은 과학기술이 사회적으로 구성된다고 본다. 물론 과학자들도 사회구성원인 만큼 그 활동이 사회와 상호 작용하는 것은 너무나 당연하다. 그러나 사회구성론은 과학과 사회가 상호 작용한다는 사실에서 더 나아가 과학기술이 사회 요인들에 의해 구성된다고 한다. 즉 과학기술은 사회·정치·경제·철학·이념적 요인 등에 의해 영향을 받아 구성되는 것이다. 사회구성론자들은 과학기술이 자연에 존재하는 진리를 반영할 뿐이라는 기술결정론적 관점을 비판한다. 이 주장에 따르면 우리가 순수하고 객관적일 것이라 생각하는 과학자들의 연구에도 사회적·문화적 맥락이 존재한다.

과학기술의 사회구성론적 관점을 드러내는 대표적 사례는 비디오테이프레코더(VTR) 시장에서 소니의 베타맥스 방식이 JVC의 VHS 방식에 패배한 사건을 들 수 있다. 당시 소니의 베타맥스는 VHS 방식보다 화질이 뛰어나고 녹화시간이 길다는 기술적 강점을 지니고 있었다. 그러나 JVC의 VHS 방식은 낮은 가격을 바탕으로 영화대여시장에 적극 진출하여 많은 사용자를 확보하는 데 성공했다. VHS 방식과 호환이 되지 않았던 소니의 베타맥스는 결국 시장에서 철수하게 되었다. 기술적으로 뛰어났던 소니의 베타맥스가 VHS에 패배한 것은 당시 시장의 변화, 즉 영화 대여 시장의 확대를 예측하지 못했기 때문이다. 비디오 대여점들과 같은 영화 대여시장 참여자의 입장에서는 뛰어난 화질보다 가격 대비 화질을 고려할 수밖에 없었다. 따라서 베타맥스의 실패는 과학기술 자체보다 사회·경제적 요구가 결정적이었다는 점에서 사회구성론적 관점의 설명이 타당하다.

(2) 기술결정론

기술결정론이란, 과학기술의 발전이 사회의 변화에 결정적인 영향을 미친다는 관점을 말한다. 기술결정론은 과학기술을 사회와 무관하게 존재하는 독립적인 요소로 본다. 예를 들어 냉전 시대에 살던 미국 과학기술자와 소련 과학기술자는 이념이나 가치관, 교육방식 등이 모두 다르지만 연구 활동에 있어서는 차이가 없다. 그러므로 사회의 구조나 논리는 과학기술 자체에 영향을 미치지 못하고 단지 과학기술의 발전 속도에 영향을 미칠 뿐이다. 만약 어떤 사회의 구조나 분위기가 과학기술에 호의적이지 않다면 그 발전 속도가 느릴 뿐 과학기술의 발전은 꾸준히 일어난다.

기술결정론의 관점에서 과학기술의 발전은 특정 계층에게 이익을 가져다주는 것이 아니라 사회구성원 모두에게 공동선이 될 수 있다고 한다. 중세시대의 책들은 양피지에 손으로 직접 베껴 쓴 것이었다. 책을 만드는 재료 자체가 양가죽인데다가 인건비까지 고려하면 책 가격은 당연히 높을 수밖에 없다. 구텐베르크 인쇄혁명은 책 가격을 낮추었고 이로 인해 많은 사람들이 책을 접할 수 있게 되었다. 인쇄술의 발전은 사회 일부 계층만 전유하고 있던 지식을 사회 전체에 확산시킬 수 있는 기반이 되었으며 르네상스를 가능하게 하였다. 따라서 인쇄술과 같은 과학기술의 발전은 사회 구성원 모두에게 바람직한 결과를 가져다줄 수 있으며 공동선(公同善)이 될 수 있다.

기술결정론적 관점을 보여주는 대표적 사례로, 등자의 발명으로 인한 중세 봉건제 성립을 들 수 있다. 등자(鐙子)는 말을 탈 때 발을 디딜 수 있도록 만든 안장에 달린 발 받침대를 말한다. 세계사에서 등자는 단순한 도구 이상의 중요한 의미를 가지고 있다. 등자를 활용할 경우 말을 탄 상태에서의 활 사격이나 창을 이용한 공격이 용이하다. 따라서 기병(騎兵) 전력의 중요도가 높아지며 기사(騎士)의 지위도 높아질 수밖에 없다. 등자의 발명은 중세 봉건제 성립에 결정적 영향을 주었다는 점에서 기술결정론적 관점을 지지한다.

4. 과학기술의 가치중립성과 사회적 책임

(1) 과학의 가치중립성을 주장하는 입장

현대과학기술의 발전은 점점 그 속도를 더해가고 있다. 속도를 더해가고 있는 과학의 영역은 점차 세분화되고 전문화됨에 따라 일반 지식인들은 물론이고 과학자들마저도 자신의 영역 이외의 다른 내용을 이해할 수 없게 되었다. 특히 현대과학기술사회에서는 '호기심'을 충족시키는 과학과 '실용적'인 기술의 차이가 급속도로 줄어들고 있다. 따라서 과학기술의 중요성은 점차 커지고 있는 데 반해 일반 지식인들과 과학기술은 유리(遊離)되었다고 할 수 있다.

일반 지식인과 과학기술이 유리됨에 따라 사회의 많은 문제들이 마치 과학 자체의 문제인 것으로 인식되고 있다. 이때 과학자나 기술자가 사회적 책임에서 벗어나기 위해 사용하는 논리가 바로 '기술의 가치중립성'이다. 과학기술은 선한 방향으로도 악한 방향으로도 사용할 수 있기 때문에 과학기술의 오남용은 순수하게 이를 사용한 자의 문제이지 과학기술자의 잘못이 아니라는 주장이다. 예를 들어 유전성 질병이 있는 사람은 유전성 질병이 2세에게 전달되므로 아기를 낳지 못하게 해야 한다고 주장하는 견해가 있다고 하자. 유전성 질병이 후세에 전달된다는 과학적 지식이 인간과 사회 문제에 어떤 결정을 내려주었다고 착각할 수 있다. 그러나 유전학적 지식이 말해주는 것은 특정한 질병이 유전된다는 사실일 뿐이지 그 질병을 가진 사람이 아이를 갖는 것이 옳은가, 옳지 않은가에 대한 결정을 내려주는 것은 아니다. 이러한 결정은 인간이, 그리고 사회가 내리는 것이며 과학이 결정하는 것이 아니라는 점에서 과학의 가치중립성을 설명할 수 있다.

(2) 과학자의 사회적 책임을 강조하는 입장

과학자나 기술자는 자신이 창조하거나 디자인한 과학기술의 발전에 주목하고 이에 대해 더 큰 책임을 져야 한다.

① 사회적 가치의 내포 가능성

기술의 초기 모습에 사회적 가치가 각인되는 경우가 많다. 특히 과학기술자가 이를 의도했건 부지불식간에 그러했건 사회적 가치가 내포되기 쉽다. 예를 들어 미국의 건축가인 로버트 모제스는 공원을 디자인하면서 기존의 도로를 진입로로 활용하지 않고 새로운 공원로를 만들었다. 이 과정에서 공원로의 위를 지나는 도로의 교각을 버스의 높이보다 낮게 만들어 버스가 공원에 접근하기 어렵게 하였다. 당시 흑인들은 버스를 많이 이용하였고 백인들은 버스보다 높이가 낮은 자가용을 타고 다녔기 때문이다. 이러한 디자인으로 인해 로버트 모제스가 디자인한 공원은 자가용을 가진 중산층 이상 백인들의 공원이 되었다. 공원로의 조성이나 교각 설치, 전반적인 공원의 디자인이라는 과학기술의 활용에 당시 미국의 인종차별주의가 녹아있다고 할 수 있다.

② 비가역적 속성

과학기술이 시스템의 일부가 된 후에는 그것을 돌이키거나 바꾸기 어렵다. 과학기술 하나하나가 결합하여 체계를 이루게 되면 하나의 기술에는 없었던 관성을 지니게 되며, 이해관계를 지닌 사람이나 조직이 생기게 된다. 예를 들어 인간복제기술의 경우 지금은 법으로 이를 금지할 수 있다. 그러나 만약 인간복제기술이 허용된다면 이를 활용하는 환자, 의사, 병원, 제약회사 등 수많은 이해관계자와 집단이 생기게 될 것이다. 따라서 인간복제기술을 일단 허용한 이후에 이 결정을 바꾸기란 매우 어려운 일이다. 이러한 비가역성으로 인해 과학기술자는 개발 초창기부터 자신의 창조물이 가져올 사회적 영향을 심각하게 고민하여야 할 책임이 있다고 볼 수 있다.

③ 과학기술의 사회적 영향력 증대

과학기술의 발전이 사회에 미치는 영향력은 더욱 커지고 있다. 냉전 시대보다 줄어들기는 하였으나 지금도 과학기술과 관련된 연구는 군사적 목적에서 시작되는 경우가 많다. 예를 들어 우리가 유용하게 사용하는 인터넷도 본래는 군사적 목적으로 구축된 아르파넷에서 시작된 것이다. 이러한 군사적 측면뿐만 아니라 환경 측면의 영향력도 문제된다. 원자력발전소나 방조제, 간척사업 등 과학기술의 사회영향력은 인간의 생활이나 생존 그 자체에 영향을 미친다. 따라서 과학기술자는 자신의 연구나 개발성과가 사회에 파괴적 영향을 미칠 가능성을 신중하게 고려해야 한다.

*부록의 원고지를 사용하여 실제 시험처럼 제한시간(110분)에 맞춰 답안을 작성해보고, 답안을 작성한 후에는 p.488에서 해설과 예시답안을 확인해보세요.

Q. "과학적 지식은 객관적, 중립적 지식이다"라는 제시문 (가)의 주장에 대해 제시문 (나), (다), (라)의 관점에서 비판하라. (40점, 600~800자)

(가) 일부 종교가나 철학자들은 진리를 알고 있다고 주장해왔다. 누군가 진리를 알고 있다면 일반 대중은 이에 대해 복종할 의무를 질뿐이다. 진리의 담지자라고 주장했던 이들은 다른 사상이나 종교를 가진 자들을 이단시해왔고 탄압해왔다. 많은 기독교인들이 이단이라는 이름하에 로마시대에 사형을 당해왔다. 카톨릭 교황과 신부들도 진리의 담지자로서 종교재판을 주도해 이단이라는 이유로 수많은 이들을 고문하고 화형에 처해왔다. 그러나 조선시대에는 성리학을 진리로 믿어온 유학자들에 의해 카톨릭 신앙을 가진 이들은 다시 이단으로 취급되어 사형을 당했다.

종교와 철학이 진리를 담고 있다는 주장은 현대에 와서 힘을 잃고 있다. 그러나 과학적 지식의 도전은 대중적인 지지를 받고 있는 듯하다. 현대에 와서 '너의 말은 비과학적이야'라는 진술은 단죄를 담고 있다. 과학적이라면 옳고, 비과학적이라면 옳지 않다. 그렇다면 과학적 지식이야말로 진리이자 옳고 그름을 판별하는 기준이라는 결론에 이르게 된다. 종교와 철학을 대신해 과학이 진리의 왕좌를 차지한 것이라는 대중적 믿음은 깊어져가고 있다. 이런 관점은 과학적 지식에 대한 다음과 같은 믿음에 기초하고 있다.

"과학적 지식은 입증된 지식이다. 과학 이론은 관찰과 실험을 통해 얻어진 경험적 사실에서 엄격한 방법을 통해 도출된다. 우리의 감각을 통해 얻은 것들, 시각, 청각, 촉각 등을 통해 얻은 것들은 과학의 기초가 된다. 과학은 객관적인데, 개인적인 의견이나 취향 혹은 상상이 개입될 수 없기 때문이다. 따라서 과학적 지식은 객관적으로 증명된 지식이므로 신뢰할 수 있는 지식이다."

(나) 미술과 과학은 서로 상반된 것을 다룬다는 인식이 있다. 우리는 보통 미술은 아름다움을 다루는 감정적인 것이고 과학은 진리를 추구하는 이성적인 학문이라 믿는다. 상상력의 산물인 미술은 가변적이고 주관적인 것인 반면, 증명과 실험의 결과인 과학은 가치중립적이어서 과학자 개인이나 사회 상황에서 독립되어 있는 객관적이라 여겨진다.

영국의 토마스 해리어트는 수학자이자 천문학자로, 갈릴레이보다 반년 앞서서 달을 관찰해 관찰 결과를 발표했다. 해리어트는 움푹 들어가 있는 달의 바다를 표현하기 위해 밝고 어두운 부분의 경계선(terminator)을 표시했다. 그러나 갈릴레이와 같은 정도로 달의 모습을 정확하게 해석하지는 못했다. 해리어트는, 갈릴레이가 달의 모습에 대한 내용을 출판한 이후에 또다른 달의 모습에 대한 발표했다. 이 드로잉에는 달의 분화구가 선명하게 그려져 있어 해리어트의 생각이 변화했음을 보여준다.

갈릴레이와 해리어트는 동일한 달을 관찰했음에도 갈릴레이가 본 것을 해리어트는 보지 못한 이유는 무엇일까? 이는 해리어트에게 적절한 이론적 기반이 부족했기 때문이라 본다. 이탈리아에서는 미술계에 원근법 이론이 널리 알려져 있었고 과학자들의 원근법 연구 저서가 출판되고 있었다. 갈릴레이 역시 이 분야의 전문가였다. 그러나 영국은 원근법에 대한 연구가 부족했고 원근법 해설서 역시 조잡한 수준이었기 때문에 해리어트가 갈릴레이와 동일한 조건에서 달을 관찰했다고 보기 어렵다. 관찰은 이론 의존적인 성격을 갖고 있기 때문에 미술과 원근법 이론에 숙달되어 있는 갈릴레이가 더 정확한 관찰을 할 수밖에 없다. 이는 미술이 과학적 발견에 도움이 된 사례라 할 수 있다.

(다) 해왕성의 발견은 뉴턴 역학의 승리라 할 수 있다. 1844년 영국의 아담스와 1846년 프랑스의 르브리에는 해왕성 문제를 해결했다. 뉴턴역학의 예측에 따른 천왕성의 궤도와 실제로 관찰된 천왕성의 궤도가 달랐던 것이다. 그들은 이 차이를 상쇄시킬 수 있는 위치에 적당한 질량의 행성이 존재할 것이라고 주장한 것이다. 그때까지는 그 위치에 행성이 존재할 것이라는 어떠한 관찰도 증거도 없는 상태였고, 뉴턴역학 이전의 우주론인 수비론적 우주론에 따르면 오히려 그 위치에 행성이 존재해서는 안 되는 것이었다. 그러나 곧 아담스와 르브리에의 예측과 가까운 지점에서 해왕성이 발견되었고 이는 뉴턴역학의 승리로 여겨졌다. 이를 '보조 가설(auxiliary hypothesis)'이라 한다. 천왕성의 궤도가 뉴턴역학의 반증 사례로 제시되었을 때, 뉴턴역학을 부정하지 않고 오히려 뉴턴역학에 부합하는 새로운 별의 존재라는 보조 가설을 도입하여 이를 해결한 것이다.

그러나 보조 가설의 도입이 언제나 성공하는 것은 아니다. 수성의 근일점은 매년 조금씩 달라지는데 뉴턴역학은 이를 설명할 수 없다. 르브리에는 해왕성을 예측했던 방법과 동일하게, 수성 근일점의 변화를 설명하고자 했다. 수성 궤도의 안쪽에 수성에 적절한 인력을 작용하는 벌컨이라는 행성이 있다고 예측했다. 그러나 현재의 우리는 수성 궤도의 안쪽에는 어떤 행성도 존재하지 않는다는 사실을 이미 알고 있다. 뉴턴역학이 설명할 수 없었던 수성의 근일점 문제는 결국 아인슈타인의 상대성이론이라는 새로운 이론을 통해서 해결되었다.

과학연구의 문제점은 다음과 같다. 성공적인 기존 이론에 대한 경험적인 반대 증거가 있을 때 기존 이론에 부합하는 보조가설을 덧붙여 해결할 수도 있다. 아니면 기존 이론을 포기하고 새로운 이론으로 이를 해결할 수도 있다. 그런데 문제는 둘 중 어느 전략이 타당한 것인지 알 수 있는 과학적이고 철학적인 근거는 없다는 것이다.

(라) 우크라이나 농부의 아들이었던 리센코는 미추린농법으로 유명하다. 리센코는 1929년 소련에서 미추린농법의 선전과 홍보를 담당했다. 미추린농법은 겨울에 심는 밀의 씨앗을 낮은 온도에서 처리해 물에 불리는 방법이다. 리센코는 이 농법을 거친 밀 씨앗을 봄에 심으면 여름에 심는 밀보다 수확이 많다고 주장했다. 리센코의 주장은 미리 추위를 경험한 밀 씨앗이 추위에 적응해 잘 자란다는 것이다. 그리고 이 개량된 밀 씨앗의 형질이 완전히 변해 후대에도 전승된다고 주장했다.

소련의 정치인들은 서둘러서 미추린농법을 전국에 전면 도입했다. 그 이유는 크게 2가지였다. 먼저, 소련의 밀 생산량이 심각한 수준으로 줄어들어 수확량을 늘리는 것이 시급한 과제였기 때문이다. 둘째로, 라마르크주의의 실현이 가능했기 때문이다. 생명체의 발달을 오랜 기간 기다리지 않고 외부에서 영향력을 줌으로써 원하는 방향으로 변화시킬 수 있기 때문이다.

소련의 목표는 소비에트형 인간을 빠르게 만들어내는 것이었다. 그런데 멘델의 유전이론에 따르면 인간의 발전에 영향을 주는 모든 유전적인 영향들이 없어질 때까지 기다리기만 해야 한다. 그런데 라마르크주의의 주장처럼 선대에서 획득한 형질이 후대에 유전된다면 마냥 기다리고만 있지 않아도 되기 때문에 소련 공산당은 이 이론을 더 선호했다. 미추린농법은 밀 씨앗을 낮은 온도로 처리함으로써 밀 씨앗을 교육하면 수확량이 확대되는 방향으로 생명이 변화하는 것을 증명하는 것이다.

리센코는 미추린농법을 비판하는 자들을 공격했다. 주로 비판자들의 정치 성향과 당성을 문제 삼았는데 그 당시에 정치 성향 문제는 목숨을 위협하는 문제였다. 결국 양심적인 과학자들마저도 리센코의 주장에 반박할 수 없었다. 리센코는 자신을 따르는 수하들을 중요 직책에 앉혔다.

그 결과 미추린농법으로 인해 수확량이 실제로 증가하지는 않았으나, 소련의 각지에 있는 연구소와 집단농장은 미추린농법으로 인해 수확량이 늘었다는 보고를 다투어 올리기 시작했다. 리센코의 미추린농법에 반하는 결과가 보고되면 그 책임자는 시베리아로 보내졌다. 1940년 리센코는 유전학연구소 소장으로 임명되었고 정통 유전학의 연구와 교육을 금지시켰다. 그러나 리센코는 자신이 주장한 식량 증산에 실패해 흐루시초프의 실각과 함께 몰락하고 말았다.

PART

핵심만 쏙쏙!

모의문제
해설 & 예시답안

모의문제 01 요약(2009 LEET 논술 기출문제)

요약할 때 주의사항

① 반드시 개요를 작성하자.

개요는 논술에 있어서 선택이 아니라 필수요소이다. 시간이 아깝다고 혹은 바로 글을 쓸 수 있다고 생각하여 개요를 작성하지 않는 수험생이 많다. 그러나 개요를 작성하지 않고 논술문을 작성하게 되면, 문단 간의 연결고리가 약해지고 중언부언하게 된다. 특히 요약의 경우 핵심내용이 아닌 부분이 부각되는 등의 문제가 발생할 수 있다. 따라서 글쓰기를 연습하는 단계에서는 개요를 작성하고 그에 따라 글을 완성하는 연습이 반드시 필요하다. 개요를 작성하는 습관을 들이도록 하자.

② 제시문의 문장을 그대로 옮기지 말자. 요약과 발췌는 다르다.

핵심어를 그대로 쓰는 것은 좋으나, 문장은 자기가 이해한 바에 맞추어 바꾸어 표현해야 한다. 내용의 핵심을 파악한 뒤, 그것을 차례로 나열하거나 글의 흐름에 따라 논리적으로 연결하는 것은 발췌에 지나지 않는다. 요약이란 글의 맥락을 이해하고 글쓴이의 의도가 확실하게 드러나도록 재편성하는 것이다. 재편성한다는 용어에서도 알 수 있듯이 반드시 제시문의 흐름대로 요약문을 쓸 필요는 없다.

③ 쟁점과 논제를 확실히 파악하자.

요약은 보통 글자 수의 제한이 있다. 따라서 요약문은 제시문의 쟁점, 논제를 짚어 그 핵심을 드러내어야 한다. 제시문을 읽을 때 주장, 논거, 설명, 예시 등을 간단하게 표시하고, 제시문의 주장과 그 핵심 논거를 분량이 허락하는 한도 내에서 서술해야 한다. 쟁점이 많아 분량에 비해 쓸 내용이 많다면, 서론과 결론은 생략할 수 있다. 이는 요약뿐만 아니라 논술문 작성 전반에 걸쳐 통용된다. 정해진 분량 하에서 문제에 대해 직접 대답하여, 출제자가 묻는 바와 제시문의 쟁점을 명시적으로 드러내어야 한다.

제시문 분석

인간의 감정, 의식을 뇌신경작용으로 설명할 수 있는가에 대해 제시문 (가)는 긍정적이다. 그러나 제시문 (나)는 쉬운 문제는 뇌신경 메커니즘으로 설명할 수 있으나 어려운 문제는 설명할 수 없다고 한다.

요약은 크게 어렵지 않으나 적절한 예시를 통해 (가)와 (나)의 차이점이 잘 드러났는지 여부와 정도에 따라 점수가 갈릴 수 있다. 제시문 (가)와 같은 단일한 요소로 모든 것을 설명하려는 환원주의적 주장은 신경심리학, 생물학자와 같은 자연과학계통의 일부 학자들에 의해 제시되고 있다. 그러나 일부 과학자나 인문과학자는 이에 대해 비판적이다. 뇌신경작용으로 인간의 지각, 의식을 설명할 수 있는 부분도 있다. 그러나 '술을 마시다가 갑자기 초등학교 시절의 친구와 관련한 추억이 머리에 떠오른 것'을 뇌신경 메커니즘으로 설명하기는 힘들다.

(가)와 (나)는 인간의 감정이나 의식을 뇌신경작용으로 설명할 수 있는지 견해를 달리 한다는 차이점이 있다.

(가)는 신경세포의 작용으로 인간의 감정과 의식을 모두 설명할 수 있다는 환원주의적 주장을 펴고 있다. 예를 들어 붉은색의 지각은 뇌의 특정한 신경작용으로 설명 가능하다고 한다. 그러나 (나)는 지각과 같은 단순한 문제는 뇌신경작용으로 설명할 수 있으나, 극심한 고통이나 행복감 등의 어려운 문제는 뇌신경작용만으로 설명하기 힘들다고 한다. 예를 들어 '하늘이 파랗다'를 지각하는 것과 같은 쉬운 문제는 뇌신경작용으로 설명할 수 있으나, 쾌청한 하늘을 보고 '기분이 상쾌하다'와 같은 어려운 문제는 뇌신경작용만으로 설명하기 힘들다. 따라서 (나)에 따르면 (가)와 같은 환원론자들의 주장은 쉬운 문제에서는 일정 정도 의미가 있다. 그러나 (나)는 어려운 문제에서는 뇌신경 메커니즘으로는 설명할 수 없다고 하여 (가)의 환원론자들의 주장에 대해 비판적이다.

※ 483자

모의문제 02 비판(2009 LEET 논술 기출문제)

제시문 해설

제시문 (나)는 학문하는 이유를 관조적 탐구를 통한 자기충족이라 한다. 반면 제시문 (다)는 학문의 목적은 자기충족의 기쁨보다 학문을 통해 공동체에 기여하는 데에 있다고 한다.

제시문 (가)는 성리학이란 은사(隱士)처럼 마음을 닦는 것이 아니며 국가와 백성을 위한 것이라 한다. 따라서 제시문 (다)의 학문의 목적을 바탕으로 하여 (가)의 오늘날의 학자들의 태도를 비판하여야 한다. 국가와 국민을 위해 학문을 해야 한다고 한다. 수신제가치국평천하(修身齊家治國平天下)와 같은 이야기이다. 제시문 (다)는 학문을 하는 이유를 공동체 의무이행이라고 보고 있다. 물론 어떤 사상가도 한쪽만을 주장하지는 않는다. 그 강조점에 차이가 있다고 보면 된다. 실학(實學) 사상은 심신수양을 지나치게 강조해온 조선 중기의 성리학을 비판하면서 실용성, 백성에 대한 직접적 이익을 주는 학문을 강조한다. 그러나 오늘날 현실참여라는 이름하에 학자들이 정치권에 줄서기를 하면서 진실을 왜곡하는 데 앞장 선 부작용도 있다.

어느 한 입장을 선택해서 논리를 전개하면 된다. 다만 좀 구체성 있는 사례나 용어를 사용해서 설득력 있는 답안이 되어야 좋은 평가를 받을 것이다. 수험생들은 일반적으로 제시문 (가)의 견해를 옹호하는 입장으로 답안을 썼을 것이다. 어떤 입장을 취해도 무방하나 비판하는 입장에서 도전적으로 답안을 쓰는 것도 좋은 평가를 받을 수 있다. 예시답안은 두 입장에서 모두 작성하였다.

📝 예시답안

<1안: 제시문 (가)의 견해를 비판하는 입장에서>

(나)와 (다)는 학문의 목적을 자기충족과 공동체 기여로 주장한다는 차이가 있다. (나)는 학문의 목적을 지혜를 기반으로 하는 관조적 탐구라고 한다. 관조적 탐구를 통한 기쁨, 자기충족이야말로 학문을 하는 이유라고 한다. 그러나 (다)는 학문의 목적을 진리 탐구 그 자체보다 공동체 의무 이행, 다른 사람에게 이로움을 주기 위해서라고 한다. 그리고 (가)는 학자는 은사처럼 산에서 마음을 닦는 데 그쳐서는 안 되고 국가와 백성을 위해 정치에 적극 참여해 배운 바를 이용해야 한다고 한다.

학문의 목적을 공동체 기여로 보는 (가)의 견해는 타당하지 않다. 학문을 하는 목적은 (나)와 같이 사실을 규명하고, 자기반성을 하고 지혜를 닦는 것이다. 일반인은 무엇이 사실이고, 무엇이 옳고 그른지, 자기반성을 어떻게 할지 모를 수 있다. 학문을 하는 자는 옳고 그름, 자기반성의 삶을 보여줌으로써 사회를 정화시키는 소극적 기능을 해야 한다.

공동체에 해악을 줄 수 있으므로 (가)의 견해는 타당하지 않다. (가)처럼 학자가 벼슬을 한다면 곡학아세(曲學阿世)할 여지가 많다. 학자가 전문적 지식과 대중의 신뢰를 이용하여 당파적 이익을 위해 진실을 왜곡하면, 사회 혼란만 부추길 수 있다. 학문의 목적 중 하나가 공동체 이익이라는 점은 분명하다. 그러나 학자는 공동체의 가치와 방향 형성에 기여함으로써 공동체에 이익을 주어야지 정치에 직접 개입해서는 안 된다. 자칫 학자들마저 권력을 얻기 위한 철새 정치인이 될 수 있기 때문이다. 학자들은 반성적 삶을 통해 사회의 사표(師表)가 되어 사회에 기여하면 충분하다.

※ 784자

<2안: 제시문 (가)의 견해를 옹호하는 입장에서>

(나)와 (다)는 학문의 목적을 자기충족과 공동체 기여로 주장한다는 차이가 있다. (나)는 학문의 목적을 지혜를 기반으로 하는 관조적 탐구라고 한다. 관조적 탐구를 통한 기쁨, 자기충족이야말로 학문을 하는 이유라고 한다. 그러나 (다)는 학문의 목적을 진리 탐구 그 자체보다 공동체 의무 이행, 다른 사람에게 이로움을 주기 위해서라고 한다. 학문의 목적을 공동체 기여라는 의미로 파악하고 있다. 그리고 (가)는 학자는 은사처럼 산에서 마음을 닦는 데 그쳐서는 안 되고 국가와 백성을 위해 정치에 적극 참여해 배운 바를 이용해야 한다고 한다.

학자의 학문적 기반은 공동체에 있으므로 학문의 목적을 공동체 기여로 보는 (가)의 견해는 타당하다. 학문을 하는 목적은 1차적으로 사실을 규명하고 지혜를 얻는 데 있겠으나 궁극적으로는 공동체 구성원의 삶의 질을 높이는 데 있다. 학문하는 자의 생존과 학문을 할 수 있는 여건은 공동체에서 마련해준 것이기 때문이다. 공동체가 붕괴되면 학자는 생존하기도 힘들고 학문도 할 수 없기 때문이다. 따라서 학문의 목적은 자기유희, 자기만족에 그쳐서는 안 되고 공동체에 기여해야 한다.

국가 권력의 남용을 통제할 수 있으므로 (가)의 견해는 타당하다. 국가 권력이 폭력을 자행하거나 진실을 은폐한 경우 학문을 한다는 이유로 관여하지 않는다면, 지식인으로서의 역할을 방기하는 것으로 보아야 한다. 에밀 졸라가 드레퓌스 사건에서 군부와 군사법원에 의한 진실의 은폐에 대항하여 진실 규명에 앞장섰듯이 지식인은 공동체의 실체적 진실 규명, 인권 구제를 위해 적극 나서야 한다.

※ 782자

모의문제 03 논리구조 구성(2010 LEET 논술 기출문제)

제시문 해설

① 제시문 (가)

제시문 (가)는 사회를 유지하기 위해 도덕을 강제할 수 있다는 입장이다. 서로 다른 생각을 가진 개인들이 공통의 사회를 유지하기 위해서는 반드시 공통된 도덕이 있어야 한다는 것이다. 따라서 입법자는 사회를 유지하기 위해 사회 구성원의 마음 속에 있는 도덕을 발견하여 입법하기만 하면 된다.

사회는 도덕이라는 공동의 끈으로 연결되므로 도덕 없이 사회는 존재할 수 없다. 따라서 사회를 보호하기 위해 도덕을 강제할 수 있어야 한다. 그런데 이러한 도덕의 강제라는 것은 개인에게도 문제될 것이 전혀 없다. 왜냐하면 모든 사람들이 공통적으로 생각하는 것을 명문화해서 지켜야 한다고 말하는 것이기 때문이다. 입법자는 사람들의 공통된 생각을 발견하여 명문화해서 사회를 유지시키기 위한 법을 만들어내는 것뿐이지 입법자 개인의 도덕적 판단으로 법을 만드는 것이 아니다.

② 제시문 (나)

제시문 (나)는 개인의 자유를 보호하기 위해 도덕을 강제해서는 안 된다고 한다. 모든 개인은 '어떤 삶이 좋은 삶인가'라는 문제에 있어 자신의 삶을 추구할 자유가 있다. 만약 국가가 다수의 선호를 도덕으로 간주하여 법으로 강제한다면, 소수의 선호와 가치를 잘못된 것으로 치부하고 개인의 자유를 부당하게 침해하는 것이다.

③ 제시문 (다)

제시문 (다)에 따르면, 국가는 국민들이 좋은 삶을 살 수 있도록 도덕을 강제할 수 있다고 한다. 각 개인들은 옳은 삶이 무엇인지 잘 모르거나 그렇게 행동하기 어려우므로, 국가가 강제를 통해 이를 실현해야 한다는 것이다. 각 개인들의 자유를 다소 제한하는 면이 있더라도 보편적으로 옳은 가치를 실현하는 것이 국가의 의무이다.

제시문 (가)와 (다)는 완전주의 입장에서 국가가 도덕을 강제할 수 있다고 한다. 그러나 제시문 (나)는 반완전주의 입장에서 국가가 도덕을 강제해서는 안 된다고 한다.

제시문 (가)는 사회질서 유지를 위해 도덕을 법으로 강제해야 한다고 하나, 제시문 (다)는 국민이 올바른 삶을 살도록 하기 위해 도덕을 강제해야 한다는 점에서 차이가 있다. 제시문 (가)는 공동체 유지를 위해 공유된 도덕을 법으로 강제하는 것은 불가피하다고 한다. 공유된 도덕은 이미 사회구성원들에 의해 합의된 것이다. 공유된 도덕은 사회구성원들을 묶어주는 끈과 같다. 공유된 도덕이 침해되면 사회는 붕괴한다. 제시문 (다)는 올바른 도덕은 이성을 통해 확인할 수 있는 것이고 이를 강제하여 일반 국민이 올바른 삶을 살도록 해야 한다고 주장한다.

제시문 (다)는 어떤 삶이 좋은 삶인가를 국가가 결정하고 이를 강제할 수 있다고 하나, 제시문 (나)는 국가가 다수의 선호를 도덕으로 간주하여 법으로 강제한다면, 소수자들의 자유를 침해하는 문제가 생긴다고 한다. 따라서 제시문 (나)는 국가는 도덕을 법으로 강제해서는 안 된다고 한다. 조선시대 천주교 신자인 윤지충은 제사를 지내지 않았다고 해서 사형을 당했다. 제시문 (가)에 따르면 孝라는 공유된 도덕을 보호해야 하므로 처벌은 불가피하고, 제시문 (다)에 따르면 더 나은 도덕적 삶을 강제하기 위해 처벌은 불가피하다. 그러나 제시문 (나)에 따르면 이는 윤지충의 종교의 자유를 침해하며 이를 강제해서는 안 된다.

※ 741자

제시문 분석

① <보기> 분석

A시는 1970년대 대규모 주거단지가 조성되었으나 현재 노후화되어 저소득층과 영세공장들의 외국인 근로자들의 거주지가 되어가고 있다. A시 시장은 도시 발전을 위해 도시장기발전구상을 내놓았다. 첨단 고부가가치 산업단지와 연구단지를 유치하고, 국내외 고급인력을 유인하기 위해 시유지를 개발하여 주거와 편의공간을 조성하겠다는 것이다. 기존 도시 거주민들은 도시장기발전구상이 기존 도시 거주민들을 위한 일자리 창출이나 주거환경 개선방안을 포함하지 않았다며 반발하고 있다.

A시 시장의 도시장기발전구상은 고급인력을 유인하여야 소비여력이 있는 고소득층이 늘어나게 된다는 생각에서 비롯된 것이다. 고소득 직종인 고급인력의 증가는 낙수효과❶로 인해 도시 전체의 부를 증대시킬 수 있다. A시 시장의 도시장기발전구상에 따르면, 시유지를 개발하여 고소득층인 고급인력을 유치하면 소비가 늘어나고 투자가 증대되어 도시 전체의 부가 증대되기 때문에 저소득층에게도 도움이 된다고 한다.

② 제시문 분석

제시문 (가)에 따르면, 도시가 발전하기 위해서는 창조계급이 필요하다. 창조계급은 창조성을 발휘하여 도시를 발전시키는 원동력이 된다. 창조계급의 경쟁을 통해 부가 창출되며, 이 부는 도시 전체로 퍼져나간다. 그런데 창조계급은 관용의 정도가 큰 도시를 선호하는 경향이 있다. 따라서 창조계급을 유인하기 위해서는 관용의 정도가 높아야 한다.

제시문 (나)에 따르면, 도시재편과정에서 발생하는 피해는 주로 소외계층에게 집중된다. 그리고 도시재편과정에서 발생하는 이익은 사적인 이익주체들에게 돌아가 사회갈등을 불러온다. 이러한 사회갈등은 소외계층의 불만 표출과 사회적 비용으로 이어져 도시 발전을 저해할 수 있다.

제시문 (다)에 따르면, 도시 거주민은 도시에 대한 권리를 가진다. 도시의 안전, 공존, 집단적 발전, 연대를 위한 조건들을 도시 거주민들이 스스로 결정할 수 없다면 진정한 도시발전이 불가능하다. 도시를 위한 결정은 도시 거주민들 모두 참여할 수 있어야 시민들 간의 연대의식이 커지고 자발적인 도시 발전의지가 커질 수 있다.

A시 시장의 도시장기발전구상은 도시번영을 그 목적으로 하고 있다. 시유지를 개발하여 고급인력의 주거 및 편의공간을 확보하면 이들을 유인할 수 있다고 한다. 고급인력을 유인하여 도시경제가 성장하면 그 성장의 결과가 도시 전체에 이익과 발전을 가져와 궁극적으로 도시가 발전할 것이라 한다.

제시문 (가)는 도시 번영을 위해 창조계급이 필요하다고 한다. <보기>의 A시 시장의 장기발전구상은 창조계급에 해당하는 국내외 고급인력을 위한 주거, 편의공간을 제공하고자 한다. 제시문 (가)에 따르면 창조계급인 고급인력들은 관용 정도가 큰 도시를 선호한다. 그러나 A시의 장기발전구상은 저소득층과 영세공장의 외국인 근로자를 소외시키는 정책으로 관용적이라 하기 어려워 고급인력을 유인할 수 없다. 따라서 A시의 장기발전구상은 창조계급, 고급인력을 유인할 수 없으므로 타당하지 않다.

제시문 (나)는 도시재편과정에서 소외계층의 불만이 증대될 수 있다고 한다. <보기>의 A시 시장의 장기발전구상은 고급인력을 유인하기 위해 시유지를 개발하고자 한다. 그러나 시유지 개발 과정에서 주변지가 상승, 주거지 임대료 상승 등이 나타날 수밖에 없다. 이러한 비용 상승으로 인해 소외계층의 의식주와 같은 기본권에 사실적 피해가 발생할 가능성이 높다. 소외계층의 불만은 커질 수밖에 없고 도시구성원 간의 갈등이 격화될 수 있다. 따라서 A시 시장의 장기발전구상은 도시구성원 간의 갈등 격화와 사회적 비용의 증가로 이어져 도시번영을 저해하므로 타당하지 않다.

제시문 (다)는, 도시 거주민은 도시공간의 사용과 재편에서 동등하게 참여할 권리가 있으며 도시는 집단적 발전과 연대를 위한 조건을 제공해야 한다고 한다. <보기>의 A시 시장의 도시장기발전구상은 A시 시민의 공간사용과 재편에 동등하게 참여할 권리를 침해한다. 고급인력만을 위한 시유지 개발이라는 점에서 소외계층은 시유지 공간사용과 재편에 고급인력과 동등한 참여의 권리가 보장되었다고 할 수 없다. 도시 거주민 간의 동등한 참여의 권리가 인정되지 않는 상황에서 도시 구성원들의 연대의식과 자발적 참여의식이 커지기 어렵다. 장기적 도시발전을 위해서는 도시구성원들의 연대의식과 자발적 의지가 중요하다. 범죄가 적고, 활기가 넘치며, 도시구성원들이 스스로 도시발전을 추구하는 도시가 장기적으로 발전할 것임은 자명하다. 그러나 <보기>의 A시 시장의 도시장기발전구상은 소외계층을 위한 일자리 창출이나 주거환경 개선은 간과한 채, 고급인력만을 위한 정책을 펼치고 있다. 이런 상황에서 소외계층은 같은 도시구성원이라는 연대의식이 고취되기 어렵고, 도시구성원으로서의 자긍심과 도시 번영을 위한 자발적 의지가 일어날 수 없어 장기적 도시 발전을 기대할 수 없다. 따라서 A시 시장의 도시장기발전구상은 장기적 도시발전을 이루기 어려우므로 타당하지 않다.

※ 1374자

❶ 낙수효과(落水效果, trickle down effect): 적하효과(滴下效果)라고도 하는데, 대기업 및 부유층의 소득이 증대되면 더 많은 투자가 이루어져 경기가 부양되고, 전체 GDP가 증가하면 저소득층에게도 혜택이 돌아가 소득의 양극화가 해소된다는 논리를 말한다. 이 이론은 국부(國富)의 증대에 초점이 맞추어진 것으로 분배보다는 성장을, 형평성보다는 효율성에 우선을 둔 주장이다.

모의문제 05 사고력 확장(2014 LEET 논술 기출문제)

출제 방향: 법학전문대학원협의회 발표자료

2번 문항은 '법의 지배'에 관한 상이한 관점을 보여 주는 세 제시문의 논지를 분석·비교하고, 이를 <보기>의 사례에 적용한 다음, 이를 바탕으로 법의 지배에 대한 적절한 개념을 제시하면서 <보기>에 대한 자기 견해를 논술하도록 하였다. 제시문에는 자유주의와 형식적 규칙에 의한 법의 지배를 주장하는 관점, 사회경제적 권리까지 법의 지배의 내용으로 파악하는 관점, 법의 지배를 소극적, 수단적 가치로 파악하고 다른 가치와의 충돌가능성과 형량의 필요성을 주장하는 관점의 글을 주었다. 수험생은 세 제시문의 논지를 제대로 파악하여 적절히 비교하고, <보기>에 대해 각 제시문의 관점에서 어떤 평가가 내려질지 설명한 다음, 이 논의를 발전시켜 자신이 타당하다고 평가한 관점을 선택하거나 혹은 제시되지 않은 제4의 관점을 토대로 <보기>에 대한 자신의 생각을 논리적으로 전개해야 한다.

문제 분석

2. '법의 지배'에 관한 제시문 (가)~(다)의 견해를 비교하고, 각각에 따를 때 <보기>의 사례가 어떻게 평가될지 설명한 다음, 이를 활용하여 이 사례에 대한 자신의 견해를 논술하시오. (1300~1600자, 60점)

문제의 요구를 지키는 것이 중요하다. 문제에서 크게 3가지를 요구하고 있다. 첫 번째로 법의 지배에 대한 (가)~(다)의 견해를 비교하라고 하였으므로 이를 서론으로 삼아 핵심적인 비교를 해야 한다. 이 부분이 길어지면 중요한 부분의 분량이 줄어들게 되어 고득점이 어려우므로 주의해야 한다. 두 번째로 위의 견해에 따를 때 <보기>의 사례를 평가하라고 하였다. 논리를 핵심적으로 제시하고 그 논리가 어떻게 <보기>에 적용될 수 있을지 구체적이고 명확하게 논증해야 한다. 이 부분의 논리 제시와 적용이 고득점을 좌우한다. 마지막으로 사례에 대한 자신의 견해를 논술하라고 하였다. 두 번째 요구사항을 충분히 논증했다면 다시 한번 논리를 정리하는 형태가 될 가능성이 높다.

제시문 분석

① 제시문 (가)

법의 지배는 자유를 위해서만 존재해야 한다는 자유주의적 입장이다. 어떤 가치가 옳은 것인지 모든 사람이 합의할 수 없기 때문에 절대적으로 옳은 내용의 법은 있을 수 없다. 따라서 법은 어떤 가치가 옳은 가치인지 그 내용을 정하는 것이어서는 안 되고, 모든 사람이 합의할 수 있는 절차와 같은 형식적인 것이어야 한다. 그리고 그 절차 안에서 개인들은 자유롭게 내용을 정해 나갈 수 있다. 따라서 법의 지배는 자유를 위한 것이어야 하며, 특정한 가치를 실현하려는 것이어서는 안 된다.

② 제시문 (나)

법의 지배는 공동체적 가치를 실현하기 위한 것이어야 한다는 공동체주의적 관점이다. 법은 공동체를 유지하기 위한 규칙이다. 따라서 공동체가 유지되고 존속하기 위해, 그리고 더 좋은 공동체가 되기 위해 법은 공동체 구성원이 공유하는 가치를 실현해야 한다.

③ 제시문 (다)

법은 가치중립적이기 때문에 법의 지배는 여러 가치를 종합적으로 형량해야 한다는 종합·절충적 관점이다. 법의 지배는 자의적 권력을 막기 위한 목적에서 인정되는 것이기 때문에 법의 지배 자체는 목적이 될 수 없다. 따라서 법의 지배와 좋은 가치의 실현은 충돌할 수도 있다. 좋은 법의 지배를 실현하기 위해서는 여러 가치 간의 균형이 필요하다.

📝 예시답안

법의 지배에 대해, (가)는 자유주의적 관점을, (나)는 공동체주의적 관점을, (다)는 다른 가치와의 형량이 필요하다는 종합·절충적 관점을 보이고 있다.

(가)는 법은 자유를 보장하기 위해 존재한다고 한다. 법은 개인의 자유와 그 결과를 보호해야 한다. 다수가 특정한 가치를 실현하고자 법이라는 강제력을 동원한다면 개인의 자유는 파괴된다. 평등이라는 가치를 실현하고자 법으로 시장에 개입하는 것이 대표적 사례이다. <보기>의 법은 다수 여론에 민감한 국회가 법을 통해 평등이라는 가치를 실현하고자 자유시장질서에 부당하게 간섭한 것이다. 지방자치단체장이 자의적으로 대형 유통업체에 영업시간 제한, 의무휴업을 명할 수 있으므로 유통업체 간의 자유 경쟁을 저해한다. 또 근로자의 건강권을 지킨다는 목적 아래 합리적 개인인 피고용인과 근로자의 자유 계약을 저해한다. 따라서 (가)는 <보기>의 사례를 타당하지 않다고 평가할 것이다.

(나)는 법은 사회적으로 공유된 공동체적 가치를 실현하는 역할을 해야 한다고 한다. 법은 공동체 구성원들이 염원하는 가치를 실현하려는 목적으로, 불평등을 해소하거나 공동체의 경제·사회적 이익 증대를 위해 적극적으로 사용될 수 있다. <보기>의 법은, 지역 공동체에 의해 선출되는 지방자치단체장이 공동체의 공유 가치를 실현하는 것이다. 이 법은 대형 유통업체와 중소 유통업체 간의 불평등과, 피고용인과 근로자 간의 실제적 불평등을 해소하여 달성하고자 하는 평등이라는 공동체적 가치를 실현할 수 있다. 따라서 (나)는 <보기>의 사례를 타당하다고 평가할 것이다.

(다)는 법은 좋은 가치를 실현하는 도구이므로 법은 여러 가치를 균형적으로 판단해야 한다고 한다. 법이란 자의적 권력이라는 최악을 막기 위한 목적으로 만들어진 것이므로, 특정한 가치를 실현하고자 하는 목적에 반할 수도 있기 때문이다. (다)에 의하면, <보기>의 사례는 국회에서 과반수 이상의 동의를 얻어 제정되어 형식적으로 정당하다. 또 중소 유통업체의 존속과 발전, 근로자의 건강권이라는 목적은 내용적으로 타당하다. 물론 이 과정에서 대형 유통업체의 영업의 자유가 침해될 수 있다. 그러나 <보기>의 법은 일정 규모 이상의 유통업체만을 그 대상으로 하고, 대형 유통업체의 영업 자체를 제한하는 것이 아니라 영업시간 등을 제한하는 것에 지나지 않는다. 그리고 지방자치단체장이 이를 명하게 하여 지역 주민들이 대형 유통업체의 영업을 강력하게 원한다면 대형 마트는 영업 규제를 받지 않을 수 있다. 따라서 (다)는 <보기>의 사례를 타당하다고 평가할 것이다.

<보기>의 사례의 법은 그 목적은 타당하나 일정 정도의 보완이 필요하다. (가)는 이 법이 자유 경쟁을 침해한다고 한다. 그러나 자유 경쟁은 그 자체가 목적이 아니라 자유 경쟁의 결과인 효율성이 다수 국민의 행복에 도움이 되기 때문에 보장하는 것이다. 자유 경쟁의 결과가 대형 유통업체의 독점으로 이어져 다수 소비자와 국민의 피해로 이어지고, 근로자의 건강에 해악을 준다면 자유 경쟁을 제한할 수 있다. 단, 지방자치단체장의 재량에 의해 영업시간의 제한이나 의무휴업이 가능하다면 자의적 자유 침해가 발생할 수 있으므로 지방의회나 위원회의 동의를 얻는 절차를 확보하는 등의 보완이 필요하다.

※ 1582자

모의문제 06 국가

제시문 출전

(가) 홉스, <리바이어던>

(나) 로크, <통치론>

(다) 루소, <사회계약론>

출제자의 출제의도

자연상태에서 계약을 거쳐 국가의 성립에 이르는 과정을 비교하고, 각기 다른 국가관(홉스-절대국가, 로크-제한국가, 루소-국민이 주권자인 국가 공화국)이 도출되는 이유를 설득력 있게 논증해야 한다.

쟁점 정리

구분	자연상태	사회계약의 목적	국가
(가)	• 만인의 만인에 대한 투쟁상태	• 투쟁상태 종식 • 평화로운 사회질서 확립	• 무제한적 권력을 행사하는 절대국가
(나)	• 자유·평등이 깨어질 위험이 있는 상태	• 자유와 평등의 확고한 보장	• 제한국가
(다)	• 자유·평등 상태 → 자유·평등 상실 상태	• 자유와 평등의 회복	• 국민이 주권을 가진 국가 공화국

평가기준

제시문 이해력 (9점)	• 제시문 (가)를 잘 이해하고 있는지 (3점) • 제시문 (나)를 잘 이해하고 있는지 (3점) • 제시문 (다)를 잘 이해하고 있는지 (3점)
분석력 (14점)	• 제시문 (가),(나),(다)의 자연상태를 잘 비교했는지 (7점) • 제시문 (가),(나),(다)의 국가의 특징을 잘 도출했는지 (7점)
논증력 (12점)	• 각각의 자연상태와 국가의 특징을 잘 연결하고 있는지 (총 12점) 　- (가)의 자연상태에서 도출되는 국가의 특징을 논리적으로 증명했는가 　- (나)의 자연상태에서 도출되는 국가의 특징을 논리적으로 증명했는가 　- (다)의 자연상태에서 도출되는 국가의 특징을 논리적으로 증명했는가
표현력 (5점)	• 명료한 표현, 효과적인 의사전달을 했는가, 적절한 어휘를 사용했는가? A(5점) - B(3점) - C(1점)
감점요소	• 글자수가 제시한 분량기준에서 ±50자마다 1점 감점함 • 맞춤법이 3개 이상 틀렸을 경우, 3개당 1점 감점함 • 비문은 개당 1점 감점함

📝 예시답안

제시문 (가)는 자연상태를 전쟁상태로 보아 절대국가론을, 제시문 (나)는 자연상태를 평화로운 상태로 보아 제한국가론을, 제시문 (다)는 자연상태를 생존을 훼손하는 상태로 보고 국민이 주인이 되는 국가를 주장했다.

제시문 (가)는 인간은 이기적이어서 자신의 보존과 쾌락을 위해 서로를 파괴한다고 한다. 따라서 자연상태는 만인의 만인에 대한 투쟁상태이다. 계약을 체결하는 이유는 전쟁상태를 종식시키고 사회의 평화를 달성하기 위함이다. 전쟁상태와 같은 자연상태를 종식시키려면 국가는 무제한적 권력을 행사할 수 있는 리바이어던과 같은 절대국가여야 한다.

제시문 (나)에 따르면 자연상태는 자유와 평등의 상태이지만 깨어지기 쉬운 평화의 상태이다. 사회계약을 체결하는 목적은 평화로운 삶을 법적으로 확고히 보장하여 자유와 권리를 보장하기 위함이다. 사회계약을 통해 성립된 공동체에서는 다수가 정책을 결정한다. 정치체는 자유와 권리 보장이라는 목적을 위해서만 권력을 행사해야 하고 자유와 권리를 침해하는 권력을 행사해서는 안 된다. 따라서 국가는 제한국가이며, 다수의 지지를 받는 국가기관이 의사결정을 하므로 대의제 국가를 표방한다.

제시문 (다)에 따르면 본래 자연상태는 평등하고 자유로운 상태였으나 점차 인간의 생존을 위협하는 상태로 악화되었다. 사회계약 체결의 목적은 인간이 본래 지닌 자유와 평등의 회복이다. 계약을 통해 성립된 정치체는 구성원의 일반의지에 따라 의사를 결정하는 국가이다. 따라서 국민이 주권자인 국가이고, 공화국이다.

※ 734자

모의문제 07 민주주의

제시문 해제

① 제시문 (가)

평등선거원칙은 1인 1표에 그치지 않고, 투표의 성과가치 평등을 요구한다. A당이 40%의 득표를 했다면, 의석도 40% 정도를 획득하는 것이 평등선거원칙에 부합된다. A당이 60%의 의석을 차지하면 평등선거원칙에 부합되지 않는다.

② 제시문 (나)

다수대표제는 보수독점적 양당체제를 초래하며 서민대중의 요구가 정치적으로 대표되기 힘들다는 문제점을 가져온다. <표>와 같이 다수대표제는 양당제를 확립시키기 쉽다. 다양한 국민의 목소리를 반영하려면 다당제가 필요하고 비례대표제가 이에 부합하므로 비례대표제를 확대할 필요가 있다. <표>에서도 비례대표제는 다당제를 이끌어내었다.

※ 다만 비례대표제는 군소정당의 난립으로 1당의 안정적 의석 확보에 어려움을 초래하여 정국 불안을 야기할 수 있다는 비판이 있다. 이에 대해 다당제는 대화와 협력을 자주하여 민주주의 발달에 기여한다는 반론이 있다. 다수대표제는 안정 의석 확보, 정국 안정을 중시하여 소수자를 보호하기 힘들고 다양한 국민의 목소리를 반영할 수 없다는 비판을 받는다. 또한 득표율과 의석수가 비례하지 않는다는 비판도 있다. 이에 대해 이러한 문제점들은 강한 정부를 위해 지불되는 비용이라는 반론이 있다.

쟁점정리

다수대표제 비판: 제시문 (가)의 관점

• 투표의 성과가치 평등을 실현하기 어렵다.
• <표>의 사례를 논거로 활용, 행복당의 득표율과 의석수 간의 비례성 상실

다수대표제 비판: 제시문 (나)의 관점

• 다수대표제는 보수독점적 양당체제를 유지시킨다.
• <표> 양당체제 성립
  → 소수자나 서민들의 의사를 대변할 정당이 의석을 차지하지 못함
  → 소수자와 서민 대중들의 의사와 이익이 국정에 반영되지 못함

비례대표제 확대 필요성

• (가) 투표의 성과가치 평등 실현, <표>를 논거로 사용
• (나) 다양한 국민의 의사를 대변할 대표자 선출, <표>를 논거로 사용

평가기준

제시문 분석력 (8점)	• 제시문 (가)의 투표 성과의 가치 평등을 잘 이해하고 있는지 (4점) • 제시문 (나)의 사회 갈등 가능성을 잘 이해하고 있는지 (4점)
논증력 (28점)	• 다수대표제 - 투표 성과의 가치 평등 실현이 어려움 → <표> 논거 활용 (7점) • 다수대표제 - 보수독점적 양당체제 유지, 서민대중의 요구는 정치적으로 반영되지 않음 → <표> 논거 활용 (7점) • 비례대표제 - 투표의 성과 가치 평등 실현 → 논거를 <표>에 적용 (7점) • 비례대표제 - 서민이나 소수자의 이익을 대변할 대표 선출 가능 → 논거를 <표>에 적용 (7점)
표현력 (4점)	• 표현의 명료성, 효과적인 의사전달을 했는가? A(4점) - B(3점) - C(1점)
감점요소	• 글자수가 제시한 분량기준에서 ±50자마다 1점 감점함 • 맞춤법이 3개 이상 틀렸을 경우, 3개당 1점 감점함 • 비문은 개당 1점 감점함

📝 예시답안

다수대표제는 투표의 성과가치 평등을 저해하므로 타당하지 않다. 제시문 (가)에 따르면, 평등선거원칙은 한 표의 투표 가치가 대표자 선출에 기여하는 정도가 평등해야 한다는 결과의 평등을 포함한다. <표>의 다수대표제 하에서 A당은 35%를 득표했는데 의석 수는 75%를 얻어 득표율에 비해 지나치게 많은 의석을 차지한다. 이에 반해 다수대표제 하에서 26%를 득표한 C당은 의석을 얻지 못하고 있다. A당을 지지한 국민의 한 표의 가치는 과대대표되나 C당을 지지한 국민의 한 표의 가치는 과소대표된 것이다. 따라서 다수대표제는 국민의 의사에 비례하는 대표자 선출에 실패함으로써 투표 가치의 평등을 훼손한다.

다수대표제는 사회 갈등을 심화시키므로 타당하지 않다. 제시문 (나)에 따르면, 다수대표제는 보수독점적 양당체제를 유지하여 서민대중의 요구를 정치적으로 대표하기 어렵게 한다. <표>에서도 다수 국민의 지지로 A당과 B당의 양당 체제가 성립한다. 그 결과 C당과 D당을 지지한 소수 국민의 대표는 선출되지 않아 서민대중과 소수자의 의사를 국정에 반영하기 힘들다는 문제가 있다.

비례대표제는 투표의 성과가치 평등을 실현하므로 확대해야 한다. 비례대표제는 <표>에서 보는 바와 같이 다수대표제에 비해 득표율과 의석 수가 비례한다. 다수대표제 하에서 35%의 득표율로 75%의 의석을 차지한 A당이, 비례대표제 하에서는 37.5%의 의석을 차지한 것에서 이를 확인할 수 있다. 따라서 비례대표제는 한 표의 투표 가치가 대표자 선출에 기여하는 정도를 평등하게 한다.

비례대표제는 사회 갈등을 예방할 수 있으므로 확대해야 한다. C당과 D당은 두 정당을 합쳐 36%의 득표를 하였음에도 불구하고 다수대표제 하에서는 의석을 얻지 못하였지만 <표>의 비례대표제 하에서는 3석의 의석을 얻는다. 따라서 비례대표제에서는 C당과 D당을 지지한 서민대중과 소수자의 의사가 국정에 반영되어 사회갈등을 줄일 수 있다.

※ 950자

보충자료 - 공직선거법 제25조 제2항 별표 1 위헌확인 등[2]

① 선거구를 인구 비례로 재조정해야 한다는 견해

국회의원지역선거구를 획정함에 있어 투표가치의 평등을 완벽하게 실현할 수 있는 가장 이상적인 방안이 인구편차 상하 0%, 인구비례 1:1을 기준으로 하는 것임은 자명하다. 그러나 위 기준을 실현하는 것은 현실적으로 불가능하므로, 입법자로서는 여러 가지 정책적·기술적 요소를 고려하여 현실적인 인구편차의 허용기준을 정할 수 있으며, 이러한 기준은 정치적, 사회적 상황의 변화에 따라 달라질 수 있다. 입법자로서는 인구편차의 허용한계를 최대한 엄격하게 설정함으로써 투표가치의 평등을 관철하기 위한 최대한의 노력을 기울여야 하며, 시대적 상황, 정치적 의식의 변화 등을 고려하지 아니한 채 만연히 과거의 기준을 고수하여 국민 개개인의 투표가치를 합리적 범위를 넘어 제한하는 결과를 야기한다면, 이는 헌법상 허용 한계를 일탈한 것이다.

앞서 살펴본 바와 같이, 헌법재판소는 국회의원지역선거구의 획정에 있어 인구편차의 허용기준을 인구편차 상하 50%, 인구비례 3:1로 제시하면서도, "앞으로 상당한 기간이 지난 후에는 인구편차 상하 33⅓% 또는 그 미만의 기준에 따라 위헌 여부를 판단하여야 할 것"이라고 명시하였는바(헌재 2001. 10. 25. 2000헌마92등 참조), 위 결정으로부터 13년이 지난 현재 시점에서 헌법적 허용한계로서 인구편차 상하 33⅓%의 기준을 도입하여야 할 것인지 살펴본다.

헌법재판소는 위 2000헌마92 결정에서 단원제를 채택하고 있는 우리나라의 경우 국회의원이 국민의 대표이면서 현실적으로는 어느 정도의 지역대표성도 겸하고 있는 점, 인구의 도시집중으로 인한 도시와 농어촌 간의 인구편차와 각 분야에 있어서의 개발불균형이 현저한 현실 등을 근거로 국회의원선거구 획정에 있어 인구편차를 완화할 수 있다고 판단하였다. 그러나 국회의원의 지역대표성이나 도농 간의 인구격차, 불균형한 개발 등은 더 이상 인구편차 상하 33⅓%, 인구비례 2:1의 기준을 넘어 인구편차를 완화할 수 있는 사유가 되지 않는다고 판단된다.

선거를 통해 선출된 국회의원은 국민의 대표로서 국정에 임하게 되고 국회의원으로서 국정을 수행함에 있어 득표수와 관계없이 동일한 권한을 수행하게 된다. 만일 한 명의 국회의원을 선출하는 선거권자의 수가 차이나게 되면 선거권자가 많은 선거구에 거주하는 선거권자의 투표가치는 그만큼 줄어들게 되므로 가급적 그 편차를 줄이는 것이 헌법적 요청에 부합한다. 그런데 인구편차 상하 50%의 기준을 적용하게 되면 1인의 투표가치가 다른 1인의 투표가치에 비하여 세 배의 가치를 가지는 경우도 발생하는데, 이는 지나친 투표가치의 불평등이다. 더구나, 우리나라가 택하고 있는 단원제 및 소선거구제에서는 사표가 많이 발생할 수 있는데, 인구편차 상하 50%의 기준을 따를 경우 인구가 적은 지역구에서 당선된 국회의원이 획득한 투표수보다 인구가 많은 지역구에서 낙선된 후보자가 획득한 투표수가 많은 경우가 발생할 가능성도 있는바, 이는 대의민주주의의 관점에서도 결코 바람직하지 아니하다.

국회의원이 지역구에서 선출되더라도 추구하는 목표는 지역구의 이익이 아닌 국가 전체의 이익이어야 한다는 원리는 이미 논쟁의 단계를 넘어선 확립된 원칙으로 자리 잡고 있으며, 이러한 원칙은 양원제가 아닌 단원제를 채택하고 있는 우리 헌법 하에서도 동일하게 적용된다. 따라서 국회를 구성함에 있어 국회의원의 지역대표성이 고려되어야 한다고 할지라도 이것이 국민주권주의의 출발점인 투표가치의 평등보다 우선시 될 수는 없다.

[2] 헌법재판소, 2014. 10. 30. 2012헌마192 등, 공보 제217호, 1725 [헌법불합치]

더구나, 지금은 지방자치제도가 정착되어 지역대표성을 이유로 헌법상 원칙인 투표가치의 평등을 현저히 완화할 필요성 또한 예전에 비해 크지 않다. 국회의원의 지역대표성은 지방자치단체의 장이나 지방의회의원이 가지는 지역대표성으로 상당부분 대체되었다고 할 수 있다. 특히 현 시점에서 중대한 당면과제로 대두하고 있는 빈곤층 보호를 위한 안전망 구축, 전체적인 소득 불균형의 해소, 노년층의 증가에 따른 대응책 마련과 같은 국가적 차원의 문제는 국회의원들만이 해결할 수 있는 것임에 반해, 특정 지역 내에서의 편의시설 마련이나 인프라 구축 등과 같은 문제는 지방자치제도가 정착된 상황에서는 지방자치단체의 장이나 지방의회가 주도적으로 해결할 수 있으므로, 국회의원의 지역대표성을 이유로 민주주의의 근간을 이루는 선거권의 평등을 희생하기보다는 투표가치의 평등을 실현하여 민주주의의 발전을 위한 토양을 마련하는 것이 보다 중요하다고 할 것이다.

현행 공직선거법에 의하면 복수의 시·도의 관할구역에 걸쳐 지역구를 획정할 수 없기 때문에, 인구편차의 허용기준을 완화하면 할수록 시·도별 지역구 의석수와 시·도별 인구가 비례하지 아니할 가능성이 높아져 상대적으로 과대대표되는 지역과 과소대표되는 지역이 생길 수밖에 없다. 실제로 이 사건 선거구구역표 전체를 살펴보면, 지역대립 의식이 상대적으로 크고 정치적 성향이 뚜렷한 영·호남지역이 수도권이나 충청지역에 비하여 각각 과대하게 대표됨을 확인할 수 있는데, 이러한 차이는 지역정당구조를 심화시키는 부작용을 야기할 수 있다. 특히, 이와 같은 불균형은 농·어촌 지역 사이에서도 나타난다. 예컨대, 2012. 1. 31.을 기준으로 "충청남도 부여군청양군 선거구"의 인구수는 106,086명인데 비해, "전라남도 순천시 곡성군 선거구"의 인구수는 303,516명으로, "충청남도 부여군청양군 선거구"에 주민등록을 마친 선거권자의 투표가치는 "전라남도 순천시 곡성군 선거구"에 주민등록을 마친 선거권자의 투표가치보다 약 2.86배 크다. 같은 농·어촌 지역 간에 존재하는 이와 같은 불균형은 농·어촌 지역의 합리적인 변화를 저해할 수 있으며, 국토의 균형발전에도 도움이 되지 않는다.

인구편차 상하 33⅓%, 인구비례 2:1의 기준을 적용할 경우, 이 사건 선거구구역표 전체를 획정할 당시 고려한 2012. 1. 31.의 인구수를 기준으로 총 246개의 선거구 중 56개의 선거구가 조정대상이 되며, 선거 이후의 인구변화를 고려하여도 2013. 7. 31.을 기준으로 총 60개의 선거구가 분구·통합대상이 된다. 선거구의 분구·통합 과정에서 국회의원지역선거구의 수를 조정해야 할 필요성이 있을 수 있고, 엄격해진 기준에 따라 선거구를 조정하는 데 상당한 시간이 소요되고 여러 가지 어려움이 있을 수 있음을 부인할 수 없으나, 다음 선거까지 약 1년 6개월의 시간이 남아 있고, 국회가 국회의원지역선거구를 획정함에 있어 비록 상설기관은 아니지만 전문가들로 구성된 국회의원선거구획정위원회로부터 다양한 정책적 지원을 받을 수 있음을 고려할 때(공직선거법 제24조), 선거구 조정의 현실적인 어려움 역시 인구편차의 허용기준을 완화할 사유가 될 수는 없다.

외국의 입법례를 살펴보더라도, 미국은 연방하원의원 선거에서 선거구별로 동일한 인구수를 요구하면서 절대적 평등인 0에 가깝도록 편차를 줄이기 위하여 성실히 노력하였음을 입증하지 않는다면 평등선거의 원칙에 반한다고 보고 있고, 독일은 원칙적으로 상하 편차 15%를 허용한도로 하되, 상하 편차 25%를 반드시 준수해야 할 최대허용한도로 함으로써 탄력적인 입법을 하고 있다. 일본 역시 1994. 2. 4. 법률 제3호로 제정된 중의원의원선거구획정심의회설치법 제3조 제1항에서 "각 선거구의 인구 중 가장 많은 것을 가장 적은 것으로 나누어 얻은 숫자가 2 이상이 되지 않도록 함을 기본으로 하고, 행정구획, 지세, 교통 등의 사정을 종합적으로 고려하여" 선거구를 획정하도록 규정하고 있으며, 2011년에는 인구비례 2.3:1인 선거구에 대하여 "위헌"이라고 판단하였다. 이와 같은 외국의 판례와 입법 추세를 고려할 때, 우리도 인구편차의 허용기준을 엄격하게 하는 일을 더 이상 미룰 수 없다.

이러한 사정을 종합하여 보면, 현재의 시점에서 헌법이 허용하는 인구편차의 기준을 인구편차 상하 33⅓%, 인구비례 2:1을 넘어서지 않는 것으로 변경하는 것이 타당하다.

② 선거구 인구 비례 재조정에 반대하는 견해

국회의원은 국민의 대표이므로 인구비례에 의한 선거방식이 중요하다는 점에는 우리도 원칙적으로 반대하지 않는다. 대의제민주주의에서는 국민들의 의사가 정확히, 그리고 효과적으로 정치 의사결정에 반영되는 것이 무엇보다 중요하므로, 선거제도도 선출된 대표자를 통하여 국민의 의견이나 이해가 공정하고도 효과적으로 국정에 반영될 수 있도록 마련되어야 한다. 이를 위해 우리 헌법은 제41조 제1항에서 국민의 대표를 선출할 때 국민 개개인이 행사하는 투표의 가치가 수에 있어서만이 아니라 그 성과에 있어서도 동일하여야 한다는 평등선거원칙을 선언하고 있다.

그러나 한편, 위와 같은 평등선거의 원칙을 철저히 준수한다고 하여 국민의 의사가 왜곡됨이 없이 정확하게 반영된다고 볼 수는 없고, 한 나라의 선거제도는 시대에 따른 정치적 안정의 요청이나 역사적·사회적·정치적 상황 등과 같은 그 나라의 특수한 사정이 반영될 때 비로소 의미 있는 제도로 기능할 수 있다. 이러한 연유로 우리 헌법은 제41조 제1항의 위와 같은 평등선거원칙과 더불어 제3항에서 선거구 등의 선거에 관한 사항을 법률로 정할 수 있도록 함으로써 선거제도와 선거구 획정을 국회의 재량에 맡기고 있고, 이에 공직선거법 제25조 제1항 전문은 "국회의원지역선거구는 시·도의 관할구역 안에서 인구·행정구역·지세·교통 기타 조건을 고려하여 이를 획정한다."고 하여 국회가 국민의 대표를 뽑는 선거구를 획정함에 있어서는 선거구 간 인구의 균형뿐만 아니라, 행정구역, 지세, 교통사정, 생활권 내지 역사적·전통적 일체감 등 여러 가지 비인구적 요소를 고려할 수 있도록 하고 있다(헌재 1998. 11. 26. 96헌마54 참조).

그러므로 헌법재판소가 선거구 인구편차의 위헌성 문제를 판단할 때는 인구비례를 중요 요소로 삼아야 할 것이지만, 인구 외적인 다른 요소들을 고려할 현실적 필요성이 있을 경우에는 인구비례의 엄격성 정도를 완화하여 판단하는 유연한 자세가 필요한 것이다.

우리나라의 경우 각 지역이 국가에 대하여 원하는 시책은 선거구의 지역적 특수성, 특히 도농 사이의 인구 밀도나 개발 정도의 격차 등으로 인해 현저한 차이가 있고, 국회의원의 선거가 이렇게 서로 다른 지역의 요구를 대변해줄 대표자를 뽑는 제도로 인식되고 있다는 점에서 국회의원이 지역대표의 기능을 상당 정도 수행하고 있음을 부인할 수 없다. 급격한 산업화·도시화의 과정에서 인구의 도시집중은 농어촌 인구의 급격한 감소를 초래하게 되었으며, 도시 위주의 개발은 여러 분야에서 도시와 농어촌 사이에 심한 개발 불균형을 낳았고, 그 격차는 좀처럼 줄어들지 않고 있다. 이러한 가운데 도농간에는 서로 다른 이해관계가 형성되었으며, 이해관계의 상반 속에서 인구의 현격한 차이는 국회의원 선거구 획정에 직접적으로 영향을 미치는 요소가 될 수밖에 없었다. 이러한 상황에서 헌법재판소는 2001년 2000헌마92등 결정을 통해 선거구 획정에 선거구간 허용되는 인구편차 기준에 대해 기존의 허용인구편차 기준인 상하 60% 기준(인구비례 4:1)을 위헌으로 선언하고, 새로운 기준으로 상하 50% 기준(인구비례 3:1)을 제시한 바있다. 그 당시 헌법재판소는 상하 50% 기준을 채택하면서, 단원제를 채택하고 있는 우리나라의 경우 국회의원이 법리상 국민의 대표이기는 하나 현실적으로는 어느 정도 지역대표성도 겸하고 있다는 점 및 인구의 도시집중으로 인한 도시와 농어촌간의 인구편차와 각 분야에 있어서의 개발 불균형이 현저한 점, 그리고 당시의 '공직선거 및 선거부정 방지법'이 선거구 획정에 있어 구·시·군의 행정구역을 분리할 수 없도록 하고 국회의원수를 일정수로 한정하고 있어 선거구 조정이 쉽지 않았던 점 등을 상하 33⅓% 기준을 당장 선택할 수 없는 이유로 들었다(헌재 2001. 10. 25. 2000헌마92등). 즉 상하 33⅓% 기준과 상하 50% 기준 중 상하 33⅓% 기준이 평등선거의 이상에 보다 접근하는 안임에는 틀림없으나, 인구비례를 엄격히 요구할 현실적 여건이 마련되지 않은 상황에서 이러한 기준을 충족시키는 선거구 획정은 여러 가지 난점이 있을 수밖에 없다는 것이었다. 따라서 2001년 제시되었던 33⅓% 기준은 선거구 획정에 있어 우리에게 존재하는 인구 외적 다른 요소들이 해소됨을 전제로 장래에 가능한 기준이었다고 볼 수 있다.

그런데 현재, 2001년 당시 상하 50% 기준을 선택할 수밖에 없었던 이유들이 모두 해소되어 상하 33⅓%의 기준을 요구할 수 있을 만큼 상황이 성숙되었다고 볼 수 있는지는 의문이다. 도농간에 나타나고 있는 경제력의 현격한 차이나 인구 격차는 아직도 해소되지 않고 있고, 이러한 차이로 인한 지역 이익들이 대표되어야 할 이유는 여전히 존재하며, 선거구 획정에 있어 행정구역의 분리 금지 및 국회의원정수의 고정과 같은 선거구 조정에 관한 공직선거법상의 장애 요소 역시 2001년과 마찬가지로 존재한다.

다수의견에서는 지금은 지방자치제도가 정착되어 지역의 문제는 지방자치단체의 장이나 지방의회가 주도적으로 해결할 수 있으므로, 국회의원의 지역대표성보다는 투표가치의 평등을 실현하는 것이 중요하다고 주장한다. 그러나 우리나라에 있어서 국회와 지방의회의 역할 차이나 지방자치단체의 재정자립도 등에 비추어 볼 때 국회의원의 지역대표성은 투표가치의 평등 못지않게 여전히 중요하다 할 것이다.

중앙선거관리위원회가 제출한 자료에 따르면, 2013. 7. 31.을 기준으로 우리나라 전체인구수는 51,064,841명, 선거구수는 246곳, 선거구 평균인구수는 207,581명, 인구수 최다선거구의 인구는 338,807명, 최소선거구 인구는 101,085명이며, 평균인구수를 기준으로 할 때 상하 33⅓%를 벗어나는 선거구는 모두 60곳(초과 35, 미달 25)에 달하고 있음을 알 수 있다. 따라서 상하 50%의 기준을 폐기하고 새로운 기준인 상하 33⅓%를 적용하면 거의 대부분의 선거구를 재조정해야 하는 상황에 처하게 된다. 이 경우 행정구역의 분구나 통합이 불가피할 것이지만, 위에서 본 바와 같은 법상의 제약이 존재하여 원활한 조정을 기대하기는 어렵다. 물론 인구비례를 맞추면서 행정구역 분리를 최소화하는 방법으로 선거구 숫자를 늘리는 방안을 생각할 수 있으나, 선거구수를 늘리는 문제는 이에 대한 부정적인 국민 정서나 예산상의 문제 등을 감안할 때 현실적인 대안이 될 수 있을지 의문이다. 설령 법률을 개정하여 의석수를 늘리는 방법이 현실화될 수 있다고 하더라도 도시에 인구가 집중되어 있는 현재의 상황에서는 상대적으로 도시를 대표하는 의원수만 증가할 뿐이며, 지역대표성이 절실히 요구되는 농어촌의 의원수는 감소할 것이 자명하다. 이 경우 다수결원칙이 통용되는 국회 내에서 지역의 이익이 대표되기는 더욱 어려워질 것이고, 그렇다면 현 상황에서 선거구 획정 기준으로 인구편차 상하 33⅓% 이내를 요구하는 것은 무리라고 본다.

다수의견은 국회의원을 선출함에 있어 인구비례가 가장 중요한 요소이고, 다른 나라들이 인구편차의 허용한계를 더욱 엄격히 하고 있음을 상하 33⅓% 인구편차 기준 채택 이유의 하나로 들고 있다. 미국이나 독일과 같은 정치 선진국의 최근 판례나 입법 동향을 살펴보면 인구편차의 허용한계가 점점 엄격해지고 있는 것은 사실이다. 그런데 국민의 대표를 선출함에 있어 인구비례를 중시하여 선거구 인구편차를 엄격하게 적용하는 나라들에서는 대부분 지역대표성을 보장하는 제도를 아울러 두고 있음을 알 수 있다. 즉 상하 양원제를 취하면서 각 연방이나 지방을 대표하는 일정수의 대표자를 인구수에 상관없이 상원의원으로 선출하여 해당 지역의 이익을 대표하도록 하거나(미국, 스위스는 각 주마다 2인, 스페인은 각 지방마다 4인의 각 상원의원을 선출하고 있다), 상하원 국회의원 선거구에 인구편차 허용 정도를 달리 적용하여 지역이익의 대표라 할 수 있는 상원의원 선거구에 대해서는 이를 완화하여 적용하고 있다(일본의 경우 하원격인 중의원은 2대1 이내의 기준을 적용하면서도 상원격인 참의원은 인구비례 5대1 이내의 기준을 적용하고 있다). 단원제를 채택하고 있는 우리나라는 일원화되어 있는 의회에서 지역이익도 함께 대표될 수 있어야 하므로, 양원제를 채택하고 있는 다른 나라 선거구의 인구편차 허용 기준을 그대로 받아들여 선거구 인구편차 위헌성 여부를 판단할 수는 없다. 단원제 국가에서는 국회의원 선출시 지역대표성을 감안한 제도의 마련이 필요하며, 그것은 인구편차의 허용 기준을 완화시키는 방법 밖에 없는 것이다.

이상의 제반 사정을 종합하여 볼 때, 헌법재판소가 2000헌마92등 사건에서 전국 선거구 평균인구수 인구편차 상하 50%를 기준으로 위헌 여부를 판단하였던 상황과 크게 달라진 바 없는 현 시점에서 전국 선거구 평균인구수 인구편차 상하 33⅓%의 엄격한 기준을 적용하기는 어렵다고 본다. 결국 전국 선거구 평균인구수를 기준으로 상하 50% 편차 이내의 기준을 그대로 유지하는 것이 타당하고, 따라서 이 사건 국회의원지역선거구구역표의 위헌성 여부도 이 기준에 맞추어 판단하여야 할 것이다.

모의문제 08 법치주의(2013 LEET 논술 기출문제)

설문의 분석

> 2. 제시문 (가), (나), (다)의 논지를 분석하고, 그 중 한 제시문의 관점에서 인권과 민주주의의 관계에 대하여 자신의 견해를 논술하시오. (1300~1500자, 60점)

- 견해논술형이다. 인권과 민주주의의 관계를 어떻게 생각하는지 자신의 견해를 밝혀야 한다. 제시문만 설명하는 답안이 되어서는 안 된다.

- 제시문 (가), (나), (다)의 논지 중 하나를 자신의 견해로 삼아야 한다. 문제에서 한 제시문의 관점을 선택하라고 하였기 때문이다.

> 1. (가), (나), (다)에 제시된 논거를 찾아 분석에 포함할 것.
> 2. 자신이 선택한 관점에서 다른 두 제시문에 대해 비판하는 내용을 포함할 것.

- 제시문 (가), (나), (다)에서 인권과 민주주의의 관계에 대한 논거를 찾아 적시해야 한다.

- 자신이 선택한 제시문의 입장은 강화하고, 나머지 제시문의 입장은 비판해야 한다.

제시문 이해

① 제시문 (가)

민주주의가 없는 곳에서 인권을 보장할 수 없다. 민주주의를 통해 인간의 존엄성을 인정받고 이를 바탕으로 정치적 자유를 행사할 수 있게 된다. 즉 민주주의는 모든 이에게 절차적, 형식적으로 자유를 보장하여 누구나 자유롭게 자신의 의사를 반영할 수 있도록 한다. 이를 바탕으로 인권의 내용이 결정된다고 생각한다.

② 제시문 (나)

인권과 민주주의는 서로 다른 목적을 충족시킨다. 인권은 인간의 존엄성 등을 실현하는 목적을 지닌 반면, 민주주의는 집단의 의사결정방식에 불과하다. 따라서 민주주의라는 방식 외에도 인권을 실현할 수 있다. 예를 들어 서구식 민주주의 외에도 싱가포르의 리콴유가 주장했던 유교 민주주의를 통해 인권을 실현할 수 있다. 따라서 인권과 민주주의는 필연적 관계라고는 할 수 없다.

③ 제시문 (다)

인권과 민주주의는 불가분의 관계이다. 민주주의라는 제도가 지니는 절차적 특성으로 인해 시민들의 다양한 의사를 반영할 수 있으므로 인권에 대한 시민의 요구를 받아들여 안정적이고 장기적으로 인권을 실현할 수 있다. 또한 인권을 보호하고 확대하는 것이 민주주의 국가의 존재목적이므로 민주주의 제도를 구축하고 실현하는 방향을 제시할 수 있다. 이는 국내적, 국제적으로도 모두 적용되어 인권 보호에 기여한다.

📝 예시답안

인권은 인류가 추구할 가치임에는 분명하나, 모두가 동의하는 인권의 내용을 확정하기 어렵다. 반면 민주주의는 형식과 절차로 누구나 합의할 수 있으나 이를 통해 달성되는 내용이 모두 정당하다고 볼 수 없다는 한계를 지닌다. 따라서 인권과 민주주의는 불가분의 관계로 이를 동시에 달성하여야만 한다.

민주주의가 선행되어야만 인권을 보호할 수 있다는 (가)의 주장은 타당하지 않다. (가)는 민주주의를 통해서만 인간의 존엄성을 지킬 수 있고 개인의 자유와 권리가 보장되어 인권을 보호할 수 있다고 한다. 그러나 이는 인권의 형식적·절차적 측면을 강조하여 인권의 내용을 침해할 가능성이 크다. 민주주의가 선행되어 형식적으로 개인에게 정치적 참여의 권리가 인정된다고 하여 인권의 내용까지도 자연스럽게 실현된다고 할 수 없다. 형식적 절차만을 강조한다면 사회적 소수자에게 실제적으로 내용상 인권 침해가 발생하더라도 이를 시정할 수 없다. 나치 정부가 유태인 차별정책을 시행하자 당시 독일 법원이 다수독일 국민의 지지로 유태인 차별법이 제정되었다는 이유로 이를 인정하였던 것에서도 확인할 수 있다.

인권을 보호하기 위해 민주주의가 반드시 필요한 것은 아니라는 (나)의 주장은 타당하지 않다. (나)는 인권은 인간의 존엄성이나 생명과 같은 내용적 가치를 보호하는 데 반해, 민주주의는 집단의 의사결정방식과 같은 형식적 절차이므로 인권과 민주주의는 큰 관계가 없다고 한다. 민주주의 외의 다른 형식을 통해서도 얼마든지 인권을 보호할 수 있다고 한다. 그러나 (나)처럼 인권의 내용적 측면만이 중요하다고 한다면, 마치 플라톤의 철인왕처럼 일반인보다 우월한 존재가 인권의 내용을 확정하고 이를 강제할 수 있다. 일반인의 참여를 보장하여 그 입장을 듣고 평가하는 형식적 절차보다 옳은 인권의 내용을 빨리 실현하는 것이 더 효율적이기 때문이다. 따라서 (나)는 권위주의 국가의 출현을 야기하는 등 인권을 침해할 우려가크다는 점에서 타당하지 않다.

민주주의와 인권은 강한 상관관계를 지니므로 이를 동시에 달성해야 한다. (다)는 민주주의를 통해 근본 선인 인권을 보호할 수 있으며 이는 국내·국제 관계에서 이미 경험적으로 증명되었다고 한다. 민주주의는 절차와 형식을 중시하여 인권의 실질적 내용을 안정적이고 장기적으로 보호할 수 있다. 민주적 제도를 통해 개인의 자유, 개별국가의 주권을 절차적으로 보장한다면 인권에 대한 개인의 가치관과 개별 국가의 주권을 존중할 수 있다. 절차·형식을 통해 인권에 대한 최소한의 합의가 가능하고 장기적·안정적 인권 실현을 가능하게 한다. 또한, 인권의 내용은 민주주의 제도의 목적과 방향을 제시하여 민주적 제도 확립에 기여한다. 올바른 인권의 내용을 합의하기는 어려우나 명백하게 반인권적 내용이 무엇인지는 합의할 수 있다. 고문이나 영장 없는 구속 등 명백하게 반인권적 내용에 대한 합의를 통해 민주주의를 발전시킬 수 있다. 따라서 민주주의와 인권은 강한 상관관계를 지니고 있으므로 인권과 민주주의는 동시에 달성해야 한다.

※ 1477자

모의문제 09 경제

📝 예시답안

Q1.

> (가)에 따르면, 정부는 재정 투자를 통해 시장 경제에 개입해 유효수요를 증가시켜 경기를 활성화해야 한다. 이를 통해 국민생활의 안정을 도모할 수 있기 때문이다.
>
> (나)에 따르면, 국가는 예측 가능한 통화량을 공급함으로써 경제 주체들이 이에 대한 신뢰를 갖도록 해야 한다. 특히 경제후퇴기에는 통화를 적절히 증가시켜 공황을 예방하고 경제를 안정화시킬 수 있다.

※ 201자

Q2.

(가)는 유효수요 부족을, (나)는 통화량 부족을 대공황의 원인으로 보고 있다. (가)는 재정투자 확대를, (나)는 예측가능한 통화공급을 공황의 대책으로 들고 있다.

(가)에 따르면, 유효수요는 가계의 소비활동과 기업의 투자활동을 합쳐 실질적으로 구매 가능한 수요량을 말하는데, 저축이 투자로 이어진다면 유효수요를 늘려 경제가 안정적으로 성장할 수 있다. 그러나 저축 중 일부는 유동성 선호로 인해 투자로 이어지지 않는다. 특히 경제상황의 불확실성이 커지면 사람들은 유동성 확보를 위해 단기예금이나 현금 보유를 선호하게 되고, 현금보유 선호는 소비와 투자를 유발시키지 못해 유효수요는 크게 감소할 수밖에 없다. 또한 기업의 투자 감소로 유효수요는 줄어들게 된다. 유효수요의 감소로 인해 기업들은 파산하고, 실업자는 더 늘어나게 되어 유효수요는 더욱 크게 감소하기 때문에 악순환이 더욱 심화되어 경기 위축이 심해지고 대공황으로 이어진다. 따라서 유효수요를 증가시켜야 기업의 투자가 늘어나고 고용이 확대되고 개인의 소비가 활성화되어 대공황을 해결할 수 있다. 그러나 경기후퇴기에 민간기업의 투자는 불안정하고 정부가 조절할 수 없으나, 정부는 직접 재정투자를 조정할 수 있으므로 유효수요를 증가시킬 수 있다. 따라서 정부의 재정투자를 통해 유효수요를 증가시켜 경기활성화를 도모할 수 있다.

반면 (나)에 따르면, 대공황의 원인은 통화량 부족이며, 그 해결방안은 예측가능한 통화 공급이다. 1928년 이후 투기 억제를 위한 미연방준비은행이 취한 긴축적인 통화정책으로 통화량이 감소했다. 적정한 통화량이 공급되지 않아 유동성 불안으로 현금에 대한 수요가 자극되었다. 예금주들이 현금을 요구하자 은행은 융자 상환 요구, 투자 증권 매각, 타은행 예금인출 등의 조치를 취할 수밖에 없었고, 이로 인해 증권 가격 하락과 은행의 지급불능사태가 이어졌다. 이는 다시 예금주들의 은행에 대한 신뢰를 흔들어 예금 이탈 사태, 소위 뱅크런이 일어나게 되었다. 이와 같은 과정이 반복되어 대공황이 발생했다. 따라서 국가는 예측가능한 통화량을 공급함으로써 경제주체들이 이에 대한 신뢰를 갖도록 해야 한다. 특히 중앙은행의 통화정책을 법률과 같은 형태로 규정하여 통화량을 경제주체들과 시장이 예측할 수 있도록 해 시장의 신뢰를 얻어야 할 것이다. 그렇다면 대공황을 예방할 수 있다.

※ 1150자

모의문제 10 정의와 불평등

📝 예시답안

(가)는 자유 증진이 목적이어야 하며 이를 목적으로 하지 않는 것은 타당하지 않다고 한다. 민주적 절차를 거친 법이라 하더라도 이것이 자유를 억압하는 것이라면 결코 정당화될 수 없다. (나)는 이익의 합이 커지는 것이 타당한 것이며, 고통과 쾌락을 계산해서 어떤 행위가 고통을 감소시키고, 쾌락을 증가시키면 정당하다고 한다. (다)는 공동체의 유지와 존속이 목적이어야 하며, 삶과 역사를 공유하는 시민들의 행복을 위해 연대할 의무가 있다고 한다.

(가)의 자유주의 입장에 따르면, 예산 지원은 <사례> ①, ②, ③의 순서로 이루어져야 한다. 자유주의는 개인의 자유를 최대한 보장하는 것을 목적으로 한다. 개인의 자유는 생명과 신체의 자유가 보장된 이후에야 다른 자유가 존재할 수 있다. <사례>의 현재 A국의 아동들은 생명에 위협을 겪고 있으므로 가장 먼저 지원이 이루어져야 한다. 그리고 B국의 아동들이 건강상의 문제, 즉 신체에 위협이 있기 때문에 그 다음으로 지원이 이루어져야 한다. 마지막으로 우리나라의 아동들의 자유를 확대하기 위해 교육을 확대해야 한다.

(나)의 공리주의 입장에 따르더라도, 예산 지원은 <사례> ①, ②, ③의 순서로 이루어져야 한다. 공리주의는 효용이 가장 극대화되는 선택이 옳은 선택이라 한다. <사례>에서 동일한 예산을 사용했을 때, A국에 지원을 하면 100만 명의 생명을 구할 수 있어 최대 효용이 달성된다. 그리고 두 번째로 B국에 지원을 하면 20만 명의 건강을 회복할 수 있는 효용이 있다. 마지막으로 우리나라의 아동에게 지원하는 것이 이 사례들 중 효용이 가장 작다.

(다)의 공동체주의 입장에 따르면, 예산 지원은 <사례> ③, ②, ①의 순서로 이루어져야 합니다. 공동체를 이루는 구성원들은 단절된 개인으로 살아가는 것이 아니라 서로 관계를 맺으며 이야기를 만들어간다. 이러한 서사가 있는 인간은 우리와 이야기를 갖고 있는 존재를 우선하여 도울 의무가 있다. 이를 서사적 존재라 한다. 이에 따르면 <사례>의 상황에서 우리와 가장 많은 이야기를 오래 만들어온 우리나라의 아동들에게 먼저 지원을 해야 한다. 그리고 우리나라의 인접국으로 관계를 맺어온 B국의 아동들을 지원해야 한다. 마지막으로 우리와 가장 먼 국가인 A국의 아동들을 지원하는 것이 타당하다.

※ 1122자

모의문제 11 근대화와 민족주의

📝 예시답안

Q1.

제시문 (가)에 따르면 데카르트가 강조하듯이 근대인들은 이성을 사용하면 진리에 도달할 것이라고 믿었다. 근대인은 이성을 사용하여 자연과 사회의 법칙을 파악하고, 자연과 사회를 통제함으로써 이상사회를 건설할 수 있다고 생각했다.

근대인은, 자연을 일정한 법칙에 따라 운동하는 기계로 보았다. 자연은 시계와 같이 일정한 규칙에 따라 움직이는 기계이다. 인간은 이성을 통해 자연운동의 법칙을 이해함으로써 현상을 예측할 수 있다고 믿었다. 갈릴레오 갈릴레이와 아이작 뉴턴이 자연의 운동법칙을 발견하였다고 믿었다. 자연의 운행법칙을 발견한 후에는 기술을 발전시켜 자연을 조작하고 이용하려 했다. 근대인은 자연을 최대한 이용하여 물질적 풍요를 달성하려 했다.

또한 근대인은 사회에서의 경쟁과 적자생존의 원칙에 따라 사회가 발전할 것이라 생각했다. 인구 증가는 경쟁을 자극하여 뛰어난 지성을 가진 사람만 살아남게 하고, 열등한 집단이나 개인은 소멸될 것이라고 보았다. 이를 통해 인간사회는 발전한다고 믿었다. 가난한 자, 열등한 자는 사회발전을 저해하므로, 이들을 격리시키고 배제해야 사회가 발전한다. 따라서 근대인은 국가가 복지국가 실현이라는 명목 하에 이들을 돕는 것은 사회 발전에 역행할 뿐이라고 여겼다.

※ 620자

Q2.

근대인은 이성을 통해 자연과 사회를 통제하여 이상사회를 이룰 수 있다고 생각했다. 그러나 현대세계는 근대인이 꿈꾸던 이상사회가 아니라, 전쟁과 기아에 시달리고 환경오염으로 인류의 생존조차 불투명한 위험사회이다.

근대인의 자연관은 환경 파괴를 낳았다. 자연을 최대한 이용한다는 것은 엔트로피를 최대화하는 것이다. 제시문 (라)에 따르면, 엔트로피의 증가는 사용 불가능한 에너지 증가이다. 사용 불가능한 에너지의 증가는 자연이 무질서해진다는 의미이고, 자연의 무질서는 환경 파괴로 이어진다. 자연을 인간의 이용대상으로 보고, 이를 최대한 착취하려는 근대인의 자연관은 환경파괴로 이어져 인간은 생존마저 위협받고 있다.

근대인의 사회관으로 인해 대규모 인권 침해가 발생하였다. 제시문 (다)가 말하고 있듯이 근대인은 인간을 이성과 효용성을 기준으로 판단한다. 이성과 효용성이 떨어지는 장애인, 노인, 빈곤한 자를 사회의 불순물로 여기고 이들을 사회진보의 장애물로 보았다. 더 나아가 이들을 제거해야만 사회가 진보한다고 믿었다. 이러한 생각 하에 장애인에 대한 단종시술, 나치의 유태인 학살을 자행해 인권을 침해했다. 더 나아가 이성주의 관점에서 합리적인 서양이 비합리적인 동양을 문명화시켜야 한다는 명분하에 서양은 동양을 지배했다. 서양의 동양 지배는 서양과 동양의 갈등을 낳았고, 이러한 상처로 9.11 테러나 미국의 이라크 침공 등이 발생해 세계를 '만인의 만인에 대한 투쟁' 상태로 몰아넣었다.

※ 722자

모의문제 12 문화/역사/언어

계몽주의자는 자연의 진보와 역사의 진보를 동일시하나, 양자는 다르다는 점에서 비판할 수 있다. 자연이 진보하는 원천은 생물학적 변화와 유전이나, 역사가 진보하는 원천은 사회적 획득이라는 점에서 다르다. 역사 시대 이후 생물학적 변화는 없었으므로 생물학적 변화는 역사 진보의 원천이 될 수 없다. 역사 진보의 원천은 과거 세대가 획득한 형질의 전승이다. 따라서 자연의 진보와 역사의 진보는 다르다.

헤겔에 따르면 인간의 역사는 절대이성이라는 종점에 이른다고 하나, 이는 증명할 수 없으므로 비판할 수 있다. 헤겔은 인간의 역사는 이성의 진보의 역사이며 이성을 증대시키기 위해 정열이 필요하다고 하였다. 이에 의하면 나폴레옹과 시저의 정열, 나치의 유태인 학살과 2차 세계대전은 파괴를 야기했으나 이성을 확장시켰으므로 정당하다. 전쟁 전략과 전쟁 무기의 연구와 개발로 인해 전인류가 멸망할 수 있다고 하더라도 이성을 크게 확장한 것이라면 정당하다. 그러나 이는 이성의 확장이 인간을 멸망으로 이끈다고 하여도 인간 역사의 진보로 본다는 점에서 타당하지 않다.

계몽주의자에 의하면 한 집단의 역사는 일직선으로 진보한다고 하나, 한 집단의 역사는 일직선으로 진보하지 않으므로 비판할 수 있다. 어느 한 지역에서 문명을 전진시킨 집단이 계속하여 역사를 발전시키는 것은 아니다. 전 시대에 역사를 발전시킨 집단은 기존의 전통, 이해관계에 얽매여 새로운 발전을 위한 요구에 부응할 수 없기 때문이다. 따라서 새로운 집단이 기존의 발전된 문명 위에 문명을 발전시킨다. 따라서 역사는 중단없이 일직선으로 발전한다기보다는 진보와 퇴보를 거듭하면서 문명을 진전시킨다. 따라서 한 집단의 역사가 단절없이 발전한다는 주장은 타당하지 않다.

※ 847자

모의문제 13 과학

문제의 배경

종교, 철학, 지식이 진리라는 이유로 주류와 다른 사상, 종교를 가진 이들의 사상, 종교, 학문의 자유는 탄압되어왔고, 이는 인류의 지적 성장을 방해하고 인류로 하여금 퇴행적 행보를 밟게 했다. "너의 주장은 비과학적이다"라는 말은 현대의 과학적 지식도 진리라는 요구를 하고 있다. 너는 잘못된 사고와 행동을 하고 있다는 비판으로 받아들여진다. 과학적 지식이 옳고 그름을 판별하는 기준이 되고 있다. 따라서 과학적 지식이라는 명목 하에 과학독재, 전체주의로 흐를 수도 있다. 이러한 과학적 지식은 실상 종교, 정치권력, 자본권력에 오염되어 있다. 정치권력과 자본권력은 자신들의 이데올로기를 과학적 지식으로 포장하여 대중을 세뇌시킬 수 있다. 대중이 과학적 지식을 순수하게 중립적 지식이라고 믿는다면, 정치권력과 자본권력은 과학적 지식이라는 가면을 쓰고 대중을 지배하기 쉬워진다. 필자가 예상하기로 새로운 독재는 과학독재일 것이다. 과학적 지식이 객관적, 중립적이라는 주장에 대한 비판적 자세는 과학독재를 막기 위해서라도 필요하다.

쟁점 정리

① 제시문 (가)

과학자는 개인의 의견, 사상으로부터 독립된 관찰과 실험을 통해 과학적 지식을 도출한다. 따라서 과학적 지식은 객관적·중립적 지식이다.

② 제시문 (나)

관찰은 이론의존적이다. 관찰자의 이론적 토대와 능력에 따라 관찰의 내용은 달라진다.

③ 제시문 (다)

기존의 성공적인 이론과 양립할 수 없는 관찰이 나온 경우 기존 성공이론은 유지할 수도 있고, 기존의 이론을 포기할 수도 없다. 이는 과학자의 선택이다. 이론이 순수하게 관찰을 통해서만 나온다면 기존 이론은 포기해야 하나 천왕성의 실제 궤도가 뉴턴역학과는 양립할 수 없었음에도 아담스와 르브리에는 뉴턴역학을 유지시켰다. 이는 과학 이론이 관찰에만 근거한 것으로 볼 수 없는 사례이다.

④ 제시문 (라)

과학지식의 확립은 단지 그 지식이 자연과 사실에 부합하기 때문이 아니다. 리센코의 미추린 농법은 자연적 사실과 잘 부합하지 않지만 공산당의 정치 성향에 맞았으므로 권력에 의해 과학적 지식으로 통용되었다.

평가기준

제시문 분석능력
(8점)
	• 제시문 (가)의 주장을 잘 도출했는지
	  - 관찰과 실험은 이론독립적이다. 과학적 지식은 관찰과 실험으로부터 도출된다.
	    과학적 지식은 객관적·중립적 지식이다.

비판능력 논증력 (27점)	• 제시문 (나)의 관점에서 (가)의 주장을 잘 비판했는지 (9점) • 제시문 (다)의 관점에서 (가)의 주장을 잘 비판했는지 (9점) • 제시문 (라)의 관점에서 (가)의 주장을 잘 비판했는지 (9점) ※ 비판논증과정의 타당성을 고려해서 채점할 것
표현력 (5점)	• 표현의 명료성, 효과적인 의사전달을 했는가?
감점요소	• 글자수가 제시한 분량기준에서 ±50자마다 1점 감점함 • 맞춤법이 3개 이상 틀렸을 경우, 3개당 1점 감점함 • 비문은 개당 1점 감점함

📝 예시답안

제시문 (가)에 따르면 과학자는 사상, 이론과는 독립적으로 관찰과 실험을 한다. 관찰, 실험에 의해서만 과학적 지식을 도출한다. 따라서 과학적 지식은 객관적이고, 중립적이다.

(나)에 따르면 과학자의 관찰은 과학자의 이론과 능력에 의해 좌우된다. 갈릴레오는 원근법을 이용하여 달의 분화구를 발견했다. 그러나 해리어트는 원근법에 미숙했기 때문에 분화구를 찾아내지 못했다. 과학자의 이론이나 능력에 따라 관찰 내용이 달라지므로 관찰이 이론중립적이어서 과학적 지식이 객관적이라는 견해는 타당하지 않다.

과학적 지식은 단순히 관찰에 의해서만이 아니라 과학자의 기존 이론에 의해서도 채택된다. (다)에서 관찰에 따른 수성의 근일점 변화는 뉴턴역학으로는 설명할 수 없었다. 그러나 19세기 과학자들은 뉴턴역학을 포기하기보다는 수성에 인력을 작용할 수 있는 벌컨이 존재한다고 주장했다. 이는 과학자들이 순수하게 관찰을 통해서만 과학적 지식을 창출하지 않는다는 것을 보여주는 사례이다. 따라서 과학적 지식이 관찰과 실험을 통해서만 도출된 지식이므로 객관적, 중립적이라는 (가)의 주장은 타당하지 않다.

(라)에서 리센코의 미추린 농법은 당시 소련 공산주의자들의 이념과 잘 어울렸다. 미추린 농법에 부합되는 보고만 채택되었고 부합되지 않는 실험과 사실은 정치적 이유로 기각되었다. 이 때문에 미추린 농법은 소련에서 과학적 지식으로 대접받았다. 정치권력과 잘 부합된 지식이 과학적 지식으로 확립될 수 있다. 따라서 과학적 지식은 실험과 관찰을 통해서만 성립하므로 객관적, 중립적이라는 (가)의 주장은 타당하지 않다.

※ 781자

2025학년도 법학적성시험 대비 최신개정판

해커스 **LEET**

김종수
논 술
통합 기본서

개정 2판 1쇄 발행 2024년 1월 8일

지은이	김종수
펴낸곳	해커스패스
펴낸이	해커스로스쿨 출판팀

주소	서울특별시 강남구 강남대로 428 해커스로스쿨
고객센터	1588-4055
교재 관련 문의	publishing@hackers.com
학원 강의 및 동영상강의	lawschool.Hackers.com

ISBN	979-11-6999-790-4 (13360)
Serial Number	02-01-01

한 번에 합격,
해커스로스쿨 lawschool.Hackers.com

해커스로스쿨

- 해커스로스쿨 스타강사 김종수 선생님의 **본 교재 인강**(교재 내 할인쿠폰 수록)
- 실전 감각을 극대화하는 **논술 답안지**

로스쿨로 향하는 **첫 시작,**

해커스로스쿨과 함께해야
입학이 빨라집니다.

2025학년도 법학적성시험 대비 최신개정판

해커스 LEET

김종수
논 술

통합 기본서

실전 감각 UP!

원고지 답안지

해커스로스쿨

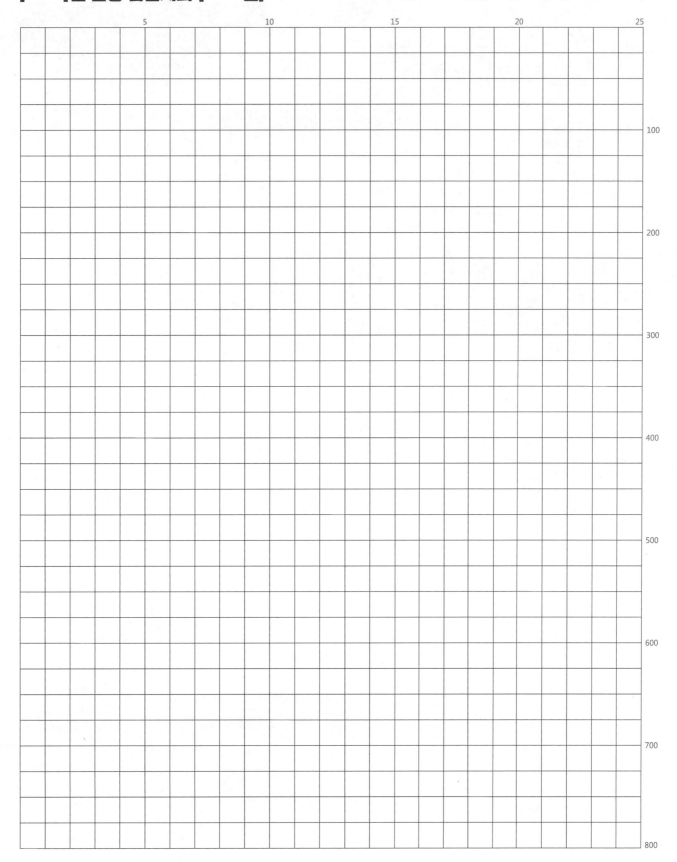

해커스로스쿨

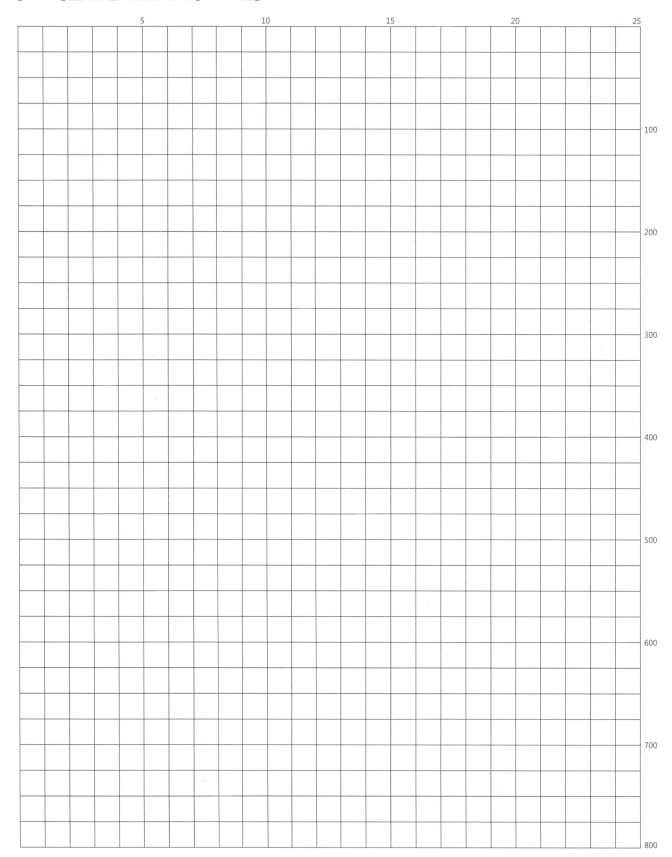

해커스로스쿨

⓪	①	②	③	④	⑤	⑥	⑦	⑧	⑨	⑩	⑪	⑫	⑬	⑭	⑮	⑯	⑰	⑱	⑲	⑳

관리번호 [   ] ◯ **← 수험생 및 감독관은 표기하지 마시오.**

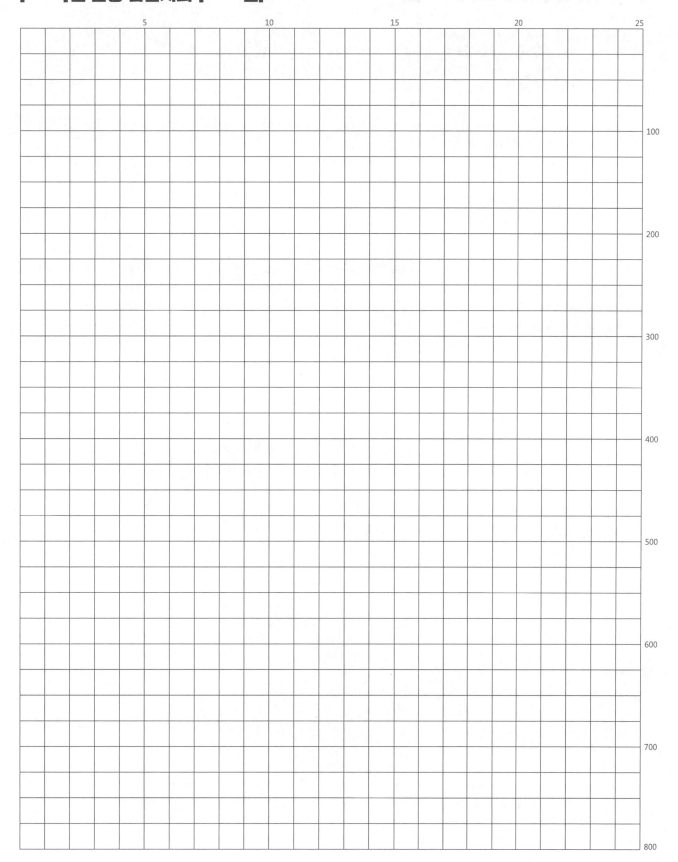

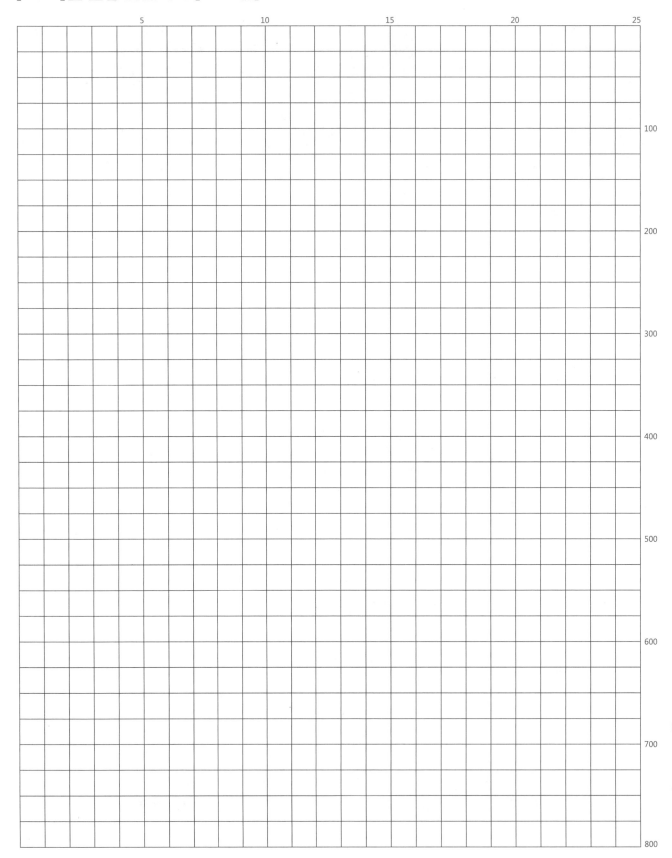

	⓪	①	②	③	④	⑤	⑥	⑦	⑧	⑨	⑩	⑪	⑫	⑬	⑭	⑮	⑯	⑰	⑱	⑲	⑳

관리번호		◯	← 수험생 및 감독관은 표기하지 마시오.

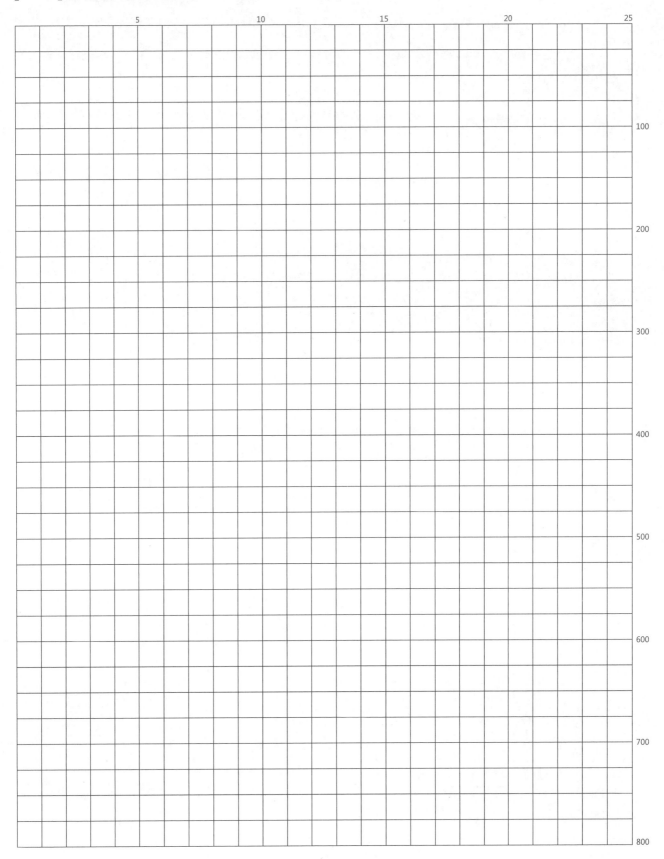

⓪ ① ② ③ ④ ⑤ ⑥ ⑦ ⑧ ⑨ ⑩ ⑪ ⑫ ⑬ ⑭ ⑮ ⑯ ⑰ ⑱ ⑲ ⑳

관리번호   ◯   ← 수험생 및 감독관은 표기하지 마시오.

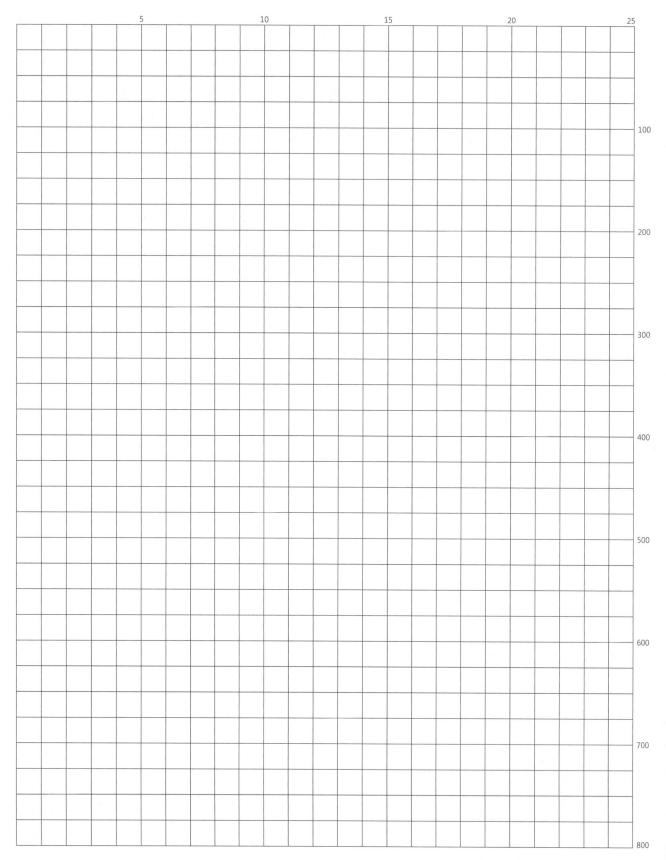

수험생 및 감독관은 표기하지 마시오.

해커스로스쿨

관리번호

[   ]번 문항 답안지의 [면]

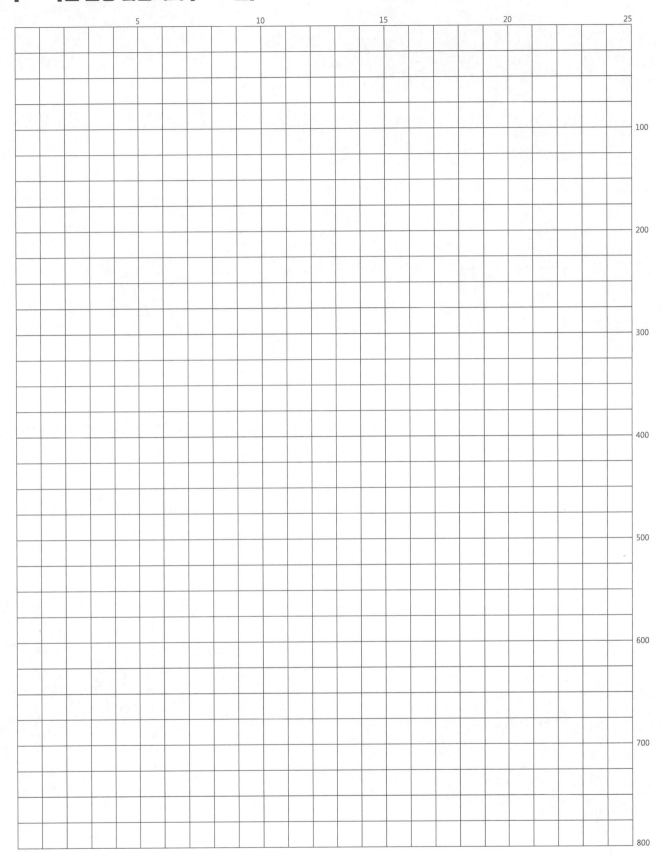

🏛 해커스로스쿨

⓪ ① ② ③ ④ ⑤ ⑥ ⑦ ⑧ ⑨ ⑩ ⑪ ⑫ ⑬ ⑭ ⑮ ⑯ ⑰ ⑱ ⑲ ⑳

관리번호 _____   ○   ← 수험생 및 감독관은 표기하지 마시오.

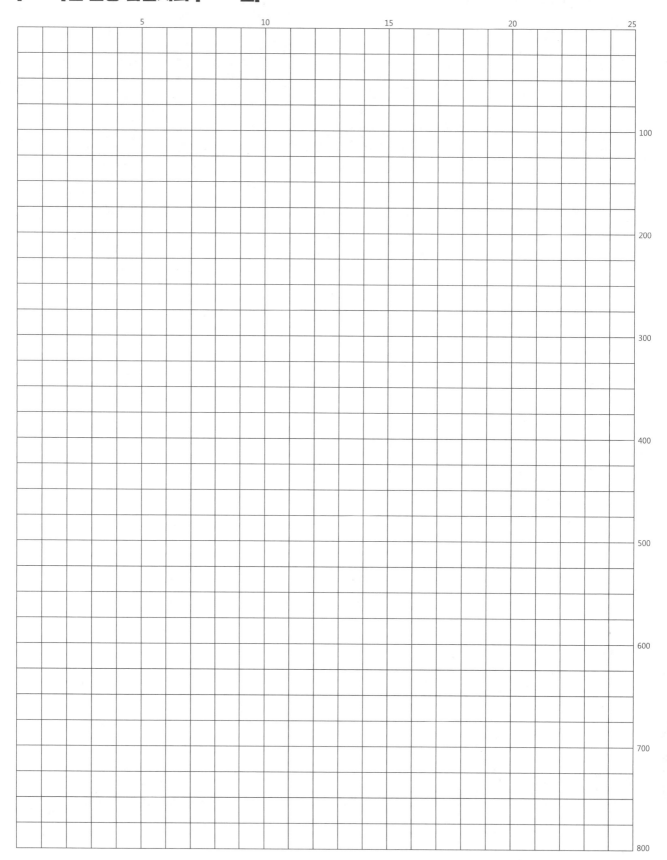

해커스로스쿨

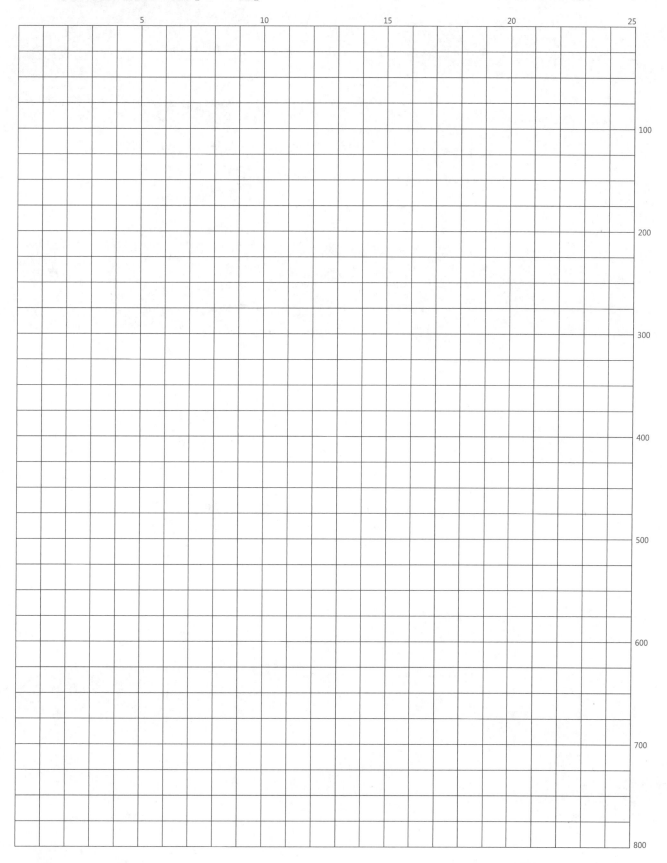

■ 해커스로스쿨

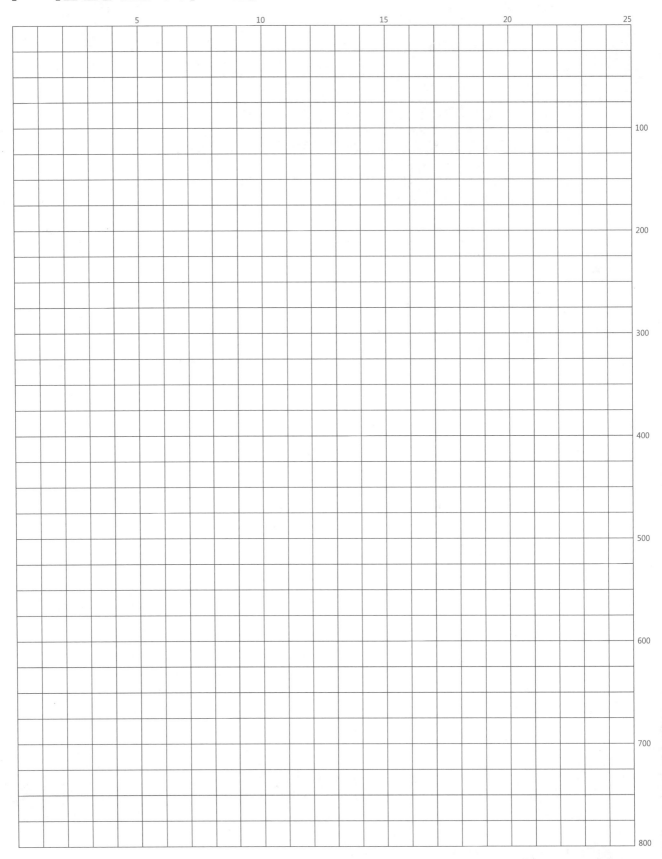

해커스로스쿨

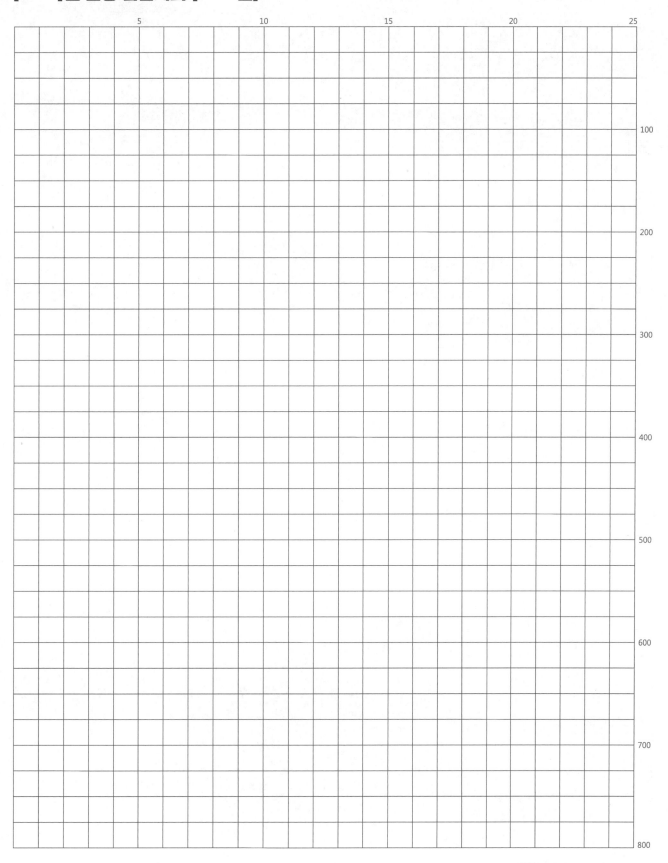

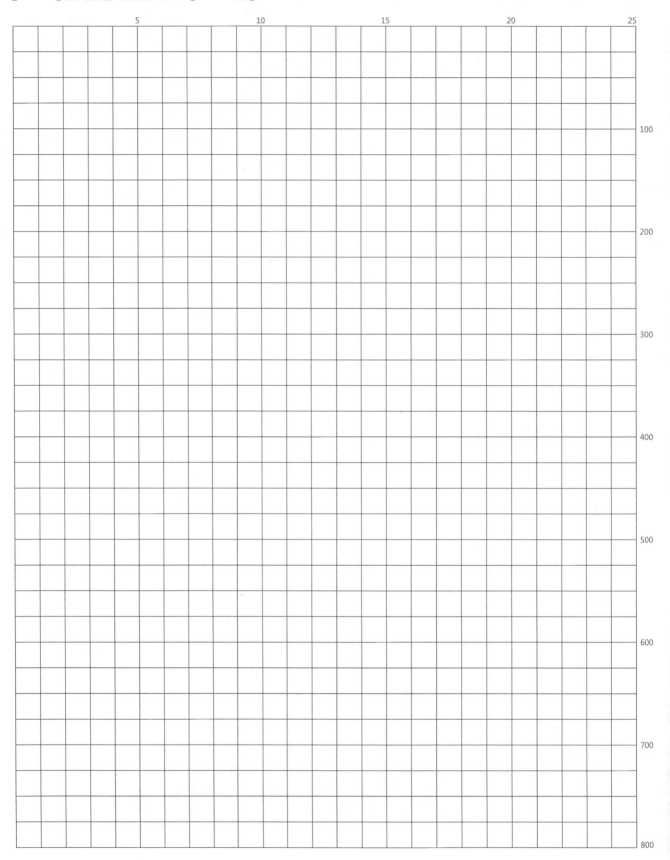

해커스로스쿨

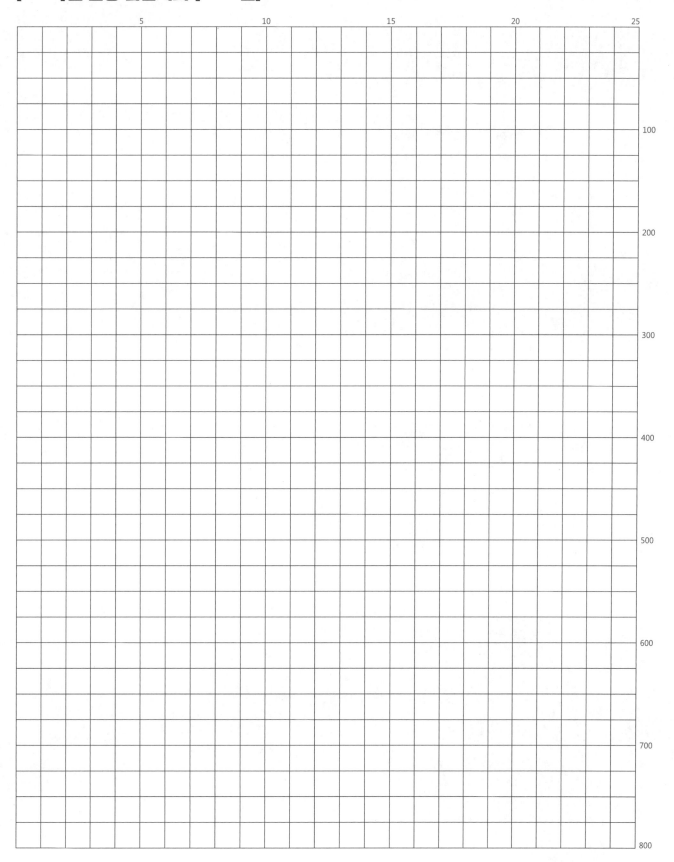

해커스로스쿨

[   ]번 문항 답안지의 [면]

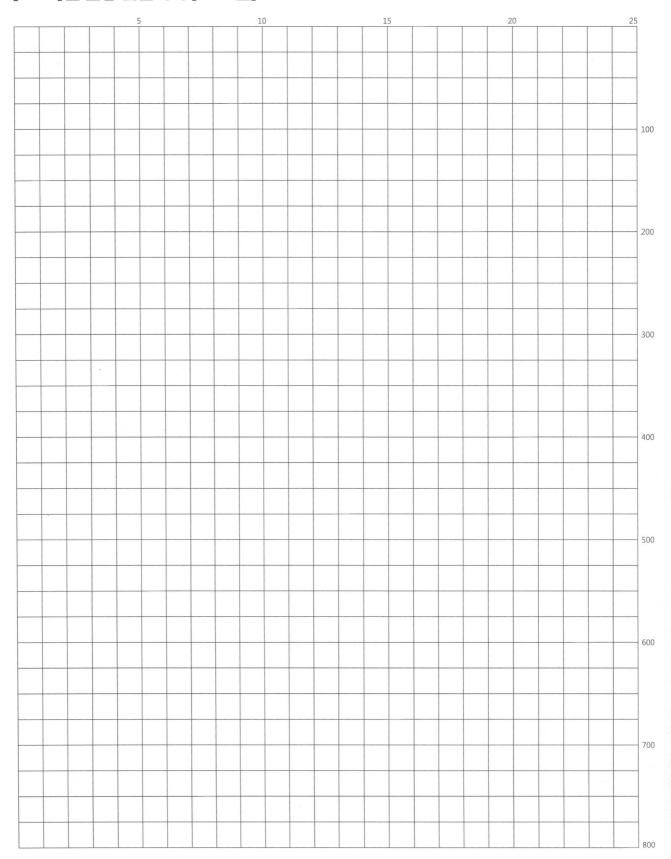

← 수험생 및 감독관은 표기하지 마시오.

◎ 해커스로스쿨

[   ]번 문항

⓪ ① ② ③ ④ ⑤ ⑥ ⑦ ⑧ ⑨ ⑩ ⑪ ⑫ ⑬ ⑭ ⑮ ⑯ ⑰ ⑱ ⑲ ⑳

관리번호 ◯ ← 수험생 및 감독관은 표기하지 마시오.

[   ]번 문항 답안지의 [면]

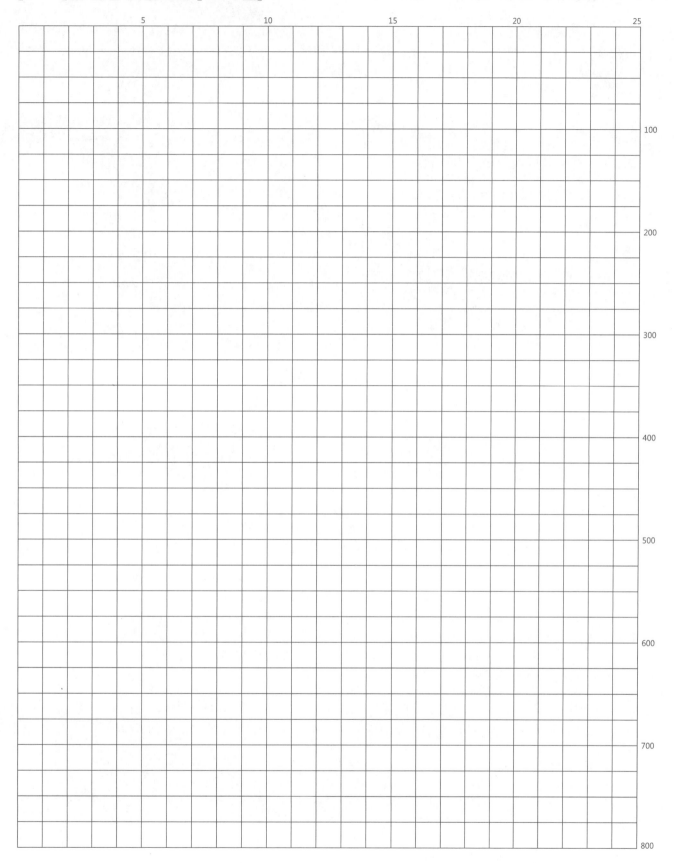

🏛 해커스로스쿨

[   ]번 문항

| ⓪ | ① | ② | ③ | ④ | ⑤ | ⑥ | ⑦ | ⑧ | ⑨ | ⑩ | ⑪ | ⑫ | ⑬ | ⑭ | ⑮ | ⑯ | ⑰ | ⑱ | ⑲ | ⑳ |

| 관리번호 | | ○ | ← 수험생 및 감독관은 표기하지 마시오. |

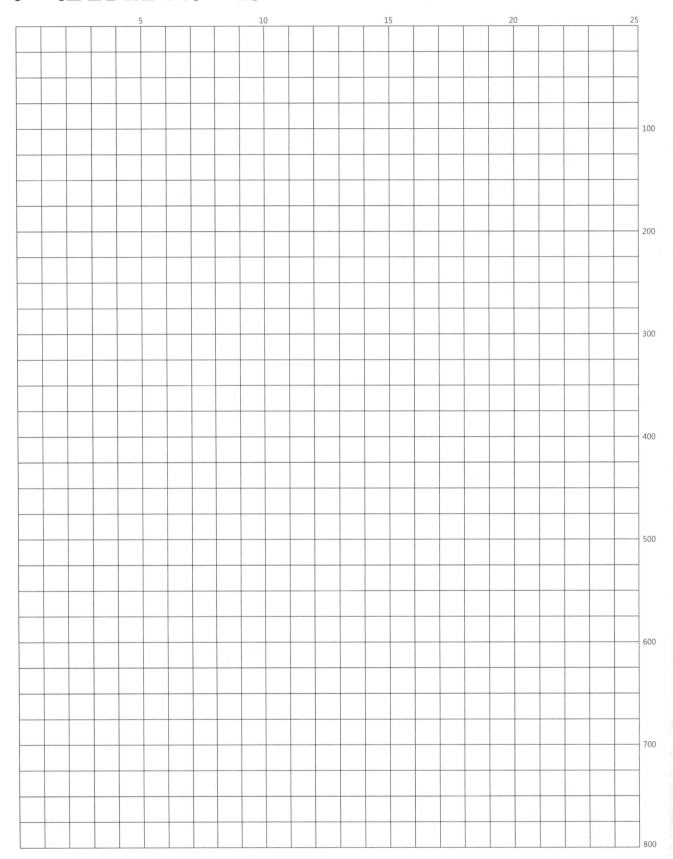

해커스로스쿨

관리번호   ○ ← 수험생 및 감독관은 표기하지 마시오.

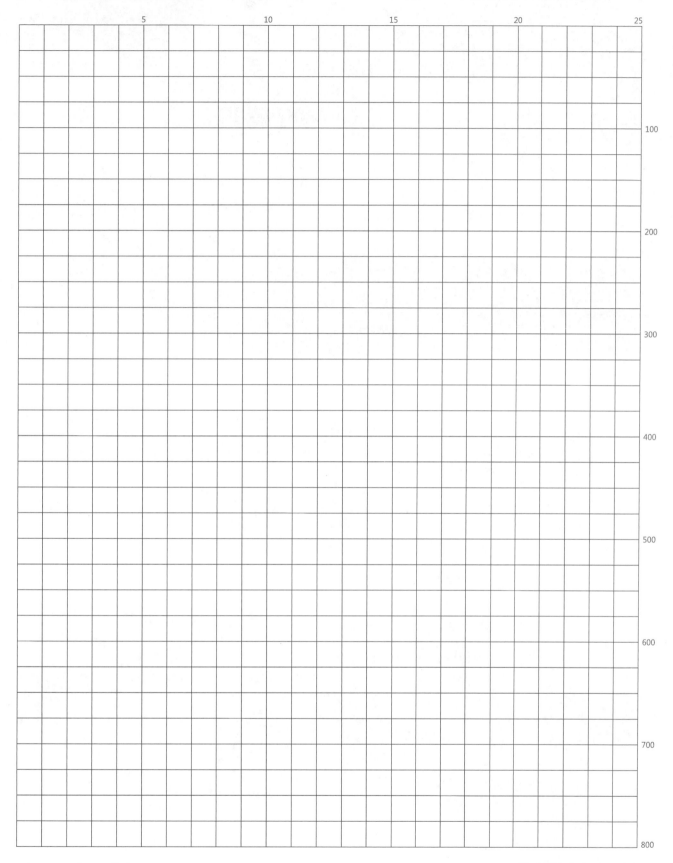

해커스로스쿨

[   ]번 문항 답안지의 [면]

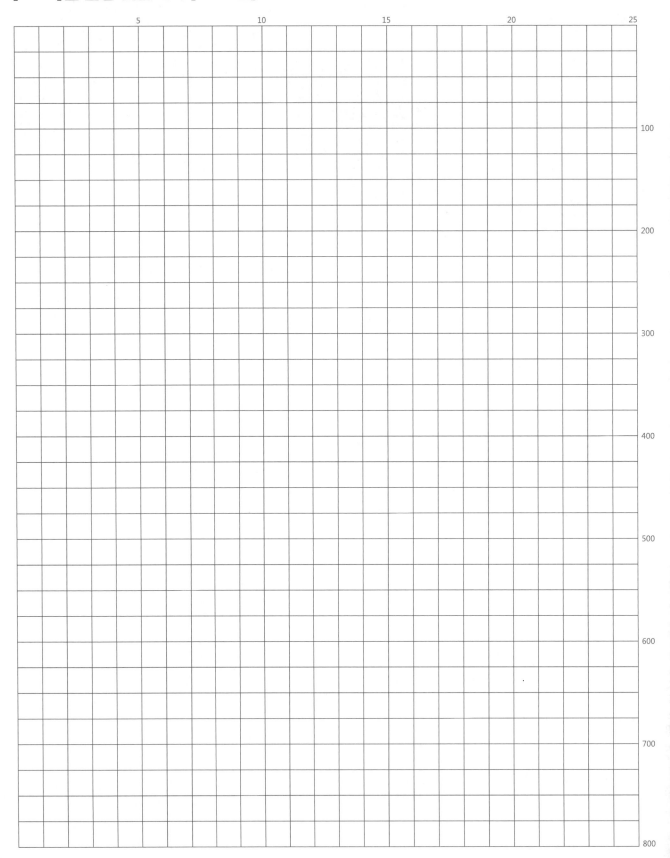

| ⓪ | ① | ② | ③ | ④ | ⑤ | ⑥ | ⑦ | ⑧ | ⑨ | ⑩ | ⑪ | ⑫ | ⑬ | ⑭ | ⑮ | ⑯ | ⑰ | ⑱ | ⑲ | ⑳ |

관리번호   ○   ← 수험생 및 감독관은 표기하지 마시오.

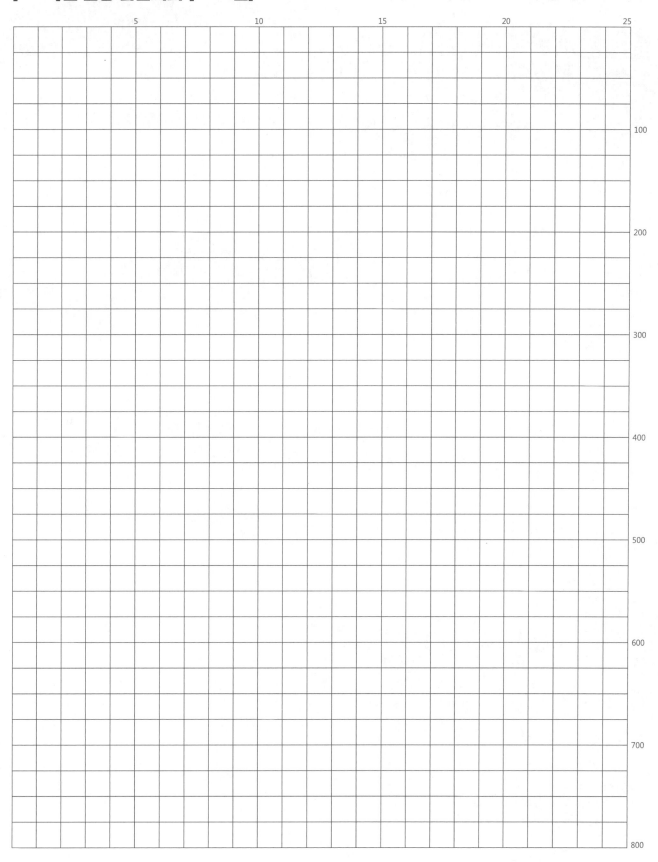

해커스로스쿨

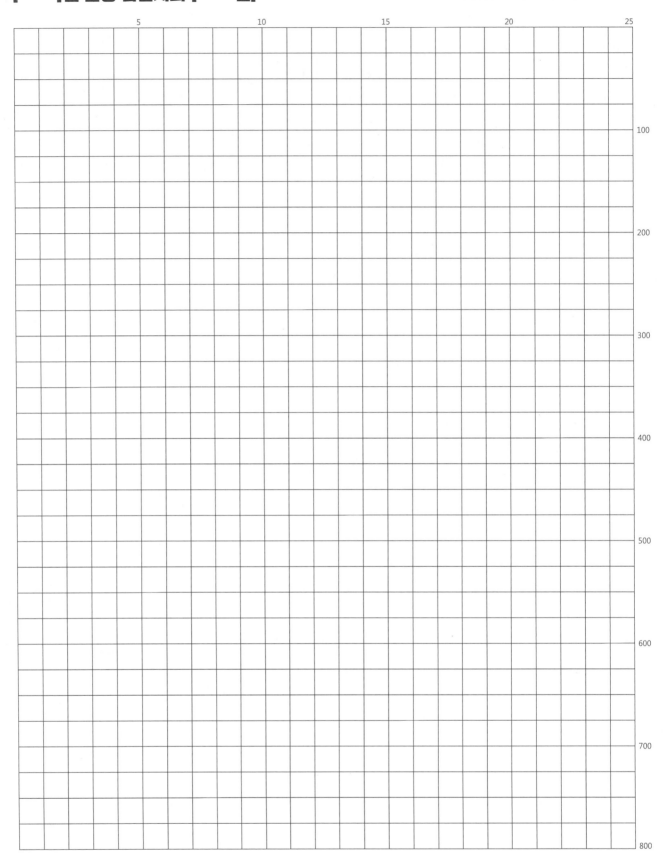

해커스로스쿨

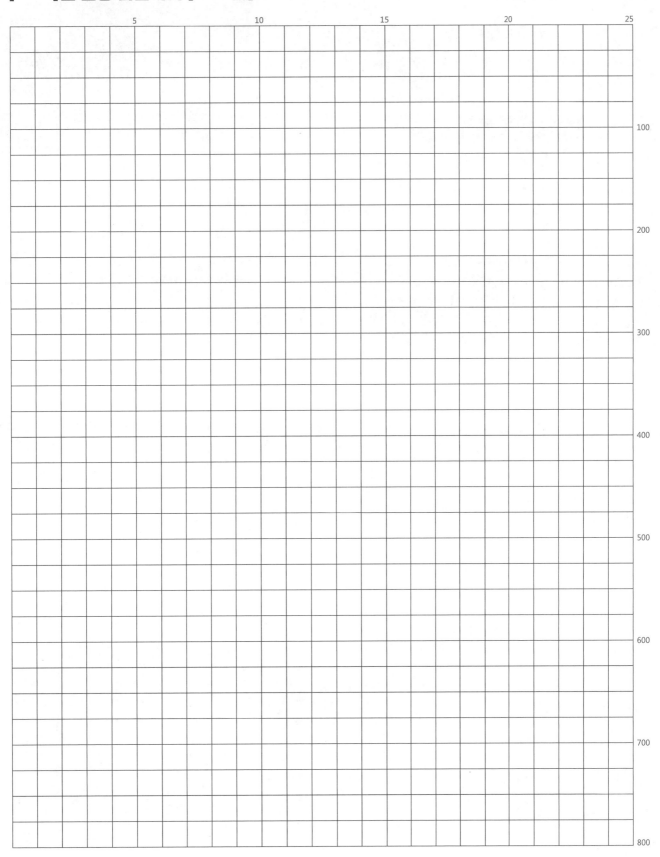

⓪ ① ② ③ ④ ⑤ ⑥ ⑦ ⑧ ⑨ ⑩ ⑪ ⑫ ⑬ ⑭ ⑮ ⑯ ⑰ ⑱ ⑲ ⑳

관리번호　　　　　　　　　　　　　　　　○　← 수험생 및 감독관은 표기하지 마시오.

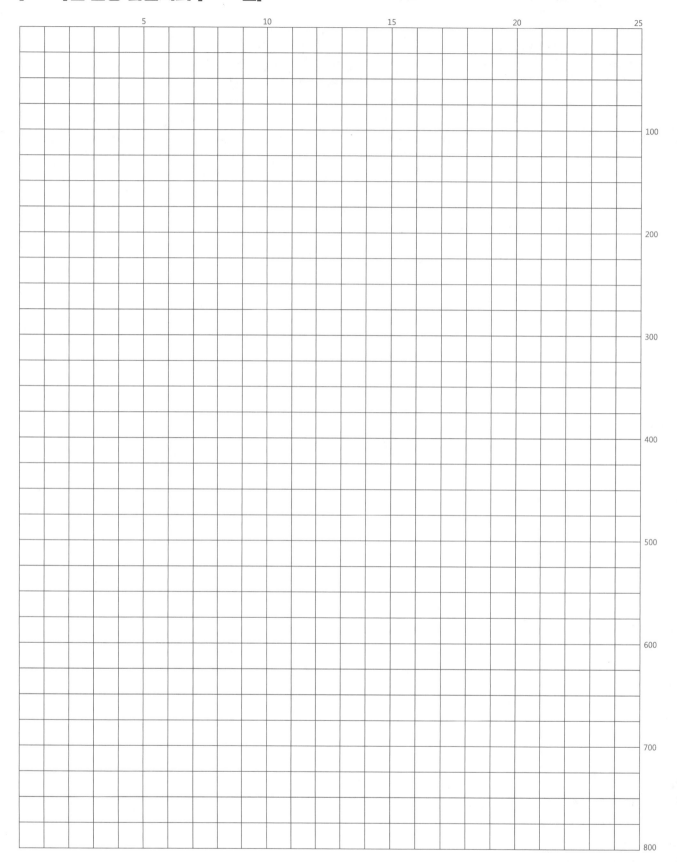

해커스 로스쿨

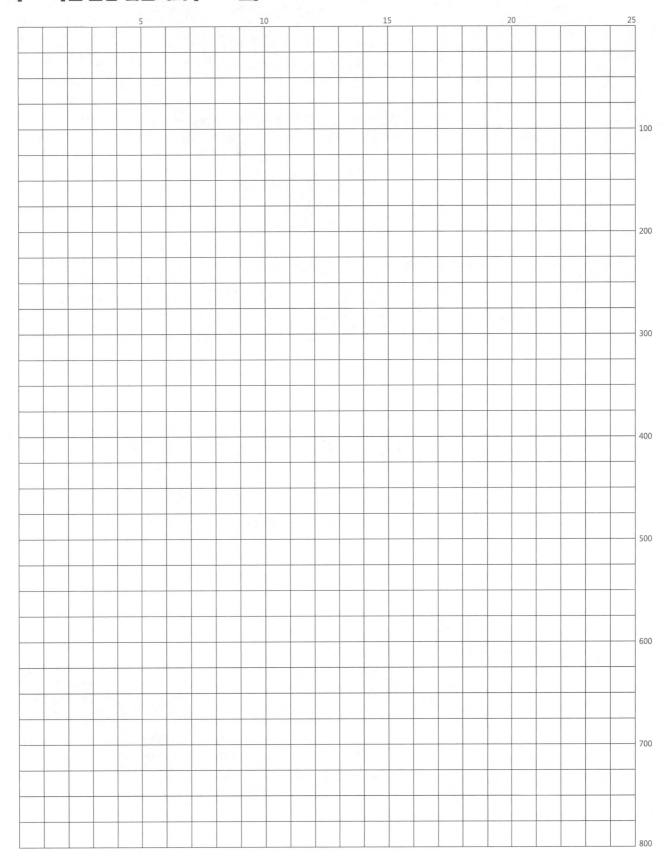

해커스로스쿨

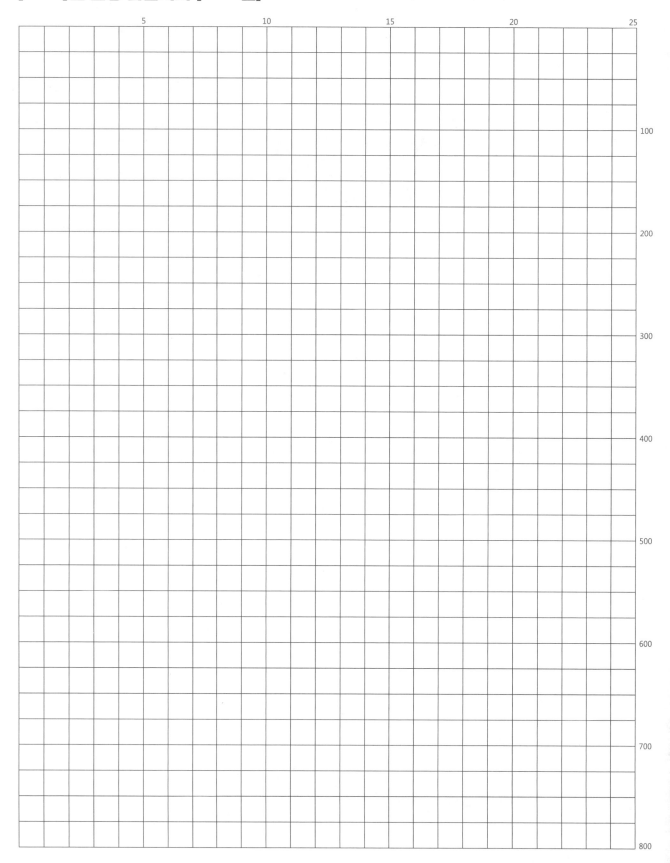

해커스로스쿨

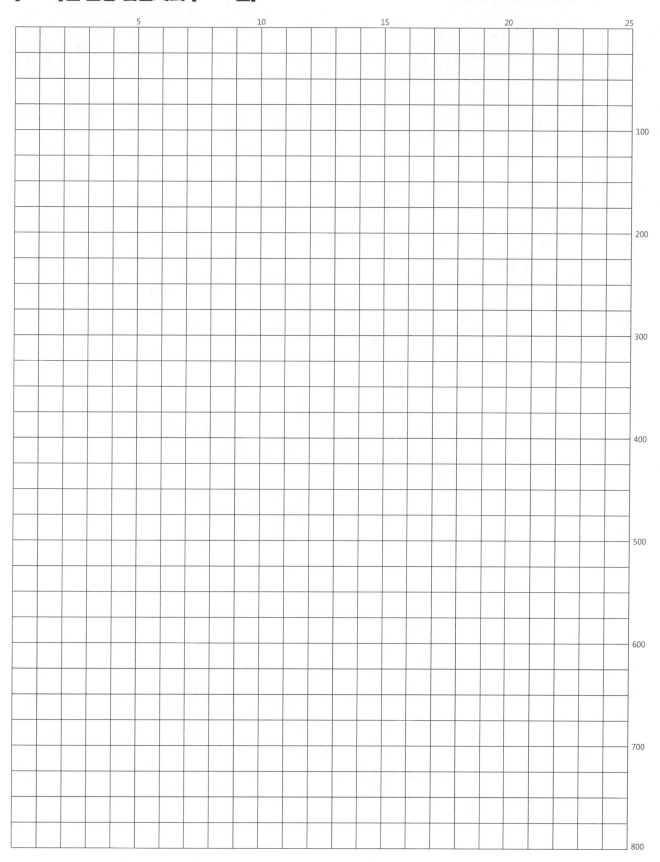

해커스로스쿨

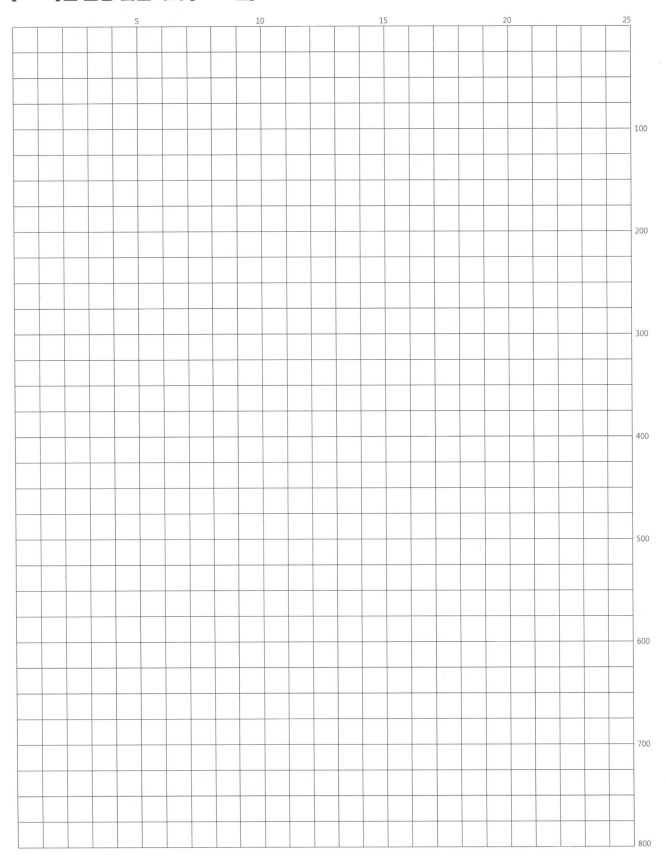

해커스로스쿨

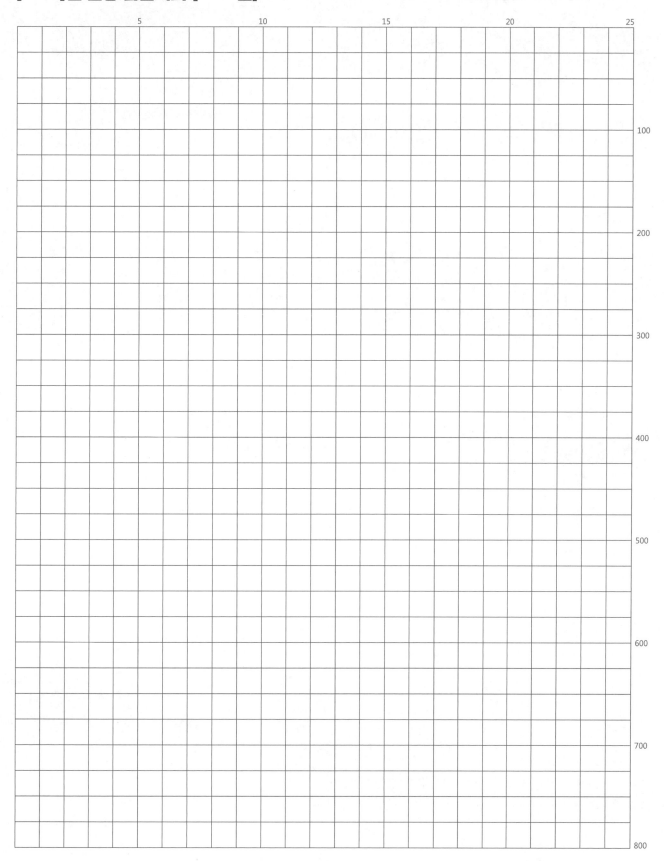

해커스로스쿨

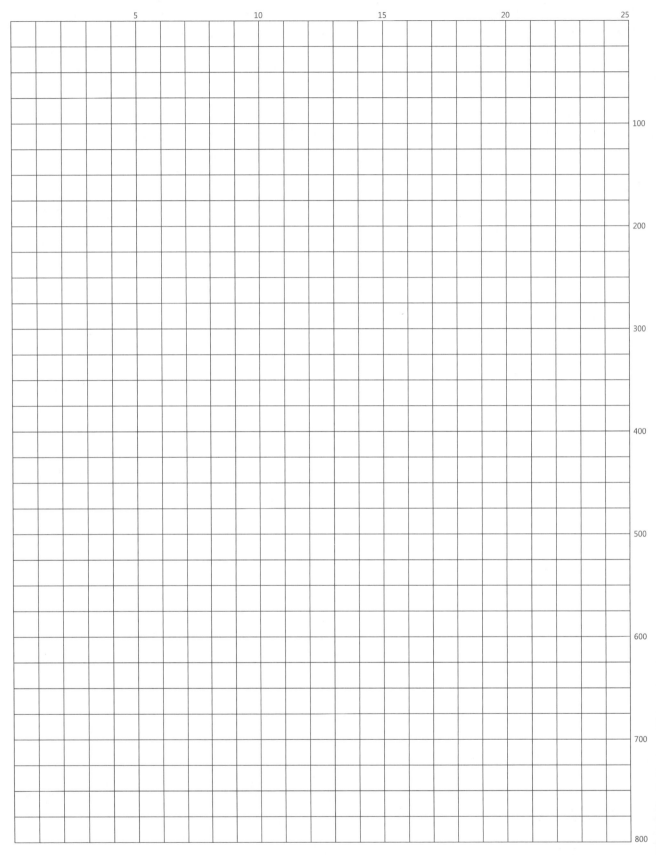

[   ]번 문항 답안지의 [면]

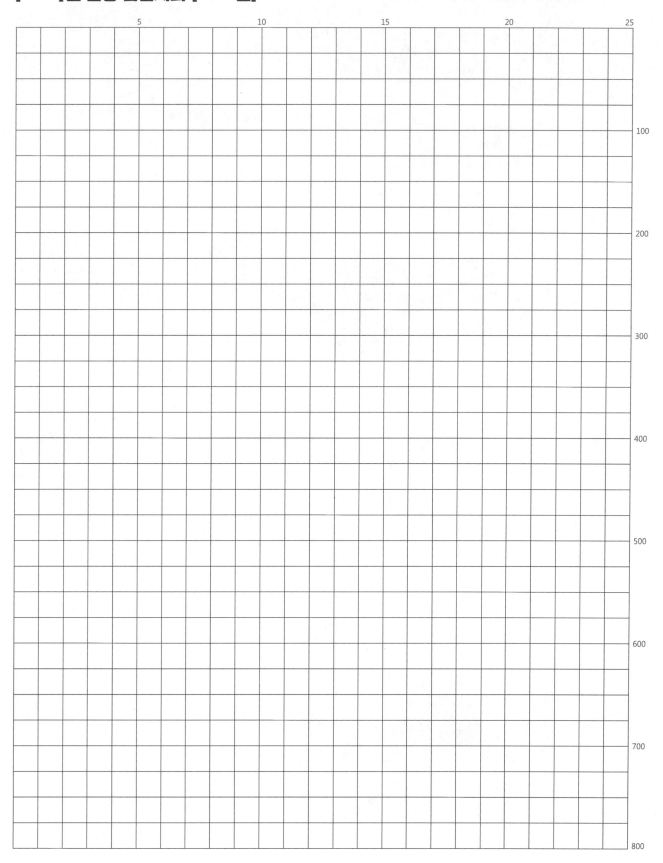

[   ]번 문항 답안지의 [면]

⓪ ① ② ③ ④ ⑤ ⑥ ⑦ ⑧ ⑨ ⑩ ⑪ ⑫ ⑬ ⑭ ⑮ ⑯ ⑰ ⑱ ⑲ ⑳

관리번호   ○   ← 수험생 및 감독관은 표기하지 마시오.

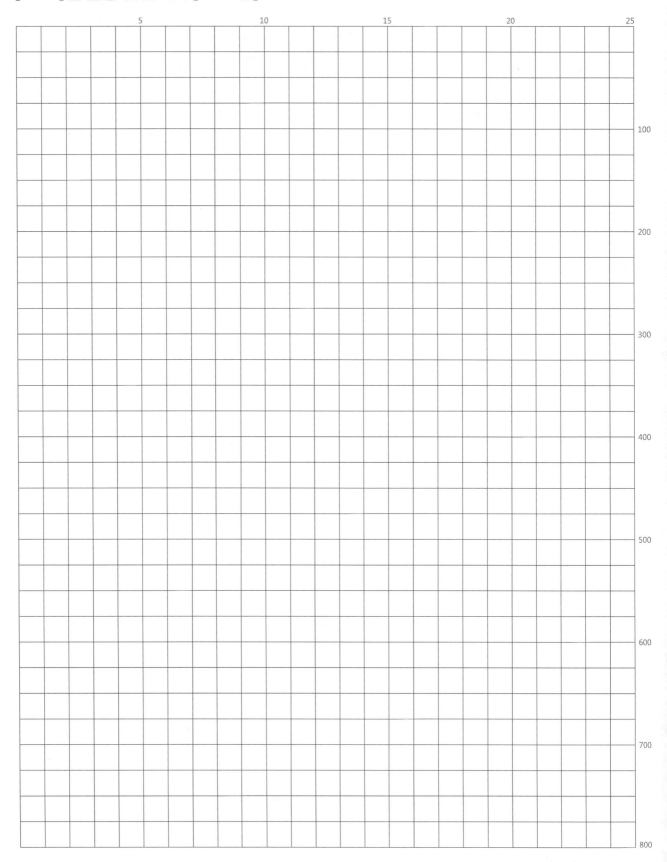

해커스로스쿨

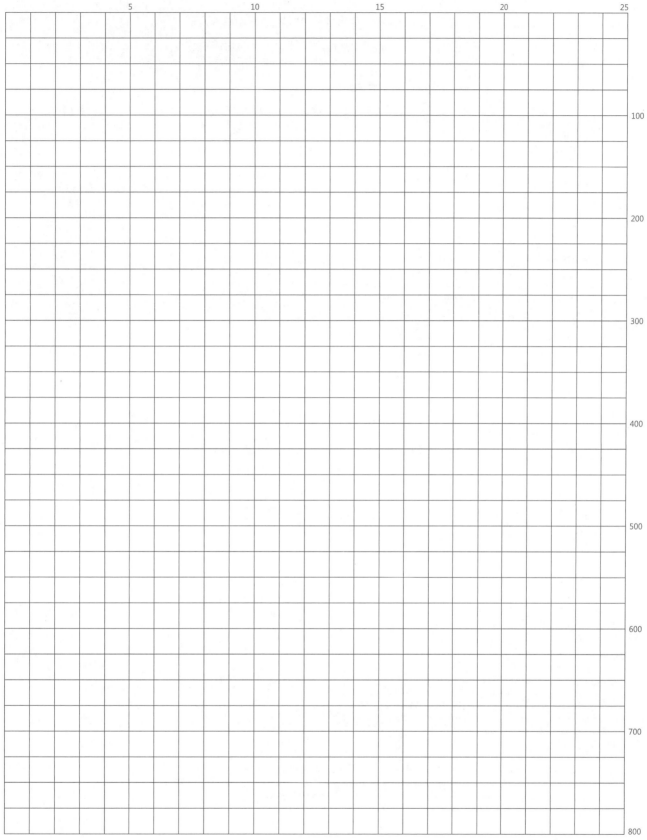

개커스로스쿨

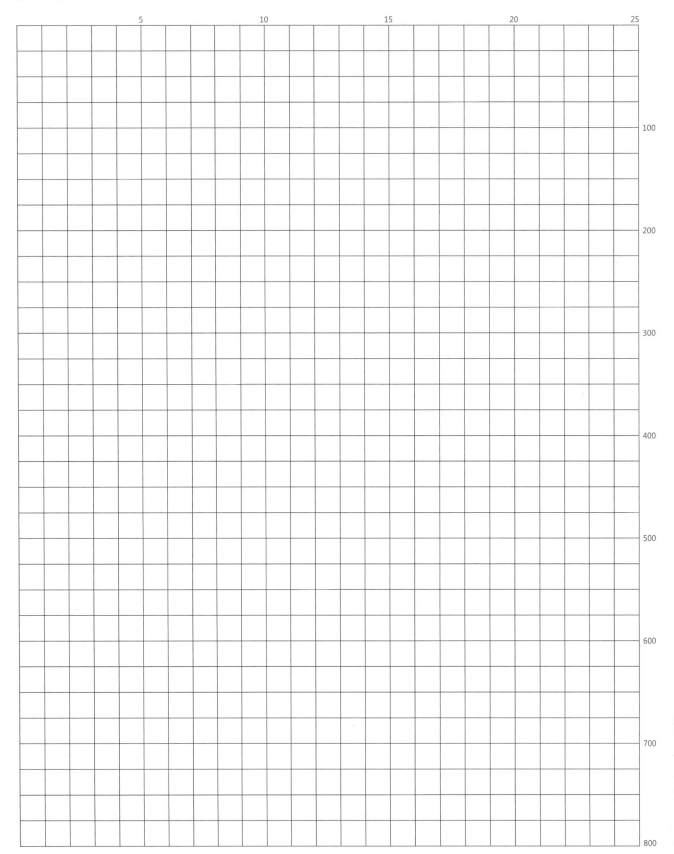

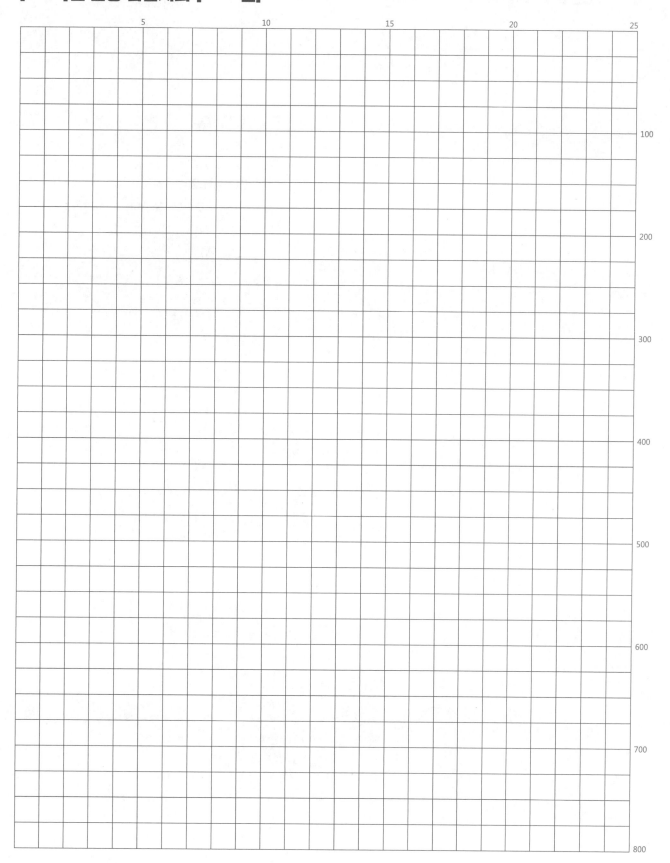

해커스로스쿨

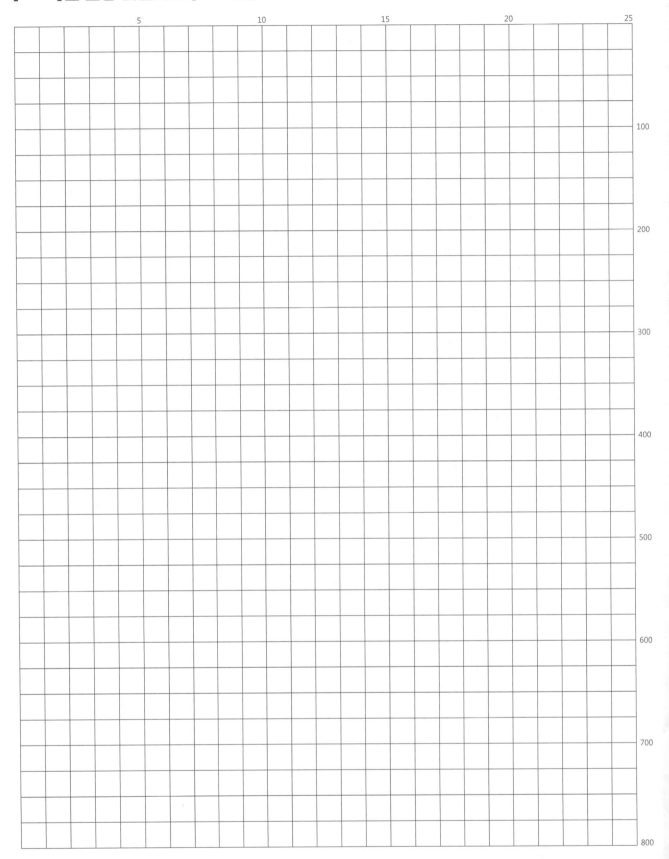

해커스로스쿨

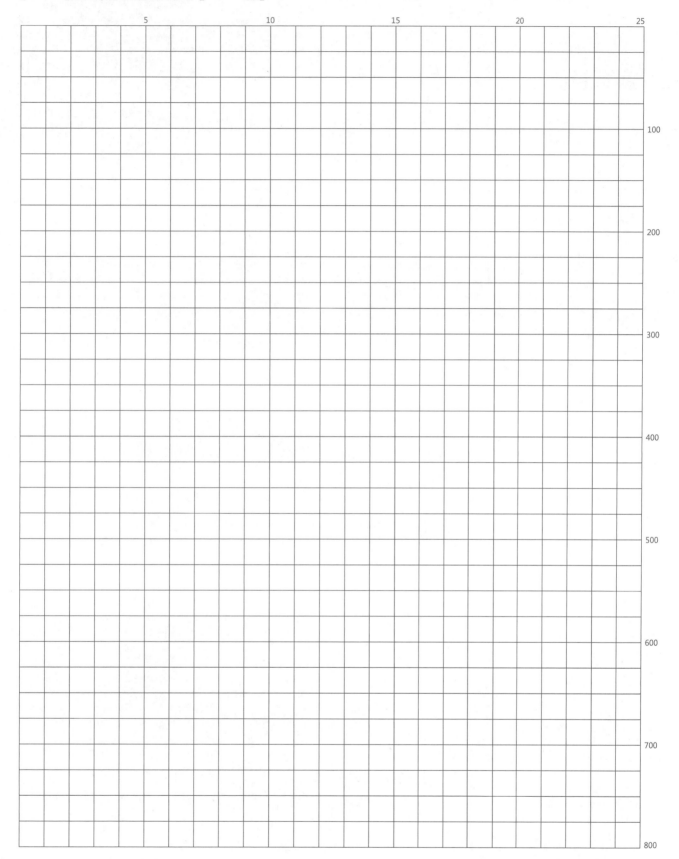

[   ]번 문항 답안지의 [면]

| ⓪ | ① | ② | ③ | ④ | ⑤ | ⑥ | ⑦ | ⑧ | ⑨ | ⑩ | ⑪ | ⑫ | ⑬ | ⑭ | ⑮ | ⑯ | ⑰ | ⑱ | ⑲ | ⑳ |

관리번호 _____   ◯   ← 수험생 및 감독관은 표기하지 마시오.

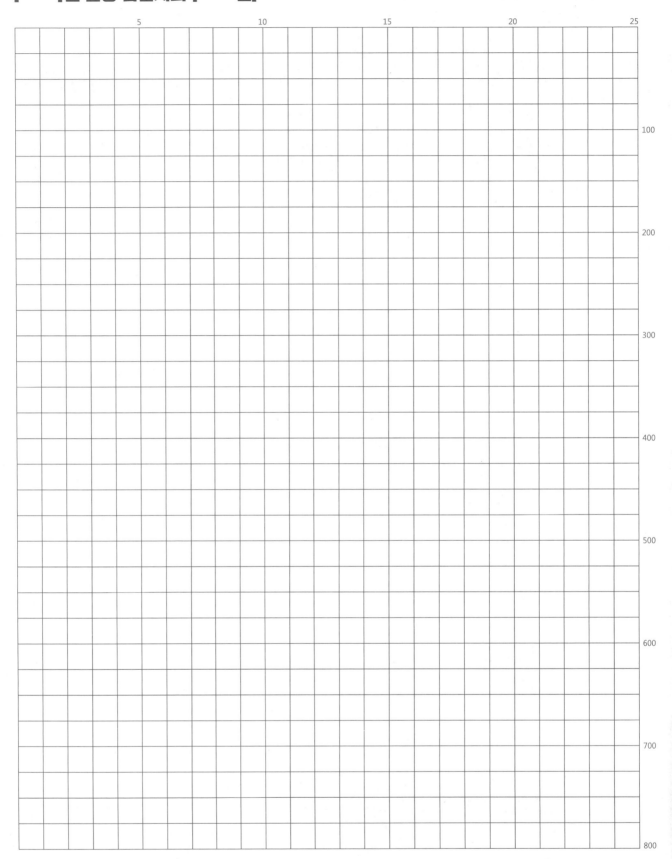

| ⓪ | ① | ② | ③ | ④ | ⑤ | ⑥ | ⑦ | ⑧ | ⑨ | ⑩ | ⑪ | ⑫ | ⑬ | ⑭ | ⑮ | ⑯ | ⑰ | ⑱ | ⑲ | ⑳ |

관리번호 ⟨   ⟩ ◯ ← 수험생 및 감독관은 표기하지 마시오.

		5			10			15			20			25

관리번호

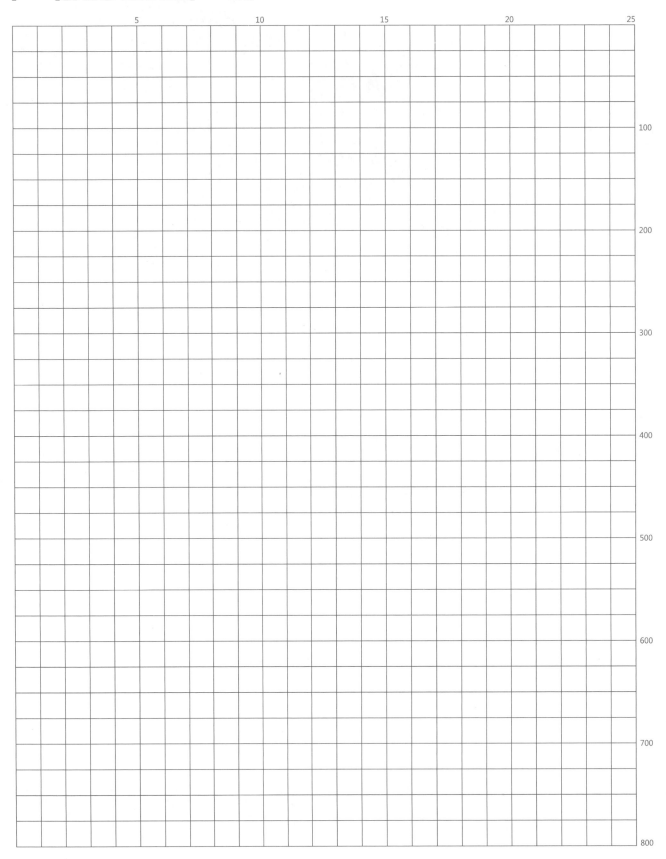

해커스로스쿨

[   ]번 문항 답안지의 [면]

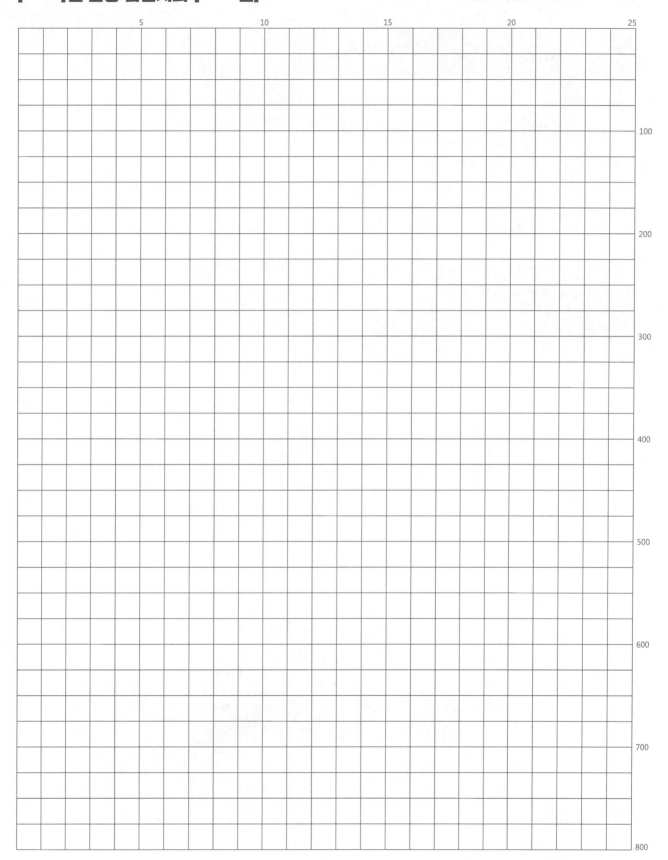

                                                  ← 수험생 및 감독관은 표기하지 마시오.

해커스로스쿨

[   ]번 문항 답안지의 [면]

⓪ ① ② ③ ④ ⑤ ⑥ ⑦ ⑧ ⑨ ⑩ ⑪ ⑫ ⑬ ⑭ ⑮ ⑯ ⑰ ⑱ ⑲ ⑳

관리번호   ○   ← 수험생 및 감독관은 표기하지 마시오.

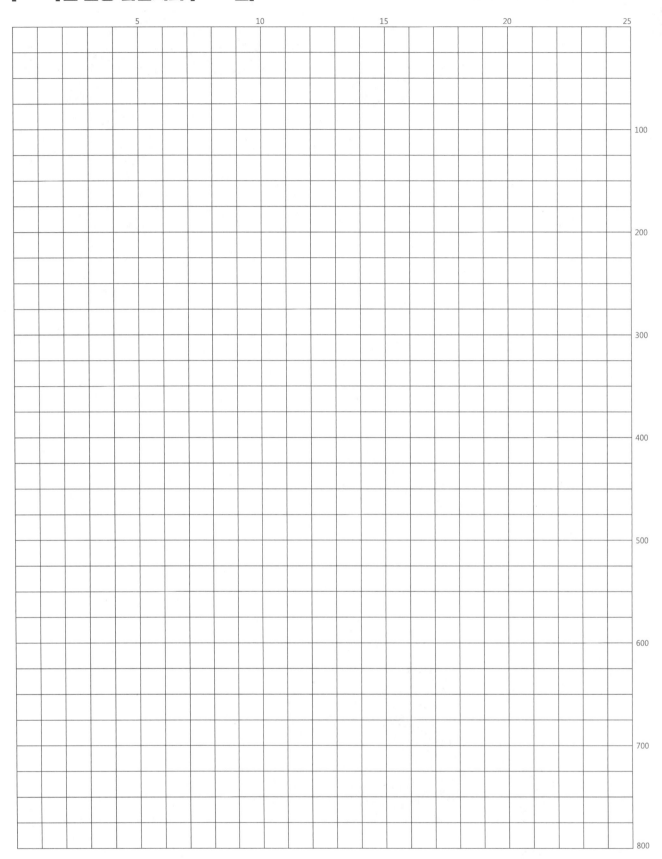

	⓪	①	②	③	④	⑤	⑥	⑦	⑧	⑨	⑩	⑪	⑫	⑬	⑭	⑮	⑯	⑰	⑱	⑲	⑳

관리번호   ◯   ← 수험생 및 감독관은 표기하지 마시오.

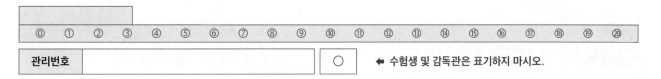

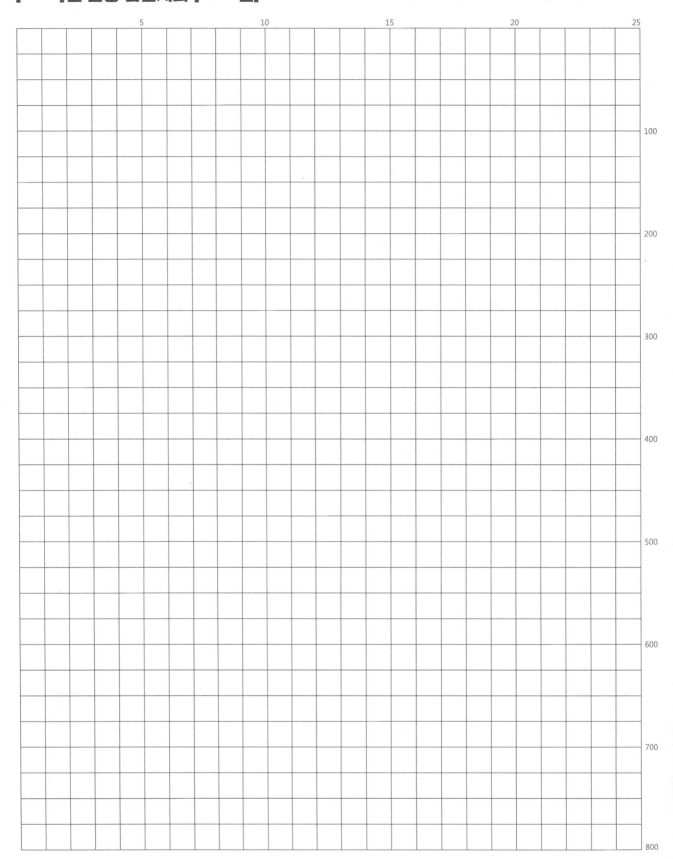

해커스로스쿨

5 10 15 20 25

관리번호

100

200

300

400

500

600

700

800

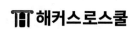
해커스로스쿨

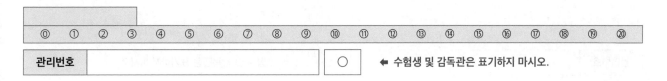

[   ]번 문항

⓪ ① ② ③ ④ ⑤ ⑥ ⑦ ⑧ ⑨ ⑩ ⑪ ⑫ ⑬ ⑭ ⑮ ⑯ ⑰ ⑱ ⑲ ⑳

관리번호   ○   ← 수험생 및 감독관은 표기하지 마시오.

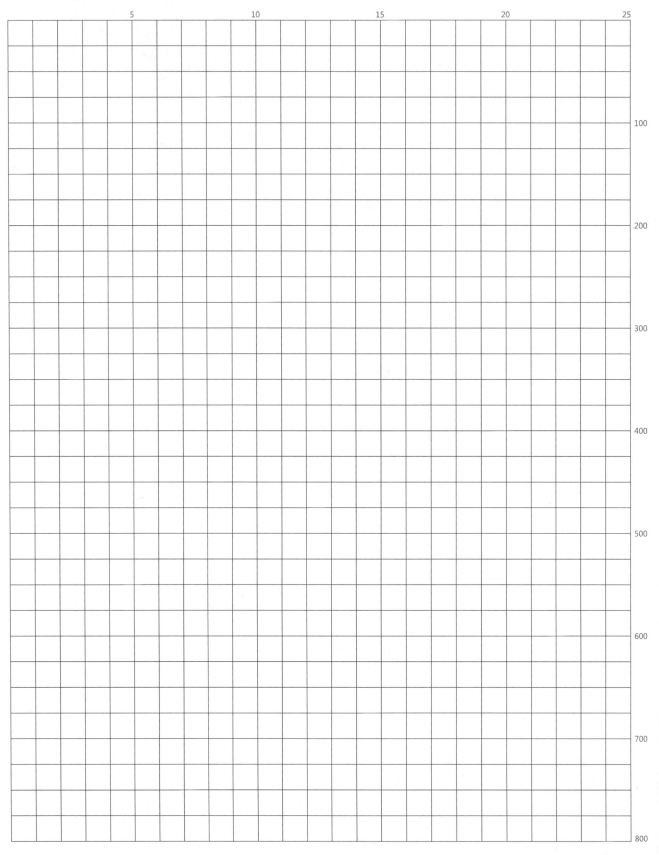

[   ]번 문항

| ⓪ | ① | ② | ③ | ④ | ⑤ | ⑥ | ⑦ | ⑧ | ⑨ | ⑩ | ⑪ | ⑫ | ⑬ | ⑭ | ⑮ | ⑯ | ⑰ | ⑱ | ⑲ | ⑳ |

관리번호   ○   ← 수험생 및 감독관은 표기하지 마시오.

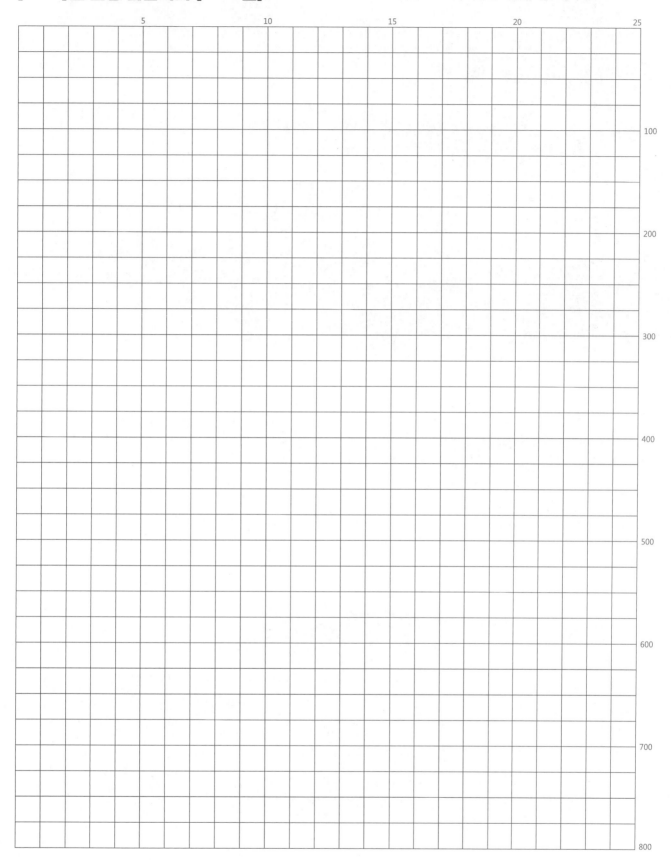

⓪ ① ② ③ ④ ⑤ ⑥ ⑦ ⑧ ⑨ ⑩ ⑪ ⑫ ⑬ ⑭ ⑮ ⑯ ⑰ ⑱ ⑲ ⑳

관리번호　　　　　　　　　　　　　　　　○　← 수험생 및 감독관은 표기하지 마시오.

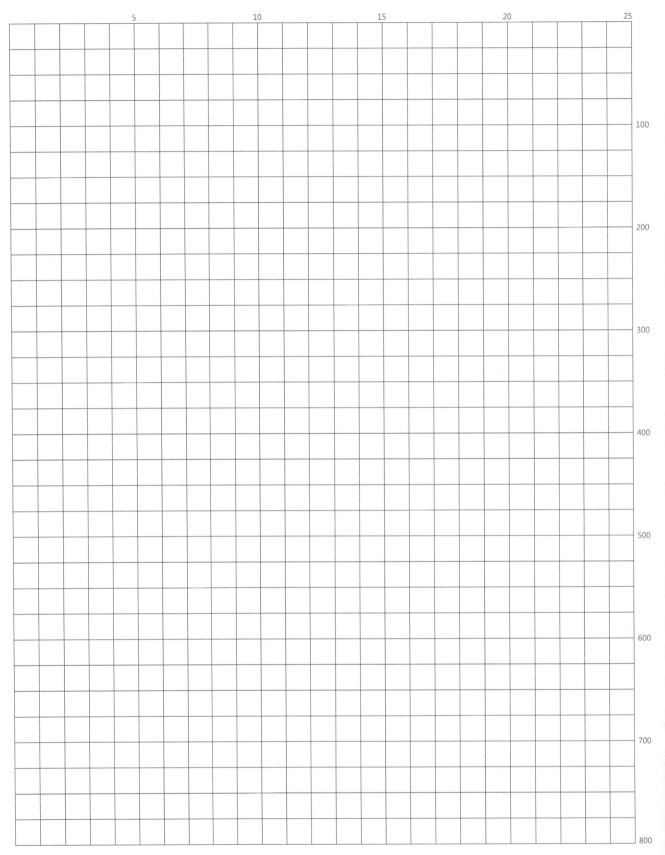

해커스로스쿨

[   ]번 문항 답안지의 [면]

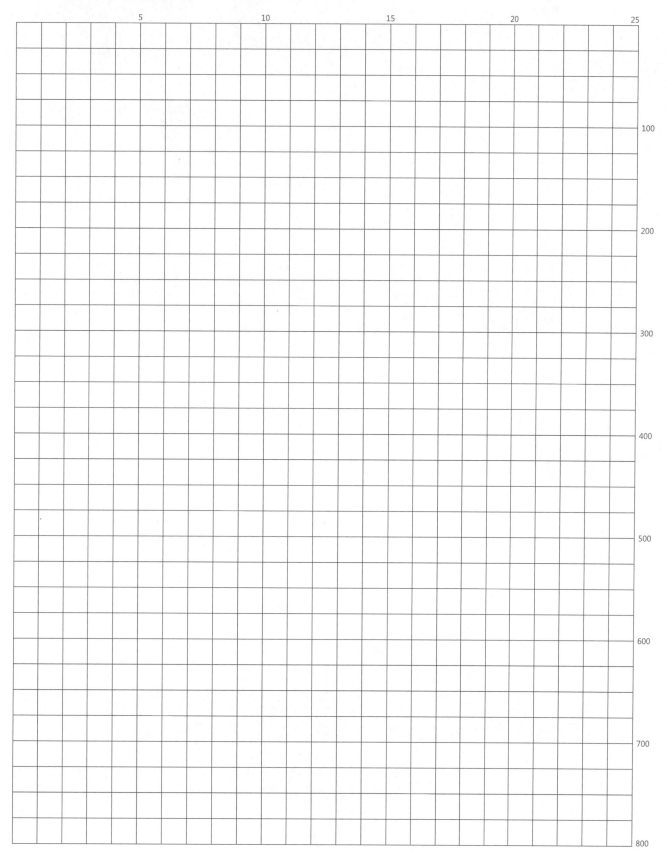

해커스로스쿨

[   ]번 문항 답안지의 [면]

⓪ ① ② ③ ④ ⑤ ⑥ ⑦ ⑧ ⑨ ⑩ ⑪ ⑫ ⑬ ⑭ ⑮ ⑯ ⑰ ⑱ ⑲ ⑳

관리번호　　　　　　　　　　　　　　　　　　　○　◀ 수험생 및 감독관은 표기하지 마시오.

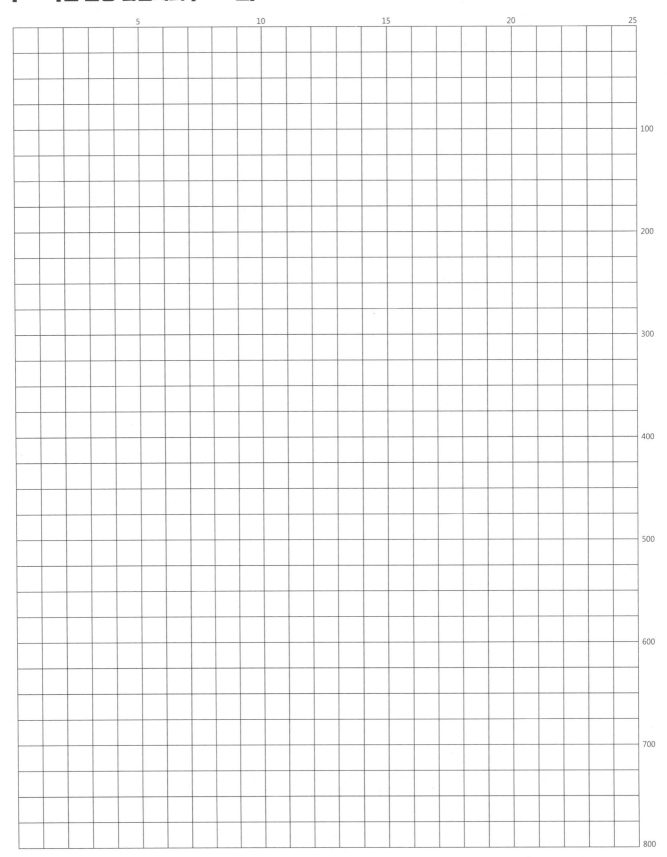

해커스로스쿨

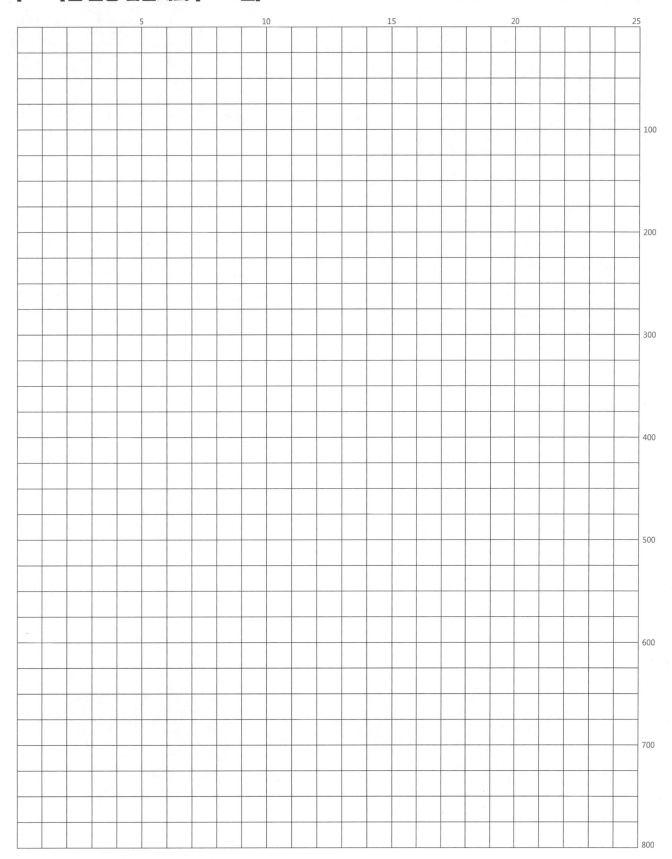

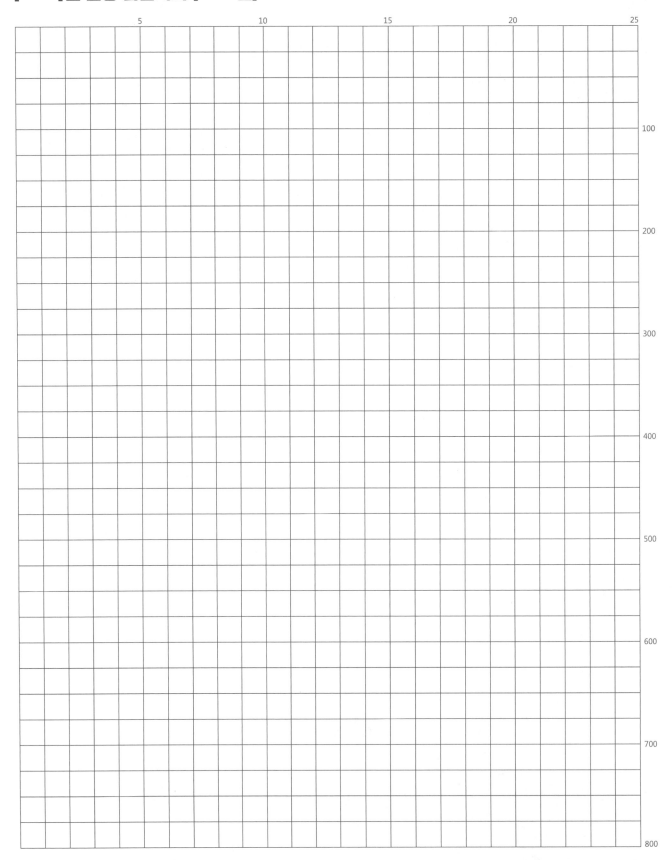

해커스로스쿨

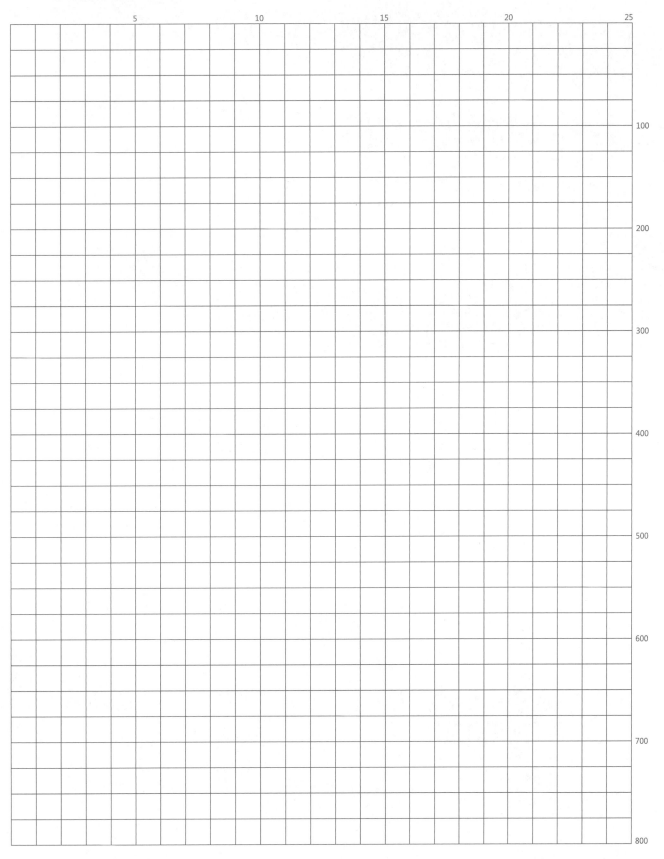

해커스로스쿨

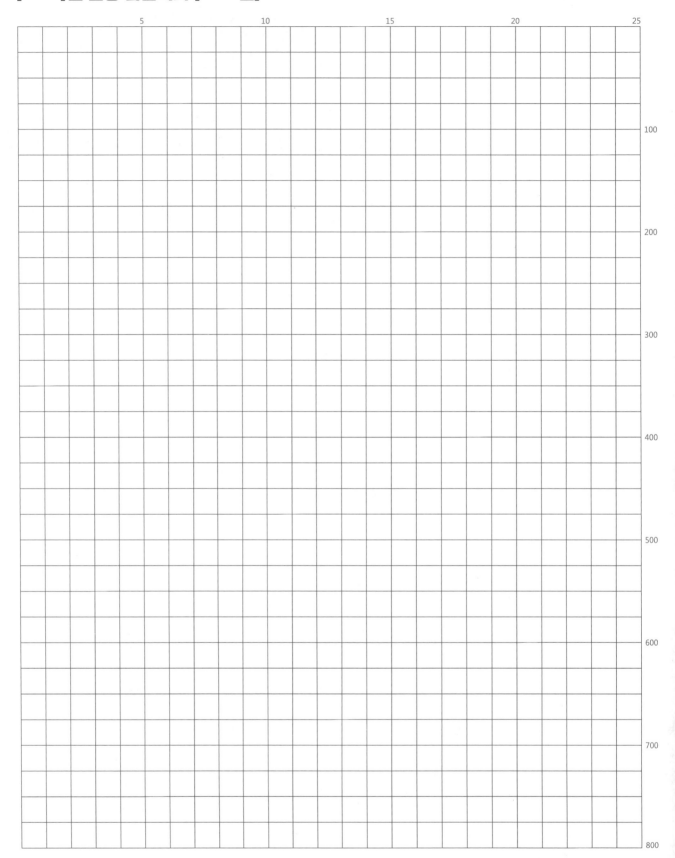

해커스로스쿨

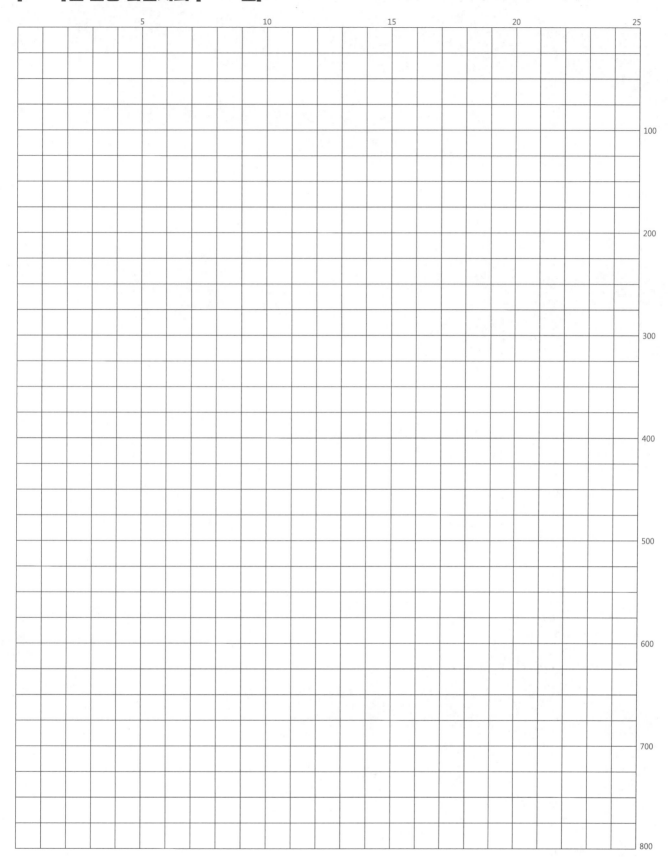

[　　]번 문항

⓪ ① ② ③ ④ ⑤ ⑥ ⑦ ⑧ ⑨ ⑩ ⑪ ⑫ ⑬ ⑭ ⑮ ⑯ ⑰ ⑱ ⑲ ⑳

관리번호 　　　　　　　　　　　　　　　　　　　　 ○ ← 수험생 및 감독관은 표기하지 마시오.

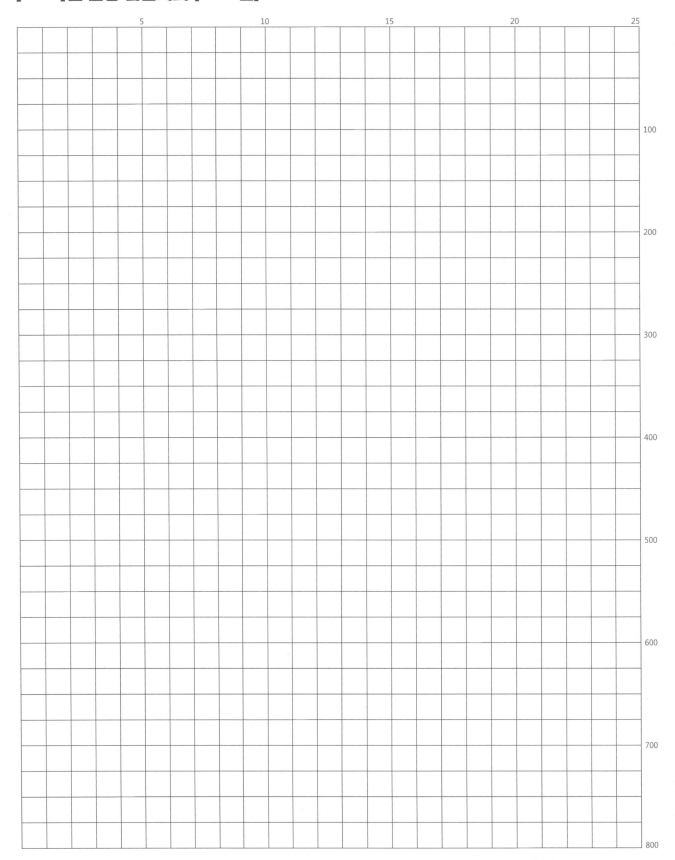

⓪ ① ② ③ ④ ⑤ ⑥ ⑦ ⑧ ⑨ ⑩ ⑪ ⑫ ⑬ ⑭ ⑮ ⑯ ⑰ ⑱ ⑲ ⑳

관리번호 　　　　　　　　　　　　　　　　　　　◯ ← 수험생 및 감독관은 표기하지 마시오.

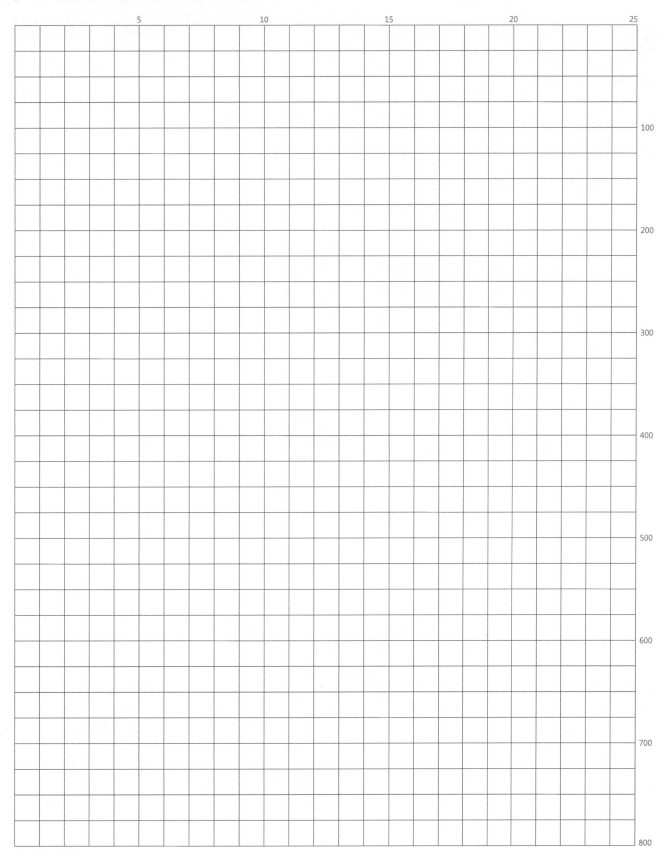

해커스로스쿨

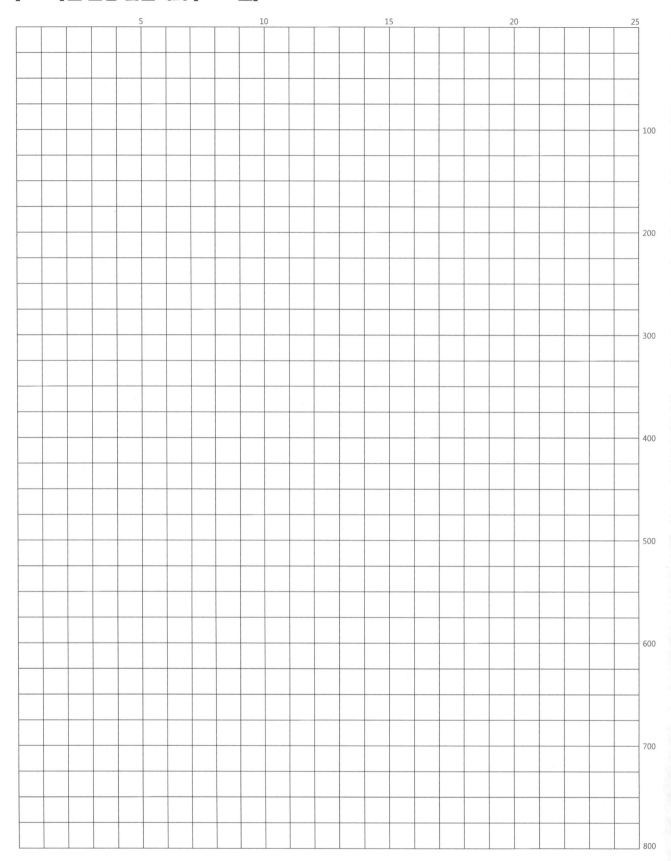

해커스로스쿨

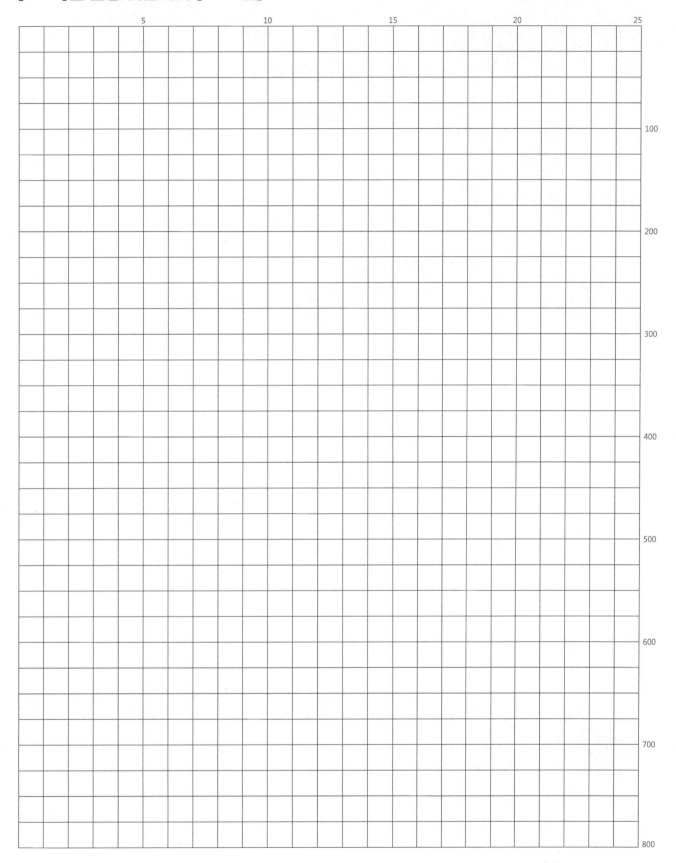

해커스로스쿨

⓪ ① ② ③ ④ ⑤ ⑥ ⑦ ⑧ ⑨ ⑩ ⑪ ⑫ ⑬ ⑭ ⑮ ⑯ ⑰ ⑱ ⑲ ⑳

관리번호   ◯   ← 수험생 및 감독관은 표기하지 마시오.

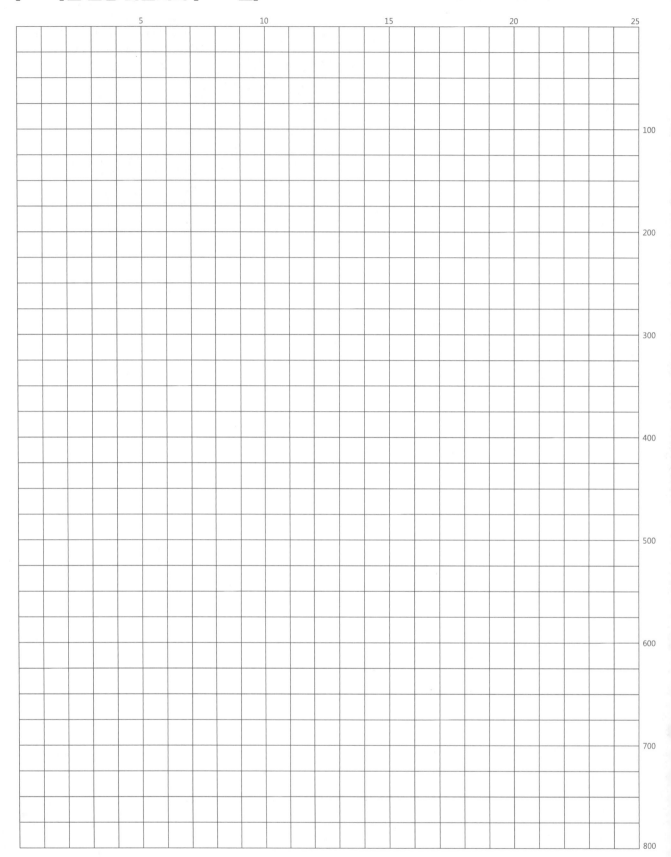

해커스로스쿨

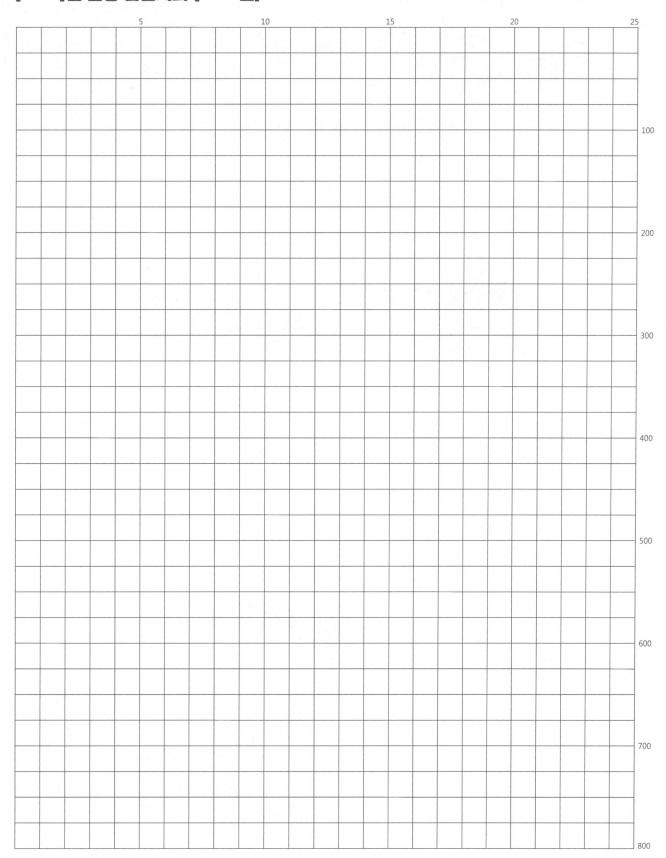

해커스 로스쿨

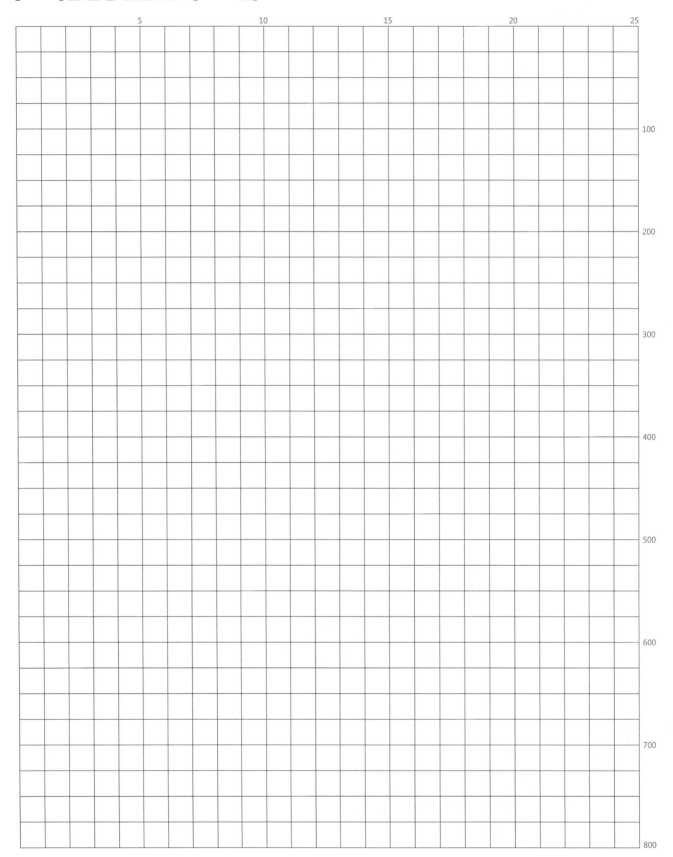

해커스로스쿨

해커스로스쿨 lawschool.Hackers.com

LEET(법학적성시험) 인강·논술 답안지